Weiser · Der zweite Brief an Timotheus

EKK
Evangelisch-Katholischer Kommentar
zum Neuen Testament

Begründet von
Eduard Schweizer und Rudolf Schnackenburg †

Herausgegeben von
Joachim Gnilka, Hans-Josef Klauck, Ulrich Luz und Jürgen Roloff

in Verbindung mit
Otto Böcher, François Bovon, Norbert Brox, Jörg Frey, Erich Gräßer,
Paul Hoffmann, Traugott Holtz, Martin Karrer, Karl-Wilhelm Niebuhr,
Rudolf Pesch, Wolfgang Schrage, Thomas Söding, Peter Stuhlmacher,
Wolfgang Trilling †, Anton Vögtle †, Samuel Vollenweider, Alfons
Weiser und Ulrich Wilckens

Band XVI/1
Alfons Weiser
Der zweite Brief an Timotheus

Benziger Verlag
Neukirchener Verlag

Alfons Weiser

Der zweite Brief an Timotheus

Benziger Verlag
Neukirchener Verlag

© 2003
Patmos Verlag GmbH & Co. KG
Benziger Verlag, Düsseldorf und Zürich und
Neukirchener Verlag
Verlagsgesellschaft des Erziehungsvereins mbH, Neukirchen-Vluyn
Alle Rechte vorbehalten
Umschlaggestaltung: Atelier Blumenstein + Plancherel, Zürich
Gesamtherstellung: Breklumer Druckerei Manfred Siegel KG
Printed in Germany
ISBN 3–545–23118–6 (Benziger Verlag)
ISBN 3–7887–1886–2 (Neukirchener Verlag)

Dem Gedenken an
Franz Courth
1940–1998

und an
Paul Eisenkopf
1939–2003

Vorwort

Als ich 1986 mit der Kommentierung des zweiten Timotheusbriefs betraut wurde, befand sich das Evangelisch-Katholische Kommentarwerk bereits mehrere Jahre auf dem Weg seines Entstehens. Auf diesem Entstehungsweg hatte auch die Kommentierung der Pastoralbriefe schon eine beträchtliche Vorgeschichte. Jürgen Roloff hat sie im Vorwort seines Kommentarbandes zum ersten Timotheusbrief dargestellt. Bei meinem Einstieg in die Arbeit sagte mir mein Lehrer Rudolf Schnackenburg, der ja den EKK mitbegründet hat und damals als Mitherausgeber fungierte, dass »eigentlich an den Pastoralbriefen gar nicht mehr viel zu tun« sei; in dem von Jürgen Roloff schon bald zu erwartenden und mustergültig gearbeiteten Kommentar zu 1Tim sei das, was für das Gesamtverständnis der Pastoralbriefe wichtig sei, bereits gut dargestellt. In der seitdem vergangenen Zeit und durch meine Studien am 2Tim fand ich zwar Letzteres voll bestätigt, und ich freue mich über das hohe Maß der Übereinstimmung, das sich aus dem exegetischen Umgang mit den Texten ergeben hat. Zugleich zeigte sich jedoch im Verlauf meiner Bemühungen um den 2Tim immer deutlicher das *ganz eigene Profil*, welches er innerhalb des Corpus Pastorale als ›*Testament des Paulus*‹ hat, und ich erfuhr – learning by doing –, dass durchaus noch genug zu tun blieb.

Emotional empfand und empfinde ich beim Umgang mit den Pastoralbriefen und speziell mit dem 2Tim eine Ambivalenz. Zum einen bin ich manchmal verdrossen und enttäuscht darüber, wie ›leichtfertig‹ der Verfasser mit manchen Problemen des Gemeindelebens umgegangen ist – etwa in seinem diskussionslosen, vernichtenden Urteil über die Irrlehrer oder in seinen Restriktionen gegenüber der aktiven Mitbeteiligung von Frauen an Gemeindeaufbau und Gemeindeleitung. Zum anderen bin ich fasziniert von manchen Transformationen theologischer Art, mit denen der Verfasser wichtige Bekenntnisinhalte aus der Vergangenheit den Menschen seiner Zeit und seiner sozio-kulturellen Umgebung zu vermitteln suchte, und wie er überdies in epistular-narrativer Gestaltungsweise ein ›Paulusbild‹ schuf, dessen eindringliche Züge erheblich zur gesamten Wirkungsgeschichte des Völkerapostels beitrugen.

Wenn ich nun das Ergebnis meiner Auslegungsbemühungen vorlege, so kann es nicht geschehen, ohne vielfältigen Dank auszusprechen. Er gilt zunächst allen am EKK Mitarbeitenden. Sie haben mich freundlich und

hilfsbereit in ihren Arbeitskreis aufgenommen. Unter ihnen danke ich besonders Norbert Brox für manche fachkundigen Hinweise. Jürgen Roloff danke ich dafür, dass er mir das Manuskript seines damals noch nicht gedruckten 1Tim-Kommentars zur Verfügung stellte und mich zusammen mit Ulrich Luz in der Schlussphase meines Arbeitens beraten hat. Beiden Kollegen danke ich für formale Korrekturen und besonders dafür, dass sie mir hilfreiche ökumenische Gesprächspartner waren. Gerhard Lohfink sei Dank dafür gesagt, dass er mir seine Kartei der Pastoralbrief-Bibliographie überließ. Manche Fachkollegen waren freundlicherweise bereit, mir Einsicht in Manuskripte von Spezialstudien zu gewähren, noch bevor diese gedruckt erschienen. Für derartige Hilfe danke ich Karl Löning, Dieter Zeller, Marius Reiser und Gerd Häfner. Dass ich dem dreibändigen Kommentar zu den Pastoralbriefen von Lorenz Oberlinner viel verdanke, wird bei meiner Auslegung deutlich erkennbar sein. Den Bibliothekarinnen und Bibliothekaren der Philosophisch-Theologischen Fakultät der Pallottiner in Vallendar danke ich für die stets große Hilfsbereitschaft bei der Beschaffung der Literatur. Ulrich Scherer, Hubert Socha und Volker Hampel haben mir mit viel Geduld bei den Computer-Konvertierungen geholfen. Letzterer hat überdies mit großer Sorgfalt und in unermüdlicher Kleinarbeit das Manuskript lektoriert. Ihnen und allen, die im Neukirchener Verlag und in der Breklumer Druckerei für das Zustandekommen dieses Bandes umsichtig Sorge getragen haben, sei herzlich gedankt. »Die Gnade sei mit ihnen allen« (2Tim 4,22).
Ich widme das Buch den langjährigen, aber früh verstorbenen Mitbrüdern und Kollegen Franz Courth SAC und Paul Eisenkopf SAC. Sie lehrten als Professoren an der Philosophisch-Theologischen Fakultät der Pallottiner in Vallendar, ersterer Dogmatik und Dogmengeschichte, letzterer Fundamentaltheologie und Ökumenische Theologie. Außerdem leitete P. Eisenkopf 30 Jahre lang die Bibliothek. Beiden hat unsere Hochschule sehr viel zu verdanken.

Vallendar, im Juli 2003   Alfons Weiser

Inhalt

Abkürzungen und Literatur

1. Abkürzungen

Kommentare (unter 2) werden normalerweise nur mit dem Verfassernamen zitiert, sonstige Literatur (unter 3) mit Verfassernamen und Stichwort des Titels; * nach Verfassernamen verweist auf Spezialliteratur, welche jeweils dem betreffenden Kommentarabschnitt vorangestellt ist.

Biblische Bücher werden nach den Loccumer Richtlinien, Stuttgart ²1981, angeführt. Sonstige Abkürzungen erfolgen nach ThWNT X/1 (1978) 53–85 (Antike; Kirchenväter) sowie nach Schwertner, S.M., Internationales Abkürzungsverzeichnis für Theologie und Grenzgebiete (= IATG), Berlin ²1992 = TRE, Abkürzungsverzeichnis (Judaica).

Nag-Hammadi-Texte und andere gnostische Schriften werden abgekürzt nach LThK³, Abkürzungsverzeichnis (1993) 59f = JAC.E 14 (1987) 11f. Die Stellen der Nag-Hammadi-Texte werden angegeben nach der Ausgabe NHS (General Editor: J.M. Robinson; Leiden ab 1971).

Die beiden 1999 erschienenen Kommentare von I.H. Marshall und J.D. Qinn / W.C. Wacker konnte ich leider nicht mehr einarbeiten, sondern sie nur noch in das Literaturverzeichnis aufnehmen.

2. Kommentare zu den Pastoralbriefen

a) Patristik und Mittelalter

Alkuin († 804), Explanatio in Epistolam Pauli ad Titum, PL 100, 1009–1026

Ambrosiaster (geschrieben um 366–384): Commentarius in Epistulam B. Pauli ad Timotheum primam, secundam et ad Titum, PL 17, 487–512.511–526.525–532

Anselm von Laon († 1117), Glossa ordinaria: Epistola I, II ad Timtotheum et ad Titum, PL 114, 623–632.633–638.637–642 (dort fälschlich Walafrid Strabo [† 849] zugeschrieben)

Atto von Vercelli († um 950), Expositio in Epistolam I, II ad Timotheum et ad Titum, PL 134, 663–686.685–700.699–720

Bruno der Kartäuser († 1101), Expositio in Epistolam I, II ad Timotheum et ad Titum, PL 153, 423–458.457–474.473–484

Commentarius Catabrigiensis (12. Jh.): *Landgraf, A.* (Hrsg.), Commentarius Catabrigiensis in Epistolas S. Pauli e Schola Petri Abaelardi, 4 Bde., 1937–1945 (PMS 2) (Nachdruck 1960)

Dionysius der Kartäuser († 1471), Opera omnia, Montreuil/Tournai/Parkminster 1896–1935; zu den Past: Bd. 13 (1901) 411–457

Ephraem Syrus († 373), Commentarii in epistolas Pauli nunc primum ex Armenio in Latinum sermones a patribus Mekhitaristis translati, Venise 1893

Florus von Lyon († um 860), Expositio in Epistolam I, II ad Timotheum et ad Titum, PL 119, 397–406.405–410.409f

Haimo von Auxerre († um 855), Expositio in Epistolam I, II ad Timotheum et ad Titum, PL 117, 783–798.797–810.809–814 (die Kommentare sind unter dem Namen »Haymo von Halberstadt« überliefert)

Hervaeus von Déols († um 1150), Commentaria in Epistolam I, II ad Timotheum et ad Titum, PL 181, 1403–1450.1449–1478.1477–1506

Hieronymus († 420), Commentarius in Epistolam ad Titum, Pl 26, 589–636

– *Pseudo-Hieronymus*, Expositio in I, II Epistolam ad Timotheum et ad Titum, PL 30, 917–932.931–940.939–944

Hrabanus Maurus († 856), Expositio in Epistolam I, II ad Timotheum et ad Titum, PL 112, 579–636.635–654.653–692

Hugo von St. Victor († 1141), Quaestiones et decisiones in Epistolam I, II ad Timotheum et ad Titum, PL 175, 593–602.601–606.605–608

Johannes Chrysostomus († 407), In Epistolam primam, secundam ad Timotheum et ad Titum commentarii, PG 62, 501–599.599–662.663–700

Johannes Damascenus († 760), Commentarii in Epistolam primam, secundam ad Timotheum et ad Titum, PG 95, 997–1016.1015–1026.1025–1030

Lanfranc von Canterbury († 1089), Commentarii in Epistolam B. Pauli Apostoli ad Timotheum I, II et ad Titum, PL 150, 345–360.361–368.367–372

Nikolaus von Lyra († 1349), Postillae perpetuae in omnes S. Pauli Epistolas, Douai 1617

– *Gosselin, E.A.*, A Listing of the Printed Editions of Niocholas de Lyra, Tr. 26 (1970) 399–426

Oikomenios (6. Jh.), Argumentum prioris, posterioris Epistolae ad Timotheum et Epistolae ad Titum, PG 119, 133–196.195–240.241–262 (Text erst aus Catenen des 8. Jh.s von einem Unbekannten geschaffen)

Origenes († 253), Commentarius in Epistulam ad Titum (Frgm.; nur zu Tit 3,10f), PG 14, 1303–1306

Petrus Lombardus († 1160), Collectanea in Epistolam I, II ad Timotheum et ad Titum, PL 192, 325–362.363–384.383–394

Primasius († nach 552), Commentaria in Epistolam primam, secundam ad Timotheum et ad Titum, PL 68, 659–672.671–680.679–684 (kein Kommentar des Primasius selbst, sondern des Pelagius)

Pseudo-Hieronymus s. Hieronymus

Sedulius Scotus († um 860), Collectanea in Epistolam I, II ad Timotheum et ad Titum, PL 103, 229–238.237–242.241–250

Theodor von Mopsuestia († vor 428), Commentarii Fragmenta in Epistulam priorem, posteriorem Pauli ad Timotheum et ad Titum, PG 66, 935–944.945–948.947–950

Theodoret von Cyrus († 458), Interpretatio Epistulae I, II ad Timotheum et ad Titum, PG 82, 787–830.831–858.857–870

Theophylakt (um 1050 bis um 1108), Commentarii in primam, secundam Epistolam ad Timotheum et ad Titum, PG 125, 9–90.89–140.143–172

Thomas von Aquin († 1274), In omnes S. Pauli apostoli Epistolas commentarius, 2 Bde., Turin ⁷1929; zu den Past: Bd. 2, 183–280
- *Cai, R.* (Hrsg.), S. Thomae Aquinatis super epistolas S. Pauli, 2 Bde., Turin/Rom ⁸1953

b) *Reformation und nachreformatorische Zeit bis 1800*

Ambrosius Catharinus († 1553), In omnes divi Pauli epistolas, Paris 1566, 391–448
Bengel, J.A. († 1752), Gnomon. Deutsch von Werner, C.F., 2 Bde., Stuttgart ⁷1959/1960; zu den Past: II 450–506
- Gnomon Novi Testamenti, Tübingen 1742 (Stuttgart 1891 = Nachdr. der 3. Ausgabe 1778); zu den Past: 828–865
Cajetan († 1534), Commentarii in omnes D. Pauli epistolas, Bd. V, Lyon 1639, 291–326
Calvin, J. († 1564), Der Brief an Titus, in: Johannes Calvins Auslegung der Heiligen Schrift, hrsg. v. Weber, O., Neukirchen-Vluyn, Bd. 17 (1963): Johannes Calvins Auslegung der kleinen Paulinischen Briefe, 585–623
- Der erste Brief an Timotheus, in: ebd. 437–526
- Der zweite Brief an Timotheus, in: ebd. 527–583
Cornelius a Lapide († 1637), Commentaria in omnes Divi Pauli epistolas, Antwerpen 1627; neu hrsg. v. Padovani, A., 3 Bde., Turin ²1928–1930
Cruciger, C. († 1548), In epistolam Pauli ad Timotheum priorem commentarius. Item brevis et familiaris in epistolam Pauli ad Titum expositio, hrsg. v. Vuillichius, D.J., Straßburg 1542
Daillé, J. († 1670), Exposition de l'Épître de saint Paul à Tite, Paris 1655
- Exposition de l'Épître deuxième de saint Paul à Timothée, Genf 1659
- Exposition de la première Épître de l'Apôtre saint Paul à Timothée, Genf 1661
Erasmus († 1536), Erasmus' Annotations on the New Testament. Galatians to the Apocalypse. Facsimile of the final Latin Text with all earlier variants, ed. by Reeve, A., Introduction by Screech, M.A., 1993 (SHCT 52)
- Paraphrases in epistolas Pauli ad Tim duas, ad Titum unam et ad Philemonem unam, Basel 1520
Grotius, H. († 1645), Annotationes in Novum Testamentum, Paris 1641; neuere Ausgabe: Opera omnia theologica, 4 Bde., Stuttgart 1972; zu den Past: Bd. 2,2
Luther, M. († 1546), Annotationes in Epistolam Pauli ad Titum, WA 25, 6–69
- Annotationes in priorem Epistolam ad Timotheum, WA 26, 4–120
- In epistolam ad Titum scholia, WA 48, 301–312
Melanchthon, Ph. († 1560), Enarratio epist. prioris ad Timotheum, in: ders., Opera quae supersunt omnia, hrsg. v. Bretschneider, C.G., Halle 1834–1860 = CR 1–28, hier Bd. 15 (1848) 1295–1380
- In alteram ad Timotheum enarratio, in: ebd. 1381–1396
Michaelis, J.D. († 1791), Paraphrasis und Anmerkungen über die Briefe an die Gl, Eph, Phl, Kl, Th, an den Tim, Tit und Phlm, Göttingen 1750
Mosheim, J.L. von († 1755), Erklärung der beyden Briefe des Ap. Pauli an den Timotheum, Hamburg 1755
Salmeron, A. († 1585), Commentarii in omnes epistolas B. Pauli et Canonicas, 2 Bde., Köln 1604; neu hrsg. v. Cervés, F., 2 Bde., Madrid 1906/1907

Scultetus, A. († 1624), Divi Pauli epistolae ad singulares, ad Timotheum prima, ad Timotheum secunda, ad Titum, ad Philemonem, Frankfurt a.M. 1694

Wettstein, J.J. († 1754), Novum Testamentum Graecum, 2 Bde., Amsterdam 1751/1752 (Nachdr. Graz 1962); zu den Past: Bd. 2, 315–379

Zinzendorf, N.L. von († 1760), Zum ersten Brief Pauli an Timotheum, in: ders., Hauptschriften in 6 Bänden, Hildesheim 1962ff (Nachdr. der Ausgabe Frankfurt a.M. 1740), Erg.-Bd. XI, Hildesheim 1972, 1–43

c)   *Neuere Zeit (seit 1800)*

Ambroggi, P. de, De Epistole Pastorali di S. Paolo a Timoteo e a Tito, Turin ²1964

Barrett, Ch.K., The Pastoral Epistles, 1963 (NCB.NT)

Beck, J.T., Erklärung der zwei Briefe Pauli an Timotheus, hrsg. v. Lindenmeyer, J., Gütersloh 1879

Belser, J., Katholischer Kommentar über die Pastoralbriefe, Freiburg i.Br. 1907

Bernard, J.-H., The Pastoral Epistles, Cambridge 1899, Repr. 1922

Blaiclock, E.M., The Pastoral Epistles, Grand Rapids 1972

Borse, U., 1. und 2. Timotheusbrief, Titusbrief, 1985 (SKK.NT 13)

Boudou, A., Les Épîtres Pastorales, 1950 (VSal 15)

Bouma, C., De brieven van den apostel Paulus aan Timotheus en Titus, Amsterdam 1946

Brown, E.F., The Pastoral Epistles, 1917 (WC)

Brox, N., Die Pastoralbriefe, ⁵1989 (RNT)

Bürki, H., Der erste Brief des Paulus an Timotheus, ⁴1980 (WStB)

– Der zweite Brief des Paulus an Timotheus, die Briefe an Titus und Philemon, ⁴1982 (WStB)

Dewey, J., 1 Timothy, 2 Timothy, Titus. Introduction and Comment, in: The Women's Bible Commentary, ed. by Newsom, C.A. / Ringe, S.H., London/ Louisville/Westminster 1992, 353–361

Dibelius, M., Die Pastoralbriefe, ²1931 (HNT 13)

– / *Conzelmann, H.*, Die Pastoralbriefe, ⁴1966 (HNT 13)

Dornier, P., Les Épîtres Pastorales, 1969 (SBi)

Easton, B.S., The Pastoral Epistles, New York 1947

Ellicott, C.J., Commentary on the Pastoral Epistles, Londres 1864

Ensey, J.R., The Pastoral Epistles. A Commentary on I and II Timothy and Titus, Hazelwood 1990

Erdmann, C.R., The Pastoral Epistles of Paul, Philadelphia 1923

Falconer, R.A., The Pastoral Epistles, Oxford 1937

Fee, G.D., 1 and 2 Timothy, Titus, San Francisco 1984

Forster, R.J., The Pastoral Epistles, London 1953

Freundorfer, J., Die Pastoralbriefe, ³1959 (RNT 7)

Gardiner, E.A., The later Pauline Epistles, Londres 1936

Gealy, F.D., The First and Second Epistles to Timothy and the Epistle to Titus, 1955 (IntB 11), 341–551

Guthrie, D., The Pastoral Epistles, Leicester / Grand Rapids ²1990 (TNTC)

Hanson, A.T., The Pastoral Epistles, 1982 (NCBC)

Hasler, V., Die Briefe an Timotheus und Titus (Pastoralbriefe), 1978 (ZBK.NT 12)

Hendriksen, W., Exposition of the Pastoral Epistles. New Testament Commentary, Grand Rapids 1957

Heydenreich, A.L.Ch., Die Pastoralbriefe Pauli, 2 Bde., Hadamar 1826/1828

Hillard, A.E., The Pastoral Epistles of St. Paul, London 1919

Hofmann, J.Ch.K. von, Die Briefe Pauli an Titus und Timotheus, Nördlingen 1874

Holtz, G., Die Pastoralbriefe, [5]1992 (ThHK 13)

Holtzmann, H.J., Die Pastoralbriefe, kritisch und exegetisch behandelt, Leipzig 1880

Houlden, J.L., The Pastoral Epistles, 1989 (PNTC)

Hultgren, A.J., I–II Timothy, Titus, 1984 (ACNT)

Humphreys, A.E., The Epistles to Timothy and Titus, Cambridge 1895

Jeremias, J., Die Briefe an Timotheus und Titus, [11]1975 (NTD 9)

Johnson, L.T., 1 Timothy, 2 Timothy, Titus, Atlanta 1987

Karris, R.J., The Pastoral Epistles, [2]1984 (NTMes 17)

Kelly, J.N.D., A Commentary on the Pastoral Epistles, Michigan [3]1986 (Thornapple Commentaries)

Knabenbauer, J., Commentarius in S. Pauli Epistulas. Epistulae ad Thessalonicenses ad Timotheum ad Titum et ad Philemon, 1913 (CSS)

Knight, G.W., The Pastoral Epistles. A Commentary on the Greek Text, 1992 (NIGTC)

Knoch, O., 1. und 2. Timotheusbrief, Titusbrief, 1988 (NEB 14)

Knoke, K., Praktisch-theologischer Kommentar zu den Pastoralbriefen des Apostels Paulus, 2 Bde., Göttingen 1887/1889

Koehler, F., Die Pastoralbriefe, in: SNT II: Die paulinischen Briefe und die Pastoralbriefe, Göttingen [3]1917, 402–459

Lea, Th.D. / Griffin, H.P., 1,2 Timothy, Titus, 1992 (NAC 34)

Leaney, A.R.C., The Epistles to Timothy, Titus and Philemon, 1960 (TBC)

Lemonnyer, A., Épîtres de saint Paul II, Paris 1905

Lock, W., A Critical and Exegetical Commentary on the Pastoral Epistles, 1924, Repr. 1978 (ICC)

Marshall, I.H., A Critical and Exegetical Commentary on the Pastoral Epistles, 1999 (ICC)

Matthies, C.St., Erklärung der Pastoralbriefe, mit besonderer Berücksichtigung auf Authentie und Ort und Zeit der Abfassung derselben, Greifswald 1840

Meinertz, M., Die Pastoralbriefe des heiligen Paulus, [4]1931 (HSNT 8)

Merkel, H., Die Pastoralbriefe, 1991 (NTD 9/1)

Moellering, H.A., 1 Timothy, 2 Timothy, Titus, 1970 (ConCom)

Molitor, H., Die Pastoralbriefe des Hl. Paulus, 1937 (HBK 15)

Oberlinner, L., Die Pastoralbriefe. Erste Folge: Kommentar zum ersten Timotheusbrief, 1994 (HThK 11/2.1)

– Die Pastoralbriefe. Zweite Folge: Kommentar zum zweiten Timotheusbrief, 1995 (HThK 11/2.2)

– Die Pastoralbriefe. Dritte Folge: Kommentar zum Titusbrief, 1996 (HThK 11/2.3)

Padovani, A., In Epistolas ad Thessalonicenses et Timotheum, Paris 1894

– In Epistolas ad Titum, Philemonen, Paris 1896

Parry, R.S.J., The Pastoral Epistles, Cambridge 1920

Plummer, A., The Pastoral Epistles, 1888 (ExB)

Quinn, J.D., The Letter to Titus. A New Translation with Notes and Commentary and An Introduction to Titus, I and II Timothy, The Pastoral Epistles, 1990 (AncB 35)

– / *Wacker, W.C.*, The First and Second Letters to Timothy, Minneapolis 1999 (Eerdmans Critical Commentary)

Reuss, J., Der erste Brief an Timotheus. Der zweite Brief an Timotheus. Der Brief an Titus, 1963–1966 (GSL.NT 15–17)

Ridderbos, H., De pastorale brieven, 1967 (CNT[K])

Riggenbach, E., Die Pastoralbriefe des Apostels Paulus, München 1898

Roloff, J., Der erste Brief an Timotheus, 1988 (EKK XV)

Roux, H., Les Épîtres Pastorales, Genève 1959

Schierse, F.J., Die Pastoralbriefe. 1. und 2. Timotheus / Titus, 1968 (WB)

Schlatter, A., Die Kirche der Griechen im Urteil des Paulus. Eine Auslegung seiner Briefe an Timotheus und Titus, Stuttgart ²1958

Scott, E.F., The Pastoral Epistles, 1936, ⁷1957 (MNTC)

Scott, J.R.W., The Message of 2 Timothy, Leicester 1973

Simpson, E.K., The Pastoral Epistles, London 1954

Soden, H. von, Die Pastoralbriefe, ²1893 (HC III/1)

Sparks, I.A., The Pastoral Epistles: Introduction and Commentary, San Diego 1985

Spicq, C., Les Épîtres Pastorales, 2 Vol. ⁴1969 (EtB)

Stellhorn, F.W., Die Pastoralbriefe Pauli, Gütersloh 1899

Strack, H.L. / Billerbeck, P., Kommentar zum Neuen Testament aus Talmud und Midrasch III, München 1926, 643–667

Towner, Ph.H., 1–2 Timothy & Titus, Downers Grove / Leicester 1994

Vine, W.E., The Epistles to Timothy and Titus, London 1965

Ward, R.A., Commentary on 1 and 2 Timothy and Titus, Waco (Texas) 1974

Wegscheider, J.A.L., Die Pastoral-Briefe des Apostels Paulus, Göttingen 1810

Weiss, B., Die Briefe Pauli an Timotheus und Titus, ²1902 (KEK 11)

Wette, W.M.L. de, Kurze Erklärung der Briefe an Titus, Timotheus und die Hebräer, 3. Aufl., bearbeitet v. W. Moeller, 1867 (KEH 2/5)

White, N.J.D., The First and Second Epistles to Timothy and the Epistle to Titus, Londres 1910 (Expositor's Greek Testament)

Wild, R.A., The Pastoral Letters, in: The New Jerome Biblical Commentary, ed. by Brown, R.E. / Fitzmyer, J.A. / Murphy, R.E., London ²1990, 891–902

Wilson, G.B., The Pastoral Epistles, Edinburgh 1982

Wohlenberg, D.G., Die Pastoralbriefe, ³1923 (KNT 13)

3. *Hilfsmittel, Monografien und Aufsätze*

Allan, J.A., The »in Christ« Formula in the Pastoral Epistles, NTS 10 (1963/64) 115–121

Almqvist, H., Plutarch und das Neue Testament, 1946 (ASNU XV)

Altaner, B. / Stuiber, A., Patrologie, Freiburg i.Br. ⁸1978

Arichea, D.C., Authorship and Translation: The Authorship of the Pastorals and its Implications for Translation, BiTr 44 (1993) 331–340

Arzt, P., The »Epistolary Introductory Thanksgiving« in the Papyri and in Paul, NT 36 (1994) 29–46

Backhaus, K., Der Hebräerbrief und die Paulusschule, BZ 37 (1993) 183–208

Balch, D.L., Let Wives Be Submissive. The Domestic Code in 1 Peter, 1981 (SBLMS 26)

– Neopythagorean Moralists and the New Testament Household Codes, in: ANRW II 26/1 (1992) 380–411

Barnett, A.E., Paul Becomes a Literary Influence, Chicago 1941

Barrett, Ch.K., Deuteropauline Ethics: Some Observations, in: Lovering/Sumney (Hrsg.), Theology and Ethics (s.u.) 161–172

– Pauline Controversies in the Post-Pauline Period, NTS 20 (1974/75) 229–245

Bartsch, H.-W., Die Anfänge urchristlicher Rechtsbildungen. Studien zu den Pastoralbriefen, 1965 (ThF 34)

Bassler, J.M., »He remains faithful« (2 Tim 2:13a), in: Lovering/Sumney (Hrsg.), Theology and Ethics (s.u.) 173–183

Bauckham, R., The Acts of Paul as a Sequel to Acts, in: Winter, B.W. (Hrsg.), The Book of Acts in its First Century Setting. Volume 1: The Book of Acts in Its Ancient Literary Setting, ed. by Winter, B.W. / Clarke, A.D., Grand Rapids / Carlisle 1993, 105–152

– Pseudo-Apostolic Letters, JBL 107 (1988) 469–494

Bauer, W., Rechtgläubigkeit und Ketzerei im ältesten Christentum, ²1964 (BHTh 10)

Baumert, N., »Charisma« – Versuch einer Sprachregelung, ThPh 66 (1991) 21–48

– Frau und Mann bei Paulus. Überwindung eines Mißverständnisses, Würzburg 1992

Baur, F.C., Die sogenannten Pastoralbriefe des Apostels Paulus aufs neue kritisch untersucht, Stuttgart/Tübingen 1835

Becker, J., Paulus. Der Apostel der Völker, Tübingen 1989

– Das Urchristentum als gegliederte Epoche, 1993 (SBS 155)

– *u.a.* (Hrsg.), Die Anfänge des Christentums, Stuttgart 1987

Behm, J., Der Begriff »DIATHEKE« im Neuen Testament, Leipzig 1912

Bendemann, R. von, Heinrich Schlier. Eine kritische Analyse seiner Interpretation paulinischer Theologie, 1995 (BEvTh 115)

Berge, P.S., »Our Great God and Savior«. A Study of SOTER as a Christological Title in Titus 2,1–14, Diss. Richmond, Virginia 1973 (Mikrofilm/Xerographie: Michigan/London 1982)

Berger, K., Apostelbrief und apostolische Rede. Zum Formular frühchristlicher Briefe, ZNW 65 (1974) 190–231

– Die Bedeutung von Elementen des Herrscherkultes für Liturgie und Eschatologie des Christentums im 1. Jahrhundert, in: Das Fest und das Heilige, hrsg. v. Assmann, J., Gütersloh 1991 (Studien zum Verstehen fremder Religionen 1), 146–154

– Formgeschichte des Neuen Testaments, Heidelberg 1984

– »Gnade« im frühen Christentum, NedThT 27 (1973) 1–25

– Gnosis/Gnostizismus I. Vor- und außerchristlich, in: TRE XIII (1984) 519–535

– Hellenistische Gattungen im Neuen Testament, in: ANRW II 25/2 (1984) 1031–1432.1831–1885

– Die impliziten Gegner. Zur Methode des Erschließens von »Gegnern« in neutestamentlichen Texten, in: Kirche (FS G. Bornkamm), hrsg. v. Strecker, G. /
Lührmann, D., Tübingen 1980, 373–400

– Theologiegeschichte des Urchristentums. Theologie des Neuen Testaments,
Tübingen/Basel 1994

Bettler, J.F., Guidelines from II Timothy for Counseling People with Fears, WThJ
36 (1974) 198–208

Betz, H.D., Hellenismus und Urchristentum. Gesammelte Aufsätze I, Tübingen
1990

– Plutarch's Ethical Writings and Early Christian Literature, 1978 (SCHNT 4)

Bickmann, J., Kommunikation gegen den Tod. Studien zur paulinischen Brief-
pragmatik am Beispiel des Ersten Thessalonicherbriefes, 1998 (FzB 86)

Bieritz, K.-H. / Kähler, C., Art. Haus III., in: TRE XIV (1985) 478–492

Blum, G.G., Tradition und Sukzession. Studien zum Normbegriff des Apostolischen von Paulus bis Irenäus, 1963 (AGTL 9)

Bockmuehl, M.N.A., Revelation and Mystery in Ancient Judaism and Pauline
Christianity, 1990 (WUNT II/36)

– Das Verb φανερόω im Neuen Testament. Versuch einer Neuauswertung, BZ
32 (1988) 87–99

Böhlig, A. / Markschies, Ch., Gnosis und Manichäismus. Forschungen und Studien zu Texten von Valentin und Mani sowie zu den Bibliotheken von Nag
Hammadi und Medinet Madi, 1994 (BZNW 72)

Boer, M.C. de, Images of Paul in the Post-Apostolic Period, CBQ 42 (1980) 359–
380

Boughton, L.C., From Pious Legend to Feminist Fantasy: Distinguishing Hagio-
graphical License from Apostolic Practice in the *Acts of Paul / Acts of Thecla*,
JR 71 (1991) 362–384

Bovon, F. (ed.), Les Actes apocryphes des apôtres, Genève 1981

Brenk, F.E., Old Wineskins Recycled: »Autarkeia« in I Timothy 6.5–10, Filologia
Neotestamentica 3 (1990) 39–51

Breytenbach, C., Paulus und Barnabas in der Provinz Galatien. Studien zu Apostelgeschichte 13f.; 16,6; 18,23 und den Adressaten des Galaterbriefes, 1996
(AGJU 38)

Broer, I., Einleitung in das Neue Testament, 2 Bde. 1998/2001 (NEB.NT Erg.-Bd.
2/I.II)

Brown, L.A., Asceticism and Ideology: The Language of Power in the Pastoral
Epistles, Semeia 57 (1992) 77–94

Brown, R.E., Does the New Testament Call Jesus God?, TS 26 (1965) 545–573

Brox, N., Altkirchliche Formen des Anspruchs auf apostolische Kirchenverfassung, Kairos NF 12 (1970) 113–140

– Der erste Petrusbrief, ⁴1993 (EKK 21)

– Falsche Verfasserangaben. Zur Erklärung der frühchristlichen Pseudepigraphie, 1975 (SBS 79)

– Historische und theologische Probleme der Pastoralbriefe des Neuen Testaments, Kairos NF 11 (1969) 81–94

– Lukas als Verfasser der Pastoralbriefe?, in: JAC 13 (1970) 62–77

– Pseudo-Paulus und Pseudo-Ignatius. Einige Topoi altchristlicher Pseudepigraphie, VigChr 30 (1976) 181–188

– Von der apokalyptischen Naherwartung zur christlichen Tugendlehre, in: Spätantike und Christentum, hrsg. v. Colpe, C., u.a., Berlin 1992, 229–248

– Zu den persönlichen Notizen der Pastoralbriefe, BZ NF 13 (1969) 76–94

Brucker, R., »Christushymnen« oder »epideiktische Passagen«? Studien zum Stilwechsel im Neuen Testament und seiner Umwelt, 1997 (FRLANT 176)

Bünker, M., Briefformular und rhetorische Disposition im 1.Korintherbrief 1984 (GTA 28)

Bultmann, R., Art. Pastoralbriefe, in: RGG IV (²1930) 993–997

– Theologie des Neuen Testaments, Tübingen (1958) ⁹1984

Burchard, Chr., Der dreizehnte Zeuge. Traditions- und kompositionsgeschichtliche Untersuchungen zu Lukas' Darstellung der Frühzeit des Paulus, 1970 (FRLANT 103)

– Formen der Vermittlung christlichen Glaubens im Neuen Testament. Beobachtungen anhand von κήρυγμα, μαρτυρία und verwandten Begriffen, EvTh 38 (1978) 313–340

Burini, C., τῇ ὑγιαινούσῃ διδασκαλίᾳ. Una norma di vita cristiana in Tito 2,1, VetChr 18 (1981) 275–285

Burrus, V., Chastity as Autonomy: Women in the Stories of the Apocryphal Acts, Semeia 38 (1986) 101–117 (mit Diskussion J.-D. Kaestli / V. Burrus ebd. 119–135)

Campbell, R.A., The Elders: Seniority within the Earliest Christianity, Edinburgh 1994

– Identifying the Faithful Sayings in the Pastoral Epistles, JSNT 54 (1994) 73–86

– ΚΑΙ ΜΑΛΙΣΤΑ ΟΙΚΕΙΩΝ. – A New Look at 1 Timothy 5.8, NTS 41 (1995) 157–160

Campenhausen, H. Frh. von, Kirchliches Amt und geistliche Vollmacht in den ersten drei Jahrhunderten, ²1963 (BHTh 14)

– Polykarp von Smyrna und die Pastoralbriefe, in: ders., Aus der Frühzeit des Christentums, Tübingen 1963, 197–252

Cipriani, S., La dottrina del »depositum« nelle lettere pastorali, in: Studiorum Paulinorum Congressus Internationalis Catholicus 1961, Rom 1963 (AnBib 17/18), II, 127–142

– La »vita cristiana« nelle lettere pastorali, in: Una Hostia (FS C. Ursi), hrsg. v. Muratore, S., Napoli 1984, 69–86

Classen, C.J., Paulus und die antike Rhetorik, ZNW 82 (1991) 1–33

Colish, M.L., Stoicism and the New Testament: An Essay in Historiography, in: ANRW II 26/1 (1992) 334–379

Collins, J.N., Diakonia. – Re-interpreting the Ancient Sources, Oxford 1990

Collins, R.F., The Image of Paul in the Pastorals, LPT 31 (1975) 147–173

Conzelmann, H., Die Apostelgeschichte, ²1972 (HNT 7)

– / *Lindemann, A.*, Arbeitsbuch zum Neuen Testament, Tübingen ¹¹1995

Cook, D., The Pastoral Fragments Reconsidered, JThS 35 (1984) 120–131

Cousineau, A., Le sens de »presbyteros« dans les pastorales, ScEs 28 (1976) 47–162

Cranford, L., Encountering Heresy: Insight from the Pastoral Epistles, SWJT 22 (1980) 23–40

Crouch, J.E., The Origin and Intention of the Colossian Haustafel, 1972 (FRLANT 109)

Cruvellier, Y., La notion de piété dans les Épîtres Pastorales, EtEv 23 (1963) 41–61

Dassmann, E., Archäologische Spuren frühchristlicher Paulusverehrung, RQ 84 (1989) 271–298

– Entstehung und theologische Begründung der kirchlichen Ämter in der Alten Kirche, IKaZ 22 (1993) 350–362

– Hausgemeinde und Bischofsamt, in: Vivarium (FS Th. Klauser) = JAC.E 11 (1984) 82–97

– Der Stachel im Fleisch. Paulus in der frühchristlichen Literatur bis Irenäus, Münster 1979

– Zeugnis des Glaubens: Familienleben in frühchristlicher Zeit, LebZeug 49 (1994) Heft 1, 21–36

– Zur Entstehung des Monepiskopats, in: JAC 17 (1974) 74–90

– / *Schöllgen, G.*, Art. Haus II (Hausgemeinschaft), in: RAC 13 (1986) 801–905

Dautzenberg, G., »Da ist nicht männlich und weiblich«, Kairos 24 (1982) 181–206

– Rezension zu Oberlinner, Die Pastoralbriefe (1Tim [1994]; 2Tim [1995]), ThRv 94 (1998) 70–72

– / *Merklein, H.* / *Müller, K.* (Hrsg.), Die Frau im Urchristentum, 1983, (QD 95)

Davies, St.L., Women, Tertullian and the Acts of Paul, Semeia 38 (1986) 139–143 (mit Response von Th.W. MacKay ebd. 145–149)

Deichgräber, R., Gotteshymnus und Christushymnus in der frühen Christenheit. Untersuchungen zu Form, Sprache und Stil der frühchristlichen Hymnen, 1967 (StUNT 5)

Deissmann, A., Licht vom Osten, Tübingen ⁴1923

Donelson, L.R., Pseudepigraphy and Ethical Argument in the Pastoral Epistles, 1986 (HUTh 22)

– The Structure of Ethical Argument in the Pastorals, BTB 18 (1988) 108–113

Downing, F.G., A Cynic Preparation for Paul's Gospel for Jew and Greek, Slave and Free, Male and Female, NTS 42 (1996) 454–462

Dschulnigg, P., Warnung vor Reichtum und Ermahnung der Reichen. 1Tim 6,6–10.17–19 im Rahmen des Schlußteils 6,3–21, BZ 37 (1993) 60–77

Duff, J., P⁴⁶ and the Pastorals: A Misleading Consens?, NTS 44 (1998) 578–590

Eckert, J., »Ich ermahne euch bei der Sanftmut und Milde des Christus« (2Kor 10,1), TThZ 100 (1991) 39–55

– Indikativ und Imperativ, in: Ethik im Neuen Testament, hrsg. v. Kertelge, K., Freiburg i.Br. 1984, 168–189 (QD 102)

Eckstein, H.-J., Der Begriff Syneidesis bei Paulus. Eine neutestamentlich-exegetische Untersuchung zum »Gewissensbegriff«, 1983 (WUNT II/10)

Elliger, W., Ephesos. Geschichte einer antiken Weltstadt, Stuttgart 1985

Elliott, J.K., ΔΙΔΩΜΙ in 2 Timothy, JThS 19 (1968) 621–623

Ellis, E.E., Die Pastoralbriefe und Paulus. Beobachtungen zu Jürgen Roloffs Kommentar über 1.Timotheus, ThBeitr 4 (1991) 208–212

– Traditions in the Pastoral Epistles, in: Early Jewish and Christian Exegesis. Studies in Memory of W.H. Brownlee, hrsg. v. Evans, C.A. / Stinespring, W.F., Atlanta 1987, 237–253

Eltester, W. (Hrsg.), Christentum und Gnosis, 1969 (BZNW 37)

Fabry, H.-J., Der altorientalische Hintergrund des urchristlichen Diakonats, in: Der Diakon. Wiederentdeckung und Erneuerung seines Dienstes, hrsg. v. Plöger, J.G. / Weber, H.J., Freiburg i.Br. 1980, 15–26

Fee, G.D., Reflections on Church Order in the Pastoral Epistles. With Further Reflection on the Hermeneutics of *ad hoc* Documents, JETS 28 (1985) 141–151

Ferrier-Welty, M., La transmission de l'Évangile. Recherche sur la relation personnelle dans l'Église d'après les Épîtres pastorales, ETR 32 (1957) 75–131
– Vocation et consécration de Timothée, ebd. 132–135

Feuillet, A., La doctrine des Épîtres Pastorales et leurs affinités avec l'œuvre lucanienne, RThom 78 (1978) 181–225

Fiedler, P., Art. Haustafel, in: RAC 13 (1986) 1063–1073

Fiore, B., The Function of Personal Example in the Socratic and Pastoral Epistles, 1986 (AnBib 105)

Fitzer, G., »Das Weib schweige in der Gemeinde«. Über den unpaulinischen Charakter der mulier-taceat-Verse in 1.Kor 14, 1963 (TEH NF 110)

Floor, L., Church Order in the Pastoral Epistles, Neotestamentica 10 (1976) 81–91

Foerster, W., ΕΥΣΕΒΕΙΑ in den Pastoralbriefen, NTS 5 (1958/59) 213–218

Frenschkowski, M., Offenbarung und Epiphanie, Bd. I: Grundlagen des spätantiken und frühchristlichen Offenbarungsglaubens, Bd. II: Die verborgene Epiphanie in Spätantike und frühem Christentum, 1995/1997 (WUNT II/79.80)
– Pseudepigraphie und Paulusschule. Gedanken zur Verfasserschaft der Deuteropaulinen, insbesondere der Pastoralbriefe, in: Horn (Hrsg.), Ende (s.u.) 239–272

Friedrich, G., Lohmeyers These über das paulinische Briefpräskript kritisch beleuchtet, ThLZ 81 (1956) 343–346

Fronhofen, H., Weibliche Diakone in der frühen Kirche, StZ 204 (1986) 269–278

Funk, R.W., The Apostolic Parousia. Form and Significance, in: Christian History and Interpretation (FS J. Knox), hrsg. v. Farmer, W.R., u.a., Cambridge 1967, 249–268

Gabel, H., Inspirationsverständnis im Wandel. Theologische Neuorientierung im Umfeld des Zweiten Vatikanischen Konzils, Mainz 1991

Gärtner, B., The Temple and the Community in Qumran and the New Testament. A Comparative Study in the Temple Symbolism of the Qumran Textes and The New Testament, 1965 (MSSNTS 1)

Galot, J., Le Christ, médiateur unique et universel, in: Mediation in Christianity and other Religions = Médiation Dans le Chistianisme et les autres Religions, 1972 (StMiss 21), 303–320

Gerstenberger, E.S. / Schrage, W., Frau und Mann, 1980 (BiKon)

Gielen, M., Tradition und Theologie neutestamentlicher Haustafelethik. Ein Beitrag zur Frage einer christlichen Auseinandersetzung mit gesellschaftlichen Normen, 1990 (BBB 75)

Giesen, H., Im Dienst der Einheit. Die Funktion der Dienstämter im Zeugnis neutestamentlicher Schriften, 1990 (SNTU 15), 5–40

Gill, Ch. / Wiseman, T.P. (Hrsg.), Lies and Fiction in the Ancient World, Exeter 1993

Gnilka, J., Paulus von Tarsus. Apostel und Zeuge, 1996 (HThK.S 6)
– Theologie des Neuen Testaments, 1994 (HThK.S 5)
– Die Wirkungsgeschichte als Zugang zum Verständnis der Bibel, MThZ 40 (1989) 51–62

Goulder, M., The Pastor's Wolves. Jewish Christian Visionaries behind the Pastoral Epistles, NT 38 (1996) 242–256

Graham, R.W., Women in the Ministry of Jesus and in the Early Church, LexTQ 18 (1983) 1–42

Grimm, B., Untersuchungen zur sozialen Stellung der frühen Christen in der römischen Gesellschaft, München 1975

Grossouw, W., Epiphaneia in de Pastorale Brieven, NKS 49 (1953) 353–361

Gülzow, H., Christentum und Sklaverei in den ersten drei Jahrhunderten, Bonn 1969

Günther, M., Die Frühgeschichte des Christentums in Ephesus, Frankfurt a.M. 1995 (Arbeiten zur Religion und Geschichte des Urchristentums 1)

Häfner, G., Die Gegner in den Pastoralbriefen und die Paulusakten, ZNW 92 (2001) 64–77

– »Nützlich zur Belehrung« (2 Tim 3,16). Die Rolle der Schrift in den Pastoralbriefen im Rahmen der Paulusrezeption, Freiburg i.Br. 2000 (Herders biblische Studien 25)

Haenchen, E., Die Apostelgeschichte, [7]1977 (KEK III)

Hahn, F., Das apostolische und das nachapostolische Zeitalter als ökumenisches Problem, in: ders., Exegetische Beiträge zum ökumenischen Problem. Gesammelte Aufsätze I, Göttingen 1986, 76–94

– Christologische Hoheitstitel. Ihre Geschichte im frühen Christentum, [4]1974 (FRLANT 83)

– Die christologische Begründung urchristlicher Paränese, ZNW 72 (1981) 88–99

– Frühkatholizismus als ökumenisches Problem, in: ders., Exegetische Beiträge zum ökumenischen Problem. Gesammelte Aufsätze I, Göttingen 1986, 57–75

– Der urchristliche Gottesdienst, 1970 (SBS 41)

Hainz, J., Die Anfänge des Bischofs- und Diakonenamtes, in: ders. (Hrsg.), Kirche im Werden, München/Paderborn/Wien 1976, 91–107

Hanson, A.T., The Domestication of Paul: A Study in the Development of Early Christian Theology, BJRL 63 (1980/81) 402–418

– Studies in the Pastoral Epistles, London 1968

– The Use of the Old Testament in the Pastoral Epistles, IBSt 3 (1981) 203–219

Haraguchi, T., Das Unterhaltsrecht des frühchristlichen Verkündigers. Eine Untersuchung zur Bezeichnung ἐργάτης im Neuen Testament, ZNW 84 (1993) 178–195

Harding, M., Tradition and Rhetoric in the Pastoral Epistles, New York 1998 (Studies in Biblical Literature 3)

Harnack, A. von, Die Mission und Ausbreitung des Christentums in den ersten drei Jahrhunderten, Leipzig [4]1924

Harrison, P.N., The Problem of the Pastoral Epistles, Oxford 1921

Hasler, V., Epiphanie und Christologie in den Pastoralbriefen, ThZ 33 (1977) 193–209

– Das nomistische Verständnis des Evangeliums in den Pastoralbriefen, SthU 28 (1958) 65–77

Haufe, G., Gnostische Irrlehre und ihre Abwehr in den Pastoralbriefen, in: Gnosis im Neuen Testament, hrsg. v. Tröger, K.-W., Gütersloh 1973, 325–339

Haykin, M.A.G., The Fading Vision? The Spirit and the Freedom in the Pastoral Epistles, EvQ 57 (1985) 291–305

Hegermann, H., Der geschichtliche Ort der Pastoralbriefe, ThV 2 (1970) 47–65

Heiligenthal, R., Werke als Zeichen. Untersuchungen zur Bedeutung der menschlichen Taten im Frühjudentum, Neuen Testament und Frühchristentum, 1983 (WUNT II/9)

Hitchcock, F.R.M., Philo and the Pastorals, Her. 56 (1940) 113–135

Hoffmann, P., Das Erbe Jesu und die Macht der Kirche. Rückbesinnung auf das Neue Testament, Mainz 1991

– Priestertum und Amt im Neuen Testament. Eine Bestandsaufnahme, in: ders., Priesterkirche, Düsseldorf 1987, 12–61

Hofrichter, P., Strukturdebatte im Namen des Apostels. Zur Abhängigkeit des Pastoralbriefe untereinander und vom ersten Petrusbrief, in: Anfänge der Theologie (FS J.B. Bauer), hrsg v. Brox, N., u.a., Graz 1987, 101–116

Horn, F.W. (Hrsg.), Das Ende des Paulus. Historische, theologische und literaturgeschichtliche Aspekte, 2001 (BZNW 106)

Horrell, D., Converging Ideologies: Berger and Luckmann and the Pastoral Epistles, JSNT 50 (1993) 85–103

Horsley, G.H.R., The Inscriptions of Ephesos and the New Testament, NT 34 (1992) 105–168

Horst, P.W., van der, The Sentences of Pseudo-Phokylides, 1978 (SVTP 4)

Howe, E.M., Interpretations of Paul in the Acts of Paul and Thecla, in: Pauline Studies (FS F.F. Bruce), hrsg. v. Hagner, D.A., Michigan 1980, 33–49

Hübner, H., Biblische Theologie des Neuen Testaments, Bd. 2: Die Theologie des Paulus und ihre neutestamentliche Wirkungsgeschichte, Göttingen 1993

Hünermann, P., Theologische Argumente für die Diakonatsweihe von Frauen, in: ders., Diakonat (s.u.) 98–128

– *u.a.* (Hrsg.), Diakonat. Ein Amt für Frauen in der Kirche – Ein frauengerechtes Amt?, Ostfildern 1997

Jensen, A., Das Amt der Diakonin in der kirchlichen Tradition des ersten Jahrtausend, in: Hünermann (Hrsg.), Diakonat (s.o.) 33–52

– Christusrepräsentation, kirchliche Ämter und Vorsitz bei der Eucharistie, ZPhTh 40 (1993) 282–297

– Gottes selbstbewußte Töchter. Frauenemanzipation im frühen Christentum?, Freiburg i.Br. 1992

– Thekla – die Apostolin. Ein apokrypher Text neu entdeckt, Freiburg i.Br. 1995 (Frauen – Kultur – Geschichte 3)

Jentsch, W., Erziehung und Bildung im Neuen Testament, PBl 108 (1968) 206–222

Jeremias, J., Zur Datierung der Pastoralbriefe, ZNW 52 (1961) 101–104

Johnson, L.T., II Timothy and the Polemic Against False Teachers: A Re-examination, OJRS 6 (1978) Nr. 2, 1–26

Jorissen, H., Theologische Bedenken gegen die Diakonatsweihe von Frauen, in: Hünermann (Hrsg.), Diakonat (s.o.) 86–97

Kaestli, J.-D., Mémoire et pseudépigraphie dans le christianisme de l'âge postapostolique, RThPh 125 (1993) 41–63

Kamlah, E., Die Form der katalogischen Paränese im Neuen Testament, 1964 (WUNT 7)

Karrer, M., Der Gesalbte. Die Grundlagen des Christustitels, 1991 (FRLANT 151)

– Das urchristliche Ältestenamt, NT 32 (1990) 152–188

Karris, R.J., The Background and Significance of the Polemic of the Pastoral Epistles, JBL 92 (1973) 549–564

Kennel, G., Frühchristliche Hymnen? Gattungskritische Studien zur Frage nach den Liedern der frühen Christenheit, 1995 (WMANT 71)

Kent, H.A.,Jr., The Pastoral Epistles. Studies in 1 and 2 Timothy and Titus, Chicago 1982

Kertelge, K., Gemeinde und Amt im Neuen Testament, 1972 (BiH 10)

– (Hrsg.), Das kirchliche Amt im Neuen Testament, 1977 (WdF 439)

– (Hrsg.), Paulus in den neutestamentlichen Spätschriften, 1981 (QD 89)

Kidd, R.M., Wealth and Beneficence in the Pastoral Epistles. A »Bourgeois« Form of Early Christianity?, 1990 (SBLDS 122)

Kirchschläger, W., Die Entwicklung von Kirche und Kirchenstruktur zur neutestamentlichen Zeit, in: ANRW II 26/2 (1995), 1277–1356

Klauck, H.-J., Die antike Briefliteratur und das Neue Testament, Paderborn 1998 (UTB 2022)

– Hausgemeinde und Hauskirche im frühen Christentum, 1981 (SBS 103)

– Die religiöse Umwelt des Urchristentums, 2 Bde., Stuttgart 1995/1996 (KStTh 9/1.2)

Knibbe, D., u.a., Neue Inschriften aus Ephesos IX–X, JÖAI 55 (1984) 107–149

Knight, G.W., The Faithful Sayings in the Pastoral Letters, Kampen 1968

Knoch, O., Die »Testamente« des Petrus und Paulus. Die Sicherung der apostolischen Überlieferung in der spätneutestamentlichen Zeit, 1973 (SBS 62)

Köster, H., Einführung in das Neue Testament im Rahmen der Religionsgeschichte und Kulturgeschichte der hellenistischen und römischen Zeit, Berlin / New York 1980

Kommission für die Archäologische Erforschung Kleinasiens bei der Österr. Akad. d. Wiss. (Hrsg.), Die *Inschriften* von Ephesos. Teil Ia–VIII,2, Bonn 1979–1984 (s. auch *Knibbe*)

Koschorke, K., Die Polemik der Gnostiker gegen das kirchliche Christentum, 1978 (NHSt 12)

Koskenniemi, H., Studien zur Idee und Phraseologie des griechischen Briefes bis 400 n.Chr., 1956 (AASF, Ser. B 102)

Kowalski, B., Zur Funktion und Bedeutung der alttestamentlichen Zitate und Anspielungen in den Pastoralbriefen, SNTU 19 (1994) 45–68

Kretschmar, G., Der paulinische Glaube in den Pastoralbriefen, in: Glaube im Neuen Testament (FS H. Binder), hrsg. v. Hahn, F., u.a., 1982 (BThSt 7), 115–140

Küchler, M., Frühjüdische Weisheitstraditionen. Zum Fortgang weisheitlichen Denkens im Bereich des frühjüdischen Jahweglaubens, 1979 (OBO 26)

– Schweigen, Schmuck und Schleier. Drei neutestamentliche Vorschriften zur Verdrängung der Frauen auf dem Hintergrund einer frauenfeindlichen Exegese des Alten Testaments im antiken Judentum, 1986 (NTOA 1)

Kümmel, W.G., Einleitung in das Neue Testament, Heidelberg ²¹1983

Läger, K., Die Christologie der Pastoralbriefe, Münster 1996 (Hamburger Theologische Studien 12)

Lampe, P., Acta 19 im Spiegel der ephesinischen Inschriften, BZ 36 (1992) 59–76

– Die stadtrömischen Christen in den ersten beiden Jahrhunderten, 1987, ²1989 (WUNT II/18)

– / Luz, U., Nachpaulinisches Christentum und pagane Gesellschaft, in: Die Anfänge des Christentums, hrsg. v. Becker, J., u.a., Stuttgart 1987, 185–216

Lau, A.Y., Manifest in Flesh. The Epiphany Christology of the Pastoral Epistles, 1996 (WUNT II/86)

Laub, F., Sozialgeschichtliche Exegese. Anmerkungen zu einer neuen Fragestellung in der historisch-kritischen Arbeit am Neuen Testament, MThZ 40 (1989) 39–50

– Sozialgeschichtlicher Hintergrund und ekklesiologische Relevanz der neutestamentlich-frühchristlichen Haus- und Gemeindetafelparänese – ein Beitrag zur Soziologie des Frühchristentums, MThZ 37 (1986) 249–271

Lausberg, H., Handbuch der literarischen Rhetorik, Stuttgart ³1990

Le Fort, P., La responsabilité politique de l'église d'après les épîtres pastorales, ETR 49 (1974) 1–14

Légasse, S., Amitié antique et Nouveau Testament, BLE Suppl. Chronique 1984, 21–24

Lemaire, A., Les ministères aux origines de l'Église, 1971 (LeDiv 68)

– Épîtres Pastorales: Rédaction et théologie, BTB 2 (1972) 24–41

Lindemann, A., Paulus im ältesten Christentum. Das Bild des Apostels und die Rezeption der paulinischen Theologie in der frühchristlichen Literatur bis Marcion, 1979 (BHT 58)

Lippert, P., Leben als Zeugnis. Die werbende Kraft christlicher Lebensführung nach dem Kirchenverständnis neutestamentlicher Briefe, 1968 (SBM 4)

Lips, H. von, Der Gedanke des Vorbilds im Neuen Testament, EvTh 58 (1998) 295–309

– Glaube – Gemeinde – Amt. Zum Verständnis der Ordination in den Pastoralbriefen, 1979 (FRLANT 122)

– Die Haustafel als »Topos« im Rahmen der urchristlichen Paränese. Beobachtungen anhand des 1. Petrusbriefes und des Titusbriefes, NTS 40 (1994) 261–280

– Von den »Pastoralbriefen« zum »Corpus Pastorale«. Eine Hallische Sprachschöpfung und ihr modernes Pendant als Funktionsbestimmung dreier neutestamentlicher Briefe, in: Reformation und Neuzeit. 300 Jahre Theologie in Halle, hrsg. v. Schnelle, U., Berlin 1994, 49–71

– Weisheitliche Traditionen im Neuen Testament, 1990 (WMANT 64)

Löhr, W.A., Basilides und seine Schule. Eine Studie zur Theologie- und Kirchengeschichte des zweiten Jahrhunderts, 1996 (WUNT 83)

Löning, K., Epiphanie der Menschenfreundlichkeit. Zur Rede von Gott im Kontext städtischer Öffentlichkeit nach den Pastoralbriefen, in: Und dennoch ist von Gott zu reden (FS H. Vorgrimler), hrsg. v. Lutz-Bachmann, M., Freiburg i.Br. 1994, 107–124

– »Gerechtfertigt durch seine Gnade« (Tit 3,7). Zum Problem der Paulusrezeption in der Soteriologie der Pastoralbriefe, in: Der lebendige Gott. Studien zur Theologie des Neuen Testaments (FS W. Thüsing), hrsg. v. Söding, Th., 1996 (NTA 31), 241–257

– »Säule und Fundament der Wahrheit« (1 Tim 3,15). Zur Ekklesiologie der Pastoralbriefe, in: Ekklesiologie des Neuen Testaments (FS K. Kertelge), hrsg. v. Kampling, R. / Söding, Th., Freiburg i.Br. 1996, 409–430

Lohfink, G., Die Normativität der Amtsvorstellungen in den Pastoralbriefen, ThQ 157 (1977) 93–106

– Paulinische Theologie in der Rezeption der Pastoralbriefe, in: Paulus in den neutestamentlichen Spätschriften, hrsg. v. Kertelge, K., 1981 (QD 89), 70–121

– Die Vermittlung des Paulinismus zu den Pastoralbriefen, BZ 32 (1988) 169–188

Lohmeyer, M., Der Apostelbegriff im Neuen Testament. Eine Untersuchung auf dem Hintergrund der synoptischen Aussendungsreden, 1995 (SBB 29)

Lohse, E., Das apostolische Vermächtnis. Zum paulinischen Charakter der Pastoralbriefe, in: Studien zum Text und zur Ethik des Neuen Testaments (FS H. Greeven), hrsg. v. Schrage, W., 1986 (BZNW 47), 266–281

– Die Entstehung des Bischofsamtes in der frühen Christenheit, ZNW 71 (1980) 58–73

– Episkopos in den Pastoralbriefen, in: Kirche und Bibel (FS E. Schick), Paderborn 1979, 225–231

– Die Ordination im Spätjudentum und im Neuen Testament, Göttingen 1951

Lona, H.E., Der erste Clemensbrief, 1998 (KAV 2)

– Über die Auferstehung des Fleisches. Studien zur frühchristlichen Eschatologie, 1993 (BZNW 66)

Lovering, E.H., Jr. / Sumney, J.L. (Hrsg.), Theology and Ethics in Paul and his Interpreters (FS V.P. Furnish), Nashville 1996

Lührmann, D., Epiphaneia. Zur Bedeutungsgeschichte eines griechischen Wortes, in: Tradition und Glaube (FS K.G. Kuhn), hrsg. v. Jeremias, G., u.a., Göttingen 1971, 185–199

– Neutestamentliche Haustafeln und antike Ökonomie, NTS 27 (1981) 83–97

Lütgert, W., Die Irrlehrer der Pastoralbriefe, 1909 (BFChTh 13/3)

Luz, U., Rechtfertigung bei den Paulusschülern, in: Rechtfertigung (FS E. Käsemann), hrsg. v. Friedrich, J., u.a., Tübingen/Göttingen 1976, 365–383

MacDonald, D.R., The Legend and the Apostle. The Battle for Paul in Story and Canon, Philadelphia 1983

MacDonald, M.Y., Early Christian women and pagan opinion. The power of the hysterical woman, Cambridge 1996

– The Pauline Churches. A Socio-historical Study of Institutionalization in the Pauline and Deutero-Pauline Writings, 1988 (MSSNTS 60)

Magaß, W., Tradition – Zur Herkunft eines rechtlichen und literarischen Begriffs, Kairos 24 (1982) 110–120

Malherbe, A.J., Ancient Epistolary Theorists, OJRS 5 (1977) 3–77

– Hellenistic Moralists and the New Testament, in: ANRW II 26/1 (1992) 267–333

– Medical Imagery in the Pastoral Epistles, in: Texts and Testaments (FS St.D. Currie), hrsg. v. March, W.A., San Antonio 1980, 19–35

Markschies, Ch., Alte und neue Texte und Forschungen zu Valentin und den Anfängen der ›valentinianischen‹ Gnosis – von J.E. Grabe und F.C. Baur bis B. Aland, in: Böhlig/Markschies, Gnosis (s.o.) 39–111

– Valentinus Gnosticus? Untersuchungen zur valentinianischen Gnosis mit einem Kommentar zu den Fragmenten Valentins, 1992 (WUNT 65)

Marshall, I.H., The Christology of the Pastoral Epistles, 1988 (SNTU.A 13), 157–177

– Faith and Works in the Pastoral Epistles, 1984 (SNTU.A 9), 203–218

– Salvation in the Pastoral Epistles, in: Geschichte – Tradition – Reflexion (FS M. Hengel), hrsg. v. Cancik, H., u.a., Tübingen 1996, Bd. 3, 449–469

Martimort, A.G., Les diaconesses. Essai historique, 1982 (BEL.S 24)

Marxsen, W., ›Christliche‹ und christliche Ethik im Neuen Testament, Gütersloh 1989

– Einleitung in das Neue Testament, Gütersloh ⁴1978

Massingberd Ford, J., A Note on Proto-Montanism in the Pastoral Epistles, NTS 17 (1970/71) 338–346

Maurer, Ch., Eine Textvariante klärt die Entstehung der Pastoralbriefe auf, ThZ 3 (1947) 321–337

McEleney, N.J., The Vice Lists of the Pastoral Epistles, CBQ 36 (1974) 203–219

Meade, D.G., Pseudonymity and Canon. An Investigation into the Relationship of Authorship and Authorty in Jewish and Earliest Christian Tradition, 1986 (WUNT 39)

Meeks, W.A. (Hrsg.), Urchristentum und Stadtkultur. Die soziale Welt der paulinischen Gemeinden, Gütersloh 1993

– Zur Soziologie des Urchristentums, 1979 (TB 62)

Meinardus, O.F.A., Cretan Traditions about St. Paul's Mission to the Island, OS 22 (1973) 172–183

Merk, O., Glaube und Tat in den Pastoralbriefen, ZNW 66 (1975) 91–102

Merklein, H., Der erste Brief an die Korinther I, 1992 (ÖTK 7/1)

– Das kirchliche Amt nach dem Epheserbrief, 1973 (StANT 33)

– Im Spannungsfeld von Protologie und Eschatologie. Zur kurzen Geschichte der aktiven Beteiligung von Frauen in paulinischen Gemeinden, in: Eschatologie und Schöpfung (FS E. Gräßer), hrsg. v. Evang, M. / Merklein, H. / Wolter, M., 1997 (BZNW 89), 231–259

Metzger, W., Die letzte Reise des Apostels Paulus. Beobachtungen und Erwägungen zu seinem Itinerar nach den Pastoralbriefen, 1976 (AzTh 59)

Michel, O., Grundfragen der Pastoralbriefe, in: Auf dem Grunde der Apostel und Propheten (FS Th. Wurm), hrsg. v. Loeser, M., Stuttgart 1948, 83–99

Mitchell, M.M., New Testament Envoys in the Context of Greco-Roman Diplomatic and Epistolary Conventions: the Example of Timothy and Titus, JBL 111 (1992) 641–662

Moda, A., Le lettere pastorali e la biografia di Paolo, BeO 27 (1985) 149–161

Molitor, J., Die georgische Version des 1. und 2. Timotheusbriefes und des Titusbriefes ins Lateinische übertragen und nach Syriazismen untersucht, OrChr 61 (1977) 3–19

Morton, A.Q. / Michaelson, S. / Thompson, J.D., A Critical Concordance to the Pastoral Epistles I,II Timothy, Titus, Philemon, 1982 (CompBib 25)

Mosetto, F., La Bibbia e il pastore. La Sacra Scrittura nelle Lettere Pastorali, in: Virgilio (Hrsg.), Deposito (s.u.) 113–130

Mowery, R.L., The Articular Prepositional Attributes in the Pauline Corpus, Bib. 71 (1990) 85–92

Müller, K., Die Haustafel des Kolosserbriefes und das antike Frauenthema, in: Dautzenberg/Merklein/Müller (Hrsg.), Frau (s.o.) 263–319

Müller, M., Vom Schluß zum Ganzen. Zur Bedeutung des paulinischen Briefkorpusabschlusses, 1997 (FRLANT 172)

Müller, P.-G., Der Traditionsprozeß im Neuen Testament. Kommunikationsanalytische Studien zur Versprachlichung des Jesusphänomens, Freiburg i.Br. 1982

Müller, U.B., Zur frühchristlichen Theologiegeschichte. Judenchristentum und Paulinismus in Kleinasien an der Wende vom ersten zum zweiten Jahrhundert n.Chr., Gütersloh 1976

Murphy-O'Conner, J., 2 Timothy Contrasted with 1 Timothy an Titus, RB 98 (1991) 403–418

– Paul the Letter-Writer. His World, His Options, His Skills, Collegeville, Minnesota 1995 (GNS 41)

Mußner, F., Die Apostelgeschichte, 1984 (NEB)

Nägele, A., Des Johannes Chrysostomus Homilien zu den Timotheusbriefen des hl. Apostels Paulus und die Zeit ihrer Afassung, ThQ 116 (1935) 117–142

Neuner, P., »Die Kirche entwickelt heute neue Ämter«, HK 49 (1995) 128–133

– Ökumenische Theologie. Die Suche nach der Einheit der christlichen Kirchen, Darmstadt 1997

Niebuhr, K.-W., Gesetz und Paränese. Katechismusartige Weisungsreihen in der frühjüdischen Literatur, 1987 (WUNT II/28)

Nielsen, Ch.M., Scripture in the Pastoral Epistles, PRSt 7 (1980) 4–23

Niemand, Ch., »... damit das Wort Gottes nicht in Verruf kommt« (Titus 2,5). Das Zurückdrängen von Frauen aus Leitungsfunktionen in den Pastoralbriefen – und was daraus heute für das Thema ›Diakonat für Frauen‹ zu lernen ist, ThPQ 144 (1996) 351–361

Noormann, R., Irenäus als Paulusinterpret. Zur Rezeption und Wirkung der paulinischen und deuteropaulinischen Briefe im Werk des Irenäus von Lyon, 1994 (WUNT II/66)

North, J.L., »Human Speech« in Paul and the Paulines: The Investigation and Meaning of ἀνθρώπινος ὁ λόγος (1 Tim. 3:1), NT 37 (1995) 50–67

Nürnberg, R., »Non decet neque necessarium est, ut mulieres doceant«. Überlegungen zum altkirchlichen Lehrverbot für Frauen, in: JAC 31 (1988) 57–73

Oberlinner, L., Anpassung oder Widerspruch? Die christliche Gemeinde am Anfang des 2. Jahrhunderts nach den Pastoralbriefen, in: Vögtle, A. / Oberlinner, L., Anpassung oder Widerspruch. Von der apostolischen zur nachapostolischen Kirche, Freiburg i.Br. 1992, 92–114

– Antijudaismus in den Pastoralbriefen?, in: »Nun steht aber diese Sache im Evangelium ...«, hrsg. v. Kampling, R., Paderborn 1999, 281–299

– Die Apostel und ihre Nachfolger, in: Vögtle, A. / Oberlinner, L., Anpassung oder Widerspruch. Von der apostolischen zur nachapostolischen Kirche, Freiburg i.Br. 1992, 9–39

– »Ein ruhiges und ungestörtes Leben führen«. Ein Ideal für christliche Gemeinden?, BiKi 46 (1991) 98–106

– Die »Epiphaneia« des Heilswillens Gottes in Christus Jesus, ZNW 71 (1980) 192–213

– Öffnung zur Welt oder Verrat am Glauben? Hellenismus in den Pastoralbriefen, in: Der neue Mensch in Christus. Hellenistische Anthropologie und Ethik im Neuen Testament, hrsg. v. Beutler, J., 2001 (QD 190), 135–163

– Zwischen Anpassung und Konflikt. Die Weisungen für die christliche Gemeinde und die Kirche nach den Pastoralbriefen, BiKi 45 (1990) 87–93

Oliver, J.H., The Sacred Gerusia, 1941 (Hesp.S VI)

Ollrog, W.-H., Paulus und seine Mitarbeiter. Untersuchungen zu Theorie und Praxis der paulinischen Mission, 1979 (WMANT 50)

Ott, L., Das Weihesakrament, 1969 (HDG IV/3)

Page, S., Marital Expectations of Church Leaders in the Pastoral Epistles, JSNT 50 (1993) 105–120

Papathomas, A., Das agonistische Motiv 1 Kor 9.24ff. im Spiegel zeitgenössischer dokumentarischer Quellen, NTS 43 (1997) 223–241

Patsch, H., Die Angst vor dem Deuteropaulinismus. Die Rezeption des »kritischen Sendschreibens« Friedrich Schleiermachers über den 1.Timotheusbrief im ersten Jahrfünft, ZThK 88 (1991) 451–477

Pervo, R.I., Romancing an Oft-Neglected Stone: The Pastoral Epistles and the Epistolary Novel, Journal of Higher Criticism 1 (1994) 25–47

Pesch, R., Die Apostelgeschichte, I ²1995, II 1986 (EKK V/1.2)

Petersen, S., »Zerstört die Werke der Weiblichkeit!«. Maria Magdalena, Salome und andere Jüngerinnen Jesu in christlich-gnostischen Schriften, 1999 (Nag Hammadi and Manichaean Studies 48)

Pfammatter, J., Die Kirche als Bau. Eine exegetisch-theologische Studie zur Ekklesiologie der Paulusbriefe, 1960 (AnGr 110, Sectio B, n. 33)

Pfitzner, V.C., Paul and the Agon Motif. Traditional Athletic Imagery in the Pauline Literature, 1967 (NT.S 16)

Pfleiderer, O., Der Paulinismus. Ein Beitrag zur Geschichte der urchristlichen Theologie, Leipzig ²1890

Pierce, R.W., Evangelicals and Gender Roles in 1990s: 1 Tim 2:8–15: A Test Case, JETS 36 (1993) 343–355

Pilhofer, P., Philippi. Bd. I: Die erste christliche Gemeinde Europas, 1995 (WUNT 87)

Plümacher, E., Identitätsverlust und Identitätsgewinn. Studien zum Verhältnis von kaiserzeitlicher Stadt und frühem Christentum, 1987 (BThSt 11)

Prast, F., Presbyter und Evangelium in nachapostolischer Zeit. Die Abschiedsrede des Paulus in Milet (Apg 20,17–38) im Rahmen der lukanischen Konzeption der Evangeliumsverkündigung, 1979 (FzB 29)

Pratscher, W., Die Stabilisierung der Kirche als Anliegen der Pastoralbriefe, SNTU–A 18 (1993) 133–150

Price, S.R.F., Rituals and Power. The Roman Imperial Cult in Asia Minor, Cambridge 1984, Repr. 1987

Prior, M., Paul the Letter-Writer and the Second Letter to Timothy, 1989 (JSNT.S 23)

Probst, H., Paulus und der Brief. Die Rhetorik des antiken Briefes als Form der paulinischen Korintherkorrespondenz (1Kor 8–10), 1991 (WUNT II/45)

Quinn, J.D., The Holy Spirit in the Pastoral Epistles, in: Sin, Salvation, and the Spirit, hrsg. v. Durken, D., Collegeville, Minnesota 1979, 345–368

– Jesus as Savior and only Mediator (1 Tim 2:3–6). Linguistic Paradigms of Acculturation, in: Fede e Cultura alla Luce della Bibbia. Atti della Sessione plenaria 1979 della Pontificia Commissione Biblica, Torino 1981, 249–260

– Parenesis and the Pastoral Epistles, in: De la Tôrah au Messie (FS H. Cazelles), hrsg. v. Carrez, M., u.a., Paris 1981, 495–501

– P[46] – The Pauline Canon?, CBQ 36 (1974) 379–385

Rankin, D., Tertullian's Use of the Pastoral Epistles in his Doctrin of Ministry, ABR 32 (1984) 18–37

Rathke, H., Ignatius von Antiochien und die Pastoralbriefe, 1967 (TU 99)

Reck, R., Kommunikation und Gemeindeaufbau. Eine Studie zu Entstehung, Leben und Wachstum paulinischer Gemeinden in den Kommunikationsstrukturen der Antike, 1991 (SBB 22)

Redalié, Y., Paul après Paul. Le temps, le salut, la morale selon les épîtres à Timothée et à Tite, Genf 1994 (Le Monde de la Bible 31)

Reed, J.T., Discourse Features in New Testament Letters: With Special Reference to the Structure of 1 Timothy, Journal of Translation and Textlinguistics 6 (1993) 228–252

- To Timothy or not? A Discourse Analysis of 1 Timothy, in: Biblical Greek Language and Linguistics, hrsg. v. Porter, St.E. / Carson, D.A., 1993 (JSNT.S 80) 90–118

Reeve, A. (Hrsg.), Erasmus' Annotations on the New Testament: Galatians to the Apocalypse, 1993 (SHCT 52)

Reiser, M., Bürgerliches Christentum in den Pastoralbriefen?, Bib. 74 (1993) 27–44

- Erziehung durch Gnade. Eine Betrachtung zu Tit 2,11–14, EuA 69 (1993) 443–449

Rendtorff, T. (Hrsg.), Charisma und Institution, Gütersloh 1985

Reuter, R., Synopse zu den Briefen des Neuen Testaments. Teil I: Kolosser-, Epheser-, II.Thessalonicherbrief; Teil II: Die Pastoralbriefe, Frankfurt a.M. 1997/1998 (Arbeiten zur Religion und Geschichte des Urchristentums 5 und 6)

Rogers, P., Pastoral Authority Then and Now, IThQ 48 (1981) 47–59

Rohde, J., Pastoralbriefe und Acta Pauli, StEv 5 = TU 103 (1968) 303–310

Roller, O., Das Formular der paulinischen Briefe. Ein Beitrag zur Lehre vom antiken Briefe, 1933 (BWANT 4/6)

Roloff, J., Ansätze kirchlicher Rechtsbildungen im Neuen Testament, in: ders., Exegetische Verantwortung in der Kirche. Aufsätze, hrsg. v. Karrer, M., Göttingen 1990, 279–336

- Die Apostelgeschichte, 1981 (NTD 5)
- Apostolat – Verkündigung – Kirche. Ursprung, Inhalt und Funktion des kirchlichen Apostelamtes nach Paulus, Lukas und den Pastoralbriefen, Gütersloh 1965
- Der Kampf gegen die Irrlehrer, BiKi 46 (1991) 114–120
- Die Kirche im Neuen Testament, 1993 (NTD Ergänzungsbd. 10)
- Kirchenleitung nach dem Neuen Testament, KuD 42 (1996) 136–153
- Die ökumenische Diskussion um das Amt im Licht des Neuen Testaments, in: ders., Exegetische Verantwortung in der Kirche. Aufsätze, hrsg. v. Karrer, M., Göttingen 1990, 337–362
- Art. Pastoralbriefe, in: TRE XXVI (1996) 50–68
- Pfeiler und Fundament der Wahrheit. Erwägungen zum Kirchenverständnis der Pastoralbriefe, in: Glaube und Eschatologie (FS W.G. Kümmel), hrsg. v. Gräßer, E. / Merk, O., Tübingen 1985, 229–247
- Themen und Traditionen urchristlicher Amtsträgerparänese, in: Neues Testament und Ethik (FS R. Schnackenburg), hrsg. v. Merklein, H., Freiburg i.Br. 1989, 507–526
- Der Weg Jesu als Lebensnorm (2Tim 2,8–13). Ein Beitrag zur Christologie der Pastoralbriefe, in: Anfänge der Christologie (FS F. Hahn), hrsg. v. Breytenbach, C. / Paulsen, H., Göttingen 1991, 155–167

Rordorf, W., In welchem Verhältnis stehen die apokryphen Paulusakten zur kanonischen Apostelgeschichte und zu den Pastoralbriefen?, in: Text and Testimony (FS A.F.J. Klijn), ed. by Baarda, T., u.a., Kampen 1988, 225–241

– Nochmals: Paulusakten und Pastoralbriefe, in: Tradition and Interpretation in the New Testament (FS E.E. Ellis), hrsg. v. Hawthorne, G.F. / Betz, O., Grand Rapids / Tübingen 1987, 319–327

– Tradition and Composition in the Acts of Thecla. The State of the Question, Semeia 38 (1986) 43–52

Rudolph, K., Die Gnosis, Göttingen ³1990

– Die Gnosis: Texte und Übersetzungen, ThR 55 (1990) 113–152

Sänger, D., Kultisches Amt und priesterliche Gemeinde. Neutestamentliche Erwägungen zum Priestertum aller Gläubigen, in: Jesus Christus als die Mitte der Schrift. Studien zur Hermeneutik des Evangeliums, hrsg. v. Landmesser, Ch. / Eckstein, H.-J. / Lichtenberger, H., 1997 (BZNW 86), 619–657

Salzmann, J.Ch., Lehren und Ermahnen. Zur Geschichte des christlichen Wortgottesdienstes in den ersten drei Jahrhunderten, 1994 (WUNT II/59)

Sand, A., »Am Bewährten festhalten«. Zur Theologie der Pastoralbriefe, in: Theologie im Werden, hrsg. v. Hainz, J., Paderborn 1992, 351–376

– Anfänge einer Koordinierung verschiedener Gemeindeordnungen nach den Pastoralbriefen, in: Kirche im Werden, hrsg. v. Hainz, J., München/Paderborn/Wien 1976, 215–237

Schenk, W., Die Briefe an Timotheus I und II und an Titus (Pastoralbriefe) in der neueren Forschung (1945–1985), in: ANRW II 25/4 (1987) 3404–3438

Schenk-Ziegler, A., Correctio fraterna im Neuen Testament. Die »brüderliche Zurechtweisung« in biblischen, frühjüdischen und hellenistischen Schriften, 1997 (FzB 84)

Schenke, H.-M., Das Weiterwirken des Paulus und die Pflege seines Erbes durch die Paulus-Schule, NTS 21 (1975) 505–518

– / *Fischer, K.M.*, Einleitung in die Schriften des Neuen Testaments. Bd. I: Die Briefe des Paulus und Schriften des Paulinismus, Gütersloh 1978

Schierse, F.J., Eschatologische Existenz und christliche Bürgerlichkeit, GuL 32 (1959) 280–291

– Kennzeichen gesunder und kranker Lehre. Zur Ketzerpolemik der Pastoralbriefe, Diak. 4 (1973) 76–86

Schille, G., Das älteste Paulusbild. Beobachtungen zur lukanischen und zur deuteropaulinischen Paulus-Darstellung, Berlin 1979

– Die Apostelgeschichte, 1983 (ThHK 5)

– Frei zu neuen Aufgaben. Beiträge zum Verständnis der dritten urchristlichen Generation, Berlin 1986

Schlarb, E., Die gesunde Lehre. Häresie und Wahrheit im Spiegel der Pastoralbriefe, 1990 (MThSt 28)

– Miszelle zu 1 Tim 6,20, ZNW 77 (1986) 276–281

Schleiermacher, F.E.D., Ueber den sogenannten ersten Brief des Paulos an Timotheos. Ein kritisches Sendschreiben an J.C. Gass, Berlin 1807, in: Friedrich Schleiermacher's sämmtliche Werke. Erste Abtheilung. Zur Theologie. Zweiter Band, Berlin 1836, 221–320; jetzt in: Kritische Gesamtausgabe, hrsg. v. Fischer, H., u.a., Bd. 5, Berlin 1995, 153–242 (danach zitiert)

Schlier, H., Die Ordnung der Kirche nach den Pastoralbriefen, in: ders., Die Zeit der Kirche. Exegetische Aufsätze und Vorträge, Freiburg i.Br. [4]1966, 129–147

Schlosser, J., La didascalie et ses agents dans les épîtres pastorales, RevSR 59 (1985) 81–94

Schmid, J., Art. Pastoralbriefe, in: LThK VIII ([2]1963) 155–158

Schmithals, W., Apg 20,17–38 und das Problem einer »Paulusquelle«, in: Der Treue Gottes trauen (FS G. Schneider), hrsg. v. Bussmann, C. / Radl, W., Freiburg i.Br. 1991, 307–322

– Die Apostelgeschichte des Lukas, 1982 (ZBK NT 3/2)

– Art. Pastoralbriefe, in: RGG V ([3]1961) 144–148

– Theologiegeschichte des Urchristentums, Stuttgart 1994

Schmitt, J., Didascalie ecclésiale et tradition apostolique selon les Épîtres pastorales, ACan 23 (1979) 45–57

Schnackenburg, R., Der Brief an die Epheser, 1982 (EKK X)

– Charisma und Amt in der Urkirche und heute, MThZ 37 (1986) 233–248

– Ephesus: Entwicklung einer Gemeinde von Paulus zu Johannes, BZ 35 (1991) 41–64

– Ethische Argumentationsmethoden und neutestamentlich-ethische Aussagen, in: Ethik im Neuen Testament, hrsg. v. Kertelge, K., 1984 (QD 102)

– Die Kirche im Neuen Testament, 1961 (QD 14)

– Die sittliche Botschaft des Neuen Testaments, 2 Bde., 1986/1988 (HThK Suppl. I/II)

Schneemelcher, W., Neutestamentliche Apokryphen. I. Evangelien; II. Apostolisches. Apokalypsen und Verwandtes, Tübingen [5]1987/1989

Schneider, G., Die Apostelgeschichte, I 1980, II 1982 (HThK V/1.2)

Schnelle, U., Einleitung in das Neue Testament, Göttingen [2]1996 (UTB 1830)

– / *Strecker, G.* (Hrsg.), unter Mitarbeit von G. Seelig, Neuer Wettstein. Texte zum Neuen Testament aus Griechentum und Hellenismus. Bd.II: Texte zur Briefliteratur und zur Johannesapokalypse, Berlin / New York 1996

Schnider, F. / Stenger, W., Studien zum neutestamentlichen Briefformular, 1987 (NTTS 11)

Schöllgen, G., Der Abfassungszweck der frühchristlichen Kirchenordnungen. Anmerkungen zu den Thesen Bruno Steimers, in: JAC 40 (1997) 55–77

– Die Anfänge der Professionalisierung des Klerus und das kirchliche Amt in der Syrischen Didaskalie, 1998 (JAC.E 26)

– Die διπλῆ τιμή von 1 Tim 5,17, ZNW 80 (1989) 232–239

– Hausgemeinde, ΟΙΚΟΣ-Ekklesiologie und monarchischer Episkopat, in: JAC 31 (1988) 74–90

– Pseudapostolizität und Schriftgebrauch in den ersten Kirchenordnungen. Anmerkungen zur Begründung des frühen Kirchenrechts, in: Stimuli (FS E. Dassmann), hrsg. vonSchöllgen, G. / Scholten, C., 1996 (JAC.E 23) 96–121

– Sportulae. Zur Frühgeschichte des Unterhaltsanspruchs der Kleriker, ZKG 101 (1990) 1–20

– Was wissen wir über die Sozialstruktur der paulinischen Gemeinden? Kritische Anmerkungen zu einem neuen Buch von W.A. Meeks, NTS 34 (1988) 71–82

Scholten, C., Probleme der Gnosisforschung: alte Fragen – neue Zugänge, IKaZ.Communio (D) 26 (1997) 481–501

Scholtissek, K. (Hrsg.), Christologie in der Paulus-Schule. Zur Rezeptionsgeschichte des paulinischen Evangeliums, 2000 (SBS 181)

Schottroff, L., Lydias ungeduldige Schwestern. Feministische Sozialgeschichte des frühen Christentums, Gütersloh 1994

Schrage, W., Einige Beobachtungen zur Lehre im Neuen Testament, EvTh 42 (1982) 233–250

– Der erste Brief an die Korinther I (1991); II (1995); III (1999); IV (2001) (EKK VII/1–4)

– Ethik des Neuen Testaments, 1982 (NTD Ergänzungsbd. 4)

– Zur Ethik der neutestamentlichen Haustafeln, NTS 21 (1975) 1–22

Schroeder, D., Die Haustafeln des Neuen Testaments. Ihre Herkunft und ihr theologischer Sinn, Diss. (Masch.) Hamburg 1959

Schüller, B., Das sog. Ideal christlicher Bürgerlichkeit in den Pastoralbriefen, in: ders., Pluralismus in der Ethik. Zum Stil wissenschaftlicher Kontroversen, 1988 (MBTh 55) 105–144

Schürmann, H., Lehrende in den neutestamentlichen Schriften, in: Weisheit Gottes – Weisheit der Welt I (FS Joseph Kardinal Ratzinger), hrsg. v. Baier, W., u.a., St. Ottilien 1987, 419–440

Schüssler Fiorenza, E., Brot statt Steine. Die Herausforderung einer femistischen Interpretation der Bibel, Freiburg/Schweiz 1988

– Zu ihrem Gedächtnis … Eine feministisch-theologische Rekonstruktion der christlichen Ursprünge, München/Mainz 1988

Schulz, S., Die Mitte der Schrift. Der Frühkatholizismus im Neuen Testament als Herausforderung an den Protestantismus, Stuttgart/Berlin 1976

Schwankl, O., »Lauft so, daß ihr gewinnt«. Zur Wettkampfmetaphorik in 1 Kor 9, BZ 41 (1997) 174–191

Schwarz, R., Bürgerliches Christentum im Neuen Testament? Eine Studie zu Ethik, Amt und Recht in den Pastoralbriefen, 1983 (ÖBS 4)

– Bürgerliches Christentum in den Städten am Ende des ersten Jahrhunderts?, BiKi 47 (1992) 25–29

Schweizer, E., Der Brief an die Kolosser, [3]1989 (EKK XII)

– Gemeinde und Gemeindeordnung im Neuen Testament, [2]1962 (AThANT 35)

Selinger, R., Die Demetriosunruhen (Apg. 19,23–40). Eine Fallstudie aus rechtshistorischer Perspektive, ZNW 88 (1997) 242–259

Sell, J., The Knowledge of the Truth – Two Doctrines. The Book of Thomas the Contender (CG II, 7) and the False Teachers in the Pastoral Epistles, 1982 (EHST.T 194)

Sevrin, J.-M. (Hrsg.), The New Testament in Early Christianity, 1989 (BEThL 86)

Simonsen, H., Christologische Traditionselemente in den Pastoralbriefen, in: Die paulinische Literatur und Theologie. The Pauline Literature and Theology, hrsg. v. Pedersen, S., Arhus/Göttingen 1980 (TeolSt 7) 51–62

Söding, Th., Das Erscheinen des Retters. Zur Christologie der Pastoralbriefe, in: Scholtissek, Christologie (s.o.) 149–192

– Das Liebesgebot bei Paulus. Die Mahnung zur Agape im Rahmen der paulinischen Ethik, 1995 (NTA NF 26)

– Mysterium fidei. Zur Auseinandersetzung mit der »Gnosis« in den Pastoralbriefen, IKaZ.Communio (D) 30 (1997) 502–524

– Widerspruch und Leidensnachfolge. Neutestamentliche Gemeinden im Konflikt mit der paganen Gesellschaft, MThZ 41 (1990) 137–155

– Zur Chronologie der paulinischen Briefe, Biblische Notizen 56 (1991) 31–59

Speyer, W., Die literarische Fälschung im heidnischen und christlichen Altertum. Ein Versuch ihrer Deutung, 1971 (HAW I/2)

Spicq, C., Agapè dans le Nouveau Testament. 3 Vol., 1958/1959 (EB)

– Lexique Théologique du Nouveau Testament. Réédition en un volume des Notes de lexicographie néo-testamentaire, Fribourg 1991

– Pèlerine et Vêtements. (A propos de II Tim. IV, 13 et Act. XX, 33), in: Mélange E. Tisserant, Bd. I, 1964 (StT 231) 389–417

Spitta, F., Ueber die persönlichen Notizen im zweiten Briefe an Timotheus, ThStKr 51 (1878) 582–607

Staedele, A., Die Briefe des Pythagoras und der Pythagoreer, 1980 (BKP 115)

Stambaugh, J.E. / Balch, D.L., Das soziale Umfeld des Neuen Testaments, Göttingen 1991 (GNT 9)

Stecker, A., Formen und Formeln in den paulinischen Hauptbriefen und den Pastoralbriefen, Diss. (Masch.) Münster 1968

Stegemann, E.W. / Stegemann, W., Urchristliche Sozialgeschichte, Stuttgart 1995

Steimer, B., Vertex Traditionis. Die Gattung der altchristlichen Kirchenordnungen, 1992 (BZNW 63)

Stenger, W., Timotheus und Titus als literarische Gestalten (Beobachtungen zur Form und Funktion der Pastoralbriefe), Kairos 16 (1974) 252–267

Stettler, H., Die Christologie der Pastoralbriefe, 1998 (WUNT II/105)

Stewart, R., A Coptic Fragment of 2 Timothy, StPapy 21 (1982) 7–10

Stiefel, J.H., Women Deacons in 1 Timothy: A Linguistic and Literary Look at »Women Likewise …« (1 Tim 3:11), NTS 41 (1995) 442–457

Stirewalt, M. Luther, Jr., Studies in Ancient Greek Epistolography, 1993 (SBL Recources for Biblical Study 27)

Strecker, G., Die neutestamentlichen Haustafeln (Kol 3,18–4,1 und Eph 5,22–6,9), in: Neues Testament und Ethik (FS R. Schnackenburg), hrsg. v. Merklein, H., Freiburg i.Br. 1989, 349–375

– Paulus in nachapostolischer Zeit, Kairos 12 (1970) 208–216

Strobel, A., Der Begriff des »Hauses« im griechischen und römischen Privatrecht, ZNW 56 (1965) 91–100

Stuhlmacher, P., Christliche Verantwortung bei Paulus und seinen Schülern, EvTh 28 (1968) 165–186

– Das Christusbild der Paulus-Schule – eine Skizze, in: Jews and Christians, hrsg. v. Dunn, J.D.G., 1992 (WUNT 66), 159–175

Taatz, I., Frühjüdische Briefe. Die paulinischen Briefe im Rahmen der offiziellen religiösen Briefe des Frühjudentums, 1991 (NTOA 16)

Tachau, P., »Einst« und »Jetzt« im Neuen Testament, 1972 (FRLANT 105)

Tajra, H.W., The Martyrdom of St. Paul, 1994 (WUNT II/67)

Theißen, G., Studien zur Soziologie des Urchristentums, 1979 (WUNT 19)

Theobald, M., »Wir haben hier keine bleibende Stadt, sondern suchen die zukünftige« (Hebr 13,14). Die Stadt als Ort der frühen christlichen Gemeinde, ThGl 78 (1988) 16–40

Thiessen, W., Christen in Ephesus. Die historische und theologische Situation in vorpaulinischer und paulinischer Zeit und zur Zeit der Apostelgeschichte und der Pastoralbriefe, 1995 (TANZ 12)

Thraede, K., Ärger mit der Freiheit. Die Bedeutung von Frauen in Theorie und

Praxis der alten Kirche, in: »Freunde in Christus werden ...« Die Beziehung von Mann und Frau als Frage an Theologie und Kirche, hrsg. v. Scharffenorth, G. / Thraede, K., Gelnhausen/Berlin 1977 (Kennzeichen 1), 31–182

– Grundzüge griechisch-römischer Brieftopik, 1970 (Zet. 48)

– Zum historischen Hintergrund der »Haustafeln«, des NT, in: Pietas (FS B. Kötting), hrsg. v. Dassmann, E. / Frank, S., 1980 (JAC.E 8) 359–368

Towner, Ph.H., Gnosis and Realized Eschatology in Ephesus (of the Pastoral Epistles) and the Corinthian Enthusiasm, JSNT 10 (1987) 95–124

– The Goal of Our Instruction. The Structure of Theology and Ethics in the Pastoral Epistles, 1989 (JSNT.S 34)

– Pauline Theology or Pauline Tradition in the Pastoral Epistles: The Question of Method, TynB 46 (1995) 287–314

– The Present Age in the Eschatology of the Pastoral Epistles, NTS 32 (1986) 427–448

Trobisch, D., Die Entstehung der Paulusbriefsammlung. Studien zu den Anfängen christlicher Publizistik, 1989 (NTOA 10)

– Die Paulusbriefe und die Anfänge der christlichen Publizistik, 1994 (KT 135)

Trummer, P., Corpus Paulinum – Corpus Pastorale, in: Paulus in den neutestamentlichen Spätschriften, hrsg. v. Kertelge, K., 1981 (QD 89) 122–145

– Gemeindeleiter ohne Gemeinden? Nachbemerkungen zu den Pastoralbriefen, BiKi 46 (1991) 121–126

– Die Paulustradition der Pastoralbriefe, 1978 (BET 8)

– »Treue Menschen« (2 Tim 2,2). Amtskriterien damals und heute, in: ders., Aufsätze zum Neuen Testament, 1987 (GrTS 12) 95–135

Unnik, W.C. van, Die Rücksicht auf die Reaktion der Nicht-Christen als Motiv in der altchristlichen Paränese, in: Judentum – Urchristentum – Kirche (FS J. Jeremias), hrsg. v. Eltester, W., 1960 (BZNW 26), 221–234

Vaughan, C., A Selected Bibliography For The Study Of The Pastoral Epistles, SWJT 2 (1959) 7–18

Venetz, H.-J., Amt und Besoldung. Impressionen aus der Urkirche, ThPQ 142 (1994) 113–122

Verhoef, E., Numerus, Sekretär und Authentizität der paulinischen Briefe, Protokolle zur Bibel 4 (1995) 48–58

Verner, D.C., The Household of God. The Social World of the Pastoral Epistles, 1983 (SBLDS 71)

Vielhauer, Ph., Geschichte der urchristlichen Literatur, Berlin / New York 1975

Virgilio, G. (Hrsg.), Il deposito della fede Timoteo e Tito, 1998 (RivBib.S 34)

Vögtle, A., Die Dynamik des Anfangs. Leben und Fragen der jungen Kirche, Freiburg i.Br. 1988

– Exegetische Reflexionen zur Apostolizität des Amtes und der Amtssukzession, in: ders., Offenbarung und Wirkungsgeschichte. Neutestamentliche Beiträge , Freiburg i.Br. 1985, 221–279

– Die Tugend- und Lasterkataloge im Neuen Testament. Exegetisch, religions- und formkritisch untersucht, 1936 (NTA 16,4–5)

– / *Oberlinner, L.*, Anpassung oder Widerspruch. Von der apostolischen zur nachapostolischen Kirche, Freiburg i.Br. 1992

Vogler, W., Die Bedeutung der urchristlichen Hausgemeinden für die Ausbreitung des Evangeliums, ThLZ 107 (1982) 785–794

Vogt, H.J., Bemerkungen zur frühen Amts- und Gemeindestruktur, ThQ 175 (1995) 192–198

Vouga, F., Geschichte des frühen Christentums, Tübingen/Basel 1994 (UTB 1733)

Wagener, U., Die Ordnung des »Hauses Gottes«. Der Ort von Frauen in der Ekklesiologie und Ethik der Pastoralbriefe, 1994 (WUNT II/65)

Wainwright, J.J., Eusebeia: Syncretism or Conservative Contextualization?, EvQ 65 (1993) 211–224

Walker, W.O., jr., The Timothy-Titus Problem Reconsidered, ET 92 (1980/1981) 231–235

Wanke, J., Der verkündigte Paulus der Pastoralbriefe, in: Dienst der Vermittlung, hrsg. v. Ernst, W. / Feiereis, K. / Hoffmann, F., 1977 (EThSt 37) 165–189

Warkentin, M., Ordination. A Biblical-Historical View, Grand Rapids 1982

Wegenast, K., Das Verständnis der Tradition bei Paulus und in den Deuteropaulinen, 1962 (WMANT 8)

Wehr, L., Petrus und Paulus – Kontrahenten und Partner. Die beiden Apostel im Spiegel des Neuen Testaments, der Apostolischen Väter und früher Zeugnisse ihrer Verehrung, 1996 (NTA NF 309)

Weidinger, K., Die Haustafeln, 1928 (UNT 14)

Weiser, A., Die Apostelgeschichte, I ²1989, II 1985 (ÖTBK 5/1.2)

– Evangelisierung im antiken »Haus«, in: ders., Studien zu Christsein und Kirche, 1990 (SBAB 9) 119–148

– Freundschaftsbrief und Testament. Zur literarischen Gattung des Zweiten Briefes an Timotheus, in: Zeit-Geschichte und Begegnungen (FS B. Neumann), hrsg. v. Riße, G., Paderborn 1998, 158–170

– Die gesellschaftliche Verantwortung der Christen nach den Pastoralbriefen, Stuttgart 1994 (Beiträge zur Friedensethik 18)

– Die Kirche in den Pastoralbriefen. Ordnung um jeden Preis?, BiKi 46 (1991) 107–113

– Titus 2 als Gemeindeparänese, in: Neues Testament und Ethik (FS R. Schnackenburg), hrsg. v. Merklein, H., Freiburg i.Br. 1989, 397–414

Wengst, K., Christologische Formeln und Lieder des Urchristentums, 1972 (StNT 7)

– (Hrsg.), Didache (Apostellehre), Barnabasbrief, Zweiter Klemensbrief, Schrift an Diognet, 1984 (SUC 2)

White, J.L. (ed.), Light from Ancient Letters, Philadelphia 1986 (Foundations and Facets)

– Studies in Ancient Letter Writing, 1982 (Semeia 22)

Wibbing, S., Die Tugend- und Lasterkataloge im Neuen Testament, 1959 (BZNW 25)

Wilckens, U., Der Brief an die Römer I, ²1987; II, ³1993; III, ²1989 (EKK VI/1–3)

Wild, R.A., Portraits of Paul Created by Some of His Early Admirers, ChiSt 24 (1985) 273–289

Wilshire, L.E., Gnosis/Gnostizismus II. Neues Testament, Judentum, Alte Kirche, in: TRE XIII (1984) 535–550

Wilson, St.G., The Portrait of Paul in Acts and the Pastorales, SBL.SP, hrsg. v. MacRae, G., 1976, 397–411

– Luke and the Pastoral Epistles, London 1979

Windisch, H., Zur Christologie der Pastoralbriefe, ZNW 34 (1935) 213–238

Wischmeyer, O., Das Adjektiv ἀγαπητός in den paulinischen Briefen. Eine traditionsgeschichtliche Miszelle, NTS 32 (1986) 476–480

Witherington, B., Women in the Earliest Churches, 1988 (MSSNTS 59)

Wolfe, B.P., Scripture in the Pastoral Epistles. Premarcion Marcionism?, PRSt 16 (1989) 5–16

Wolter, M., Die anonymen Schriften des Neuen Testaments. Annäherungsversuch an ein literarisches Phänomen, ZNW 79 (1988) 1–16

– Die Pastoralbriefe als Paulustradition, 1988 (FRLANT 146)

– Paulus, der bekehrte Gottesfeind. Zum Verständnis von 1. Tim 1:13, NT 31 (1989) 48–66

– Verborgene Weisheit und Heil für die Heiden. Zur Traditionsgeschichte und Intention des »Revelationsschemas«, ZThK 84 (1987) 297–319

Woyke, J., Die neutestamentlichen Haustafeln. Ein kritischer und konstruktiver Forschungsüberblick, 2000 (SBS 184)

Yamauchi, E.M., New Testament Cities in Western Asia Minor, Grand Rapids 1980

Young, F.M., The Theology of the Pastoral Letters, Cambridge 1994

Zeilinger, F., Die Bewertung der irdischen Güter im lukanischen Doppelwerk und in den Pastoralbriefen, BiLi 58 (1985) 75–80

Zeller, D., Charis bei Philon und Paulus, 1990 (SBS 142)

– Die Worte der sieben Weisen und die neutestamentliche Paränese, in: Bürkle, H. (Hrsg.), Grundwerte menschlichen Verhaltens in den Religionen, Frankfurt a.M. 1993 (Religionswissenschaft 6), 89–100

Zmijewski, J., Die Apostelgeschichte, 1994 (RNT)

Zscharnack, L., Der Dienst der Frau in den ersten Jahrhunderten der christlichen Kirche, Göttingen 1902

Einführung

Zusammen mit dem ersten Brief an Timotheus und dem Brief an Titus gehört der zweite Timotheusbrief zu den Pastoralbriefen[1], die als Corpus Pastorale[2] eine geschlossene und einander »sinnvoll ergänzende Einheit«[3] bilden. *Formal* verbindet ihn mit den beiden anderen Texten die Rahmengattung ›Brief‹. *Inhaltlich* ist er mit ihnen dadurch verbunden, dass auch er im Namen des Paulus geschrieben ist, sich an einen der wichtigsten und vertrautesten missionarischen Mitarbeiter des Apostels wendet und aus der Sorge um die christliche Identität angesichts der Bedrohung durch Irrlehrer verfasst wurde. Dennoch unterscheidet sich 2Tim in charakteristischer Weise von den beiden anderen Pastoralbriefen[4].

---

[1] Die Bezeichnung geht zurück auf Paul Anton (1661–1730). Er war evangelischer Theologieprofessor in Halle. Seine Vorlesungen aus den Jahren 1726/1727 wurden von Johann August Majer unter dem Titel »B.D. Pauli Antonii Exegetische Abhandlung der Pastoral-Briefe Pauli ...« in 2 Bänden herausgegeben (Halle 1753/1755). Außer den ›Pastoralbriefen *Pauli*‹ werden darin auch die sieben Sendschreiben der Offenbarung des Johannes als Pastoralbriefe bezeichnet und ›Pastoralbriefe *Christi*‹ genannt. Vgl. von Lips, Von den ›Pastoralbriefen‹ 54–57.

[2] Die Bezeichnung stammt von Trummer, Corpus 125: »Die Past sind nicht als einzelne pseudepigraphische Briefe entstanden und erst nachträglich gesammelt worden oder zusammengewachsen, sondern bereits ursprünglich als pseudepigraphes *Corpus pastorale* verfaßt, ediert und verbreitet worden.« So auch Wolter, Pastoralbriefe 19; Roloff 43–45; Oberlinner, 1Tim XXVI; ders., 2Tim 4; Redalié, Paul 36f; Conzelmann/Lindemann, Arbeitsbuch 310; Schnelle, Einleitung 404. Gegenüber der

anderen neueren Gruppenbezeichnung ›Tritopaulinen‹, die von Schenk, Briefe 3405 empfohlen wurde, sieht von Lips mit Recht Vorteile in der Bezeichnung Corpus Pastorale: Sie knüpfe an »die traditionelle und allgemein verbreitete Bezeichnung ›Pastoralbriefe‹ an« und trage der Tatsache Rechnung, »daß es sich um ein Briefcorpus handelt, das zunächst den Paulusbriefen als eigene Größe gegenübersteht und erst in zweiter Linie in seiner Zuordnung zu diesen Briefen bestimmt werden kann« (Von den ›Pastoralbriefen‹ 63).

[3] Wolter, Pastoralbriefe 240.

[4] Murphy-O'Connor, 2 Timothy 418 schließt aus der relativen Eigenart des 2Tim, dass er nicht vom gleichen Verfasser wie 1Tim, Tit stammen könne. Demgegenüber weist von Lips zu Recht darauf hin, dass es nicht nur wichtig, sondern sogar unumgänglich ist, »daß die drei Briefe je ihre Eigenart haben und sich so [!] insgesamt zu einem wohl konzipierten Ganzen zusammenfügen«. (Von den ›Pastoralbriefen‹ 64). Zustimmend dazu auch Oberlinner 4.

I   Die literarische Form und Gattung

1   Die Topik des Freundschaftsbriefes in 2Tim

Literatur: Arzt, Thanksgiving; *Berger,* Gattungen 1132–1138.1329; *ders.,* Formgeschichte 216f; *Bünker,* Briefformular; *Funk,* Parousia; *Klauck,* Briefliteratur 29–45; *Koskenniemi,* Studien; *von Lips,* Glaube 169; *Malherbe,* Theorists; *Probst,* Paulus 56–107; *Redalié,* Paul 103f; *Sykutris, J.,* Epistolographie, in: PRE.S V (1931) 185–220; *Thraede,* Grundzüge; *White,* Light; *Wolter,* Pastoralbriefe 202–214.

Unter den Gesichtspunkten der Form- und Gattungskritik sowie unter der Einbeziehung epistolographischer Kriterien erweisen sich 1Tim und Tit »als briefliche Instruktionen an weisungsbefugte Amts- und Mandatsträger durch ihren Mandanten«[5], als »dienstliche Instruktionen an untergeordnete Amtsträger«[6], wobei die angeredeten Amtsträger Timotheus und Titus den abwesenden Paulus in den Gemeinden in der modifizierten Form der ›apostolischen Parusie‹ vertreten und vergegenwärtigen[7]. 1Tim und Tit sind persönliche Briefe mit öffentlich-amtlichem Charakter. Im Unterschied dazu ist 2Tim stärker von der Topik des antiken *Freundschaftsbriefes* geprägt[8]:

1.1   In den *Präskripten* des 1Tim und des Tit werden die Adressaten ›Timotheus‹ und ›Titus‹ je als »rechtmäßiges [γνήσιος] Kind« angeredet. Im Unterschied dazu lautet in 2Tim 1,2 die Anrede »geliebtes [ἀγαπητός] Kind«. Das erste Adjektiv drückt eine sachlichere, das zweite eine persönlichere Beziehung aus.

1.2   In 1Tim und Tit folgt auf das Präskript eine Erinnerung an die Aufträge, die den Adressaten vorher schon erteilt worden sind (1Tim 1,3; Tit 1,5). Dies entspricht der damaligen Brief-Konvention dienstlicher Unterweisungen. 2Tim enthält stattdessen ein *Proömium (1,3–5)*. Abgesehen davon, dass es in ihm manche Gemeinsamkeiten mit anderen Briefen des Corpus Paulinum gibt, weist es charakteristische Elemente des antiken *Freundschaftsbriefes* auf, nämlich die Versicherung des Gedenkens (V3), des Gedenkens in Unablässigkeit (V3) und Gebet (V3) sowie den Wiedersehenswunsch (V4). Dass derartige Elemente zu den Topoi des Freundschaftsbriefes gehören, geht sowohl aus theoretischen Abhandlungen der Antike als auch aus vielen Einzelbeispielen antiker Briefe hervor.

---

[5]   Wolter, Pastoralbriefe 196. Vgl. Roloff 48f.
[6]   Wolter, Pastoralbriefe 203.
[7]   Vgl. dazu ausführlicher unten Nr. 3.
[8]   Vgl. dazu und zum Folgenden Wolter, Pastoralbriefe 202–214; von Lips, Glaube 169; Redalié, Paul 103f. Zur Topik des griechisch-römischen Freundschaftsbriefes vgl. Koskenniemi, Studien 115–127; Thraede, Grundzüge 21–27; Berger, Gattungen 1329; Bünker, Briefformular 19–34.

Bereits im ältesten erhaltenen Handbuch über das Briefschreiben, den Τύποι ἐπιστολικοί des Demetrius[9], wird unter den 21 aufgeführten Brieftypen der Freundschaftsbrief behandelt. Es heißt dort über den τύπος φιλικός: Er werde »zwar von Freund zu Freund geschrieben«. Er könne aber durchaus auch in einem weiteren Bereich Anwendung finden, etwa bei der Korrespondenz zwischen »Vorgesetzten und Untergebenen« oder einander »gleichgestellte« Bediensteten, und zwar sogar dann, wenn sie einander nie gesehen haben. Demetrius betont aber abschließend noch einmal, dass ein Brief dieses Typs »wie zu einem Freund geschrieben [ὡς πρὸς φίλον γραφόμενος]« gelte. Der sodann folgende Musterbrief lautet so: »Wenn ich auch von dir sehr weit getrennt bin, leide ich dies nur körperlich; denn ich kann dich niemals vergessen und auch nicht die uns von Kindheit an gemeinsam zuteil gewordene untadelige Erziehung …«

1.2.1 Das in diesem Brief deutlich hervortretende Motiv des zwar äußeren Getrenntseins, aber der doch vorhandenen *inneren Verbundenheit*, die sich im steten *Gedenken* und nun im Schreiben des Briefes ausdrückt[10], ist in vielen privaten Papyrusbriefen sowie in literarischen und diplomatischen Briefen der Antike bezeugt. Dafür seien einige Beispiele genannt: PLond 1658,5f: »unablässig gedenke ich deiner … [μνήμην ἀδιαλιπτόν σου ποιοῦμαι]«[11]; PLond 42,6: »Ich, das Kind und alle Hausgenossen gedenken allezeit deiner … [σοῦ διὰ παντὸς μνείαν ποιούμενοι]«[12].

1.2.2 Das Motiv des Gedenkens begegnet oft in der erweiterten Form, nämlich als Ausdruck des Gedenkens an den Adressaten im *Gebet oder beim Opfer vor Gott bzw. den Göttern*. Ein Soldat schreibt z.B. seiner Schwester: »Vor allem wünsche ich, daß Du gesund bist … Während ich Deiner gedachte vor den hiesigen Göttern … [Μνίαν σου ποιούμενος παρὰ τοῖς ἐνθάδε θεοῖς]« (BGU II,632,3–6)[13]. Nach 1Makk 12,10f erneuerte der Hohepriester Jonathan durch einen Brief das Bündnis der »Brüderlichkeit und Freundschaft« mit Sparta und beteuert darin: »Wir nun gedenken euer zu jeder Zeit ununterbrochen [ἐν παντὶ καιρῷ ἀδιαλείπτως] bei den Opfern, die wir darbringen, und in den Gebeten …« Die Gebetserwähnung begegnet in antiken Briefen unterschiedlich

---

9 Textedition: V. Weichert, Demetrii et Libanii qui feruntur ΤΥΠΟΙ ΕΠΙΣΤΟΛΙΚΟΙ et ΕΠΙΣΤΟΛΙΜΑΙΟΙ ΧΑΡΑΚΤΗΡΕΣ, Lipsiae 1910; folgender Text ebd. 2,19–3,15. – Textwiedergabe auch bei Thraede, Grundzüge 21; Malherbe, Theorists 30.
10 Thraede, Grundzüge 27: »Der Hauptgedanke ist: ›Obwohl leiblich weit getrennt, muß ich immer an Dich denken‹. … Hier erstmals stoßen wir also auf einen Beleg für den briefspezifischen Topos ›leiblich entfernt – trotzdem zugegen‹.« –

Bünker, Briefformular 24 spricht vom Topos der »Als-ob-Unmittelbarkeit«, der den Brief als ein Gespräch erscheinen lässt, und dem Topos der »Als-ob-Gegenwart«, der den Eindruck erweckt, der Absender sei anwesend.
11 Text bei Koskenniemi, Studien 124; vgl. Wolter, Pastoralbriefe 206f.
12 Text bei Wolter, Pastoralbriefe 207.
13 Text bei Deissmann, Licht 150; vgl. Koskenniemi, Studien 146; Wolter, Pastoralbriefe 207; Arzt, Thanksgiving 42f mit je weiterem Belegmaterial.

ausgeformt. Meist findet sie sich in Verbindung mit der formula valetudi-
nis[14] in Form einer Bitte, des Dankes oder der Proskynema-Formel. Als
Beispiel für die Verbindung der Gebetserwähnung mit der formula vale-
tudinis gelte der soeben erwähnte Text BGU 632. Die Erweiterung des
Wohlergehenswunsches durch die Proskynema-Formel[15] hat folgendes
Grundmuster: »Vor allem wünsche ich Dir Wohlergehen, und ich gedenke Deiner im Gebet [καὶ τό προσκυνημά σου ποιῶ]«. In den ntl. Briefen
bezieht sich die Gebetserwähnung nicht speziell auf das leibliche Wohlergehen, sondern auf die Adressaten allgemein (z.B. 1Thess 1,2), auf ihren
Glauben (Röm 1,8; 1Thess 1,3; Eph 1,15; Phlm 4.6), auf ihre Liebe
(1Thess 1,3; Eph 1,15; Phil 1,9), auf den Geist der Weisheit (Eph 1,16f; Kol
1,9) und auf den Einsatz für das Evangelium (Phil 1,3–5). Im Proömium
des 2Tim ist die Erwähnung des Gedenkens mit der des Gebetsdankes und
der Gebetsbitte für den Adressaten Timotheus verbunden.
1.2.3   Entsprechend antiker Freundschaftsbrief-Sitte fehlt in 2Tim auch
nicht die Betonung der *Unablässigkeit,* ja sie ist sogar durch den zweifa-
chen Ausdruck ἀδιάλειπτον und νυκτὸς καί ἡμέρας beonders hervorgehoben (V3). Als Vergleichstexte für diesen Topos seien außer den oben
bereits erwähnten Papyrusbriefen PLond 1658 und PLond 42 noch genannt: POxy 528,4f: »… jeden Tag und jeden Abend halte ich das Gebetsgedenken für Dich«; PTebt 412,2: »… das Gebetsgedenken für Dich halte
ich jeden Tag [τὸ προσκύνημά σου κατ᾽ ἑκάστην ἡμέραν ποιῶ]«[16].
1.2.4   Als weiterer Topos des antiken Freundschaftsbriefes enthält das
Proömium des 2Tim den *Wiedersehenswunsch* (V4: ἐπιποθῶν σε ἰδεῖν).
Er gehört ebenso wie der Ausdruck wechselseitigen Gedenkens (s.o.) und

---

[14]   Der Wunsch des Wohlergehens im Anschluss an das Präskript ist schon im ältesten bisher bekannten griechischen Brief
aus dem 4. Jh. v.Chr. bezeugt: »Mnesiergos
bestellt seinen Hausgenossen Grüße und
Wünsche für ihr Wohl [χαίρεν καὶ
ὑγιαίνεν] …« Text bei Deissmann, Licht
120. Ein weiteres bekanntes Beispiel ist der
Brief des Soldaten Apion an seinen Vater.
Nach dem Präskript heißt es darin: »Vor allem wünsche ich, daß Du gesund bist [πρὸ
μὲν πάντων εὔχομαί σε ὑγιαίνειν] und es
Dir stets wohl und gut geht mitsamt meiner Schwester und ihrer Tochter und meinem Bruder. Ich danke dem Herrn Serapis,
… daß er mich errettet hat …« (BGU II
423,2–6; Text bei Deissmann, Licht 147f;
White, Light 159–161). Seneca schreibt:
»Eine Sitte war es bei den Alten, bis auf
meine Zeit beibehalten, den ersten Worten
eines Briefes voranzusetzen: ›Wenn Du gesund bist, ist es gut; ich bin gesund‹ [si vales
bene est, ego valeo]« (Ep 15,1). Im NT findet sich der Wohlergehenswunsch – möglicherweise im Sinn des Gebetswunsches (?)
– nur in 3Joh 2. – Vgl. zur formula valetu-
dinis mit vielen Belegen Koskenniemi, Studien 130–139; White, Light 200f; Arzt,
Thanksgiving 38–41. – Zur formula valetu-
dinis im Briefschluss vgl. Müller, Schluß
58–77.
[15]   Sie geht auf einen Akt der Anbetung,
der Bitte oder des Dankes in einem Göt-
ter/Göttinnen-Tempel zurück. Vom 1. bis
zum 4. Jh. n.Chr. ist sie sehr verbreitet, begegnet aber verständlicherweise nicht im
NT. – Vgl. Koskenniemi, Studien 139–145;
Arzt, Thanksgiving 41.
[16]   Diese und weitere Texte bei Wolter,
Pastoralbriefe 208. Nach Koskenniemi,
Studien 142 sind die häufigsten Zusätze
dieser Art: jeden Tag [καθ᾽ ἑκάστην
ἡμέραν], täglich [ἡμερησίως], stündlich
[καθ᾽ ὥραν] und unablässig [ἀδιαλείπ-
τως].

der gegenseitigen Sehnsucht (πόϑος) in der hellenistisch-römischen Antike »zu den konstitutiven Kennzeichen der Freundschaft zwischen zwei voneinander räumlich getrennten Personen«[17] und dementsprechend auch zum Freundschaftsbrief.

In manchen Papyrusbriefen wird die Abreise[18] oder die Abwesenheit[19] des Adressaten beklagt und damit auch mittelbar die Sehnsucht nach dem Wiedersehen ausgedrückt. Direkt formuliert findet sich der Wiedersehenswunsch z.B. in folgender Weise: »Vor allem wünsche ich, Dich zu begrüßen und Dein … Antlitz zu küssen [εὔχομαί σε ἀσπάσασϑαι καὶ τὴν … σου ὄψιν προσκυνῆσαι]« (PGiess 22,5; ähnlich PLond 1244,3f); »Ich bete darum, dich bei mir zu sehen« (Alciphro, Ep 4,16,2); Könnte ich doch »fliegen, um zu Dir zu kommen und Dich zu begrüßen! [πέτασϑαι καὶ ἐλϑεῖν καὶ προσκυνῆσαί σε]« (PGiess 17,10). Noch in Briefen der christlichen Kirchenväter des 3. und 4. Jh.s erweist sich dieser Topos als konstituitives Element. Ähnlich wie in PGiess 17 und in Anlehnung an Ps 55,7 ruft Basilius d.Gr. aus: »Wer gibt mir Flügel wie [die] einer Taube!?« (Ep 47.140), und in den Briefen des Johannes Chrysostomos heißt es oft: »Wir sehnen uns danach, euch von Angesicht zu sehen [ἐπιϑυμοῦμεν κατ᾽ ὄψιν ἰδεῖν ὑμᾶς]«[20].

Zugrunde liegt dieser Topik »das für das antike Verständnis von Freundschaft konstitutive Motiv der κοινωνία«[21]. Nach Aristoteles gehört zur Freundschaft das Zusammenleben der Freunde. Räumliche Trennung hebt zwar den Habitus der Freundschaft nicht auf, kann aber die Freundschaft gefährden. Denn dauert »die Trennung lange, so mag sie auch die Freundschaft in Vergessenheit bringen«[22]. Im Wiedersehenswunsch der Briefe drückt sich das Verlangen aus, κοινωνία (wieder) herzustellen.
In ntl. Briefen findet sich die Sehnsucht nach dem Wiedersehen außer in 2Tim 1,4 z.B. auch in Röm 1,11 (»sehen«); 2Kor 9,14; Phil 1,8; 2,26; 1Thess 2,17; 3,6.10; Phlm 21f ausgedrückt. Da die Funktion dieser ntl. Aussagen über die der antiken Briefphraseologie hinausgeht und im Zusammenhang mit dem spezifisch paulinischen Topos der ›apostolischen Parusie‹ steht, muß auf diese Besonderheit später noch eigens eingegangen werden (s.u. Nr. 3).
1.2.5   Der Rückgriff auf die Topik des Freundschaftsbriefes im Proömium des 2Tim will aber nicht nur als Ausdruck persönlicher Zuneigung verstanden werden und nicht nur herkömmlicher Ausdruck freundschaftlicher Beziehung sein. Er hat vielmehr »programmatische Bedeutung«[23]

---

17   Wolter, Pastoralbriefe 209f. Die folgenden Texte z.T. ebd. 209f sowie bei Koskenniemi, Studien 169–172 und Thraede, Grundzüge 61–65.88–91.165–179.
18   So z.B. PBrem 58; POxy 528.1761.
19   So z.B. PGiess 17,9f: »Wir sterben, weil wir Dich nicht täglich sehen«.
20   Ep 53.156.163.176 u.ö. – Texte, Kommentare und weitere Belege bei Thraede, Grundzüge 165–168; dort auch Differenzierungen gegenüber Koskenniemi.
21   Wolter, Pastoralbriefe 210.
22   Eth Nic 1157b,9–13 (Ausgabe G. Bien, Hamburg 1972 [PhB 5] 188f).
23   Wolter, Pastoralbriefe 213.

für den ganzen Brief und steht in engem Zusammenhang mit dessen
Inhalt. Wie sich bei der Auslegung noch zeigen wird, durchzieht der Gedanke der Gemeinschaft bis hin zur Leidensgemeinschaft, die als Erweis
echter Freundschaft gilt, den ganzen Brief. Die Aufforderungen: »Leide
mit mir für das Evangelium!« (1,8) und: »Leide mit mir als guter Soldat
Christi!« (2,3) lassen dies besonders deutlich erkennen.

1.3 Dem Eigencharakter des 2Tim unter den Pastoralbriefen entspricht
auch die ihm eigene *Kommunikationsstruktur*. Ergehen in den beiden anderen Briefen die Ermahnungen so, dass sie durch die Amtsträger Timotheus und Titus an die Glieder der Gemeinde weitervermittelt werden
sollen, so werden sie hier vorwiegend an den Adressaten Timotheus gerichtet, damit er sich selbst am Vorbild und an der Lehre des Apostels
orientiere. Hat man es dort mit einer Dreiecksrelation«[24] zu tun, die für
das *genos paideutikon* charakteristisch ist[25], so hier eher mit einer
Zweierrelation:

(fiktiver) Absender	(fiktiver) Absender
(fiktiver) Adressat (reale) Gemeinde	(fiktiver) Adressat und (reale) Gemeinde

2 Der Testamentscharakter von 2Tim

Literatur: *Berger*, Gattungen 1257–1259; *ders.*, Formgeschichte 75–80; *Cortès, E.*,
Los discursos de adiós de Gn 49 a Jn 13–17, 1976 (CSPac 23); *Harding*, Tradtition
146–153; *Knoch*, »Testamente« 28–31.44–49; *Kolenkow, A.B.*, The Genre Testament and Forecasts of the Future in the Hellenistic Jewish Milieu, JSJ 6 (1975)
57–71; *Kurz, W.S.*, Luke 22:14–38 and Greco-Roman and Biblical Farewell Addresses, JBL 104 (1985) 251–268; *ders.*, Farewell Addresses in the New Testament, Collegeville, Minnesota 1990 (Zacchaeus Studies. NT); *Michel, H.-J.*, Die
Abschiedsrede des Paulus an die Kirche Apg 20,17–38, 1973 (StANT 35); *Munck,
J.*, Discours d'adieu dans le Nouveau Testament et dans la littérature biblique, in:
Aux sources de la tradition chrétienne (FS M. Goguel), Neuchâtel/Paris 1950,
155–170; *Nordheim, E. von*, Die Lehre der Alten. I. Das Testament als Literaturgattung im Judentum der hellenistisch-römischen Zeit; II. Das Testament als Literaturgattung im Alten Testament und im alten vorderen Orient, 1980/1985
(ALGHJ 13/18); *ders.*, Abschiedsrede, in: NBL I (1991) 22–24; *Redalié*, Paul 101–
132 164–169; *Winter, M.*, Das Vermächtnis Jesu und die Abschiedsworte der Väter, 1994 (FRLANT 161).

[24] Roloff 48.
[25] Vgl. Berger, Formgeschichte 210: »In
dieser Gattung wird der Angesprochene …
ermahnt, selbst an seine Hörer/Schüler
Lehre … *weiterzugeben*. Es geht daher um
die *Belehrung des Lehrers*, und typisch ist
eine Dreierkonstellation«.

Während nach 1Tim und Tit ›Paulus‹ seine Anweisungen noch als aktiv missionarisch wirkender Apostel gibt, befindet er sich nach 2Tim bereits in Gefangenschaft und rechnet mit der Hinrichtung. An der Schwelle zu seinem Martyrium richtet er seine letzt-gültigen Weisungen und Ermahnungen an den Nachfolger ›Timotheus‹. Sowohl die *Stellung* innerhalb des Corpus Paulinum und des Corpus Pastorale[26] als auch der *Inhalt* und die *formalen Elemente* lassen erkennen, dass 2Tim ein *testamentarisches Mahnschreiben* ist. Auch der Römerbrief wurde gelegentlich als ›Testament des Paulus‹ bezeichnet, so z.B. von Günther Bornkamm[27]. Bornkamm selbst sagt aber deutlich, dass dies »nicht im literarischen Sinn« gelte, als ob Paulus »ihn bewußt als letzte Willenserklärung vor seinem Tod abgefaßt hätte«, sondern im historischen Sinne, weil der Brief »zu seinem Vermächtnis geworden«[28] sei.

2.1 Zur Literaturgattung ›Testament‹
Sowohl im atl.-frühjüdischen als auch im griechisch-römischen Schrifttum gibt es Abschiedsszenen und Abschiedsreden.
2.1.1 AT und Frühjudentum: Zu den bekanntesten Beispielen des *AT* gehören die Abschiedsreden des sterbenden Jakob (Gen 47,29–49,33), des Mose im Buch Deuteronomium bis hin zu seinen letzten Weisungen angesichts seines nahen Todes (Dtn 31–34), des Josua (Jos 23f), des David (1Kön 2,1–10; 1Chr 28f), des Priesters Mattatias (1Makk 2,49–70) und des Tobit (Tob 14).
Beispiele aus dem *frühen Judentum* sind vor allem die »Testamente der Zwölf Patriarchen« (TestXII)[29], sodann u.a. die Vermächtnisreden des Abraham (Jub 22,10 – 23,8), des Esra (4Esr 14,27–36) und des Baruch (syr Bar 44–46).
Die Texte enthalten mehr oder weniger regelmäßig wiederkehrende *inhaltliche* und *formale Elemente* und haben einen bestimmten ›Sitz im Leben‹, so dass man zu Recht von der *literarischen Gattung der Abschieds- bzw. Vermächtnisrede* spricht[30]. Ihr *Grund-* und *Motivgerüst* besteht aus dem *Vorstellen des Redners*, jeweils einer angesehenen Persönlichkeit mit

[26] Damit ist nicht die jetzige Stellung im Kanon, sondern die inhaltliche Zuordnung des Schreiben zu den anderen Texten des Corpus Paulinum gemeint.
[27] Paulus, Stuttgart ²1969, 103–111; ders., Der Römerbrief als Testament des Paulus, in: ders., Geschichte und Glaube II. Gesammelte Aufsätze IV, 1971 (BEvTh 53), 120–139.
[28] Bornkamm, Paulus 111. – Vgl. zu diesem wichtigen Unterschied auch F.W. Horn, Paulusforschung, in: ders. (Hrsg.), Bilanz und Perspektiven gegenwärtiger

Auslegung des Neuen Testaments, 1995 (BZNW 75), 30–59, hier 34; Oberlinner 1.
[29] Nach Winter* 41f gilt unter ihnen TestIss als bes. typisch.
[30] Einen chronologisch geordneten Forschungsüberblick bietet Winter* 9–35. Er führt in kritischer Würdigung die Arbeiten von Stauffer, Munck*, Baltzer, Michel*, Kolenkow*, Cortès*, von Nordheim*, Hultgard und Kurz* auf sowie die bes. auf Joh 13–17 bezogenen Studien von Becker, Blank, Berger und Beutler.

hoher Autorität, dem *Versammeln der Zuhörer*, z.B. Angehöriger, Schüler oder einer repräsentativen Gemeinschaft, aus *Rückblicken*, z.B. auf das eigene Leben und Wirken oder auf Gottes Führung in der Geschichte, aus *Mahnungen für die Zurückbleibenden*, z.B. in positiver oder negativer Form, angelehnt an vorbildhafte oder abschreckende Inhalte des Rückblicks, und aus *Zukunftsaussagen*, z.B. Vorhersagen oder Visionen über die nächste Zukunft oder über das Ende der Zeit. Abschließend folgt eine kurze Erwähnung von *Abschiedsgesten*, z.B. in Form von Gebet, Segen oder Umarmung, und der Hinweis auf das *Verscheiden*[31]. Im NT sind z.B Lk 22; Joh 13–17 und besonders deutlich Apg 20,17–38 von diesem literarischen Grundmuster geprägt.

Der ›*Sitz im Leben*‹ derartiger Texte ist die *Paränese*[32]. Die Verfasser der Abschiedsreden lassen die Mahnungen deshalb ergehen, weil sie die Gemeinschaften, denen sie jeweils gelten sollen, in einer Krisensituation sehen. Sie kann durch äußere Bedrohungen oder durch innere Schwierigkeiten, durch glaubensmäßige oder moralische Gefährdungen verursacht sein. Angesichts der wirklich vorhandenen oder mindestens empfundenen Schwierigkeiten in der *Gegenwart* lassen die Verfasser eine maßgebliche Autorität der *Vergangenheit* ihr wegweisendes Wort sprechen. Die gegenwärtige Belehrung wird dadurch autorisiert. Weil sie in der *Todesstunde* ergeht, gilt sie »zugleich auch [als] die qualitativ beste«[33], denn sie ist die Summe der Lebenserfahrung und -weisheit und überdies nicht mehr veränderbar. Die *Todesstunde* ist aber auch deshalb wichtig, weil »der Tod des Führers und Mittlers als Gefährdung des unversehrten Weiterbestands der religiösen Identität der Zurückbleibenden verstanden wurde«[34]. Es drohten Abfall und Verlust des normativen Überlieferungszusammenhangs. Die Funktion der in der *Todesstunde* ergehenden Weisungen besteht also auch darin, dass sie Geltung haben sollen für die Zeit nach dem Tod des Sprechers. Sie dienen somit einem generationenübergreifenden Traditionsprozess. In TestSim 7,3 heißt es z.B.: »Darum befehle ich euch dieses, damit auch ihr es euren Kindern befehlt, damit sie es beachten in ihren Generationen«[35]. Es sind also Vergangenheit, Gegenwart und Zukunft im Blick.

2.1.2 Griechisch-römische Antike: Die nächsten mit dieser atl.-frühjüdischen Literaturgattung vergleichbaren Texte finden sich – außer im NT – im *griechisch-*

---

[31] Vgl. das reiche Belegmaterial für die konstitutiven Gattungsmerkmale bei Michel* 48–54.
[32] Vgl. Kolenkow* 58; Michel* 57; Knoch, »Testamente« 28; von Nordheim*, Lehre I 239f; ders.*, Abschiedsrede 23; Winter* 321.
[33] von Nordheim*, Lehre I 237.

[34] Wolter, Pastoralbriefe 228 mit Verweis u.a. auf LibAnt 30,7: Debora sprach: »... Nach meinem Hinscheiden werdet ihr zu sündigen beginnen«; syrBar 46,2; AscJes 2,1; Ri 2,8–13.
[35] Wolter, Pastoralbriefe 227 nennt als weitere Belege TestDan 6,9; TestBenj 10,4; syrBar 84,9; TestAdam 6,10.

römischen Schrifttum. In Xenophons Kyropädie richtet z.B. der sterbende König Kyros zunächst ein Dankgebet an die Götter und spricht sodann: »Meine Söhne und alle meine Freunde, die ihr hier seid, ich habe jetzt das Ende meines Lebens erreicht … Alles, was ich erwarb, habe ich auch bewahrt … Wenn ich jetzt sterbe, lasse ich euch, meine lieben Söhne, im Leben zurück … Ich muß nunmehr auch meinen Thron verlassen, aber erst nachdem ich meine Nachfolge geklärt habe … Ich beschwöre euch, habt Achtung voreinander …«[36] Weitere Beispiele ähnlicher Art sind die in Plutarchs »Parallelbiographien großer Griechen und Römer« wiedergegebenen Abschiedsszenen vor dem Tod des Cato und Otho[37].

Trotz vieler *Gemeinsamkeiten* mit den atl.-frühjüdischen Abschiedsreden weisen die griechisch-römischen Texte ihnen gegenüber doch erhebliche *Unterschiede* auf: Schon die Anzahl der vergleichbaren Texte ist viel geringer. Sodann stehen die Todes*umstände*, die *letzten Worte* und die Vorbildlichkeit des *Sterbens* als Krönung eines vorbildhaften Lebens viel stärker im Vordergrund[38]. In klassischer Weise kommt dies in Platos Darstellung der Todesstunde des Sokrates zum Ausdruck. Phaidon wird gefragt: »Wie ging es zu bei seinem Sterben? … Was wurde gesprochen und getan und wer war zugegen?«[39] Die atl.-frühjüdischen und die griechisch-römischen Überlieferungen der Abschiedsszenen und -reden stellen also zwei verschiedene Ausprägungen dieser literarischen Gattung dar[40].

Eine noch geringere Parallelität mit den atl.-frühjüdischen Abschiedsreden zeigen die sog. *Philosophen-Testamente*. Bei ihnen handelt es sich um *vermögensrechtliche Regelungen*, wie sie z.B. nach der Darstellung des Diogenes Laertius die Philosophen Plato, Aristoteles, Theophrastus, Straton, Lykon und Epikur in ihren Testamenten getroffen haben[41]. Das Testament des Straton z.B. beginnt mit den Worten: »Meine gesamte häusliche Habe hinterlasse ich dem Lampyrion und Arkesilaos. Aus meinem in Athen befindlichen Kapitalvermögen sollen die Testamentsvollstrecker zunächst die Kosten für die Beerdigung bestreiten sowie für die üblichen Feierlichkeiten nach der Beerdigung …« (V,61). Nach antiker Überlieferung sollen u.a. die Philosophen Menippos, Apollonius von Tyana und Peregrinus Proteus Vermächtnisschriften (διαθῆκαι) *geistigen Inhalts* verfaßt haben; aber außer den Titeln ist nichts von ihnen erhalten[42].

2.1.3 Hellenistisches Judentum: In manchen Texten des *hellenistischen Judentums* sind Einflüsse aus dem griechisch-römischen Bereich wirksam geworden. Das zeigt z.B. die von Flavius Josephus ausgestaltete Abschieds- und Sterbeszene des Mose. Während in Dtn 31–34 und in der aus essenischen Kreisen Palästinas stammenden Schrift »Himmelfahrt des Mose« (AssMos) die Vermächtnis*rede* ganz im Vordergrund steht und Abschieds*gesten* des Mose sowie *Reaktionen des Volkes* in Dtn kaum und in AssMos überhaupt keine Rolle spielen, sind sie von Josephus in Anlehnung an die griechischen Darstellungsweisen sehr breit ausge-

---

[36] Xenophon, Cyrop VIII,7,3–17.
[37] Plutarch, Cato Minor 66–70; Otho 15–17.
[38] Vgl. Kurz*, Luke 261–265; von Nordheim*, Abschiedsrede 23; Winter* 39–41.
[39] Plato, Phaed 58c.
[40] So auch Kurz*, Luke 261: »… two variant streams of farewell addresses. They dif-

fer significantly in tone, situation, vocabulary, and rhetoric.«
[41] Diogenes Laertius, Leben und Meinungen berühmter Philosophen, übersetzt v. O. Apelt, hrsg. v. K. Reich, ³1990 (PhB 53/54), III,41–43; V,11–16.51–57.61–64.69–74; X,16–22.
[42] Vgl. von Nordheim*, Lehre I.242.

staltet worden[43]. Er berichtet u.a.: »Das Volk brach in Tränen aus. Die Frauen
schlugen an ihre Brust. … Sogar die Kinder … zeigten, dass sie seine Tugenden
und die Größe seiner Taten besser erkannten, als ihr Alter hätte erwarten lassen
sollen. Alt und Jung schien sich in Schmerzensausbrüchen einander überbieten
zu wollen … Als er sich nun wegbegab zu dem Orte, wo er dem Anblick entrückt
werden sollte, folgten ihm alle weinend nach. Mose aber winkte den weiter Entfernten mit der Hand, dass sie ruhig stehen bleiben sollten« (4,320–324). Eine
derartige Mischform gibt sich auch in Apg 20 zu erkennen. Lukas beschließt die
Abschiedsrede des Paulus in Milet in griechisch-hellenistischer Manier, indem er
ausführlich Abschied*gesten* und *Trauerbekundungen* schildert (20,36–38).

Obwohl sich – wie oben bereits erwähnt – besonders die sogenannten *Philosophen-Testamente* vom biblisch-frühjüdischen Testamentstyp unterscheiden,
wollen doch auch hier manche *Berührungspunkte* beachtet sein. Es heißt z.B. bei
Diogenes Laertius: »Noch unmittelbar vor seinem Tod schreibt [Epikur] an Ido-
meneus folgenden Brief: Es ist der … letzte Tag meines Lebens, an dem ich diese
Zeilen an euch schreibe … Schmerzen haben sich bei mir eingestellt, die jedes er-
denkliche Maß überschreiten. Als Gegengewicht gegen alles dies dient die freudi-
ge Erhebung der Seele bei der Erinnerung an die zwischen uns gepflogenen Gespräche. Du aber sorge, entsprechend deiner von jung auf mir und der Philosophie entgegengebrachten herzlichen Gesinnung, für die Kinder des Metrodoros«
(X,22). Es zeigen sich mehrere Berührungen mit 2Tim: Hier wie dort handelt es
sich um einen Brief. Hier wie dort ist er geschrieben als freundschaftlicher Abschiedsbrief im Bewusstsein des nahen Todes (vgl. 2Tim 4,6) und im Erleiden
gegenwärtiger Schmerzen, dort Krankheits- hier Gefängnisleiden (vgl. 1,8.16;
2,3). Hier wie dort werden als Gegengewicht dazu geistige Werte namhaft gemacht, dort die Philosophie und die durch sie entstandene tiefe Verbundenheit
mit dem Schüler und Freund, hier das Evangelium (vgl. 1,8.10ff; 2,9) und die
durch den gemeinsamen Dienst an ihm gewachsene Gemeinschaft (vgl. 3,10).
Hier wie dort wird daran erinnert, dass diese Wertschätzung bereits von Jugend
an besteht (vgl. 1,5; 3,15). Hier wie dort wird dem Schüler und Freund aufgetragen, für eine Hinterlassenschaft zu sorgen. Dort ist es die Sorge für die Kinder eines schon früher verstorbenen Schülers, hier die Sorge für das Evangelium, die
gesunde Lehre und die christliche Gemeinde (1,14; 3,14; 4,1f). Zeigen sich also
selbst bei den ansonsten fernerstehenden *Philosophen-Testamenten* manche Berührungspunkte, so noch viel mehr beim Vergleich mit den Topoi der Testamentsliteratur insgesamt.

2.2 *Testamentarische Elemente in 2Tim*

Vom nahe bevorstehenden Tod ist deutlich in 2Tim 4,6f die Rede: »Denn
ich werde bereits geopfert, und die Zeit meines Abscheidens steht unmittelbar bevor. Ich habe den guten Kampf gekämpft, den Lauf vollendet,
die Treue bewahrt.« Durch das einleitende »Denn« wird die Todesansage
mit der vorausgehenden Ermahnung zur Nüchternheit, Geduld im Leiden, Verkündigung des Evangeliums und treuen Diensterfüllung begrün-

---

[43] Josephus, Ant 4,309–331.

dend verbunden. Darin zeigt sich zunächst – wie in der Testamentsliteratur auch sonst (s.o.) – der enge Zusammenhang zwischen dem Todeshinweis und der testamentarischen Ermahnung. Sodann wird dadurch aber auch ausgedrückt, dass sich deren Grund und Inhalt z.T. aus dem Leben, Wirken und Verhalten des nun Scheidenden ableiten[44]; denn von ihnen ist ja rückblickend ebenfalls ausdrücklich die Rede. Es zeigt sich also die gleiche Begründungsstruktur wie in vielen der oben genannten Testamentstexte.

Die im Rückblick sich darbietende Rechenschaft über das eigene Leben hat die Funktion, dessen Untadeligkeit zu erweisen und sie – wie in den Testamentstexten – als Vorbild hinzustellen[45]. Außer in 2Tim 4,7 kommt dies auch in 2Tim 1,8.11f zum Ausdruck. ›Paulus‹, der hier gezeichnet wird als treuer Verkünder, Apostel und Lehrer des Evangeliums, um dessentwillen er im Gefängnis leidet, gilt als Vorbild des als Nachfolger im gemeinsamen Dienst bestellten (4,6) ›Timotheus‹.

Damit kommt zugleich das Element der generationenübergreifenden Weitergabe des Überlieferungsgutes in den Blick. Dieser in der Testamentsliteratur fest verankerte Topos findet sich in 2Tim 2,2. Dort heißt es: »Was du von mir gehört hast …, das vertraue zuverlässigen Menschen an, die imstande sein werden, wieder andere zu belehren.« Der Gedanke an den die Vergangenheit, Gegenwart und Zukunft umfassenden Überlieferungsprozess wird noch verstärkt durch die Hinweise im Proömium, dass nämlich der Glaube sowohl des ›Paulus‹ (1,3) als auch des ›Timotheus‹ (1,5) verbunden mit dem Glauben schon ihrer Vorfahren gesehen werden.

Ein weiteres Element, das der Testamentsgattung entspricht, besteht in den Voraussagen, dass eine unheilvolle Zeit hereinbrechen wird: Es werden Irrlehrer auftreten, man wird sich von der gesunden Lehre abwenden, und es droht ein sittlicher Verfall (3,1–7; 4,3f; [vgl. 1Tim 4,1–3; Apg 20,29]). Entsprechend dem ›Sitz im Leben‹ der Testamentsliteratur ergehen die Mahnungen im Namen einer anerkannten Autorität der Vergangenheit, um Mißstände der Gegenwart zu beheben.

2.3 *Abschluss einer Briefsammlung durch einen Abschiedsbrief*

Außer den besprochenen Form- und Gattungsmerkmalen gibt es in der antiken Literatur auch vergleichbare Texte dafür, dass eine Brief*sammlung* durch einen *Abschiedsbrief abgeschlossen* wird, ähnlich wie es bei 2Tim der Fall ist. Die 17 Briefe, welche unter dem Namen des Chion von Heraklea (4. Jh. v.Chr.) im 1. Jh. v.Chr. fingiert und als literarische Gesamtkomposition herausgegeben worden sind, schließen mit einem solchen Abschiedsbrief. Es ist »a letter of farewell to Plato«, »a typical *epis-*

---

[44] Vgl. Wolter, Pastoralbriefe 226f.

[45] Vgl. Michel* 51; Wolter, Pastoralbriefe 230f.

tula valedictoria«[46]. Chion wird in ihm als ein des Platon würdiger Schüler erwiesen. Er ist fest entschlossen, binnen weniger Tage den Tyrannen
Clearchus zu töten, umso das Volk zu befreien (17,1). Er weiß und schaut
in einer Vision, dass er selbst unmittelbar danach getötet werden wird
(17,2). Da er überzeugt ist, dass die gute Tat zugunsten der Befreiung der
Menschen nur um den Preis seines eigenen Lebens erkauft werden kann,
ist er bereit, diesen Preis zu zahlen (17,3). Mit den Worten: »Lebe wohl,
Plato, und lebe Du glücklich bis ins hohe Alter. Ich bin sicher, dass ich
jetzt das letzte Mal zu Dir spreche« enden der Brief und die Briefsammlung.
Die Untersuchung der Form- und Gattungsmerkmale führt zu dem Ergebnis, dass 2Tim ein *testamentarisches Mahnschreiben in Form eines
Freundschaftsbriefes* ist. Der Verfasser *schließt* mit 2Tim die Sammlung
von Paulusbriefen und das Corpus Pastorale *ab*. Er beabsichtigt damit, deren Weisungen Geltung für die Gegenwart und Zukunft zu verschaffen
und zwar in bestimmter Interpretation, nämlich in Abgrenzung von den
Auffassungen der Irrlehrer. Besonders treffend kennzeichnet Köster den
Eigencharakter von 2Tim und sein Verhältnis zu 1Tim und Tit: Während
diese sich »zur Frage der Kirchenordnung, der christlichen Lebensord-
nung und zur Bekämpfung der Irrlehrersituation« äußern, spreche jener
»von den Irrlehrern und vom christlichen Leben nur insofern, als das als
Teil der zur Gattung des Testaments gehörenden Mahnung und Paränese
erforderlich ist«[47].

3   Die ›apostolische Parusie‹ als Brieftopos und die Past als epideiktische und symbuleutische Gattung

Literatur: *Classen*, Paulus; *Funk*, Parousia; *Lausberg*, Handbuch 53–56; *Löning*,
Gerechtfertigt; ders., Säule; *Lohfink*, Theologie 114–118; *Schrage*, 1Kor I, 71–94
(»Briefcharakter und Rhetorik«); *Stenger*, Timotheus; *Wolter*, Pastoralbriefe
132.181–185.

---

[46]   Textausgabe mit Kommentar: Chion of
Heraclea. A Novel in Letters, hrsg. v. I. Dü-
ring, 1951 (AUG 57), hier 107, 19; auf die
Parallelität mit 2Tim macht auch Wolter,
Pastoralbriefe 19–21 aufmerksam. – Pervo,
Romancing (passim) hat die Briefe Chions
und die Sokratiker-Briefe überdies mit der
Fragestellung untersucht, inwiefern sie als
Komposition »an epistolary novel« darstel-
len und ob die Past ihr vergleichbar seien.
Er kommt zu dem Ergebnis, dass die
Sammlung Chions »an epistolary novel«
sei, während dies nicht in gleicher Weise
für die Sokratiker-Briefe gelte (36). Er cha-
rakterisiert die Past »as an collection with

some features of the epistolary novel, rather more like the Sokratic Epistles than
like *Chion of Heraclea*« (45).
[47]   Köster, Einführung 740. – Wolter, Pastoralbriefe 140 weist darauf hin, dass der
Testamentscharakter des 2Tim von Echt-
heits- wie Pseudonymitätsvertretern glei-
chermaßen anerkannt werde. Schon Luther
habe »Diße Epistel … eyn letze Brieff« genannt (WA DB 7, 272f). Als Belegbeispiele
nennt Wolter u.a. die Urteile von Holtz,
Wohlenberg, Munck, Spicq, Dibelius, Brox,
Lohse,   Wikenhauser/Schmid,   Kümmel,
Vielhauer, Trummer, Lohfink, Quinn und
Knoch.

3.1 Bei der Besprechung des *Wiedersehenswunsches* im antiken Freundschaftsbrief (s.o. 1.2.4) wurde darauf hingewiesen, dass diesem Topos innerhalb des *Corpus Paulinum* eine ganz besondere Bedeutung zukomme. Angeregt durch Beobachtungen von R.W. Funk[48] hat W. Stenger[49] die Bedeutung dieses Topos entfaltet und für die Verhältnisbestimmung der Paulusbriefe zu den Past ausgewertet. Seine Ausführungen erscheinen mir für das Verständnis der Past so wichtig, dass sie kurz skizziert werden müssen.

In Anlehnung an Koskenniemi[50] weist Stenger zunächst darauf hin, dass *Wiedersehenswunsch* und Reisepläne in den antiken Briefen meist am *Anfang* oder am *Schluss* stehen. Er hebt aber sodann hervor, dass sie bei Paulus im *Briefcorpus selbst* eine viel größere Rolle spielen. Paulus sehe als Briefautor seine apostolische Anwesenheit, seine ›Parusie‹, in den Gemeinden unter einem dreifachen Aspekt, nämlich dem des Ersatzes durch den *Brief*, dem der Vertretung durch einen *Abgesandten* und dem des Vorhabens eines persönlichen *Besuches*. Der Topos, zumal verbunden mit bestimmten Reiseplänen des Paulus (z.B. Röm 15,22–33; 1Kor 16,1–11), stehe im Dienst der Ausübung seiner apostolischen Autorität und der Wahrnehmung seiner Verantwortung für die Gemeinden. Der *Parusietopos*, zumal mit dem Gesichtspunkt des stellvertretenden *Abgesandten*, stelle eine *Abweichung* vom Muster des antiken Briefes dar (256–261).

Für die *Past* folgert Stenger daraus: Da der *Parusietopos* in seiner erweiterten Form auch für die Past *konstitutiv* ist, sei anzunehmen, dass sich der Verfasser der Past nicht nur von der zeitgenössischen Briefkonvention des Wiedersehenswunsches leiten ließ, sondern dass er den Topos in seiner erweiterten Form aus den Paulusbriefen kannte und ihn bewusst einsetzte, »*weil auch er der Präsenz des Apostels in den Gemeinden eine große Bedeutung*« zumaß (261). In 1Tim finden sich alle drei paulinischen Aspekte literarisch verarbeitet: Die Vergegenwärtigung durch den *Brief* ist in 1Tim 3,14 (»Ich schreibe dir dies …«)[51], die Vergegenwärtigung durch den *Gesandten* in 1Tim 1,3 (»Ich habe dich gebeten, in Ephesus zu bleiben …«; vgl. Tit 1,3) und das Vorhaben des persönlichen *Besuches* in 1Tim 3,14 (»Ich hoffe, bald zu dir zu kommen«) ausgedrückt. Zu der *räumlichen* Überbrückung durch den *Parusietopos*, wie sie in den Paulusbriefen begegnet, komme in den Past die Überwindung der *zeit-*

---

[48] Parousia (passim).
[49] Timotheus.
[50] Studien 35–38.49.
[51] Wolter, Pastoralbriefe 132, Anm. 7 hat an Stengers Argumentation (255–257) kritisiert, dass sich die *Zweckangabe* »dies schreibe ich dir, … damit du« (1Tim 3,14f) auch sonst gelegentlich in der »Briefmitte« finde (z.B. syrBar 82,1; 2Petr 3,1f) und somit nicht eine Abweichung darstelle.

Wolter bezweifelt dementsprechend »eine Übernahme des paulinischen Parusietopos« in 1Tim 3,14f und rechnet nur mit »eindeutig identifizierbaren briefphraseologischen Elementen«. – Hinsichtlich der *Zweckangabe* des Schreibens kann dies zutreffen, berührt aber m.E. nicht den *Hauptargumentationspunkt* Stengers, nämlich die Besonderheit des *Parusietopos*.

lichen Differenz von der apostolischen zur nachpostolischen Epoche hinzu. Dies habe »zu einer Modifikation des paulinischen Parusietopos« geführt (262). Sie zeige sich im *Adressatenwechsel*: Der Abgesandte selbst wird zum Adressaten. Die ›apostolische Parusie‹ in Form des Briefes oder der Besuchsankündigung gilt nicht mehr der *Gemeinde*, sondern dem *Adressaten* ›*Timotheus*‹ (1Tim 3,14f). Hießen die Gesandten-Aussagen bei Paulus: »Ich habe *ihn* …«, so lauten sie nun: »Ich habe *dich* …« In 1Tim und Tit erscheint der Zug des Topos, in dem ›Paulus‹ seine Anwesenheit in den Gemeinden durch den *Abgesandten* ausdrückt, *verselbständigt*. Die anderen beiden Aspekte, nämlich die Anwesenheit per Brief und die Besuchsankündigung, werden »ihm ein- und zugeordnet« (264).

Die Beibehaltung des Parusietopos, wenn auch in veränderter Form, führe allerdings zu »Unverträglichkeiten« (265). Eine erste Spannung zeige sich darin, dass einerseits die *beständige Bindung der Abgesandten an den Apostel* eine Rolle spielt, was sich z.B. in den Besuchsankündigungen des Apostels (1Tim 3,14; 4,13) und in den Aufforderungen, zu ihm zu kommen (2Tim 4,9.11.21; Tit 3,12), ausdrückt, und dass doch andererseits das Bewusstsein *längst geschehener endgültiger Trennung* durchschimmert, so z.B. 1Tim 3,15: »Falls ich aber länger ausbleibe …«; 2Tim 4,6: »Denn ich werde bereits geopfert, und die Zeit meines Abscheidens steht unmittelbar bevor. Ich habe den … Lauf vollendet …« Ein weiteres Spannungselement sei darin zu sehen, dass die Abgesandten einerseits *zeitlich begrenzte Aufträge* erhalten (z.B. Tit 1,5; 3,12: Einsetzung von Ältesten bis zum Zusammentreffen mit dem Apostel) und andererseits doch von ihnen die Wahrnehmung von Aufgaben erwartet werde, die *längere Zeit beanspruchen* (z.B. Irrlehrerbekämpfung 1Tim 1,3f; 2Tim 2,25; 4,2–5) und die zudem einer *Fülle von Diensten der Spätzeit* urchristlichen Gemeindelebens entprechen.

›Timotheus‹ und ›Titus‹ seien »konnsequent als literarische Gestalten zu verstehen, die der Verfasser, einen paulinischen Topos übernehmend einsetzt, um damit zu sagen, daß in der vielfältigen Tätigkeit des kirchlichen Amtes seiner eigenen kirchlichen Gegenwart der Apostel weiterhin gegenwärtig bleibt« (266f).

Dieses Hauptergebnis der Untersuchungen Stengers, nämlich dass mit Hilfe des *Parusietopos* die apostolische Autorität des Paulus in der Situation der Past als *gegenwärtig* erwiesen wird, erscheint mir überzeugend. Auch Lohfink[52] stimmt der von Funk und Stenger vertretenen Sicht zu

---

[52] Theologie 114–118; ähnlich Trummer, Paulustradition 124. – Trotz mancher Vorbehalte im einzelnen meint auch Wolter, Paulustradition 183, man könne mit Stenger in der Zurücklassung der Adressaten (1Tim 1,3; Tit 1,5) durchaus »eine Modifikation des paulinischen Parusietopos« sehen, solle diese aber in den größeren Zusammenhang der antiken Praxis von Königen und anderen hohen Amtsträgern stellen, die für ihre Gebiete Stellvertreter einsetzten und briefliche Instruktionen an weisungsbefugte Amts- und Mandatsträger gaben.

und kommt zu dem Ergebnis, dass der für den Parusietopos wichtige Text 1Kor 4,16f »den Past als *Motto*« vorangestellt werden könnte (115), denn er enthalte »die Konzeption der Past in nuce« (117). In der Grundvorstellung und im Baumuster der Past seien Timotheus und Titus »*die das apostolische Urbild abbildenden Verkörperungen der nachapostolischen Amtsträger, in denen allen Kirchen die Wege des Apostels aufleuchten, nachdem Paulus selbst nicht mehr kommen kann. Er kommt nun endgültig im Brief und in seinen getreuen Mitarbeitern*« (117).

3.2 Karl Löning knüpft ebenfalls an die Ergebnisse Stengers an, wenn er schreibt: »Die fiktive Briefsituation aller drei Briefe imaginiert eine Kommunikation des Paulus der [fünfziger] Jahre des 1. Jahrhunderts mit seinen damaligen Mitarbeitern … Alles, was die Past ihren ›in Wirklichkeit‹ gemeinten Lesern zu sagen haben, formulieren sie als ›damaliges‹ Briefgespräch, das dem Leser im Prozeß der Lektüre dieser Briefe den Apostel Paulus als gegenwärtig erscheinen läßt«[53]. Löning führt diese Einsichten aber weiter, indem er sie unter Gesichtspunkten aus der *Rhetoritk* betrachtet[54]. Er deutet das Phänomen der *Vergegenwärtigung* als Ausdrucksform der *epideiktischen* Redegattung[55] und ordnet ihr die Past zu[56].

3.3 Ein von Stenger vorgetragener *Nebenaspekt* und die *allgemeine Kennzeichnung der Past als epideiktische Redegattung* durch Löning scheinen mir indes einer Modifikation zu bedürfen. Stenger grenzt das Vergegenwärtigungs-Interesse der Past von der Darstellungsweise ab, wie sie im *Testament* und in der *Abschiedsrede* begegnet: Weder sei die Situation der Past die »des Abschieds und der Ankündigung der ständigen Abwesenheit«, noch würden ›Timotheus‹ und ›Titus‹ »als ›Nachfolger‹ des Apostels gekennzeichnet« (267). Wäre dies nämlich der Fall, meint Stenger, so liefe die Darstellung auf die »Form eines apostolischen Testaments«, einer »Abschiedsrede« hinaus, wie sie z.B. in Apg 20,17–38 vorliegt (265). So richtig es m.E. ist, die Past von der Gattung der *Abschiedsrede* zu unterscheiden, so muss dabei doch auch zugleich der Unterschied zwischen 1Tim, Tit einerseits und 2Tim andererseits berücksichtigt werden. Wie oben (2) bereits deutlich gezeigt wurde, ist 2Tim stark von Formelementen der *Testamentsliteratur* geprägt. Auch sie müssen berücksichtigt werden und mit ihnen der *ermahnende, symbuleutisch-paränetische Charakter*. Letzteres gilt auch, wenn man mit Löning die *epideiktischen* Ausdruckformen der Past betrachtet. Auch sie sind

---

[53] Vgl. Löning, Säule 410.

[54] Zur Berechtigung, die Rhetorik bei der Interpretation ntl. Briefe zu berücksichtigen, vgl. Classen, Paulus 2f. Er weist aber einschränkend darauf hin, dass man die Geltung der Rhetorik-Regeln innerhalb eines bestimmten sozio-kulturellen Milieus, die Entwicklung von der Antike bis in unsere Zeit (3f) und das »auf Wissen, Erfahrung und Geschmack ruhende *iudicium* des Einzelnen« beachten müsse (33). – Auf Berechtigung und Grenzen macht auch *R. Hoppe*, Der erste Thessalonicherbrief und

die antike Rhetorik, BZ 41 (1997) 229–237 aufmerksam.

[55] Nach Aristoteles, Rhet I,3,1358b gibt es die *dikanische, die symbuleutische* und die *epideiktische*. Quintilianus, InstOrat III, 4,1–16 u.ö. nennt sie genus iudiciale, genus deliberativum bzw. contionale, genus demonstrativum bzw. laudativum und weist auf das Problem der Einteilung und der Überschneidungen hin. – Vgl. Lausberg, Handbuch 54f; Berger, Formgeschichte 18.117–220.221–360.

[56] Löning, Säule 415.

den *symbuleutisch-paränetischen Formen* zu- und untergeordnet[57]. Das entspricht überdies dem *Testamentscharakter* des 2Tim. Gerade ihm ist ja eigen, dass *epideiktische* und *symbuleutisch-paränetische* Ausdrucksformen miteinander verbunden begegnen; denn in der *Testamentsliteratur* wird ein *Urbild vergegenwärtigt*, um *Weisungen* für die *Gegenwart und Zukunft* zu geben.

So führt die Untersuchung der Form- und Gattungsmerkmale zu dem Ergebnis, dass 2Tim ein testamentarisches Mahnschreiben in Form eines Freundschaftsbriefes ist, dessen hauptsächlich symbuleutischen Ausdrucksformen auch epideiktische zugeordnet sind.

II Adressat, Absender und vorausgesetzte Briefsituation

Literatur: *Borse, U.*, Timotheus und Titus, Abgesandte Pauli im Dienst des Evangeliums, in: Der Diakon, hrsg. v. Plöger, J.G. / Weber, H.J., Freiburg i.Br. 1980, 27–43; *Collins*, Image; *Ellis, E.E.*, Paul and His Co-Workers, NTS 17 (1970/71) 437–452; *Frenschkowski*, Pseudepigraphie; *Gnilka*, Paulus 317–320; *Ollrog*, Paulus 20–23; *Standaert, B.*, Paul, exemple vivant de l'évangile de grâce. 1Tim 1,12–17, ASeign 55 (1974) 62–69; *Stenger*, Timotheus; *Thiessen*, Christen 255–262; *Trummer, P.*, Τιμόθεος, in: EWNT III (1983) 860–862; *Wanke*, Paulus; *Wehr, L.*, Timotheus, in: LThK X (2001) 43f; *Wolter*, Paulus.

1 Timotheus als historische Gestalt

Als Adressat des Briefes gilt ›Timotheus‹. Der Name kommt im Griechischen häufig vor[58] und bedeutet »Gottesverehrer«. Mit dem Adressaten ›Timotheus‹ ist jener Mitarbeiter des Paulus gemeint, den dieser »von allen am meisten schätzte, auf den er sich wie auf keinen anderen verließ, dem er persönlich besonders nahestand«[59] und der während der zweiten und dritten Missionsreise mit Paulus zusammenwirkte. Über Timotheus finden sich im paulinischen Schrifttum und in der Apg mehr Angaben als über jeden anderen Mitarbeiter des Apostels. Man gelangt aber nicht schon durch Addition der Angaben zu einem auch historisch zuverlässigen Gesamtbild. Es muss vielmehr beachtet werden, dass die Angaben unterschiedlichen Schriftengruppen mit unterschiedlichen Kompositionsweisen und Aussagetendenzen angehören und dass dementsprechend

---

[57] Löning selbst sagt an anderer Stelle zutreffend, »daß die Pastoralbriefe im Prinzip Paränesen [seien], also weder Kirchenordnungen noch theologische Traktate« (Gerechtfertigt 245).

[58] Reiches Belegmaterial bei Spicq, Past 47f.

[59] Ollrog, Paulus 20. – Die Aussage Ollrogs, dass Timotheus von der zweiten Missionsreise an »ohne Unterbrechung bei

[Paulus] blieb«, bedarf der Einschränkung: Der persönliche Kontakt des Timotheus mit Paulus lässt sich nur bis zum Ende der dritten Missionsreise in Jerusalem belegen. – Th. Schmeller, Kollege Paulus, ZNW 88 (1997) 260–283 macht darauf aufmerksam, dass Paulus auch die von ihm unabhängigen »Missionarskollegen« durchweg positiver einschätzte als es in vielen Darstellungen deutlich wird (276–283).

auch der historische Aussagewert der Einzelaussagen unterschiedlich ist. Nach Apg 16,1 stammte Timotheus aus Lystra. Er war der Sohn eines griechischen Vaters und einer Jüdin, die sich zum christlichen Glauben bekehrte. Möglicherweise hatte Paulus selbst bei seiner ersten Missionsreise ins südliche Kleinasien und bei seinem Aufenthalt in Lystra (Apg 14,6–20) Timotheus für den christlichen Glauben gewonnen; denn es heißt in Apg 16,1, dass Paulus ihn bei seiner zweiten Missionsreise als einen Jünger antraf, der bei den Christen in Lystra und Ikonium bereits in hohem Ansehen stand. Paulus soll ihn aus Rücksicht auf die Juden haben beschneiden lassen (Apg 16,3). Ob sich diese Mitteilung eher der historischen Wirklichkeit oder der vorlukanischen Ausgestaltung oder gar erst der lukanischen Darstellung verdankt, ist in der Forschung umstritten[60]. Zutreffend ist jedenfalls, dass Paulus Timotheus als Missionsmitarbeiter gewann. Ihre gemeinsame Tätigkeit führte sie durch Kleinasien über Troas, Philippi, Thessalonich, Beröa, Athen bis nach Korinth (Apg 16,4–18,5). Von Athen aus hatte Paulus Timotheus nach Thessalonich zurückgesandt, um die bedrängte Gemeinde aufzurichten (1Thess 3,1–5), und in Korinth empfing er ihn wieder mit guter Nachricht (3,6). Im Bericht über die dritte Missionsreise wird von Timotheus gesagt, er sei mit Erastus von Ephesus aus nach Mazedonien vorausgeschickt worden (Apg 19,22) und von dort aus im Gefolge des Paulus über Troas (20,4–6) mit nach Jerusalem gereist, wo Paulus dann verhaftet wurde.

Paulus selbst erwähnt in mehreren Briefen ausdrücklich, dass Timotheus sich bei ihm befinde. Er wird als *Mitabsender* in den Briefen genannt, die Paulus auf der zweiten Missionsreis von Korinth nach Thessalonich (1Thess 1,1 [2Thess 1,1]) sowie während der dritten Missionsreise von Ephesus aus nach Korinth (2Kor 1,1) und aus der ephesinischen[61] Gefangenschaft nach Philippi (Phil 1,1) und an seinen Freund Philemon (Phlm 1,1) nach Kolossae (vgl. Kol 1,1; 4,9) gesandt hat. In dem wohl von Korinth aus geschriebenen[62] Römerbrief erwähnt Paulus Timotheus zum letztenmal, indem er Grüße von ihm an die Christen in Rom übermittelt (Röm 16,21).

Während in den Angaben der Apg das Bild und die Bedeutung des Timotheus verhältnismäßig farblos bleiben, stellt ihm *Paulus ein hervorragendes Zeugnis* aus. Schon die Bezeichnungen »Bruder« (2Kor 1,1; 1Thess

---

[60] Näheres s.u.: Auslegung zu 1,3–5.
[61] So neben Erwägungen über eine Haft in Rom oder Cäsarea u.a. J. Gnilka, Der Philipperbrief, ³1980 (HThK X/3), 20–24; ders., Der Philemonbrief, 1982 (HThK X/4), 4f; P. Stuhlmacher, Der Brief an Philemon, ³1989 (EKK XVIII), 21; Weiser, Apg II 543; Söding, Chronologie 42–44; M. Wolter, Der Brief an die Kolosser. Der Brief an Philemon, 1993 (ÖTBK 12), 237–239;

Broer, Einleitung II 391.404. – Conzelmann/Lindemann, Arbeitsbuch 249.253 erachten dies als möglich; Schnelle, Einleitung 159–162.174 plädiert für Rom.
[62] So heute die meisten, u.a. Ollrog, Paulus 23; Wilckens, Röm I 44; Weiser, Apg II 558; Söding, Chronolgie 59; Conzelmann/Lindemann, Arbeitsbuch 284; Schnelle, Einleitung 135; Broer, Einleitung II 467.

3,2) und »Mitarbeiter« (1Thess 3,2; Röm 16,21), die Paulus auch für andere Personen verwendet, lassen auf eine hohe Wertschätzung schließen. Aber noch viel deutlicher kommt sie zum Ausdruck, wenn Paulus von ihm als seinem »geliebten und treuen Kind im Herrn« spricht (1Kor 4,17) und wenn er sagt, dass er »keinen Gleichgesinnten [habe], der so aufrichtig um die Sache« der Gemeinde in Philippi besorgt sei, und dass er zusammen mit Paulus »wie ein Kind für den Vater dem Evangelium gedient« habe (Phil 2,19–22).

Die paulinischen Aussagen lassen erkennen, dass Timotheus eine wirkliche *Mitverantwortung* für das Missionswerk oblag. Sie zeigt sich u.a. auch in der Wahrnehmung eigenverantwortlicher Aufgaben wie z.B. der Stärkung der bedrängten Gemeinde in Thessalonich (1Thess 3,2f), der Kontaktnahme mit der Gemeinde in Philippi vom Gefängnis des Paulus aus (Phil 2,19.23) und des schwierigen Vermittlungsdienstes angesichts der Streitigkeiten in der Gemeinde von Korinth (1Kor 4,17; 16,10).

Eine sehr eigenartige Erwähnung des Timotheus findet sich am Schluss des *Hebräerbriefes*. Ganz *unvermittelt* heißt es dort: »Wisst, dass unser Bruder Timotheus freigelassen worden ist; sobald er kommt, werde ich mit ihm zusammen euch besuchen« (13,23). Wahrscheinlich gehört diese im Verhältnis zum gesamten Hebr fremd wirkende Erwähnung einem Postskript an, das erst *nachträglich* zum Hebr hinzugefügt wurde, um »dem frühchristlichen Schreiben paulinische Dignität« zu sichern[63]. Knut Backhaus versucht dagegen ausführlich die These zu begründen, dass das »Postskript Hebr 13,22–25 … kein sekundärer Appendix, sondern integrativer Bestandteil des Hebr« sei, der auf den Verfasser selbst zurückgehe und »auf tatsächliche Kontakte zwischen dem Hebr-Verf. und der Paulus-Schule« verweise[64]. Der Verfasser sende seine Homilie an Christen der Gemeinde in Rom. Ihnen sei »auch der ehemalige Paulus-Mitarbeiter Timotheus bekannt …, der mittlerweile als eigenständiger Missionar im paulinischen Einflußbereich tätig [sei], zu dem auch Rom gehör[e]«[65]. Nach Backhaus bestehen also zwischen dem Verfasser des Hebr, seinen römischen Adressaten und Timotheus persönliche Kontakte[66]; Hebr 13 bezeuge die nachpaulinische Missionswirksamkeit des Timotheus auch in Rom.

Aus Hebr 13 geht jedoch lediglich hervor, dass Timotheus bei römischen Christen *bekannt* ist, nicht aber, worin die Bekanntschaft näherhin besteht. Weder ergibt sich aus Hebr 13, dass Timotheus *selbst* in Rom *war*, noch, dass er dort *missionarisch gewirkt* habe. Seine in Hebr 13 vorausgesetzte namentliche Bekanntheit

---

[63] E. Gräßer, An die Hebräer I, 1990 (EKK XII/1), 18; vgl. ders., An die Hebräer III, 1997 (EKK XII/3), 407–416; so auch u.a. Köster, Einführung 710; Schmithals, Theologiegeschichte 292; ders., Der Hebräerbrief als Paulusbrief, in: Die Weltlichkeit des Glaubens in der Alten Kirche (FS U. Wickert), hrsg. v. D. Wyrwa, 1997 (BZNW 85), 319–337, hier 333–337 (mit weiterreichenden Überlegungen zur Kanonbildung). Conzelmann/Lindemann, Arbeitsbuch 398 erachten die Zufügung als »denkbar«. Nach Broer, Einleitung II 571 lässt sich weder die Originalität noch die Zufügung zweifelsfrei erweisen.

[64] K. Backhaus, Der Hebräerbrief und die Paulusschule, BZ 37 (1993) 183–208, hier 192.194.

[65] Ebd. 201.

[66] Vgl. ebd. 203.

dort hat ihren hinreichenden Grund in Röm 16,21, wo Paulus ihn als seinen Mitarbeiter erwähnt und Grüße von ihm an die römische Gemeinde übermittelt.
Das Einzige, was sich mit *Sicherheit* aus Hebr 13,23 erkennen lässt, ist die *hohe Wertschätzung* des Timotheus als missionarischer Mitarbeiter des Paulus, sei es, dass sie der *Verfasser des Hebr selbst* zum Ausdruck gebracht hat[67], sei es, dass sich die Erwähnung erst einem *späteren Verfasser des Postskripts* verdankt. Diese Wertschätzung wurde vom Absender auch für Christen in Rom vorausgesetzt.

2 Das ›Timotheus-‹ und ›Paulusbild‹ der Past und die vorausgesetzte Situation des 2Tim

Welche Vorstellung hat der Verfasser der Past von ›seinem‹ Adressaten ›Timotheus‹ und ›seinem‹ Absender ›Paulus‹? In welchem Verhältnis stehen deren Konturen zu denen des ›historischen‹ Paulus und Timotheus und zu denen, wie sie durch die Paulusbriefe, durch die Apg oder auf noch andere Weise im Urchristentum vermittelt wurden? Es bedarf einer eigenen Vergewisserung darüber, welches Bild der Verfasser der Past von ›seinem Adressaten‹ und ›Absender‹ hat und aufgrund welcher Voraussetzungen er zu diesem Bild gekommen ist. Es ist die Frage nach den *literarischen Gestalten* ›Timotheus‹ und ›Paulus‹, die Frage nach dem *fiktiven* Adressaten und Absender sowie nach der *fiktiven* Briefsituation.

2.1 Vollkommen eindeutig und mit allen Angaben des Corpus Paulinum sowie der Apg in Übereinstimmung ist, dass ›Timotheus‹ als enger, vertrauter und hochgeschätzter *missionarischer Mitarbeiter des ›Paulus‹* gilt (1Tim 1,2; 2Tim 1,2). Wie er schon zur Zeit des Paulus mit besonderen Aufgaben betraut worden war, den Apostel vertrat und so dessen Autorität in den Gemeinden vergegenwärtigte, so erscheint er auch in den Past als geeigneter Sachwalter des ›Paulus‹.

2.2 Nach 1Tim 1,3 befindet sich der Adressat *›Timotheus‹ in Ephesus, während ›Paulus‹ von dort nach Mazedonien weitergereist* ist, von wo aus er den Brief sendet. In 3,14 und 4,13 kündigt ›Paulus‹ an, zu ›Timotheus‹ nach Ephesus zurückzukehren. In der Zwischenzeit soll ›Timotheus‹ die Irrlehrer an der Verbreitung ihrer falschen Lehre hindern und die Gemeindeleitung vor allem durch Entfaltung der gesunden Lehre ausüben (4,6.12; 6,2).
Der Verfasser hat die Kennzeichnung des ›Timotheus‹ und die Briefsituation »aus zwei recht allgemeinen Anhaltspunkten der Paulusüberlieferung konstruiert: daß Paulus nach seinem Gründungsaufenthalt in Ephesus nach Mazedonien weiterreiste (Apg 19,21) und daß er seinen Mitarbeiter Timotheus vorzugsweise mit schwierigen Aufträgen betraute und

---

[67] So Backhaus und die meisten Exegeten, u.a. W.G. Übelacker, Der Hebräerbrief als Appell I: Untersuchungen zu *exordium*, *narratio* und *postscriptum* (Hebr 1–2 und 13,22–25), 1989 (CB.NT 21), 197–203; H.-F. Weiß, Der Brief an die Hebräer, 1991 (KEK 13), 38.760–766; Schnelle, Einleitung 428f.

als Verbindungsmann zu seinen Gemeinden benutzte (1Thess 3,2f; 1Kor 4,17; Phil 2,20–22)«[68]. Während aber nach den Paulusbriefen der vorübergehend mit besonderen Aufgaben betraute Timotheus jeweils wieder zu Paulus zurückgekehrt ist, bleibt er nach 1Tim in Ephesus, um Aufgaben auf Dauer wahrzunehmen. ›Paulus‹ kündigt lediglich seinen eigenen Besuch an, der aber möglicherweise noch lange auf sich warten lässt (3,15). Es liegt also eine deutliche *Akzentverschiebung* vor. »Timotheus wird gezeichnet als der am Ort stehengebliebene Missionar, der nun als Gemeindeleiter selbständig und auf Dauer das von dem gemeindegründenden Apostel begonnene Werk weiterführen soll«[69].

2.3 Die Angaben des 2Tim suggerieren eine *fortgeschrittenere Situation*. ›Paulus‹ befindet sich inzwischen in römischer Haft (1,8.17; 2,9). Zwischen dem Aufbruch von Ephesus bis zur Haft in Rom werden in 1–2Tim folgende Stationen genannt: Mazedonien (1Tim 1,3), Korinth (2Tim 4,20), Troas (2Tim 4,13) und Milet (2Tim 4,20). Dieser Weg entspricht den Angaben der Apostelgeschichte. Sie berichtet über den Aufbruch des Paulus von Ephesus nach Mazedonien (19,21; 20,1), über die Weiterreise nach Griechenland und das dreimonatige Verbleiben dort (19,21; 20,2), über die Rückreise durch Mazedonien und den Aufenthalt in Troas (20,5–12), über die Weiterreise bis nach Milet und den Aufenthalt dort (20,13–38) und schließlich darüber, wie Paulus nach der Verhaftung in Jerusalem und der römischen Schutzhaft in Cäsarea nach Rom überführt wurde und dort weiterhin in Haft blieb (21–28). Insgesamt wird also in den beiden Briefen an ›Timotheus‹ eine Situation vorausgesetzt, die dem zeitlichen Rahmen und der Ereignisfolge von Apg 20–28 entspricht.

Zwischen den Angaben der Apg und denen der Past[70] bestehen allerdings die *Unterschiede*, dass nach Apg 19,22 Timotheus *nicht in Ephesus blieb*, sondern von Paulus nach Mazedonien vorausgeschickt wurde, und dass sich nach Apg 20,4 Timotheus in der *Begleitung des Paulus* auf dessen Rückreise von Griechenland in den Osten befand, während ihn nach 1Tim 1,3 ›Paulus‹ mindestens während seiner Reise nach Mazedonien *in Ephesus zurückgelassen* hatte. Darüberhinaus ist im 2Tim der Verbleib des ›Timotheus‹ *in Ephesus* und das Getrenntsein von ›Paulus‹ *während der ganzen Zeit* seit dessen Aufbruch von dort vorausgesetzt. Dies zeigt sich daran, dass der inzwischen inhaftierte ›Paulus‹ von Rom aus rückschauend Informationen über seinen Korinth- und Miletaufenthalt gibt (4,20). Sie wären nicht nötig, wenn ›Timotheus‹ selbst als damaliger Begleiter gälte. Sie setzen die Annahme des damaligen Getrenntseins von ›Paulus‹ voraus. Auch die Grüße an Priska und Aquila (4,19), das zeitweise in Ephesus lebende Ehepaar (Apg 18,19.24–26), sowie die Bitte an ›Timo-

[68] Roloff 62.
[69] Ebd. 63.

[70] Zur Auswertung für die Verfasserfrage s.u. V.2.

theus‹, bald zu kommen und von Troas den vergessenen Mantel und die
Bücher mitzubringen (4,13), verweisen auf *Ephesus* als den vorausgesetzten *Aufenthaltsort des Adressaten* ›Timotheus‹.

2.4 ›Paulus‹ wird in den Past gesehen als der von Gott berufene
»Apostel« Christi (1Tim 1,1; 2,7; 2Tim 1,1.11; Tit 1,1), als »Verkündiger«
(1Tim 2,7; 2Tim 1,11) des »Evangeliums«, das ihm »anvertraut worden
ist« (1Tim 1,11; 2Tim 1,12), und als »Lehrer der Völker« (1Tim 2,7; 2Tim
1,11). In der Zeit vor seiner Indienstnahme durch Christus wird er einerseits sehr negativ als »Lästerer, Verfolger und Frevler«, als »Sünder«, der
»Erbarmen« und »Gnade« fand, gekennzeichnet (1Tim 1,13–16), andererseits sehr positiv als Glaubender, der schon »von den Vorfahren her Gott
mit reinem Gewissen gedient hat« (2Tim 1,3)[71]. Gegenüber ›Timotheus‹
und der Gemeinde gilt er als fraglos anerkannte Autorität. Er gibt autoritativ Anweisungen, wie ›Timotheus‹ seinen Dienst ausüben und was er
tun und lehren soll (1Tim 3,15; 4,6.11.13; 6,2.13; 2Tim 2,14). Er befindet
sich um des Herrn willen im Gefängnis (2Tim 1,17) und leidet für das
Evangelium (2Tim 1,8.12; 2,8). Er weiß sich schon dem Tod nahe (2Tim
4,6). Alle haben sich von ihm abgewandt (2Tim 1,15; 4,10.14.16), und nur
Lukas ist bei ihm (2Tim 4,11). Selbst beim Verhör ist niemand für ihn
eingetreten; alle haben ihn im Stich gelassen (4,16). Demgegenüber klingt
befremdlich, dass dennoch Getreue erwähnt werden, denen Grüße gelten,
wie z.B. Priska, Aquila und die Familie des Onesiphorus (4,19), oder von
denen Grüße übermittelt werden, nämlich von »Eubulus, Pudes, Linus,
Claudia und allen Brüdern« (4,21), was ja deren Kontakt mit ›Paulus‹ im
Gefängnis voraussetzt. Rückschauend spricht ›Paulus‹ von treuem Dienst
(2Tim 4,7), den er ausgeübt hat. Er schaut zuversichtlich auf den Tag des
Gerichts (2Tim 4,8) und ist überzeugt, dass der Herr ihn durch den Tod
hindurchretten und ihn »in sein himmlisches Reich führen« wird (4,18).

Der in den Past ›verkündigte Paulus‹ ist also vor allem der begnadete Sünder, der Apostel, der Verkünder des Evangeliums, der vorbildhafte Lehrer
und Märtyrer. Die Past »weisen Paulus als ›Herold, Apostel und Lehrer‹
eine *heilsökonomische* Rolle zu in einem Vermittlungsprozeß, den sie
selbst weiterzutragen beanspruchen. Als Offenbarungsmittler ist Paulus
gesehen, und in dieser Rolle wird ihm die Schlüsselfunktion zugeordnet,
die ein Weitergehen der Offenbarungsgeschichte nur als Weiterwirken
des Paulus und als Umgang mit dem ›Schatz‹ seines Wissens vorstellbar
macht«[72]. Der bemerkenswerteste Unterschied zwischen dem ›Paulusbild‹
der Past und dem der anderen Briefe des Corpus Paulinum sowie der Apg
besteht darin, dass einzig und allein ›Paulus‹ *der* Apostel ist, dass *seine*

---

[71] Zur Erklärung dieser Spannung s.u. die
Auslegung zu 1,3.
[72] Löning, Epiphanie 113. – Ähnlich Läger, Christologie 128–130. Sie spricht von
der »soteriologische[n] Funktion des Pau-

lus« und verweist im Zusammenhang ihrer
Begründungen u.a. auf die Arbeiten von
Brox, Collins, Dassmann, Lindemann, Loh-
fink, Standaert*, Trummer, Wanke und
Wolter.

Weisung *die* maßgebliche Lehre für die Kirche und *sein* Weg und Verhalten *das* Muster christlichen Lebens sind. Man hat diese Eigenkonzeption der Past zutreffend als »exklusive[n] Paulinismus«[73] und als »Kerygmatisierung der Paulusgestalt«[74] bezeichnet.

2.5 ›*Timotheus*‹ wird in den Past dargestellt als ein schon von seinen Vorfahren her frommer und gläubiger (2Tim 1,5; 3,15) junger Mann (1Tim 4,12; 2Tim 2,22), der aber bereits kränklich ist (1Tim 5,23). Unter Handauflegung der Ältesten (1Tim 4,14) bzw. ›Pauli‹ (2Tim 1,6) und mit »prophetischen Worten« (1Tim 1,18; 4,14) ist er eingesetzt worden, den »guten Kampf zu kämpfen« (1Tim 1,18). Er hat das Bekenntnis vor Zeugen abgelegt (1Tim 6,12) und soll »zuverlässigen Menschen anvertrauen«, was er von ›Paulus‹ unter Zeugen gehört hat (2Tim 2,2).

Als treuer »Diener Christi« (1Tim 4,6), als »Knecht des Herrn« (2Tim 2,24) ist er bisher schon ›Paulus‹ in Lehre, Leben und Leiden gefolgt (2Tim 3,10). Als Vertrauter (1Tim 1,2.18; 2Tim 1,2; 2,1) hat ihn ›Paulus‹ in Ephesus zurückgelassen. Seine Aufgaben dort bestehen darin, sich gegen die Irrlehrer zu wenden (1Tim 1,3–11.19f; 4,1–7; 6,3–5; 2Tim 2,14–21; 3,1–9; vgl. Tit 1,10–16), die Gemeinde zum Gebet für alle Menschen anzuhalten, damit alle Rettung finden (1Tim 2,1–4), für anständige Lebensführung unter den Gemeindegliedern (1Tim 2,8–15; 6,1f.17–19; vgl. Tit 2,1–15; 3,1–3) sowie für die nötigen Dienstämter und ihre zuverlässige Amtsführung zu sorgen (1Tim 3,1–13; 5,3–22; vgl. Tit 1,5–9).

Die Weise seiner gemeindeleitenden Amtsführung soll vor allem in seiner Vorbildlichkeit (1Tim 4,12.16; vgl. Tit 2,7) und im Wortdienst bestehen, z.B. im Lehren (1Tim 4,6.11,13; 6,2; 2Tim 4,2; vgl. Tit 2,1.15), Verkünden (2Tim 4,2.5), Anordnen (1Tim 4,11; 2Tim 4,2), Ermahnen (1Tim 4,13; 6,17; 2Tim 4,2), Erinnern (2Tim 2,14; vgl. Tit 3,1) und dem Vorlesen aus der Schrift (1Tim 4,13). Er soll seinen Auftrag voll und ganz erfüllen (1Tim 6,14; 2Tim 4,5), selbst an der gesunden Lehre festhalten (1Tim 4,16; 2Tim 1,13f; 3,14), bewahren, was ihm anvertraut worden ist (1Tim 6,20; 2Tim 1,13f), sich fernhalten von gottlosem Geschwätz und der »Gnosis« (1Tim 6,20; 2Tim 2,16.23; vgl. Tit 3,9f). So erweise er sich als ein tugendsamer »Mann Gottes« (1Tim 6,11f; 2Tim 2,22) und als Glaubenskämpfer (1Tim 6,12). Wie ›Paulus‹ soll auch er um des Herrn willen bereit sein, für das Evangelium zu leiden (2Tim 1,8; 2,3).

Obwohl die Past Wert legen auf eine Ordnung der Leitungsdienste und u.a. vom Episkopos, von Presbytern und Diakonen sprechen, fällt auf, dass *weder für ›Timotheus‹ noch für ›Titus‹ eine Amtsbezeichnung* gebraucht wird. ›Timotheus‹ wird »Diener Christi« (1Tim 4,6), »Arbeiter« (2Tim 2,15), »Knecht des Herrn« (2Tim 2,24) und »Evangelist« (2Tim 4,5) genannt. An *Amtsbezeichnungen* für ›Timotheus‹ und ›Titus‹ besteht aber

---

[73] Brox 73; vgl. Collins, Image 173: »Pau- [74] Wanke, Paulus 187.
line reductionism«.

kein Interesse, weil sie »als Apostelschüler nicht einen bestimmten Amtstyp verkörpern, sondern die Überlieferung garantieren und das Ideal des Amtsträgers allgemein, nicht eine spezielle Funktion repräsentieren, oder aber weil sie Paulus selbst vertreten«[75]. Sie »beziehen ihre Funktion einzig aus ihrer Existenz als fiktive Adressaten, denen als historischen Mitarbeitern des Paulus nun zeitgenössische Aufgaben zugeschrieben werden, weil sie selbst als Angeredete eben zur Situation der Briefe gehören, in denen sie dadurch Chiffren der apostolischen Überlieferung, aber nicht Beschreibungen eines tatsächlichen Amtstyps sind«[76]. Sie werden auch nicht etwa als *Nachfolger* des ›Paulus‹ gezeichnet, die seine Lehre in die nachapostolische Zeit *vermitteln*. Sie gelten vielmehr als seine zeitgleichen Mitarbeiter. Durch sie und durch das, was sie lehren sollen, zeigt der Verfasser auf, dass in den vielfältigen Tätigkeiten des kirchlichen Amtes seiner Zeit der Apostel selbst weiterhin *gegenwärtig* und »die Lehre der nachapostolischen Zeit die apostolische Lehre *ist*«[77].

III   Die Pseudonymität der Pastoralbriefe

Literatur: Zur ntl. Pseudepigraphie: Aland, K., Das Problem der Anonymität und Pseudonymität in der christlichen Literatur der ersten beiden Jahrhunderte, ANTT 2 (1967) 24–34; *ders.*, Falsche Verfasserangaben? Zur Pseudonymität im frühchristlichen Schrifttum, ThRv 75 (1979) 1–10; *Balz, H.R.*, Anonymität und Pseudepigraphie im Urchristentum, ZThK 66 (1969) 403–436; *Brox*, Verfasserangaben; *ders.*, Pseudo-Paulus; *ders.*, Zum Problemstand in der Erforschung der alt-

---

[75]   Brox 43. So auch Sand, Anfänge 222: Ihre »konkreten Aufgaben und Verpflichtungen … lassen sich mit keinem bestimmten Amt in Deckung bringen.« Ebenso Schweizer, Gemeinde 74; Stenger, Timotheus 253f.266f; Roloff 170; Schenk, Pastoralbriefe 3424; Schnelle, Einleitung 386; Thiessen, Christen 256. – Anders Dibelius/Conzelmann 56: »Timotheus ist zu seinem mehreren Gemeinden übergeordneten Amt … geweiht worden«. Schlier, Ordnung 138f: »Als die Vertreter des Apostels stehen Timotheus und Titus über einem größeren Kirchengebiet und einer Reihe von Einzelgemeinden bzw. über den lokalen Bischöfen und Presbytern an verschiedenen Orten (I,1,3ff.; 5,17ff.; Tit. 1,5). Man hat sie daher mit Bischöfen in unserem Sinn oder mit Metropoliten, auch mit apostolischen Nuntien und Delegaten verglichen … [In] ihrem Amt empfangen Teilkirchen, die über lokale Gemeinden hinausreichen, ihre monarchische Spitze.« Zu dieser Einstufung Schliers als »Quasibischöfe« vgl. Lohfink, Normativität 94; von Bendemann, Schlier 290.

[76]   Brox, Probleme 88; vgl. auch Müller, Traditionsprozeß 254.

[77]   Stenger, Timotheus 267. – U. Borse vermutet, »daß hinter Timotheus und Titus die gleiche Person steht«; ›Titus‹ sei nur eine andere Namensform von ›Timotheus‹ (Borse*, Timotheus 40; vgl. ders., Past 17; ders., Der Brief an die Galater, 1984 [RNT], 80–85). Er schließt dies aus der Hochschätzung beider Namensträger durch Paulus, aus der nur sporadischen Erwähnung des Titus (2Kor; Gal) und aus dem Schweigen der Apg über ihn. Dass sich diese Vermutung keineswegs erhärten lässt, hat Oberlinner, 1Tim XXX–XXXII deutlich gezeigt. Vor allem lassen die unterschiedlichen Angaben über das Unbeschnittensein des Titus (Gal 2,3) und über das Beschnittenwordensein des Timotheus (Apg 16,3) eine derartige Gleichsetzung der Namensträger nicht zu.

christlichen Pseudepigraphie, Kairos 15 (1973) 10–23 (jetzt in: *ders.* [Hrsg.], Pseudepigraphie 311–334); *ders.* (Hrsg.), Pseudepigraphie in der heidnischen und jüdisch-christlichen Antike, 1977 (WdF 484); *ders.*, Methodenfragen der Pseudepigraphie-Forschung, ThRv 75 (1979) 275–278; *Fischer, K.M.*, Anmerkungen zur Pseudepigraphie im Neuen Testament, NTS 23 (1976/77) 76–81; *Frenschkowski*, Pseudepigraphie; *Hengel, M.*, Anonymität, Pseudepigraphie und »Literarische Fälschung« in der jüdisch-hellenistischen Literatur, in: Pseudepigrapha I, 1972 (EnAc 18), 229–308; *Laub, F.*, Falsche Verfasserangaben in neutestamentlichen Schriften. Aspekte der gegenwärtigen Diskussion um die neutestamentliche Pseudepigraphie, TThZ 89 (1980) 228–242; *Meade*, Pseudonymity; *Metzger, B.M.*, Literary Forgeries and Canonical Pseudepigrapha, JBL 91 (1972) 3–24; *Meyer, A.*, Religiöse Pseudepigraphie als ethisch-psychologisches Problem, ZNW 35 (1936) 262–279 (jetzt in: *Brox* [Hrsg.], Pseudepigraphie 90–110); *Pokorný, P.*, Das theologische Problem der neutestamentlichen Pseudepigraphie, EvTh 44 (1984) 486–496; *Sint, J.A.*, Pseudonymität im Altertum. Ihre Formen und ihre Gründe, Innsbruck 1960 (Commentationes Aenipontanae 15); *Speyer*, Fälschung; *Torm, F.*, Die Psychologie der Pseudonymität im Hinblick auf die Literatur des Urchristentums, 1932 (SLA 2) (jetzt in: *Brox* [Hrsg.], Pseudepigraphie 111–140); *Weißengruber, F.*, Zum Problem der Pseudepigraphie und des Kanons, SNTU.A 13 (1988) 179–191.

Zur Verfasserschaft der Past: *Arichea*, Authorship; *Baur*, Pastoralbriefe; *Binder, H.*, Die historische Situation der Pastoralbriefe, in: Geschichtswirklichkeit und Glaubensbewährung (FS F. Müller), hrsg. v. Fry, F.C., Stuttgart 1967, 70–83; *Brox*, Probleme; *ders.*, Notizen; *ders.*, Lukas; *Bruggen, J. van*, Die geschichtliche Einordnung der Pastoralbriefe, Wuppertal 1981; *v. Campenhausen*, Polykarp; *Donelson*, Pseudepigraphy; *Duncan, G.S.*, Paul's Ministry in Asia – The Last Phase, NTS 3 (1956/57) 211–218; *Ellis, E.E.*, The Authorship of the Pastorals: A Résumé and Assessment of Current Trends, EvQ 32 (1960) 151–161; *ders.*, Pastoralbriefe; *Feuillet*, doctrine; *Graystone, K. / Herdan, G.*, The Authorship of the Pastorals in the Light of Statistical Linguistics, NTS 6 (1959/60) 1–15; *Harrison*, Problem; *ders.*, The Autorship of the Pastoral Epistles, ET 67 (1955/56) 77–81; *ders.*, The Pastoral Epistles and Duncan's Ephesian Theory, NTS 2 (1955/56) 250–261; *Hegermann*, Ort; *Jeremias*, Datierung; *Kaestli*, Mémoire; *Knoch*, »Testamente«; *Maurer*, Textvariante; *McRay, J.*, The Authorship of the Pastoral Epistles: A Consideration of Certain Adverse Arguments To Pauline Authorship, RestQ 7 (1963) 2–18; *Meade*, Pseudonymity 118–139; *Metzger, B.M.*, A Reconsideration of Certain Arguments Against the Pauline Authorship of the Pastoral Epistles, ET 70 (1958) 91–94; *Michaelis, W.*, Pastoralbriefe und Wortstatistik, ZNW 28 (1929) 69–76; *Moda*, lettere pastorali; *Morton, A.Q. / McLeman, J.*, Paul, the Man and the Myth, New York 1966; *Morton/Michaelson/Thompson*, Critical Concordance; *Moule, C.D.F.*, The Problem of the Pastoral Epistles: A Reappraisal, BJRL 47 (1964/65) 430–452; *Müller*, Traditionsprozeß 246–256; *Munro*, Authority 10–12; *Nieboer, M.C.*, The Statistical Analysis of A.Q. Morton and the Authenticity of the Pauline Epistles, CTJ 5 (1970) 64–80; *Patsch*, Angst; *Prior*, Paul; *Redalié*, Paul 14–17; *Reicke, B.*, Chronologie der Pastoralbriefe, ThLZ 101 (1976) 81–94; *Roberts, J.W.*, The Genuineness of the Pastorals: Some Recent Aspects of the Question, RestQ 8 (1965) 104–110; *Robinson, Th.A.*, Grayston and Herdan's »C« Quantity Formula and the Authorship of the Pastoral Epistles,

NTS 30 (1984) 282–288; *Rogers, P.*, The Pastoral Epistles as Deutero-Pauline, IThQ 45 (1978) 248–260; *Schille*, Paulusbild; *ders.*, Aufgaben; *Schleiermacher*, Sendschreiben; *Schmid, J.*, Zeit und Ort der paulinischen Gefangenschaftsbriefe, Freiburg i.Br. 1931; *ders.*, Pastoralbriefe; *Schmidt, J.E.Ch.*, Historisch-kritische Einleitung in das Neue Testament I, Gießen 1804; *Strobel, A.*, Schreiben des Lukas? Zum sprachlichen Problem der Pastoralbriefe, NTS 15 (1969) 191–210; *Synnes, M.*, Om psevdepigrafi og pastoralbrevenes ekthet, TTK 47 (1976) 179–200; *Torm, F.*, Über die Sprache in den Pastoralbriefen, ZNW 18 (1917/18) 225–243; *Wagener*, Ordnung 1994, 3–14; *Zmijewski, J.*, Die Pastoralbriefe als pseudepigraphische Schriften, in: *ders.*, Das Neue Testament. Quelle christlicher Theologie und Glaubenspraxis, Stuttgart 1986, 197–220.

Schon bei dem bisherigen Bemühen, die Form und Gattung des 2Tim sowie die literarisch-theologische Gestalt des Absenders und Adressaten zu erfassen, zeigte sich nebenher durchgängig, dass der Text viel besser zu verstehen ist, wenn man ihn als Zeugnis des nachpaulinischen Urchristentums gelten lässt. Deutlich wurde dies vor allem an den testamentarischen Elementen (I.2.2) und auch daran, dass 2Tim bewusst als Abschluss konzipiert ist (I.2.3). Auch die Transformation des paulinischen Topos der ›apostolischen Parusie‹ (I.3) sowie das Schillern zwischen zeitlicher Begrenzung und Dauerhaftigkeit der von ›Timotheus‹ wahrzunehmenden Aufgaben (II.2.2) wiesen auf nachpaulinische Verfasserschaft hin. Manche Züge des ›Paulusbildes‹ stehen so sehr in Spannung zueinander, dass sie sich nicht als authentische Aussagen des Paulus, wohl aber als nachpaulinische Akzente mit je eigener Sinngebung erklären lassen wie z.B. die Aussagen über den »Lästerer« und den doch von Jugend an »Gläubigen« oder über den im Gefängnis Einsamen und den doch von Getreuen Umgebenen (II.2.4). Außerdem legen die Art und Weise, in der auf den bis zum Tod getreuen und mustergültig ausgeübten apostolischen Dienst des ›Paulus‹ zurückgeschaut wird und der Vorbildcharakter, den sein Leben und Sterben inzwischen angenommen haben, einen zeitlichen Abstand nahe.

Ergänzt man diese bisher nur nebenbei gemachten Beobachtungen durch weitere Indizien[78], so zeigt sich eindeutig: 2Tim ist ebenso wie 1Tim und Tit erst eine beträchtliche Zeit nach der Hinrichtung des Paulus entstanden. Das Schreiben sollte als abschließender Teil des Corpus Pastorale gelten. Sein realer Verfasser ist namentlich nicht bekannt. Ebensowenig wie Paulus als Absender kommt als realer Adressat sein Missionsmitarbeiter Timotheus in Frage. Beide haben im Brief eine rein literarisch-theologische Funktion. Die Erwähnung beider ist pseudepigraphisch. Erweist sich der Name des Absenders als Fiktion, dann auch die mit ihm zusammenhängende Angabe über den Abfassungsort des 2Tim, nämlich Rom (vgl. 2Tim 1,16f).

[78] S.u. III.2: Hauptgründe für die Annahme der Pseudonymität.

Ebenso wie der anonyme Verfasser die im Corpus Pastorale erteilten Anweisungen und Ermahnungen im Namen und in der Autorität des Apostels Paulus ergehen ließ, erschien es ihm angemessen, als Adressaten die Namen der beiden wichtigsten Paulusmitarbeiter, Timotheus und Titus, zu wählen. Innerhalb der Texte gelten sie zugleich als Repräsentanten von gemeindeleitenden Dienstämtern.

Träger derartiger Dienstämter, die uns namentlich nicht bekannt sind, waren vermutlich die realen Adressaten des Corpus Pastorale. Dabei ist aber zu beachten, dass auch die *Brief*-Form aller drei Schreiben fingiert ist und dass ein Großteil der Paraklesen auch den Gemeindegliedern vermittelt werden sollte, so dass teils auch die Gesamtgemeinde als die reale Adressatin angesehen werden muss[79]. Dass es sich dabei um eine konkrete Ortsgemeinde, möglicherweise in Ephesus, handelt, ist wahrscheinlich[80]. Trifft dies zu, dann ist der Ortsname Ephesus die einzige real zutreffende Angabe der ansonsten fingierten Briefrahmen aller drei Past.

1 Forschungsüberblick

Die Frage nach der Verfasserschaft des Corpus Pastorale ist seit Beginn des 19. Jahrhunderts Thema der Forschung[81], und die Annahme, dass es sich um pseudonyme Schriften handelt, findet berechtigterweise immer mehr Zustimmung, auch von katholischen Exegeten.

a) *Vetreter der Pseudonymität sind u.a.* Holtzmann (1880); Harrison, Problem (1921); Bultmann, Pastoralbriefe (1930); ders., Theologie (1958) 533–536; Scott (1936 = ⁷1957) XXII; Easton (1947); Dibelius/Conzelmann (³1955) 1–4; Gealy (1955); Harrison*, Authorship (1955/56); ders.*, Pastoral Epistles (1955/56); Schmithals, Pastoralbriefe (1961); Barrett (1963); Aland*, Problem (1967); ders.*, Verfasserangaben (1979); Graystone/Herdan*, Authorship (1959/60); Schierse (1968); Brox (1969 = ⁵1989) 22–60; Hegermann, Ort (1970); Wikenhauser/Schmid, Einleitung (1973) 515–541; Vielhauer, Geschichte (1975) 219–237; Houlden (1976); Hasler (1978) 7–9; Rogers*, Pastoral Epistles (1978); Trummer, Paulustradition (1978) 15–105; Karris (1979) XI–XIX; Laub* (1980); Lohfink, Theologie (1981); Hanson (1982) 2–11; Munro, Authority (1983) 10–12; Hultgren (1984) 12–31; Donelson, Pseudepigraphy (1986) 54–66; Lohse, Vermächtnis (1986); Meade, Pseudonymity (1986) 118–139; Zmijewski* (1986); Ellis, Traditions (1987); Schenk, Briefe (1987); Knoch (988) 12;

---

[79] Den Gemeindecharakter betonen zu Recht auch Holtz 5; Kümmel, Einleitung 330; Hegermann, Ort 56; Thiessen, Christen 261.
[80] S.u. IV.
[81] Zunächst wurde nur die Echtheit des 1Tim bestritten, nämlich von Schmidt* (1804) und sodann von Schleiermacher, Sendschreiben (1807). Nachdem J.G. Eichhorn, Einleitung in das Neue Testament III/1, Leipzig 1812, 315–328 die Kritik schon auf alle drei Past ausgedehnt hatte, trug Baur, Pastoralbriefe (1835) weitere Argumente bei, so dass er als der eigentliche Begründer der kritischen Beurteilung gilt.

Roloff (1988) 23–39; Wolter, Pastoralbriefe (1988) 11–25; Wild (1990) 892; Merkel (1991) 5–16; Patsch, Angst (1991); Knight (1992) 21–52; Kaestli, Mémoire (1993); Oberlinner, 1Tim (1994) XXXIII–XLVI; Redalié, Paul (1994) 14–47; Schnelle, Einleitung (1994; ²1996) 379–383; Wagener, Ordnung (1994) 3–14; Young, Theology (1994) 22f; Läger, Christologie (1996) 1; Frenschkowski, Pseudepigraphie (2001) 263–270; Broer, Einleitung (2001) II 531–541.557–567.

b) *Vertreter der paulinischen Verfasserschaft sind*: Wohlenberg (³1923) 13–67; Schlatter, Kirche (1936) 14–22; Guthrie (1957) 39; Jeremias (1963 = ¹¹1975) 4–9; Kelly (1963) 1–34; Spicq (⁴1969) 157–214; Holtz (1972) 6–23; Reicke* (1976); van Bruggen*, Einordnung (1981) 59–62; Ellis, Authorship (1960); ders., Traditions (1987); ders., Pastoralbriefe (1991); Nieboer* (1970); Knight (1992) 51f; Towner (1994) 14–20; ders., Theology (1995).

c) *Es gibt auch Vertreter einer indirekten paulinischen Verfasserschaft.* Manche, die die Echtheit verteidigen, erklären die unübersehbaren Differenzen zwischen den Past und den Paulusbriefen durch die Annahme eines *Sekretärs*, so. z.B. Roller, Formular (1933) 16–33; Jeremias (1963 = ¹¹1975) 8–10 (Sekretär: Tychikus?); Kelly (1963) 34; Holtz (1972) 13–16; Metzger, Reise (1976) 59 (Sekretär: Tychikus). Dagegen ist u.a. einzuwenden, dass Paulus selbst manchmal die Hilfe eines Sekretärs ausdrücklich zu erkennen gibt (1Kor 16,21; Gal 6,11)[82] und doch im diktierten Brief seine eigene Denk- und Sprechweise behält, während in den Past weder das eine noch das andere erkennbar ist.

Andere nehmen an, die Past enthielten mindestens *Fragmente*, die von Paulus selbst herrühren, so. z.B. Harrison*, Problem 87–135. Es lässt sich jedoch bei keinem der vermuteten Fragmente (z.B. 2Tim 4,9–15) die paulinische Verfasserschaft wirklich nachweisen.

Ein weiterer Versuch, die indirekte Verfasserschaft zu begründen, wurde von Dornier 11–25 unternommen. Er vermutet, Paulus habe zwar drei kurze Briefe an Timotheus und Titus geschrieben; diese seien aber nicht mehr erhalten, sondern nur deren erheblich erweiterte Fassung, die erst später von einem Paulusschüler geschaffen wurde. Gegen dieses Zweistufenmodell spricht, dass es weder für die Annahme dreier verlorengegangener Grundschriften noch für deren spätere Erweiterung überzeugende Anhaltspunkte gibt.

[82] Vgl. E.R. Richards, The Secretary in the Letters of Paul, 1991 (WUNT II/42), 201; Verhoef, Numerus 57: »Daß Paulus ein Sekretär zur Verfügung stand, gilt heute als sicher. Es gibt aber keine Indizien dafür, daß dieser im Auftrag des Apostel selbständig Briefe geschrieben hätte. [Auch] die inkonsequente Verwendung des Numerus weist darauf hin, daß ein eventueller Sekretär allenfalls nur einen sehr geringen Einfluß auf den Inhalt der Briefe ausgeübt hat.«

d)   Einen besonders zu beachtenden eigenständigen Versuch, *die paulinische Verfasserschaft wenigstens des 2Tim* zu erweisen, hat *M. Prior* unternommen[83]. Er meint, die nicht zu leugnenden Unterschiede zwischen den anderen Paulusbriefen und dem 2Tim durch drei Beobachtungen erklären zu können: 1. Während die Paulusbriefe zum Großteil unter der *Mitverfasserschaft* des Timotheus und anderer geschrieben wurden, stammen die beiden Timotheusbriefe von Paulus *allein* (45). 2. Während Paulus seine übrigen Briefe mit Hilfe eines *Sekretärs* schrieb, verfasste er die Past *selbst* (50). 3. Während die anderen Paulusbriefe an christliche *Gruppen* und *Gemeinden* gerichtet sind, seien die Past nur an *Einzelpersonen* adressiert (51). Diese Unterschiede erklären jedoch keineswegs die inhaltlichen Differenzen, besonders nicht die der Ekklesiologie, Christologie, Eschatologie und Ethik[84]. Prior versucht sodann, die in 2Tim vorausgesetzte Situation mit der historisch verifizierbaren Gefangenschaft des Paulus in Rom und den entsprechenden Angaben der Apg in Einklang zu bringen: Paulus sei 62 n.Chr. aus der römischen Gefangenschaft freigelassen worden, bevor er 68 n.Chr. hingerichtet worden sei. Die Freilassung aus der ersten Haft ergibt sich für Prior aus Apg 28,30 und aus 2Tim 4,6. An letzterer Stelle deutet Prior den Ausdruck ἀνάλυσις als Hinweis auf den bevorstehenden »Aufbruch« im Sinne baldiger *Freilassung zu weiterer Missionsarbeit* (92.103.111f) und nicht, wie es üblich und weit überzeugender ist, als Bereitschaft zum Martyrium[85]. Aus der so gewonnenen Perspektive interpretiert Prior schließlich auch die dringende Bitte, dass Timotheus und Markus kommen und die nötigsten Sachen mitbringen sollen (2Tim 4,9–13), als Ausdruck für die Planung *neuer Missionsaktivitäten* des Paulus (141–154). Stattdessen liegt aber der Schwerpunkt dieser Aussagen darin, die motivierende Erinnerung wachzuhalten, dass Paulus bis in den Tod hinein der große Missionar gewesen ist. Größeres Gewicht als die von Prior zugunsten paulinischer Verfasserschaft vorgetragenen Argumente haben die Indizien, die für eine nachpaulinische Entstehung der Past sprechen.

2   Hauptgründe für die Annahme der Pseudonymität

J. Roloff hat bereits in dieser Kommentarreihe die Hauptgründe, welche im Verlauf der Forschungsgeschichte für den Erweis der Pseudonymität der Past geltend gemacht wurden, zusammengestellt und überzeugend ausgewertet. Es genügt deshalb, sie hier nur in kurzem Überblick zu nennen. Gegen die Annahme paulinischer Verfasserschaft und zugunsten der Pseudonymität sprechen folgende Argumente:
1.   *Die Widersprüchlichkeit der vorausgesetzten Briefsituationen.* Es passen u.a. nicht zueinander die Aussagen, dass ›Paulus‹, der *bis vor kurzem* mit ›Timotheus‹ bzw. ›Titus‹ arbeitete und ihn dabei schon unterwies

---

[83]   Prior, Paul (1989).
[84]   Vgl. A. Weiser, Rez. zu Prior, Paul, ThLZ 115 (1990) 430f; ähnlich Oberlinner 3.160f.
[85]   So richtig z.B. Oberlinner 3.160f; vgl. Weiser, Rez. (s. vorige Anm.) 430; ders.,

Rez. zu Oberlinner, 2Tim, BZ 40 (1996) 288f, hier 289. – Zustimmend zu Priors Interpretation: J. Murphy-O'Connor, Rez. RB 97 (1990) 294f; J.L. White, Rez. Bib. 71 (1990) 583–586, hier 584.

(1Tim 1,3; Tit 1,5), nun noch *briefliche Anweisungen* über dessen Verhalten und Leitungsdienst geben muss (1Tim 3,14; 4,13); dass die erwähnte *Irrlehre* einerseits noch *aussteht* (1Tim 4,1; 2Tim 3,1–5), andererseits aber schon *gegenwärtig* zu bekämpfen ist (1Tim 1,3–7; 2Tim 3,6–9; Tit 1,10–16); dass ›Paulus‹ *schon lange* von ›Timotheus‹ getrennt ist, sich im *Gefängnis* und unmittelbar vor dem *Tod* befindet (2Tim 4,6–8) und doch die in Troas *einst vergessenen Sachen* wie Mantel und Schriftrollen noch *erbittet* (4,13); dass ›Timotheus‹ sich ganz nahe bei *Trophimus* befindet, aber erst von ›Paulus‹ aus Rom erfahren soll, dass Trophimus krank ist (4,20); dass ›Paulus‹ über seine *Verlassenheit* klagt (4,10f.16) und ihn doch ein Kreis treuer *Freunde* umgibt (4,21).

2. *Die mit anderen ntl. Aussagen unvereinbaren Angaben über Schicksal und Weg des Paulus.* Es wurde schon darauf hingewiesen, dass manche biographischen Angaben der Past mit denen des paulinischen Selbstzeugnisses und der Apg unvereinbar sind (II.2.3), so z.B. das beständige *Verbleiben des ›Timotheus‹ in Ephesus* (1Tim 1,3; 2Tim 1,15–18; 4,9.19) während der Weiterreise des ›Paulus‹ (1Tim 1,3) und dessen weiterem Wirken. Aus 2Kor 1,1; Röm 16,21; Apg 19,22; 20,4 geht jedoch hervor, dass *Timotheus* während dieser Zeit mit nur kleinen Unterbrechungen *Paulus begleitete.*

Oft versucht man, die Unstimmigkeiten durch die Annahme zu beheben, Paulus sei aus der in Apg 28 erwähnten römischen Gefangenschaft noch einmal freigelassen worden, habe einige Jahre im Osten gewirkt und sei erst dann in die zum Tod führende Haft gekommen, von der 2Tim spricht. In diese Zwischenzeit ließen sich dann die in den Past vorausgesetzten Situationen unterbringen.

Dieser oft vertretene Lösungsversuch überzeugt aber keineswegs. Gegen ihn sprechen folgende Gründe: a) Aus Apg 20,22–25.38; 21,4.10–14; 28,30 geht hervor, dass Paulus aus der auf seine dritte Missionsreise folgenden Haft *nicht mehr freikam*, sondern dass die Haft mit seinem Tod in Rom endete[86]. b) Auch die Übereinstimmungen, welche zwischen 2Tim und Apg bestehen, enthalten nur Material, das in der zeitlichen Abfolge der Geschehnisse *bis zu dem in Apg 28 berichteten Haftaufenthalt* reicht. Über ein paulinisches Wirken darüber hinaus sind keine Überlieferungen nachweisbar. c) Die *Bemerkung* in *1Clem 5,7,* Paulus sei vor seinem Martertod »bis zum äußersten Westen gelangt« (ἐπὶ τὸ τέρμα τῆς δύσεως), belegt keineswegs, dass er aus der Haft freigekommen und eventuell – wie er es sich nach Röm 15,24.28 vorgenommen hatte – noch nach Spanien vorgedrungen sei. Die Aussage ist aus Röm 15 erschlossen und überdies vielleicht nach dem in der antiken Heroenliteratur verbreiteten Topos von

---

[86]   So heute die meisten, u.a. Becker, Paulus 506f; Gnilka, Paulus 320; Conzelmann, Apg 160; Haenchen, Apg 655; Schneider, Apg II 412; Weiser, Apg II 570–580.676–684; Zmijewski, Apg 888f.

der Wanderung bis in den äußersten Westen geformt worden[87]. Selbst
wenn Paulus noch nach Spanien gelangt wäre, würde dies ja noch gar
nichts über ein Wirken im Osten besagen, zumal er in Röm 15,23 ausdrücklich von einer Beendigung seines Wirkens im Osten gesprochen hat.
d) Mit der in 2Tim 4,16 erwähnten »*ersten Verteidigung*« ist nicht eine
vorausgegangene Inhaftierung mit Freispruch gemeint[88], sondern eine
Verhandlung im laufenden Prozess.
3.   *Die fortgeschrittene Gemeindesituation.* Zu den Konturen des Ge-
meindebildes, die sich von denen der Pauluszeit unterscheiden und in die
dritte urchristliche Generation verweisen, gehören die ausgeprägtere
Ämterstruktur, die Orientierung an den Werten der *hellenistisch-römi-*
schen Umwelt und weniger an denen des Judentums sowie ein ausgepräg-
tes *Traditionsbewußtsein*. Letzteres findet z.B. darin Ausdruck, dass ›Timotheus‹ selbst als Repräsentant der bis in die dritte Generation führenden Tradition hervorgehoben wird. Seine Glaubenstreue wurzelt nämlich
in dem Glauben, der schon seine Mutter und Großmutter beseelte (2Tim
1,5).
4.   *Sprache und Stil.* Zunehmend ausdifferenzierte Untersuchungen haben erwiesen, dass Sprache und Stil der Past so einheitlich sind und in solchem Maße von denen der anderen Paulusbriefe abweichen, »daß auch die
unverdrossensten Verfechter der paulinischen Verfasserschaft das Faktum dieser Unterschiede anerkennen«[89]. Der *Sonderwortschatz* der Past
ist im Verhältnis zu allen anderen Paulusbriefen unvergleichlich hoch,
und auch *Redefiguren, Partikelgebrauch* sowie *syntaktische Konstruktio-*
nen unterscheiden sich erheblich von denen der authentischen Paulusbriefe. »Vokabular und Stil [sprechen] eindeutig gegen eine paulinische
Verfasserschaft«[90].
5.   *Die Differenz der theologischen Denk- und Ausdrucksweise.* Noch
entscheidender als das sprachstatistische Ergebnis ist die Beobachtung,
dass eine ganze Reihe zentraler paulinischer Begriffe fehlen, wie z.B.

[87]   Vgl. K. Beyschlag, Clemens Romanus und der Frühkatholizismus, 1966 (BHTh 35), 298; Becker, Paulus 506f; Lindemann, Paulus 77–79; ders., Die Clemensbriefe, 1992 (HNT 17), 39f. Ebenso wie Lindemann hält es auch G. Schneider, Clemens von Rom Epistola ad Corinthios, 1994 (FC 15), 77, Anm. 36 für ungewiss, ob Clemens überhaupt »Spanien« gemeint habe. – Weitere frühkirchliche Zeugnisse über die ›Spanienreise‹ des Paulus wie z.B. Canon Muratori 38; Eusebius, HistEccl II,22,2 fußen auf 1Clem und haben keinen eigenständigen Informations- und Begründungswert.
[88]   So aber unter vielen z.B. Wohlenberg 345f; Knight 17–20.468f.

[89]   Vielhauer, Geschichte 223. – Sprachliche Untersuchungen mit dem Ergebnis pseudonymer Beurteilung der Past sind v.a. Holtzmann (1880); Torm*, Sprache (1917/18); Harrison, Problem (1921); ders.*, Pastoral Epistles (1955/56); R. Morgenthaler, Statisik des neutestamentlichen Wortschatzes, Zürich / Frankfurt a.M. 1958; Graystone/Herdan* (1959/60); Morton/McLeman* (1966); Morton/Michaelson/Thompson, Concordance (1982). – Gegenpositionen wurden bezogen u.a. von Michaelis* (1936); Metzger*; (1958); Ellis* (1960); Spicq (1969) 179–200; Nieboer* (1979); Robinson* (1984); Knight (1992) 38–45.
[90]   Roloff 30.

»Gottes Gerechtigkeit«, »Kreuz«, »Freiheit«, »Offenbarung«, »Leib Christi«. Kommen zwar manche von ihnen auch in anderen Paulusbriefen nicht vor, so ist doch der *gehäufte Ausfall* in den Past ungleich größer. Zugleich begegnet in den Past eine Reihe hellenistischer Begriffe, die sonst in den Paulusbriefen nicht vorkommen, wie z.B. die Gottesbezeichnung σωτήρ (1Tim 1,1; Tit 1,3 u.ö.), die Bezeichnung ἐπιφάνεια für die irdische Erscheinung Christi (2Tim 1,10), παραθήκη (1Tim 6,20; 2Tim 1,12.14) statt wie bei Paulus παράδοσις (1Kor 11,2; Gal 1,14), die Tugendbegriffe »Frömmigkeit« (1Tim 2,2; 4,7f; 2Tim 3,5; Tit 1,1 u.ö.), »gutes« bzw. »reines Gewissen« (1Tim 1,5.19; 3,9; 2Tim 1,3; Tit 1,15 u.ö.) und »gute Werke« (1Tim 2,10; Tit 2,14). Begriffe wie z.B. »Glaube« begegnen in den Past gegenüber dem paulinischen Gebrauch mit einer Sinnverschiebung, und die mit »Lehren« zusammenhängenden Worte rücken viel stärker ins Zentrum. Mehr als das Wirken des Geistes in allen Gläubigen (nur Tit 3,5) wird die Geistbegabung der Amtsträger betont (1Tim 4,14; 2Tim 1,6).

IV   Ort, Milieu und Zeit der Abfassung

Wenn also weder der Absender ›Paulus‹ noch die Adressaten ›Timotheus‹ und ›Titus‹ noch Gemeindesituationen der Pauluszeit als die realen Gegebenheiten der Abfassungsverhältnisse der Past gelten können, so fragt sich, *welche realen Gegebenheiten* sich denn mit einiger Zuverlässigkeit erkennen lassen.

1   Der Abfassungs- und Zielort

Die Timotheusbriefe und auch der Titusbrief[91] sind auf Gemeindesituationen von *Ephesus* bezogen und vermutlich auch dort entstanden[92]. Dies legen sowohl manche Angaben der Briefe selbst nahe als auch Indizien, die sich aus anderen urchristlichen Zeugnissen erheben lassen. Nach 1Tim 1,1–3 soll ›Timotheus‹ Aufgaben in *Ephesus* wahrnehmen. Er soll *dort* die Irrlehrer bekämpfen (1,3f) und seine Mitchristen ermahnen und belehren (4,13), bis ›Paulus‹ selbst *dorthin* zurückkehrt (3,14; 4,13). 2Tim 1,18 erinnert daran, dass ›Timotheus‹ den treuen Dienst des Onesiphorus

---

[91] Die Christengemeinden Kretas sind wahrscheinlich unter Mitwirken des Titus von *Ephesus* aus gegründet worden. Deshalb zeigt sich selbst in der Ortsangabe »Kreta« (Tit 1,5) eine Beziehung zu *Ephesus*. Da sich überdies die Probleme der Irrlehrergefahr im Tit wie in 1–2Tim gleichen, »wußten sich die Leser in Ephesus als Adressaten auch dieses Briefes sofort und

unmittelbar angesprochen« (Thiessen, Christen 251).
[92] So u.a. Brox 58 (Kleinasien); Vielhauer, Geschichte 237; Hegermann, Ort 61f; Dassmann, Stachel 172 (Kleinasien); Roloff 42; Schnackenburg, Ephesus 53f; Schnelle, Einleitung 383f; Thiessen, Christen 249–254. – Lindemann, Paulus, 149; Merkel 13 plädieren für Rom als Entstehungsort.

in *Ephesus* kenne. An dessen Familie sowie an Priska und Aquila, deren
Aufenthalt in *Ephesus* durch Apg 18,19 belegt ist, soll der Adressat ›Timotheus‹ Grüße ausrichten (2Tim 4,19). Zugleich leidet aber ›Paulus‹
darunter, dass sich alle *in der Asia* von ihm abgewandt haben (2Tim 1,15).
Auch der in 2Tim 4,12 erwähnte Tychikus ist mit dem Raum *Ephesus*
verbunden. In Apg 20,4 heißt es, dass er ebenso wie Trophimus aus der
Asia stamme. Nach Kol 4,7 ist er der Überbringer des Kolosserbriefes und
gilt als zuverlässiger Mitarbeiter in der Region. Es wird also alles »aus der
Perspektive von Ephesus bzw. der Provinz Asia gesehen.«[93] Die Asia mit
Ephesus ist der räumliche Hauptbezugspunkt.
Die ungebrochene Hochschätzung des ›Paulus‹ und seines geistigen Erbes
in den Past läßt annehmen, dass die Texte in einem Milieu *entstanden*
und sich an Christen in einem Milieu *richteten*, in dem »Paulus-Traditio-
nen besonders lebendig waren und sich damit das Problem der Interpretation der paulinischen Überlieferung stellte.«[94] Dies trifft besonders für
Ephesus zu. Schon für die Missionswirksamkeit des Paulus war Ephesus
wichtig. Paulinische Tradition blieb dort lebendig. Gegen Ende des ersten
Jahrhunderts war Ephesus ein bedeutendes Zentrum des Christentums
mit unterschiedlichen Strömungen (Offb 2,1–6). Die beständigen Auseinandersetzungen der Christengemeinden in und um Ephsesus spiegeln sich
in mehreren ur- und frühchristlichen Zeugnissen, z.B. in der Apg, in Kol,
Eph, Offb, im Epheserbrief des Ignatius sowie in den Briefen des Polykarp
von Smyrna. Die Past gehören »in die zeitliche, räumliche und geistige
Nähe Polykarps«[95]. Dafür spricht überdies, dass der Kleinasiat Irenäus einer der Ersten ist, der die Past eindeutig zitiert[96], und dass sich die Region
von Ephesus bzw. Smyrna am ehesten als jener geographische Raum erweisen lässt, in dem die Paulusbriefe gesammelt und als Briefsammlung
herausgegeben wurden. Hier wurde Anfang des 2. Jh.s »eine autorisierte
Gesamtausgabe der Paulusbriefe« ediert, in welche auch »die bis dahin
unbekannten Pastoralbriefe« einbezogen wurden[97].

---

[93] Thiessen, Christen 250. Diese Beobachtung behält ihr Gewicht auch dann, wenn
man mit Frenschkowski, Pseudepigraphie
268 zu Recht darauf verzichtet, »die pseud-
epigraphe Binnenwelt« des Textes »geradlinig in die reale Welt [zu] übertragen.«
[94] Oberlinner, 1Tim XLVI. – Er weist
m.E. im Unterschied zu Wolter, Pastoralbriefe 15 mit Recht darauf hin, dass diese
Annahme nicht bedeute, Paulus müsse die
entsprechende Gemeinde auch selbst *gegründet* haben.
[95] Vielhauer, Geschichte 237. Er stützt
sich auf von Campenhausen, Polykarp, der
mit Recht feststellt: Der Mann, der die Past
entwarf, »lebte nicht nur in der gleichen

Welt wie Polykarp, sondern er bediente
sich auch derselben kirchlichen Vorstellungen und Ausdrücke, er schrieb in der gleichen Absicht, in der gleichen Front und in
der gleichen Form« (250f).
[96] Z.B. Haer I Praef 1,1–3 (1Tim 1,4).
[97] Trobisch, Entstehung 131. – Die Hypothesen, dass Paulus selbst bereits eine »Ur-
sammlung« (Röm, 1–2Kor, Gal) erstellt
und ediert habe (129f) und dass die spätere
Gesamtausgabe mit Einschluss der Past auf
Bischof Polykarp von Smyrna bzw. auf den
Bischof Onesimus von Ephesus zurückgehe
(113–117), lassen sich m.E. nicht überzeugend begründen. Vgl. auch die kritischen
Hinweise von Schnelle, Einleitung 403f.

R. Schwarz[98] gibt zu bedenken, dass die Past vielleicht eher einer Gemeinde in *Korinth* als in Ephesus galten. Er nennt zwei Gründe: Die in den Past behandelten Probleme ähneln denen der Korintherbriefe des Paulus. Manche Spannungen, die zwischen den Personalangaben der Paulusbriefe und der Apg einerseits und denen der Past andererseits bestehen, würden sich lösen. Mit Oberlinner[99] ist Schwarz zwar zuzugestehen, dass Verweise auf die in den Past behandelten Themen und auf innergemeindliche Entwicklungen allein »eine Eingrenzung auf den kleinasiatischen Bereich oder gar auf Ephesus nicht« begründen können. Es genügen aber auch die Hinweise nicht, die Schwarz zur Begründung einer *korinthischen* Adressatenschaft anführt. Das Gleiche gilt auch gegenüber der »mit aller Vorsicht« geäußerten Vermutung von M. Günther, Korinth könnte als *Abfassungsort* gelten[100]. Die Region von Ephesus wird weiterhin als Entstehungsmilieu am ehesten zu vermuten sein, zumal auch die *Gemeinsamkeiten* der *testamentarischen Elemente* in Apg 20,18–35 und in 2Tim auf *traditionsgeschichtliche Zusammenhänge* und *theologiegeschichtliche Konstellationen* im *ephesinischen Raum* gegen *Ende des 1. Jh.s n.Chr.* verweisen.

2 Die Anonymität des Verfassers

Der *Verfasser ist namentlich nicht bekannt* und mit keiner der sonst bekannten Persönlichkeiten aus ur- und frühchristlicher Zeit zu identifizieren[101], auch nicht mit Tychikus, Lukas oder Polykarp.
Da sich die Sekretärshypothese als nicht tragfähig erwiesen hat[102], kommen auch die in ihrem Zusammenhang erwogenen ›Sekretäre‹ Tychikus oder Lukas als reale Verfasser nicht in Frage. Dass auch Lukas nicht etwa als *nachpaulinischer* Verfasser der Past angenommen werden kann, wird sich noch bei der Behandlung der Frage nach den Quellen zeigen (s.u. V.2). Von Campenhausen hat zwar die inhaltliche, sprachliche und situative Nähe der Past zu den Polykarpbriefen deutlich aufgezeigt[103]; aber seine Schlussfolgerung, Polykarp sei der Verfasser der Past, überzeugt schon deshalb nicht, weil bei dieser Annahme uner-

---

[98] Rez. zu Towner, Goal, Bib. 72 (1991) 132–137, hier 136; vgl. ders., Christentum in den Städten 25 mit Anm. 1.
[99] 1Tim XLVI, Anm. 56.
[100] Frühgeschichte 83–84. Weder überzeugt seine Interpretation von 1Tim 1,3, die Ortsangabe Ephesus beziehe sich nicht auf die Irrlehrerbekämpfung, noch seine Auslegung von 2Tim 1,15, mit deren Hilfe er die Spannung zwischen 1Tim 1,3 (»einige« Irrlehrer) und 2Tim 1,15 (»alle« sind abgefallen) zu lösen versucht. Zustimmen kann man ihm darin, dass außer Ephesus Korinth der nächst zu erwägende Abfassungsort wäre.
[101] Vgl. Brox 57; zustimmend u.a. Thies-

sen, Christen 339, Anm. 447. – Dass *Timotheus* der Verfasser sei, wie Frenschkowski, Pseudepigraphie 263–270 neuerdings zu erweisen versucht, ist eine diskutable Hypothese; aber zunächst eben noch nicht mehr als dies. Meines Wissens wäre es ein Sonderfall in der pseudepigraphischen Literatur.
[102] S.o. III.1.c.
[103] Von Campenhausen, Polykarp, passim. – Bei Polykarp finden sich z.B. Ständetafeln mit Anweisungen für Frauen, Witwen, Diakone, junge Männer und Presbyter (4–6); Warnungen vor Irrlehrern (6,3 – 7,2); Mahnungen, der heidnischen Umgebung kein Ärgernis zu geben (10).

klärlich bliebe, weshalb der in seinem eigenen Namen und in eigener Autorität schreibende Bischof Polykarp für die Past das Pseudonym ›Paulus‹ gewählt haben sollte.

3 Das geistige Milieu

Das *geistige Milieu*, dem der Verfasser angehört, aus dem heraus und in das hinein er schreibt, lässt sich anhand folgender Gegebenheiten so gekennzeichnen: Dass es ein Milieu ist, in dem die Hochschätzung des *Paulus* und *paulinische Überlieferung* lebendig waren, ist unübersehbar und wurde schon gesagt. Überdies ist insgesamt ein *heidenchristliches* Milieu und Aussageinteresse wahrnehmbar. ›Paulus‹ wird hervorgehoben als »Lehrer der Heiden« (1Tim 2,7), der sich dafür einsetzt, dass das Evangelium »allen Heiden« verkündet werde (2Tim 4,17; vgl. 1Tim 3,16). Der hellenistisch-römisch geprägten soziokulturellen Umgebung tragen z.B. auch die sittlichen Weisungen und Wertmaßstäbe, die ›Haus‹-Ekklesiologie, die Favorisierung des Episkopenamtes, die Vorstellungen und Ausdrucksweisen des Herrscherkults sowie pagane Bildungselemente Rechnung. Letztere sprechen für einen »gebildeteren Autor ... und anspruchsvollere Leser in der Gemeinde, die es freut, wenn der Urapostel Paulus mit ›Büchern‹, ›Pergamenten‹ und dem ›Mantel‹ des reisenden Philosophen ausgestattet wird (2Tim 4,13)«[104].

Es zeigen sich aber auch Einflüsse und Ausdrucksweisen des *hellenistisch-jüdischen* Milieus, so z.B. in den Doxologien (1Tim 1,17; 6,15f; 2Tim 4,18); in den Argumentationen über das Verhalten der Frauen (1Tim 2,11–15); in der Erwähnung des abschreckenden Beispiels von »Jannes und Jambres« (2Tim 3,8) sowie im Amt der Presbyter (1Tim 5,17–22; Tit 1,5 u.ö.).

Auch die Kritik an den Gegnern lässt sowohl heidenchristliche als auch hellenistisch-judenchristliche Interessen erkennen, so etwa in der Bekämpfung gnostisierender Tendenzen (1Tim 6,20) mit den Auffassungen, dass die Auferstehung schon geschehen sei (2Tim 2,18) und dass man sich der Ehe enthalten müsse (1Tim 4,3). Judaisierende Tendenzen klingen an, wenn es heißt, dass viele Irrlehrer »aus der Beschneidung« kommen (Tit 1,10), dass sie »Gesetzeslehrer« sein wollen (1Tim 1,7), dass sie sich an »jüdische Mythen halten« (Tit 1,14), über Geschlechterreihen und das Gesetz streiten (Tit 3,9) und Speisevorschriften beachten (1Tim 4,3).

Der Verfasser der Past und die Christen, denen seine Texte gelten, repräsentieren ein heidenchristliches Milieu »mit judenchristlich grundierter

---

[104] Lampe/Luz, Christentum 209.

Theologie, in der gleichwohl auch Paulus eine hohe Wertschätzung zuteil wird«[105]. Zugleich ist es ein Milieu, in dem schon früh gnostisierende Irrlehrer auftraten[106].

4 Die Zeit der Abfassung

Als *Zeit der Abfassung* wird in der Forschung von denen, die mit einer nachpaulinischen Verfasserschaft rechnen, der Zeitraum von etwa 80–160 n.Chr. diskutiert und meistens die Zeit um 100 n.Chr. vertreten[107]. Anhaltspunkt für den *terminus ante quem* ist, dass der Apologet Athenagoras aus Athen in seiner um 177 n.Chr. verfassten Schutzschrift für die Christen wahrscheinlich an 1Tim 2,1f anknüpft und dass mit Sicherheit diese Stelle aus 1Tim von dem antiochenischen Bischof Theophilus kurz nach 180 n.Chr. zitiert wird[108]. Berücksichtigt man, dass es von der Abfassung der Past bis zu derartigen Zitationen eines gewissen Zeitraums der Verbreitung und Anerkennung bedurfte, so kann man mit ihrer Entstehung bis ungefähr 150 n.Chr. rechnen. Die Nähe zu Polykarp († 156 n.Chr.) sowie die Beobachtung, dass die Past keine Anzeichen einer Verfolgungszeit erkennen lassen und somit gut in die Regierungszeit des Hadrian (117–138 n.Chr.) und des Antoninus Pius (138–161 n.Chr.) passen, veranlassen manche, für diesen Zeitraum der Abfassung zu plädieren[109]. Eine Datierung um 100 n.Chr. legt sich aus folgenden Gründen nahe: Die Ämterstruktur der Past scheint noch vor der der Ignatius- und Polykarpbriefe zu liegen; die Entstehung der Past gehört noch dem Prozess lebendiger Überlieferung paulinischer Personaltraditionen und der Bildung des Corpus Paulinum an; es zeigen sich bereits gnostisierende Tendenzen, ohne dass schon ein entfaltetes System erkennbar wird. Haben diese Begründungen auch nur eine begrenzte Tragfähigkeit, so konvergieren sie doch hin zu einer Abfassungszeit um die Jahrhundertwende[110].

---

[105] Merkel 13. Auch Löning, Säule 430 sieht in den Past ein Beispiel dafür, »daß in den heidenchristlichen Paulus-Gemeinden noch längere Zeit nach dem ›Weggang‹ (vgl. Apg 20,29) des Paulus und trotz ihres schwierigen Nachbarschaftsverhältnisses zum judenchristlichen Johannes-Kreis im Raum der Asia Minor der Prozeß der Rezeption frühjüdischer und judenchristlicher Theologie keineswegs abgeschlossen gewesen ist.«

[106] Vgl. u.a. Merkel 13; Roloff 228–239. – Anders Thiessen, Christen 317–338, der die gnostisierenden Tendenzen bestreitet und die entsprechenden Aussagen der Texte vom judenchristlichen Hintergrund her zu deuten versucht.

[107] So z.B. Brox 58; Hanson 13; Hegermann, Ort 47; Hultgren 29; Merkel 10; Oberlinner, 1Tim XLVI; Roloff 45f; Wolter, Pastoralbriefe 22; Schnelle, Einleitung 384; Broer, Einleitung II 544.

[108] Vgl. Athenagoras, Suppl. 37,1; Theophilus, Autol. 3,14.

[109] So u.a. Köster, Einführung 744; Wagener, Ordnung 13f.

[110] J. O'Callaghan, 1 Tim 3,16; 4,1.3 en 7Q4?, Bib. 53 (1972) 362–367 versucht, das Fragment 7Q4 mit 1Tim 3,16; 4,1.3 zu identifizieren. Die Identität könnte Folgen für die Bestimmung der Abfassungszeit von 1Tim haben. Der Identifikationsversuch überzeugt bisher jedoch u.a. wegen einiger Buchstabendifferenzen nicht. Er bietet keine

V Quellen und Traditionen

Im Unterschied zu den Paulusbriefen mit ihren großangelegten argumentativen Spannungsbögen wirken die Past in ihrer Struktur »kleinflächig«, wobei »das kompilatorische und interpretatorische Element vorherrscht«. Es werden »Belege aus der Tradition« angeführt und im Sinn des Verfassers gedeutet[111]. Stellt man diese relative Unselbständigkeit fest, so fragt sich, auf welche Traditionen sich der Verfasser der Past bezogen bzw. welche er aufgenommen und in seinem Sinne gedeutet hat.

1 Der Bezug zu den Paulusbriefen

Dem Verfasser der Past lag eine *Sammlung von Paulusbriefen* vor[112]. Wie aber lässt sich sein Verhältnis zu ihnen näher bestimmen? Welche von ihnen hat er nachweislich gekannt und benutzt? Hat er möglicherweise außer *direkter literarischer Benutzung* auch Material aus Paulusbriefen aufgenommen, das ihm auf *nichtliterarischem* Weg, nämlich durch *lebendige mündliche Überlieferung* vermittelt worden war? Außerdem finden sich in den Past Aussagen, die in den Paulusbriefen *gar nicht erwähnt* werden und deren Herkunft ganz *unabhängig von den Paulusbriefen* aus urchristlichem *Überlieferungsgut* aufgenommen worden sind, wie z.B. die Erwähnung von »Antiochia, Ikonium und Lystra« als ›Leidensorte‹ des Paulus (2Tim 3,11).

In einer früheren Phase der Forschung herrschte die Tendenz vor, die *direkte literarische Abhängigkeit* der Past von den Paulusbriefen sehr hoch zu veranschlagen[113]. Noch 1977 meinte z.B. J. Wanke: »Es ist nicht zu er-

gesicherten Anhaltspunkte etwa für eine Frühdatierung des 1Tim. Die Identität wird *befürwortet* von C.P. Thiede, Papyrologische Anfragen an 7Q5 im Umfeld antiker Handschriften, in: Christen und Christliches in Qumran?, hrsg. v. B. Mayer, 1992 (ESt NF 32), 57–72, hier 61–64. Sie wird mit überzeugenden Gründen *abgelehnt* von G.-W. Nebe, 7Q4 – Möglichkeit und Grenzen einer Identifikation, RdQ 13 (1988) 629–633; É. Puech, Des fragments grecs de la grotte 7 et le Nouveau Testament? 7Q4 et 7Q5, et le Papyrus Magdalen grec 17 = P64, RB 102 (1995) 570–584; ders., Notes sur les fragments grecs du manuscrit 7Q4 = 1 Hénoch 103 et 105, RB 103 (1996) 592–600.
[111] Roloff 39. – Er nennt im Folgenden: 1. eine »Sammlung von Paulusbriefen«; 2. »Paulustraditionen«; 3. »Kirchenordnungen« (in 1Tim, Tit); 4. gottesdienstliche Texte und »liturgische Traditionen«; 5. »Jesusüberlieferung«.

[112] Diese weithin anerkannte Voraussetzung erscheint mir besser begründbar als die Annahme von Schmithals, Paulusquelle 320f, »daß der Verfasser der Past eine Sammlung von Pls-Briefen offensichtlich noch nicht« kannte. Zur weiteren Hypothese von Schmithals, dass der Verfasser der Past zugleich der *Autor* der vorlukanischen Fassung der *Miletrede* (Apg 20) sei und dass die Apg erst nach den Past geschrieben worden sei, s.u. V 2.2.
[113] Abgesehen von denen, welche die Fülle »wörtliche[r] Berührungen« als Indiz der Echtheit auswerten, wie z.B. Schlatter, Kirche 15f, wird die *literarische Abhängigkeit* als *Hauptweg* oder gar *ausschließlicher Weg* der Vermittlung vertreten z.B. von Harrison, Problem 167–175 mit Appendix IV; Barnett, Paul 251–277; Schierse 18. – Weitere Vertreter bei Lohfink, Vermittlung 170f.

kennen, daß dem Verfasser der Briefe außer den in den paulinischen Schreiben zur Verfügung stehenden Materialien noch weitere Einsichten in die paulinische vita ... zur Verfügung standen. Wie in anderer Hinsicht, läßt auch in dieser der Autor literarische Abhängigkeit von den Paulusbriefen erkennen. Die in den Pastoralbriefen vorgelegten Daten der Paulusbiographie ... gehen an keiner Stelle über das in den Paulusbriefen Erkennbare hinaus.«[114]

Aber bereits 1969 hatte N. Brox in seinem Kommentar darauf hingewiesen, dass der Kontakt des Verfassers der Past »zur paulinischen Verkündigung und Überlieferung sicherlich über eine literarische Kenntnis hinaus[geht]. Höchstwahrscheinlich verdankt er seine Unmittelbarkeit zu Paulus – zumindest auch – der lebendigen Überlieferung der Gemeinde von Paulus herab.«[115] Diese Sicht hat sich mehr und mehr durchgesetzt, und sie herrscht gegenwärtig vor. Dass es nachweislich einen nichtliterarischen Überlieferungsprozess von Paulustraditionen gab, zeigt sich bereits deutlich an der Apg: Lukas kannte *keine einzelnen Paulusbriefe*, mindestens hat er sie nicht verwertet[116], dennoch waren ihm *Paulustraditionen* vertraut.

G. Lohfink kommt in seiner detaillierten Untersuchung über den Vermittlungsprozess zu dem Ergebnis: Die Past zeigen sowohl direkte literarische »Abhängigkeit von Paulusbriefen«, als auch eine »nur indirekt vermittelte Übernahme von Paulustradition«[117]. Mit Sicherheit lasse sich die Benutzung des Röm feststellen, während die Kenntnis des 1Kor, Gal, Phil zwar zu vermuten, nicht aber wirklich erweisbar sei. Manche Anklänge stammen traditionsgeschichtlich aus dem lebendigen mündlichen Überlieferungsprozess. In ihm hatte sich »genuines Paulusgut bereits, bevor es den Verfasser der Pastoralbriefe erreicht[e], mit außerpaulinischem Traditionsgut vermischt.« Die Hauptmasse des paulinischen »Materials« in den Past ist also »*außerliterarisch* vermittelt. Selbst dort, wo der Verfasser *literarisch* auf Paulusbriefe zurückgreift, ist sein Rückgriff bereits vorprogrammiert durch die Art, wie seine eigene Zeit Paulus tradiert und versteht.« Im wesentlichen wird diese Sicht u.a. auch von Trummer[118], Roloff[119] und Wolter[120] vertreten. Sie erscheint mir richtig, wenn sich

114 Wanke, Paulus 186.
115 Brox 68.
116 Vgl. Burchard, Zeuge 155–158; Weiser, Apg I 40; Lohfink, Vermittlung 169. – Anders Schmithals, Apg 15f. 246; ders., Paulusquelle 320.
117 Lohfink, Vermittlung 185. – Dort 185–188 auch die folgenden Ergebnisse.
118 Paulustradition 241: Eine »offensichtliche *literarische* Abhängigkeit« der Past von den Paulusbriefen ist »nur an wenigen Stellen evident zu machen, doch ist die be-

wußte Anlehnung an das pln Briefformular im allgemeinen und an 1Kor, Röm und das Modell eines Gefangenschaftsbriefes wie Phil im besonderen durchaus spürbar«. Das Namensrepertoire der Past lege nahe, Abhängigkeit vom Phlm anzunehmen.
119 Nach ihm lässt sich in 1Tim die Benutzung des Röm, 1Kor, Phil sowie des für paulinisch gehaltenen Kol und möglicherweise auch des Phlm nachweisen. Bei den Bezugnahmen handle es sich aber

auch m.E. ein größerer Anteil direkter Bezugnahmen nachweisen lässt, als Lohfink annimmt.

Wie sich im Kommentar zeigen wird, ist in *2Tim* an folgenden Stellen mit *direkten literarischen Bezugnahmen auf Briefe des Corpus Paulinum* zu rechnen:

1,1f: Röm 1,1–7; 1Kor 1,1ff; 4,17
1,3ff: Röm 8–12; Phil 1,3–11
1,6–12:   Röm 1,8–17
1,7f: Röm 8,15ff
2,3–6:   1Kor 9,7–27
2,8:   Röm 1,3f
2,9f: Röm 1,16; Phil 1.7.12ff
2,11:   Röm 6,8
2,20:   Röm 9,21
3,2ff: Röm 1,29ff (?)
3,16:   Röm 15,4 (??)
4,5–8:   Phil 1,23; 2,17; 3,12ff; 1Kor 9,24f
4,9–22:   Namen aus den Briefschlüssen von Röm; 1Kor; Phlm; Kol.

2   Der Bezug zu Lukas und zum lukanischen Doppelwerk

Es ist verständlich, dass die Frage nach dem Verhältnis der Past zu Lukas und seinem Werk in der Forschung immer eine besondere Rolle gespielt hat. Den Anlass dafür geben Gemeinsamkeiten zwischen den Past und dem lukanischen Werk. Sie fallen schon bei flüchtiger Betrachtung auf. Gemeinsam sind beiden z.B. das große Interesse an *Paulus*; das Bewusstsein, inmitten einer möglicherweise noch lange währenden Zeit *christlich in dieser Welt* zu leben und Zeugnis zu geben; eine zur *hellenistisch-römischen Kultur* mit ihren Sozial- und Wertordnungen *offene Grundeinstellung*; die *Wortwahl* und der *Sprachstil*.

Besonders 2Tim zeigt eine auffällige Nähe zur Apg. Zu den Berührungen gehören z.B. der testamentarische Charakter (vgl. die Miletrede Apg 20,17–38), die Aufzählung von ›Leidensstationen‹ des ›Paulus‹ während seiner Missionswirksamkeit (3,11; vgl. Apg 13f), die Aussagen über sein Wirken in der Asia und in Griechenland (1,15; 4,9–21; vgl. Apg 16–20), über die Abkehr von ihm und das Auftreten von Irrlehrern (1,15; 2,14–20; 3,1–9; 4,3f; vgl. Apg 20,28–30), über seine Gefängnishaft in Rom

nicht um direkte Zitationen, sondern um Paraphrasen und Interpretationen, welche »die Kenntnis der primären Paulustexte bei den Lesern vorauszusetzen scheint« (39f). – Dass der Verfasser der Past Titus als Zweitadressaten wählte, spricht nach Roloff auch für die Kenntnis des 2Kor, weil nur dort die große Bedeutung des Titus aufscheint.
[120] Er zeigt auf, dass sich die Darstellung von Paulus als »Gottesfeind« (1Tim 1,13) weder den Paulusbriefen noch der Apg verdankt, sondern traditionsgeschichtlich vermittelt ist (Gottesfeind 60–66).

(1,8.15f; vgl. Apg 28) und über seine Bereitschaft zum Martyrium (4,6; vgl. Apg 20,22–24.38; 21,11–14).

2.1 Lukas als Verfasser der Pastoralbriefe?

Aufgrund der erwähnten Berührungen zwischen den Past und der Apg nehmen manche an, *Lukas* sei der *Verfasser* auch der *Past.* Als Variante der Sekretärshypothese (s.o. II.1.c; IV.2) nimmt z.B. Moule an[121], der in 2Tim 4,11 erwähnte Lukas habe noch zu Lebzeiten des Paulus und in dessen Auftrag die Past verfasst und erst später die Apg. Strobel[122] folgt der Hypothes Moules weitgehend und betont besonders die sprachlichen Gemeinsamkeiten sowie die engen Berührungen zwischen 2Tim und Apg 20,17–35.

Auch Wilson[123] ist von der lukanischen Verfasserschaft der Past überzeugt und versucht, sie außer mit sprachlichen Indizien vor allem durch das Herausarbeiten sachlich-theologischer Gemeinsamkeiten zu erweisen. Im Unterschied zu Moule und Strobel rechnet er aber damit, dass Lukas kein Paulusbegleiter war und dass er die Past als dritten Band seines als Trilogie angelegten Werkes erst nach dem Lk-Evangelium und der Apg geschrieben habe[124].

Gegen die Auffassung, Lukas sei der Verfasser der Past, sind zu Recht schwerwiegende *Einwände* erhoben worden. Was die *Gemeinsamkeiten* zwischen den Past und Lk/Apg betrifft, so lassen sie sich weitgehend durch das gleiche soziokulturelle Milieu und durch Ähnlichkeiten in der kirchlich-theologischen Problemlage erklären. Außerdem zeigen *vermeintliche Gemeinsamkeiten* bei genauerem Zuschauen durchaus erhebliche Differenzen. Im Bereich der z.T. ähnlichen *Eschatologie* fehlt in den Past die für Lukas charakteristische »Verschränkung der traditionellen Parusieerwartung mit einer heilsgeschichtlichen Konzeption«[125]. In der *Christologie* fehlt bei Lukas das für die Past wichtige Motiv der Epiphanie. In der *Kirchenordnung* werden zwar hier wie dort Episkopen und Presbyter erwähnt, aber nur in den Past auch Diakone, Diakoninnen und Witwen. Hier wie dort sind zwar *Irrlehren und Irrlehrer* im Blick; aber ihre Positionen zeigen in den Past deutlichere gnostisierende Tendenzen als vergleichsweise im lukanischen Werk. Vor allem aber sind außer den oben schon erwähnten *Differenzen* (II.2.3) folgende *grundlegenden*

---

[121] C.F.D., Moule, The Problem of the Pastoral Epistles, BJRL 47 (1964/65) 430–452.
[122] A. Strobel, Schreiben des Lukas?, NTS 15 (1969) 191–210. – Vgl. dagegen bes. Brox, Lukas (1970).
[123] Wilson, Luke (1979), bes. 136–143. – Vgl. dagegen I.H. Marshall, Review of »Luke and the Pastoral Epistles« (by St.G. Wilson, 1979), JSNT 10 (1981) 69–74;

ders., Past (1999) 87f. Er selbst vertrat 1979 allerdings die paulinische Verfasserschaft, modifizierte diese Sicht aber im Kommentar 1992, 92.
[124] Ähnlich J.D. Quinn, The last Volume of Luke: The Relation of Luke-Acts to the Pastoral Epistles, in: Perspectives of Luke-Acts, hrsg. v. Ch.H. Talbert, 1978 (PRSt.SS 5), 62–75; ders., Titus (1990) 19.
[125] Roloff 35; vgl. auch Brox, Lukas 68.

Unterschiede zu beachten: Während in den Past ›Paulus‹ als der Inbegriff des Apostels gilt und außer ihm *kein anderer* erwähnt wird, spricht das lukanische Werk nur von den *zwölf Aposteln* und enthält *Paulus den Aposteltitel vor*[126]. Mehr noch: Während es in der Apg die *zwölf Apostel* sind, von denen her – ausgehend von Jerusalem – die *Kontinuitätskette* zuverlässiger Überlieferung ihren *Anfang* nimmt und *Paulus* erst als das *zweite Glied* in ihr, als *Brücke* zur Gegenwart, gilt, erscheint er in den Past nicht nur als *Apostel,* sondern auch als »erstes Glied in der Übermittlungskette apostolischer Tradition; an die zweite Stelle rücken die Apostelschüler, die der paulinischen Lehre verpflichtet sind«[127]. Ein weiterer grundlegender Unterschied besteht darin, dass *Titus* in der Apg *nicht einmal erwähnt* wird, während er in den Past als *wichtiger Paulusmitarbeiter* hervorgehoben wird und sogar zum *Adressaten* eines der drei Past gemacht wird. Unvorstellbar ist überdies, dass Lukas, der von Apg 19,21 an in höchst dramatischer Weise den Weg des Paulus in den gewaltsamen Tod darstellt (vgl. 20f), noch eine erneute Wirksamkeit des Paulus im Sinn gehabt haben kann, wie sie von den Past vorausgesetzt wird. Überschaut man die Gemeinsamkeiten und Unterschiede, so zeigt sich zwar ein gemeinsamer situativer und theologischer Bezugsrahmen, »innerhalb dessen sich Lukas und der Verf. der Past bewegen, nämlich eines paulinisch geformten Heidenchristentums der dritten Generation, das in einem stark hellenistisch geprägten geistigen Milieu Wurzeln geschlagen« hat[128]. Die lukanische Verfasserschaft lässt sich aber nicht erweisen.

Ein anderes Modell, in dem ebenfalls eine sehr enge literarische Beziehung zwischen Lukas, der Apg und den Past angenommen wird, vertritt W. Schmithals[129]. Nach ihm stammt vom Verfasser der Past auch der Grundstock der Miletrede Apg 20,17–19a.25a.26–32. Dieser Grundstock sei ein wichtiger Teil der ›Paulusquelle‹ gewesen, welche von Lukas aufgenommen und in der Miletrede um die Verse 19b–24a.25b.33–35 erweitert worden sei. Die Paulusquelle habe »zusammen mit den Past ein geschlossenes Korpus Paulinum zur Bekämpfung der ›Sätze der fälschlich sogenannten Gnosis‹ (1 Tim 6,20)« gebildet[130] und sei »nicht lange« vor der Abfassungszeit des lukanischen Doppelwerkes erstellt worden[131], welche Schmithals etwa 90–110 n.Chr. vermutet. Darauf, dass die Rede »in dieselbe Tradition zu gehören [scheint], in der auch die Pastoralbriefe entstanden sind«, verweist auch Pesch[132]. Er verzichtet aber im Unterschied zu Schmithals mit Recht auf den Versuch weiterer Konkretionen. M.E. ist jedoch überhaupt Skepsis

[126] Dieser Einwand und die folgenden Einwände werden zu Recht von den meisten Kritikern der Lukashypothese erhoben, u.a. von Brox, Lukas 70f; ders., Past 73; L.R. Donelson, Cult Histories and the Sources of Acts, Bib. 68 (1987) 1–21, hier 11f; Roloff 35; Wehr, Petrus 248.
[127] E. Plümacher, Acta-Forschung 1974–1982, ThR NF 48 (1983) 1–56; 49 (1984) 105–169, hier 162.
[128] Roloff 35.
[129] Vgl. Schmithals, Apg 186–191; ders., Paulusquelle.
[130] Schmithals, Paulusquelle 321.
[131] Schmithals, Apg 191; vgl. ebd. 17.
[132] Pesch, Apg II 206f. – Schmithals und Pesch beziehen sich wechselweise ausdrücklich aufeinander.

gegenüber dem von Pesch und Schmithals angenommenen vorlukanischen Traditionsstück angebracht, da die Miletrede *im ganzen* erst eine *Schöpfung des Lukas* ist, freilich unter Aufnahme *einzelner* traditioneller Elemente[133]. Damit erübrigen sich die zur Begründung der Annahme einer ›Paulusquelle‹ unternommenen Kombinationen.

2.2 Literarische Abhängigkeit von der Apg oder Verarbeitung gemeinsamer Traditionen?

Manche Exegeten erklären die Nähe zwischen den Past und der Apg zwar nicht mit der lukanischen Verfasserschaft beider Werke; sie nehmen aber an, *der Verfasser der Past habe die Apg gekannt und literarisch als Quelle benutzt*[134]. Ausgeschlossen ist dies nicht. Aber genauere Vergleiche jener Texte, die meist zum Erweis dieser Hypothese angeführt werden, zeigen doch eher, dass es sich *nicht um eine literarische Abhängigkeit handelt*. Die Gemeinsamkeiten und Unterschiede lassen sich besser erklären, wenn man annimmt, der Verfasser der Past habe z.T. *aus den gleichen Überlieferungen* geschöpft, die auch dem Verfasser der Apg vertraut waren[135]. Die Annahme einer traditionsgeschichtlichen Vermittlung erklärt z.B. hinreichend, daß in Apg 13f und 2Tim 3,11 die gleichen ›Leidensstationen‹ des Paulus genannt werden[136].

Sie erklärt vor allem die Gemeinsamkeiten und Unterschiede der Kennzeichnung des Paulus in den ›*Berufungstexten*‹: Die gemeinsame Aussage zwischen 1Tim 1,12–17 und Apg 9.22.26 besteht darin, dass Paulus Christen verfolgte und dass er eine Wende erfuhr. Die Kennzeichnung, er sei lästernder, verfolgender und frevlerischer Gottesfeind gewesen, der als Sünder Gnade und Erbarmen fand (1Tim 1,12–17), lassen sich aber nicht von den Verfolgeraussagen der Apg herleiten. Beide Darstellungen sind darum als »voneinander unabhängige, gleichwohl aber traditionsgeschichtlich miteinander verwandte Darstellungen des Christenverfolgers Paulus« anzusehen[137]. Dessen Gottesfeindschaft ist in der Apg narrativ angedeutet, während sie in 1Tim begrifflich zugespitzt ausgedrückt wird. Das gleiche traditionsgeschichtliche Bild zeigt sich im Blick auf die *testa-*

---

[133] Vgl. zur Begründung Weiser, Apg II 571; Zmijewski, Apg 738. – Zur Kritik an der Hypothese von Schmithals vgl. Wolter, Pastoralbriefe 225; Plümacher, Acta-Forschung (s.o. Anm. 127) 126f, der allerdings auch das Verdienst hervorhebt, auf die »Verbindungslinien zwischen Lk und den Pastoralbriefen aufmerksam gemacht zu haben«.

[134] So u.a. Holtzmann 118.156; Dibelius/Conzelmann 4; Schenk, Pastoralbriefe 3421f; Thiessen, Christen 340.

[135] So z.B. Roloff 40.45; Wolter, Pastoralbriefe 223–226; ders., Paulus 65f; Oberlinner 152; Brox, Lukas 65. In seinem Past-

Kommentar urteilt Brox: Der Verfasser der Past kannte »höchstwahrscheinlich … auch die Apostelgeschichte des Lukas, jedenfalls deren Überlieferungen« (57).

[136] So auch Oberlinner 139; Breytenbach, Paulus 18.23.42.44.91.94, während Merkel 74 erwägt, dass es »sehr wohl der erste Beleg für Kenntnis der Apostelgeschichte sein« könnte und Schenk, Briefe 3422, gestützt auf Schlatter, Kirche 19, mit der literarischen »Benützung des lukanischen Werkes« rechnet.

[137] Wolter, Paulus 65f; ähnlich Roloff 40. 85–88; Oberlinner, 1Tim 37.

mentarischen Ermahnungen und *biographischen Aussagen in 2Tim 4,1–8*, einer Stelle, die ebenfalls oft zum Erweis literarischer Abhängigkeit der Past von der Apg, besonders von der Miletrede Apg 20,18–35, herangezogen wird. Hier wie dort handelt es sich um *testamentarische Formelemente*; hier wie dort ist von der Gefahr der *Irrlehrer* die Rede; hier wie dort schaut ›Paulus‹ auf seinen *vorbildhaften Einsatz* zurück; hier wie dort erklärt sich ›Paulus‹ zum nahe bevorstehenden *Martyrium* bereit. Es begegnen z.T. sogar gleichlautende Formulierungen wie z.B. »den Lauf vollenden« (2Tim 4,7; Apg 20,24).

Alle derartigen Indizien reichen m.E. *nicht* dazu aus, die *literarische* Abhängigkeit des 2Tim von der Apg aufzuweisen. Die Gemeinsamkeiten erklären sich hinreichend, wenn man berücksichtigt, dass beide Schriften aus dem gleichen soziokulturellen Milieu, aus ähnlicher theologiegeschichtlicher Situation und urchristlicher Problemlage entstanden sind, und wenn man darüber hinaus annimmt, dass ihre Verfasser Paulusüberlieferungen, die in der Region von Ephesus wohl vor allem mündlich umliefen, aufgenommen und mit Hilfe des literarischen, aber ebenfalls traditionellen Formschemas ›Testament‹ verarbeitet haben[138].

VI   Textgeschichte und Kanonisierung

Dass die Past seit dem letzten Drittel des 2. Jh.s zunehmend zitiert wurden[139], ist in der Forschung unbestritten. Nicht in gleicher Weise besteht Einigkeit darüber, *ab wann das Corpus Pastorale als Teil des kanonischen Corpus Paulinum zu belegen ist*. Zunächst lässt sich Folgendes deutlich feststellen: 1. Das kanonische Corpus Paulinum ist nicht aus einer einheitlichen Wurzel, sondern aus verschiedenen, voneinander unabhängigen ›Ur-Corpora‹ in einem allmählich sich vollziehenden Prozess des Wachsens und Ausgleichs hervorgegangen. 2. Dabei fanden die Past erst relativ spät als Teil des Corpus Paulinum Anerkennung. 3. Im Canon Muratori (um 200) sind sie zusammen mit den Paulusbriefen aufgeführt. 4. Ihre Erwähnung dort ist mit dem auffälligen Hinweis versehen, dass sie trotz ihres Privatcharakters die Beachtung in der ganzen Kirche verdienen. Weil es ihr Privatcharakter ist, der die rechtfertigende Bemerkung über ihre Zugehörigkeit zum Kanon veranlasste, ist zu vermuten, dass er auch der Grund für die nur zögerlich erfolgte Einbeziehung der Past in den Schriftenkanon war. 5. Der älteste Codex, der eine Sammlung von

---

[138]   Selbst ein Exeget wie Donelson, der mit der ephesinischen Tradition eines von Paulus herrührenden ›Testaments‹ rechnet, vermag nicht zu sagen, »what form the testament in Ephesus took.« Es kann sich um »oral, written, stable, or unstable sources«

gehandelt haben. Donelson selbst vermutet am ehesten »a written source«, weist aber auf den Mangel an Indizien hin (Cult Histories [s.o. Anm. 126] 19).

[139]   Belege bei Roloff 46f; vgl. dort auch zum Folgenden.

Paulusbriefen enthält, ist der Codex Chester-Beatty P[46]. In diesem, möglicherweise bereits um 200, sicher jedenfalls im 3. Jh. entstandenen Codex fehlen sowohl die Past als auch 2Thess und Phlm.

Dass daraus jedoch nicht der Schluss gezogen werden kann, zu dieser Zeit sei es noch nicht üblich gewesen, die Past zur Sammlung der Paulusbriefe zu rechnen, ergibt sich schon aus der Tatsache, dass ja auch 2Thess und Phlm fehlen und dass in anderen frühen Codices die Past enthalten sind. Das Fehlen von 2Thess, Phlm und Past in P[46] lässt sich dadurch erklären, dass bei dessen Erstellung auch die Edition dieser Briefe mit vorgesehen war, aber nicht mehr zur Ausführung kam[140]. Die konkrete Beschaffenheit des Codex gibt für diese Annahme hinreichende Anhaltspunkte. Die Zugehörigkeit des Corpus Pastorale zum kanonischen Corpus Paulinum darf vom Beginn des 3. Jh.s an als gesichert gelten.

[140] Roloff 47 mit Anm. 127 steht früheren Erklärungsversuchen dieser Art skeptisch gegenüber. In den neueren Arbeiten von Trobisch, Entstehung 26ff und Duff, P[46] geschieht die Begründung m.E. mit überzeugenden Argumenten.

Kommentar

A Brieferöffnung (1,1–5)

Antike Briefe pflegten mit einem mehr oder weniger festen Briefformular eröffnet zu werden. Es bestand normalerweise aus dem Briefkopf (= Präskript), einer Danksagung und einer Selbstempfehlung. Wie schon die Anfänge der Paulusbriefe zum Großteil von diesen Formelementen geprägt sind, so ist es auch der Anfang des 2Tim. Zugleich zeigen sich aber auch einige bemerkenswerte Unterschiede zur antiken Brieftopik. Sie ergeben sich daraus, dass Paulus nicht einfach die formalen Elemente antiker Briefe übernahm, sondern sie zur speziellen Form des ›Apostelbriefes‹[1] weiterentwickelte. Diese von Paulus geprägte Form hat großen Einfluss auf die Formulare der ntl. Briefe, besonders auch auf die der Past, ausgeübt.

I Präskript (1,1–2)

Literatur: *Arzt*, Thanksgiving; *Berger*, Apostelbrief; *ders.*, Gattungen 1326–1363; *Bickmann*, Kommunikation 5–88; *Deissmann*, Licht 116–198; *Klauck*, Briefliteratur 35ff; *Koskenniemi*, Studien 155–167; *Murphy-O'Connor*, Paul the Letter-Writer; *Neumann, K.J.*, Major Variations in Pauline and Other Epistles in Light of Genre and the Pauline Letter Form, in: Origins and Method. Towards a New Understanding of Judaism and Christianity (FS J.C. Hurd), hrsg. v. MacLean, B.H., 1993 (JSNT.S 86), 199–209; *Prior*, Paul 37–59; *Redalié*, Paul 133–154; *Schnider/Stenger*, Studien 3–68; *Taatz*, Briefe; *Vielhauer*, Geschichte 58–70; *Vouga, F.*, Der Brief als Form der apostolischen Autorität, in: Studien und Texte zur Formgeschichte, hrsg. v. Berger, K., u.a., 1992 (TANZ 7), 7–58; *White, J.L.*, New Testament Epistolary Literature in the Framework of Ancient Epistolography, in: ANRW II 25/2 (1984) 1730–1756.

1 Paulus, Apostel Christi Jesu durch den Willen Gottes gemäß der Verheißung des Lebens in Christus Jesus, 2 an Timotheus, sein geliebtes Kind. Gnade, Erbarmen und Friede von Gott dem Vater und von Christus Jesus, unserem Herrn.

---

[1] Um welche Veränderungen sich handelt, wird noch erläutert.

Analyse 1 *Form des antiken und paulinischen Briefpräskripts.* Wie auch sonst in der damaligen Zeit üblich, besteht das *Präskript* des 2Tim aus drei Teilen: In der *superscriptio,* der Absenderangabe, nennt der Absender im Nominativ seinen Namen; in der *adscriptio,* der Adressatenangabe, wird der Name des Adressaten im Dativ genannt; in der *salutatio,* dem »Eingangsgrußwunsch«[2], spricht der Absender dem Adressaten einen Gruß-Wunsch zu.

In der Umwelt des Urchristentums ist das *Präskript* in *zwei Formen* ausgeprägt, der griechischen und der orientalischen. Das *griechische* Präskript besteht aus einem *einzigen* Satz, wobei der Wunsch als Infinitiv formuliert ist. Die Grundform »jemand [entbietet] jemandem freudigen Gruß« begegnet schon im ältesten bisher bekannten griechischen Brief aus dem 4. Jh. v.Chr.: »Mnesiergos bestellt seinen Hausgenossen Grüße und Wünsche für ihr Wohl«[3]. Im NT begegnet diese Form nur am Anfang des Jakobusbriefs und in zwei von Lukas stilisierten, in die Erzählung einbezogenen Briefen, nämlich dem der Jerusalemer Gemeinde an die Gemeinde Antiochias (Apg 15,23) und dem des Oberst Klaudius Lysias an den römischen Statthalter Felix (Apg 23,26). Im Unterschied zum griechisch-hellenistischen Präskript besteht das *orientalische* aus *zwei* Teilen. Der erste Teil ist prädikationslos und nennt Absender sowie Adressaten in der 3. Person. Der zweite Teil ist ein selbständiger Satz und spricht in der Anredeform der 2. Person dem/den Adressaten den Gruß-Wunsch zu.

Die Briefpräskripte des Corpus Paulinum verdanken ihre Prägung nicht dem griechisch-hellenistischen Muster, sondern es ist in ihnen eine *Mischform* weiterentwickelt worden, wie sie in *hellenistisch-jüdischen* Briefen begegnet, z.B. in 2Makk 1,1–9: »Den jüdischen Brüdern in Ägypten entbieten die Brüder in Jerusalem ... Gruß [χαίρειν] [und] guten Frieden [εἰρήνην ἀγαθήν]. Gott möge euch Gutes erweisen«. Dem orientalischen Formular entspricht in diesem Text die Voranstellung der Adressaten im Dativ, der als Akkusativobjekt formulierte Friedenswunsch und die dann folgende Segensformel. Aus hellenistischem Einfluss rührt der Infinitiv χαίρειν her[4]. Wie bereits das Präskript des ältesten Paulusbriefs zeigt (1Thess 1,1)[5], knüpfte Paulus an derartige Mischformen an, nannte aber den Absender an erster Stelle. Überdies erweiterte er die Mischform in charakteristischer Weise, indem er die *Adressaten* durch die Erwähnung der ihnen erwiesenen *Heilstaten Gottes* qualifizierte (z.B. Röm 1,7; 1Kor 1,2), sich als *Absender* durch Betonung seines von Gott herrührenden apostolischen Auftrags *autoritativ* kennzeichnete (z.B. Röm 1,1; 1.2Kor 1,1; Gal 1,1; Phil 1,1) und die Grußform durch *Segensformeln* er-

---

[2] Schnider/Stenger, Studien 25.
[3] Deissmann, Licht 120; vgl. Koskenniemi, Studien 155–158; White* 1734; Arzt, Thanksgiving 38; s. auch o. Einführung I.1.2.2.
[4] Repräsentative Mischformen ähnlicher

Art finden sich in 2Makk 1,10–2,18; syrBar 78,2–86,3; vgl. dazu Taatz, Briefe 18–76; Vouga* 12–14.
[5] Vgl. T. Holtz, Der erste Brief an die Thessalonicher, ²1990 (EKK XIII), 35.

setzte[6]. An ihnen ist besonders bemerkenswert, dass zwar deren inhaltliche Nennung der Heilsgüter »Gnade (bzw. Erbarmen)« und »Friede« auch in jüdischen Briefpräskripten begegnet, dass aber die Herkunftsangabe dieser Heilsgüter, nämlich »von Gott, unserem Vater und dem Herrn Jesus Christus« (Röm 1,7; 1Kor 1,3; 2Kor 1,2; Gal 1,3; Phil 1,2; Phlm 3) in der Epistolographie analogielos ist und als verdichteter Ausdruck des Zentrums paulinischer »Theologie, Christologie und Soteriologie« angesehen werden darf[7].

2 *Verhältnis von 2Tim 1,1f zu paulinischen Briefpräskripten.* Diese so von Paulus erweiterte Form des jüdisch-hellenistischen Briefpräskripts wurde vom Verfasser der Past einerseits *bewusst nachgeahmt*, andererseits aber auch in einer für ihn typischen Weise *verändert.* Die Annahme bewusster *Nachahmung* ergibt sich zunächst daraus, dass die Brieferöffnungen der Past insgesamt große Ähnlichkeit mit der speziellen Präskriptform der paulinischen Briefe haben. Für 2Tim 1,1f ist überdies direkte literarische Abhängigkeit von den Präskripten des Römerbriefs und des ersten Korintherbriefs anzunehmen. Da nämlich die Fortsetzung 2Tim 1,3–12 z.T. in direkter Bezugnahme auf Röm 1,8–17 geformt wurde, ist anzunehmen, dass der Verfasser der Past auch das unmittelbar vorausgehende Präskript des Röm kannte und benutzte. Dass das Gleiche auch für die Beziehung zu 1Kor 1,1–3 gilt, ergibt sich daraus, dass die Kennzeichnung des Adressaten ›Timotheus‹ als »geliebtes Kind« (2Tim 1,2) aus 1Kor 4,17 entnommen ist und somit 1Kor als literarische Quelle für manche Aussagen in 2Tim angenommen werden muss[8]. Damit ist auch mindestens die *Kenntnis* des Briefanfangs von 1Kor beim Verfasser der Past vorauszusetzen und wegen der insgesamt großen Ähnlichkeit zwischen 2Tim 1,1f und dem Präskript des 1Kor durchaus auch dessen literarische *Benutzung* anzunehmen.

Das hier skizzierte literarische Abhängigkeitsverhältnis lässt sich noch stützen und erweitern durch einen Seitenblick auf die Präskripte des Tit und 1Tim. Auch Tit 1,1–4 zeigt über die allgemeine Nähe zu den paulinischen Briefpräskripten hinaus eine besondere Nähe zu Röm 1,1–7[9]. Hinsichtlich des Präskripts des 1Tim ist ebenfalls zu vermuten, dass es bereits unter literarischem Einfluss der Präskripte des Röm und 1Kor geformt worden war, denn es gleicht in hohem Maße dem Präskript des 2Tim; und außerdem weist das Briefcorpus des 1Tim ebenfalls einige literarische Abhängigkeiten von Röm und 1Kor auf[10].

[6] Vgl. Vouga* 8.
[7] Schnider/Stenger, Studien 32 mit berechtigten kritischen Hinweisen zu Berger, Apostelbrief 191–207, der den Eingangsgrußwunsch mehr rhetorisch als epistolar bedingt sieht.
[8] S. auch o. Einführung V.1.
[9] Vgl. Oberlinner, Tit 1.
[10] Vgl. Roloff 39f.

Die *Hauptgemeinsamkeiten* aller Präskripte der Past sowohl untereinander als auch im Verhältnis zur paulinischen Präskriptform bestehen darin, dass 1. die *Absenderangabe* mit der Betonung der *von Gott herrührenden apostolischen Autorität* verbunden ist, dass 2. die *Adressatenangabe* Bezug nimmt auf den gemeinsamen *Glaubensstand* und dass 3. der *Segenswunsch* in der oben dargestellten besonderen *paulinischen Form* ergeht.

3 *Gestaltungsanteile des Verfassers.* Außer diesen gemeinsamen und in Kontinuität mit den Präskripten von Röm und 1Kor stehenden Formelementen zeigen sich in 2Tim 1,1f auch einige *inhaltliche Besonderheiten*, die sich als *redaktionelle Gestaltungen* des Verfassers erweisen. Zu ihnen gehört z.B., dass »die Verheißung ewigen Lebens in Christus Jesus« betont und dass ›Timotheus‹ als »geliebtes« Kind bezeichnet wird. Es wurde schon darauf hingewiesen[11], dass sich in letzterem u.a. der Charakter des Freundschaftsbriefes andeutet.

Erklärung 1 Wie in den Briefen des *Paulus* wird auch in den Präskripten der Past sein griechischer Name genannt, nur mit dem Unterschied, dass er dort von Paulus selbst, in den Past aber erst einige Jahrzehnte später von einem unbekannten Verfasser gesetzt worden ist. Wie ebenfalls in fast allen echten Paulusbriefen folgt sodann als Erweiterung der Absenderangabe die Betonung, dass ›Paulus‹ *Apostel*[12] sei und dass dieser Apostolat seinen Ursprung in Gott habe. Die Formulierung »Apostel Christi Jesu durch den Willen Gottes« (2Tim 1,1) stimmt wörtlich mit 1Kor 1,1 und 2Kor 1,1 überein. Sie begegnet auch in den Präskripten der deuteropaulinischen Briefe Eph und Kol. Wie in ihnen ist auch in den Past beim Gedanken an den »Apostel« ausschließlich von Paulus die Rede, und zwar insgesamt im Zusammenhang des Bemühens um die Stabilisierung der durch Irrlehrer gefährdeten Tradition. Im *paulinischen Selbstverständnis* bedeutete *Apostel* vor allem: von Gott, dem Vater, und von Jesus Christus, dem gekreuzigten Auferweckten, *berufen* zu sein (1Kor 9,1; 15,5–8; Gal 1,1.15f; Röm 1,1), das *Evangelium* Gottes über Jesus Christus zu verkünden (1Kor 15,1–11; 2Kor 11,4–7; Gal 1,16; Röm 1,1.16), um so *Glauben* zu wecken und *Kirche* Gottes aufzuerbauen (1Kor 3,5–11; 15,11; Röm 1,5f). Als Apostel weiß sich Paulus im Dienst am Evangelium, im Dienst gegenüber den Gemeinden und im Dienst, ja sogar im »Knechts«-Dienst (Röm 1,1), gegenüber Gott bzw. Jesus Christus. Dieses theologisch, christologisch, soteriologisch und ekklesiologisch bestimmte Apostelverständnis des Paulus bleibt in voller Geltung bei der Anwendung des Aposteltitels auf

---

[11] S.o. Einführung I.1.1.
[12] Zu Herkunft und Bedeutung des Aposteltitels im Urchristentum vgl. Roloff, Apostolat 38–137; ders., Apostel/Aposto- lat/Apostolizität I. Neues Testament, in: TRE III (1978) 430–445; Lohmeyer, Apostelbegriff.

›Paulus‹ in den Past. Der Aposteltitel »in den Präskripten der Past ist keineswegs ein mitgeschlepptes Relikt aus dem Formular der echten Paulusbriefe, sondern eine bewußte theologische Setzung des Auctor ad Timotheum«[13]. Während jedoch die Beanspruchung des Aposteltitels und die rechtmäßige Verkündigung des Evangeliums Paulus selbst immer wieder streitig gemacht wurde (vgl. z.B. Gal 1f), erscheint seine apostolische Autorität in den Past ganz und gar unbestritten und in jeder Hinsicht anerkannt. Auch von den Gegnern wird nicht sie, sondern die Autorität der *Apostelschüler* und die nach der Meinung des Verfassers der Past von ihnen weitergetragene *Lehre* angefochten, nicht ›Paulus‹ selbst. Der »Aposteltitel [ist] in den Past dem Bereich der Polemik vollständig entzogen«[14]. Gegenüber den echten Paulusbriefen zeigt sich darin eine weit fortgeschrittene Entwicklung.

In der Bezeichnung »Apostel *Christi Jesu*« begegnet jene Reihenfolge des Christustitels und Jesusnamens, die auch sonst in den Past vorherrscht: Während der Titel »Christus« allein nur in 1Tim 5,11 verwendet wird und die Zusammensetzung »Jesus Christus« 6-mal vorkommt, begegnet die Reihenfolge »Christus Jesus« 25-mal[15]. Bisher ließ sich nicht überzeugend nachweisen, dass die unterschiedliche Reihenfolge von Christustitel und Jesusnamen beabsichtigt und mit ihr ein je eigener sachlich-christologischer Aussageakzent verbunden ist[16]. In *beiden* Formulierungsweisen drückt sich das urchristliche Bekenntnis zu Jesus, dem gekreuzigten, auferweckten und erhöhten Erlöser aus (vgl. z.B. 1Tim 2,5f mit 2Tim 2,8 und Tit 2,13f).

Die Berufung des ›Paulus‹ zum Apostel wird sodann auf den *Willen Gottes* zurückgeführt. Im Unterschied zu 1Tim 1,1 und Tit 1,3, wo diese Wirklichkeit mit dem Wort ἐπιταγή ausgedrückt wird, ist in 2Tim 1,1 wie auch in den Präskripten des 1Kor, 2Kor, Eph und Kol der Ausdruck διὰ θελήματος θεοῦ gewählt. Der Unterschied gegenüber den beiden anderen Past ist sachlich begründet. Dort wird, entsprechend dem Gesamtcharakter der beiden Schreiben als dienstliche Unterweisungen an Amtsträger, der stärker *aufgabenorientierte* Ausdruck bevorzugt, der auch deutlicher das *autoritative* Gegenüber zur Gemeinde hervorhebt. Dagegen steht hier das *personale* Element mehr im Vordergrund, wobei ›Paulus‹ im *heilsgeschichtlichen* Zusammenhang als der von Gott zur Verkündigung der Heilsbotschaft Erwählte gesehen wird[17].

Dieser heilsgeschichtliche Aspekt ist in dem Zusatz »*gemäß der Verheißung des Lebens in Christus Jesus*« ausgedrückt. Es ist eine Kurzformel, auf die hier der Verfasser den Inhalt der paulinischen Verkündigung ge-

---

[13] Lohfink, Theologie 72.
[14] Roloff 56; zustimmend auch Thiessen, Christen 328; Wehr, Petrus 219.
[15] Belege bei Läger, Christologie 104.
[16] Vgl. ebd. 104f; Oberlinner, Titus 153.

[17] Vgl. Oberlinner, 2Tim 6f, mit z.T. berechtigter Kritik an den zu »allgemeine[n] Überlegungen« von Wolter, Pastoralbriefe 150–152.

bracht hat[18]. Der Sinn dieses Zusatzes erschließt sich am ehesten, wenn man die beiden anderen Stellen mitberücksichtigt, an denen in den Past von »Verheißung« und »Leben« die Rede ist. In Tit 1,2 heißt es, Gott habe vor ewigen Zeiten ewiges Leben verheißen, und in 1Tim 4,8 ist von der Frömmigkeit gesagt, dass sie »die Verheißung des jetzigen und des künftigen Lebens« habe. Dementsprechend wird ›Paulus‹ in 2Tim 1,1 gesehen als von Gott berufener Apostel, der verkündet, dass das von Gott verheißene und durch Jesus ermöglichte Leben sich jetzt schon verwirklicht und seine Vollendung im ewigen Leben finden wird. Da in der Sicht der Past die Erkenntnis und die Erfahrung des von Gott her durch Christus ermöglichten Lebens inmitten der Gemeinschaft der Glaubenden, d.h. der Kirche, geschieht (1Tim 3,15f; 4,8–10 u.ö.), ist in der Aussage, dass ›Paulus‹ im Verkündigungsdienst an der göttlichen Verheißung steht, auch die kirchliche Dimension seines Apostolats mit angedeutet.

In der adscriptio wird als fiktiver Adressat der Mitarbeiter und Schüler des Paulus, ›Timotheus‹, genannt[19]. Wie in 1Tim und Tit wird das besondere Vertrauensverhältnis, das zwischen Adressat und Absender besteht, durch die Bezeichnung »Kind« hervorgehoben. Aber während dort die Näherbezeichnung »rechtmäßiges [γνήσιος] Kind« lautet, heißt sie hier »geliebtes [ἀγαπητός] Kind«. Das hat seinen Grund im testamentarischen und insgesamt freundschaftlicheren Charakter des 2Tim.

2 Zugleich zeigt sich hier noch deutlicher der direkte literarische Einfluss von 1Kor 4,17. Paulus selbst nannte dort Timotheus sein »geliebtes und treues Kind im Herrn« und teilte der Gemeinde von Korinth mit, dass er ihn schicke, damit sie sich durch ihn während seiner eigenen Abwesenheit an seine, des Apostels, »Wege« erinnern lassen soll. Dort wie hier ist mit der Bezeichnung »Kind« eine *geistliche Kindschaft* gemeint. Der Zusatz »im Herrn« weist darauf hin. Worin besteht sie aber näherhin, und welche Funktion hat die Bezeichnung im Kontext? Mit Sicherheit lässt sich sagen, dass es sich nicht um eine »herzliche Wendung« und nicht nur um einen Ausdruck emotional »herzliche[r] und aufrichtige[r] Zuneigung« handelt[20]. In 1Kor 4,14 nennt Paulus zunächst die *korinthischen Christen* seine »geliebten Kinder«, und zwar deshalb, weil er sie als *Gemeinde*[21] »in

---

[18] Vgl. Brox 223; Oberlinner 7, Anm. 5. – Läger, Christologie 65 verweist darauf, dass »Leben« das wichtigste Heilsgut in den Past sei und die Hoffnung auf Leben bzw. ewiges Leben ein zentraler Aspekt des Christusglaubens der Past.

[19] Zur historischen Gestalt des Timotheus und zu seinem Bild in den Past s.o. Einführung II.

[20] So u.a. Jeremias 12; Schierse 98. – Zu 1Kor 4,15 bemerkt Schrage, 1Kor I 355 zu Recht: »Trotz aller oft betonten affekti-

ven Momente im Umfeld der Rede von der spirituellen Vaterschaft ist das Verhältnis Apostel/Gemeinde nicht einfach ein emotionales, persönliches oder ›familiäres‹.«

[21] Dass die Entstehung der *Gemeinde* und nicht die Bekehrung des einzelnen akzentuiert ist, ergibt sich aus der Betonung in V15: Die korinthischen Christen haben zwar »unzählige Erzieher in Christus, nicht aber viele Väter«. Vgl. Schrage, 1Kor I 353–356; Merklein, 1Kor I 325.

Christus Jesus durch das Evangelium gezeugt« habe (V15). Die Unmittelbarkeit, mit der sofort danach auch Timotheus als sein »geliebtes Kind im Herrn« bezeichnet wird, lässt vermuten, dass hier der gleiche Sinn des Ausdrucks vorliegt. Es wäre dann mit ihm gesagt, dass Timotheus durch die *Evangeliumsverkündigung des Paulus Christ geworden* sei und dass deshalb zwischen beiden ein geistliches Vater-Kind-Verhältnis bestehe[22]. Ob dies jedoch gemeint ist, bleibt deshalb fraglich, weil es durch die Angaben in Apg 16,1–3 mindestens nicht bestätigt wird[23] und weil die Funktion der Aussage schwerpunktmäßg darin besteht, Timotheus durch die Betonung der besonderen Verbundenheit mit Paulus als vollgültigen Vertreter des Apostels zu *legitimieren*[24]. Der direkte literarische Anschluss an 1Kor 4,17 wirft nicht nur Licht auf die Bezeichnung »geliebtes Kind«, sondern darüber hinaus auch auf das pseudepigraphische Gesamtkonzept der Past: So, wie dort Timotheus als »geliebtes Kind« empfohlen wird, um den zeitweilig abwesenden Paulus zu vertreten und an dessen »Wege« in der Gemeinde von Korinth zu erinnern, wird er hier als der Vertreter des für immer abwesenden Apostels und seiner Lehre für die nachpaulinische Kirche ausgewiesen[25]. Beachtet man diese Funktion der Vater-Kind-Bezeichnung und außerdem die in den Paulusbriefen oft bezeugte Selbständigkeit und Mündigkeit der Mitarbeiter[26], dann wird man weder 1Kor 4,17 noch die Präskripte der Past sozialpsychologisch auswerten und in ihnen etwa »die Tragik einer ewigen Kindheit« vermuten und »ein komplementäres Verhältnis par excellence« ausgedrückt finden, in dem ›Paulus‹ »einen treuen geistigen Sohn zur Selbstbestätigung brauchte« und ›Timotheus‹ »das Selbständigwerden scheute«[27].

Der *Segenswunsch* entspricht in seiner *Struktur* der von Paulus geprägten Form (s.o. Analyse). In ihr wird außer den Segensgütern auch deren *Herkunft* ausdrücklich genannt. *Inhaltlich* besteht ebenfalls eine große Übereinstimmung mit den paulinischen Segenswünschen, nur wird in 2Tim 1 ebenso wie bereits im Präskript des 1Tim zu den in den Paulusbriefen genannten Heilsgütern »Gnade und Friede« noch »Erbarmen« hinzugefügt. Mit »Gnade«[28] ist jenes Heilsgut gemeint, welches durch das

---

[22] So vertreten von Jeremias 12; Ollrog, Paulus 20f.179; vermutet von Brox 17.99.223.

[23] Apg 16 widerspricht allerdings auch nicht der möglicherweise durch Paulus bewirkten Bekehrung des Timotheus. So rechnen Pesch, Apg II 96; Zmijewski, Apg 589 mit ihr und nehmen an, Lukas habe lediglich nichts davon gewusst.

[24] Oberlinner stellt zu Recht fest, es gehe in 1Kor 4,17 darum, »daß Timotheus als der von Paulus autorisierte Bote von der Gemeinde in Korinth akzeptiert« werde (1Tim 5, Anm. 10), und zu 2Tim 1,2 bemerkt er im Anschluss an Hasler 55, es gehe um die »kirchenrechtliche Legitimierung des leitenden Amtes« (2Tim 9); vgl. ebenso auch Hanson

119. – Diese Verständnisweise wird auch durch Phil 2,19–22 gestützt, wo der Hinweis auf die Vater-Kind-Relation ebenfalls der Legitimation des Timotheus dient und überdies der sachliche Bezug zum treuen Dienst der Evangeliumsverkündigung betont wird; s.u. zu 2Tim 4,5.

[25] Zum Parusietopos als konstitutivem Element der Past s.o. Einführung I.3.1.

[26] Vgl. Ollrog, Paulus 182–200.

[27] W. Rebell, Gehorsam und Unabhängigkeit. Eine sozialpsychologische Studie zu Paulus, München 1986, 80. Auch Oberlinner 8, Anm. 6 äußert sich kritisch zu dieser Sicht.

[28] Vgl. K. Berger, EWNT III (1983) 1095–1102; Zeller, Charis 132f.

freie eschatologische Heilshandeln Gottes in Jesus Christus für alle Menschen möglich geworden ist (vgl. V9; Tit 2,11). Im Wunsch des »Erbarmens«[29] kommt zum Ausdruck, dass die der Hilfe Bedürftigen Gottes rettende, helfende, tröstende Zuwendung erfahren mögen (vgl. VV16.18; 1Tim 1,13.16). »Friede«[30] meint im Sinne des atl.-frühjüdischen Verständnisses weder nur den konfliktfreien politischen Zustand noch die innere Seelenruhe, sondern ganz umfassend das persönliche und soziale Wohl- und Heilsein des Menschen bis hin zu der von Gott geschenkten Vollendung. Da die Verbindung »Friede« und »Erbarmen« im Frühjudentum belegt ist und dort auch in einigen Briefpräskripten begegnet[31], ist ein Einfluss von dorther auf die Präskriptgestaltung von 1Tim und 2Tim anzunehmen. Überdies legt sich die Annahme nahe, dass die Kombination gegen Ende des 1. Jh.s schon eine gewisse Verbreitung auch im Urchristentum gefunden hatte; denn sie begegnet ebenfalls in den Präskripten des 2Joh, Jud und MartPol.

Auch die zweigliedrige Angabe, dass sich die im Segenswunsch zugesprochenen Heilsgüter *Gott und Christus* verdanken und dass sie nur von ihnen her geschenkt und als Gaben empfangen werden können, ist durch den Einfluss, den die paulinischen Briefpräskripte (u.a. 1Kor 1,2) ausgeübt haben, in der urchristlichen Briefliteratur weit verbreitet. Gott wird dabei als »Vater« und Christus als »unser Herr« bezeichnet. Darin kommen zentrale urchristliche Überzeugungen zum Ausdruck: In Person, Wirken und Geschick Jesu hat sich Gott als für das Heil der Menschen sorgender »Vater« erwiesen, und Jesus ist der durch ihn bestellte Heilsmittler und erhöhte »Herr« aller. Dass Gott und Christus durch die *eine* Präposition ἀπό nebeneinander genannt werden, lässt sich in den echten Paulusbriefen als »stilistisch bedingte Verkürzung«[32] der Aussage »von [ἀπό] Gott ... durch [διά] Christus« (vgl. z.B. Röm 1,5; 5,1–5) verstehen, zugleich aber auch als Ausdruck dafür, dass im Glauben an die Erhöhung Christi zur Rechten Gottes beide »jetzt zusammenzusehen und zusammenzudenken« sind[33], so dass trotz des bleibenden Unterschieds das Handeln Gottes und das Handeln Jesu Christi sehr eng zusammengehörig erscheinen. Die bei Paulus durchgängig vorherrschende und oft mit διά deutlich bezeichnete Relation, nämlich dass *Gott der eigentliche Grund, der eigentliche Geber* und *Jesus Christus der Mittler* der Heilsgaben ist, wird zwar auch in den Prä-

---

[29] Vgl. F. Staudinger, EWNT I (1980) 1046–1052.
[30] Vgl. V. Hasler, EWNT I (1980) 957–964. – In außerntl. Briefwünschen: Dan 4,1; 2Esr 4,17; 5,7; 2Makk 1,1 u.ö.
[31] Belege bei Berger, Apostelbrief 191f. 198–200; z.B. syrBar 78,2: »So sagt Baruch, der Sohn Nerjas, den Brüdern, die gefangen

weggeführt worden sind: Erbarmen und Friede euch!« – Vgl. dazu auch Schnider/Stenger, Studien 34f; Vouga* 9.13.
[32] W. Schenk, Die Philipperbriefe des Paulus, Stuttgart 1984, 88; zustimmend auch Schnider/Stenger, Studien 29.
[33] Schrage, 1Kor I 106.

skripten der Past gemeint sein und wird an anderen Stellen angedeutet (z.B. 2Tim 1,9f; Tit 3,5f), kommt aber *terminologisch* insgesamt *nicht in der gleichen Weise* wie bei Paulus zum Ausdruck. Dass Christus Jesus »Mittler« ist, wird zwar ausdrücklich u.a. in 1Tim 2,5 gesagt; in welcher *Relation* er aber zu dem ebendort erwähnten »einen Gott« steht, wird weder hier noch an anderen Stellen der Past reflektierend verdeutlicht[34]. Mindestens in der *Ausdrucksweise* zeigt sich die gleiche *offen gelassene Relationsbestimmung* bei der Verwendung des »*Retter*«-Titels: Er bezeichnet sowohl Gott (1Tim 1,1; 2,3; 4,10; Tit 1,3; 2,10; 3,4) als auch Jesus Christus (2Tim 1,10; Tit 1,4; 2,13; 3,6), ohne dass dabei das *Verhältnis beider zueinander* näher bestimmt wird.

Der Verfasser der Past hat die von *Paulus* erweiterte Form des jüdisch-hellenistischen *Briefpräskripts* sowohl *nachgeahmt* als auch in typischer Weise *verändert*. Die Präskripte des Römerbriefs und des ersten Korintherbriefs scheint er als direkte literarische Vorlage benutzt zu haben.

Zusammenfassung

Die *Hauptgemeinsamkeiten* aller Präskripte der Past sowohl untereinander als auch im Verhältnis zur paulinischen Präskriptform bestehen darin, dass die *Absenderangabe* mit der Betonung der *von Gott herrührenden apostolischen Autorität* verbunden ist, dass die *Adressatenangabe* Bezug nimmt auf den gemeinsamen *Glaubensstand* und dass der *Segenswunsch* in der besonderen *paulinischen Form* ergeht.
Mit der Rückführung des paulinischen Apostolats auf den *Willen Gottes* und mit der Erwähnung *der Verheißung des Lebens in Christus Jesus* werden *personale* und *heilsgeschichtliche* Akzente gesetzt. ›Paulus‹ wird gesehen als von Gott berufener Apostel, der verkündet, dass das von Gott verheißene und durch Jesus ermöglichte Leben sich jetzt schon verwirklicht und dass es seine Vollendung im ewigen Leben finden wird. In dieser Aussage deutet sich auch die kirchliche Dimension des ›paulinischen‹ Apostolats mit an.
Die Bezeichnung des fiktiven Adressaten ›Timotheus‹ als *geliebtes Kind* hebt das besondere Vertrauensverhältnis hervor und *legitimiert* ›Timotheus‹ als vollgültigen Vertreter des ›Paulus‹.
Im *Segenswunsch* ist zu den bei Paulus üblichen Heilsgütern »Gnade und Friede« noch »Erbarmen« hinzugefügt. Die Verbindung »Friede« und »Erbarmen« lässt frühjüdischen und urchristlich-traditionellen Einfluss vermuten.

---

[34] Zum Ganzen vgl. Läger, Christologie 20f (Überblick über Forschungspositionen). 43.91.107 u.ö.; Young, Theology 50–68; Lau, Manifest in Flesh 260–277; Stettler, Christologie 332–334; Söding, Erscheinen 152–164. – Dass dem Verfasser »an der Reflexion des Verhältnisses ... nicht gelegen« war (Läger 91), ist m.E. eine etwas *überspitzte* Deutung des *Textbefunds*, nämlich dass die *Reflexion* mindestens *nicht deutlich zum Ausdruck gebracht* wurde. *Diesem Befund* tragen m.E. Stettler (334) und Söding (153.158f) bei ihrer Kritik an Lägers Position nicht genügend Rechnung.

Die zweigliedrige Angabe, dass sich die zugesprochenen Heilsgüter *Gott und Christus* verdanken, rührt von urchristlicher Rezeption paulinischer Briefpräskripte her. In der Qualifizierung Gottes als »Vater« und Jesu Christi als »unser Herr« drücken sich zentrale urchristliche Überzeugungen aus.

Insgesamt zeigt sich, dass die in der Form des Präskripts gemachten Aussagen über die enge Beziehung zwischen ›Paulus‹ und ›Timotheus‹, zwischen dem Apostel und seinem Schüler und legitimierten Stellvertreter, einem umfassenderen Zusammenhang zugeordnet sind, nämlich dem universalen Heilswillen Gottes, der von ihm kommenden Verheißung ewigen Lebens, dem Heilswerk Jesu Christi und der bezeugenden Verkündigung all dessen inmitten der christlichen Gemeinde.

II   Proömium (1,3–5)

Literatur: Außer der unter I genannten: *Cohen, S.J.D.*, Was Timothy Jewish (Acts 16:1–3)? Patristic Exegesis, Rabbinic Law, and Matrilineal Descent, JBL 105 (1986) 251–268; *Horn, F.W.*, Der Verzicht auf die Beschneidung im frühen Christentum, NTS 42 (1996) 479–505; *Mullins, T.Y.*, Disclosure. A Literary Form in the New Testament, NT 7 (1964) 44–50; *O'Brien, P.T.*, Introductory Thanksgivings in the Letters of Paul, 1977 (NT.S 49); *Spicq, C.*, »Loïs ta grand'maman« (II Tim., I, 5), RB 84 (1977) 362–364; *Sanders, J.T.*, The Transition from Opening Epistolary Thanksgiving to Body in the Letters of the Pauline Corpus, JBL 81 (1962) 348–362; *Schubert, P.*, Form and Function of the Pauline Thanksgivings, 1939 (BZNW 20); *White, J.L.*, Introductory Formulae in the body of the Pauline Letter, JBL 90 (1971) 91–97.

3 Dank sage ich Gott, dem ich von [den] Vorfahren her mit reinem Gewissen diene, wie ich [auch] das unablässige Gedenken an dich bewahre in meinen Gebeten bei Nacht und bei Tage. 4 Ich sehne mich danach, dich zu sehen, indem ich mich deiner Tränen erinnere, damit ich mit Freude erfüllt werde; 5 gedenke ich doch deines ungeheuchelten Glaubens, der schon in deiner Großmutter Loïs und in deiner Mutter Eunike wohnte; ich bin überzeugt, er ist auch in dir.

Analyse   In Übereinstimmung mit den meisten Paulusbriefen, aber im Unterschied zu 1Tim und Tit folgt auf das Präskript ein *Proömium*. Seine Elemente im vorliegenden Text sind der *Dank* an Gott (V3), das stete *Gedenken* an den Adressaten im *Gebet* (V3), der *Wiedersehenswunsch* (V4) sowie das *Gedenken* an den *Glauben* des Adressaten und den seiner Vorfahren (V5).

1 *Grammatikalisch* handelt es sich um ein kompliziertes und wohlüberlegtes Satzgefüge. Es beginnt mit der *berichtenden Aussage* »Dank sage ich Gott« (V3a). Bezogen auf den Dativ »Gott« folgt ein *Relativsatz* über den *Dienst des* ›*Paulus*‹ (V3b). Mit *komparativischem*[35] ὡς schließt sich die Aussage über das ständige *Gebetsgedenken* an (V3c). Sie ist *parallel* zur Anfangsaussage χάριν ἔχω konstruiert, insofern auch sie das Verbum ἔχω und einen von ihm abhängigen Akkusativ μνείαν enthält. Sie setzt also nicht etwa, wie oft angenommen wird[36], die Dankesaussage mit einem im iterativen Sinn zu verstehenden ὡς fort, so dass zu übersetzen wäre: »Dank sage ich Gott … (jedesmal), wenn ich deiner gedenke in meinen Gebeten«. Das *komparative* ὡς leitet einen *Kurzbericht* über die in stetem Gedenken an den Adressaten sich vollziehenden *Bittgebete* des Absenders ein. Parallel *neben* die Erwähnung des Dankgebets ist also ergänzend eine Erwähnung des Bittgebets gestellt. *Partizipial* angeschlossen an die letztere ist der *Wunsch* nach dem *Wiedersehen* (V4a). Vom Wiedersehenswunsch abhängig ist ein *Partizipialsatz*, der die Erinnerung an die *Tränen* des ›Timotheus‹ ausdrückt (V4b), und ein *Finalsatz*, der von der *Freude* des ›Paulus‹ über das erhoffte Wiedersehen spricht (V4c). Erst in V5 kommt zur Sprache, worin der in V3a erwähnte Dank gegenüber Gott besteht. Mit *partizipialem* Anschluss an V3a wird als *Inhalt* des Dankes die *Erinnerung* des Absenders an den *Glauben* des ›Timotheus‹ (V5a) genannt, in einem vom Stichwort »Glauben« abhängigen *Relativsatz* die mit den Vorfahren des ›Timotheus‹ bestehende *Glaubenstradition* hervorgehoben (V5b) und in einem abschließenden *Hauptsatz* die *Überzeugung* bekräftigt, dass dieser Glaube auch in ›Timotheus‹ lebendig ist (V5c).

2 Fragt man nach der *Abgrenzung* des Proömiums, so ist deutlich, dass es – wie auch sonst in den Briefen des Corpus Paulinum – mit der Danksagung (V3) beginnt. Nicht in gleicher Weise deutlich ist, wie weit es sich erstreckt[37]. Die Schwierigkeit der Abgrenzung hängt damit zusammen, dass die Übergänge vom jeweiligen Proömium zum Briefcorpus auch sonst oft fließend sind. In letzter Zeit bahnt sich in der Forschung ein gewisser Konsens an. Er besteht darin, dass sich zwei konstitutive Elemente für den Einsatz des Briefcorpus und somit auch für den Abschluß der Proömien erkennen lassen: die Anrede »Brüder« und die Bezugnahme auf ein Wissen der Adressaten[38]. Da in 2Tim 1,6 auf ein derartiges Wissen Bezug genommen wird und außerdem mit diesem Vers Ermahnungen beginnen, empfiehlt es sich, das Proömium auf die VV3–5 begrenzt zu sehen.

---

[35] So m.E. richtig Lohfink, Vermittlung 173 im Anschluss an Wohlenberg, Schierse z.St. und im Unterschied zu den meisten anderen Kommentatoren.
[36] Vgl. z.B. die Kommentare von Dibelius/Conzelmann, Spicq, Holtz, Brox, Hasler, Hanson, Merkel, Knight z.St.
[37] Auf die VV3–5 begrenzen es die Kommentatoren Jeremias, Brox, Hasler, Karris, Kelly, Wild, Merkel, Knight, Oberlinner sowie Wolter, Pastoralbriefe 203–214; Redalié, Paul 104; auf die VV3–7 Hultgren,

Ensey; auf die VV3–8 Hanson; auf die VV3–18 Dibelius/Conzelmann. Holtz strukturiert den Abschnitt 1,3–2,13 fast gar nicht.
[38] *Beide* Elemente finden sich z.B. in Röm 1,13; 2Kor 1,8; Phil 1,12; 1Thess 2,1; *eines* der Elemente in 1Kor 1,10; Gal 1,11; 2Petr 1,12. – Den sich anbahnenden Konsens dokumentieren Schnider/Stenger, Studien 42–49 mit besonderer Berufung auf die Arbeiten von Sanders*, Mullins*, White* und kritischen Hinweisen zu O'Brien*.

3   Die *diachrone* Analyse zeigt, dass auf die Gestaltung des Proömiums des 2Tim in unterschiedlicher Weise Elemente aus der antiken *Briefphraseologie*, aus *Paulusbriefen*, aus urchristlicher *Personalüberlieferung* und aus der *Testamentsliteratur* eingewirkt haben.

3.1   Aus der *antiken Brieftopik* stammen die Versicherung des *Gedenkens* (VV3c.4b.5a), des Gedenkens in unablässigem *Gebet* (V3c) sowie der *Wiedersehenswunsch* (V4a)[39]. Da diese Elemente auch in Paulusbriefen begegnen und der Verfasser des 2Tim sich bei der Gestaltung des Proömiums an ihnen orientierte, sind diese Elemente im 2Tim von beidem bestimmt: von der *Herkunft aus antikem Briefstil* und der *Vermittlung durch Paulus*.

3.2   *Ganz aus dem Anschluss an Paulusbriefe* sind die *Danksagung* (V3a)[40] sowie die Erwähnungen des *Dienstes* (V3b) und des *Glaubens* (V5) aufgenommen. Betrachtet man die zwar aus antiker Brieftopik stammenden, aber durch Paulus vermittelten Elemente zusammen mit denen, die ganz von Paulus herrühren, so zeigt sich eine so große Übereinstimmung mit dem *Proömium Röm 1,8–12*, dass anzunehmen ist, dieses sei als *literarische Vorlage* benutzt worden[41]. Es zeigen sich folgende Parallelen: Danksagung an Gott (V3a / Röm 1,8a); Inhalt des Dankes: der Glaube des/der Adressaten (V5 / Röm 1,8b); Erwähnung des Dienstes mit wörtlich übereinstimmenden Formulierungen (V3b / Röm 1,9b); Versicherung des steten Gedenkens im Gebet (V3c / Röm 1,9b.10a); Wiedersehens- bzw. Besuchswunsch (V4a / Röm 1,10b.11a). Außerdem enthält auch der sich unmittelbar anschließende Kontext auffällige Parallelen: Es ist vom χάρισμα (V6 / Röm 1,11), vom »Sich-nicht-schämen« (VV8.12 / Röm 1,16), vom »Evangelium« (VV8.10 / Röm 1,16) und von seiner bzw. Gottes »Kraft« (VV7.8[.12] / Röm 1,16) die Rede. Wahrscheinlich hat außer dem Anfang des Römerbriefs auch das Proömium des Philipperbriefs (Phil 1,3–11) auf die Gestaltung von 2Tim 1,3–5

---

[39]   Zur Topik dieser Elemente speziell im antiken Freundschaftsbrief s.o. Einführung I.1.2.

[40]   Dass die Danksagung in den Proömien der Briefe des Corpus Paulinum *nicht* von einem »wide-spread conventional use of an epistolary, religious or non-religious, introductory thanksgiving« herrührt, wie Schubert* 180 und im Anschluss an ihn viele andere meinten, hat Arzt, Thanksgiving (passim) überzeugend nachgewiesen. Selbst manche nähere ›Parallelen‹ unterscheiden sich vom Gebetsdank paulinischer Proömien: Im Proömium des Apion-Briefs BGU II 423,2–6 (s.o. Einführung I.1.2.2) wird zwar »dem Herrn Serapis« gedankt, aber *nicht für die Adressaten*, sondern für die *eigene Rettung*. Gegen Deissmanns Einschätzung, es handle sich »um einen ganz ›paulinischen‹ Briefeingang« und Paulus schließe »sich also einer schönen weltlichen Sitte an« (Licht 147, Anm. 3), wendet sich Arzt 34 mit Recht. – Der gelegentlich mit der Proskynema-Formel verbundene Dank wird nicht *der* Gottheit, sondern *vor* der Gottheit und nicht *für* den *Adressaten, sondern ihm gegenüber* ausgesprochen; so z.B. PGiess 85: »τοιοῦτὸ σοι μόνῳ εὐχαριστῶ παρὰ τῷ κυρίῳ Ἑρμῇ«; PMich VIII,499,9f: »ἀνθομολογοῦμαι πᾶσην χάριν σοι παρὰ πᾶσιν θεοῖς« (Texte bei Arzt 41, Anm. 44). – Ähnliches gilt m.E. für den frühjüdisch-hellenistischen Bereich. Das seltene Beispiel 2Makk 1,11–17 erweist sich durchaus *nicht* »als weitgehende Parallele zu den Danksagungsabschnitten der Paulusbriefe«, wie Taatz, Briefe 33 meint; denn die Absender danken Gott für die Errettung aus großen Gefahren, nicht für den Glaubensstand der *Adressaten*.

[41]   So auch Holtzmann 377f; Dibelius/Conzelmann 72; Lohfink, Vermittlung 172–174; Merkel 55; von Lips, Von den ›Pastoralbriefen‹ 66; Oberlinner 11; zurückhaltender Schierse 99; Brox 225.

eingewirkt. Denn zum einen geht aus 2Tim 4,6–8 hervor, dass der Verfasser der Past den Philipperbrief kannte und benutzte, und zum anderen begegnen auch im Proömium des Phil die Motive des *Dankes* gegen Gott (1,3a), des steten *Gedenkens* an die Adressaten im *Gebet* (1,3b.4) und überdies – im Unterschied zu Röm – das Motiv der *Freude* (1,4b / 2Tim 1,4c).

3.3   Der Verfasser des 2Tim hat die genannten Elemente aus Röm und Phil nicht einfach übernommen, sondern sie in einer für ihn *charakteristischen Weise* und entsprechend dem *jahrzehntelangen Abstand*, in dem er und die Gemeinden sich zu Paulus befanden, bei der Gestaltung des Proömiums verwendet. Aus Gesichtspunkten, wie sie die *Testamentsliteratur* nahelegt, hat er die Aussage über den Dienst des ›Paulus‹ durch den Hinweis erweitert, dass dieser Dienst mustergültig und schon von den »Vorfahren her« vollzogen wurde (V3b). Aus ebendieser Sicht, in der der *Traditionsgedanke* eine wichtige Rolle spielt, und unter Einbeziehung urchristlicher *Personalüberlieferung* hat er sodann die Aussage über den erfreulichen Glaubensstand des Adressaten ›Timotheus‹ dadurch erweitert, dass er auch den Glauben der *Mutter* (vgl. Apg 16,1–3) und *Großmutter* rühmend erwähnt (V5b). Durch diese Betonungen des Traditionsgedankens am Anfang und am Schluss ist das ganze Proömium gerahmt, und zwar so, dass dieses Element am Anfang auf ›Paulus‹ und am Schluss auf ›Timotheus‹ bezogen wird.

Eine weitere Betonung von Seiten des Verfassers gilt dem Motiv des *Gedenkens*: während es in den Proömien des Röm und Phil nur je einmal erwähnt wird (Röm 1,9; Phil 1,3), ist es in 2Tim *verdreifacht*. Es durchzieht das *ganze* Proömium (VV3.4.5) und setzt sich paronomastisch[42] noch in den ersten Satz des Briefcorpus hinein fort (V6). Im Proömium ist es in allen drei Fällen auf den Adressaten ›Timotheus‹ bezogen, nämlich auf seinen »ungeheuchelten Glauben« (VV3.5) und auf seinen Schmerz über die Trennung von ›Paulus‹ (V4). Mit dieser Betonung des Gedenkens wird zugleich das besonders enge persönliche Verhältnis zwischen Absender und Adressat, zwischen Apostel und Apostelschüler, hervorgehoben. Es hat für den ganzen Brief programmatische Bedeutung. Denn die hier betonte Gemeinschaft soll sich ja erweisen und bewähren bis hinein in die Gemeinschaft des Leidens um des Evangeliums willen (1,8; 2,3)[43].

Der am Anfang des Proömiums stehende *Dank an Gott* schließt sich zwar paulinischer Gepflogenheit an, weicht aber in Einzelheiten von ihr ab. Wie bei Paulus handelt es sich auch hier nicht um ein Dankgebet, sondern um einen Bericht darüber, daß der Absender dankend vor Gott

Erklärung 3

---

[42]   V3: μνεία; V4: μιμνήσκομαι; V5: ὑπόμνησις; V6: ἀναμιμνήσκω.

[43]   Vgl. Wolter, Pastoralbriefe 213; Oberlinner 14; s.o. Einführung I.1.2.5.

des Adressaten gedenkt[44]. Dass ebenso wie in 1Tim 1,12 die substantivische Ausdrucksweise χάριν ἔχω gewählt ist anstatt des meist von Paulus bevorzugten Verbums εὐχαριστῶ (Röm 1,8; 1Kor 1,4; Phil 1,3; 1Thess 1,2; Phlm 4; [Kol 1,3]), erklärt sich z.T. daraus, dass eine geläufige Formel aus dem Sprachgebrauch der Koine aufgenommen wurde[45]. Wollte der Verfasser damit nur eine sklavische Imitation von Röm 1,8 vermeiden[46]? Wahrscheinlicher ist, dass er etwas anderes vermeiden wollte, nämlich den Anklang an die Terminologie der Abendmahls- und Herrenmahlfeier, die im nachpaulinischen Urchristentum mehr und mehr mit den Worten εὐχαριστεῖν und εὐχαριστία verbunden worden war[47].

Bevor der Glaubensstand der Adressaten als Objekt des Gebetsdankes genannt wird, wie es in den Proömien der Paulusbriefe üblich ist, nutzt der Verfasser die Gelegenheit, in einem Relativsatz zwei Aussagen über ›Paulus‹ selbst zu machen: Sein Dienst gegenüber Gott vollzog sich schon von den *Vorfahren* her, und er geschah mit *reinem Gewissen*. Den Gedanken und die Formulierung, dass ›Paulus‹ *Gott dient* (λατρεύω), übernahm der Verfasser des 2Tim aus dem Proömium Röm 1,9. Während aber dort mit λατρεύω die *Verkündigung des Evangeliums* als Dienst gegenüber Gott bezeichnet wird, stellt sich für 2Tim 1,3 die Frage, *welcher Dienst* des ›Paulus‹ hier gemeint sei. Im Unterschied zu Röm 1 ist eine klare Antwort dadurch erschwert, dass hier der Dienst des ›Paulus‹ gegenüber Gott als schon »von den Vorfahren her« ausgeübt gilt.

Die Qualifizierung des Dienstes durch Verweis auf die *Vorfahren* erklärt sich am besten von der ähnlichen Aussage über ›Timotheus‹ (V5b) her[48]. Aufgrund von Überlieferung wusste der Verfasser etwas über die Familie, aus der ›Timotheus‹ stammte (s.u.). Er wertete diese Kenntnis so aus, dass er dessen mustergültige christliche Glaubenshaltung schon in den Vorfahren, nämlich der Großmutter und Mutter, verwurzelt sah. Eignete ›Timotheus‹ aber eine bereits familienhaft verwurzelte und generationenübergreifende Religiosität, so durfte dieses religiöse Qualitätszeichen seinem Meister und Vorbild ›Paulus‹ nicht fehlen. Aus diesem Grunde scheint es der Verfasser an hervorgehobener Stelle, nämlich in V3b, eingebracht zu haben. Zugleich wird auf diese Weise mit dem *Traditionsgedanken* das ganze Proömium gerahmt.

---

[44] Schnider/Stenger, Studien 47 verweisen zutreffend darauf, dass syntaktisch das Subjekt des Hauptsatzes immer die 1. Person ist, die sich berichtend an die Adressaten und nicht betend an Gott wendet.

[45] So Spicq 701; ders., Lexique 1646–1649; Knight 366; Belege bei Bauer/Aland, Wörterbuch 1752f.

[46] So Dibelius/Conzelmann 72.

[47] So Oberlinner 13f; Belege bei Bauer, Wörterbuch 664; H. Patsch, EWNT II (1981) 219–222.

[48] Vgl. Brox 225: »Daß Paulus dem Gott seiner Vorfahren dient, scheint zum Zweck der Parallelisierung zu Timotheus (V.5) und der Typisierung des Apostels gesagt zu sein.« Ähnlich Oberlinner 15; Merkel 55; Hanson 119.

Um dieser Hauptaussage willen hat der Verfasser – ebenso wie in V5b – eine religionssoziologische *Unschärfe* in Kauf genommen. Sie betrifft das Verhältnis, in dem der Dienst bzw. der Glaube der Vorfahren zu dem des ›Paulus‹ bzw. ›Timotheus‹ steht. Sie ist sowohl in V3b als auch in V5b vorhanden, aber im Detail an beiden Stellen ein wenig verschieden. Nimmt man an, die Aussage vom Dienen in V3b habe eine *allgemeinere* Bedeutung und meine unter Absehung des spezifisch christlichen Inhalts und Aposteldienstes die *gläubige Frömmigkeitshaltung* des ›Paulus‹, in der er so, wie schon seine *jüdischen* Vorfahren, Gott diente[49], dann bleibt das auch in den Augen des Verfassers für den ›paulinischen‹ Dienst Charakteristische, nämlich das Christuszeugnis und der mit ihm verbundene Glaubensinhalt, außer Betracht. M.E. ist dies der Fall, und der Verfasser hat diese Unschärfe um der Betonung des Traditionsgedankens willen in Kauf genommen. Nähme man aber an, der Verfasser meine in V3b den *spezifisch christlich*en Verkündigungsdienst des ›Paulus‹, in dem der ›Apostel‹ den universalen Heilswillen Gottes in der Weise des *Christuszeugnisses* verkündigt (1Tim 2,5–7), dann wären auch schon die Vorfahren als *Christen* gedacht[50]. Das stünde jedoch in Spannung zu ihrer jüdischen Religiosität. Eine Unausgeglichenheit liegt also in jedem Fall vor. Die erstgenannte Interpretation entspricht dem Text m.E. eher. Denn als *Christen* kann sich der Verfasser der Past die Vorfahren des ›Paulus‹ doch wohl *nicht* vorgestellt haben. Freilich ist nicht ausgeschlossen, dass er sich über das Problem gar keine Rechenschaft gegeben hat. Dafür könnte sprechen, dass er ja auf die Vorfahren nur deshalb hinweist, weil ihm ›Paulus‹ und ›Timotheus‹ als *die* Vorbilder der kirchlichen Amtsträger wichtig sind. Diese sollen z.Z. der Past ihr eigenes »Haus« (1Tim 3,5) wie auch die Gemeinde als »Hauswesen Gottes« (1Tim 3,15) in vorbildlicher Glaubensgesinnung leiten, und sie blicken »in der Regel bereits auf eine christliche Erziehung« zurück[51]. Aber dass der Verfasser beim Gedanken an die

---

[49] So Brox 225: »Paulus repräsentiert einen exemplarischen und optimalen Glauben … Der Gedanke zielt nämlich auf die Festigkeit und Bewährtheit religiöser Tradition und religiösen Erbes. Aus diesem Grunde findet hier … allein die Kontinuität seines treuen Dienstes vor Gott Erwähnung. Dieser Dienst ist bereits ein überlieferter, altbewährter, der mit Herkunft und Erziehung zusammenhängt und eine Glaubenstradition kennt«; ders., Notizen: »Die Vorfahren … sind jedenfalls als Juden zu denken … Der Bruch des Paulus mit seiner jüdischen Vergangenheit … bleibt hier außer Betracht; es liegt einzig an der Kontinuität des von jüdischen Vorfahren überkommenen Glaubens«. – Ähnlich Kretschmar,

Glaube 133–137 mit bes. Betonung des Familien- und Erziehungsgesichtspunkts im Rahmen der ›Haustafelethik‹ der Past.
[50] So Oberlinner 22. Die Auslegung von Brox (s. vorige Anm.) kritisiert er mit dem Hinweis darauf, dass es in den Past nur um den *einen*, das Christuszeugnis einschließenden Glauben gehe (ebd. 22, Anm. 27f). Letzteres ist zwar richtig und trifft für V5b zu, so dass Loïs und Eunike als *Christinnen* gedacht sind. In V3b ist aber, wie m.E. Brox zutreffend beobachtet, vom *spezifisch christlichen Inhalt* abgesehen, so dass hier die Religiosität im weiteren Sinn, und deshalb eben auch die der *jüdischen* Vorfahren im Blick ist.
[51] Trummer, Paulustradition 126; vgl. Kretschmar, Glaube 133–137.

Vorfahren des ›Paulus‹ *ganz* von dessen *jüdischer* Herkunft abgesehen hätte, ist kaum anzunehmen[52].

Darin liegt – trotz des gemeinsamen Traditionsgedankens – ein gewisser Unterschied zu V5b. Dort sind die genannten Vorfahren des ›Timotheus‹, Loïs und Eunike, als *Christinnen* der ersten und zweiten Generation gedacht. Dem Unterschied zwischen V3b und V5b entpricht auch die unterschiedliche Ausdrucksweise. Dort ist von λατρεύω, hier jedoch direkt von πίστις die Rede. Der Dienstgedanke, ausgedrückt durch λατρεύω, entstammt zwar Röm 1,9 und ist insofern nicht in bewusster Abhebung zu V5b formuliert; aber der Ausdruck selbst ist religionssoziologisch *offener* als πίστις in V5b.

Eine weitere Betonung der Mustergültigkeit der ›paulinischen‹ Glaubenshaltung liegt sodann in der Aussage, sie sei mit *reinem Gewissen* gelebt worden.

Gewissen In den Briefen des Paulus gilt der Begriff συνείδησις als eine anthropologische *Beurteilungsinstanz*, die über das eigene oder auch anderer Personen Verhalten urteilt. Nie begegnet das Wort mit einem Attribut. Im Unterschied dazu wird in den Past der Ausdruck nicht nur absolut (1Tim 4,2; Tit 1,15), sondern auch mit den Attributen »gut« (1Tim 1,5.19) und »rein« (1Tim 3,9; 2Tim 1,3) verwendet. Die mit den Attributen gekennzeichneten Vorkommen lassen den Unterschied zur paulinischen Verwendung und das eigenständige Verständnis des Begriffs in den Past am deutlichsten erkennen: a) Es meint nicht eine Beurteilungsinstanz, sondern einen *Bewusstseinszustand*; denn als »gut« bzw. »rein« wird das Gewissen bezeichnet, wenn das persönliche Verhalten der sittlichen Norm entspricht. Ein derartiges Verständnis des Begriffs fehlt bei Paulus, ist aber im Hellenismus und hellenistischen Frühjudentum verbreitet[53]. b) Es ist in den Past nicht nur eine anthropologische Größe, sondern es enthält darüber hinaus eine *theologische* Komponente, denn es ist eng verbunden mit dem »Glauben« (1Tim 1,5.19; 3,9)[54].

Der Ausdruck »mit reinem Gewissen« ersetzt in 2Tim 1,3 den von Paulus in Röm 1,9 geäußerten Gedanken, dass er den als Gottesverehrung verstandenen Verkündigungsdienst »mit innerster Beteiligung« (ἐν τῷ

---

[52] Das bedeutet allerdings nicht, dass »in 2 Tim 1,3–5 indirekt die Kontinuität zwischen der jüdischen und christlichen Religion betont« werde, wie Kowalski, Zitate 61f meint. Vgl. dagegen Häfner, Belehrung 227.

[53] Vgl. die Belege bei von Lips, Glaube 61–65 und seine Auswertung: »Angesichts des auch sonst bestehenden Einflusses hellenistischer Ethik in Past läßt sich die Verwendung des Begriffs ›gutes Gewissen‹ von hier aus leichter verstehen als von Pls her. Das besagt dann auch, daß Past die Auffassung vom moralischen Gewissen

mit ihrer Umwelt teilen« (64). – Zur umfangreichen Gesamtdiskussion vgl. Dibelius/Conzelmann 16f; C. Maurer, ThWNT VII (1964) 897–918; Eckstein, Syneidesis 302–308; Schnackenburg, Botschaft II 48–58; Roloff 68–70; Weiser, Verantwortung 16f.

[54] Dibelius/Conzelmann 17 rechnen den Begriff »gutes Gewissen« zu den »Eigenschaften, welche die ›christliche Bürgerlichkeit‹ bezeichnen«. Dagegen wendet sich zu Recht Roloff 70: »Keineswegs ist das ›gute Gewissen‹ der Past Ausdruck eines unkritischen, selbstgefälligen Moralismus.«

πνεύματί μου) vollziehe. Anstelle der anthropologisch-existentiellen Tiefe des paulinischen Gedankens tritt im ›Paulusbild‹ des 2Tim ein stärker »ins Moralische« abgewandelter[55].

Die von ›Paulus‹ hier betonte ungebrochene und in Treue gelebte Glaubenshaltung, in der er dem Gott seiner Vorfahren diente, steht in Widerspruch zur ›Paulus‹-Anamnese 1Tim 1,13. Dort heißt es, dass ›Paulus‹ vor seiner Indienstnahme durch Jesus Christus »ein Lästerer, Verfolger und Frevler« gewesen sei, der »unwissend und aus Unglauben« gehandelt habe, dessen Lebenswende sich der »Gnade« (V14) und des »Erbarmens« (VV13.16) verdanke, die ihm als »Sünder« (V15) und »Erst«-Gerettetem (V15) erwiesen wurden. Die so zugespitzten Aussagen lassen sich weder aus den Selbstzeugnissen des Paulus noch aus der Paulusdarstellung der Apg herleiten. Sie knüpfen zwar an diese an, verdanken sich aber der Aussageabsicht des Verfassers der Past, der mit dieser Pointierung ›Paulus‹ als *Urbild* und *Paradigma* sowohl für das *göttliche Heilshandeln* als auch für die aus der *Gnade lebenden Christen* darstellen möchte[56]. Die Spannung, in der die Aussagen von 1Tim 1,13 zu 2Tim 1,3 stehen, ist nicht zu beheben; aber sie ist *erklärbar*. Sie hat ihren Grund in der je *verschiedenen Aussageabsicht*[57]: Dort wie hier geht es um den *verkündigten* ›Paulus‹. *Dort* soll die Muster-Gültigkeit der *Begnadung* hervorgehoben werden. Dieser Hervorhebung dient die Überpointierung des ›Paulus‹ als *Sünder*. *Hier* soll dagegen die Muster-Gültigkeit seiner *Glaubensexistenz* herausgestellt werden. Ihr dient die Betonung seiner ungebrochen gelebten religiösen *Integrität*.

Wie in der Analyse bereits gezeigt wurde, entspricht die Erwähnung des *unablässigen Gedenkens im Gebet* sowohl antikem Briefstil, besonders dem des Freundschaftsbriefes[58], als auch paulinischer Gepflogenheit. Die Unablässigkeit des Gedenkens drückt der Verfasser durch das Adjektiv ἀδιάλειπτος und die des Gebetes durch die zeitliche Bestimmung νυκτὸς καὶ ἡμέρας aus. Die doppelte Hervorhebung der Unablässigkeit lässt deutlich werden, wie eng ›Paulus‹ – trotz äußerer Trennung und Kerkerhaft – mit seinem Schüler freundschaftlich verbunden ist und sich um ihn sorgt[59]. Wie schon im Präskript qualifiziert auch hier die Aussage über die

---

55   Wanke, Paulus 180; ebenso Merkel 55: »Die Aussage über die existentielle Ergriffenheit des Paulus ... wird ins Moralische umgebogen, so daß sie nicht mehr den historischen Paulus charakterisiert, sondern vorbildhaft für alle Christen wirkt.« – Merkel weist überdies auf Ähnlichkeiten mit Elementen des ›Paulusbildes‹ in Apg 23,1; 24,14; 26,22 hin, merkt aber zugleich an, dass dort der »heilsgeschichtliche Zusammenhang zwischen Kirche und Israel« herausgestellt werde, der in den Past nicht hervortrete.
56   Vgl. Collins, Image 166–169; Wanke, Paulus 176–181; Boer, Images 371f; Wolter, Pastoralbriefe 27–64; ders., Paulus (passim); Roloff 83–99; Oberlinner, 1Tim 34–49; Läger, Christologie 31–38.
57   So auch Wanke, Paulus 181: »Der jeweilige Skopus der Stellen ist verschieden.« Ähnlich Oberlinner 16.
58   Vgl. Einführung I.1.2.
59   Das Element des Sorgens deutet sich im Substantiv δέησις an, das über die allgemeine Beutung »Gebet« hinaus besonders die Bedeutung »Bittgebet« hat; vgl. U. Schoenborn, EWNT I (1980) 687f.

Verbundenheit des ›Paulus‹ mit seinem Schüler ›Timotheus‹ diesen als
zuverlässigen Sachwalter des paulinischen Erbes. Damit kommt zugleich
schon mit in den Blick, dass die enge Verbundenheit über die persönliche
Freundschaft hinausreicht. Sie wurzelt im gemeinsamen Glauben und
umfasst den gemeinsamen Dienst.

4 Der Vers ist durch das Partizip ἐπιποθῶν mit der vorausgehenden Erwähnung des Gedenkens an den Adressaten und des Gebetes für ihn verbunden und drückt intensiv den Wunsch aus, den Adressaten zu sehen[60].
Das mit ἰδεῖν bezeichnete »Sehen« meint ein *Wieder*-Sehen. Dies geht
aus den schon bald folgenden Aussagen über ein früheres Beisammensein
hervor. Im Zusammenhang des Wiedersehenswunsches werden noch
zwei Aussagen über emotionale Befindlichkeiten gemacht, nämlich über
den in Tränen sich äußernden *Trennungsschmerz* des Adressaten ›Timotheus‹ und über die erhoffte *Wiedersehensfreude* auf Seiten des Absenders ›Paulus‹. An beiden Aussagen zeigt sich die Intensität des Wiedersehenswunsches und damit auch die Intensität der zwischen ›Paulus‹ und
›Timotheus‹ bestehenden Gemeinschaft. Beide Aussagen sind literarisch
kunstvoll aufeinander abgestimmt und ergänzen sich gegenseitig: Die eine ist vergangenheits-, die andere zukunftsgerichtet; die eine betrifft den
Adressaten, die andere den Absender; die eine drückt Schmerz, die andere
Freude aus. Freilich befremdet es, dass vom Schmerz auf Seiten des
Adressaten und von der Freude nur auf Seiten des Absenders die Rede ist.
Aber dies hängt mit dem ›point of view‹ der fiktiven Darstellung zusammen: Es wird »aus dem Blickwinkel des ›Paulus‹ formuliert«[61]. *Er ist der*
Briefschreiber; *er* dankt Gott; *er* gedenkt unablässig des ›Timotheus‹; *er*
sehnt sich nach dem Wiedersehen, was auch dementsprechend *ihn* mit
Freude erfüllen wird. Sowohl die erwähnten Tränen als auch die erwähnte Freude haben gemäß der Freundschaftsbrieftopik den Sinn, die Intensität der κοινωνία auszudrücken, die zwischen ›Paulus‹ und ›Timotheus‹
besteht; denn die Erwähnung der einen Emotion dient dem Ausdruck des
Schmerzes über die durch *Trennung beeinträchtigte* Gemeinschaft, die
Erwähnung der anderen Emotion dient dem Ausdruck der *Freude* über die
im erhofften *Wiedersehen* erneut *hergestellte* Gemeinschaft.
Die Formulierung »ich erinnere mich *deiner Tränen*« meint in einem *allgemeineren Sinn* den Trennungsschmerz, den ›Timotheus‹ gegenwärtig
und schon während der ganzen Trennungszeit empfindet.

Manche Kommentatoren nehmen jedoch an, es sei in einem *konkreteren Sinn* an
eine der Vergangenheit angehörende schmerzvolle und tränenreiche *Abschiedsszene* gedacht. Diese Auslegung begegnet in mancherlei Variationen. Vertreter

---

[60] Zu diesem Topos im antiken Freund-   [61] Oberlinner 18; vgl. 20.
schaftsbrief und in den Paulusbriefen s.o.
Einführung I.1.2.4, zum Motiv der ›apostolischen Parusie‹ I.3.

der *Echtheit* des 2Tim sehen in den erwähnten Tränen eine *Erinnerung des Paulus* an die letzte Abschiedsszene. Manche von ihnen lassen offen, um welche näheren Umstände des Abschieds es sich handelte[62]; einige denken an den Abschied von einer Begegnung, die zwischen Paulus und Timotheus noch nach der Abfassung des 1Tim stattgefunden hat[63], andere an die Arretierung des Apostels in Ephesus durch die kaiserliche Polizei[64]. Aber auch Exegeten, die mit *pseudonymer Verfasserschaft* rechnen und die Situationsangaben des brieflichen Rahmens als *literarische Fiktion* erachten, nehmen an, dass der Verfasser an eine einzelne Abschiedsszene gedacht habe. Am ehesten wird dabei die Abschiedsszene von Milet erwogen. In Apg 20,37 heißt es, dass die nach der Abschiedsrede des Paulus Zurückgebliebenen »in lautes Weinen ausbrachen«, während Paulus weiterreiste. Der Verfasser von 2Tim 1,4 setze demnach voraus, ›Timotheus‹ habe zu den in Milet Zurückgebliebenen gehört, und ›Paulus‹ erinnere nun an die damals geweinten Tränen. Das Wissen um diese Szene könne der Verfasser der Past entweder durch seine eigene literarische Kenntnis von Apg 20 erhalten haben[65] oder durch eine andere, Apg 20 vergleichbare Überlieferung[66].

Alle im Zusammenhang mit Apg 20,37 angestellten Überlegungen führen zu keinem positiven Ergebnis. Weder benutzte der Verfasser der Past die Apg als literarische Vorlage[67], noch ist eine mit Apg 20,37 vergleichbare Überlieferung zu erweisen. Selbst wenn es sie gäbe, wäre über die Tränen des ›Timotheus‹ noch nichts zu erkennen; denn diese Überlieferung würde ebenso wenig wie Apg 20,37 Konkretes über *ihn* mitteilen. Beachtet man zudem den oben dargelegten brieftopischen Sinn der Aussage von 2Tim 1,4, so wird man nicht nach einer konkreten Situation als Anlass für die Tränen des ›Timotheus‹ Ausschau halten[68], sondern sich mit dem *allgemeineren Sinn* begnügen, dass der Trennungsschmerz gemeint sei, den ›Timotheus‹ *gegenwärtig* und schon *während der ganzen Trennungszeit* empfindet.

Erst jetzt wird der *Inhalt* des Dankes an Gott genannt, von dem am Anfang des Proömiums (V3a) ›Paulus‹ kurz berichtete. Der Grund, Gott im Gebet zu danken, besteht darin, dass ›Paulus‹ des »ungeheuchelten *Glaubens*« seines Adressaten und Schülers ›Timotheus‹ gedenkt. Zum dritten Mal innerhalb des Proömiums ist also vom Gedenken, vom Sich-Erinnern die Rede. Die Formulierung ὑπόμνησιν λαβών wird ebenso wie in den Versen 3 und 4 ein *Sich*-Erinnern des ›Paulus‹ meinen, nicht ein Erinnert*wordensein* von außen her, etwa durch einen Boten oder Brief[69]; 5

---

[62] So z.B. Schlatter, Kirche 217f; Holtz 154.

[63] So z.B. Wohlenberg 274.

[64] So z.B. Spicq 704; Kelly 156.

[65] So z.B. Houlden 109.

[66] So z.B. E.F. Scott 89; erwogen auch von Brox 226; Merkel 56; Hanson 120.

[67] S.o. Einführung V.2.3.

[68] Vgl. ebenso Oberlinner 19f: »Aufgrund des fiktiven Charakters der zugrundegelegten Briefsituation ... erscheint es relativ unwichtig bzw. sogar problematisch, nach dem historischen Ort der Tränen des Timotheus suchen zu wollen ... [Es] scheint der Verzicht auf die Identifizierung eines historischen oder literarischen Anknüpfungspunktes geboten.«

[69] Wohlenberg 274, Anm. 1 betont dagegen den Unterschied zwischen den Erinnerungsweisen der Verse 3f und V5 und meint, dass die Wortwahl ὑπόμνησιν λαβών einen Hinweis auf eine empfangene

denn weder fordert die Wortwahl diesen Sinn, noch gibt der Kontext einen Hinweis darauf.

Dass als Gegenstand des Dankgebets der *Glaube* des Adressaten genannt wird, unterscheidet sich selbstverständlich von der hellenistisch-römischen Briefsitte, entspricht aber der paulinischen Gepflogenheit[70]. Im Unterschied zu 2Tim ist dieses Objekt allerdings bei Paulus üblicherweise *unmittelbar* mit dem Dankgebet verbunden; selbst dort, wo außerdem vom Dienst des Paulus die Rede ist wie in Röm 1,8f. Ein weiterer Unterschied besteht darin, dass sich der Gebetsdank bei Paulus auf den Glaubensstand der Adressaten*gemeinden* bezieht, während in 2Tim nur der Glaube des ›Timotheus‹ im Blick ist. Das dürfte einerseits mit der gesamten Kommunikationsstruktur des Schreibens und andererseits mit dem besonderen Interesse zusammenhängen, das sowohl der reale als auch der fiktive Absender am *Amtsträger* ›Timotheus‹ und nicht in gleicher Weise an den übrigen Gliedern der Gemeinde hat.

Glaube Überdies und vor allem zeigt sich im Glaubens*begriff* ein Unterschied gegenüber dem des Paulus. An der vorliegenden Stelle wird dies daran deutlich, dass der Glaube des ›Timotheus‹ als »ungeheuchelt« bezeichnet wird. Die Kennzeichnung »ungeheuchelt« (ἀνυπόκριτος) meint die Unverfälschtheit, Echtheit, Aufrichtigkeit einer Gesinnung oder Haltung[71]. Paulus charakterisiert mit diesem Wort die Liebe (Röm 12,9; 2Kor 6,6), aber nie den Glauben. Das ist verständlich; denn Glaube meint bei ihm vor allem die endzeitliche Gabe Gottes, die aus dem Hören des Evangeliums und dessen Annahme kommt (Röm 10,8–17) und welche der Grund ist, durch den die neue eschatologische Existenz des Menschen ermöglicht und bestimmt wird. Demgegenüber zeigt sich in den Past eine Neuakzentuierung und Weiterentwicklung[72]. Sie wird schon deutlich, wenn es in 1Tim 1,5 heißt, dass »das Ziel der Unterweisung Liebe aus reinem Herzen, aus gutem Gewissen und aus ungeheucheltem Glauben« ist. Durch die Zusammenstellung mit christlichen Grundhaltungen wie »Liebe« (1Tim 1,5.14; 2,15), »reines Gewissen« (1Tim 1,5.19; 3,9), »Wahrheit« (1Tim 2,7; Tit 1,1) und »Frömmigkeit« (Tit 1,1) sowie durch das Vorkommen in Tugendkatalogen (1Tim 4,12; 6,11f; 2Tim 2,22; 3,10; Tit 2,2) erscheint der Glaube selbst als eine solche Grundhaltung. Neben diesem *habituellen* Moment tritt in den Past auch stärker der Gesichtspunkt der Glaubens*lehre* hervor. Beides zusammen wird immer wieder als das christlich zu bewahrende Gut den Fehlhaltungen und der mangelnden Einsicht der *Irrlehrer* entgegengesetzt, während bei Paulus stattdessen als Opposition meist die Gegenüberstellung von *Glauben* und der Heilssicherung aus *Werken* begegnet.

Botschaft enthalte; ähnlich Spicq 704 mit Verweisen auf Bengel, Belser, Ellicott, Bernard, Simpson, Vine.
[70] S.o. Einführung I.1.2.2.
[71] Vgl. H. Giesen, EWNT III (1983) 963–966.
[72] Zum Glaubensbegriff der Past vgl.

Merk, Glaube (1975); Kretschmar, Glaube (1982); G. Barth, EWNT III (1983) 216–231, hier 230f; Marshall, Faith (1984); Roloff (1988) 70; Towner, Goal (1989) 121–168; Arichea, Authorship (1993) 334–338; Oberlinner, 1Tim (1994) 17f; Redalié, Paul (1994) 64–66; Wehr, Petrus (1996) 222–227.

›Paulus‹ erinnert sich daran (V5a), dass die Glaubenshaltung bei ›Timotheus‹ ungebrochen vorhanden ist, und er dankt Gott dafür (V3a). Er ist überzeugt davon (V5c), dass ›Timotheus‹ mit ganzer Hingabe aus dieser Haltung lebt und weder durch die Falschlehre noch durch die sittlichen Fehlhaltungen der Irrlehrer angekränkelt ist.

Außerdem wird vom Glauben des ›Timotheus‹ gesagt, dass er schon[73] in dessen Großmutter und Mutter »wohnte« (V5b). Ähnlich wie für ›Paulus‹, der »von den Vorfahren her« Gott mit reinem Gewissen dient (V3b), gilt für ›Timotheus‹, dass seine mustergültige Glaubenshaltung in einem *traditionsreichen*, ja sogar *generationenübergreifenden* und *familiär* geprägten Zusammenhang steht. Der Glaube des ›Timotheus‹ wird hier nicht auf ›Paulus‹, sondern auf Familienüberlieferung zurückgeführt. Weder im historischen noch im fiktiven Sinn wird damit konkret Biographisches über ›*Timotheus*‹ ausgesagt. Es geht vielmehr um die *Traditionsgebundenheit* des legitimen kirchlichen *Amtsträgers* sowie um die *Traditionsgebundenheit* seiner Verkündigung und Lehre. Auch andere Aussagen des 2Tim legen diese Sicht nahe und ergänzen sie zugleich. In 2Tim 3,14f wird ›Timotheus‹ ermahnt, bei dem zu bleiben, was er »gelernt« und worauf er sein »Vertrauen gesetzt« hat. Dabei wird zunächst auf Personen hingewiesen, die nicht näher bestimmt werden (V14b). Sodann werden die ihm »seit Kindheit an« vertrauten »heiligen Schriften« genannt (V15a). Wie in 2Tim 1,5 steht auch dort der *Traditionsgedanke* im Vordergrund. Aber ausgeformt wird er dort weder durch die Erwähnung der Vorfahren noch durch die der ›paulinischen‹ Unterweisung, sondern durch den Hinweis auf einen umfassenderen Personenkreis und durch die Betonung, dass die »seit Kindheit an« vertrauten »heiligen Schriften« den Amtsträger »weise machen können« für die Ausübung seines Lehr- und Verkündigungsdienstes (V15b). Eine weitere zu beachtende Aussage ist die Anweisung, dass ›Timotheus‹ das, was er von ›*Paulus*‹ vor »vielen Zeugen« anvertraut bekommen hat, zuverlässigen und zur Lehrtätigkeit fähigen Mitchristen vermitteln soll (2Tim 2,2). Hier ist an die von ›Paulus‹ herkommende Tradition gedacht. Der Gedanke, dass die Glaubenshaltung des ›Timotheus‹ und das, was er zu lehren habe, in der *Tradition* wurzele und sich dadurch als legitim und zuverlässig erweise, wird also mit Hilfe verschiedener Konkretionen ausgedrückt, nämlich durch Hinweise auf namentlich genannte *Vorfahren* (1,5), auf die Unterweisung durch ›*Paulus*‹ (1,12f; 2,2) und weiterer Personen (3,14b) sowie auf die seit Kindheit an bestehende Vertrautheit mit den *heiligen Schriften* (3,15). Aus den Variationen ergibt sich, dass es dem Verfasser nicht um

---

[73]   Das Wort πρῶτον (V5b) will nicht im ausschließenden Sinn besagen, dass erst von der Großmutter und Mutter an Glaube oder gar christlicher Glaube vorhanden war. Es drückt vielmehr – ähnlich wie πρότερον – die »Vorzeitigkeit vor der Handlung der Hauptaussage aus« (Wohlenberg 275).

biographische Konkretionen, sondern um die *Typisierung des kirchlichen Amtsträgers* geht. Nach der Meinung des Verfassers soll er ein Mann sein, der in der kirchlichen *Glaubenstradition* steht. Verdeutlichend drückt der Verfasser dies mit den Hinweisen auf ein generationenübergreifendes christliches Familienleben (1,5), auf die seit Kindheit an während Vertrautheit mit den inzwischen christlich verstandenen heiligen Schriften Israels (3,14f) und auf die Treue zur apostolisch-›paulinischen‹ Überlieferung (1,12f; 2,2) aus. Diese Konkretionen sind nicht das Aussageziel, sondern sie sind als Darstellungsmittel in den Dienst der Verdeutlichung des *Traditionsgedankens* gestellt.

Fragt man darüber hinaus, woher der Verfasser Kenntnis über die *Namen* der Großmutter und Mutter des ›Timotheus‹ hatte und wodurch er in der Lage war, etwas über ihren *Glaubensstand* zu sagen, so lässt sich eine *Teilantwort* aus der in Apg 16,1–3 vorliegenden Überlieferung gewinnen. Zwar dürfte dem Verfasser der Past der Text der Apg nicht bekannt gewesen sein[74], wohl aber *eine Apg 16,1– 3 z.T. vergleichbare Personalüberlieferung.* Sie enthielt die Angaben, dass Timotheus aus Lystra stammte, dass seine Mutter Judenchristin war, und wahrscheinlich auch, dass Paulus ihn hatte beschneiden lassen, bevor er ihn als Missionsmitarbeiter gewann. Der Verfasser der Past hat aus dieser Überlieferung nur den Aspekt der *Religiosität der Mutter* aufgenommen[75] und in dem oben erwähnten Sinn zur Betonung des *Traditionsgedankens* ausgewertet. Ob in der Personalüberlieferung die *Namen* der Mutter Eunike und der Großmutter Loïs genannt waren und ob *letztere überhaupt* miterwähnt war[76], ist mindestens ungewiss; denn davon ist in Apg 16 nichts gesagt. Dass Lukas diese Details weggelassen hätte, ist kaum anzunehmen. Das Fehlen dieser Details in dem von Lukas verarbeiteten Traditionsgut zeigt, dass ihre Erwähnung *nicht selbstverständlich* war, weshalb sie auch nicht ohne weiteres als Bestandteil der von Apg 16 unabhängigen und vom Verfasser der Past aufgenommenen Tradition vorausgesetzt werden können. Die Herkunft aus Traditionsgut ist zwar möglich, aber nicht erweisbar. Wahrscheinlicher ist, dass die Namen *nicht* durch Überlieferung vermittelt, son-

---

[74] S.o. Einführung V.2.3

[75] Wenn die Mutter als Jüdin mit einem Griechen verheiratet gewesen und Timotheus zunächst unbeschnitten geblieben wäre, wie es Apg 16,3 heißt, so wäre dies kein Indiz für eine empfehlenswerte Frömmigkeitshaltung der Familie. Diese Erwähnungen entstammen entweder erst der Redaktion des Lukas, dann wären sie dem Verfasser der Past nicht bewusst gewesen; oder er kannte sie aus der Überlieferung, dann hätte er ihre Negativität unbeachtet gelassen. – Horn* 488, Anm. 27 erwägt, ob Eunike vielleicht ursprünglich Heidin gewesen, dann Proselytin und schließlich Christin geworden sei. U.a. spräche der ganz heidnische Name dafür.

– Zu den komplexen und aufgrund der Quellenlage kaum lösbaren Problemen der Historizität, Tradition und Redaktion von Apg 16,1–3 vgl. außer den Kommentaren zur Apg u.a. Cohen*; Oberlinner, 1Tim XXVIIf; Horn*; Breytenbach, Paulus 164.168.

[76] Spicq* 362f weist darauf hin, dass die gemeinsame Erwähnung von Mutter und Großmutter in der Antike relativ häufig war. Von den vielen Textbeispielen erachtet er Plutarch, Ages IV,1 als besonders enge Parallele zu 2Tim 1,5. Dort ist von Agesilaos gesagt, er sei durch zwei Frauen erhoben worden, nämlich durch »seine Mutter Agesistrata und seine Großmutter Archidamia«.

dern vom Verfasser der Past um seiner pseudepigraphischen Ziele willen ohne
Anhaltspunkt in Historie und Überlieferung eingesetzt wurden[77].

Wie in den meisten Paulusbriefen, aber im Unterschied zu 1Tim und Tit, Zusammen-
folgt auf das Präskript ein *Proömium*. Es besteht im vorliegenden Text fassung
daraus, dass der *Dank* an Gott (V3), das stete *Gedenken* an die Adressaten im *Gebet* (V3), der *Wiedersehenswunsch* (V4) sowie das *Gedenken* an
den *Glauben* des Adressaten und den seiner Vorfahren (V5) erwähnt werden.
Aus der *antiken Brieftopik* stammen die Versicherung des Gedenkens in
unablässigem Gebet (VV3c.4b.5a) und der Wiedersehenswunsch (V4a).
Diese Elemente des antiken Briefstils wurden dem Verfasser z.T. durch
die Paulusbriefe vermittelt. Die Danksagung (V3a) sowie die Erwähnungen des Dienstes (V3b) und des Glaubens (V5) stammen *ganz* aus dem
Einfluss *paulinischer Briefe*. Insgesamt zeigt sich eine so große Übereinstimmung mit dem Proömium Röm 1,8–12, dass anzunehmen ist, dieses
sei als *literarische Vorlage* benutzt worden. Vermutlich hat außerdem das
Proömium des Philipperbriefs (Phil 1,3–11) auf die Gestaltung von 2Tim
1,3–5 eingewirkt.
Der Verfasser des 2Tim hat die genannten Elemente aus Röm und Phil in
einer für ihn *charakteristischen Weise* verarbeitet. Aus Gesichtspunkten,
wie sie die *Testamentsliteratur* nahelegt, hat er die Aussage über den
Dienst des ›Paulus‹ durch den Hinweis erweitert, dass dieser Dienst mustergültig und schon von den »Vorfahren her« vollzogen wurde (V3b).
Aus ebendieser Sicht, die den *Traditionsgedanken* betont, und angeregt
durch urchristliche *Personalüberlieferung* hat er sodann die Aussage über
den erfreulichen Glaubensstand des Adressaten ›Timotheus‹ dadurch erweitert, dass er auch den Glauben der *Großmutter* und *Mutter* rühmend
erwähnt (V5b).
Bevor der Glaubensstand der Adressaten als Objekt des Gebetsdankes genannt wird, wie es in den Proömien der Paulusbriefe üblich ist, werden
zwei Aussagen über ›Paulus‹ selbst gemacht: Sein Dienst gegenüber Gott
vollzog sich schon von den *Vorfahren* her, und er geschah mit *reinem Gewissen*. Um des Traditionsgedankens willen nahm der Verfasser die *Unschärfe* in Kauf, vom *spezifisch christlichen* Inhalt und Aposteldienst des
›Paulus‹ abzusehen und nur die *gläubige Frömmigkeitshaltung*, in der

---

[77] Vgl. ähnlich Hasler 56: Es geht »weder
um einen Hinweis auf die jüdische oder alttestamentliche Frömmigkeit als einer früheren heilsgeschichtlichen Entwicklungs-
stufe des christlichen Glaubens, noch um
eine Mitteilung über die familiengeschicht-
liche Herkunft des Apostels und seines
Schülers. So gehören die persönlichen Einzelheiten zum fiktiven Rahmen. Auch die
Namen der Frauen sind novellistisches Detail ohne Möglichkeit eines historischen
Nachweises.« Oberlinner 22, Anm. 26
stimmt dem zu und wehrt den von Hanson
120 dagegen erhobenen Vorwurf, dies sei
»absurdly sceptical« ab.

›Paulus‹ Gott so diente, wie schon seine Vorfahren, in den Blick zu nehmen. Eine weitere Betonung der Mustergültigkeit der ›paulinischen‹
Glaubenshaltung liegt in der Aussage, sie sei mit *reinem Gewissen* gelebt
worden. Der Begriff »Gewissen« meint in den Past einen *Bewusstseinszustand;* denn als »gut« bzw. »rein« wird das Gewissen bezeichnet, insofern
das persönliche Verhalten der sittlichen Norm entspricht. Dieses Verständnis schließt an das des Hellenismus und des hellenistischen Judentums an. Der Widerspruch zwischen der hier betonten Mustergültigkeit
des ›Paulus‹ und den negativen Aussagen der ›Paulus‹-Anamnese in 1Tim
1,12–16 erklärt sich aus der je *eigenen Aussageabsicht:* Dort wie hier geht
es um den *verkündigten ›Paulus‹. Dort* wird die Mustergültigkeit der *Begnadung* hervorgehoben, *hier* dagegen die seiner *Glaubensexistenz.*
Das in V3c erwähnte *unablässige Gedenken im Gebet* entspricht sowohl
antikem Briefstil als auch paulinischer Gepflogenheit. Durch die doppelte
Hervorhebung der Unablässigkeit soll erneut betont werden, wie eng
›Paulus‹ – trotz äußerer Trennung – mit seinem Schüler verbunden ist
und sich um ihn sorgt. Wie schon im Präskript qualifiziert auch hier die
Aussage über die Verbundenheit den Apostelschüler als zuverlässigen
Sachwalter des paulinischen Erbes. Damit kommt zugleich mit in den
Blick, dass die enge Verbundenheit über die persönliche Freundschaft
hinausreicht. Sie wurzelt im gemeinsamen Glauben und umfaßt den ge-
meinsamen Dienst.
Dem Bewusstmachen, welch enge Gemeinschaft zwischen ›Paulus‹ und
›Timotheus‹ besteht, dient auch die Intensität, mit der der *Wiedersehenswunsch* formuliert ist. Er wird von zwei Aussagen über *emotionale* Befindlichkeiten begleitet, nämlich über den *Trennungsschmerz* des Adressaten und über die erhoffte *Wiedersehensfreude* des Absenders.
Während sich der *Gebetsdank* bei Paulus auf den *Glaubensstand* der
Adressaten*gemeinden* bezieht, ist in 2Tim 1,5a nur der *Glaube des ›Timotheus‹* im Blick. Das dürfte außer mit der gesamten Kommunikationsstruktur des Schreibens auch mit dem besonderen Interesse zusammenhängen, das der reale wie auch der fiktive Absender am *Amtsträger* und
nicht in gleicher Weise an den übrigen Gliedern der Gemeinde hat. Auch
der Glaubens*begriff* selbst unterscheidet sich von dem des Paulus. Glaube
meint in den Past eine *Grundhaltung,* die neben und zusammen mit anderen Grundhaltungen als wichtig erscheint. Dabei tritt der Gesichtspunkt der Glaubens*lehre* stärker hervor. Beides zusammen wird immer
wieder als das christlich zu bewahrende Gut den Fehlhaltungen und der
mangelnden Einsicht der *Irrlehrer* entgegengesetzt. ›Paulus‹ erinnert sich
daran (V5a), dass die Glaubenshaltung bei ›Timotheus‹ ungebrochen vorhanden ist, und er dankt Gott dafür (V3a). Er ist überzeugt davon (V5c),
dass ›Timotheus‹ mit ganzer Hingabe aus dieser Haltung lebt und weder
durch die Falschlehre noch durch die sittlichen Fehlhaltungen der Irrlehrer angekränkelt ist.

Ähnlich wie für ›Paulus‹ gilt auch für ›Timotheus‹, dass seine mustergültige Glaubenshaltung durch *Tradition* und sogar durch *generationenübergreifende familiäre* Bindungen geprägt ist. Weder im historischen
noch im fiktiven Sinn wird damit konkret Biographisches über ›*Timotheus*‹ ausgesagt. Es steht vielmehr die *Traditionsgebundenheit* als Typisierung des legitimen kirchlichen *Amtsträgers* sowie die *Traditionsgebundenheit* seiner Verkündigung und Lehre im Vordergrund. Verdeutlichend drückt der Verfasser dies mit den Hinweisen auf ein generationenübergreifendes christliches Familienleben (1,5), auf die seit Kindheit an
währende Vertrautheit mit den heiligen Schriften (3,14f) und auf die
Treue zur apostolisch-›paulinischen‹ Überlieferung (1,12f; 2,2) aus.

B Briefcorpus (1,6 – 4,8)

I Aufforderung zum Zeugendienst nach dem Lehr- und Leidensvorbild
›Paulus‹ (1,6 – 2,13)

Der Abschnitt 1,6 – 2,13 ist ein zusammengehöriger, einheitlich konzi-
pierter Textteil. Die Zusammengehörigkeit und relative Geschlossenheit
zeigt sich an Thematik, Gedankengang und Ausdrucksweise. Zwar bilden
die Teile 1,6–14, 1,15–18 und 2,1–13 auch für sich relativ geschlossene
Einheiten; aber sie sind miteinander eng verbunden. Darauf weist schon
das »Du nun« (2,1) hin, womit über die nur kurze, aber durchaus dem paränetischen Kontext entsprechende Einschaltung eines negativen und positiven Beispiels (1,15–18) hinweg betont an das Vorausgehende angeknüpft wird. Sodann ist der Abschnitt stark von der Erinnerung[1] an das
durchzogen, was ›Paulus‹ mit ›Timotheus‹ verbindet[2], wobei sich der Akzent der Aussagen immer mehr von ›Paulus‹ auf ›Timotheus‹ verlagert.
Auf eine enge Zusammengehörigkeit weisen schließlich manche Formulierungen und inhaltlichen Akzente hin, so z.B. die jeweils betont am Anfang des Unterabschnitts stehenden und einander entsprechenden Ermahnungen an ›Timotheus‹, die »Gnadengabe Gottes wieder zu entfachen«
(1,6) und »stark zu werden in der Gnade« (2,1), das anvertraute Gut treu
»zu bewahren« (1,13f) und das Gehörte »zuverlässigen Menschen anzu-
vertrauen« (2,2) sowie die Aufforderungen, um des Evangeliums willen
mit ›Paulus‹ »zu leiden« (1,8; 2.3.9–13)[3].

[1] Vgl. die Aussagen des Erinnerns 1,6 (ich
erinnere dich); 1,15 (du weißt); 1,18 (du
weißt besser); 2,8 (denke an Jesus Christus).
[2] Vgl. 1,6 (Gnade, die in dir ist durch meine Handauflegung); 1,13 (Lehre, die du von
mir gehört hast); 1,14 (Geist, der in uns
wohnt); 2,2 (was du von mir gehört hast);
2,7 (bedenke, was ich sage); 2,11–13 (wenn
wir …, dann werden wir …).

[3] Für die Annahme, dass es sich bei 1,6 –
2,13 um eine relativ geschlossene Einheit
handle, plädieren zu Recht auch von Lips,
Glaube 166–172; Wolter, Pastoralbriefe
215f. Letzterer kritisiert die von Lohfink,
Theologie 89f vertretene Gliederung: Lohfink zerreiße die Texteinheit, indem er sie
nur auf 1,15 – 2,13 begrenze und so die
Verse 1,6–14 nicht einbeziehe; gerade sie
korrespondieren aber mit 2,1–13.

1 Leidensbereiter Zeugendienst und Bewahrung des anvertrauten Gutes (1,6–14)

Literatur: *Barclay, W.*, Our Security in God (2Timothy I.12), ET 69 (1957/58) 324–327; *Bover, J.M.*, »Illuminavit vitam« (2 Tim. 1.10), Bib. 28 (1947) 136–146; *Gutzen, D.*, Zucht oder Besonnenheit? Bemerkungen zur Übersetzung von 2 Timotheus 1,7, in: Die neue Lutherbibel. Beiträge zum revidierten Text 1984, hrsg. v. Meurer, S., Stuttgart 1985, 40–46; *Haufe, G.*, Form und Funktion des Pneuma-Motivs in der frühchristlichen Paränese, in: Studia Evangelica V (= TU 103), hrsg. v. Cross, F.L., Berlin 1968, 75–80; *Läger*, Christologie 65–72; *Lau*, Manifest in Flesh 114–130; *Redalié*, Paul 104–126; *Saillard, M.*, Annoncer l'évangile c'est révéler le dessein de Dieu, 2 Tim 1,8–10, ASeign 15 (1973) 24–30; *Sohier, A.*, Je sais à qui j'ai donné ma foi (2 Tim. 1,12 et 4,8), BVC 37 (1961) 75–78; *Stählin, G.*, Der heilige Ruf. 2. Timotheus 1,6–10, ThBeitr 3 (1972) 97–106; *Stöger, A.*, Die Wurzel priesterlichen Lebens. 2 Tim 1,6–14, ThPQ 136 (1988) 252–257.

Zur *Handauflegung* und *Ordination (V6)*: *Behm, J.*, Die Handauflegung im Urchristentum, Leipzig 1911, Nachdr. Darmstadt 1968; *Coppens, J.*, L'imposition des mains et les rites connexes dans le Nouveau Testament et dans l'Église ancienne, Paris 1925; *ders.*, L'imposition des mains dans les Actes des Apôtres, in: Les Actes des Apôtres, hrsg. v. Kremer, J., 1979 (BEThL 48), 405–438; *Ehrhardt, A.*, Jewish and Christian Ordination, JEH 5 (1954) 125–138; *Ferguson, E.*, Jewish and Christian Ordination, HThR 56 (1963) 13–19; *ders.*, Laying on of Hands: Its Significance in Ordination, JThS 26 (1975) 1–12; *Hruby, K.*, La notion d'ordination dans la tradition juive, MD 102 (1970) 30–56; *Käsemann, E.*, Das Formular einer neutestamentlichen Ordinationsparänese, in: ders., Exegetische Versuche und Besinnungen I, Göttingen ⁴1965, 101–108; *Kilmartin, E.J.*, Ministère et ordination dans l'église chrétienne primitve. Leur arrière-plan juif, MD 138 (1979) 49–92; *Kretschmar, G.*, Die Ordination im frühen Christentum, FZPhTh 22 (1975) 35–69; *Kühn*, Amt und Ordination; *von Lips*, Glaube 161–288; *Lohse*, Ordination; *Mantel, H.*, Ordination and Appointment in the Period of the Temple, HThR 57 (1964) 325–346; *Quinn, J.D.*, Die Ordination in den Pastoralbriefen, IKaZ 10 (1981) 410–420; *Richter, K.*, Ansätze für die Entwicklung einer Weiheliturgie in apostolischer Zeit, ALW 16 (1974) 32–52.

6 Aus diesem Grund erinnere ich dich, die Gnadengabe Gottes wieder zu entfachen, die in dir ist durch die Auflegung meiner Hände. 7 Denn Gott hat uns nicht einen Geist der Furchtsamkeit gegeben, sondern der Kraft, der Liebe und der Besonnenheit. 8 Schäme dich also nicht des Zeugnisses von unserem Herrn und auch nicht meiner, seines Gefangenen, sondern leide mit für das Evangelium gemäß der Kraft Gottes, 9 der uns gerettet und mit heiligem Ruf gerufen hat, nicht nach unseren Werken, sondern nach seiner Vorentscheidung und Gnade, die uns in Christus Jesus geschenkt wurde vor ewigen Zeiten, 10 jetzt aber offenbart worden ist durch die Erscheinung unseres Retters Christus Jesus, der den Tod zunichte gemacht, Leben und Unvergänglichkeit aber

hat aufleuchten lassen durch das Evangelium, 11 für das ich als
Verkünder, Apostel und Lehrer eingesetzt worden bin. 12 Aus diesem Grund erleide ich auch dies; aber ich schäme mich nicht,
denn ich weiß, auf wen ich mein Vertrauen gesetzt habe, und ich
bin überzeugt, dass er die Macht hat, mein anvertrautes Gut bis
zu jenem Tag zu bewahren. 13 Als prägende Grundgestalt gesunder Lehre halte fest, was du von mir gehört hast in Glaube und
Liebe in Christus Jesus. 14 Bewahre das wertvolle anvertraute Gut
durch den Heiligen Geist, der in uns wohnt.

Analyse 1 *Sprachliche und gedankliche Struktur.* Formal vom Proömium unterschieden[4], aber grammatikalisch und gedanklich durch den Anschluss
»aus diesem Grunde« doch sehr eng mit ihm verbunden, beginnt das
Briefcorpus und mit ihm der eigentliche Briefinhalt. Die *synchrone* Textanalyse des ersten Abschnitts zeigt eine komplizierte sprachliche und gedankliche Struktur. Es stehen erinnernde *Mahnungen* im Vordergrund;
aber sie sind ganz von *soteriologischen* und *offenbarungstheologischen*
Aussagen, teils begründender, teils *verdeutlichend erklärender* Art,
durchsetzt. ›Timotheus‹ wird *ermahnt*, das ihm geschenkte *Charisma*
wieder zu *entfachen* (V6a). Daran schließt sich die *Erklärung* an, es sei
ihm von ›*Paulus*‹ durch Handauflegung vermittelt worden (V6b). *Begründet* (vgl. V7a: γάϱ) wird die Mahnung mit dem negativen und positiven Hinweis darauf, dass Gott nicht den Geist der *Furchtsamkeit* (V7a),
sondern der *Kraft, Liebe und Besonnenheit* (V7b) geschenkt habe.
Schlussfolgernd (vgl. V8a: οὖν) ergehen daraufhin die nächsten *Ermahnungen*, nämlich dass sich ›Timotheus‹ weder des Christuszeugnisses
(V8a) noch des gefangenen ›Paulus‹ (V8b) *schämen*, sondern um des
Evangeliums willen *mitleiden* soll (V8c). Die beiden aufeinander folgenden Sätze V7 und V8 entsprechen einander in ihrem Aufbau, insofern sie
aus gegensätzlichen, negativ und positiv formulierten Aussagen bestehen
(vgl. VV7a.8a: »nicht«; VV7b.8c: »sondern«).
An die Mahnung, zum *Leiden* bereit zu sein, und an den Gedanken, dass
Gott dazu die *Kraft* geben könne (V8c), schließt sich – geknüpft an das
Stichwort »Gott« – eine mehrgliedrige, vorwiegend im *Partizipialstil* for

---

[4] S.o. Analyse zu VV3–5, Nr. 2. – Wegen
des engen Zusammenhangs mit dem Vorausgehenden wird es umstritten bleiben, ob
die VV6–14 noch zum Proömium zu rechnen sind. Nach Lohfink, Vermittlung 172
reicht der »zum Proömium ausgebaute
Kontexteingang … noch bis Vers 14«; ähnlich urteilt Läger, Christologie 65f. Auch
Löning, Epiphanie 113–115 neigt zu dieser
Sicht. Er befürchtet, dass bei einer Begrenzung des Proömiums auf die VV3–5 diese
Verse zu sehr brief-konventionell und
dementsprechend nur als ›Vorspann‹ betrachtet würden und dass dabei der mit den
VV6–14 zusammengehörende gewichtige
Inhalt unterbewertet würde. Diese Gefahr
kann man aber vermeiden, wie obige Auslegung zu zeigen versucht. – Zu den mit der
Beurteilung von VV6–14 zusammenhängenden Gliederungsproblemen des 2Tim
vgl. Wolter, Pastoralbriefe 215f; Redalié,
Paul 107f.

mulierte *verdeutlichende Näherbestimmung des Evangeliums* an (VV9–11). In zwei parallel gebauten Partizipialsätzen wird gesagt, dass *Gott* uns *errettet* und *gerufen* hat (V9a), und in adversativer Aussageform folgt die *Verdeutlichung*, dass dies *nicht* nach unseren *Werken, sondern* nach seiner *Vorentscheidung* und *Gnade* geschehen sei (V9b). An das Stichwort *Gnade* schließt sich ein Partizipialsatz mit dem *erklärenden Hinweis* an, dass sie in *Christus* und vor *ewigen Zeiten* schon *geschenkt* (9b), aber *jetzt* durch die Erscheinung des Retters *offenbart* (V10a) worden sei. Die Art und Weise, in der sich Christus als Retter erwiesen hat, wird in zwei weiteren Partizipialsätzen angegeben (V10b). Der eine besagt *negativ*, Christus habe den *Tod vernichtet*, der andere *positiv*, er habe *Leben* und *Unvergänglichkeit aufleuchten* lassen. Dem Gedanken, dass dies durch das *Evangelium* geschehe, ist in einem Relativsatz die Aussage angefügt, ›*Paulus*‹ sei als dessen *Verkünder, Apostel* und *Lehrer eingesetzt* (V11).

Mit dem erneuten und verknüpfenden Einsatz »aus diesem Grund« (V12a) werden die folgenden Aussagen eingeleitet. Von ›*Paulus*‹ teilen sie mit, dass er um des *Evangeliums* willen die Kerkerhaft *erleide* (V12a), sich ihrer aber *nicht schäme* (V12b). Letzteres gelte deshalb (vgl. V12c: γάϱ), weil er *wisse*, dass der, auf den er sein *Vertrauen* setze (V12c), für die *Bewahrung* des anvertrauten Gutes bis ans Ende zu sorgen vermag (V12d). Die an ›*Timotheus*‹ gerichtete *Ermahnung*, an der prägenden *Grundgestalt gesunder Lehre festzuhalten* (V13a), betont zugleich, dass es die Lehrworte sind, die er *von* ›*Paulus*‹ *gehört* hat (V13b). Die *aufgipfelnde* zusammenfassende Schlussmahnung, das *anvertraute Gut zu bewahren* (V14a), ist durch den Gedanken ergänzt, dass dies mit Hilfe des *Heiligen Geistes* ermöglicht wird und dass dieser Geist den *Gläubigen innewohnt* (V14b).

Bei näherem Zusehen zeigen sich z.T. *konzentrisch* angelegte Strukturen[5]. Im *Zentrum* des Textes (VV9–10) stehen die durch das Revelationsschema geprägten *soteriologischen* Aussagen, verbunden mit *Interpretationen kommunikativer* Art (V9a: »gerufen«; V10b: »aufleuchten«). Gottes eschatologisches Heilshandeln in Jesus Christus wird als *vertikal* gerichtetes Kommunikationsgeschehen ausgelegt. Dieses Aussagezentrum wird *vorausgehend* und *nachfolgend konzentrisch* erweitert, indem mit dem Stichwort »*Evangelium*« der Gesichtspunkt *menschlich-horizontaler* Kommunikation in den Blick gerückt wird (VV8c.10b). Dies geschieht so, dass sich wohlüberlegt und in *chiastischer* Anordnung die sowohl ›*Timotheus*‹ als auch ›*Paulus*‹ betreffenden Aussagen über das Zeugnisgeben bzw. Verkünden (VV8a.11), über das Sich-nicht-Schämen (VV8a.12b) und über das

---

[5] Stöger* 253f verweist auf das Schema A+B+C+B+A. »Die Anamnese hat also einen Kern (2Tim 1,9–11) und zwei Schalen (2Tim 1,6–7.14 und 1,8.12–13)« (253); die VV8.12 enthalten eine chiastische Wortstellung (254). – Löning, Epiphanie 110–113 arbeitet die »spiegelsymmetrische Ordnung konzentrischer Kreise« (112) der VV8–12 und ihre offenbarungstheologisch-kommunikative Sinnlinie heraus.

Leiden (VV8c.12a) *entsprechen. Weitere Entsprechungen konzentrischer* Art
sind darin zu sehen, dass der *Anfang* und der *Schluss* aus *Ermahnungen* besteht
(VV6a.13a.14a) und dass in ihnen die *Rückbindung an ›Paulus‹* (VV6b.13b) sowie
die Wirksamkeit des *Heiligen Geistes* (VV7.14) hervorgehoben werden. Aufgrund der *synchronen* Textbetrachtung lässt sich der Text so gliedern: VV6–8:
Erinnernde *Mahnung* zu furchtlosem und leidensbereitem Zeugnis für das Evangelium; VV9–10: Aussagen über *Gottes eschatologisches Heilshandeln in Christus*, geprägt durch das Revelationsschema; VV11–12: Verweis auf ›*Paulus*‹, den
furchtlosen und leidensbereiten Verkünder des Evangeliums; VV13–14: *Ermahnungen* zum Bewahren des anvertrauten Gutes.

2   Die *diachrone* Analyse zeigt: Der Verfasser hat sich bei der *literarisch-theologischen Gestaltung* des Textes außer von Grundmotiven der
Testamentsliteratur (s.u. zu VV6–7.12f) von den *Vorlagen Röm 1,8–16;
8,15–17* leiten sowie vom *urchristlichen ›Revelationsschema‹* und von
Motiven, die z.T. mit diesem verbunden begegnen, anregen lassen. Er hat
aber das *Aufgenommene* ganz in seine *eigene* Sicht- und Darstellungsweise integriert und *seinen* Aussageabsichten dienstbar gemacht, so dass
sein *eigener* Gestaltungsanteil groß und durchgängig wahrzunehmen ist.

2.1   Dass – ebenso wie schon bei der Gestaltung des Präskripts und des Proömiums – der Anfang des *Römerbriefs literarisch* verarbeitet wurde, zeigt sich an der
fast wörtlichen Übereinstimmung der Aussage, dass sich Paulus »des Evangeliums nicht schäme« (Röm 1,16a / 2Tim 1,12b). Der Verfasser des 2Tim hat aus ihr
überdies die an ›Timotheus‹ ergehende Mahnung, sich weder »des Zeugnisses für
unseren Herrn« noch der Kerkerhaft des ›Paulus‹ zu »schämen«, abgeleitet (2Tim
1,8ab). Ob die Ermahnung, das empfangene χάρισμα wieder zu entfachen (2Tim
1,6a), mit der Erwähnung von χάρισμα in Röm 1,11 zusammenhängt, bleibt ungewiss. Deutlicher sind indes die wörtlichen und gedanklichen Anknüpfungen
daran, dass in Röm 1,16f vom Evangelium als einer δύναμις θεοῦ sowie von seiner »rettenden« Kraft (εἰς σωτηρίαν) die Rede ist und dass sowohl der Offenba-
rungsgedanke als auch das Gerettetwerden aus Glauben thematisiert werden, und
zwar zugleich als Themenangabe für das ganze Schreiben. Diesen Elementen entsprechen in 2Tim die Aussagen, dass *Gott* nicht den »*Geist* der Furchtsamkeit,
sondern der *Kraft*« gegeben hat (V7), dass er auch die »*Kraft*« zum *Leiden* um des
Evangeliums willen schenken kann (V8c)[6], dass »*Gott* uns *gerettet* hat
[σώσαντος]« (V9a), dass dies »nicht nach unseren *Werken*«, sondern »nach seiner *Gnade*« geschah (V9b), die jetzt »*offenbart* worden ist« (V10a), und zwar
durch die Erscheinung unseres »*Retters*« (V10a) Christus. Auch, dass sich ›*Paulus*‹ betont als *Apostel und Verkünder* des *Evangeliums* bezeichnet (V11), hat sei-

---

[6]   Obwohl der Teilgedanke von 2Tim 1,8c
ein anderer ist als der von Röm 1,16, stehen
die Formulierungen »τὸ εὐαγγέλιον δύναμις γὰρ θεοῦ« (Röm) und »τῷ εὐαγγελίῳ
κατὰ δύναμιν θεοῦ« (2Tim) einander er-
staunlich nahe. Sie verstärken den Eindruck, dass es sich hier wie dort um Äußerungen handelt, die sich einem gemeinsamen Motiv- und Wortfeld verdanken. – Zu
Motivzusammenhängen mit dem ›Revelationsschema‹ s.u.

ne Entsprechung im Anfang des Römerbriefs (vgl. 1,1.15) und in dem noch zu er-
örternden ›Revelationsschema‹; aber hier wie bei allen anderen genannten Elementen wird sofort deutlich, wie sehr sie der Verfasser mit *eigenen* Akzenten
versehen und aus ihnen sein *eigenes* Konzept entwickelt hat (s. dazu die Auslegung).

2.2 In den VV7–8 hat er außerdem Bezug auf *Röm 8,15–17* genommen[7]. Über
die schon genannten Anklänge an Röm 1 hinaus weisen sie die gleiche begründende Gegenüberstellung (οὐ γάρ / ἀλλά) über die Art des Geistes (πνεῦμα), den
Gott (θεός) gegeben bzw. nicht gegeben hat, auf wie Röm 8. Zudem ist unmittelbar danach hier wie dort die Rede von »Zeugnis« und »Leiden«, wenn auch in
unterschiedlichem Sinn. Wie der Verfasser auch hier den Bezugstext verarbeitet
und verändert hat, wird bei der Auslegung aufgezeigt werden.

2.3 Die *soteriologischen* Aussagen der VV9–10 stammen z.T. ebenfalls aus
Überlieferungsgut, jedoch nicht aus einer *literarischen* Quelle. Sie geben zwar
deutlich einen *Traditionsbezug* zu erkennen, erweisen sich aber *nicht als Zitat*
aus einer Vorlage. Aus *Traditionsgut* stammt ihr *Hauptinhalt*, nämlich dass Gott
durch Christus eschatologisches Heil gewirkt, den Tod vernichtet und unver-
gängliches Leben geschenkt hat, sowie die *Form des ›Revelationsschemas‹*, in die
er gekleidet ist. Für letzteres ist kennzeichnend, dass es von *einstiger* Verborgenheit und *jetzigem* Offenbartwordensein des Heils spricht[8]. Beachtet man, dass es
sich dabei um eine *Struktur* handelt, in der Theologie formuliert wurde, und
nicht um einen formelhaft fixierten Text[9], so stellt sich 2Tim 1,9–10 als von diesem urchristlich mehrfach verwendeten *Denkmuster* geprägt dar, ohne dass jedoch ein Zitat vorliegt[10]. Der Anteil des *Verfassers* an der Gestaltung der VV9–10
zeigt sich u.a. zunächst darin, dass hier das Heilsgeschehen *überhaupt* mit Hilfe
des ›Revelationsschemas‹ ausgedrückt wird und dass der *Kontext* von einem Motivzusammenhang bestimmt ist, der auch sonst gelegentlich mit dem ›Revelationsschema‹ verbunden auftritt, nämlich dem Zusammenhang von »Verkündigung des *Evangeliums*«, damit einhergehendem »*Leiden*« und der zum Ertragen
geschenkten »*Kraft*« Gottes (vgl. Eph 3,3–13; Kol 1,24–29). Sodann ist der Gestaltungsanteil des Verfassers in den Interpretationen der Heilsgüter durch die
kommunikativen Kategorien »Gerufensein« (V9a)[11] und »Aufleuchtenlassen«
(V10b) zu sehen sowie schließlich in den Termini »*Erscheinung*« (ἐπιφάνεια)

---

[7] So u.a. Dibelius/Conzelmann 73;
Schierse 102; Merkel 58; Hanson 29.121;
Redalié, Paul 113; Oberlinner 32.

[8] Der Ausdruck stammt von N.A. Dahl,
Formgeschichtliche Beobachtungen zur
Christusverkündigung in der Gemeinde-
predigt, in: Neutestamentliche Studien für
R. Bultmann, hrsg. v. W. Eltester, 1954
(BZNW 21), 3–9. Dahl unterscheidet von
der Grundform, die durch 1Kor 2,6ff; Kol
1,26f; Eph 3,4–7.8–11; Röm 16,25f repräsentiert wird und die Begriffe »Mysterium«
und »verborgen« enthält, eine Variante, die
in 2Tim 1,9–11; Tit 1,2f; 1Petr 1,18–21;
1Joh 1,1–3; IgnMagn 6,1; Herm sim 9,12

begegnet und bei der diese Begriffe fehlen.
– Zur Präzisierung des Begriffs und zur
Diskussion weiterer Detailfragen vgl. Lühr-
mann, Offenbarungsverständnis 124–133;
Wolter, Weisheit; von Lips, Traditionen
351–353; Bockmuehl, Revelation 208–210;
Schlarb, Lehre 151–160; Redalié, Paul 143–
146.

[9] Vgl. Löning, Epiphanie 113, Anm. 11.

[10] So auch Schlarb, Lehre 153–160; Löning, Epiphanie 109f; Läger, Christologie
66–69; Lau, Manifest in Flesh 114f; Oberlinner 26; ders., Tit 149f.

[11] Vgl. 1Tim 6,12. – Hasler 58: »Stilform
des Autors«.

und »*Retter*« (σωτήρ) (V10a), die für seine Theologie, Christologie und Soteriologie besonders charakteristisch sind[12].

Der vorliegende Abschnitt ist ein gutes Beispiel dafür, dass und wie der Verfasser der Past unter Bezugnahme sowohl auf *konkrete literarische Texte* als auch auf bestimmte *theologische Denkmuster des Urchristentums*, besonders des *paulinischen* Überlieferungsbereichs, seine *eigenen* Aussagen geformt hat.

Erklärung Die in den folgenden Versen an ›Timotheus‹ ergehenden Mahnungen
6 werden mit der Wendung »*Aus diesem Grund*« eingeleitet und so ganz bewusst mit dem Vorausgehenden verknüpft. Darüber und daß es sich im Gedankengang des Verfassers um eine kausale Verknüpfung handelt, kann wegen der gewählten Worte kein Zweifel bestehen. Die *Logik* der kausalen Verbindung ist jedoch nicht in gleicher Weise deutlich; denn in den vorausgehenden Versen ist von dem durch Familientradition überkommenen und bewährten christlichen *Glauben* die Rede, nun aber wird ›Timotheus‹ an das durch die Handauflegung des ›Paulus‹ empfangene *Charisma* erinnert, um es wieder zu entfachen[13]. Der vom Verfasser betont hergestellte Begründungszusammenhang ist sicher so zu verstehen, dass alles vorher Gesagte als Basis verstanden werden soll, auf der und von der her die nun einsetzenden Mahnungen ergehen: Weil in ›Timotheus‹ das kostbare Erbe christlicher Glaubenstradition lebendig ist, ergeben sich für ihn daraus gegenwärtige und künftige Anforderungen und Aufgaben[14].

Die *erste Ermahnung* hat einen erinnernden[15] Charakter. ›Timotheus‹ wird daran erinnert, das Charisma wieder zu entfachen[16]. Einiges von dem, was damit gemeint ist, geht aus dem Kontext hervor: 1. Es ist eine Gabe, die von Gott, näherhin vom Heiligen Geist, geschenkt ist. 2. ›Timo-

[12] Vgl. P.-G. Müller, EWNT II (1981) 110–112; K.H. Schelkle, EWNT III (1983) 781–784; Roloff 363–365; Young, Theology 59–68; Läger, Christologie 111–127; Lau, Manifest in Flesh 115; Oberlinner, Tit 154–160.
[13] Schierse 102; Knoch 52 äußern ausdrücklich ihr Befremden über die Unstimmigkeit. Redalié, Paul 110 erkennt hier »une charnière caractéristique de l'écriture des pastorales«. Kelly 159 findet »the transition … easy and natural«; ähnlich Wohlenberg 276; Brox 228.
[14] Vgl. Spicq 707: VV3–5 sind »la cause ou le fondement (αἰτία) de la présente parénèse et de toute la lettre«; ähnlich Wolter, Pastoralbriefe 213; Oberlinner 27f.

[15] Außer der Paronomasie (s.o. S. 87, Anm. 42) fällt auf, dass ἀναμιμνῄσκω im ermahnenden Sinn auch 1Kor 4,17 begegnet; vgl. H. Patsch, EWNT I (1980) 205. Da bereits im Präskript des 2Tim die Bezeichnung des Timotheus als »geliebtes Kind« aus ebendiesem Vers entnommen ist, ist zu erwägen, ob sich das Erinnerungsmotiv und die Wortwahl in V6 nicht auch dem Einfluss von 1Kor 4,17 verdanken.
[16] Das Verbum ἀναζωπυρέω ist ein Hapaxlegomenon im NT, findet sich aber als Simplex und Kompositum in wörtlichem und übertragenem Sinn v.a. in der jüdisch-hellenistischen Literatur; vgl. von Lips, Glaube 208–210.

theus‹ hat sie durch die Handauflegung des ›Paulus‹ empfangen. 3. Sie ist seitdem in ›Timotheus‹ vorhanden. 4. Sie gilt als etwas, das »entfacht« oder auch »vernachlässigt« (1Tim 4,14) werden kann. Obwohl von Gott geschenkt, hängt also ihr Wirksamwerden doch auch vom Menschen ab. 5. Ihr Entfachtwerden soll sich u.a. darin auswirken, dass die Kraft zum Zeugnis und zur Leidensbereitschaft für das Evangelium wächst sowie die Fähigkeit, im Dienst an der Gemeinde Vorbild der gesunden Lehre zu sein und das Anvertraute zu bewahren.

Der Begriff χάρισμα ist hier als Gnadengabe zur Amtsführung, als Amts-Charisma, verstanden und nicht, wie vorwiegend bei Paulus, als Ausdruck für die vielfältige Geistbegabtheit aller Glaubenden und für ihre daraus erwachsende Mitverantwortung und aktive Mitbeteiligung am Gemeindeaufbau[17]. Das bedeutet indes nicht, dass die Past durch die Betonung des Amts-Charimas und das besondere Interesse an ihm den Geistbesitz aller Christen außer Acht lassen; denn in VV7.14 sowie in Tit 3,5 ist ja ausdrücklich von ihm die Rede.

Handauflegung Dass Paulus durch *Handauflegung* jemandem ein Amt übertragen hätte, geht aus seinen Briefen nicht hervor. Es wird aber – außer in den Past – auch durch Lukas in Apg 14,23 als Rückprojektion aus nachapostolischer Zeit von ›Paulus‹ ausgesagt. In 2Tim 1,6 ist der Gestus der Handauflegung als ein Bestandteil des sakramentalen Aktes der Ordination anzusehen, der in göttlicher Vollmacht vollzogen wird[18].

Außer in 2Tim 1,6 wird ›Timotheus‹ mehrmals an die empfangene *Ordination* erinnert: Am Abschluss des Proömiums und in der Überleitung zum Briefcorpus des 1Tim heißt es: »Diese Weisung vertraue ich dir an, mein Kind Timotheus, gemäß den einst im Blick auf dich gesprochenen prophetischen Worten, damit du durch diese [befähigt] den guten Kampf kämpfst als einer, der Glauben und gutes Gewissen hat« (1Tim 1,18). Inmitten einer Reihe von Weisungen, die ›Timotheus‹ zur Erfüllung seiner Aufgaben in der Gemeinde erhält, wird er im gleichen Brief an den Ursprung seines Dienstauftrags erinnert: »Vernachlässige nicht die Gnadengabe,

---

[17] Vgl. z.B. 1Kor 12,4–31; Röm 12,3–8. – Zum speziellen Verständnis in den Past vgl. von Lips, Glaube 206–223; Wehr, Petrus 227. – K. Berger, EWNT III (1983) 1102–1105 wird m.E. der Bedeutungsverengung nicht gerecht, wenn er davor warnt, das in den Past erwähnte χάρισμα »vorschnell als ›Amts-Charisma‹ [zu] disqualifizieren«, weil es sich angeblich »kaum von dem unterscheide, was bei den sog. Gemeindeaposteln seit jeher und schon vor und bei Pls üblich war ... und welches keinen Mangel an Pneumatizität aufweis[e]. Daß in den Past nicht von den Charismen der Getauften allg. die Rede [sei, lasse] angesichts der Gattung ... keine sicheren Schlüsse zu.« –

Oberlinner weist dagegen zu Recht darauf hin, dass »Amts-Charisma« im Sinn der Past ja keineswegs etwas Negatives meine (29, Anm. 12), dass sich aber in den Past das Verhältnis, in dem der Gemeindeleiter zur Gemeinde gesehen wird, anders als bei Paulus und durchaus nicht unproblematisch darstelle (1Tim 53).
[18] Vgl. Brox 181f (mit Verweisen auf von Campenhausen, Amt 126; Jeremias 31 und Schweizer, Gemeinde 74): »Die darin sich anzeigende Kontinuität ... ist in den Pastoralen noch nicht dezidiert als Amts-Sukzession im späteren technischen Sinn entfaltet, aber doch in dieser Weise vorhanden« (182).

die in dir ist und die dir durch Prophetenwort mit der Handauflegung des Presbyteriums verliehen wurde« (1Tim 4,14). Als »Mann Gottes« und in Kontrastierung zum Verhalten der Irrlehrer wird ihm ans Herz gelegt: »Kämpfe den guten Kampf des Glaubens! Ergreife das ewige Leben, zu dem du berufen worden bist und für das du vor vielen Zeugen das gute Bekenntnis abgelegt hast!« (1Tim 6,12).

Wenige Verse nach unserem Abschnitt heißt es in 2Tim 2,1f: »Du also, mein Kind, werde stark in der Gnade, ... und was du von mir gehört hast vor vielen Zeugen, das vertraue zuverlässigen Menschen an, die sich als geeignet erweisen werden, auch andere zu belehren.« Und schließlich wird ›Timotheus‹ ermahnt, »niemandem vorschnell die Hände aufzulegen« (1Tim 5,22). Man darf begründeterweise annehmen, dass an allen genannten Stellen von der *Ordination* zum gemeindeleitenden Dienstamt die Rede ist[19], sei es, dass ›Timotheus‹ an den Empfang seiner Ordination erinnert wird (1Tim 1,18; 4,14; 6,11f; 2Tim 1,6; 2,2), sei es, dass er selbst andere ordiniert (1Tim 5,22; 2Tim 2,2). An den verschiedenen Stellen stehen unterschiedliche Gesichtspunkte im Vordergrund, so z.B. in 1Tim 1,18 die Indienstnahme des ›Timotheus‹ durch die bei der Ordination an ihn ergangenen *prophetischen Worte*; in 1Tim 4,14 und 2Tim 1,6 das durch *Handauflegung* vermittelte *Charisma*; in 1Tim 6,12 das vor Zeugen abgelegte *Ordinationsbekenntnis*, das zugleich die Lebensführung des Ordinierten bestimmen soll; in 2Tim 2,2 die empfangene und weiterzugebende Lehre.

Der im Urchristentum sich allmählich ausbildende liturgisch-rituelle Gestus der Auflegung beider Hände zur Übertragung eines Dienstamtes und zur Vermittlung der dafür nötigen Geistesgabe knüpfte an Überlieferungen und Riten des AT und Frühjudentums an[20]. Die spezielle Ausprägung dieses Ritus im Urchristentum war damit verbunden, dass zur Handauflegung das Gebet sowie das prophetische und bekennende Wort gehörten und die Glaubensüberzeugung, dass die Geistesgabe zum Aufbau und zur Leitung der Gemeinde vermittelt werde.

Während es in der Ordinationsanamnese 2Tim 1,6 heißt, ›*Paulus*‹ habe durch das Auflegen *seiner* Hände das Amts-Charisma vermittelt, ist in 1Tim 4,14 gesagt, dass ›Timotheus‹ die Gnadengabe »durch Prophetenwort mit der Handauflegung des *Presbyteriums* verliehen wurde [διὰ προφητείας μετὰ ἐπιθέσεως τῶν χειρῶν τοῦ πρεσβυτερίου]«[21]. Weder der Erklärungsversuch, die Aussagen

---

[19] So u.a. Holtzmann 233.303.342.355. 385.403 (außer 1Tim 5,22); Käsemann* (bes. ausführlich zu 1Tim 6,11–16); Brox 180–182; von Lips, Glaube 182 (wahrscheinlich auch Tit 1,5; nur mit Vorbehalt 1Tim 6,11–16); Roloff 263.343 u.ö.; Oberlinner, 1Tim 52.208.287f (mit Vorbehalt 1Tim 6,12); ders., 2Tim 29f.68 (2Tim 2,2 nicht auf Ordination begrenzt). – Dazu, dass die Ordination nicht auf ein ganz bestimmtes, durch Titel bezeichnetes Amt ausgerichtet ist, s.o. Einführung II.2.5.

[20] Als nächstliegende Parallelen und Analogien gelten Num 27,15–23; Dtn 34,9 (Mose/Josua) und vor allem die frühjüdische Gelehrtenordination im Rabbinismus (ySan 1,19a,43); so v.a. Coppens* (1925) 162–169; ders*. (1979) 433–437; Lohse, Or-

dination 19–22.28–66.101; Kretschmar* 48–65. – Trotz mancher Probleme, auf die Ehrhardt*; Hruby*; Ferguson*; Mantel* hingewiesen haben, ist diese Sicht vertretbar, wie die Diskussionen bei Kilmartin* 67–73; von Lips, Glaube 223–240; Roloff 264–267; Oberlinner, 1Tim 209f zeigen.

[21] Roloff 257 vertritt zu Recht die Meinung, dass es sich in 1Tim 4,14 weder um zwei verschiedene Vorgänge, etwa um einen prophetischen Auswahlakt und eine gottesdienstliche Handauflegung, noch um zwei verschiedene Personengruppen, etwa Propheten und Älteste, handle; vgl. ebenso von Lips, Glaube 245–253; Oberlinner, 1Tim 211; ders., 2Tim 29f; anders dagegen u.a. Brox 180.

seien »mit auffallend geringer Sorgfalt nebeneinandergestellt«[22], noch der Harmonisierungsversuch, dass in dem 1Tim 4,14 genannten Presbyterium ›Paulus‹ als Mithandelnder gedacht sei[23], werden dieser Differenz gerecht. Überzeugender erscheint die Lösung, der Verfasser habe »sowohl eine unterschiedliche Akzentuierung als auch eine gegenseitige Interpretation der beiden Aussagen beabsichtigt«[24]. In 1Tim 4,14 trägt der Verfasser der kirchlichen Praxis seiner Zeit und Umgebung Rechnung[25]. In 2Tim 1,6 begründet und legitimiert er diese Praxis, indem er daran erinnert, dass der Apostel selbst sie durch seine Handauflegung gegenüber ›Timotheus‹ grundgelegt habe. Dass hier nur von ›Paulus‹ und ›Timotheus‹ die Rede ist, entspricht überdies der besonderen Konzentration auf das Verhältnis dieser beiden zueinander, die für den ganzen 2Tim konstitutiv ist, sowie dem testamentarischen Charakter des Schreibens[26].

An die Ermahnung, mit der zur Amtsführung geschenkten Gnadengabe **7** mitzuwirken und sie so zu »entfachen«, schließt sich mit γάρ eine weiterführende negative und positive Begründung an. Das Entfachen kann und soll geschehen, weil Gott uns nicht einen »Geist der Furchtsamkeit [πνεῦμα δειλίας], sondern der Kraft, der Liebe und der Besonnenheit [δυνάμεως, ἀγάπης, σωφρονισμοῦ]« geschenkt habe. In der Anlyse (2.2) wurde schon deutlich, dass der Verfasser hier an Röm 8,15–17 anknüpft[27]. Während aber Paulus in heilsgeschichtlicher Denkweise den »Geist der Knechtschaft« dem »Geist der Kindschaft, in dem wir Abba rufen«, entgegensetzt, fehlt in 2Tim diese Sicht, zudem sind an die Stelle der religiös-existentiellen Kategorien stärker psychologisch-moralische getreten[28]. Dem Ungeist, der den zum gemeindeleitenden Amt Ordinierten und in die Nachfolge des ›Paulus‹ Tretenden mit Feigheit und Furchtsamkeit befallen könnte, ist der Geist gegenübergestellt, der ihm zu seinem Zeugendienst die Kraft schenkt. Sowohl das δειλία-Motiv als auch dessen Gegenüberstellung mit dem Motiv des kraftvoll stärkenden Geistes haben einen festen Platz in den atl.-frühjüdischen Überlieferungen, die von Amtsnachfolge oder Berufung in eine Aufgabe sprechen[29]. Der

---

[22] Brox 180f.
[23] So u.a. Spicq 517f.728f.
[24] Oberlinner 30; vgl. ähnlich Roloff 259.
[25] Vgl. Brox 229; von Lips, Glaube 242f; Roloff 259; Hanson 121; Oberlinner 29f.
[26] S.o. Einführung I.2.2. – Wolter, Pastoralbriefe 215–222 arbeitet die testamentarischen Elemente der Traditionsweitergabe in 2Tim 1,6; 2,1 sowie die hier einwirkende Modellhaftigkeit der Amtseinsetzung und -nachfolge Moses/Josuas (Num 27,18.23; Dtn 34,9) besonders deutlich heraus. Er berücksichtigt aber nicht genügend den »Bezug der Amtseinsetzung des Timotheus auf den apostolischen Dienst und den kirchenleitenden Auftrag des Paulus« und damit nicht »das Gewicht, das der Charisma-Begriff in 2Tim 1,6« hat (Roloff 259).

[27] Die Beurteilung, dass V7 »a hazing recollection of the Romans passage« sei (Houlden 110), wird zu Recht von Hanson 121 als »most unfair« kritisiert. Stattdessen spricht er von einer »careful transposition«.
[28] Vgl. Haufe* 78f; Oberlinner 32. – U. Luck, ThWNT VII (1964) 1102: »Es geht nicht um den φόβος θεοῦ (R 8,15), sondern um die δειλία in der Welt, die es nicht zum unbekümmerten Einsatz der Charismen kommen läßt. So wird der Geist auch nicht im Blick auf Gott als πνεῦμα υἱοθεσίας (R 8,15), sondern gegenüber der Welt ausgelegt.«
[29] Vgl. Wolter, Pastoralbriefe 32–36.216–222. Er verweist u.a. auf die Belege Dtn 31,6.8; Jos 1,9; AssMos 10,15; 12,3; 1Chr 22,13; 28,20.

dort zum Ausdruck kommende Gegensatz ist zunächst auch in 2Tim 1,7 gemeint, und es wird betont, dass der von Gott im Empfang des Charismas geschenkte Geist ein πνεῦμα δυνάμεως sei. Aber daran, dass die Tugendbegriffe »Liebe [ἀγάπη]« und »Besonnenheit [σωφρονισμός]« hinzugefügt sind, wird deutlich, dass *nicht mehr nur von dem zur Amtsausübung befähigenden* Gottesgeist die Rede ist, sondern auch von dem, der die *für alle Christen* wichtigen Grundhaltungen hervorbringt[30]. Liebe und Besonnenheit gelten in den Past als Grundhaltungen sowohl der Amtsträger als auch aller Gemeindeglieder[31]. Nach 1Tim 1,5 ist die Liebe das »Ziel der [gesamten] Weisung«, und in Tit 2,11 wird die Besonnenheit zusammen mit anderen Tugenden als Erziehungsziel christlicher Ethik genannt, zu der die von Gott her erschienene Gnade befähigt. Die Betonung der Liebe entspricht ihrer grundlegenden und das ganze christliche Leben durchdringenden Bedeutung. Im Unterschied zu hellenistischen Tugendkatalogen erhält sie in den ntl. Schriften und besonders in den Weisungsreihen der Past den gebührenden Platz (1Tim 2,15; 4,12; 6,11; 2Tim 2,22; 3,10; Tit 2,2). Mit »Besonnenheit« ist eine Lebensweisheit gemeint, die einhergeht mit gesunder Urteilsfähigkeit und zu selbstbeherrschtem Leben führt.

Die Anküpfung an Röm 8,15 und der Gedanke an eine nicht nur auf den Amtsträger bezogene Geistwirksamkeit machen es verständlich, dass es in V7 heißt, Gott habe »uns« den Geist geschenkt. Es liegt hier die gleiche Relation vor wie in V14, wo ›Timotheus‹ zum Bewahren des anvertrauten Gutes aufgefordert und der Heilige Geist einerseits als Garant dieser in besonderer Weise dem *Amtsträger* obliegenden Bewahrung genannt wird, und es andererseits heißt, dass der Geist in »uns«, d.h. in *allen Christen* wohne. Hier wie dort steht im *Vordergrund* der Gedanke an das Amts-Charisma und an den zur Amtsführung geschenkten Heiligen Geist. Da aber hier wie dort die Wirksamkeit des Geistes mit Werten verbunden ist, die für alle Christen wichtig sind – hier die Grundhaltungen der Liebe und Besonnenheit, dort das für alle grundlegende Glaubensgut –, wird auch die Anwesenheit und Wirksamkeit des Heiligen Geistes in allen Gläubigen miterwähnt[32]. Durch die Öffnung des Blickes auf die ganze Gemeinde hin wird deutlich, dass dem Verfasser der Past – trotz der im Vordergrund stehenden Betonung der Hauptverantwortung des Amtsträgers – doch auch an einer Mitverantwortung aller Gemeindeglieder und

---

[30] Die Aussagen des Verses 7 (und dementsprechend des Verses 14) werden ganz auf die Amtsträger bezogen u.a. von Holtzmann 385.400; Wohlenberg 277.283f; Jeremias 50f; Brox 229.235; Spicq 709f.722. – Weiß 245.257; Dibelius/Conzelmann 73; Holtz 155; Towner, Goal 57 beziehen sie auf alle Christen, und Donelson, Pseudepi-graphy nennt in diesem Zusammenhang den Geist »an ethical enabler«.

[31] Vgl. Weiser, Verantwortung 21f.25f.

[32] Vgl. die ähnliche Sicht bei Lock 85.89; von Lips, Glaube 213f; Hultgren 111.116; Knight 371; Oberlinner 31–33. Letzterer kritisiert berechtigterweise Knights Trennung von Charisma und Geist.

am Eingebundenbleiben des Gemeindeleiters in die mittragende Gemeinschaft der Glaubenden gelegen ist.

Mit schlussfolgerndem οὖν und in paralleler Satzstruktur zu V7 wird ›Ti- 8
motheus‹ aufgefordert, sich weder des *Zeugnisses* noch des *gefangenen*
›*Paulus*‹ zu *schämen*, sondern bereit zu sein, für das *Evangelium* zu *leiden*, da *Gott die Kraft* dazu gibt. Zugrunde liegt die Aussage Röm 1,16a,
dass Paulus sich des Evangeliums nicht schäme, und vielleicht auch der
Gedanke aus Röm 1,16b, dass dem Evangelium die Kraft Gottes eigne (s.o.
Analyse 2.1). Während der Verfasser des 2Tim einige Verse später den
Satz aus Röm 1,16a zitiert, um die Vorbildlichkeit des ›Paulus‹ deutlich zu
machen, richtet er ihn zunächst ermahnend an ›Timotheus‹. Eine weitere
wichtige Veränderung besteht darin, dass als Objekt des Sich-Schämens
nicht nur das Evangelium, sondern auch der leidende ›Paulus‹ genannt
wird.

Das Verbum »sich schämen [ἐπαισχύνομαι]« spielt zusammen mit ἀρνέομαι (=
»abweisen«, »sich lossagen«, »verleugnen«) und anderen teilweisen Synonymen
sowie als Antonym zu ὁμολογέω (= »bekennen«) in der urchristlichen Bekennt-
nissprache eine besondere Rolle[33]. Seine Bedeutungsnähe zu der des Verbums
ἀρνέομαι und in verneinter Form zu der von ὁμολογέω zeigt sich außer in Röm
1,16; 1Petr 4,16[34] besonders klar an der Traditionsgeschichte des Jesuswortes über
das Bekennen und Verleugnen. In der durch Q belegten ursprünglicheren Fassung
wird dem, der sich zu Jesus »bekennt«, verheißen, dass sich auch der Menschensohn zu ihm »bekennen« werde und dass der, der Jesus »verleugnet«, auch vom
Menschensohn »verleugnet« werden wird. Im Unterschied sowohl zu diesem aus
Lk 12,8f par Mt 10,32f rekonstruierbaren Grundstock des Wortes als auch zu dessen matthäischer und lukanischer Wiedergabe ist in der jüngeren, von Mk 8,38
par Lk 9,26 repäsentierten Fassung nur vom »Sich-Schämen« die Rede. Derartiges »Sich-Schämen« im Sinne von »verleugnen« bzw. »sich nicht schämen« im
Sinne von »bekennen« ist sowohl in 2Tim 1,8 als auch in 1,12 und 2,15 gemeint.

Für Paulus bestand der Grund dafür, in Röm 1,16 zu sagen, dass er sich
des Evangeliums nicht schäme, im Inhalt der Botschaft selbst: Als Verkündigung von Kreuz und Auferstehung Jesu ist sie »für Juden ein Är-

---

[33] Vgl. A. Horstmann, EWNT I (1980) 100–102, hier 101; W. Schenk, EWNT I (1980) 368–374; O. Hofius, EWNT II (1981) 1255–1263.
[34] Hier wird von dem »als Christ« Leiden-den gesagt, dass er sich im Unterschied zu »Mördern, Dieben oder Verbrechern« (V15) »nicht schämen, sondern« dass er Gott verherrlichen solle. Nach Brox, 1Petr handelt es sich bei den Leiden nicht um »staatlich inszenierte Verfolgung«, sondern um »gesellschaftliche Diskriminierung und

Isolation, freilich mit deren durchaus nicht harmlosen Folgeerscheinungen ... [bis hin zur] Verstrickung in ungerechte Prozesse« (220f). Die tröstende Instruktion des 1Petr, welche »dem täglichen Schicksal der gesell-schaftlich mißliebigen Christen die Schan-de« nimmt, steht »in einer stereotyp ge-wordenen homiletischen Tradition vom ›Sich-nicht-schämen-Dürfen‹ in der Ver-folgungssituation, wobei die ›Scham‹ prak-tisch gleichbedeutend wurde mit Glaubens-verleugnung« (221f).

gernis, für Heiden eine Torheit« (1Kor 1,23). Ihr Zeuge und Verkünder ist deshalb »einem Druck gesellschaftlicher Verachtung und Feindschaft ausgesetzt«[35], der bis zur Verfolgung reichen kann, so dass es eines besonderen Mutes bedarf, sich des Evangeliums »nicht zu schämen«, sondern sich zu ihm zu bekennen.

Dass ›Timotheus‹ aufgefordert wird, sich des Zeugnisses nicht zu schämen, dürfte zunächst den gleichen Grund haben. Darüber hinaus wird die Aufforderung durch zwei weitere Gründe veranlasst sein: durch die *Vorbildfunktion*, die das ›Paulusbild‹ der Past hat, und durch die *Irrlehrerproblematik*. Da sich entsprechend der pseudepigraphisch konzipierten Briefsituation der Absender ›Paulus‹ im Kerker befindet und also zu seiner Bekenntnishaltung das *Erleiden* der Gefangenschaft gehört (V12), muss auch der Schüler *grundsätzlich* dazu bereit sein. Dies kommt in der Aufforderung V8 zum Ausdruck. Aus ihr geht jedoch nicht hervor, dass ›Timotheus‹ in der Sicht des Verfassers als Verfolgter gedacht wäre oder dass die reale Adressatengemeinde sich in einer Verfolgungssituation befand[36].

Auch der Ausdruck μαρτύριον (V8) legt dies nicht nahe; denn er meint nicht das Tatzeugnis des gewaltsam zu erleidenden Todes, sondern das Wortzeugnis der Verkündigung (vgl. Apg 4,33; 1Kor 1,6)[37]. Schon die Synonymität mit εὐαγγέλιον (VV8c.10b) und die Abhängigkeit der Aussage von Röm 1,16 lassen dies deutlich erkennen. Dabei ist mit dem Genitiv τοῦ κυρίου das Objekt der Verkündigung bezeichnet. Im Sinne der Past sind es vor allem der heilbringende Tod Jesu (1Tim 2,6) und die Auferstehung als Todesvernichtung (2Tim 1,10). Die Aufforderung, sich dieses Zeugnisses nicht zu schämen, sondern für das Evangelium mitzuleiden (V8), ist weniger durch Gewalttätigkeiten, welche der Gemeinde von außen drohten, veranlasst, als vielmehr durch die innergemeindlichen Spannungen, besonders die der *Irrlehrerproblematik*. Das geht zum einen daraus hervor, dass die schon bald folgenden Aufforderungen, an der »gesunden Lehre« festzuhalten (V13) und das »anvertraute Gut« zu bewahren (V14), auf dem Hintergrund der *Irrlehrerproblematik* formuliert sind, und zum anderen, weil zu den umstrittenen Themen das Verständnis des Auferstehungsglaubens gehörte (vgl. 2Tim 2,8).

Die auffällig enge Verbindung des *Christus*zeugnisses mit dem Bekennt-

---

[35] Wilckens, Röm I 82.

[36] So auch Hegermann, Ort 61; Thiessen, Christen 288f, Anm. 196; Oberlinner 34.79.141f; anders Knoch 52, der meint, dass »die Christen in der Öffentlichkeit mancherlei Herabwürdigung zu ertragen hatten bis hin zu Verdächtigungen, Anzeigen und Verhaftungen.« Nach von Lips, Glaube 158f ergeben sich aus den Past zwar »keine Hinweise, daß eine Verfolgungssi-

tuation vorliegt. Aber ebenso deutlich ist, daß generell mit der Gefahr der Verfolgung für alle (II 3,12) gerechnet wird«. Hinweise dafür sieht er in der »Betonung der Leidensbereitschaft« im 2Tim und in der Plinius-Trajan-Korrespondenz.

[37] So auch H. Strathmann, ThWNT IV (1943) 510; von Lips, Glaube 43; J. Beutler, EWNT II (1981) 968; Schlarb, Lehre 243; Oberlinner 34f. – Anders Holtz 156.

nis zum *gefangenen* ›Paulus‹ erklärt sich aus der offenbarungstheologischen Sicht des Verfassers sowie aus der Situation der Past, speziell aus der Eigenart des 2Tim als pseudepigraphischem testamentarischem Mahnschreiben. Die besondere offenbarungstheologische Sicht des Verfassers besteht darin, dass das jetzt durch ›Timotheus‹ zu verkündende Evangelium an ›Paulus‹ gebunden ist, insofern er als dessen ursprünglicher und maßgebender »Verkünder, Apostel und Lehrer eingesetzt« gilt (V11; vgl. 1Tim 2,7). Es kommt ihm »eine *heilsökonomische* Rolle zu in einem Vermittlungsprozeß«, den die Past selbst weiterzutragen beanspruchen[38]. Außerdem bringt der Verfasser zum Ausdruck, dass die Bezeugung der christlichen Grundbotschaft (εὐαγγέλιον [1Tim 1,11; 2Tim 1,8.10; 2,8], κήρυγμα [2Tim 4,17; Tit 1,3], μαρτύριον [1Tim 2,6; 2Tim 1,8]) mit Leiden verbunden ist und dass ›Paulus‹ als der vorbildhafte Ur-Verkündiger auch vorbildhaft um des Evangeliums willen Leiden auf sich genommen hat. Damit versucht der Verfasser der Past den ›Apostelschüler‹ und mit ihm alle aus dem Geist des Evangeliums Lebenden zur gleichen Grundhaltung zu motivieren[39]. Ähnlich wie beim Offenbarungs- und Vermittlungsverständnis zeigt sich auch hier eine für die Past typische ›Paulinisierung‹: Es wird zum »Mitleiden« mit ›Paulus‹ aufgerufen (vgl. 2Tim 2,3), nicht – wie oft in den Paulusbriefen[40] – zum Leiden mit Christus.

Der Hinweis, dass den um der Botschaft willen Leidenden *Gottes Kraft* zur Seite steht (V8c), entspricht zum einen der Überzeugung, dass das Evangelium nicht Menschensache ist, sondern von Gott herrührt (vgl. Röm 1,16); zum anderen soll dadurch jeder, der sich als Zeuge einsetzt oder als solcher zu leiden hat, der Angst und dem Druck enthoben werden, als ob alles von ihm abhinge.

Die VV9–10 bilden das theologische Zentrum des Abschnitts. Sie gehören 9–10 zu den Aussagen des NT, in denen der Inhalt des urchristlichen Glaubens und Verkündigens in hochkonzentrierter und zugleich expliziter Form zusammengefasst und ausgedrückt wird[41]. In der sprachlichen und diachronen Untersuchung (s.o. Analyse 1; 2.3) zeigte sich, dass die Verse sowohl in urchristlichem *Überlieferungsgut* verwurzelt als auch vom *Verfasser der Past* in der für ihn charakteristischen Weise *gestaltet* sind.

---

[38] Vgl. Löning, Epiphanie 113. »Als Offenbarungsmittler ist Paulus gesehen, und in dieser Rolle wird ihm die Schlüsselfunktion zugeordnet, die ein Weitergehen der Offenbarungsgeschichte nur als Weiterwirken des Paulus und als Umgang mit dem ›Schatz‹ seines Wissens vorstellbar macht« (ebd. 113). Diese Sicht betonen auch Brox 230; Merkel 58; Läger, Christologie 71.158f; Redalié, Paul 114f.

[39] Oberlinner 36, Anm. 43 wendet sich

mit Recht gegen die zu einseitige Betonung dieser Aussageabsicht, wie sie u.a. bei Fiore, Function 203 begegnet: »Timothy is not asked to accept or understand the gospel teaching but to bear ill treatment along with it.«

[40] Z.B. Röm 8,17; 1Kor 12,26; 2Kor 1,5f; Phil 1,29; vgl. auch Polyk 1,1; 8,1f.

[41] Redalié, Paul 115 nennt sie im Anschluss an Spicq 713 und Towner, Goal 95f »un sommaire du kérygme apostolique«.

Der gestalterische Anteil ist so groß, dass es sich nicht empfiehlt anzunehmen, der Verfasser habe einen zusammenhängend vorgeprägten Text, etwa als kerygmatische Formel[42] oder als liturgischen Hymnus[43], aufgenommen[44].

In V9 wird durch den grammatikalischen Anschluss an V8 das eschatologische Rettungsgeschehen theozentrisch auf *Gott* zurückgeführt. Er ist es, der »uns gerettet und mit heiligem Ruf gerufen hat«. Heilstheologisch gewichtig ist diese Hauptaussage vorangestellt. Das, was dann folgt, ist Explikation und Näherbestimmung. Die Bezeichnung des eschatologischen Heilshandelns Gottes mit σώζω (= »retten«) ist zusammen mit anderen Ausdrücken des zugehörigen Wortfeldes für die Past charakteristisch.

Retten, Retter In den Past werden σώζω 7-mal (1Tim 1,15; 2,4.15; 4,16; 2Tim 1,9; 4,18; Tit 3,5), σωτήρ 10-mal (1Tim 1,1; 2,3; 4,10; 2Tim 1,10; Tit 1,3.4; 2,10.13; 3,4.6), σωτηρία 2-mal (2Tim 2,10; 3,15) und σωτήριος 1-mal (Tit 2,11) verwendet[45]. Die Texte sind allesamt im wesentlichen auf den Verfasser der Past zurückzuführen. Bemerkenswert ist, dass die Ausdrücke dieses Wortfelds teils auf *Gott*, teils auf *Christus* bezogen werden. Σώζω ist 3-mal von Gott (1Tim 2,4; 2Tim 1,9; Tit 3,5) und 2-mal von Christus ausgesagt (1Tim 1,15; 2Tim 4,18). Als σωτήρ wird Gott 6-mal (1Tim 1,1; 2,3; 4,10; Tit 1,3; 2,10; 3,4) und Christus 4-mal (2Tim 1,10; Tit 1,4; 2,13; 3,6) bezeichnet[46]. Von der σωτηρία durch den Glauben an Christus ist in 2Tim 2,10; 3,15 die Rede, und die allen Menschen erschienene Gnade Gottes wird in Tit 2,11 σωτήριος genannt.

Religionsgeschichtlich haben Vorstellungs- und Ausdrucksweisen der LXX, des

---

[42] So erwogen von Dibelius/Conzelmann 73: »kerygmatisch formuliert«; aber es bleibe strittig, ob diese Worte »nur stilisiert oder ob sie zitiert sind«. Ähnlich Hultgren 112: »based on a creedal formula«.

[43] So u.a. Holtz 157: ein »liturgisch formuliertes Bekenntnis zu Gott im orientalisch-israelitischen Hymnenstil«; Hasler 58: »Ausdrücke und Formulierungen geprägter Sprache«: V9a »in eine Taufansprache« passend; V10b »liturgisches Stück, das vielleicht aus einem Tauflied« stammt.

[44] Vgl. Brox 230: »von überlieferter Diktion geprägt, wobei nicht unbedingt eine bestimmte Formel der kerygmatischen oder kultischen Tradition zitiert ist, sondern möglicherweise ein älteres Schema nur paraphrasiert wird.« Ähnlich Merkel 57; Löning, Epiphanie 109f. – Oberlinner 37 spricht einerseits von der Verwendung eines vorgegebenen »geprägten hymnischen Textes«, andererseits meint er aber, dass »der Text in der vorliegenden Form als vom Verfasser gestaltet anzusehen« sei.

[45] Vgl. zum Folgenden W. Foerster / G. Fohrer, ThWNT VIII (1969) 966–1024; Dibelius/Conzelmann 74–77; Berge, God and Savior, passim; W. Radl, EWNT III (1983) 765–770; K.H. Schelkle, ebd. 781–789; Wolter, Pastoralbriefe 64–69; Roloff 363f; Towner, Goal 75–78; Baugh, Savior; Klauck, Umwelt II 17–74; Läger, Christologie 119–127; Marshall, Salvation in the Past; Oberlinner, Tit 154–156; ders., Öffnung 139–147; Söding, Erscheinen 156–160.173f. – Nicht auswerten konnte ich F. Jung, ΣΩΤΗΡ. Studien zur Rezeption eines hellenistischen Ehrentitels im Neuen Testament, 2002 (NTA NF 39).

[46] Als Christustitel, verbunden mit κύριος vergleichsweise häufig auch in 2Petr, nämlich 1,11; 2,20; 3,2.18. A. Vögtle weist auf den Einfluss des Kaiserkults und bes. auf die Nähe der Formulierungen zur Inschrift von Stratonicea in Karien hin (Der Judasbrief / Der 2. Petrusbrief, 1994 [EKK XXII], 136.154f.).

Hellenismus und des Urchristentums auf die Soteriologie der Past eingewirkt. In der *LXX* werden mit σώζω und seinen Derivaten das rettende Handeln von Menschen und des Gottes Israels bezeichnet. Der Titel σωτήρ wird z.B. Ri 3,9; 2Esr 19,27 auf Menschen und z.B. Dtn 32,15; 1Makk 4,30; Ps 23,5; Jes 12,2; 45,15; Hab 3,18 auf Gott angewandt. Im *Hellenismus* konnte jeder, der hilft und rettet, σωτήρ heißen. Der Titel wurde auf Götter wie auf hervorragende Menschen bezogen, z.B. auf Philosophen und Staatsmänner, und er spielte im hellenistisch-römischen Herrscher- und Kaiserkult eine große Rolle[47]. Er wurde u.a. auf ptolemäische und seleukidische Herrscher, sodann u.a. auf Pompeius, Caesar, Augustus und Hadrian angewandt, ohne dass er bei den Römern Bestandteil der offiziellen Kaisertitulatur war. Im NT kommt der Titel σωτήρ außer in den Past noch 2-mal auf Gott (Lk 1,47; Jud 25) und 8-mal auf Christus bezogen (Lk 2,11; Joh 2,42; Apg 5,31; 13,23; Eph 5,23; Phil 3,20; 2Petr 1,1; 1Joh 4,14) vor. Wie die Belegstellen zeigen, begegnet er nicht in den ältesten Texten, sondern erst in den stärker hellenistisch beeinflussten Spätschriften[48]. Deshalb erklärt sich seine ntl. Verwendung nicht allein vom atl.-frühjüdischen Hintergrund her, sondern es ist anzunehmen, dass auf die *so* formulierte Erlösungsbotschaft hellenistische Ausdrucksweisen eingewirkt haben. In den Past zeigt es sich überdies an den mit ihr z.T. eng verbundenen Epiphanie-Aussagen, die sich ebenfalls aus diesem Bereich herleiten. Freilich muss auch der prägende Einfluß *innerchristlicher* Sprachtraditionen beachtet werden. Mit den Worten σώζω und σωτηρία wird z.B. gesagt, dass Menschen von Jesus aus Seenot gerettet (Mt 8,25), von Krankheiten geheilt (Mk 6,56) sowie von Dämonen (Lk 8,36) und Sündenschuld (Lk 7,50; Mt 1,21) befreit wurden; weiterhin, dass in Kreuz und Auferweckung Jesu die eschatologische Errettung auf Hoffnung hin geschehen sei (Röm 8,24; vgl. 5.9f) und dass dementsprechend das Evangelium eine Botschaft zum Heil (Röm 1,16; Eph 1,13) ist. Derartige Ausdrucksweisen dürften wesentlich dazu beigetragen haben, dass sowohl das im Christusgeschehen endgültig wirksam gewordene Handeln *Gottes* mit σώζω und σωτηρία und der in ihm handelnde *Gott* mit σωτήρ bezeichnet wurden als auch, dass diese Worte und ihre Aussagegehalte auf *Christus* selbst Anwendung fanden.

Der Zusammenhang mit diesem urchristlich-ntl. Sprachgebrauch macht es verständlich, dass in den Past das allen Menschen zukommende endgültig rettende Handeln sowohl von *Gott* wie als auch *Christus* ausgesagt werden kann – wie z.B. in den vorliegenden VV9–10 (vgl. Tit 3,4–7). Es drückt sich darin nicht etwa eine Unterordnung Jesu Christi unter Gott aus, als ob Jesus nur der »Erfüllungsgehilfe des Erlösungsplanes Gottes« wäre, sondern es wird »die einmalige und unvergleichliche Stellung Jesu« betont und »die funktionale Hinordnung seines Heilswerkes auf Gottes Heilswillen und Heilshandeln« herausgestellt[49]. Durch die in gleicher Weise auf Gott und auf Christus bezogenen Rettungsaussagen kommt etwas sehr Wichtiges zum Ausdruck, nämlich das wechselseitige Aufeinander-

---

[47] Vgl. Belege und zu beachtende Differenzierungen bei W. Foerster, ThWNT VII (1969) 1007–1012.

[48] Phil 3,20 ist eine Ausnahme. Nach J. Gnilka, Der Philipperbrief, 1968 (HThK X/3), 207 ist überdies der Ausdruck hier im nichttitularen, nichttechnischen Sinn ver-

wendet. – Bei den Apostolischen Vätern wird σωτήρ 1Clem 59,3 auf Gott und Ign Eph 1,1; Magn inscr; Phld 9,2; Sm 7,1; Polyk inscr; 2Clem 20,5; MartPol 19,2 auf Christus bezogen.

[49] Roloff 364.565.

Verwiesensein von Theologie und Christologie. Da sich Gott als der geoffenbart
hat, der das Heil aller Menschen will, und da Jesus Christus es gewirkt hat (1Tim
2,3–6), ist die Christologie nur über das Gottesbekenntnis zu erfassen, und umgekehrt kann »die Theologie nicht ohne das christologische Bekenntnis auskom-
men«[50].

Eine weitere Eigenart der Verwendung von σωτήρ in den Past besteht darin, dass
im Unterschied zu dessen sonst vorwiegend formelhaftem, titularem Gebrauch
im NT durchweg verbal *expliziert* wird, was es mit dem Rettungshandeln Gottes
bzw. Christi näherhin auf sich hat (vgl. z.B. 1Tim 1,15f; 2,3–6; 2Tim 1,9f; Tit
2,10–14; 3,4–7)[51]. Dabei ist bemerkenswert, dass der Verfasser der Past soteriolo-
gisches Formelgut aufgenommen, es z.T. mit Ausdrücken aus dem σώζω-Wort-
feld *neu formuliert* (z.B. 1Tim 1,15f; 2,3f; 2Tim 1,9f; Tit 2,11–14) und interpre-
tierend mit *eigenen Akzenten* versehen hat. Zu ihnen gehören die ›*Paulinisierung*‹ (z.B. 1Tim 1,15f; 2,7; 2Tim 1,8.11), die Betonung der *Universalität* des ermöglichten Heils (z.B. 1Tim 2,4–6; Tit 2,11), die Hervorhebung, daß die Rettung
schon geschehen (z.B. 1Tim 1,15f; 2,6; 2Tim 1,9f; Tit 2,11–14; 3,4–7), aber in ihrer Vollendung *noch zu erwarten* (z.B. Tit 2,11–14) sei sowie die Einbindung der
Aussagen in den Vorstellungshorizont der *Epiphanie*.

Epiphanie Das Substantiv ἐπιφάνεια[52] begegnet im NT außer in 2Thess 2,8, wo es fast
gleichbedeutend mit dem Begriff παρουσία ist, nur in den Past (1Tim 6,14; 2Tim
1,10; 4,1.8; Tit 2,13). In engstem Zusammenhang mit dem Substantiv sind auch
die beiden Vorkommen des Verbums ἐπιφαίνω in den Past zu sehen (Tit 2,11;
3,4). Im Hellenismus und im hellenistischen Judentum verstand man unter
ἐπιφάνεια »das geschichtlich faßbare Eingreifen des Gottes zugunsten seiner
Verehrer, als Ermöglichung des Sieges in einer militärischen Auseinandersetzung, aber auch allgemeiner … als ›göttliche Hilfe‹«[53]. Durch die Anwendung des

---

[50] Oberlinner, Tit 155.

[51] Vgl. Läger, Christologie 123–126;
Oberlinner, Tit 155f. – Ein unerklärt gelas-
sener titularer Gebrauch findet sich nur in
den Präskripten von 1Tim und Tit.

[52] Vgl. dazu F. Pfister, PRE.S XIV (1972)
277–323; E. Pax, ΕΠΙΦΑΝΕΙΑ, 1955
(MThS.H 10); Dibelius/Conzelmann 77f; J.
Jeremias, Theophanie, 1965 (WMANT 10);
Lührmann, Epiphaneia; R. Bultmann / D.
Lührmann, ThWNT IX (1973) 1–11; Has-
ler, Epiphanie; Oberlinner, Epiphaneia; P.-
G. Müller, EWNT II (1981) 110–112; Do-
nelson, Pseudepigraphy 133–154; Roloff
352–355.358–365; Schlarb, Lehre 164–172;
Redalié, Paul 168–174; Young, Theology
63–68; Frenschkowski, Offenbarung I 390f;
Läger, Christologie 111–119; Oberlinner,
Tit 156f; Lau, Manifest in Flesh 179–279;
Stettler, Christologie 139–149; S. Vollen-
weider, Die Metamorphose des Gottes-
sohns. Zum epiphanialen Motivfeld in Phil
2,6–8, in: Das Urchristentum in seiner lite-

rarischen Geschichte (FS J. Becker), hrsg. v.
Mell, U. / Müller, U.B., 1999 (BZNW 100),
107–131, bes. 122; Söding, Erscheinen 169–
173.

[53] Lührmann, Epiphaneia 195f. – Beispiele: Nach einer Inschrift auf Kos wurden 278
v.Chr. durch die Epiphanie des Apoll die
Gallier vor Delphi besiegt (Text: ThWNT
IX [1973] 9). Eine Inschrift des Antiochus I.
von Commagene preist die Epiphanien, die
zur Hilfe für ihn und für das Wohlergehen
des ganzen Reiches wurden (Text: ebd. 9).
Auch die Hilfe des Asklepios bei Krankheit
wurde als Epiphanie verstanden (Belege:
PRE.S XIV [1972] 295). – Die wenigen, fast
ganz auf 2Makk beschränkten Vorkommen
in der LXX (vgl. auch 3Makk) sprechen u.a.
davon, dass durch die rettende Epiphanie
von Engelwesen der Raub des Tempelschat-
zes durch Heliodor verhindert wurde
(2Makk 3,24) und dass durch sie heidnische
Heere besiegt worden seien (2Makk 2,21;
12,22).

Adjektivs ἐπιφανής auf Götter und Könige[54] fand der oft mit dem σωτήρ-Titel verbundene Ausdruck auch Eingang in den Herrscher- und Kaiserkult. Der Verfasser der Past knüpft an diese Vorstellungs- und Begriffswelt an, um die durch Christus ermöglichte Rettung aller Menschen als von Gott ausgegangenes universales Offenbarungsgeschehen darzustellen. Er sagt, dass die »Gnade Gottes« und die »Güte und Menschenliebe Gottes, des Retters, *erschienen*« sei (Tit 2,11; 3,4) und dass »Gott uns gerettet« habe durch seine Gnade, »die jetzt offenbart worden ist durch die *Erscheinung* unseres Retters Christus Jesus« (2Tim 1,9f)[55]. ›Timotheus‹ wird aufgefordert, seinen Zeugendienst getreu auszuüben »bis zur *Erscheinung*« Christi, die Gott zu gegebener Zeit herbeiführen wird (1Tim 6,14). Jesus Christus wird bezeichnet als der kommende Richter, der mit seinem Reich in *Erscheinung* treten wird (2Tim 4,1.8). Er gilt als der (große Gott und) Retter, der sich dahingegeben hat, und dessen *Erscheinen* erwartet wird (Tit 2,13). An allen Stellen geht es um das von Gott herkommende hilfreich-rettende Erscheinen Christi. Während die ersten drei Belege von dem *schon geschehenen* rettenden In-Erscheinung-Treten sprechen, richten die vier weiteren den Blick auf die *noch zu erwartende künftige Parusie*. Es ist zu Recht darauf aufmerksam gemacht worden, dass mit diesen unterschiedlichen Blickrichtungen *nicht* das eine Mal *nur punktuell* die Menschwerdung Christi, das Erschienensein »im Fleisch« (1Tim 3,16), und das andere Mal *nur* die endzeitliche Parusie gemeint sei[56]. Die enge Verbindung mit den Ausdrücken σώζω/σωτήρ in den Past zeigt vielmehr, dass ἐπιφάνεια nicht ein Ereignis ›an sich‹ meint, sondern die »Eröffnung der Heilssphäre Gottes für die Menschen«[57]. Der Ausdruck bezieht sich dementsprechend auf »die Gesamtheit des helfenden Eingreifens Gottes ...; er umfaßt deshalb auch das Christusgeschehen als ganzes«, dessen Heilswirkung gegenwärtig bleibt in den Gemeinden durch die Verkündigung des Evangeliums (2Tim 1,10b)[58]. Die Gegenwart wird als Heilszeit betont, in der die erschienene Gnade Gottes alle Menschen rettet und in der sie unter den Glaubenden ihr Erziehungswerk ausübt, während diese die Vollendungs-Epiphanie erwarten (Tit 2,11–14). Diese Heilszeit

---

[54] Vgl. PRE.S XIV (1972) 306f und ThWNT IX (1973) 9: Belege seit dem 2. Jh. v.Chr. für Ptolemäer (z.B. Ptolemaios V., Kleopatra I.) und Seleukiden (z.B. Antiochus IV.) sowie für die Arsakiden, für Ariarathes VI. von Kappadokien, für Nikomedes II., III. von Bythinien, für Antiochos I. von Commagene und dessen Nachkommen. – Caesar wurde 48 v.Chr. in einer ephesinischen Inschrift als θεὸν ἐπιφανῆ und σωτῆρα geehrt; auch für Drusus, Germanicus, die Familie des Tiberius, für Claudius und Caligula ist der Beiname ἐπιφανής belegt. Der Regierungsantritt des Caligula wurde ἐπιφάνεια genannt.

[55] Das *Offenbartwordensein* der Gnade durch die Epiphanie Christi wird in V10a mit dem Verbum φανερόω ausgedrückt, ähnlich wie in 1Tim 3,16, wo es von Christus heißt: »Er wurde *offenbart* im Fleisch«, und in Tit 1,3, wo gesagt ist, dass Gott in

den von ihm »bestimmten Zeiten sein Wort *offenbart* [habe] in der Verkündigung«.

[56] So aber vorwiegend Pax, ΕΠΙΦΑΝΕΙΑ (s.o. Anm. 52) 231.245, allerdings mit dem Zusatz: »Die erste Epiphanie ist auf die zweite ausgerichtet«; Hasler, Epiphanie 200: Der Begriff Epiphanie umschließt in den Past »keinen Prozess, sondern umfasst lediglich den je und je wieder neu einfallenden Vorgang einer Apparition der Transzendenz«; Towner, Goal 68–71; ders., Age 435f; Donelson, Pseudepigraphy 141–153; Schlarb, Lehre 166–172.

[57] Oberlinner, Epiphaneia 202. – Redalié, Paul 174 schlägt statt des Ausdrucks »Heil« den Begriff »Leben« vor, weil er in den Epiphanie-Texten der Past wirklich begegnet.

[58] Oberlinner, Epiphaneia 202. – Vgl. ders., 2Tim 42; ders., Tit 156f; ebenso Läger, Christologie 116–119.178.

der christlichen Gemeinde ist also bestimmt von der in der Vergangenheit liegen-
den Epiphanie, die in der Menschwerdung und der Erlösungstat Christi geschah,
sowie von der noch ausstehenden Vollendungs-Epiphanie.

9a   In V9a kommt dieser Gegenwartsakzent darin zum Ausdruck, dass es
     heißt: Gott hat »*uns*« gerettet und gerufen. Damit ist sein Heilswirken an
     der gegenwärtig lebenden Gemeinde ausgesagt, und zwar so, dass zu-
     nächst die Heils*tat* Gottes und sodann deren *Vermittlung* genannt sind.
     Mit der Heils*tat* ist das gesamte von Gott her gewirkte Christusereignis
     gmeint, wie es soeben im Blick auf die σώζω/σωτήρ- und ἐπιφάνεια-
     Aussagen der Past kurz dargestellt wurde und wie es die Fortsetzung der
     Gedanken in VV9–10 expliziert: Gott wirkt Rettung, indem Christus in
     seiner Menschwerdung erschienen ist (V10a; vgl. 1Tim 3,16; Tit 1,3; 2,11;
     3,4), sich in der Kreuzigung »als Lösegeld für alle« zur Tilgung aller Un-
     gerechtigkeit dahingab (1Tim 2,6; Tit 2,14), als auferstandener Erhöhter
     (1Tim 3,16) »den Tod vernichtete« (V10b), den durch das Evangelium
     (V10c) zum Glauben Gekommenen im »Bad der Wiedergeburt« den
     »Heiligen Geist« schenkt (Tit 3,5f) und sie bei der Vollendungs-Epiphanie
     das ewige Leben erlangen lässt (1Tim 6,14–16; 2Tim 4,8; Tit 1,13). Wäh-
     rend im ersten Satzteil von V9a in der Rettungs-Aussage dieses gesamte
     Christusereignis gemeint ist, in dem sich »Gottes eigene eschatologische
     Sprache« zu Wort meldet und »als vertikale Kommunikation ›erscheint‹«
     (vgl. V10)[59], leitet der zweite Satzteil den Blick zur horizontalen Kommu-
     nikationsebene weiter. Der Verfasser sagt von sich und den Adressaten,
     dass sie »mit heiligem Ruf gerufen« worden seien. In dieser Aussage ist
     sowohl von Gottes Handeln als auch vom menschlichen Vermittlungs-
     prozess die Rede, ähnlich wie im folgenden V10, wo dafür das Stichwort
     »Evangelium« verwendet wird. In der Ausdrucksweise klingt paulinischer
     und deuteropaulinischer Sprachgebrauch nach; denn in Röm 1,7; 1Kor 1,2
     werden die Christen der Adressatengemeinden »berufene Heilige [κλητοὶ
     ἅγιοι]« genannt (vgl. 1Thess 2,12f; Kol 3,12), und in 2Thess 2,14 wird ih-
     nen gesagt, dass Gott sie »durch das Evangelium berufen hat, in der Hei-
     ligung durch den Geist« das Heil zu erlangen. Als »heilig« gilt der Ruf,
     weil er vom heiligen Gott kommt und weil er der Heiligung der Men-
     schen dient. Ob mit dem Gerufensein in V9 über den in der Verkündi-
     gung des Evangeliums ergangenen und gehörten Ruf hinaus speziell an
     die Taufe gedacht ist[60], bleibt ungewiss; denn es fehlen hier Verdeutli-
     chungen, wie sie vergleichsweise in 1Tim 6,12 und Tit 3,5 gegeben wer-
     den.

---

[59]   Löning, Epiphanie 112.
[60]   So z.B. Hasler 58: »... paßt gut in eine
Taufansprache«; es sei allerdings auch die
»Stilform des Autors« zu beachten; Ober-
linner 38: »... zu beziehen auf die konkrete
Vermittlung des Heils in der christlichen
Taufe.« – M.E. mit Recht zurückhaltender
Läger, Christologie 68, Anm. 195.

In V9b ist ebenfalls ein Nachklang paulinischer Aussagen zu verneh- 9b
men, und zwar aus dem Bereich der für Paulus zentralen Rechtferti-
gungstheologie. Nähe und Distanz zu ihr lassen sich gut erkennen[61].
Der terminologischen Gegenüberstellung, dass die Rettung nicht aufgrund von Werken (οὐ κατὰ τὰ ἔργα), sondern aufgrund der Gnade
(ἀλλὰ κατὰ χάριν) geschieht, entspricht die paulinische Überzeugung,
dass »kein Mensch gerechtfertigt wird aufgrund von Werken des Gesetzes [δικαιοῦται ἐξ ἔργων νόμου], sondern durch den Glauben an Jesus Christus [διὰ πίστεως Ἰησοῦ Χριστοῦ]« (Gal 2,16; vgl. Röm 3,20–
26). Der Unterschied zur *paulinischen* Sicht besteht darin, dass das von
Paulus mit der *spezifischen* Zusammenordnung der Begriffe ›Gerechtigkeit Gottes / Rechtfertigung / rechtfertigen‹, ›Werke des Gesetzes‹,
›Glaube‹, ›Gnade‹ ausgedrückte Erlösungsverständnis nicht mehr genügend bewusst ist. Statt von »Werken des Gesetzes« ist von »unseren
Werken« die Rede. In Tit 3,5 werden sie gekennzeichnet als »in Gerechtigkeit getan«. Es ist also weder die Problematik im Blick, die für Paulus
in der Verhältnisbestimmung zwischen der Geltung des atl.-jüdischen
»Gesetzes« und dem Christusereignis bestand, noch das Verständnis
von »Gerechtigkeit Gottes«, die sich nach Paulus gnadenhaft im Recht-
fertigungsgeschehen erweist. Der Begriff »Gesetz« meint beim Verfasser der Past vorwiegend nicht mehr die Tora Israels, sondern die geschichtlich entstandene allgemeine Ordnung, die mit ihren Vorschriften das menschliche Verhalten regelt (vgl. 1Tim 1,8–10), und »Gerechtigkeit« versteht er durchweg als Tugendbegriff (vgl. 1Tim 6,11; 2Tim
2,22; 3,16), so dass die »in Gerechtigkeit getanen Werke« (Tit 3,5) und
»unsere Werke« (2Tim 1,9b) das gerechte Tun des Menschen meinen.
Mit Paulus verbindet ihn freilich der Gedanke, dass nicht sie, sondern
Gottes Initiative und sein Handeln durch Christus das eigentlich Heils-
entscheidende sind. Ebensowenig wie in Tit 3,5 wird hier das Rechttun
des Menschen geringgeschätzt. Die Negativ-Aussagen über die
menschlichen »Werke« sollen nur betonen, dass sich Gottes Heilsiniti-
ative unabhängig von ihnen verwirklichte. Im vorliegenden Text drückt
sich dies aus, indem positiv von der »Vorentscheidung [πρόθεσις]
und Gnade [χάρις]« Gottes gesprochen wird, die »in Christus Jesus geschenkt wurde«. In Tit 3,5 ist im gleichen Zusammenhang vom »Erbarmen« Gottes die Rede. Mit dem Gedanken, dass Gottes Heilsentscheid
vor und jenseits der Geschichte liegt, folgt der Verfasser einer Überzeugung, die schon alttestamentlich (Jes 14,26; 25,1 u.ö.), frühjüdisch (1QS
2,22f; 3,6 u.ö.), paulinisch (Röm 8,28; 9,11 u.ö.) und deuteropaulinisch

[61] Vgl. Kretschmar, Glaube 124–133; Trummer, Paulustradition 174–185; Marshall, Salvation; Wehr, Petrus 226–229. – *Über*schätzt wird die Nähe zu Paulus m.E. von F. Mußner, Petrus und Paulus – Pole der Einheit, 1976 (QD 76) 95–106, *unter*schätzt wird sie von Luz, Rechtfertigung 379; vgl. dazu Lindemann, Paulus 144f.

(Eph 1,11 u.ö.) belegt ist[62]. Der Hinweis »vor ewigen Zeiten« bezieht sich auf den Heilsratschluss Gottes und darauf, dass dieser die Sendung Christi bereits mit einschloss. Der Hinweis zielt nicht auf die persönliche Präexistenz Christi ab, sondern er besagt, dass Gott von Ewigkeit her Jesus Christus als Heilsmittler vorgesehen hat[63], dessen Heilswerk gnadenhaft »uns«, den Geretteten (vgl. V9a), zuteil geworden ist. Die gnadenhaft rettende Zuwendung Gottes rührt von seinem in der Ewigkeit getroffenen Heilsentscheid her, und sie wurde offenbart und uns Menschen in Raum und Zeit erfahrbar durch das Erscheinen des Retters Christus Jesus.

10 Die *Struktur* der Aussagen über den »*vor* ewigen Zeiten« getroffenen Heilsratschluss und seine *jetzige* Offenbarung verdankt sich dem weisheitlich-theologischen Denk- und Sprachmuster des urchristlichen ›*Revelationsschemas*‹ (s.o. Analyse 1; 2.3). Im Unterschied zu dessen Verwendung in 1Kor 2,6–10; Kol 1,26f; Eph 3,4–7.8–11; Röm 16,25f will aber beachtet sein, dass nicht ausdrücklich von der vorherigen *Verborgenheit* und vom *Geheimnis* die Rede ist[64]. Vor allem aber ist bemerkenswert und für den Verfasser der Past charakteristisch, dass die Aussagen über die Offenbarung und Erlösung außer mit Elementen des ›*Revelationsschemas*‹ auch mit dem Motivkomplex des »Erscheinens« (ἐπιφάνεια [V10a]) und des »Aufleuchtens« (φωτίζω [V10b]) durch »das Evangelium« verbunden sind. Die Darlegungen zum Begriff »Epiphanie« (s.o.) zeigten bereits, dass mit dem Erscheinen »unseres Retters Christus Jesus« das geschichtliche Christusereignis im umfassenden Sinn samt seiner gegenwärtig bleibenden Heilswirkung in den Gemeinden im Blick ist. Ebendies geht aus V10 hervor. Christliche Gemeinde lebt in der Heilssphäre Gottes.

Das Heilsgut, welches in der Rettungstat Gottes durch den Retter Jesus Christus ermöglicht wurde, wird negativ und positiv benannt. Negativ

---

[62] Vgl. H. Balz, EWNT III (1983) 370f. – Nach Ch. Maurer, ThWNT VIII (1969) 168 droht in 2Tim 1,9 »die Gefahr der Loslösung der gefällten Entscheidung von der Person Gottes im Sinne eines decretum absolutum, wenn von dieser gnädigen Vorausbestimmung gesagt wird, sie sei vor ewigen Zeiten in Christus geschenkt und in der Gegenwart offenbart worden.«

[63] So auch Läger, Christologie 69 mit Verweis auf Windisch, Christologie 224, der von einer »ideelle[n], d.h. in einem konkreten Ratschluß Gottes begründeten Präexistenz« spricht; Oberlinner 40. – Anders Kelly 163; Lau, Manifest in Flesh 119–122.257.263; Stettler, Christologie 134f; Söding, Erscheinen 160.

[64] Wolter, Weisheit 313 nennt m.E. zutreffend als Grund: Es gehe nicht – wie im ›*Revelationsschema*‹ – um Abgrenzung, sondern um eine *Verbindung* »zwischen Gottes vorzeitlicher Ewigkeit und der endzeitlichen Gegenwart.« Es erfolge »die universalgeschichtliche Explikation der Gewißheit, daß Gott im Christusgeschehen seine allumfassende eschatologische Heilsordnung aufgerichtet hat.« – Dass es sich allerdings bei Texten wie 2Tim 1,10f nicht um eine Weiterentwicklung des ›*Revelationsschemas*‹ handle, sondern um eine davon »unabhängige Ausformulierung«, überzeugt mich bisher nicht.

besteht es im Zunichtemachen des Todes (vgl. 1Kor 15,26), positiv in unvergänglichem Leben. Vermittelt wird dieses Heilsgut durch die Verkündigung des Evangeliums. Wer sich ihm glaubend öffnet, gewinnt Anteil an dem Leben, das keinem Tod und keiner Vergänglichkeit mehr unterworfen ist. Mit der zu ἀφθαρσία gehörigen Wortgruppe kommt in der griechischen Philosophie und hellenistischen Religiosität etwas Grundlegendes von der Erfassung der Seinsstruktur der Welt zum Ausdruck. Von dort her ist der Wortgebrauch auch im hellenistischen Judentum beeinflusst. Während Paulus vorwiegend in jüdisch-apokalyptischer Weise die Vergänglichkeit als Signatur der Welt und die Unvergänglichkeit als die der Zukunft Gottes streng auseinander hält (vgl. 1Kor 15,42–54; Röm 8,21 u.ö.), wird in 2Tim 1,10 – ähnlich wie in anderen nachpaulinischen Texten (z.B. Eph 6,24; 1Petr 1,23; 3,4) – die Bedeutung der Unvergänglichkeit schon in der Gegenwart der Christen betont[65].

Der Verfasser der Past ›sieht‹ dieses neue, unvergängliche Leben in der Verkündigung des Evangeliums »aufleuchten«. Ob er bei dieser Bezeichnung des Vermittlungsvorgangs überdies auch an die Taufe gedacht hat, ist nicht ausdrücklich gesagt. Möglicherweise ist sie aber mitgemeint; denn in Tit 3,4f ist vom *Erscheinen* der Güte und Menschenfreundlichkeit Gottes, vom Erweis seines *Erbarmens* und von der Erfahrung *unserer Rettung* mit *ausdrücklicher Bezugnahme auf die Taufe* als dem »Bad der Wiedergeburt und der Erneuerung im Heiligen Geist« die Rede[66].

Wie bereits in V8 und an anderen wichtigen Stellen der Past erklingt zusammen mit der Erwähnung des »Evangeliums« und seines soteriologischen Hauptinhalts der ›Refrain‹, dass ›Paulus‹ der Offenbarungsmittler dieser Lebensbotschaft ist (vgl. 1Tim 1,12–17; 2,5–7; 2Tim 2,8–10; Tit 1,1–3). An der vorliegenden Stelle erklingt dieser ›Refrain‹ mit dem betonten »Ich«, mit der Titeltrias »Verkünder, Apostel, Lehrer« und mit der ausdrücklichen Erwähnung des Eingesetztwordenseins besonders volltönig und fast wörtlich so wie bereits in 1Tim 2,7. Erneut zeigt sich die offenbarungstheologische Sicht des Verfassers, dass das *jetzt* in der *Gegenwart* durch ›Timotheus‹ zu verkündende Evangelium an ›Paulus‹ gebunden bleibt, weil er als dessen ursprünglicher Empfänger gilt und zum maßgebenden Vermittler »eingesetzt« worden ist[67]. Die Bezeichnung »Verkünder« (κῆρυξ) rührt hier weder von der Stoa her, in der Philosophen als Herolde der Götter angesehen werden konnten, noch vom Vereinswesen oder den Mysterienkulten, wo es »Herolde« gab, sondern sie hängt mit der urchristlichen Bezeichnung des Evangelieninhalts als

---

[65] Vgl. T. Holtz, EWNT III (1983) 1009–1013.
[66] Dass wegen der Anklänge an Did 9f und an IgnEph 20 hier wie auch in 1Tim 4,3–5 »Extracts from the eucharistic prayer« vorliegen, »with which the author was familiar«, und dass hier »*life* refers to new life in baptism and *immortality* to the eucharist«, wie Hanson 123 meint, ist m.E. nicht hinreichend erweisbar.
[67] Zum Aposteltitel s.o. zu V1; zur ›Paulinisierung‹ s.o. zu V8.

κήρυγμα und dessen Proklamation, die mit dem Verbum κηρύσσω ausgedrückt wird, zusammen[68]. Im Sprachgebrauch der Past zeigt sich dies
deutlich in 2Tim 4,17 und Tit 1,3, wo mit κήρυγμα das im Verkündigungsdienst zu vermittelnde Evangelium bezeichnet wird. Zugleich heißt
es an beiden Stellen – ähnlich wie hier in V11 und in 1Tim 1,1.11; 2,7;
2Tim 1,1 – ausdrücklich, dass ›Paulus‹ zu seinem Dienstamt von Gott berufen und eingesetzt worden ist.

Lehrer,
Lehre
Zu den Bezeichnungen »Verkünder« und »Apostel« ist noch die des »Lehrers«[69]
hinzugefügt. Paulus selbst bezeichnete sich in seinen Briefen nie als Lehrer, obwohl er seine Tätigkeit gelegentlich durchaus ein Lehren nannte (1Kor 4,17), unter den in der Gemeinde lebendigen Charismen das Lehren erwähnte (Röm 12,7;
1Kor 12,28f) und für die christliche Glaubensüberlieferung den Begriff »Lehre«
verwendete (Röm 6,17; 16,17).
Entsprechend der weisheitlichen Bewusstseinslage, welche die Past insgesamt
durchzieht und die sich u.a. im häufigen Vorkommen von Verben und Begriffen
des »Erkennens«, »Wissens«, »Verstehens«, »Erscheinens« und »Aufleuchtens«
zeigt, hat auch das »Lehren« eine große Bedeutung, zumal angesichts der von
»Irr-Lehrern« bedrohten Gemeinde. Worte und Begriffe des Lehrens begegnen
relativ oft. Das »Lehren« spielt als Tätigkeit der Gemeindeleitung eine große Rolle. ›Timotheus‹ und ›Titus‹ werden aufgefordert zu »lehren« (1Tim 4,11.13; 6,2;
2Tim 4,2; Tit 2,7) und die »gesunde Lehre« zu vermitteln (1Tim 1,10; Tit 2,1), ohne dass sie indes als »Lehrer« tituliert werden. Neben den gemeindeleitenden
Dienstämtern, zu deren Ausübung wesentlich das Lehren gehört (1Tim 5,17;
2Tim 2,2; Tit 1,9), wird kein anderes Dienstamt des Lehrens erwähnt[70]. Angesichts dieses Gesamtbefundes ist es gut verständlich, dass es dem Verfasser der
Past wichtig war, ›Paulus‹ als »Lehrer« zu titulieren. Der »Lehrer«-Titel im Singular wird einzig und allein ›Paulus‹ vorbehalten. *Er gilt als der verbindliche*
»Lehrer« des Evangeliums gegenüber »den Völkern in Glaube und Wahrheit«
(1Tim 2,7) und gegenüber seinen Schülern ›Timotheus‹ und ›Titus‹, die ihrerseits
das von ›Paulus‹ herkommende Evangelium und dessen lehrhafte Auslegung als
»gesunde Lehre« vermitteln. ›Timotheus‹ wird gelobt, weil er ›Paulus‹ »nachgefolgt [ist] in der Lehre« (2Tim 3,10; vgl. 1Tim 4,6), und zwar im direkten Gegensatz zu den Irr-Lehrern (2Tim 4,3), die sich »der Wahrheit widersetzen« (3,8), deren »Verstand zerstört ist« (3,8), deren »Unverstand allen offenkundig werden

---

[68] Vgl. G. Friedrich, ThWNT III (1938)
682–717; O. Merk, EWNT II (1981) 711–
720; Roloff 124.
[69] Zum Wort- und Begriffsfeld in den
Past sowie im NT vgl. A. Ab Alpe, Paulus
»praedicator et Apostolus et magister«
(2Tim 1,11), VD 23 (1943) 199–206.238–
244; C. Spicq, L'eveque Docteur selon les
Epitres Pastorales, Temo. 8 (1955) 113–
121; Cipriani, dottrina; Zimmermann, Lehrer; Schürmann, Lehrende; H.-F. Weiß,
EWNT I (1980) 762–771 (Lit.); Schlarb,
Lehre.

[70] Dass es in den Gemeinden der Past
»Lehrer« *gab*, zeigt eindeutig die Polemik
gegen die Irr-»Lehrer«. – Schürmann, Lehrende 438f macht zu Recht darauf aufmerksam, dass die ausschließliche Bindung des
Lehramts an die Vorsteher und das Ver-
schwinden eines eigenständigen geistlichen
Lehrstandes, wie es sich in den Past zeige,
als ungewöhnliches »Notprogramm« innerhalb »des Ganzen der kanonischen Schriften« zu verstehen sei, nicht aber »als die für
alle Zeiten verbindliche Endphase«; ähnlich
Schlosser, Didascalie 85f.

wird« (3,9), die unter Verachtung der »gesunden Lehre« (4,3) und abgewandt »von der Wahrheit« (4,4) »die Ohren [der Zuhörer] kitzeln« (4,3). Verallgemeinernd wird als besonders wichtige Qualifikation eines jeden Gemeindeleiters, zumal des Bischofs, die Fähigkeit, andere zu lehren, hervorgehoben (2Tim 2,24 [»Knecht des Herrn«]; 1Tim 3,2; Tit 1,9 [»Bischof«]; 1Tim 5,17 [»Älteste«]). Die Titulierung des ›Paulus‹ *auch* als *Lehrer* hebt hervor, dass er »sowohl der Garant und Bürge für eine ›wahrhaftige‹ und ›gesunde‹ Lehre und für ›richtige‹ Glaubensaussagen [ist] als auch der autoritative Bezugspunkt, dessen Stellung in der Vermittlung der Heilsoffenbarung nicht übersprungen werden kann«[71].

Die konzentrische Rahmung des in VV9–10 formulierten Kerygmas be- 12a-c
steht darin, dass dieses Kerygma als »Evangelium« bezeichnet und ›Paulus‹ als dessen Vermittler hervorgehoben wird (VV8.11). Dass sich daran die Aussage über das Gefangenschaftsleiden des ›Paulus‹ anschließt und dass in ihr gesagt wird, er schäme sich dessen nicht (V12ab), hat einen doppelten Grund. Der eine besteht im Bezug zu Röm 1,16, der andere im Motivzusammenhang mit dem ›Revelationsschema‹. Der Bezug zu Röm 1,16 zeigt sich in der übereinstimmenden Aussage, dass sich Paulus des »*Evangeliums nicht schäme*, weil es eine *Kraft Gottes*« sei (s.o. Analyse 2.1 und Auslegung zu V8). Der Zusammenhang mit dem ›Revelationsschema‹ gibt sich daran zu erkennen, dass sich bei dessen Verwendung auch sonst gelegentlich der Gedanke anschließt, dass mit der Verkündigung des Evangeliums *Leiden* einhergehen, zu deren Ertragen Gottes *Kraft* geschenkt wird (vgl. Eph 3,3–13; Kol 1,24–29).
Bereits in V8 war davon die Rede gewesen, dass ›Paulus‹ um des »Zeugnisses« und des »Evangeliums« willen als Gefangener zu leiden habe und dass dementsprechend auch ›Timotheus‹ sich nicht schämen und dass er gegebenenfalls zu leiden bereit sein solle. Während aber dort der *Imperativ* im Vordergrund stand und die Leiden der Gefangenschaft des ›Paulus‹ nur wegen ihrer Vorbildhaftigkeit motivierend erwähnt wurden, erscheinen sie in V12 als *Basisaussage*, von der her die paränetische Anweisung an ›Timotheus‹ in V8 abgeleitet ist.
Als Begründung dafür, dass sich ›Paulus‹ seiner Gefangenschaftsleiden nicht schäme, wird seine Kenntnis von dem genannt, auf den er sich voller Zuversicht glaubend verlässt (V12c). Es ist Gott, der sich im eschatologischen Heilshandeln durch Jesus Christus als Retter erwiesen und offenbart hat, wie es im vorausgehenden Kerygma formuliert ist. Die Perfektform des Verbums (πεπίστευκα) drückt die gegenwärtig fortdauernde Wirkung dieses in der Vergangenheit begonnenen, vertrauensvollen Sich-Einlassens auf ihn aus. Unwahrscheinlich ist, dass hier das Verbum »nahezu technisch benutzt [wird], um den zurückliegenden Vorgang der

---

[71] Schlarb, Lehre 287. Schlarb kritisiert m.E. berechtigterweise die Unterbewertung des »Lehrer«-Titels durch Zimmermann, Lehrer 212 (284, Anm. 29) und von Lips, Glaube 44f (250f.286, Anm. 37).

Hinterlegung eines Depositums zu beschreiben«[72]. Πιστεύειν kann freilich die gleiche Bedeutung haben wie παρακατατίθεσθαι. Das zeigt sich z.B. bes. deutlich in den unmittelbar aufeinander folgenden Aussagen bei Plutarch, Cicero XV,5; XVI,1, wo zunächst mit παρακατατίθεσθαι davon die Rede ist, die Leitung des Staates den Konsuln anzuvertrauen, und wo sodann mit διαπιστεύειν die Übertragung auswärtiger Geschäfte bezeichnet wird (ähnlich Plutarch, Anton XV,1f; XVI,1f). Aber an der einzigen vergleichbaren Stelle in den Past verwendet der Verfasser die Ausdrucksweise πεπιστευκότες θεῷ jedoch zur Bezeichnung der *Gläubigen* (Tit 3,8). Die in den VV12d–14 folgenden Aussagen sind zwar vom Depositalrecht her mitbestimmt (s.u.), und die durch πεπίστευκα ausgedrückte Zuversicht bezieht sich auf den göttlichen Beistand zur Bewahrung des Depositums (vgl. auch V14), aber eben präzis in der Weise, wie sie u.a. in 2Makk 3,22 erscheint: *Irdischen Treuhändern* werden Deposita *anvertraut* in der Überzeugung, dass *Gott* sie denen unversehrt *bewahrt*, die sie hinterlegt haben (τὰ πεπιστευμένα τοῖς πεπιστευκόσιν σῶα διαφυλάσσειν). Gott gilt also als Bewahrer, nicht als Depositär. Würde aber in 2Tim 1,12c πεπίστευκα »den zurückliegenden Vorgang der Hinterlegung« des Depositums meinen, dann müsste *Gott* als *Depositär* gelten, weil sich der unmittelbar mit πεπίστευκα verbundene Dativ ᾧ auf ihn bezieht. Dies widerspricht aber sowohl der Aussage über den eschatologischen Rückgabetermin (V12d; vgl. 1Tim 6,14.20) als auch der deutlichen Bestimmung, dass nach 1Tim 6,20 ›Paulus‹, nach 1Tim 1,18; 2Tim 1,14 ›Timotheus‹ und nach 2Tim 2,2 weitere »vertrauenswürdige Menschen« als *Depositäre* verstanden sind – *jedenfalls nicht Gott*[73].

12d   Der Gedanke an die Verlässlichkeit auf Gott und an die Wirkmächtigkeit Gottes wird in einer für die Situation und Sicht der Past charakteristischen Weise fortgeführt: Es wird die Überzeugung geäußert, dass das anvertraute Gut (παραθήκη μου) durch Gottes Wirkmächtigkeit bewahrt werde (φυλάσσειν) bis zum Ende (V12d); es wird ›Timotheus‹ aufgefor-

---

[72] So Wolter, Pastoralbriefe 118 mit Verweisen auf 2Makk 3,12.22; Philo, Her 129; Josephus, Ant 4,285. Ebenso urteilt von Lips, Glaube 269, indem er von der »Verwahrungsformel« der Paratheke-Praxis spricht. Auch Wegenast, Verständnis 149 meint, Paulus sei hier »als der gekennzeichnet, der Gott sein Lehrgut anvertraut.« – Zuzugestehen ist allerdings, dass πιστεύειν hier – wie auch sonst in den Past (s.o. zu V5) – nicht im paulinischen Sinn die »Annahme der Heilsbotschaft« meint (Wolter, Pastoralbriefe 118), welche die Glaubensexistenz begründet.
[73] Wegenast, Verständnis 149 versucht die Spannung aufzuheben, indem er er-

klärt: »Das Gut, das Paulus Gott anvertraut, ist offensichtlich dasselbe wie das, das er den Schülern weitergibt: Das Evangelium«. M.E. wird dadurch die Schwierigkeit nicht behoben, sondern nur deutlich, dass mit πιστεύειν nicht die Übergabe des Depositums an Gott gemeint sein kann. – Wolter stellt Aussagen nebeneinander, die M.E. unausgeglichen bleiben. Er sagt einerseits, Paulus habe als Deponent das Depositum »Gott zur Bewahrung anvertraut« (Pastoralbriefe 117), er habe es bei ihm hinterlegt (118), und andererseits: Paulus verlasse sich darauf, dass Gott die von Paulus »dem Timotheus übergebene Tradition bis ans Ende der Tage zu bewahren imstande ist« (117).

dert, das von ›Paulus‹ Gehörte als maßgeblichen Inbegriff gesunder Lehre παραθήκη
(ὑποτύπωσις ὑγιαινόντων λόγων) festzuhalten (V13) und das anvertraute Gut (παραθήκη) mit der Hilfe des Heiligen Geistes zu bewahren
(φυλάσσειν) (V14).

Der Hauptsinn dieser eng zusammengehörigen Aussagen ist deutlich: Es
geht um die zuverlässige, ungebrochene *Tradition* des von ›Paulus‹ empfangenen Vermächtnisses in Gegenwart und Zukunft. Näherhin kommt
die Überzeugung zum Ausdruck, dass Gott (V12d) und der Heilige Geist
(V14) die Zuverlässigkeit garantieren, dass aber menschlicherseits der
Apostelschüler sich mit großer Verantwortung für die Bewahrung (und
Weitergabe; vgl. 2,2) einsetzen muss (VV13.14a). Als Maßstab dessen,
was er bewahren und zuverlässig weitervermitteln soll, gilt die von ›Paulus‹ als dem Ur-Verkündiger und Lehrer geprägte Gestalt des Evangeliums und seiner Auslegung. Der sehr bewusst gewählte Begriff *Paratheke*
bringt im Unterschied etwa zum Begriff Paradosis außer dem Gesichtspunkt der zuverlässigen unversehrten Weitergabe auch den der *Rückbindung an den Anfang* der Traditionsbildung zum Ausdruck[74], nämlich *an
›Paulus‹*. Im *Traditionsgedanken* und den *Formulierungen* dieser Verse
äußert sich manches von dem, was in verschiedenen Lebensbereichen der
Umwelt geläufig war, wenn es darum ging, Überkommenes an Nachfolgende oder überhaupt an andere weiterzugeben[75]. Der Traditionssiche-
rung mit betonter *Rückbindung an den Ursprung* kamen darüber hinaus
besonders jene Vorstellungen und Gepflogenheiten zugute, die mit dem
Begriff *Paratheke* verbunden waren.

Sowohl das Verbum παρατίθημι (1Tim 1,18; 2Tim 2,2) als auch das Substantiv
παραθήκη (attisch: παρακαταθήκη[76]) spielt als Terminus technicus im antiken
Depositalrecht eine große Rolle[77]. Materielles und immaterielles Gut konnte von

---

[74] So von Lips, Glaube 271; Wolter, Pastoralbriefe 125; Roloff 372 (»verbindliche
Festlegung der Tradition durch ihren Ursprung«) im Unterschied u.a. zu Wegenast,
Verständnis 152, der den Grund für die
Wahl von *Paratheke* und für die Vermeidung von Paradosis darin sieht, dass Paradosis in der Gnosis eine zu große Rolle
spielte.

[75] Von Lips, Glaube 271, Anm. 401 verweist auf Xenophon, Cyrop III,3,35 (Feld-
herrnrede); Cassius Dio 56,3,2 (Rede des
Kaisers Augustus an junge Männer: Gebt
»all die Werke, welche [euere Vorfahren]
vortrefflich zustande brachten und ruhm-
voll euch hinterließen, auch eurerseits anderen weiter!«). Zur Aufforderung, das *Gehörte* zu bewahren und weiterzugegen
(2Tim 1,13; 2,2) vgl. u.a. TestDan 6,9
(»Was ihr von eurem Vater hört, gebt eu-

ren Kindern mit!«); TestLev 10,1 (»Befol-
get also, Kinder, was ich euch befehle! Was
ich von meinem Vater einst vernahm«);
TestJud 13,1 (»Bewahret alle meine Worte!«); s. auch Einführung I.2.1.

[76] In der altchristlichen Literatur begegnet diese Form bei Herm mand 3,2 und ist
als v.l. in 1Tim 6,20; 2Tim 1,12.14 einge-
drungen.

[77] Vgl. dazu und zum Folgenden C. Spicq,
Saint Paul et la loi des Dépôts, RB 40 (1931)
481–502; A. Médebielle, Dépôt de la Foi,
DSB II (1934) 374–395; W. Hellebrand,
PRE XVIII/2 (1983) 1186–1202; J. Ranft,
RAC III (1957) 778–784; A. Ehrhardt, Parakatatheke, ZSRG.R 75 (1958) 32–90; K.
Kastner, Die zivilrechtliche Verwahrung
des gräko-ägyptischen Obligationsrechts
im Lichte der Papyri (παραθήκη), Diss.
jur. Erlangen/Nürnberg 1962; S. del Pára-

einem *Deponenten* einem *Depositär* als *Depositum* zur *Verwahrung* anvertraut werden[78]. Erwartet und z.T. auch vertraglich vereinbart wurde dabei, dass das anvertraute Gut bis zur Rückerstattung *unversehrt* bewahrt werden sollte. Auch Rechtsnachfolge war für beide Partner möglich, so dass das Depositum sowohl an Nachfolger des Depositarius weiterzugeben und von ihnen sorgfältig zu verwalten war als auch, dass Nachfolger des Deponenten es zurückfordern konnten. Der Terminus technicus für das *Bewahren* war meist das Verbum φυλάσσω, das auch an allen drei Stellen verwendet ist, an denen in den Past παραθήκη vorkommt (1Tim 6,20; 2Tim 1,12.14). Außer der Erwartung, dass der Depositär das ihm Anvertraute bewahre, gab es auch die Überzeugung, dass *Gott* Deposita *beschützen* werde (φυλάσσω), die *irdischen Treuhändern anvertraut* wurden. Das geht z.B. aus 2Makk 3,22 hervor, wie oben bei V12c schon gezeigt wurde.

Es ist auch die Bedeutung von Paratheke in der griechischen Testamentsliteratur zu beachten. In den entsprechenden Texten geht es um »das treuhänderische Anvertrauen der Hinterlassenschaft durch den Erblasser oder einen seiner Angehörigen an den neben den Erben stehenden Treuhänder oder Testamentsvollstrecker«[79]. Diogenes Laertius berichtet z.B., der kynische Philosoph Krates habe sein Geld einem Wechsler anvertraut (παρακαταθέσται) mit der Bestimmung, es – je nach Umständen – an seine Kinder auszuzahlen oder es an das Volk zu verteilen (VI,88). Nach den Pseudo-Clementinischen Homilien soll der christliche Lehrer versprechen: »Wenn ich krank bin und den Tod vor mir sehe, werde ich, falls ich kinderlos bin, die [mir übergebenen Bücher der Predigten des Petrus] meinem Bischof anvertrauen [παρακαταθήσομαι]. Gleiches werde ich tun, wenn bei meinem Tod mein Kind nicht würdig oder noch nicht mündig ist. Bei meinem Bischof werde ich die Bücher hinterlegen, damit jener sie meinem Sohn, wenn dieser mündig geworden und des Vertrauens würdig ist, als ein väterliches Vermächtnis [παρακαταθήκη] übergebe« (PsClem, HomCont 3,3f).

In 2Tim 1,12–14 liegt die gleiche Interaktionsstruktur vor wie in diesen Texten: Der scheidende ›Paulus‹ der Past übergibt seinem Schüler ›Timotheus‹ als der Person seines Vertrauens und wie einem Testamentsvollstrecker sein Vermächtnis mit dem Auftrag, es unversehrt zu bewahren und denen, für die es bestimmt ist, weiterzugeben.

---

mo, Depositum custodi. 1 Tim 6,20; 2 Tim 1,14, SalTer 50 (1962) 556–562; Wegenast, Verständnis 144–155; Ch. Maurer, ThWNT VIII (1969) 163–165; von Lips, Glaube 266–272; P. Trummer, EWNT III (1983) 51f; Donelson, Pseudepigraphy 162–171; Wolter, Pastoralbriefe 114–130; Roloff 371–373; Schlarb, Lehre 230–239; Spicq, Lexique 1153–1157; Redalié, Paul 120–126.
[78] Textbeispiele aus dem AT: Ex 22,6–12; Lev 5,20–26; 2Makk 3,10.15; aus dem Frühjudentum: BM III,1–12 (33b–44a); BQ IX, 5–8 (103a–110a); Josephus, Ant 4,285–288; Philo, SpecLeg IV,30–38; Her 102–108; aus dem Griechentum: Herodot VI,86,1; IX,45,1; Lysias 32,16; Plato, Resp IV,442e; Isocrates, Or 1,22; 17,50; 21,16;

aus dem Römertum: Cicero, Fin III,59; Livius III,34,6; Digestae XVI,3,1; Ulpianus I,30.
[79] Wolter, Pastoralbriefe 121. Die folgenden Belege ebd. 121–124 und bei Ehrhardt, Parakatatheke (s.o. Anm. 77) 59f: Diogenes Laertius IV,44 (Testament des Arkesilaos, in dem der Treuhänder als ἀξιοπιστότατος bezeichnet wird); X,17–21 (Testament Epikurs über den Garten, in dem der epikureische Lehrbetrieb weitergeführt werden soll); Demosthenes, Or 28,15 (testamentarische Übergabe von Kindern an Vormünder); Plutarch, Anton XV,1f; XVI,1f (Caesars Witwe Calpurnia vertraute [πιστεύσασα] einen Großteil der Barschaft Caesars als παρακαταθήκη dem Marcus Antonius an).

Dass dem Traditionsverständnis der VV12–14 Elemente des Depostialrechts und der testamentarisch-erbrechtlichen Bedeutung von *Paratheke* zugrunde liegen, ist in der Forschung weitgehend anerkannt. Umstritten aber sind zwei Fragen: 1. Ist das μου in der Bezeichnung »*mein* anvertrautes Gut« (V12d) als Genitivus *possessivus* zu verstehen, so dass ›Paulus‹ damit als *Depositarius* des ihm von Gott anvertrauten Evangeliums bezeichnet wäre[80], oder handelt es sich um einen Genitivus *auctoris* bzw. *subjectivus*, so dass ›Paulus‹ als *Deponent* der von ihm dem ›Timotheus‹ übergebenen Paratheke gilt[81]? 2. Worin besteht der *Inhalt* der Paratheke? Sieht der Verfasser der Past ihn nur im *Evangelium*, in dem zu verkündenden Kerygma, oder in umfassenderer Weise auch in der vermittelten und zu vermittelnden *Lehre*?
Zur 1. Frage: Durch die Bezeichnung des Vermächtnisses als »*mein* anvertrautes Gut [παραθήκη μου]« wird die Paratheke in dem Sinne als die des ›Paulus‹ gekennzeichnet, dass er als ihr *Deponent* gilt und dass er sie seinem Schüler übergeben hat; denn das μου ist als ein Genitivus *auctoris* bzw. *subjectivus* zu verstehen. Dafür sprechen erstens die Paratheke-Aussagen in 1Tim 1,18; 6,20; 2Tim 1,14; 2,2 und zweitens der außerntl. grammatikalische Befund[82]. Es kommt die Überzeugung zum Ausdruck (V12d), dass das vom Deponenten ›Paulus‹ dem Depositär ›Timotheus‹ treuhänderisch anvertraute Überlieferungsgut, das dieser bewahren (V14) und seinerseits weitervermitteln soll (2,2), mit Hilfe des göttlichen Beistands (VV12d.14) bis zum Ende der Zeit (V12d) unversehrt erhalten bleiben wird. Bei dieser Sichtweise ist allerdings mitzubedenken, dass der Deponent ›Paulus‹ selbstverständlich nicht als Schöpfer, Urheber oder Ursprung der Paratheke betrachtet wird. In den Past wird ja mehrfach in aller Deutlichkeit herausgestellt, dass er selbst *Empfänger* der Botschaft ist, als deren Erstverkünder und Lehrer er eingesetzt wurde (V11; 1Tim 2,7: εἰς ὃ ἐτέθην; 1Tim 1,11; Tit 1,3: ἐπιστεύθην)[83].

---

[80]   So Dibelius/Conzelmann 78 (»das mir anvertraute Gut«); Jeremias 51; Brox 234; Ch. Maurer, ThWNT VIII (1969) 165; Merk, Glaube 96; Lohfink, Normativität 96; ders., Theologie 97 (sehr pointiert); Hanson 124; Merkel 60.

[81]   So Schlier, Ordnung 131; Wegenast, Verständnis 149 u.ö.; Wolter, Pastoralbriefe 117 (sehr pointiert); Roloff 372 (»die von mir ausgehende παραθήκη«); Wagener, Ordnung 101.

[82]   Nachweis bei Wolter, Pastoralbriefe 117.

[83]   Die Aussage Wolters, ›Paulus‹ werde in V12 »ausschließlich als Deponent der Paratheke in den Blick genommen« (Pastoralbriefe 118), ist deshalb zu einseitig. – Oberlinner 48 betont zu Recht den zu ergänzenden Gesichtspunkt und hält aus diesem Grunde die Formulierungen, »Paulus« gelte »als Ursprung der Tradition« (von Lips, Glaube 271) bzw. »als der normative Ursprung der Tradition« (Wolter, Pastoralbriefe 120), für überspitzt. – Von Lips hatte allerdings selbst bereits darauf hingewiesen, dass nach den Past auch für ›Paulus‹ das Evangelium »nur anvertrautes Gut und nicht eigene Schöpfung« sei (Glaube 269) und dass man aus der Frage, ob ›Paulus‹ Deponent oder Depositarius sei, »keine Alternative« machen solle (ebd. 269). – Oberlinner meint, daß der Ausdruck Paratheke »in der Beziehung zu Paulus in der Schwebe« bleibe (49). Bei der Übersetzung entscheidet er sich aber für die Formulierung: »das mir anvertraute Gut« (26).

Zur 2. Frage: Aus dem Zusammenhang, der zwischen den Aussagen über die Bewahrung der *Paratheke* (VV12–14) und dem vorausgehenden als *Evangelium* bezeichneten Kerygma (VV9–10) besteht, entnehmen manche Exegeten, inhaltlich sei mit Paratheke das *Evangelium* gemeint[84]. Beachtet man aber, dass ›Paulus‹ am Anfang von 1Tim schreibt (1,18), er vertraue diese *Weisung* (ἐπαγγελία) ›Timotheus‹ an (παρατίθημαί σοι), dass er am Schluss (6,20) rückschauend eindringlich mahnt, die *Paratheke* zu bewahren, dass er die Aufforderung zur Bewahrung der Paratheke in 2Tim unmittelbar mit der Ermahnung zum Einhalten der gesunden, *von ›Paulus‹ gehörten Lehrworte* verbindet (1,13f) und dass er schließlich in 2Tim 2,2 aufträgt, das von ihm *Gehörte* zuverlässigen Menschen anzuvertrauen (παράθου), wird deutlich, dass der Inhalt der Paratheke etwas *Umfassenderes* ist. Es ist »die Gesamtheit des in den Pastoralen vorgelegten ›Paulus‹-Gutes, ... die gesamte paulinische Verkündigung, die wie ein Depositum gegenüber allen Versuchen der Verfälschung bewahrt werden muß«[85]. Es dürfte also im Sinne des Verfassers der Past alles dazu gehören, was als Kerygma und Paränese, als Gemeinde- und Ämterordnung, als liturgische und aszetische Weisung in den Briefen enthalten ist[86] sowie auch das, was außerdem mündlich von ›Paulus‹ her und über ihn tradiert wurde.

Die soeben vertretene Auffassung, dass auch die *Ämterordnung* zur Paratheke gehöre, bedarf noch einer Verdeutlichung; denn speziell bei der theologischen Diskussion um das *Amtsverständnis* der Past spielt die Frage nach dem *Inhalt der Paratheke* eine erhebliche Rolle. Besonders *Schlier* hat betont, dass zu der als apos-

---

[84] So Ch. Maurer, ThWNT VIII (1969) 165; Merk, Glaube 96f. Von Lips, Glaube 49f.269 und Lohfink, Normativität 96f; ders., Theologie 97 heben dabei den Unterschied zwischen Evangelium/Paratheke und διδασκαλία hervor. – Dass dieser Unterschied nicht wirklich aufweisbar ist, zeigt Wolter: Während Paratheke vor allem »ein inhaltlich neutraler Interaktionsbegriff ist« (Pastoralbriefe 119), geht es bei der διδασκαλία »wirklich um die normative *inhaltliche* Festlegung der Gesamtheit dessen, was der Kirche der Past an Verkündigung und sittlicher Belehrung vorgelegt wird« und was der Auseinandersetzung mit den Gegnern dient (ebd. 119, Anm. 21); ähnlich Schlarb, Lehre 233f.238.

[85] Wegenast, Verständnis 150–152, gestützt auf Schlier, Ordnung 131; im wesentlichen zustimmend Brox 236; Wolter, Pastoralbriefe 118f.124; Roloff 373 (das »von Paulus ausgehende, von ihm geprägte und strukturierte Evangelium. Und zwar ist alles, was Paulus lehrte und was seine

Schüler von ihm ›gehört‹ haben« prinzipiell der Paratheke zugehörig); Oberlinner 49; Schlarb, Lehre 233–239 (sowohl »paränetisches Regelgut als auch Worte des Glaubens [Evangelium] wie Worte der guten Lehre, wobei sowohl fixierte [schriftliche] als auch mündliche Tradition darunter zu verstehen ist« (239).

[86] Da die Past das Corpus Paulinum abschließen und das ›Paulus‹-Gut als Paratheke betrachten, dürfte ihr Verfasser auch die Briefe des Corpus Paulinum mit ihrer Lehre als normativ für die Kirche eingeschätzt haben. Darin zeigt sich ein wichtiger Schritt in die Richtung, die zur Wertschätzung der Paulusbriefe als heilige Schrift und zur Ausprägung des christlichen Kanons führte. Dies vermutet auch Roloff 373, und es dürfte zutreffen, selbst wenn man nicht so weit geht wie Meade, Pseudonymity 135, der annimmt, dass in 2Tim 3,16 der Begriff γραφή sogar »a Pauline ›canon‹ as well as the Jewish scriptures« meine.

tolische »Hinterlassenschaft« verstandenen Paratheke die Kirchenordnung der Past gehöre und mit ihr »das Prinzip des Amtes« und »der Sukzession« (Ordnung 131.146), »produktive und kritische Lehrgewalt« (132), »Regierungsgewalt« (132), »Befehls- bzw. Disziplinargewalt« (134), »Ordinationsgewalt« (135), das Recht zu Straf- und Bußverfahren (135.137) sowie die »monarchische Spitze« (139). Zwar liege »noch kein entfaltetes Bewußtsein von diesen Gewalten« vor, doch ändere dies »nichts am Wesen und Faktum der Sache« (137). Es werden zwar »keine formellen Sätze einer Kirchenordnung« aufgestellt, sondern es ergehen persönliche »Mahnungen, die [aber durchaus] kirchenrechtlich gemeint und kirchenrechtlich entfaltbar sind« (132). Nach *Vielhauer* ist dies »die beste Darstellung der Ordnung der Kirche nach den Past im Sinne ihres Verfassers«« (Geschichte 231, Anm. 22). – *Lohfink* (Normativität 94) und ihm folgend *von Lips* (Glaube 15) sehen darin zu Recht eine Fehlinterpretation, weil die Analyse stärker von den Grundzügen des katholischen, hierarchisch abgestuften Amtsverständnisses des I. Vaticanums als von den Texten selbst bestimmt ist. – An dieser Kritik ist allerdings zu bemängeln, dass auch sie den Past nicht gerecht wird; denn sie argumentiert mit der *unhaltbaren These*, dass im Sinne des Verfassers mit *Paratheke ausschließlich das Evangelium* gemeint sei. Es gehören aber auch die Aussagen über die *Ämter* hinzu und das Wissen, wie die Kirche als ›Haus Gottes‹ zu gestalten sei und wie man sich in ihr zu verhalten habe (1Tim 3,15). *Dies hat Schlier richtiger erkannt; aber er hat unzutreffend die Ämterordnung der Past als grundlegende, stets gültige Norm für die Kirche* beurteilt[87]. Ohne aber Paratheke und Evangelium kurzschlüssig *gleichzusetzen* und damit die Ämter-Aussagen aus dem Inhalt der Paratheke *auszuscheiden*, wie es Lohfink und von Lips tun, gilt es vielmehr *sachkritisch* danach zu fragen, welche bleibende Geltung den einzelnen als Paratheke verstandenen Inhalten, d.h. auch Ämterregelungen, zukommt, und sie *nicht* schon deshalb, weil sie in den Past zur Paratheke gehören, als *verbindliche Norm* zu betrachten, wie es bei Schlier geschieht. Dass die Ordnungen der Kirche und ihrer Dienstämter der Bewahrung des Evangeliums und dem Leben aus ihm dienen, damit wir Menschen das Heil erlangen, ist die vom Verfasser damals vertretene und auch heute noch unvermindert geltende Sicht.

In V13 wird das, was ›Timotheus‹ bewahren soll, als ὑποτύπωσις der »gesunden Worte« bezeichnet, die er von ›Paulus‹ »gehört« hat. Wie das Grundwort τύπος bezeichnet auch das davon abgeleitete ὑποτύπωσις die *prägende Form*, von der her das nach ihr Geformte seine Gestalt erhält[88]. In V13 ist damit die von ›Paulus‹ herkommende Vorgabe, nämlich die von ihm grundlegend geprägte Gestalt der Tradition gemeint. Wortwahl und Gedanke von V13 stehen im Zusammenhang mit 1Tim 1,16: Stellt sich dort ›Paulus‹ aufgrund des erfahrenen göttlichen Erbarmens als »Ur-

13

---

[87] Außerdem beachtet Schlier nicht, dass die Aussagen der Past »über Wesen, Funktion und gegenseitige Zuordnung« der Ämter recht unscharf bleiben, so dass jeder Versuch, »aus ihnen ein geschlossenes Verfassungssystem abzuleiten«, scheitern

muss (Roloff 169f; vgl. auch von Bendemann, Schlier 288–290.316–320).

[88] Vgl. L. Goppelt, ThWNT VIII (1969) 246–248; G. Schunack, EWNT III (1983) 892–901.

bild«[89] der Menschen dar, die zum Glauben kommen werden, so wird hier der Apostelschüler und mit ihm jeder im kirchlichen Verkündigungsdienst aufgefordert, an der von ›Paulus‹ herkommenden prägend bleibenden Urgestalt der Lehrtradition festzuhalten. Wurde dort die Urbildlichkeit der ›paulinischen‹ *Glaubensexistenz* in den Blick gerückt, so hier die maßgebende Urgestalt der ›paulinischen‹ *Lehre*[90]. Ein ähnlicher Ausdruck wie in V13 begegnet im NT nur noch Röm 6,17b. Mit dem τύπος διδαχῆς ist dort die allgemeine apostolische, d.h. christliche Lehre, vielleicht auch das Taufbekenntnis (vgl. Röm 10,9) gemeint, während in 2Tim die Konzentration auf die ›paulinische‹ Lehre betont wird[91].

Gesunde Lehre Die Bezeichnung »gesunde Worte [ὑγιαίνοντες λόγοι]« verwendet der Verfasser auch in 1Tim 6,3f. Dort heißt es: »Wenn einer etwas anderes lehrt und sich nicht an die *gesunden Worte* unseres Herrn Jesus Christus hält und an die Lehre, die der Frömmigkeit entspricht, so ist er verblendet, da er nichts versteht; er ist vielmehr krank ...« In Tit 2,8 wird ›Titus‹ aufgefordert, sich selbst als »Vorbild guter Werke zu erweisen, in der Lehre unverdorben ... mit *gesundem*, unanfechtbarem *Wort*, damit der Gegner beschämt werde.« Die Bezeichnung gehört einem für die Past typischen Vorstellungskomplex an, nämlich der Anwendung *medizinischer* Ausdrücke auf den Bereich der christlichen Lehre, des Lehrens und Lernens. Diese Anwendung begegnet im NT nur in den Past. In ihnen ist außer vom »gesunden Wort« von der »gesunden Lehre [ὑγιαίνουσα διδασκαλία]« (1Tim 1,10; 2Tim 4,3; Tit 1,9; 2,1) und vom Gesundsein »im Glauben« (Tit 1,13; 2,2) die Rede. Im Gegensatz dazu gelten der Unverstand der Gegner und ihr Abfall vom rechten Glauben als Erkrankung (1Tim 6,4). Denkkategorie und Sprachgebrauch waren in der griechisch-hellenistischen Welt sowie im hellenistischen Judentum verbreitet[92]. Man bezeichnete das Vernünftige, Richtige, Ausgewogene, Maßvol-

---

89　So bes. pointiert Wolter, Pastoralbriefe 56–59.120f.154, der ausschließlich die Urbildlichkeit gelten lässt. Oberlinner, 1Tim 47 meint, dass »auch das Motiv der Vorbildlichkeit des Paulus nicht völlig auszuschließen« sei. – Eindeutig(er) hat das Wort τύπος die Bedeutung von Vorbild in 1Tim 4,12; Tit 2,7.
90　Vgl. Meade, Pseudonymity 126: »Just as Paul's life as ὑποτύπωσις serves to establish the parameters of legitimate Christian experience, so his words serve to establish the parameters of legitimate Christian teaching.« Die Lehre des ›Paulus‹ gelte in V13 »as *the* type, or archetype of the community's traditions« (125).
91　Meade, Pseudonymity 125 vermutet, Röm 6,17b sei »the model for« 2Tim 1,13. Das ist möglich. Mindestens ebenso denkbar, ja wahrscheinlicher ist aber, dass der dem Geist und den Anliegen der Past entsprechende V17b ein *Einschub* ist, der von

einem um die Orthodoxie besorgten Glossator stammt und die Bindung an die apostolische Lehre unterstreichen soll (so mit weiteren Gründen vertreten von R. Bultmann, Glossen im Römerbrief, in: ders., Exegetica, Tübingen 1967, 278–284, hier 283; G. Schunack, EWNT III (1983) 897; erwogen auch von D. Zeller, Der Brief an die Römer, 1985 [RNT], 127f; vgl. dagegen u.a. Wilckens, Röm II 35).
92　Vgl. Dibelius/Conzelmann 20f; U. Luck, ThWNT VIII (1969) 308–311 mit Belegen u.a. aus Homer, Il 8,524 (ὑγιὴς λόγος »ein vernünftiges«, »verständiges Wort«); Euripides, Phoen 201 (μηδὲν ὑγιὲς λέγειν »nichts Vernünftiges sagen«); Herodot I,8,3 (ὑγιὴς λόγος »ein vernünftiges«, »verständiges Wort«); Thukydides III,75,4; IV,22,2 (οὐδὲν ὑγιὲς διανοέομαι »nichts Gutes denken«); Plato, Phaedr 242e; Phaed 69b; Resp II,372e (ὑγιές als Wechselbegriff zu ἀληθές); Polybius XXVIII,17,12 (οἱ

le, der Ordnung Entprechende als »gesund«. Der Verfasser der Past knüpfte an diese Denk- und Sprechweise an. Der polemische Akzent, mit dem der Normbegriff »gesunde Lehre« durchgängig in den Past begegnet, lässt darüber hinaus einen Zusammenhang mit jenem Bereich stoisch-kynischer Popularphilosophie vermuten, in dem man über »gesunde« und »kranke« Lehre und Lehrtätigkeit der als »(Seelen-)Ärzte« verstandenen philosophischen Lehrer diskutierte. Besonders deutlich stellen Lucian, Plutarch und Dio Chrysostomus gegenüber rigorosen Kynikern, die in ihrer Lehrtätigkeit hart und streng auftraten und sich z.T. menschenverachtend und unsozial gebärdeten, den idealen Philosophen als einen freundlichen, einfühlsamen, sittlich strebsamen, Wohltätigkeit und soziale Stabilität fördernden Lehrer dar, der nur im Notfall hart und streng vorgeht. Diesem Kontrast entspricht in den Past der Gegensatz zwischen dem idealen Gemeindeleiter und den auf seine »gesunde Lehre« hörenden und sich nach ihr ausrichtenden rechtgläubigen Christen einerseits und den uneinsichtigen, sittlich haltlosen und deshalb »kranken« Irrlehrern andererseits[93].

Die *gesunde Lehre* ist nach den Past die rechte, ordentliche Lehre im *Gegensatz* zur *verfälschten*. Es ist »die überlieferte, durch den Apostel begründete und legitimierte [Lehre], die durch das Amt, in das Timotheus und Titus berufen sind, bewahrt wird«[94]. Dass der Ausdruck einerseits im Zusammenhang der Polemik gegen die Irrlehrer steht, dass aber andererseits keine argumentative Auseinandersetzung mit ihnen erfolgt und dass das, was zu gelten hat, als eindeutig geklärt betrachtet wird, lässt erkennen: Es handelt sich bei seiner Verwendung um eine sehr statisch-forma-

---

ὑγιαίνοντες περιχαρεῖς ἦσαν »die Vernünftigen waren hocherfreut«); Epiktet, Diss. I,11,28; II,15,2 (ὑγιές »das Richtige«, »Vernünftige«); Dio Chrysostomus, Or I,49 (ὑγιὲς λόγος »ein vernünftiges«, »verständiges Wort«); Josephus, Ant 7,381 (Salomo wird διάνοιαν ὑγιῆ καὶ δικαίαν zugesagt); 9,118; 16,340; Bell 1,7 (jeweils οὐδὲν bzw. μηδὲν ὑγιές »nichts Vernünftiges«); Philo, Abr 223 (οἱ ὑγιαίνοντες λόγοι »gesunde«, »vernünftige [d.h. über die Leidenschaften herrschende] Gedanken«); ähnlich von Lips, Glaube 69f (mit zusätzlichem Verweis u.a. auf Epiktet, Diss II,15,15f; III,26,23); Roloff 78; Schlarb, Lehre 288f.
93   Das hat m.E. überzeugend Malherbe, Imagery 24–31 herausgearbeitet und damit die Ergebnisse von Dibelius/Conzelmann und Luck (s. vorige Anm.) einen wichtigen Schritt weitergeführt. – In keiner Weise überzeugen dagegen zwei andere oft vertretene Auffassungen: 1. Der Ausdruck sei unabhängig von seiner griechisch-hellenistischen Bedeutung erst vom Verfasser der Past zum Zweck der Ketzerpolemik neu ge-

prägt worden (so u.a. W. Michaelis, Die Pastoralbriefe und Gefangenschaftsbriefe, Gütersloh 1930, 79–85; Jeremias 15). 2. Die Wendung stamme aus biblischer Tradition und drücke aus, dass die Lehre von Gott herrühre, von der Schrift bezeugt und von Jesus vollendet worden sei und dass sie als Heils- und Lebenskraft des Evangeliums der Rettung und Gesundung des Menschen diene (so u.a. K.H. Rengstorf, ThWNT II (1935) 165; Holtz 41.133f; Burini, Norma 279–285 [praktische Lebensnorm, ethisches Lehrgefüge, orientiert am atl. und ntl. Bund mit Gott]). – Wenig wahrscheinlich ist auch, dass der Ausdruck *die gesunden Worte unseres Herrn Jesus Christus* (1Tim 6,3) Jesusworte aus einer »schriftlichen Logiensammlung« bezeichne und dass demenentsprechend auch in 2Tim 1,13 mit den *gesunden Worten* diese »normativen Worte« gemeint seien (so u.a. Holtz 133f.161; Spicq 557; Roloff 331; dagegen Dibelius/Conzelmann 64; Brox 208 [Bezeichnung der »ganzen christlichen Botschaft«]; Oberlinner 273).
94   Luck (s.o. Anm. 92) 312.

le Bestimmung des christlichen Kerygmas[95]. Inhaltlich geht es ihr »nicht um eine spekulative, der Welt abgewandte Soteriologie, sondern um das rechte, vernünftige, ordentliche Leben in der Welt, die als Schöpfung durch Ordnung und Vernunft gekennzeichnet ist«[96].

Die *gesunde Lehre* bezieht sich nach den Past sowohl auf das rechte *Verhalten* als auch auf den rechten *Glauben*. Diese auch an anderen Stellen der Past betonte Zusammengehörigkeit (vgl. z.B. Tit 2,1–10.11–15) kommt im vorliegenden V13 durch den Zusatz »in Glaube und Liebe« zum Ausdruck.

Wie in 1Tim 1,14 ist dieser Zusatz mit der paulinischen Formel »in Christus Jesus« verbunden. Ebenso wie das Begriffspaar »Glaube und Liebe« (1Tim 1,5.14; 2,15; 4,12; 6,11; 2Tim 1,13; 2,22; 3,10) kommt auch die »In-Christus-Jesus«-Formel in den Past mehrfach vor (1Tim 1,14; 3,13; 2Tim 1,1.9.13; 2,1.10; 3,12.15). An ihrer Verwendungsweise zeigt sich einerseits die bewusste Anknüpfung an den paulinischen Sprachgebrauch, andererseits aber auch eine inhaltliche Verflachung. An einem Satz wie z.B. Röm 6,11 lässt sich der paulinische Sinn der Formel gut ablesen. Dort heißt es: Ihr sollt »euch als Tote in Bezug auf die Sünde beurteilen, als Lebende aber für Gott in Christus Jesus.« Die Formel ist *personal* auf die Gemeindeglieder bezogen und kennzeichnet ihr Leben als *eschatologisch*, weil es am Leben des Auferstandenen teilhat »in Christus Jesus«, d.h.: weil es ermöglicht ist durch seine *Heilstat* und weil es in der *Lebensgemeinschaft* mit Christus gehalten bleibt. Bei der Verwendung der Formel in den Past tritt die *personale* Dimension stark zurück[97]. An die Stelle des Bezugs auf Personen ist der Bezug auf *abstrakte religiöse Wertbegriffe* wie Glaube, Liebe, Leben, Erlösung und Gnade getreten. Dass Jesus Christus als deren *Ermöglichungsgrund* ausdrücklich bewusstgehalten wird und dass er als der gilt, in dessen *Lebensgemeinschaft* diese Haltungen *ekklesial* gelebt und besonders bei der Ausübung der *Dienstämter* beachtet werden sollen, ist selbstverständlich positiv zu bewerten.

14 Es entspricht der konzentrischen Struktur des Abschnitts, dass er mit ei-

---

[95] Vgl. Brox 108; Schierse 107f; Oberlinner 51.

[96] Luck (s.o. Anm. 92) 313. – Er wendet sich mit Recht gegen die Befürchtung, dass ein Ernstnehmen des hellenistischen Hintergrundes mit dessen Betonung der »Vernunftgemäßheit« zu philosophischem Rationalismus führe. Nicht um diesen gehe es bei der »gesunden Lehre« der Past, sondern um die »konsequente Beziehung des Glaubens [und] der Lehre auf das vernünftige Dasein in der Welt« (ebd. 169, Anm. 33); ähnlich Michel, Grundfragen 87: Als ›gesund‹ gilt in den Past »nicht, was rational einsichtig oder vernünftig ist, sondern

was dem Evangelium in seiner antihäretischen Gestalt entspricht. Über die ›Gesundheit‹ entscheidet die Substanz des Evangeliums« (zustimmend Roloff 78, Anm. 127); Schlarb, Lehre 288: »Die διδασκαλία hat nicht ihren Wert in sich selbst, sondern kann nur als eine aus dem Indikativ der offenbarten und im εὐαγγέλιον verkündeten χάρις abgeleitete und ihr verantwortliche Größe angesehen werden.«

[97] Vgl. mit ausführlicher Begründung Allan, Formula 116–121: »a very great impoverishment of expression. ... There is no trace of Paul's rich, flexible, varied, living handling of it« (118).

ner *Ermahnung* an den Amtsträger (V14a) und einer *Erinnerung* an die Gabe des *Heiligen Geistes* (V14b) schließt; denn mit ihnen wurde er auch eröffnet (VV6.7). Aus V12 wird das Stichwort Paratheke aufgenommen sowie die Betonung, dass sie getreu zu bewahren sei, und wie in V13 wird mit dem direkt anredenden Imperativ dieses Bewahren besonders eingeschärft. Kam in V12d die Überzeugung zum Ausdruck, dass *Gott* die Zuverlässigkeit der Überlieferung bis zum Ende der Zeiten garantiere, so wird in V14 das Vertrauen auf den *Heiligen Geist* gesetzt. Zwischen beiden Aussagen besteht ebensowenig eine Spannung wie zwischen ihnen und der Einschärfung, dass *menschlicherseits* der Apostelschüler alles nach seinen Kräften Mögliche zur Bewahrung der rechten Überlieferung tun soll; denn auch anfangs war schon ohne jede Spannung von der Gnadengabe *Gottes* (V6a), die als Gabe des *Geistes* ausgelegt wurde (V7), und vom *menschlichen Mitwirken* (V6a) beim Entfachen der *göttlichen Geistesgabe* die Rede.

Wie in V6 das Charisma als Gnadengabe verstanden ist, die dem *Apostelschüler dauerhaft* zur *Amtsführung* geschenkt wurde, so gilt in V14a der *Heilige Geist* als die Kraft, die den *Amtsträger* befähigt, das ›paulinische‹ Verkündigungserbe zu bewahren[98].

Aber so, wie auf V6 eine Aussage folgt, die den Blick ausweitend auf die Geistbegabung *aller* Gemeindeglieder richtet, geschieht es auch in V14. Heißt es in V7, dass Gott den Geist der Kraft, der Liebe und der Besonnenheit »uns« geschenkt hat, und ist damit vom Gottesgeist die Rede, der die *für alle Christen* wichtigen Grundhaltungen hervorbringt, so wird mit gleicher Blickrichtung auf die *Gemeindeglieder* gesagt, dass der den Amtsträger leitende Gottesgeist auch in *allen* »wohne«[99].

Der Abschnitt ist wohlüberlegt in *konzentrischer* Struktur gestaltet. Der Verfasser hat sich bei der *literarisch-theologischen Gestaltung* des Textes außer von Grundmotiven der *Testamentsliteratur* von den *Vorlagen Röm 1,8–16; 8,15–17* leiten lassen. Überdies ließ er sich vom urchristlich-theologischen Denkmuster des ›*Revelationsschemas*‹ anregen und formulierte aus damit verbundenen Motiven die *Ermahnung* zur *Leidensbereitschaft* um des Evangeliums willen sowie die *Ermutigung*, auf *Gottes Kraft* zu vertrauen.

Folgende *inhaltlich-theologischen Schwerpunkte* kommen zum Ausdruck:

Zusammen-
fassung

---

[98] Vgl. Wegenast, Verständnis 153: Der »Tradition zur Seite steht der Geist als Sicherungsinstanz für die Reinheit des Überlieferten. Geist ist also nicht ein das jeweils Neue in der Verkündigung setzende Moment der Gemeinde, sondern die die Kontinuität der Verkündigung garantierende Kraft, die der Gemeinde in ihren Amtsträgern geschenkt ist.«

[99] Zu der in den Past insgesamt dennoch zu wenig beachteten Geistbegabung *aller* und der problematisch bleibenden Verhältnisbestimmung zwischen Gemeindeleitung und Gemeinde s.o. die Auslegung zu VV6f.

1.   Es wird erinnert an die *Gnadengabe Gottes*, die dem Apostelschüler durch *Handauflegung* des ›Paulus‹ vermittelt wurde, und an den *Heiligen Geist*, der im Amtsträger und seinen Mitgläubigen wohnt. Die Gabe des Geistes gilt es neu zu entfachen, womit sowohl furchtlose Bezeugung des Evangeliums und zugehörige Leidensbereitschaft als auch treue Bewahrung des anvertrauten Glaubensgutes gemeint sind. Obwohl die Geistbegabtheit aller Gemeindeglieder nicht aus dem Blick gerät, wird das Charisma doch in einer verengenden Sichtweise vor allem als Amts-Charisma verstanden[100]. Der Gestus der Auflegung beider Hände gilt als geistvermittelnde Ordination zum gemeindeleitenden Dienstamt. Der zur Zeit der Abfassung des Briefes längst praktizierte liturgische Ritus wird durch die Betonung, dass ›Paulus‹ – und nicht wie 1Tim 4,14 das Presbyterium – die Hände auflegte, begründet und legitimiert.

2.   Im Zentrum des Textes steht das *Kerygma von Gottes eschatologischem Heilshandeln in Jesus Christus* zum Heil für die Menschen. Die Aussagen gehören zu den gewichtigsten des ganzen NT. In einem Zeit und Ewigkeit umfassenden grandiosen Spannungsbogen wird das Heilsgeschehen in Anlehnung an das Revelationsschema offenbarungstheologisch zunächst als vertikal und sodann als horizontal ausgerichteter Kommunikationsvorgang ausgelegt. Charakteristisch für die Denk- und Sprechweise des Verfassers ist die Einbeziehung der hellenistisch geprägten Wort- und Begriffsfelder »Retter/retten« und »Epiphanie«. Derartige Neuinterpretationen zeigen, dass der Verfasser nicht nur herkömmliche Glaubensartikulationen wiederholt, sondern sie für die Menschen seiner Zeit und entsprechend ihrer soziokulturellen Denkmuster und Wertvorstellungen formuliert[101]. Die Beachtung dieses Interpretations- und Sprechvorgangs ist von höchster Aktualität für den Umgang mit den Fragen der kirchlichen Verkündigung in unserer Zeit und angesichts der weltweiten Pluriformität der Kulturen. Gott und Christus werden in den Past als »Retter« bezeichnet, und das als Rettung verstandene Heilsgeschehen wird *theozentrisch* als Offenbarung des seit Ewigkeit getroffenen Heilsentscheids Gottes, *christologisch-soteriologisch* als Erscheinen Christi, des Retters, und *pneumatologisch-ekklesial* als die sich »uns« zuwen-

---

[100] Oberlinner 53 stellt zutreffend fest, dass der Gemeindeleiter einseitig bestimmt werde durch den Bezug zur Gestalt und zum Auftrag des ›Paulus‹. »Der Traditionsgedanke prägt vor allem die Bedingungen für die Nachfolge in der von Paulus ausgehenden Legitimation durch die Handauflegung und die dadurch bewirkte Gnaden- und Geistausstattung. ... Es fehlt dabei ein eindeutig ausgesprochener Überstieg zur Gemeinde; es fehlt auch die direkte Miteinbeziehung der Gemeinde in die Bestim-

mung der Aufgabe und der Qualifikation des Gemeindeleiters.«

[101] Während in den Rahmenversen der Akzent stärker auf der Bewahrung des Traditionsgutes im Sinne einer »Bewahrung vor Veränderung« und der »Sicherung der Glaubenstradition« liegt und sich darin das Hauptanliegen des Verfassers ausdrückt (Oberlinner 53), zeigt sich in den zentralen Aussagen (VV9–10) auch etwas von der notwendigen »Relation zur Gemeinde, zu den Menschen« der Gegenwart (ebd. 53).

dende, die christliche Gemeinde bestimmende Wirklichkeit interpretiert (VV9–10). Letzteres wird besonders durch die Eigenprägung des Epiphaniegedankens deutlich: Mit Epiphanie ist nicht etwa *nur punktuell* die Menschwerdung Christi oder *nur* die endzeitliche Parusie gemeint, sondern die Gesamtheit des helfenden Eingreifens Gottes, wie es im *Christusgeschehen als Ganzem* erfahrbar wird. Seine Heilswirkung bleibt gegenwärtig in der Gemeinschaft der Glaubenden durch die Verkündigung des Evangeliums und eröffnet die Heilssphäre Gottes so für uns Menschen, dass die gegenwärtige Zeit für die Glaubenden schon als Heilszeit qualifiziert gelten darf.

3.   Die beiden bisher genannten inhaltlichen Aussageschwerpunkte sind aufs Engste mit einem weiteren verbunden, nämlich dem der ›*Paulinisierung*‹ sowie dem der *Ursprungs-* und *Traditionswertigkeit*. Wurde in der ersten Hälfte der konzetrischen Rahmung daran erinnert, dass die *gegenwärtig* zu entfachende *Geistgabe* ihren *Ursprung* in der geistvermittelnden Handauflegung des ›*Paulus*‹ habe, so wird in der zweiten Hälfte betont, dass er der *Urverkünder, -apostel* und *-lehrer* sowohl des *Evangeliums* als auch der *Paratheke* sei, die es zu *bewahren* gelte. Der aus dem Depositalrecht sowie aus Zusammenhängen der Testamentsliteratur und dem Erbrecht der Antike stammende Ausdruck »Paratheke« erweist sich als sehr geeignet, nicht nur die *Traditionsgebundenheit* des Evangeliums und seiner lehrhaften Entfaltung auszudrücken. Er dient darüber hinaus dazu, die *Herkunft* des Traditionsgutes von seinem *Ursprung*, nämlich vom *gestaltgebenden Erstverkünder* ›*Paulus*‹, auszusagen sowie die bleibende Gebundenheit an seine Botschaft und an die Vorbildlichkeit seines Verhaltens einzuschärfen.

2   Beispiele abschreckenden und vorbildlichen Verhaltens (1,15–18)

15 Du weißt davon, dass alle in der Asia sich von mir abgewandt haben; zu ihnen gehören Phygelus und Hermogenes. 16 Dem Haus des Onesiphorus schenke der Herr Erbarmen; denn er hat mich oft aufgerichtet und sich meiner Fessel nicht geschämt, 17 sondern nach seiner Ankunft in Rom hat er eifrig nach mir gesucht und [mich] gefunden. 18 Der Herr gewähre ihm, dass er Erbarmen finde beim Herrn an jenem Tag. Und wieviel er in Ephesus an Diensten getan hat, weißt du [selbst] besser.

1   Der Abschnitt ist durch die Verben οἶδας und γινώσκεις gerahmt und bringt ein dem Absender und Adressaten gemeinsames Wissen in *Erinnerung.* V15 erinnert an *Negatives*, die VV16–18 erinnern an *Positives*. Die Negativerinnerung spricht zunächst in einer *allgemeinen* Aussage davon, dass ›Paulus‹ von *allen* in der Asia verlassen worden sei und erwähnt so-

Analyse

dann in einer *speziellen*, dass ihn auch Phygelus und Hermogenes verlassen haben. Das Verlassenwordensein des Apostels geschah in der *Vergangenheit*, währt aber bis in die *Gegenwart* des fiktiven Schreibens. Wie der Inhalt der Negativerinnerung in einem mit ὅτι eingeleiteten Nebensatz ausgedrückt wird, so auch der Inhalt der *Positiverinnerung*, nur dass die Aussage dort den in Erinnerung gerufenen gemeinsamen *Wissensinhalt* benennt, hier aber zunächst den *Grund* (VV16b.17) für eine *Bitte um Erbarmen* (VV16a.18a) angibt und erst danach an das *gemeinsame Wissen* erinnert (V18b). Die *Bitte* für Onesiphorus und sein Haus um Erbarmen beim Herrn wird zunächst in einem mit dem Optativ δῴη eingeleiteten *Hauptsatz* ausgedrückt (V16a) und sodann in *Parenthese* mit geringfügiger Erweiterung wiederholt (V18a). In der gleichen Weise wie zuvor die negativen Aussagen sind auch die positiven über Onesiphorus gegliedert. Wie dort auf die *allgemeine* Aussage eine *speziellere* folgt, so auch bei den Aussagen über Onesiphorus: Zunächst wird etwas über sein »Haus« (V16a) und dann erst über ihn selbst (V16b) gesagt. Weiterhin wird bei der Schilderung dessen, was er getan hat, ebenfalls zunächst in allgemeiner Formulierung mitgeteilt, er habe ›Paulus‹ oft aufgerichtet und sich seiner Fessel nicht geschämt (V16b), und erst dann wird in konkreterer Aussage verdeutlicht, dass Onesiphorus ›Paulus‹ in Rom gesucht und gefunden habe (V17). Die *abschließende Erinnerung* an die wertvollen Dienste des Onesiphorus in Ephesus (V18b) enthält ein *Steigerungselement*: Dem Adressaten wird ausdrücklich ein noch *besseres Wissen* darüber zuerkannt, als es dem Absender eignet.

2   Die *Namen Phygelus* und *Hermogenes* kommen im NT nur an dieser Stelle vor. Der *Name Onesiphorus* wird im NT nur noch in der Grußliste 2Tim 4,19 erwähnt: Der Adressat ›Timotheus‹ soll Priska und Aquila sowie »das Haus des Onesiphorus« grüßen. Im fiktiven Briefrahmen wird also vorausgesetzt, dass der zwischenzeitlich von Ephesus nach Rom zum gefangenen ›Paulus‹ gekommene Onesiphorus wieder nach Ephesus zurückgekehrt ist.

Dass es Christen mit den genannten Namen und Verhaltensweisen wirklich gegeben hat, ist nicht unmöglich. Möglich ist aber auch, dass es sich bei den vorliegenden Konkretisierungen nur um ein *Stilmittel* ohne historischen Informationswert handelt. Sie dienen der Paränese. Da sie aber außerdem die Funktion eines ›Echtheitsindikators‹ der fingierten Schrift für die Leser haben, ist auch immer ein gewisses Interesse des Verfassers an historischen Haftpunkten anzunehmen. Bei der vorliegenden kontrastierenden Konkretisierung ist es gut denkbar, dass er den sonst nicht üblichen Namen »Phygelos« = »der Flüchtige« ad hoc gebildet, den verbreiteten Namen »Hermogenes« = »der von Hermes Abstammende« frei eingesetzt und lediglich eine geschichtlich verwurzelte Kenntnis über das rühmliche, aber sonst im NT nicht erwähnte »Haus des Onesiphorus«

eingebracht hat. Die Miterwähnung des »Hauses« lässt vermuten, dass es
– ähnlich wie in 1Kor 16,15–18, wo vom »Haus« des Stephanas und seinem Dienst gegenüber Paulus und der Gemeinde die Rede ist – diese auch
den Lesern irgendwie bekannte und für die Gemeinde hilfreiche ›Hauskirche‹ gegeben hat. In der hier zu vermutenden pseudepigraphischen Gestaltungsweise dürfte historisch Zutreffendes und den Lesern Bekanntes
mit frei Formuliertem absichtsvoll verbunden worden sein[102].

Das erinnernde »Du weißt« suggeriert zusammen mit dem in V18b sogar   Erklärung
noch gesteigerten »Du weißt es besser«, dass zwischen dem ›Absender‹   15
und dem ›Adressaten‹ ein gemeinsames Wissen und somit eine enge
gegenseitige Beziehung und Vertrautheit besteht. Ebenso wie schon ähnliche vorausgehende Äußerungen (VV2.5.6.8.13f) soll diese Betonung der
Nähe zu ›Paulus‹ den Lesern bewußt machen, dass ›Timotheus‹ als sein
getreuer Schüler mit ihm die gemeinsame Sorge und Verantwortung für
die Weitergabe des Evangeliums in den Gemeinden teilt.

Als Inhalt des gemeinsamen briefkommunikativen Wissens wird genannt, dass sich alle in der Asia von ›Paulus‹ abgewandt haben. Weil als
Objekt des Verbums ἀποστρέφομαι ein persönliches με und nicht wie etwa in 2Tim 4,4; Tit 1,14 ἀλήθεια genannt ist und weil zudem im Folgenden kontrastierend die persönliche Hilfe des Onesiphorus erwähnt wird,
nimmt man vielfach an, es sei hier ausschließlich die persönliche Abkehr
von ›Paulus‹, nicht aber zugleich eine Ablehnung seiner Botschaft gemeint[103]. Manche denken dabei an mangelnden Beistand bei der Inhaftierung des ›Paulus‹, andere an unterlassene Hilfeleistung während der Gefangenschaft in Rom. Wahrscheinlicher ist jedoch, dass mit der Zeichnung des in der Todeszelle verlassenen, aber in seinem Dienst bis zum
Schluss vorbildlich treuen ›Paulus‹ auch der Gedanke einhergehen soll,
dass er nicht nur persönlich, sondern auch mit seiner Botschaft von vielen
im Stich gelassen worden sei. Diese Verständnisweise legt sich zum einen
deshalb nahe, weil sich darin etwas von der Glaubenskrise der Gemeinden
spiegelt, innerhalb deren die Past entstanden sind, und zum anderen, weil
die Past ständig betonen, wie sehr ›Paulus‹ und die rechte Glaubensbotschaft unzertrennlich zusammengehören, so dass absichtliche Trennung
von ihm zugleich auch Abkehr vom Inhalt seiner Lehre meint[104]. Die Bezeichnung »Asia« verweist auf das Gebiet der paulinischen Missionswirksamkeit innerhalb der römischen Provinz, besonders auf den westlichen
Teil mit Ephesus und umgebenden Nachbarstädten. Dass die Aussage,

---

[102] Vgl. zur Gestaltungsweise Speyer, Fälschung 82; zu den Personalangaben s.u. den
Exkurs.
[103] So Lock 89; Scott 98; Spicq 732; Kelly
169; Ollrog, Paulus 50, Anm. 232; Guthrie
147; Knight 383.

[104] So Oberlinner 57, zusammen mit
Houlden 114; Schierse 108; Fee 236; Knoch,
54f und gestützt auf Meade, Pseudonymity
122–130, bes. 127.

»*alle* in der Asia« hätten ›Paulus‹ verlassen, nicht wörtlich zu verstehen ist, zeigt sich schon daran, dass ja ›Timotheus‹ und die in 4,11f.19–21 Erwähnten zu ihm stehen.

Über die allgemeine Aussage hinaus soll der konkretisierende Hinweis auf Phygelus und Hermogenes als abschreckendes Beispiel paränetisch noch eindringlicher vor dem Fehlverhalten warnen. Über die genannten Personen selbst geht aus dieser Notiz nichts hervor. Auch aus der Namensetymologie, nämlich dass Phygelus »der Flüchtende« und Hermogenes »der von Hermes Stammende« bedeutet, lässt sich nur mit Zurückhaltung vermuten, warum gerade diese Namen gewählt wurden[105]. Eher könnte die Namensbedeutung bei der Wahl des im Folgenden als positives Beispiel genannten Onesiphorus eine Rolle gespielt haben; denn dessen Name bedeutet – ähnlich wie Onesimus (Phlm 10) – »der Nutzbringende«; aber gerade seine Erwähnung verdient ein höheres Maß an Zutrauen in historische Zuverlässigkeit (s.o. Analyse 2).

16-18   Von Onesiphorus wird gesagt, dass er oft ›Paulus‹ »aufgerichtet« habe (ἀνέφυξεν). Er hat es getan, indem er sich dessen »Fessel nicht geschämt«, sondern in Rom »mit Eifer nach ihm gesucht und ihn gefunden hat«. Die Erwähnung des Sich-nicht-Schämens knüpft an die Aussage an, dass sich ›Paulus‹ des Evangeliums und der mit dem Zeugendienst zusammenhängenden Gefangenschaft »nicht geschämt« habe (V12), woraus die Ermahnung an ›Timotheus‹ abgeleitet wurde, dass auch er sich weder des Christuszeugnisses noch des gefangenen ›Paulus‹ »schämen«, sondern zum Mitleiden bereit sein solle (V8). Die Erinnerung an Onesiphorus besagt, dass er diese Haltung verwirklicht hat. Die Leser und besonders die Gemeindeleiter sollen sich daran erbauen und dieser vorbildlichen Haltung in ihren Lebensverhältnissen Rechnung tragen. Worin die dem Paulus‹ erwiesene Hilfe des Onesiphorus näherhin bestanden habe, wird nicht gesagt. Der vorausgesetzten Gefangenschaftssituation entsprechend ist sowohl an mancherlei leiblich-materielle Unterstützung als auch an geistig-seelische Ermutigung zu denken. In der paränetischen Ausrichtung kann der Gedanke mitenthalten sein, dass auch die Christen einander und den in der Nachfolge des ›Paulus‹ stehenden Gemeindeleitern ermutigend beistehen sollen, zumal ja sogar »der Apostel in der Bedrängnis des Zuspruchs von seiten« treuer Christen bedurfte[106]. Der am Schluss (V18b) eigens rühmlich erwähnte Dienst, den Onesiphorus in Ephesus ausgeübt hat, bleibt inhaltlich ebenfalls unbestimmt. Wie das Verbum διακονέω[107] und seine Verwendung in den Past erkennen lässt,

---

[105]   Ähnlich Hanson 126; Oberlinner 56, Anm. 7 im Unterschied zu Hasler 60.
[106]   Oberlinner 59.
[107]   Alle Vorkommen der Worte des διακ-Stammes in den Past sind vom spezifisch urchristlichen und bes. paulinischen Bedeu-

tungsgehalt bestimmt: Der Aposteldienst des ›Paulus‹ (1Tim 1,12) wie auch der Verkündigungsdienst der Mitarbeiter (2Tim 4,5.11) werden als διακονία bezeichnet. ›Timotheus‹ gilt wegen seiner vor allem im Lehren bestehenden Gemeindeleitertätig-

ist auf jeden Fall an ein Verhalten gedacht, das der Gemeinde zugute gekommen ist. Da Onesiphorus aber nicht in einer gemeindeleitenden Aufgabe erscheint, dürfte an sozial-karitative Hilfe, an gute zwischenmenschliche Kontakte mit einfühlsamer Anteilnahme und ermutigendem Zuspruch gedacht sein.

Weil in V16a nicht nur Onesiphorus, sondern sein »Haus« der Barmherzigkeit Gottes empfohlen wird und weil die Schlussgrüße ebenfalls nicht nur ihm, sondern seinem »Haus« gelten (4,19), ist sicher als Voraussetzung mitgemeint, dass sich in seinem Haus Christen zu einer Hausgemeinde trafen und dass seine Famlienangehörigen als Christen zu denken sind, die sich wie er selbst für das Gedeihen der Christengemeinde einsetzten. Die Vorstellungs- und Ausdrucksweise knüpft an die zur Frühgeschichte der urchristlichen Mission und der Gemeinden gehörenden wichtigen Gegebenheit der ›Hausgemeinden‹ an, wie sie besonders in den paulinischen und deuteropaulinischen Briefen sowie in der Apg bezeugt sind (z.B. Röm 16,5; 1Kor 1,16; 16,15.19; Phlm 2; Kol 4,15; Apg 2,46; 5,42; 16,15.31–33; 20,20). Die Gemeindesituation der Past gegen Ende des 1. Jh.s lässt indes nicht erkennen, dass es auch in ihr noch »Hausgemeinden als Substruktur von Lokalgemeinden« gab[108]. Während bei Paulus die Realität von Privat-»Häusern« für die Mission und für das Gemeindeleben eine große Rolle spielte, aber das »Haus« gemeindetheologisch nicht ausgewertet wurde, ist es in der Situation und Sicht der Past gerade umgekehrt: Bestehende ›Hauskirchen‹ werden nicht mehr erwähnt, aber das ›Haus‹ ist zur ekklesiologischen Leitmetapher geworden; der Ordnung des ›Hauses‹ entspricht die Ordnung der christlichen Gemeinde (1Tim 3,5.15; 2Tim 2,20; Tit 2,1–10). Das »*Haus*« des Onesiphorus wird also – ebenso wie in 4,19 – deshalb miterwähnt sein, weil es eine wichtige Realität in der paulinischen Missionsarbeit war und weil in der Sicht des Verfassers mit dem »Haus« wichtige Werte des Gemeindelebens verbunden sind (s.u. zu 2,20f).

Bemerkenswert ist die Ähnlichkeit der Aussagen mit denen in 1Kor 1,16; 16,15–18: Hier wie dort ist vom »*Haus*« eines Christen die Rede, wobei der Hausherr zwar *namentlich*, aber doch nur in Zuordnung zur *Hausgemeinschaft* genannt wird. Hier wie dort werden die Aussagen durch das *briefkommunikative* »Ihr wisst« bzw. »Du weißt« eingeleitet. Hier wie dort besteht das anzuerkennende *positive Verhalten* darin, dass sich das »Haus« bzw. der namentlich Erwähnte in den *Dienst* der Gemeinde gestellt hat und dass der Hausherr nach bzw. von *Ephesus* zu *Paulus gekommen* ist und ihn *aufrichtete*.

---

keit als διάκονος Χριστοῦ Ἰησοῦ (1Tim 4,6). Es gibt das ›Dienstamt‹ der διάκονοι (1Tim 3,8.12), und die Ausübung ihrer Tätigkeit wird διακονεῖν genannt (1Tim 3, 10.13).

[108] Schöllgen, Hausgemeinden 84; vgl. Thiessen, 274. – Zum Wandel von der ›Hauskirchen‹-Realität zur ›Haus‹-Ekklesiologie vgl. auch Weiser, Evangelisierung (passim).

Beachtet man diesen Zusammenhang und außerdem die kontrastierende Strukturparallelität der Aussagen mit denen in V15 (s.o. Analyse 1), dann lässt sich auch die Auffälligkeit besser verstehen, dass in V16a zunächst *nur die Familie*, nicht aber Onesiphorus selbst Gott empfohlen und dass in 4,19 ebenfalls nur die Familie gegrüßt wird. Selbstverständlich ist Onesiphorus beide Mal – ebenso wie Stephanas in 1Kor 1,16; 16,15–18 – mitgemeint. Keineswegs ergibt die Ausdrucksweise, dass er von der Familie getrennt[109] oder bereits verstorben[110] zu denken sei.

Die letztere Annahme wird meist zusätzlich damit begründet, dass im Gebetswunsch V18a Gottes Erbarmen »an jenem Tag« für Onesiphorus erbeten wird. Gegen diese Begründungsweise spricht aber zunächst, dass ›Paulus‹ das Erbarmen des Herrn ausdrücklich auch für die ganze Familie des Onesiphorus erbittet (V16a). Vor allem aber enthält die Erbarmensbitte in V18a einen vollgültigen Sinn auch ohne die Voraussetzung, dass Onesiphorus schon gestorben sei: Sie drückt den besten Wunsch aus, den man überhaupt für einen Menschen hegen kann, nämlich dass er »an jenem Tag«, d.h. im Endgericht, vor Gott bestehe. Da jeder Mensch sowohl im Leben als auch im Sterben darauf zugeht, ist der Gebetswunsch für Lebende ebenso aktuell wie für Verstorbene. Das »Erbarmen« (ἔλεος) Gottes, vermittelt durch Jesus Christus, ist als Heilsgut auch Gegenstand des Segenswunsches, der in den Briefpräskripten 1Tim 1,2; 2Tim 1,2 ›Timotheus‹ zugesprochen wird. Darüber hinaus akzentuiert der Verfasser der Past mit diesem Begriff Tauf- und Erlösungsaussagen, die er aus Überlieferungsgut aufgenommen hat, indem er schreibt, dass sich die Rettung nicht den Werken verdankt, »die wir getan haben«, sondern dem »Erbarmen«, mit dem uns Gott »durch das Bad der Wiedergeburt errettet hat« (Tit 3,5; vgl. auch oben zu V9b). »Erbarmen« meint also im Sinne der Past die Zuwendung Gottes zu uns Menschen, wie sie in Jesus Christus erlösend geschehen ist, sowie das dadurch ermöglichte endzeitliche Heilsgut, das Christen füreinander in Segens- und Gebetswunsch erbitten. Die eschatologische Akzentuierung, dass Onesiphorus Erbarmen finde »an jenem Tag« befremdet insofern nicht, als sie wirklich auf das *letztgültig Entscheidende* hinweist. Der entscheidende eschatologische Fluchtpunkt spielt ja überdies von V12 her bereits eine Rolle, wo es heißt, dass Gott die Überlieferung »bis zu jenem Tag« zuverlässig zu bewahren vermag, und an anderer Stelle wird ›Timotheus‹ ermahnt, seinen Auftrag untadelig zu erfüllen »bis zum Erscheinen Jesu Christi unseres Herrn« (1Tim 6,14). Gegen Schluss des Briefes drückt ›Paulus‹ die Überzeugung aus, dass er selbst und alle, die das Erscheinen des Herrn erwarten, »an jenem Tag« den Siegeskranz erhalten werden (4,8). Das, was ›Paulus‹ für sich und sei-

---

[109] So Borse 82; erwogen von Knight 386.
[110] So die meisten, u.a. Wohlenberg 285; Lock 90; Scott 99; Kelly 170; Spicq 733 (»l'explication la plus simple«); Brox 239; Holtz 162f (Märtyrertod in Rom); Hasler 60; Merkel 61; Towner 168; erwogen von Knight 386. – Vgl. dagegen überzeugender Hendriksen 140; Oberlinner 59f.

ne Mitchristen über den Tod hinaus erhofft, erbittet er im Gebetswunsch
V18 für Onesiphorus. Alle genannten Aussagen ergehen in eschatologi-
scher Perspektive. Sie betreffen sowohl das *gegenwärtige* Leben als auch
seine *Vollendung über den Tod hinaus*, was dementsprechend auch für
V18 gilt.

Befremdlich wirkt allerdings die doppelte Nennung des Titels »Herr«.
Aufgrund z.T. vergleichbarer Aussagen in VV9–10 sowie in Tit 3,5 und
1Tim 6,14 dürfte die Zuordnung zueinander und ihr Sinn am besten so zu
bestimmen sein: Der Herr Jesus Christus lasse ihn Erbarmen finden vor
Gott dem Herrn im Endgericht[111].

Die briefkommunikative Betonung des gemeinsamen Wissens am Anfang
und am Schluss des Abschnitts ist wie eine ›Qualitätsmarke‹ für ›Timotheus‹ und alle, die wie er in der ›Nachfolge‹ des ›Paulus‹ den Gemeinden
zu dienen suchen. Sie vertieft nämlich bei den Lesern das Bewusstsein,
dass zwischen dem ›Apostel‹ und seinem Mitarbeiter und ›Nachfolger‹ im
Zeugendienst ein enges Vertrauensverhältnis besteht. Dies bedeutet zugleich, dass dem Verhalten und Lehren der Nachfolger autoritative Geltung zukommt, weil es ja dem des ›Apostels‹ entspricht.

*Zusammen-
fassung*

Der Inhalt, an den im Rahmen dieses betont gemeinsamen Wissens erinnert wird, besteht in kontrastierend einander gegenübergestellten Beispielen. Als Maßstab gelten dabei die Distanz bzw. Nähe zu ›Paulus‹.
Strukturparallel führen die Aussagen vom Allgemeineren zum Besonderen. Als verwerfliches Verhalten gilt, dass Christen ›Paulus‹ im Stich gelassen und sich auch von seiner Lehre distanziert haben. Dass *alle* in der
Asia sich so verhielten, will und kann nicht wörtlich verstanden werden,
da ja der Verfasser selbst an anderer Stelle ausdrücklich treu gebliebene
Christen erwähnt. Das Aussageziel ist vielmehr rein paränetisch.

In gleicher Weise paränetisch ausgerichtet sind die folgenden negativen
und positiven Beispiele namentlich genannter Einzelpersonen. Während
sich die Namen Phygelus und Hermogenes vermutlich ganz der paräne-
tisch-pseudepigraphischen Gestaltung des Verfassers verdanken, liegt der
Erwähnung des Onesiphorus und seines Hauses wahrscheinlich ein historischer Haftpunkt zugrunde. Abschreckend soll das Verhalten des Phygelus und Hermogenes wirken, anziehend und zur Nachahmung motivierend dagegen das des Onesiphorus. Weil er sich des gefangenen ›Paulus‹
nicht schämte, sondern ihm in der römischen Haft beistand, weil er sich
auch in der Christengemeinde von Ephesus intensiv eingesetzt hat, wird
für seine Familie und für ihn das Erbarmen des Herrn erbeten. Dass zunächst nur das »*Haus*« des Onesiphorus erwähnt und dass sodann er

---

[111] Vgl. ähnlich Wohlenberg 287; Spicq
735; Brox 239; Dornier 200; Knoch 55 (mit
Verweisen auf atl. Texte); Hanson 127;
Merkel 61; Oberlinner 61. – Jeremias 52f;
Kelly 170; Hasler 60 sehen zwei formelhafte Wendungen miteinander verbunden,
was sich aber nicht erweisen lässt.

selbst Gott im *Endgericht* empfohlen wird, bedeutet nicht, dass er von seiner Familie getrennt oder als bereits gestorben gilt. Der geäußerte Gebetswunsch ist *in jedem Falle* höchst sinnvoll und entspricht der auch sonst in den Past vorhandenen eschatologischen Perspektive, in der das *gegenwärtige* Leben und seine *Vollendung durch Gott über den Tod hinaus* im Blick sind. Dabei liegt der Akzent freilich auf der *Gegenwart* als der ernst zu nehmenden Entscheidungszeit. Es werden vom Verfasser weder der Jüngste Tag als solcher noch der ›Zustand‹ nach dem Tod und auch *nicht* die Möglichkeit des Fürbittgebets für Verstorbene *grundsätzlich* reflektiert. Die Überzeugung, dass Jesus Christus »den Tod zunichte gemacht, Leben und Unvergänglichkeit aber hat aufleuchten lassen« (V10), ist der Glaubenshorizont, innerhalb dessen es jedoch als selbstverständlich erscheint, das endzeitliche Heilsgut göttlichen Erbarmens füreinander – und das heißt: auch für die Verstorbenen – zu erbitten[112].

Exkurs: Zur Wirkungsgeschichte von 2Tim 1,18: Das Fürbittgebet für Verstorbene im ökumenischen Dialog

Da die Auslegungsgeschichte von V18 z.T. mit der in der Frömmigkeits- und Theologiegeschichte behandelten Frage nach der *Möglichkeit und dem Sinn des Fürbittgebets für Verstorbene* zusammenhängt, sei auf sie eigens eingegangen. Wie aus den bisherigen Ausführungen deutlich wurde, enthält V18 durchaus einen Hinweis auf ein derartiges Fürbittgebet. Dies besagt der Text, *ohne* dass Onesiphorus als bereits *gestorben* vorausgesetzt und *ohne* dass das Gebet für Verstorbene *ausdrücklich* thematisiert wird.

1.   In der *römisch-katholischen* Tradition, in der das Gebet für die Verstorbenen verhältnismäßig problemlos stets zum privaten und öffentlichen Vollzug des religiösen Lebens gehört, hat man oft in 2Tim 1,18 neben 2Makk 12,45 eine Stütze für diese Weise des Betens gesehen. Diese Gebetspraxis selbst hat ihre Wurzeln nicht in diesem oder jenem Schriftwort, sondern rührt von dem allgemeineren Empfinden und Denken in spätalttestamentlicher, frühjüdischer und urchristlicher Zeit her, dass man auch den Toten seine Liebe nicht versagen darf (vgl. Sir 7,33) und dass es eine Gemeinschaft zwischen Lebenden und Verstorbenen, eine communio sanctorum, gibt. Die pilgernde Kirche »hat von den anfänglichen Zeiten an ... das Gedächtnis der Verstorbenen mit großer Ehrfurcht gepflegt und hat auch Fürbitten für sie dargebracht«[113]. Da bei den Kirchenvätern der Tod nicht als

---

[112] Oberlinner 64: »Ein Ausschluß der Verstorbenen vom Gebet stünde aufgrund dieses Bekenntnisses geradezu in Widerspruch zu den Past.« – Schon Wohlenberg 287 hatte formuliert:»Nicht ohne Berechtigung ist diese Stelle als ein Beweis dafür angesehen worden, daß der Ap[ostel] einer rigorosen Ablehnung jeglicher Fürbitte für Verstorbene sich entschieden entgegensetzen würde.«

[113] II. Vat. Konzil: LG 50; vgl. Katechismus der Katholischen Kirche (1993), Nr. 958.

Ende des Lebens, sondern nur als Grenze zwischen zwei Lebensabschnitten galt, forderten sie immer wieder zu Gebet und Almosen sowie zur Feier der Eucharistie für die Verstorbenen auf[114]. Cyprian von Karthago († 258) *erwähnt* das Fürbittgebet für Verstorbene im Hochgebet der Eucharistiefeier (Ep 1,2). Die ältesten erhaltenen Gebets*texte* stammen aus der Zeit um 380 und gehören der orientalischen Liturgie an (ConstAp VIII,13,6 [Funk, DCA 1, 514f]; Euchol Serap XIII,17f [Funk, DCA 2, 176] u.a.).

Zusammenhängende Ritusbeschreibungen der Sterbe- und Begräbnisliturgie, wie z.B. die des Rituale Romanum (1614), enthalten u.a. die »Orationes post obitum hominis«, deren letzte den Untertitel trägt: »Commendatio animae«. Durch das Mittelalter hin war eine Akzentverschiebung eingetreten. Im Zusammenhang mit der dogmengeschichtlichen Entwicklung der Lehre vom Fegfeuer galt der Tod nicht mehr sosehr als Übergang zum neuen Leben und als Heimkehr zum Herrn, sondern vor allem als Hintreten vor sein Gericht und als Beginn einer harten jenseitigen Läuterungszeit. Dementsprechend wurde der Begräbnisgottesdienst mit der Commendatio animae, dem Officium, und der Missa pro defunctis fast ausschließlich von der Fürbitte für den Verstorbenen bestimmt. Im Unterschied dazu machte das II. Vat. Konzil wieder stärker bewusst, dass die Totenliturgie »deutlicher den österlichen Sinn des christlichen Todes ausdrücken« soll (SC 81). In der Neuordnung der Liturgie wurde deshalb auf manche Gebete, wie z.B. das »Libera« (11. Jh.), und auf Gesänge düsteren Charakters, wie z.B. das »Dies irae« (12./13. Jh.), verzichtet. Die heutige Totenliturgie trägt stärker der Verkündigung der Auferstehungsbotschaft an die Lebenden Rechnung. Die Gebete und Gesänge sind stärker an der heiligen Schrift orientiert. Der ganze Mensch und nicht nur seine Seele wird Gott anempfohlen, weshalb nicht mehr vom »Ordo commendationis *animae*«, sondern »*morientium*« die Rede ist. Mit der Intensivierung der Schriftgemäßheit und des Verkündigungscharakters der Totenliturgie hat die römisch-katholische Liturgiereform nicht nur an die frühkirchliche Tradition angeknüpft, sondern sie ist auch dem nähergekommen, woran den Christen der Reformation stärker gelegen ist[115]. Allerdings gibt es in deren Totenliturgien ebenfalls geschichtliche Entwicklungen. Ein Blick auf sie wird sogleich zeigen, dass sie manche Annäherung an das enthalten, was römisch-katholischen Christen wichtig ist.

2.   Die Bestattungsriten wurden von den *Reformatoren* besonders kritisch beurteilt und verändert. Martin Luther schreibt in der Vorrede zu den Begräbnisliedern (1542): »Demnach haben wir in unseren Kirchen die Bepstlichen Grewel, als

---

[114] Vgl. dazu und zum Folgenden R. Kaczynski, Die Sterbe- und Begräbnisliturgie, in: GDK 8 (1984) 191–232, hier 207 mit Belegverweisen auf Tertullian, Monog 10,5; ders., De corona 3; Cyprian, Ep 12,2; 39,3; Chrysostomus, Hom in Joh 62(61),5; 85(84),5; ders., Hom in Act 21,4; (vgl. außerdem Augustin, De cura pro mortuis gerenda, bes. 18,22); F. Merkel, Bestattung IV. Historisch, V. Praktisch-Theologisch, in: TRE V (1980) 743–757, hier 743–746.

[115] Vgl. dazu und zum Folgenden Merkel, Bestattung (s. vorige Anm.); F. Heidler, Die biblische Lehre von der Unsterblichkeit der Seele. Sterben, Tod, ewiges Leben im Aspekt lutherischer Anthropologie, Göttingen 1983; F. Schulz, Gebet VII. Das Gebet im deutschsprachigen evangelischen Gottesdienst, in: TRE XII (1984) 71–84, bes. 82f; O. Jordahn, Die Bestattung, in: Handbuch der Liturgik, hrsg. v. Schmidt-Lauber, H.-Ch. / Bieritz, K.-H., Leipzig/Göttingen 1995, 415–431.

Vigilien, Seelmessen, Begengnis, Fegfewr und alles ander Gauckelwerk, fur die Todten getrieben, abgethan und rein ausgefegt. ... Denn es auch billich und recht ist, das man die Begrebnis ehrlich halte und vollbringe, Zu lob und ehre dem froelichen Artickel unseres Glaubens, nemlich von der aufferstehung der Todten ...« (WA 35, 478f). Während Calvin jegliches Bittgebet für die Verstorbenen ablehnte (CR 47, 532.548f), meinte Luther, man könne es »do heymen in [s]eyner kammern und das ein mal oder tzwey« tun. Man solle es damit aber genug sein lassen und es nicht wie »die narren thun, die stete vigilien halten und stete jartzeyt« (WA 10/3, 409). Die Zurückhaltung war durch äußere und innere Gründe veranlasst. Zu den äußeren, situationsbedingten gehörte der verbreitete Missbrauch mit dem Ablasswesen. Die inneren, theologisch-sachlichen Gründe bestanden zum einen in der Rechtfertigungslehre, von der her man alles ablehnte, was auch nur den Anschein von ›Werkgerechtigkeit‹ an sich trug, und zum anderen im Fehlen eindeutiger Weisungen aus der heiligen Schrift. Luther erachtete den »heilsamen und frommen Gedanken« des Judas Makkabäus, es sei gut, »für die Verstorbenen zu beten« (2Makk 12,45), als dessen »gutduncken« und meinte, dies gehe ihn selbst nichts an (WA 10/3, 409) und sei »keyn gepot« (408f). Soweit man aus den vorausgegangenen Jahrhunderten Riten der Totenliturgie übernahm, wurden sie mit neuen, am Rechtfertigungsglauben orientierten Inhalten gefüllt. Nicht mehr das Einwirken auf das postmortale Geschick des Verstorbenen, sondern die Bezeugung des Glaubens an die Auferstehung gegenüber den Lebenden wurde in den Vordergrund gerückt. Da man jedoch darüber hinaus das Begräbnis und das Gedenken an die Verstorbenen auch als Liebes- und Freundschaftserweis betrachtete, war bei den reformatorischen Christen in unterschiedlicher Weise damit auch die Bitte verbunden, dass der Verstorbene »Erbarmen finde beim Herrn an jenem Tag« (2 Tim 1,18)[116]. So wird z.B. in der Confessio Augustana das Gebet für die Toten, von dem die Kirchenväter sprechen und wozu in ihrem Sinn auch die Messfeier gehört, nicht untersagt. Es wird aber das spätmittelalterliche Verständnis, dass sie »ex opere operato« wirke, was als ›automatisch‹ wirkend missverstanden wurde, zurückgewiesen[117]. In der lutherischen Tradition herrscht die Auffassung vor, dass »ein Handeln am Toten durchaus möglich und sinnvoll ist, zwar nicht im Sinne eines verändernden Einwirkens, wohl aber als gleichsam doxologische Fürbitte und Segnung«[118]. Lag diese Grundeinstellung auch schon dem Regelgebet der Agende für die Evangelisch-lutherischen Kirchen Deutschlands zugrunde[119], so zeigt sie sich noch deutlicher in der von der »Lutherischen Liturgischen Konferenz Deutschlands« erarbeiteten Begräbnisordnung[120]. In der überarbeiteten Fassung des Regelgebets heißt es dort: Wir »geben unseren Entschlafenen in deine Hand ... Wir danken dir für alles, was

---

[116] Heidler, Lehre (s. vorige Anm.) 183f meint sogar, dass aufgrund von Weish 3,5; 1Kor 15,29; Petr 3,19; Apk 20,13f eine Wartezeit der Verstorbenen in »aktiver Wachheit« und sogar die römisch-katholische Lehre vom Läuterungszustand (›Fegfeuer‹) »nicht strikt aus[zu]schließen« seien.
[117] In der Apologie der Confessio Augustana heißt es z.B.: »... scimus veteres loqui de oratione pro mortuis, quam nos non prohibemus, sed applicationem coenae Domini pro mortuis ex opere operato« (24,94).
[118] Jordahn, Bestattung (s.o. Anm. 115) 421.
[119] Vgl. Agende III. Die Amtshandlungen. Studienausgabe, Berlin/Hamburg ³1969, 171.
[120] Das Begräbnis. Die kirchliche Bestattung, Hannover 1987.

du ... an ihm getan hast ... Wir bitten dich: Nimm ihn gnädig auf und vollende dein Werk an ihm in Ewigkeit ... Für alle Verstorbenen bitten wir: Laß sie ruhn in deinem Frieden. Sei ihnen ein gnädiger Richter«[121]. Überdies gilt in der lutherischen Kirche das eucharistische Hochgebet in besonderer Weise als Ort des Totengedenkens und als Ausdruck für die bleibende Verbundenheit in der Gemeinschaft der Heiligen[122].

3.   Der Überblick zeigt, dass es hinsichtlich des Fürbittgebets für Verstorbene in der *Ökumene* begründeterweise *gegenseitige Annäherungen* gibt. Sie zeigen sich auch bei der Auslegung von 2Tim 1,18. Obwohl hier wie auch sonst gilt, dass eine »durch dogmatische oder praktische Interessen geleitete Exegese« abzulehnen und der Text in *diesem* »Sinne ›vorurteilslos‹ historisch-kritisch auszulegen ist, bedeutet dies nicht, dass es ›voraussetzungslos‹ geschehen« kann[123]. Vielmehr spielen u.a. auch konfessionsbedingte Vorverständnisse eine Rolle[124]. Katholische Exegeten hörten aus V18 durchweg eine Aussage über das Fürbittgebet für Verstorbene mit heraus, und der Vers wurde in der katholischen Theologie u.a. zur Begründung des Fürbittgebets für Verstorbene herangezogen. Die Auslegungen der Exegeten anderer Konfessionen zeigen kein so einheitliches Bild. Manche äußerten sich direkt zum katholischen Vorverständnis. Sie erachteten die katholische Position als zu konfessionsbedingt, als keineswegs textgemäß und lehnten sie deshalb ab[125]. Andere meinten, in V18 liege gar kein Gebet oder Gebetswunsch vor, sondern es sei nur eine Hoffnung ausgedrückt[126]. Wieder andere paraphrasieren die

---

[121]   Ebd. 25. Jordahn, Bestattung (s.o. Anm. 115) 424 weist eigens auf die bemerkenswerte »Mittelpunktstellung des Verstorbenen« und auf die »für die lutherische Spiritualität ungewöhnliche Bitte« am Schluss hin.
[122]   Vgl. Jordahn, Bestattung (s.o. Anm. 115) 428.
[123]   E. Gräßer, Evangelisch-katholische Exegese? Eine Standortbestimmung, ZThK 95 (1998) 185–196, hier 193f im Anschluss an R. Bultmann.
[124]   »Aufgabe der Exegese ist es *nicht*«, Pluralität »durch eine konfessionell-neutrale historische Exegese« aufzuheben. Die Aufgabe »im ökumenischen Dialog [besteht] darin, daß Menschen sich wechselseitig ihre von der Bibel geprägten besonderen konfessionellen und individuellen Teil-Interpretationen erzählen, sie zugleich kritisch hinterfragen, und daß sie so im Lichte der Bibel und ihrer Wirkungsgeschichte wechselseitig erkennen, wer sie sind, woher sie kommen, wo ihre Grenzen und Einseitigkeiten liegen, und wer sie

werden könnten« (U. Luz, Kann die Bibel heute noch Grundlage für die Kirche sein? Über die Aufgabe der Exegese in einer religiös-pluralistischen Gesellschaft, NTS 44 [1998] 317–339, hier 337).
[125]   So z.B. Koehler 437: »Von einer Fürbitte für Verstorbene, wie die katholischen Ausleger annehmen, ist im ganzen Text keine Spur zu finden.« – Umgekehrt weist Spicq 735 auf das gegenteilige Vorverständnis von »commentateurs non-catholiques« hin. Obwohl Spicq nicht behauptet, dass dies von *allen* gelte, kritisiert Hanson 127 dies als unberechtigte Verallgemeinerung und verweist auf die Gegenbeispiele Bernard, Easton und Holtz. – Dornier 200f stellt fest: Non »seulement des catholiques mais des commentateurs de diverses confessions chrétiennes ont vu dans ce verset le fondement biblique de la prière por les défunts.«
[126]   So Hultgren 117, der sich damit direkt gegen Lock, Easton, Spicq und Hanson wendet; ebenso Knight 386, der sich gegen Freundorfer, Spicq, Barclay, Bernard und Kelly richtet.

Aussage nur als »Segenswunsch, der den Heimgegangenen [Onesipho-
rus] ... in die Hände des ewigen Erbarmens legt, im Vertrauen auf die Für-
sprache Christi am Jüngsten Tage«[127]. Allgemein wird man sagen können,
dass »ein gewisser Wandel stattgefunden« hat[128]. Die früher unter Nicht-
Katholiken eher selten vertretene Auffassung[129], dass der Gebetswunsch
von V18 »die biblische Möglichkeit des Gebetes für Verstorbene« belegt[130], begegnet in neueren evangelischen Kommentaren begründeterweise häufiger[131].

3   Treue in Lehre und Leiden nach ›paulinischem‹ Vorbild und im Ge- denken an den Weg Jesu (2,1–13)

Literatur: Bassler, J.M., »He remains faithful« (2 Tim 2:13a), in: *Lovering,* The-
ology 173–183; *Donelson,* Pseudepigraphy 149–152; *Driessen, E.,* »Secundum
Evangelium meum« (Rom 2,16; 16,25; 2Tim 2,8), VD 24 (1944) 25–32; *Ellis,* Tra-
ditions; *Fridrichsen, A.,* »Sich selbst verleugnen«, 1936 (AMNSU 4); *Javierre,
A.M.,* ΠΙΣΤΟΙ ΑΝΘΡΩΠΟΙ (2 Tim 2,2). Episcopado y sucesión apostólica en
Nuevo Testamento, in: SPCIC 1961, Rom 1963 (AnBib 17/18), II 109–118; *Läger,*
Christologie 72–81; *Lau,* Manifest in Flesh 126–150; *Leege, W.,* Some Notes on 2
Tim 2,1–13 (Courageous Faithfulness of Pastors as Soldiers of Christ), CTM 16
(1945) 631–636; *I-Jin Loh,* A Study of an Early Christian Hymn in II Tim. 2,11–
13 (Diss. theol.), Princeton 1968; *Lohfink,* Vermittlung 177–180; *Redalié,* Paul
195–199; *Roloff,* Weg Jesu; *Simonsen,* Traditionselemente; *Thompson, G.H.P.,*
Ephesians III.13 and 2 Timothy II.10 in the light of Colossians I.24, ET 71 (1960)
187–189; *Towner,* Goal 100–107; *Trummer,* Treue Menschen; *Young,* Theology
59–68.
Zur Formel »Zuverlässig ist das Wort« *(V11): Botha, F.J.,* The Word is Trustwor-
thy (1 Tim 1,15; 3,1; 4,9; 2 Tim 2,10; Tit 3,8), ThEv(SA) 1 (1968) 78–84; *Campbell,* Faithful Sayings; *Ellis,* Tradition 238–242; *Knight,* Faithful Sayings; *Redalié,*
Paul 84f; *Ritt, H.,* EWNT II (1981) 87; *Schlarb,* Lehre 206–214; Stettler, Christologie 45–48.

**1 Du nun, mein Kind, werde stark in der Gnade, die in Christus Je-
sus [ist]; 2 und was du von mir gehört hast vor vielen Zeugen, das
vertraue zuverlässigen Menschen an, die imstande sein werden,
wieder andere zu lehren. 3 Leide mit als guter Soldat Christi Jesu.
4 Keiner, der im Kriegsdienst steht, verstrickt sich in die Geschäfte des [täglichen] Lebens, damit er dem Kriegsherrn gefalle. 5 Auch
wenn einer am Wettkampf teilnimmt, erhält er den Siegeskranz
nicht, wenn er nicht vorschriftsmäßig gekämpft hat. 6 Der Bauer,**

---

[127] Jeremias 53; vgl. Scott 99; Bürki 46.
[128] Oberlinner 64.
[129] Vgl. z.B. Wohlenberg 287; Lock 90;
Easton 48.

[130] Merkel 61.
[131] Vgl. z.B. Holtz 163; Kelly 171; Hanson
127; Merkel 61.

der sich abmüht, soll als erster Anteil an den Früchten bekommen. 7 Bedenke, was ich sage; denn der Herr wird dir Einsicht in allem geben.

8 Denke an Jesus Christus, auferweckt von den Toten, aus Davids Geschlecht, gemäß meinem Evangelium, 9 um dessentwillen ich Leiden erdulde bis zu Fesseln wie ein Verbrecher; aber das Wort Gottes ist nicht gefesselt. 10 Deshalb ertrage ich alles um der Auserwählten willen, damit auch sie [das] Heil in Christus Jesus erlangen mit ewiger Herrlichkeit. 11 Zuverlässig ist das Wort: Wenn wir nämlich mitgestorben sind, werden wir auch mitleben; 12 wenn wir ausharren, werden wir auch mitherrschen; wenn wir verleugnen werden, wird auch jener uns verleugnen; 13 wenn wir untreu sind, bleibt jener [doch] treu; denn er kann sich selbst nicht verleugnen.

1 *Sprachliche und gedankliche Struktur.* Der Text setzt mit einer direk- Analyse ten Anrede ein. Die Bezeichnung »mein Kind« knüpft an die des Präskripts an (vgl. 1,2). Das οὖν leitet eine Paränese ein[132]. Sie richtet sich mit den Imperativen »*werde stark* in der Gnade!« (V1), »*vertraue* das von mir Gehörte zuverlässigen Menschen *an*!« (V2b), »*leide mit*!« (V3), »*bedenke*, was ich sage!« (V7a) und »*denke an* Jesus Christus!« (V8a) direkt an den Adressaten ›Timotheus‹. Die aufeinander folgenden Imperative sind mit inhaltlichen Näherbestimmungen verbunden, die den eigentlichen Sinn des jeweiligen Imperativs erst erkennen lassen. Äußerer Umfang und inhaltliches Gewicht dieser Näherbestimmungen nehmen innerhalb des Textaufbaus immer mehr zu. Sie treten gegen Schluss so stark in den Vordergrund und haben eine so große inhaltliche Eigenbedeutung, dass sie nicht mehr nur als Näherbestimmungen der paränetischen Imperative, sondern zugleich als lehrhafte Bekenntnisaussagen zu betrachten sind.

In V1 wird die Aufforderung an ›Timotheus‹ zu »*erstarken*« durch den Zusatz »in der Gnade, die in Christus Jesus ist«, verdeutlicht. In V2 wird der Auftrag des *Weitergebens* in mehrfacher Weise näherbestimmt. Das *Objekt* der Weitergabe wird durch einen vorangestellten Relativsatz benannt, nämlich als das, was ›Timotheus‹ vom Absender ›Paulus‹ »*gehört*« hat (V2a). Dies wird noch weiter verdeutlicht mit der adverbialen Angabe: »vor vielen Zeugen«. Die *Personen*, denen das Überlieferungsgut anvertraut werden soll, werden als »zuverlässige Menschen« gekennzeichnet (V2b) und darüber hinaus in einem nachfolgenden Relativsatz als solche, die ihrerseits imstande sind, »andere zu belehren« (V2c). In V3 wird der Imperativ »*mitzuleiden*« durch den *Vergleich* erweitert: »wie ein guter Soldat« Christi. Das Vergleichsbild aus dem Militärbereich veranlasst, dass in ei-

---

[132] So auch 1Tim 2,1; 2,8; 3,2; 5,14; 2Tim 2,21.

nem indikativischen Hauptsatz etwas über *das sich gehörende Verhalten eines im Kriegsdienst Stehenden* (στρατευόμενος) gesagt wird (V4a), nämlich dass er sich nicht in Nebensächliches verstricke, und ein Finalsatz fügt als *Grund* hinzu das Gefallenfinden beim Vorgesetzten (V4b). Neben das Bild vom soldatischen Kriegsdienst tritt in V5 als *weiteres Vergleichsbild* das des *sportlichen Wettkampfs* (ἄθλησις). In ihm geht es um das *vorschriftsmäßige* (νομίμως) Kämpfen, damit der Siegeskranz erlangt wird. In V6 folgt noch ein *drittes Bild*. Es ist der *Landwirtschaft* entnommen und hebt den Gedanken hervor, dass der in der Erntearbeit sich abmühende Bauer (γεωργός) als erster ein Anrecht auf den Ertrag hat. Im Unterschied zu den VV1–3 enthalten die VV4–6 keine Imperative. Aber das mit den Bildern Gemeinte hat dennoch ebenfalls *paränetischen Sinn*. In V7a wird ›Timotheus‹ mit dem Imperativ νόει aufgefordert, die soeben gegebenen Anweisungen zu »*bedenken*«, und in V7b wird in ermutigender und verheißungsvoller Weise das Vertrauen darauf ausgesprochen, dass der Herr ihm »*Einsicht*« (σύνεσις) geben werde. V7 hat somit im gewissen Sinn einen abschließenden Charakter; denn V7a bezieht sich auf das in den VV1–6 Gesagte, und V7b spricht im Hinblick darauf eine Verheißung aus.

Mit μνημόνευε (»*denke an* Jesus Christus!«) ergeht jedoch ein weiterer und letzter *Imperativ* an ›Timotheus‹ (V8a). Als *Inhalt* dessen, woran der Adressat angesichts seines mühevollen Lehr- und Leidensdienstes denken soll, wird *Jesus Christus* genannt, und zwar als von den Toten *Auferweckter* und als Nachkomme *Davids* (V8ab). Das Gedenken an Jesus Christus soll motivieren und helfen, Mühen und Leiden zu ertragen. Sowohl diese enge Verbindung mit dem Vorausgehenden als auch das später in VV11b.12a erwähnte »Mitsterben« und »Ausharren« machen deutlich, dass in V8 nicht nur die Auferweckung, sondern *der Weg Jesu durch Leiden zur Verherrlichung* im Blick ist. Wie an anderen Stellen der Past (vgl. 1Tim 2,7; 2Tim 1,11 u.ö.) ist sodann auch hier die Erwähnung des christologischen Kerygmas Anlass dafür, sofort hinzuzufügen, dass es durch das Evangelium des ›*Paulus*‹ verkündet wird (V8c), und ähnlich wie in 2Tim 1,12 schließt sich daran der Hinweis auf das Gefängnis*leiden des ›Paulus‹* um des Evangeliums willen an (V9a) sowie die Kontrastaussage, dass das *Wort Gottes* selbst *frei sei* (V9b). V10 nennt Grund und Ziel, weshalb ›Paulus‹ zum *Ertragen von allem* (πάντα) bereit ist. Er ist es um der Verkündigung des *Evangeliums* willen (διὰ τοῦτο [V10a]), und es geschieht, damit (ἵνα [V10b]) auch die *Auserwählten Rettung* durch Christus finden. In V11a wird mit der in den Past mehrfach verwendeten *Beteuerungsformel* »zuverlässig ist das Wort«[133] der Höhepunkt der ermahnend-motivierenden und lehrhaft-bekennden Aussagen vorbereitet.

---

[133] Sie begegnet außerdem 1Tim 1,15 (mit der Erweiterung: »und aller Annahme wert«); 3,1; 4,9 (mit Erweiterung); Tit 3,8. In 1Tim 1,15; 3,1 ist sie – wie im vorliegenden Fall – dem Bezugstext vorangestellt; in Tit 3,8 folgt sie ihm nach. In 1Tim 4,9 bezieht sie sich möglicherweise auf das Vorausgehende wie auf das Folgende.

Die danach einsetzende Aussagenreihe ist durch ein folgerndes[134] γάϱ mit dem Vorausgehenden verbunden. Die Aussagenreihe selbst hat eine sprachlich und inhaltlich präzis geformte Struktur. Es handelt sich um vier aufeinander folgende zweigliedrige parallel gebaute Sätze. Jeder besteht aus einem mit εἰ eingeleiteten *Bedingungssatz* (Protasis) und einem mit καί bzw. κἀκεῖνος, ἐκεῖνος angeschlossenen *Folgesatz* (Apodosis). Die Verben der Protasis formulieren jeweils ein Verhalten, die der Apodosis eine Opposition bzw. Entsprechung dazu: mitsterben – mitleben; ausharren – mitherrschen; verleugnen – verleugnen; untreu sein – treu bleiben. Mit dem »Wir« der Protasis sind nicht nur ›Paulus‹ und ›Timotheus‹, sondern verallgemeinernd alle Christen gemeint. Das zweimalige ›jener‹ in der Apodosis (VV12b.13a) und die mit συν- gebildeten Verben (V11b: »*mit*sterben«, »*mit*leben«; 12a: »*mit*herrschen«) beziehen sich auf den vorausgehend genannten Christus Jesus.

Nachdem es in der dritten Zeile symmetrisch geheißen hat, dass einem Verleugnen auf Seiten der Christen ein Verleugnen von Seiten Christi folgen wird, wäre die gleiche Entsprechung auch in der vierten Zeile zu erwarten. Stattdessen wird aber in ihr *inhaltlich asymmetrisch* der möglichen Treulosigkeit der Gläubigen unerwartet das Treubleiben Christi gegenübergestellt. Mit dieser inhaltlichen Asymmetrie ist auch eine *formale Unregelmäßigkeit* verbunden. Es schließt sich nämlich ein von den vorausgehenden Formelementen abweichender *Begründungssatz* an (V13b).

Überschaut man noch einmal die sprachliche und gedankliche Struktur des Abschnitts, so zeigt sich: In den VV1–7 liegt der Aussageschwerpunkt auf *Ermahnungen an den Apostelschüler*, das von ›Paulus‹ Gehörte *zu lehren* (V2) und bereit zu sein, in der Ausübung dieses Vermittlungsdienstes *zu leiden* (V3; vgl. auch die in den Bildern VV4–6 angedeuteten *Mühen* des Kriegsdienstes, des Wettkampfs, der Erntearbeit). Die VV9–10 thematisieren das um der *Verkündigung des Evangeliums* willen zu erduldende Gefängnis*leiden* des ›Paulus‹. Wegen dieses Unterschieds und in der Meinung, dass in den VV1–7 die *Paränese*, in den VV8–13 aber das *Bekenntnis* vorherrsche, empfehlen manche Kommentatoren, den Text in zwei Abschnitte zu gliedern und ihn nicht als Einheit zu betrachten[135]. Trotz dieser beachtenswerten Erwägungen überwiegen m.E. doch die Gründe, die zugunsten der Annahme einer *relativ geschlossenen Texteinheit* der VV1–13 sprechen[136]:

---

[134] Vgl. K.-H. Pridik, EWNT I (1980) 573: Das γάϱ signalisiert in einem solchen Fall »nicht das Nachfolgende, sondern das Vorausgehende als Grund«. Anders dagegen Schlarb, Lehre 211.

[135] So z.B. Hanson 127–133; Oberlinner 75.

[136] So z.B. auch Kelly 171f; Dornier 201;

Brox 239f; Merkel 61f; Redalié 195–199. – Lohfink, Theologie 90f; von Lips, Glaube 166–172 und Wolter, Pastoralbriefe 215f plädieren ebenfalls dafür und legen zu Recht darüber hinaus auf die Beachtung eines noch umfangreicheren Textzusammenhangs Wert (s.o. die Einleitung zu 1,6 – 2,13).

Nicht nur das *Leidensmotiv* (VV3.9f.11f) verbindet die beiden Teile, sondern auch der Gedanke, dass dieses Leiden sowohl bei ›Timotheus‹ als auch bei ›Paulus‹ mit dem *Dienst am Evangelium* einhergeht. Außerdem enthalten auch die Aussagen des *lehrhaften Bekenntnisses* (VV11–13) einen *paränetisch-motivierenden Sinn*; denn es liegt ja den konditionalen Formulierungen der Oberflächenstruktur eine Tiefenstruktur mit der *exhortativen* Bedeutung zugrunde: Lasst uns bereit sein zum Mitsterben und Ausharren; lasst uns Verleugnung und Untreue meiden, damit wir mitleben, mitherrschen und nicht verleugnet werden! Besonders beachtenswert für den Zusammenhang der Textstruktur ist schließlich *V8*. Er hat *Scharnierfunktion*. Die christologische Aussage über die Auferstehung und Davidssohnschaft Jesu wird sowohl als Inhalt dessen gekennzeichnet, woran ›Timotheus‹ denken soll, als auch als Inhalt des ›paulinischen‹ Evangeliums. Während der Imperativ μνημόνευε sich an ›Timotheus‹ richtet und die vorher *an ihn* ergangenen *Aufforderungen* fortsetzt, beginnt mit dem Hinweis auf das *Christuskerygma* und das *Evangelium* die Blickrichtung auf ›Paulus‹ und die *Inhalte der VV9–13*. Wie schon gezeigt wurde, geht aus den VV11–12 eindeutig hervor, dass *bereits in V8* auch an das *Leiden* Christi gedacht ist[137]. Dies ist ein Hinweis auf die *enge Verbindung* der VV8–13 mit der Aufforderung zur Leidensbereitschaft in den VV1–7. Die genannten Beobachtungen legen nahe, die *VV1–13 als eine relativ geschlossene Einheit* innerhalb des übergreifenden Textes 1,6 – 2,13 zu betrachten.

2   Diachrone Analyse

2.1   Der Imperativ, »*stark zu werden* in der *Gnade*« (V1), entstammt *paulinischer* Tradition, gehört aber mit ihr in einen umfassenderen *atl.-jüdischen* Traditionszusammenhang. Die Worte ἐνδυναμοῦσθαι »erstarken, stark werden«[138] und χάρις (»Gnade«)[139] spielen eine große Rolle in der *paulinischen Apostolatstheologie*. Nach Phil 4,13 gilt Christus als die Kraft Gottes, die den Apostel *stärkt*, ermächtigt und in seiner Verkündigung gegenwärtig ist. Zugleich sieht Paulus sein apostolisches Amt im Rahmen weisheitlich-apokalyptischer Tradition in der »*Gnade* Gottes« begründet, nämlich als Erwählung durch Offenbarung (1Kor 15,10; Gal 1,15), als vom Herrn empfangene *Gnade* (Röm 1,5; u.ö.). Diesem paulinischen Berufungs- und Apostolatsverständnis entspricht es, wenn der ›Paulus‹ der Past schreibt, dass Christus ihm »*Kraft* gegeben« habe (ἐνδυναμοῦσθαι), indem er ihn in »seinen Dienst nahm« und ihm so überreiche »*Gnade*« (χάρις) erwies (1Tim 1,12. 14)[140].

---

[137]   Ähnlich auch Brox 242; Schierse 113; Knoch 56; Roloff, Weg 162f.
[138]   Vgl. H. Paulsen, EWNT I (1980) 1101f.
[139]   Vgl. Berger, Gnade 3–14; ders., EWNT III (1983) 1095–1102; Wolter, Pastoralbriefe 48f.
[140]   Roloff 92 erachtet Phil 4,13 als »mögli-

che Vorlage« für 1Tim 1,12. – Wolter, Pastoralbriefe 31 mit Anm. 10 nennt weitere Vertreter dieser Annahme und macht überdies auf den umfassenderen »Traditionshintergrund« aufmerksam. Von ihm wird im Folgenden die Rede sein; vgl. ebd. 32–38.48f.215–218.

2.2 Der *umfassendere* Traditonshintergrund dieser Aussagen wie auch des Imperativs in 2Tim 2,1, »*stark* zu werden in der *Gnade*«, besteht darin, dass sich in vielen atl.-frühjüdischen Texten die Überzeugung ausdrückt: Gott stattet die von ihm *Gesandten* zur Ausführung ihres Auftrags mit seiner stärkenden Kraft aus und autorisiert sie dadurch als von ihm Beauftragte. Derartige Aussagen gibt es z.B. über den Gottesknecht (Jes 42,6), über den Propheten Micha (Mi 3,8), über Mose (Ex 4,12f LXX; Josephus, Ant 2,272.275) und über andere. In manchen atl.-frühjüdischen Abschiedsreden und Testamenten findet sich darüber hinaus auch die Zusage bzw. Aufforderung an einen *Amtsnachfolger*, »kraftvoll und stark zu sein« (o.ä.). Dies bekommt z.B. Josua von Mose (Dtn 31,7; Philo, Virt 69; AssMos 10,15 u.ö.) bzw. von Jahwe (Dtn 31,23; Jos 1,6.18) gesagt[141]. Im testamentarischen Text 1Chr 22,11–13 sagt David zu seinem Sohn und Amtsnachfolger Salomo: »Der Herr sei nun mit dir. ... Der Herr gebe dir Weisheit und Einsicht. Er bestelle dich über Israel und stärke dich, das Gesetz des Herrn, deines Gottes zu bewahren und zu tun. ... Sei mutig und stark!« Dass 2Tim 2,1 in derartigem Traditionszusammenhang steht und von ihm beeinflusst wurde, ist deutlich, zumal auch – wie oben bereits gezeigt – die in V1 erwähnte χάρις (»Gnade«) in zugehörigen Kontexten eine Rolle spielt.

Ebenso deutlich ist, dass der Traditionsgedanke in V2 und die Verheißung in V7, »der Herr werde *Einsicht* in allem geben«, aus diesem Überlieferungszusammenhang stammen[142]. In V2 weist überdies der Ausdruck παράθου auf die Herkunft aus dem antiken *Depositalrecht* hin (s.o. die Auslegung zu 1,12d).

2.3 Die Metaphorik des *Kriegsdienstes*, des sportlichen *Wettkampfs* und der *Landwirtschaft* (VV3–6) ist aus *paulinischer Lehrtradition* aufgenommen. Näherhin zeigt sich eine literarische Abhängigkeit von 1Kor 9.

Auch in 1Kor 9,7 werden *drei* Bilder verwendet: das erste vom *Kriegsdienst*, das zweite vom *Weinberg*, das dritte von *Hirt und Herde*. Hier wie dort begegnet das *Verbum* στρατεύομαι. Hier wie dort spielt der Gedanke eine Rolle, dass der sich Abmühende *Anteil* an seinem Ernteertrag erhalte. Dabei wird hier wie dort die *Erntefrucht* mit καρπός bezeichnet. In 1Kor 9 setzt sich der Gedanke vom verdienten *Anteil am Ernteertrag* durch das ganze Kapitel hin fort. Die Bilder vom Weinberg und der Weidewirtschaft werden dabei u.a. zu allgemeineren Metaphern der *Landwirtschaft* erweitert (dreschender Ochse [V9]; Pflüger [V10]; säen und ernten [V11]) und münden schließlich in die *Wettkampfmetaphorik* ein (VV24–27), wo u.a. ebenfalls wie in 2Tim 2,5 vom Erringen des *Siegeskranzes* (V25) die Rede ist. Da sich auch an manchen anderen Stellen literarische Abhängigkeit von 1Kor erkennen lässt, in 1Tim 5,18 sogar von 1Kor 9,9, wird man das hohe Maß der Übereinstimmung zwischen 1Kor 9 und 2Tim 2,3–6 als Indiz dafür ansehen dürfen, dass der Verfasser der Past bei der Gestaltung seiner Aussagen z.T. *auf den paulinischen Text zurückgegriffen hat* und sich von ihm inspirieren ließ[143].

---

[141] Wolter, Pastoralbriefe 217f nennt weitere Beispiele und Varianten.
[142] Vgl. im voranstehenden Text 1Chr 22,12: »Weisheit und Einsicht«. Der Gedanke, dass die Auserwählten, die auf Gott Vertrauenden, die Treuen und Glaubenden mit der »Gnade« auch »Weisheit« bzw.

»Einsicht« erhalten, begegnet oft in den griechischen Fassungen der Weisheitsliteratur; vgl. Spr 8,17; Sir 6,18; 37,21; Weish 3,9 u.ö.
[143] Hanson 129; Merkel 63; Stettler, Christologie 163f rechnen ebenfalls mit Abhängigkeit von 1Kor 9. – Darauf, dass sich die

2.4　In V8ab zeigt die Aussage »Jesus Christus, auferweckt von den Toten [ἐγηγερμένον ἐκ νεκρῶν], aus Davids Geschlecht [ἐκ σπέρματος Δαυίδ]« große Ähnlichkeit mit Röm 1,3f. Dort wird von »Jesus Christus« gesagt, er stamme »aus Davids Geschlecht dem Fleische nach [ἐκ σπέρματος Δαυὶδ κατὰ σάρκα]« und sei »eingesetzt worden zum Sohne Gottes in Vollmacht dem Geist der Heiligkeit nach aus der Auferstehung von den Toten [ἐξ ἀναστάσεως νεκρῶν]«. Trotz der umgekehrten Reihenfolge der beiden Hauptaussagen und einiger weiterer Differenzen lässt sich die Annahme, der Verfasser der Past habe *Röm 1,3f als direkte literarische Vorlage benutzt*[144], besser begründen als die Vermutung, er habe – unabhängig von Röm 1,3f – eine *vorpaulinische Credo-Formel aufgenommen*[145], die auch von Paulus verwendet worden ist, oder es sei ihm *außer* Röm 1,3f noch eine »ältere Version geläufig« gewesen[146]. Zugunsten der Annahme einer literarischen Abhängigkeit von Röm 1,3f sprechen folgende Hauptgründe: 1. Der Verfasser des 2Tim hat nachweislich den Röm gekannt und – wie sich schon bei 2Tim 1,1f.3–12 mehrfach zeigte – dessen Präskript und u.a. den Abschnitt Röm 1,8–17 verarbeitet. 2. Die unterschiedliche Reihenfolge der Aussagen lässt sich redaktionell erklären (s. Auslegung). 3. Auch die in V8c unmittelbar folgende Weiterführung »gemäß meinem Evangelium« verweist auf Röm 1,1–4, wo Paulus die in Röm 1,3f genannten Inhalte in engste Beziehung zu dem von ihm verkündeten *Evangelium* setzt.

2.5　In V9 schließt sich an das vorausgehende Stichwort »mein Evangelium« sofort der Gedanke an, dass ›Paulus‹ um dessentwillen *Leiden* und *Fesseln* auf sich nahm. Die gleiche unmittelbare Verbindung von »Evangelium« und »Leiden« findet sich in den Past mehrfach, sei es im Blick auf die schon ertragenen Leiden des ›Paulus‹ (2Tim 1,10–12; 4,6), sei es im Blick auf die Leidensbereitschaft des Apostelschülers (2Tim 1,8; 2,3; 4,5), zu der der Verfasser aufruft. Bei den Aussagen über das Leiden in 2Tim 1,8.12 zeigte sich, dass der mit ihnen verbundene Gedanke, sich nicht zu schämen, aus Röm 1,16 stammt. Außer durch diesen Bezug dürften die Leidensaussagen im vorliegenden Text der VV9–10 »in Anlehnung an Phil 1,7.12–14 gestaltet sein«[147]. Denn hier wie dort heißt es von den »Fesseln [δεσμοί]«, dass sie um des Evangeliums bzw. um Christi willen ertragen

<hr/>

Verheißung *im folgenden V7*, der Herr werde dem Amtsnachfolger »Einsicht geben«, testamentarischer Tradition verdankt und vergleichbaren Texten wie z.B. 1Chr 22,12 nahesteht, wurde schon oben bei der Analyse der VV1f hingewiesen.
[144]　So Holtzmann 113.408f; Trummer, Paulustradition 202f; Oberlinner, Epiphaneia 207ff; ders., 2Tim 76; ders., Tit 150f; Merkel 63f; Roloff, Weg 160ff; Stettler, Christologie 169.
[145]　So Windisch, Christologie 216; Dibe-

lius/Conzelmann 81; Hahn, Hoheitstitel 258; Lohfink, Theologie 95; Wilckens, Röm I 59f; Marshall, Christology 165ff; Towner, Goal 101.
[146]　So erwogen von Läger, Christologie 74; ähnlich wohl auch Wengst, Formeln 117: Der Verfasser spielt »auf eine Formel wie Röm 1,3f.« an.
[147]　Roloff, Weg 162, Anm. 29. Oberlinner 79 verweist überdies auf Phlm 9.13, wo Paulus ebenfalls seine Gefangenschaft mit seinem missionarischen Wirken verbindet.

werden und dass die Gefängnishaft des Paulus sowohl der Glaubenszuversicht seiner Mitchristen als auch der Verbreitung des Evangeliums zugute komme. Die Formulierung »Deshalb ertrage ich alles [διὰ τοῦτο πάντα ὑπομένω]« (V10a) verweist noch auf einen weiteren und umfassenderen traditionsgeschichtlichen Zusammenhang. Manche Worte apokalyptisch geprägter Jesusüberlieferung wie Mk 13,13 sprechen vom Durchhalten (ὑπομένειν) in den Verfolgungen und Bedrängnissen vor dem Ende. Derartige Aussagen sowie der Gedanke des Ausharrens und des zuversichtlich-geduldigen Durchstehens (ὑπομονή) wurden im Urchristentum aber auch angewandt auf *alle* Bedrängnis- und Verfolgungssituationen, unter denen die Boten des Evangeliums (Mt 10,22) und schließlich alle Gläubigen um ihres christlichen Bekenntnisses willen zu leiden haben. Bedrängnisse und ihr Ertragen gehören zur apostolischen (2Kor 6,4; 12,12 u.ö.) und überhaupt zur christlichen (Lk 8,15; Röm 12,12; 1Thess 1,3; 2Thess 1,4; Jak 1,3f; Hebr 10,32; 12,1–3.7; Offb 13,10; 14,12 u.ö.) Existenz. Im Zusammenhang mit diesem apostolisch-paulinischen und allgemein urchristlichen Selbstverständnis sind auch die Aussagen über das »Standhalten« und »Ertragen« in den Past zu sehen (1Tim 6,11; 2Tim 3,10; Tit 2,2: ὑπομονή; 2Tim 2,10.12: ὑπομένειν)[148]. Paulinische Äußerungen, in denen es um den gleichen Sachverhalt geht, ohne dass die Worte ὑπομονή und ὑπομένειν vorkommen, können ebenfalls zum traditionsgeschichtlichen Hintergrund gehören wie z.B. die Peristasenkataloge 2Kor 4,7–18; 11,16–33. Im vorliegenden V10 stehen der Gedanke und die Formulierung πάντα ὑπομένω διὰ τοὺς ἐκλεκτούς der Aussage von 2Kor 4,15 (πάντα δι' ὑμᾶς) nahe.

2.6   Mit der für die Past typischen und nur in ihnen verwendeten Formel »*zuverlässig ist das Wort*« (V11a) wird ein *Textstück* eingeleitet (VV11b–13), dessen größter Teil sowohl inhaltlich als auch in seiner sprachlichen Formung aus *Traditionsgut* stammt. Während in dieser Beurteilung weithin Einigkeit in der Forschung besteht[149], gehen die Meinungen über die *formkritische* Bestimmung des Traditionsstücks und über den Anteil von *Tradition und Redaktion* auseinander. Der rhythmisch gegliederte Aufbau veranlasst meist dazu, den Text als hymnisches Stück bzw. Lied zu klassifizieren[150]. Dagegen wendet Roloff m.E. zu Recht ein, es stehe dem

---

[148]   Vgl. W. Radl, EWNT III (1983) 968.970f; Roloff, Weg, 163 mit Anm. 32.
[149]   Ausnahmen z.B. Borse 87: »Vielleicht stammen die Verse aber doch vom [Verfasser der Past] selbst«; Läger, Christologie: »Die Möglichkeit, daß diese Verse auf eine Komposition des Verfassers zurückgehen, darf ... nicht von vornherein ausgeschlossen werden [76]. ... [Die] Annahme, dass der Verfasser der [Past] – zumindest in Teilen – *selbst* für die Komposition des Textstückes verantwortlich zeichnet, [ist] wesentlich plausibler [80]«; Stettler, Christologie 182f: »Es darf als sehr wahrscheinlich gelten«, dass erst der hellenistisch-judenchristliche Verfasser der Past das »zur Tradierung bestimmte Lehrgedicht« geformt

und dabei auf Texte des Paulus sowie des Matthäus- und Lukasevangeliums zurückgegriffen hat.
[150]   So Holtzmann 412 (Die Sätze könnten einem »christlichen Hymnus oder einer Glaubensformel« angehören«); Dibelius/Conzelmann 81 (»ein im hymnischen Stil gehaltenes Zitat unbekannter Herkunft«); Jeremias 55 (»Das Lied ist ein *Lobpreis des Martyriums*«); Brox 244 (»ein Stück älterer, hymnischer Überlieferung«); Holtz 167 (ein »kunstvoll geformtes Lied«, das auf »die Theologie der Sakramente Taufe und Abendmahl« zurückverweist); Deichgräber, Gotteshymnus 22 (ein »Vertrauenslied«); Schierse 114 (»ein altes Bekennerlied«); Lohfink, Theologie 87; ders.,

»der Inhalt entgegen.« Die »formelhafte Aufzählung von Verhaltensweisen und deren Folgen hat deutlich lehrhaften Charakter. Es dürfte sich
demnach um ein katechetisches Traditionsstück paränetischen Inhalts
handeln«[151]. Gestützt wird diese Auffassung, es handle sich um *lehrhaft-
paränetische* Tradition, durch Polyk 5,2. Dort ist zwischen eine Pflichten-
ordnung für Diakone und eine Standesparänese für junge Männer ein
ähnliches Traditionsstück eingeschoben worden: »Wenn wir ihm [Chris-
tus] in der jetzigen Welt wohlgefällig sind, werden wir auch die zukünftige erlangen, wie er uns versprochen hat, uns von den Toten aufzuerwe-
cken, und dass wir, wenn wir seiner würdig wandeln, auch mit ihm herrschen werden [καὶ συμβασιλεύσομεν], wenn wir nur glauben«. Dafür,
dass der Verfasser der Past ein *geprägtes Überlieferungsstück* aufgenommen hat, sprechen vor allem die vorangestellte Einleitungsformel, die
durchgeformte Struktur und die Ähnlichkeit mit dem ebenfalls aus Traditionsgut stammenden Polykarp-Text. Der *Umfang* des Traditionstückes
von 2Tim wird in dem Vierzeiler VV11b–13a bestanden haben. Die formale und inhaltliche Geschlossenheit legen diese in der Forschung meist
vertretene Annahme nahe[152].

Die Themen und Formulierungen des Traditionsstücks lassen erkennen, dass es
selbst komplex und traditionsgeschichtlich von verschiedenen Einflüssen her zu-
standegekommen ist:
Der *ersten Zeile (V11b)* liegt Röm 6,8 zugrunde: »Wenn wir nun mit Christus gestorben sind, so glauben wir, dass wir auch mit ihm leben werden [εἰ δὲ
ἀπεθάνομεν σὺν Χριστῷ, πιστεύομεν ὅτι καὶ συζήσομεν αὐτῷ].« Ähnliches
ist auch in Röm 8,17 mit anderen Formulierungen gesagt.
In der *zweiten Zeile (V12a)* verweist das »Ausharren« bzw. »Ertragen« zunächst
auf den gleichen umfassenden apostolisch-paulinischen wie allgemein urchristlichen Traditionszusammenhang, der sich schon in V10 zeigte (s.o.) und der
durch das Selbstverständnis bestimmt ist, dass Bedrängnisse um des Evangeliums
willen und ihr Ertragen zur apostolischen und überhaupt zur christlichen Existenz gehören. Die Zusage des »Mitherrschens« (συμβασιλεύειν) weist aber darüber hinaus noch auf einen spezielleren Sinngehalt hin. In der Offb des Johannes

---

Vermittlung 178f (»ein Bekennerlied, das
dazu auffordert, Christus bis in den Tod
treu zu bleiben und sich zu ihm zu bekennen«); Hanson 132 (»The four lines … vv.
11b–13a are undoubtedly a quotation from
an early christian hymn«).
[151] Roloff, Weg 165. Oberlinner 82.89
berücksichtigt diese Gesichtspunkte und
spricht nur von einem »in sich geschlossenen Traditionsstück, welches hymnusartig
und in bekenntnishaften kurzen Sätzen die
Situation der Christen beschreibt« und »paränetisch akzentuiert« ist.
[152] Bei Annahme eines Vierzeilers ist die

parallel gebaute Struktur am besten gewahrt: 1. wir/wir; 2. wir/wir; 3. wir/jener;
4. wir/jener. – Gegen die Annahme eines
Zweizeilers (so W. Grundmann, ThWNT
VII [1964] 794) spricht nach Lohfink, Vermittlung 178, dass das Thema der 3. Zeile
den unmittelbaren Kontext überschreite.
Für die Zugehörigkeit der 4. Zeile und somit gegen einen *Dreizeiler* (so u.a. Holtzmann 413) spricht nach Lohfink, dass die
Aussage in Polyk 5: »wenn wir nur glauben« eine Reminiszenz an die 4. Zeile zu
sein scheint und diese also bereits zur Vorlage gehörte.

wird das »Mitherrschen« insbesondere denen zugesagt, »die enthauptet worden sind, um des Zeugnisses Jesu und des Wortes Gottes willen« (20,4). Ihnen wird verheißen, daß sie »mit [Christus] herrschen werden [βασιλεύσουσιν μετ' αὐτοῦ]« (20,6). An anderer Stelle heißt es: »Wer siegt, dem werde ich geben, mit mir auf meinem Thron zu sitzen [καθίσαι μετ' ἐμοῦ ἐν τῷ θρόνῳ μου]« (3,21; vgl. u.a. 1,6; 5,10; 22,5). Sowohl das durchhaltende »Ausharren« (V12a) als auch das »Sterben« (V11b) ist also sehr wahrscheinlich auf das *Martyrium* bekennender Christen bezogen. Bedeutete das »Mitsterben« in Röm 6,8 das Sterben mit Christus im Taufgeschehen und meint es im nachpaulinisch geformten Text zusammen mit dem durchhaltenden »Ausharren« das Martyrium, so zeigt sich, dass sich eine Transformation von der *Tauftheologie* zur *Märtyrertheologie* vollzogen hat[153], wobei jedoch der *Bezug zur Taufe weiterhin wichtig* geblieben ist[154]. Letzteres ist u.a. daran zu erkennen, dass der auf ein Geschehen der Vergangenheit hinweisende Aorist ἀπεθάνομεν aus Röm 6 beibehalten wurde. Ein in der Zukunft liegendes Martyrium allein könnte er nicht gut bezeichnen. Den Motiven und Formulierungen vom »Durchhalten« und vom königlichen »Mitherrschen« mit Christus liegen palästinisch-judenchristliche Traditionen zugrunde. Ihr Einfluss auf die Past erklärt sich durch »das Einströmen palästinischer Judenchristen in die paulinischen Gemeinden Kleinasiens in den Jahren nach dem Jüdischen Krieg, das einen verstärkten Einfluß palästinisch-judenchristlicher Traditionen nach sich zog«[155].

Die *dritte Zeile (12b)* nennt im Kontrast zum mustergültigen Verhalten das »Verleugnen« und das ihm entsprechende »Verleugnetwerden«. Ebenso wie das bereits in 2Tim 1,8.12 erwähnte »Sich-Schämen« ist es aus der synoptischen Überlieferung des Wortes Jesu Mt 10,32f / Lk 12,8f (Q) aufgenommen. In dessen zweitem Teil heißt es: »Wer mich aber vor den Menschen verleugnet«, der wird verleugnet werden.

In der *vierten Zeile (V13a)* berühren sich die Kontrastaussagen über die menschliche Untreue und die dennoch bestehen bleibende Treue Christi thematisch mit Röm 3,3f, ohne dass sich jedoch eine direkte Bezugnahme darauf oder gar eine Zitation nachweisen lässt[156].

Es zeigt sich *insgesamt*, dass das *Traditionsstück* (VV11b–13a) aus einem Verschmelzungsprozess *paulinischer, synoptischer* und *weiterer Traditionen* hervorgegangen ist. Es rief hauptsächlich zu der von der Taufe her durchzuhaltenden Bekennentnistreue bis in den Tod auf, verhieß die ewige Lebensgemeinschaft mit Christus, warnte vor Glaubensverleugnung und verwies angesichts erfahrungsgemäßen menschlichen Versagens auf die unverbrüchliche Treue Christi.

---

[153] Vgl. Lohfink, Vermittlung 178ff mit Verweisen (Anm. 52) auf Holtzmann, Wohlenberg, Holtz, Schierse und Brox. So außerdem auch Roloff, Weg 164; Oberlinner 84 (mit Einschränkung). – Dagegen Stettler, Christologie: Der Text ist ohne Zwischenstadium vom Verfasser der Past »direkt aus dem [Röm] übernommen« worden (184); das »Mitsterben« meine auch in 2Tim das Taufgeschehen »und nicht ein etwaiges Martyrium« (184). Stettler lässt allerdings die traditionsgeschichtliche Relevanz der Märtyrertheologie der Offb außer acht (vgl. 187).

[154] Dies heben u.a. Towner, Goal 104f; Oberlinner 84 sowohl für das Traditionsstück als auch für den Endtext hervor.

[155] Roloff, Weg 165 mit Verweis auf Windisch, Christologie 238.

[156] Stettler, Christologie 189 nimmt dagegen an, dass der Verfasser der Past Röm 3,3f als literarische Vorlage benutzt und umgeformt habe. So auch schon Holtzmann 114.413.

Vom Verfasser der Past wird *V13b* stammen. Dafür spricht die formale und inhaltliche Differenz zum Vorausgehenden. Der begründende Satzteil wirkt wie ein Kommentar[157].

Erklärung Die Anrede »mein Kind« betont erneut das vertrauensvolle Verhältnis,
1 das zwischen ›Paulus‹ und ›Timotheus‹ besteht. Wie schon im Präskript weist auch hier die Erwähnung der geistlichen Kindschaft auf die besondere Verbundenheit beider hin und hält im Bewusstsein, dass ›Timotheus‹ der vollgültige Vertreter des Apostels ist. Die Betonung dient dem Erweis der Legitimation der vom Verfasser der Past vertretenen Lehre; denn er vertritt ja das, was der Apostelschüler von ›Paulus‹ »gehört« hat (V2a) und nun seinerseits weisungsbefugt anderen »anvertraut« (V2b). Bereits die erste in 2Tim ergangene Mahnung hatte zum Inhalt, dass ›Timotheus‹ die »Gnadengabe Gottes wieder entfache«, die ihm durch Handauflegung zu seiner Amtsausübung geschenkt worden ist (1,6). Im gleichen Sinn, in dem dort vom χάρισμα gesprochen wurde, ist hier in V1 von der »Gnade [χάρις] in Christus Jesus« die Rede, in der ›Timotheus‹ »stark werden« soll. Dort wie hier ist gemeint, dass sich das Erwählt- und Eingesetztwordensein zum gemeindeleitenden Amt der Gnade verdankt und dass die durch Gott und Jesus Christus ermöglichte und zur Ausübung der gemeindeleitenden Dienste geschenkte Gabe des Heiligen Geistes wirksam werde. Obwohl sie als freies und unverfügbares Geschenk Gottes gilt und obwohl nach Phil 4,13 Christus selbst die im Apostolat wirksam werdende und den Apostel stärkende Kraft Gottes ist (s.o. Analyse 2.1), bedarf es doch von Seiten des Menschen eines steten Sich-Öffnens dafür und der Bereitschaft, mit der Gnadengabe mitzuwirken. Dazu wird ›Timotheus‹ aufgefordert[158]. Er soll nach Kräften dazu beitragen, dass das gnadenhafte göttliche Wirken zum Zuge kommt. Wo dies geschieht, wird er das *Erstarken* in der Ausübung seines Dienstes erfahren.

2 Der Imperativ παράθου knüpft an die Paratheke-Aussagen von 1,12.14 an und führt sie weiter. Wurde dort die Überzeugung ausgedrückt, Gott habe die Macht, das von ›Paulus‹ ›Timotheus‹ anvertraute Überlieferungsgut bis ans Ende der Zeiten zu *bewahren*, und wurde ›Timotheus‹ dazu aufgefordert, das in seinen Kräften Stehende für diese *Bewahrung*

---

[157] Vgl. Lohfink, Vermittlung 178 mit Verweis auf Lock 96; ebenso Houlden 119; Oberlinner 88; anders Knight, Sayings 135: »more plausible as an original part of the saying«.
[158] Der enge Zusammenhang mit dem Imperativ »entfache die Gnadengabe!« (1,6) zeigt, dass der Imperativ »werde stark in der Gnade!« ebenfalls zur menschlichen Mitwirkung auffordert. Auch in den vergleichbaren atl.-frühjüdischen Texten (s.

Analyse 2) ist manchmal mehr die Wirksamkeit Gottes und ein anderes Mal mehr das Wirken bzw. Mitwirken des Menschen ausgesagt. Wolter, Pastoralbriefe 217, Anm. 18 spricht *zu einseitig* nur von der Stärkung durch Gott. – Zum theologiegeschichtlichen Problem vgl. A. Schindler, Charis oder Charisma? Zur Entstehung einer bedenklichen theologischen Alternative in der alten Kirche, EvTh 41 (1981) 235–242.

zu tun, so wird er nun darüber hinaus ausdrücklich dazu angehalten, das von ›Paulus‹ Gehörte zuverlässigen und lehrfähigen Nachfolgern *anzu-vertrauen*, es also anderen geeigneten Gemeindelehrern *weiterzuvermit-teln*. Der Hauptgedanke ist deutlich: ›Timotheus‹ soll die von ›Paulus‹ her aufgenommene Botschaft zuverlässig in die dritte christliche Generation hinein vermitteln. In einer innerhalb der Past »singulären Prägnanz« wird hier die Vorstellung »kontinuierlicher Lehrtradition über die einan-der ablösenden Lehrer hin« ausgedrückt. »Die Weitergabe ist nicht nur als Streuung in die Breite ..., sondern als Bewahrung durch die Zeit gese-hen ... Der jeweilige Amtsträger weiß seine Predigt bis auf Paulus zurück-reichend, hat sie durch amtlich-autoritative Übertragung anvertraut be-kommen und damit zugleich die Aufgabe, sich nach den geeigneten Nach-folgern umzusehen«[159]. Der Ausdruck *Paratheke* in 1,12d.14a zeigt, dass mit dem von ›Paulus‹ Gehörten und nun Weiterzuvermittelnden (2,2) die gesamte von ›Paulus‹ herrührend geltende Verkündigung und Auslegung des Evangeliums gemeint ist, nämlich so, wie sie sich etwa in den Briefen des ›Paulus‹ samt den Past darbietet. Auch die Paränese, die Ämter- und Gemeindeordnungen gehören dazu (s.o.).

So deutlich der Hauptgedanke ist, so schwierig stellt sich das Verständnis der Umstandsbestimmung διὰ πολλῶν μαρτύρων (V2a) dar. Ist zu übersetzen: »vor vielen Zeugen«, »in Gegenwart vieler Zeugen«[160]; oder: »durch viele Zeugen«, »durch Vermittlung vieler Zeugen«[161]? Zugunsten des erstgenannten Verständ-nisses spricht zunächst die enge Verbindung mit V1 und dessen Zusammenhang mit der in 1,6 erwähnten Amtseinsetzung. Sodann zeigt die Verwendung von διά, dass die Präposition zwar meistens »durch« bedeutet, dass aber auch die Be-deutung »vor«, »in Gegenwart von« belegt ist. Vor allem aber lässt der Hauptge-danke, dass es ja um *Bewahrung* und *Weitergabe* des von ›Paulus‹ her Überliefer-ten in der *Generationenfolge* geht, annehmen, dass auch die Aussage διὰ πολλῶν μαρτύρων der Stützung dieses Hauptanliegens dient. Das ist am ehesten der Fall, wenn man sie als Betonung versteht, dass es sich bei der Paratheke nicht etwa um ein dem ›Timotheus‹ privat überlassenes Gut handelt, sondern um ein Überliefe-rungsgut, das für die Gemeindeleitung grundlegend ist, das ihm deshalb öffent-lich, ja institutionell-›amtlich‹ und durch Zeugen testierbar anvertraut worden ist. Diesem Sinnzusammenhang entspricht es m.E. am besten, wenn man die Um-standsbestimmung so versteht, dass sie den kompendienhaften Empfang der Tra-dition »*in Gegenwart von Zeugen*« meint und damit vor allem die in den Past mehrfach erwähnte, in Form der *Ordination* vollzogene *Amtseinsetzung* des ›Ti-motheus‹ im Blick hat (vgl. 1Tim 1,18; 4,14; 6,12; 2Tim 1,6). Die Betonung, dass es sich um Traditionsgut *von ›Paulus‹ her* handelt, wie es in 1,12.13. und in 2,2a

---

[159] Brox 240.
[160] So die meisten, u.a. Bauer, Wörter-buch 361; J. Beutler, EWNT II (1981) 971. – Lock 93; Dibelius/Conzelmann 80; Jeremias 53; Kelly 174; Knoch 56; von Lips, Glaube 181.244; Schlarb, Lehre 282.

[161] So u.a. Scott 100; Hasler 61f; Towner 170; Merkel 62; Oberlinner 68f (gemeint sind viele »Vermittler des Traditiongutes, also des Evangeliums von Paulus her; sie repräsentieren ... den breiten Traditions-strom«).

ausdrücklich heißt, spricht m.E. gegen den zweitgenannten Lösungsvorschlag, mit den erwähnten Zeugen seien *Vermittler* des Traditionsgutes, also des Evangeliums, gemeint, die »den breiten Traditionsstrom« repräsentieren[162]. Freilich enthält auch die erstgenannte Verständnisweise eine Schwierigkeit: Wie kann der Verfasser meinen, das *umfassend* verstandene ›paulinische‹ Überlieferungsgut sei bei der Ordination übergeben worden? Selbst wenn man es sich kompendienhaft denkt, bleibt die Vorstellung schwierig. Die Schwierigkeit mindert sich aber, wenn man eine der beiden folgenden Erwägungen in Betracht zieht: Es kann sein, dass der Verfasser selbst die Spannung empfunden, sie aber in Kauf genommen hat, weil ihm daran gelegen war zu betonen, dass die zu vermittelnde Botschaft sowohl *von ›Paulus‹ herkomme,* als auch, dass sie *zuverlässig und unverfälscht sei,* was er mit dem Hinweis auf die Traditionsübergabe *in Gegenwart von Zeugen* auszudrücken suchte. Es ist aber auch denkbar, dass mit dem *von ›Paulus‹ Gehörten* das ganz *umfassende* ›paulinische‹ Überlieferungsgut gemeint ist, und mit dem »*vor vielen Zeugen*« dessen *kompendienhafte Zusammenfassung,* wie sie bei der Ordination vermittelbar war[163]. Der Satzteil wäre dann so zu paraphrasieren: Das, »was du von mir gehört hast und wovon ich dir das Wesentliche auch in Gegenwart vieler Zeugen bei deiner Amtseinsetzung anvertraut habe ...« Auf jeden Fall wird deutlich, dass die Übersetzung »vor vielen Zeugen« und mit ihr der Gedanke an die Amtseinsetzung *nicht* notwendig zur *Einengung* des mit *Paratheke* gemeinten *Inhalts* führt, was jene Ausleger befürchten, welche die Übersetzung »*durch* viele Zeugen« befürworten.

In der Aufforderung, das von ›Paulus‹ Gehörte zuverlässigen und lehrfähigen Gemeindeleitern weiterzugeben, zeigt sich das für die Past charakteristische Verständnis des *gemeindeleitenden Dienstamtes,* der *Lehre* und *Lehrtätigkeit* sowie des *Traditions-* und *Sukzessionsgedankens.* Nach den Past ist das Lehren die Hauptaufgabe des Bischofs als Gemeindeleiter. Das Konzept Leitung durch Lehre steht im Vordergrund. In den Anweisungen, die in Tit 1,7–9 gegeben werden heißt es: »Der Bischof [ἐπίσκοπος] muss sich als Haushalter Gottes ... an das zuverlässige Wort halten, das der Lehre entspricht, damit er in der Lage ist, in der gesunden Lehre zu ermahnen und die Widersprechenden zu überführen.« Auch im Bischofsspiegel 1Tim 3,2–8 wird nach einigen tugendhaften Verhaltens-

---

[162] Oberlinner 69. Er selbst weist auf die Spannung hin, in der diese Interpretation zu dem betonten παρ' ἐμοῦ (V2a) steht. Seine Erwägung, der Verfasser wolle möglicherweise »damit der Tendenz eines einseitigen und exklusiven ›Paulinismus‹ begegnen«, erübrigt sich m.E. dadurch, dass der Verfasser ein derartiges Problembewusstsein nirgendwo erkennen lässt. Im Gegenteil: Er ordnet ja gerade unterschiedliche Überlieferungen ganz der einheitlichen Sichtweise zu, sie kämen alle von ›Paulus‹ her. Auch in V8 betont er, dass es sich um das Evangelium des ›Paulus‹ handle.

[163] In diesem Sinne rechnet Roloff 267 zu den in den Past erkennbaren Bestandteilen der Ordinationshandlung die »Übergabe der maßgeblichen Lehrtradition an den Ordinanden, dessen Lehrbefähigung (1Tim 3,2) vorher festgestellt worden ist (2Tim 2,2). In welcher Weise das geschah, wissen wir nicht. Zu denken wäre an die Rezitation einer formelhaften Zusammenfassung zentraler Lehraussagen der παραθήκη.« – Thiessen, Christen 305 lehnt – gestützt auf Schweizer, Gemeinde 75 – den Bezug von V2 auf die Ordination ab.

weisen, die für alle Gemeindeglieder gelten sollen, die Lehrfähigkeit als eine für das Amt des Gemeindeleiters wichtige Eigenschaft hervorgehoben[164]. Da die Lehrtätigkeit nur von ihm ausgesagt wird, ergibt sich, dass es auch in 2Tim 2,2 nicht um irgendeine Art der Lehrvermittlung in der Gemeinde geht. Mit den »zuverlässigen Menschen«, denen ›Timotheus‹ das von ›Paulus‹ Gehörte anvertrauen soll, damit sie ihrerseits andere lehren, sind die *bischöflichen Gemeindeleiter* gemeint, die nach Tit 1,5 in jeder Gemeinde einzusetzen sind. Auch dass der sich um die rechte Lehrvermittlung Abmühende als »Diener Christi Jesu« (1Tim 4,6) bzw. »Knecht des Herrn« (2Tim 2,24) bezeichnet wird, spricht dafür, dass es sich um Lehrvermittlung im Rahmen von Amtsnachfolge handelt[165]. Wie ›Timotheus‹ die gesunde Lehre von ›Paulus‹ unter anderem bei der Ordination empfangen hat und sie unter anderem bei der Ordination (vgl. 1Tim 5,22) an »zuverlässige Menschen«, d.h. Gemeindeleiter, weitergeben soll, so sollen diese es gegenüber ihren Amtsnachfolgern halten. Das Amtsverständnis ist mit dem *Sukzessionsgedanken* verbunden. Unter personalem Aspekt zeigt es sich an der Einbindung der Amtsträger in die *Personenfolge*, unter sachlichem Aspekt am Gebundensein der Amtsträger an die empfangene und zu vermittelnde gesunde *Lehre*[166]. Wenn die Amtsnachfolger, denen die gesunde Lehre zu vermitteln ist, in V2 als »zuverlässige [πιστοί] Menschen« bezeichnet werden, so bedeutet dies, dass sie sich als vertrauenswürdig und rechtgläubig erwiesen haben sollen. Wie an anderen Stellen der Past, wo von der Lehrtätigkeit des Gemeindeleiters die Rede ist (1Tim 3,2; 4,6; 2Tim 2,22–26; Tit 1,9 u.ö.), zeigt sich dabei zugleich, dass das *Lehren* nicht nur wegen des positiv zu vermittelnden Lehrinhalts, sondern auch wegen der *Gefährdung* des Glaubens und sittlichen Verhaltens durch die *Irrlehrer* als so wichtig erachtet und deshalb betont wird.

Es ist nicht verwunderlich, dass sich an die Aufforderungen, stark zu werden in der Gnade (V1) und das Überlieferungsgut weiterzugeben (V2), der Imperativ »mitzuleiden« anschließt. Dies entspricht ganz der Gedankenfolge und z.T. der Formulierung, mit denen der Gesamtabschnitt (1,6 – 2,13) eröffnet wurde. Auch der ersten an ›Timotheus‹ ergangenen Aufforderung, das in der Ordination empfangene Charisma wieder zu entfachen (1,6), folgte schon bald eine weitere, nämlich sich weder des Zeugnisses noch des

3–5

---

164 Siehe auch unten zu 2,24. – Die mit διδακτικός bezeichnete Eigenschaft der Lehrtüchtigkeit ist aus dem Repertoire hellenistischer Berufspflichtenlehren und Regentenspiegel aufgenommen worden (vgl. Schwarz, Christentum 53 mit Verweisen auf Onosander, De imperatoris officio 1,1; Musonius Rufus 35,3), erhält aber in den Past einen besonderen Akzent.
165 Schweizer, Gemeinde 75 und Thiessen, Christen 305 meinen dagegen, es handle sich um die Weitergabe der Lehre lediglich in dem Sinn, dass zwar »Amtsträger« einbezogen, aber darüber hinaus *alle* Gemeindeglieder auf ihre Lehrverantwortung hin angesprochen sind.
166 Vgl. Oberlinner, Tit 27. Letzteres betonen bes. auch Sand, Anfänge 235f; Sänger, Amt 647, Anm. 133.

gefangenen ›Paulus‹ zu schämen, sondern *mitzuleiden* für das Evangelium (1,8). Grund und Sinn der Aufforderung zur Leidensbereitschaft sind dort wie hier gleich: Da sich der vorbildhafte Absender ›Paulus‹ um des Evangeliums willen im Kerker befindet (vgl. 1,12 mit 2,9) und also zu seiner Vorbildlichkeit im Einsatz für das Evangelium das Leiden gehört, soll auch der Apostelschüler ›Timotheus‹ grundsätzlich zur Leidensgemeinschaft mit ›Paulus‹ (1,8; 2,3: συνκακοπάθησον!) bereit sein[167]. Soweit darüber hinaus an eine konkrete Leidenssituation gedacht sein mag, hat der Verfasser wohl den durch die innergemeindliche Irrlehrerproblematik entstandenen Leidensdruck und nicht etwa Verfolgungen von außen im Blick; denn letztere sind für die Abfassungssituation der Past nicht nachweisbar.

Die Aufforderung zu intensivem Einsatz für das Evangelium bis hin zur Bereitschaft, dafür auch Leiden zu ertragen, wird mit *drei Vergleichsbildern* weitergeführt. Aus der diachronen Analyse ergab sich, dass der Verfasser bei der Textgestaltung auf 1Kor 9 zurückgegriffen hat. Zunächst vergleicht er den Einsatz des ›Timotheus‹ und damit eines jeden, der zur Leitung der Gemeinde eingesetzt und um sie vor allem in der Ausübung der Lehrtätigkeit bemüht ist, mit einem guten *Soldaten* (VV3f) und mit einem *Sportwettkämpfer* (V5).

Kampf-metaphorik 1. Die Kampfmetaphorik[168] begegnet bereits im AT. Der Gerechte und Fromme sieht sich im Kampf mit Frevlern und Gottlosen (Ps 56,2f; 140,2 u.ö.). Von daher wurden Leitideen im palästinischen Frühjudentum gespeist, wie sie z.B. in den Vorstellungen vom endzeitlichen ›Heiligen Krieg‹ der »Söhne des Lichts« gegen die »Söhne der Finsternis, das Heer Belials« in der ›Kriegsrolle‹ von Qumran ausgeprägt sind (1QM 1,11; 15,12–18 u.ö.). Der übertragene Sinn von Kriegsdienst und ganz besonders von sportlichem Wettkampf ist vor allem in der Ethik der griechisch-hellenistischen Popularphilosophie verbreitet. Das ist gut verständlich, wenn man bedenkt, dass zum einen Wettkämpfe und sportliche Ertüchtigung in der Erziehung, im öffentlichen Leben der Städte und im Kult eine überaus große Rolle spielten, und zum anderen, dass sich die zum Wettkampf notwendigerweise gehörenden Haltungen und Erfahrungen sehr leicht auf den ethischen Bereich übertragen lassen; denn das Streben nach sittlichen Idealen war und ist mit Anstrengungen, d.h. mit ›Kämpfen‹ verbunden. Nach Epiktet schickt Gott selbst den Menschen auf den Kampfplatz: »Tritt nun ein in den Kampf [ἐπὶ τὸν ἀγῶνα], zeige uns, was du gelernt und wie du gekämpft hast [πῶς ἤθλησας]!« (Diss IV,4,30). Epiktet rät, sich im Kampf gegen die Leidenschaften an Vorbildern wie Sokrates zu orientieren: Bedenke, »für welch großen Sieg er es angesehen hat, dass er sich selbst besiegt hatte! War das nicht ein olympischer Sieg!« (Diss II,18,22). Die Bilder aus der Kampfmetaphorik kennzeichnen den Ernst und die Anstrengung, die mit dem sittlichen Streben verbunden sind.

---

[167] Zum rhetorischen Gestaltungselement ›Vorbild im Leiden‹ vgl. Harding, Tradition 141–143.
[168] Vgl. dazu außer den Lexika-Artikeln

J.D. Ellsworth, Agon. Studies in the Use of a Word. Diss. Univ. of California, Berkeley 1971; Pfitzner, Paul, bes. 166–171; Schwankl, Lauft (passim).

2. Auch in das hellenistische Judentum wurde die Agon-Metaphorik aufgenommen, wie u.a. Weish 10,12 (Kampf Jakobs, bezogen auf die Frömmigkeit), TestHiob 4,10; 27,3–5 (Ijob als Athlet), die Schriften Philos und vor allem 4Makk zeigen. Das Martyrium Eleazars, der makkabäischen Brüder und ihrer Mutter wird als »ein göttlicher Wettkampf« bezeichnet und in seinen Einzelheiten metaphorisch gedeutet (4Makk 17,11–16 u.ö.).

3. Durch Paulus wurde die Kampf- und Wettkampfmetaphorik in das urchristliche Schrifttum eingeführt. Waren schon bei der Verwendung im hellenistischen Judentum neue Akzente gesetzt worden, so zeigt darüber hinaus der *paulinische* Umgang mit ihr einen weiteren *Eigenakzent.* Er ist darin zu sehen, dass Paulus das Agon-Motiv nicht allgemein auf die Mühen im sittlichen und religiösen Streben bezieht, sondern es schwerpunktmäßig auf den Bereich des *apostolischen Dienstes,* auf den *Einsatz für das Evangelium* anwendet (1Kor 9,7.24–27; 2Kor 10,3–5; Gal 2,2; Phil 1,27–30; 3,12–14)[169]. In den *Past* sind die Kampf- und Wettkampfbilder ebenfalls nur auf ›*Paulus*‹ (2Tim 4,7) oder auf den ›*Apostelschüler*‹ nämlich den *Gemeindeleiter,* bezogen (vgl. 1Tim 1,18; 4,7–10; 6,12; 2Tim 2,3–5). Dabei zeigt sich in den Past noch etwas *Besonderes:* Weder gilt nun der »Kampf« in erster Linie dem eigenen Leben und seiner sinnvoll-verantworteten Gestaltung, noch drückt er nur das apostolische Berufsethos im Bezeugen des Evangeliums aus, sondern es wird vielmehr die *Gemeinde* »als ›Objekt‹ der Fürsorge in den ›Kampf‹, in die Mühe an vorderster Stelle einbezogen. ... Der kämpferische Einsatz des Apostelschülers gilt der Gemeinde«[170], und zwar angesichts der gefährlichen Bedrohungen durch das Aufgebot der *Irrlehrer.*

Als oberster Feldherr des als Soldat verstandenen Apostelschülers und Gemeindeleiters gilt Christus Jesus (V3). ›Timotheus‹ erweist sich als »guter Kämpfer« (V3), und er gewinnt die Anerkennung seines »Heerführers« (V4b), wenn er seinen gemeindeleitenden Dienst *leidensbereit* (V3), zielstrebig *mit allen Kräften* und *ohne sich durch anderes ablenken zu lassen* (V4a), ausübt. Die metaphorische Aussage, dass sich der Kämpfende nicht »in die Geschäfte des [täglichen] Lebens verstricke« (V4a), ruft dazu auf, dass ›Timotheus‹ sich mit aller Kraft[171] für seinen gemeindeleitenden Dienst einsetze. Möglicherweise ist auch an den Verzicht »auf manche Annehmlichkeit des Lebens« gedacht[172]. Dass mit dem Bild in ganz spezieller Weise gesagt werde, die Gemeindeleiter sollen mit dem

[169] Vgl. Pfitzner, Paul 97; Roloff 103; Oberlinner, 1Tim 54f. – Schwankl, Lauft 182–191 zeigt, dass die Wettkampfmetaphorik in 1Kor 9 zunächst auf das »apostolische Berufsethos« des Paulus verweist, dass sie sodann aber auch paränetisch für das Selbstverständnis der Christen ausgewertet wird.
[170] Oberlinner, 1Tim 54.
[171] Knight 393 weist zu Recht darauf hin, dass es um *Prioritäten* und nicht um Absolut-Setzungen gehe: »Thus this passage does not teach that Timothy, or any other minister, should withdraw from everyday life, but that he should not let it and its affairs distract him from service to his commander.«
[172] Oberlinner 70. Er macht außerdem auf das für die Past charakteristische Konzept aufmerksam, dass »das Lob ›von oben‹ ausgesprochen wird, daß also die Erwartungen der übergeordneten Autorität als Kriterium vorgestellt werden, daß aber nicht von den anderen mit der Durchführung eines Auftrags Betroffenen gesprochen wird ...«

Lebensnotwendigen durch die Gemeinde versorgt werden, sich damit zufrieden geben und nicht noch einen Nebenerwerb suchen[173], ist sehr unwahrscheinlich. Es heißt zwar in 1Tim 5,17, dass »die Presbyter, die ihr Vorsteheramt gut ausüben, doppelter Anerkennung [διπλῆς τιμῆς] würdig erachtet werden sollen, besonders die, die sich in der Wortverkündigung und Lehre abmühen«, und diese Anweisung zeigt zugleich, dass zu den sich stabilisierenden Gemeindestrukturen auch die Anerkennung und materielle Unterstützung der Amtsträger gehört. Aber da selbst eine derartige Aussage keinen genaueren Aufschluss über die Versorgungsverhältnisse gibt und zudem andere Stellen ein normales Familienleben der Amtsträger mit zugehöriger Existenzsicherung voraussetzen (vgl. 1Tim 3,1–13 u.ö.), ist aus dem bildhaften Ausdruck V4a nicht so viel zu entnehmen, wie Hanson meint. Erst um die Wende vom 2. zum 3. Jh. ist ein Unterhaltsanspruch nachweisbar[174].

Das Bild vom *Wettkampf* V5 verdeutlicht ebenfalls den Gedanken, dass eine Anerkennung – hier ausgedrückt mit der Metapher des *Siegeskranzes* – nur dann erreicht wird, wenn *Anstrengungen* vorausgegangen sind. Das Bild fordert dazu auf, sie im Gemeindedienst nicht zu scheuen. Außer dem Gesichtspunkt der Kampf-*Anstrengung* ist noch eigens der des »*vorschriftsmäßigen* [νομίμως]« Kämpfens hervorgehoben. Zur Teilnahme am Wettkampf gehört die Bereitschaft, sich ganz auf die ›Spiel-Regeln‹ einzulassen und gemäß ihrer Anordnung zu kämpfen. Zum erstrebten Erfolg führt also nicht nur die Anstrengung, sondern es ist auch das Einhalten der *Kampf-Vorschriften* erforderlich. Falls diesem Bildelement eine sachliche Bedeutung zukommt, kann sie in der Betonung liegen, dass der Einsatz im Gemeindedienst eben auch *den Vorschriften gemäß*, d.h. gebunden an die »gesunde Lehre« in Lebensführung und Glaubensunterweisung geschehen soll.

6 Im Bild von der bäuerlichen Erntearbeit (V6) zeigt der Ausdruck κοπιάω[175], dass der Gesichtspunkt des *Mühevollen* im Vordergrund steht. Durch diesen Gesichtspunkt ist das Bild mit den beiden vorausgehenden Bildern vom Kriegsdienst und Wettkampf verbunden. Ebenso wie diese weist es auf das Sich-Abmühen, auf die notwendige Anstrengung im Gemeindedienst hin und wirbt dafür, sie auf sich zu nehmen. Lag aber innerhalb des Bildes vom Wettkampf der Ton mehr darauf, dass es »ohne Fleiß *keinen Preis*« gibt, so wird innerhalb des Erntebildes eher betont, dass der Arbeiter *selbstverständlich Anteil* am Ertrag seiner Arbeit erhal-

---

[173] So Hanson 129.
[174] Vgl. Schöllgen, διπλῆ τιμή; ders., Sportulae; ders., Anfänge 50 mit der in Anm. 128 und 129 angegebenen Literatur und der Bewertung verschiedener Positionen.
[175] Besonders im Corpus Paulinum be-
zeichnet das Verbum die *mühevolle* Missions- und Gemeindearbeit, manchmal in unmittelbarer Verbindung mit Verben des Kämpfens bzw. Wettkämpfens (z.B. Kol 1,29; 1Tim 4,10). Vgl. F. Hauck, ThWNT III (1938) 828f.

ten soll. Während jedoch dieser Gedanke in 1Kor 9 eine zentrale Rolle spielt, wird er in 2Tim 2,6 *nur am Rand* erwähnt. Vermutlich ist er überhaupt nur einbezogen, weil er mit dem Bildmaterial in 1Kor 9,7–14.24–27 vorgegeben war. Wie die Anknüpfung der bildhaften Aussagen in 2Tim 2,3–6 an die Aufforderung zum Mitleiden in V3 zeigt, ging es dem Verfasser bei der Aufnahme der Metaphorik aus 1Kor 9 vor allem darum, zu *intensivem Einsatz* für das Evangelium und die Gemeinde aufzurufen, sich dabei *nicht zu schonen* und auch *Mühen* und *Leiden* auf sich zu nehmen. Nur *nebenbei* entnahm er mit den Bildern aus 1Kor 9 den Gedanken der berechtigten Erwartung auf Anerkennung und materielle Unterstützung der apostolischen Arbeit. Dass er ihm nicht ganz unwichtig war, zeigt 1Tim 5,17f.

Der Teilaspekt, dass dem Erntearbeiter als *erstem* Anteil am Ertrag zukomme (V6), ist als *Bild*-Element ohne weiteres verständlich. Denn wer sich um etwas abgemüht hat, dem steht *zuallererst* ein Ertragsanteil zu, etwa des Weinbergs (Dtn 20,6; 1Kor 9,7) oder des Feigenbaums (Spr 27,18). Außerdem haben die in der Agrarwirtschaft Arbeitenden den *ersten unmittelbaren Zugang* zu den Erträgnissen, was sich ja auch in dem Wort ausdrückt, dass man dem »dreschenden Ochsen das Maul nicht verbinde« (Dtn 25,4; 1Kor 9,9; 1Tim 5,18). Der zwar im Rahmen des Bildes gut verständliche Gedanke des *Erst*-Anrechts hat indes *keine Bedeutung für die Sachaussage* von V6. Auch 1Tim 5,17f zeigt, dass mit diesem Teilaspekt kein sachlicher Aussageakzent verbunden ist, sondern dass es nur auf die allgemeinere Einsicht ankommt, dass »der Arbeiter seines Lohnes wert« sei.

Die *Aufforderung* an den Adressaten ›Timotheus‹ zu *bedenken*, was ihm 7 sein Lehrmeister ›Paulus‹ für die Ausübung seines Dienstes ans Herz legt (V7a), und die folgende vertrauensvolle *Verheißung*, der *Herr* werde »*Einsicht* in allem geben« (V7b), bilden zusammen mit den Imperativen »Werde stark in der Gnade!« (V1), »Vertraue« das von mir Gehörte »zuverlässigen Menschen an!« (V2) und »Leide mit!« (V3) den ›Rahmen‹, in den die ›Bilder‹ der VV3–6 eingefügt sind. Zusammen mit diesen Imperativen entstammt die Aufforderung und Verheißung, *Einsicht* zu gewinnen, testamentarisch-weisheitlicher Überlieferung[176]. Aufforderung und Verheißung beziehen sich auf den Hauptinhalt des in den VV2–6 Aufgetragenen, nämlich sich mit allen Kräften für die Bezeugung des Evangeliums im Gemeindedienst einzusetzen, bereit zu sein, anderes zurückzustellen, und sogar Leiden auf sich zu nehmen[177]. Trotz aller Betonung, mit

---

[176] S.o. Analyse 2.2 und Anm. 143. – Beachtet man dies, so erübrigt sich die Vermutung von Merkel 63, der Verfasser habe gespürt, dass »der Sinn der angeführten Beispiele nicht ganz deutlich« sei, und er habe deshalb die Aufforderung in V7 ergehen lassen.

[177] Auch Merkel 63 betont, dass sich die Aufforderung, das von ›Paulus‹ Gesagte zu bedenken, darauf bezieht, »sich voll und ganz und ohne Scheu vor irgendwelchen Konsequenzen für das Evangelium« einzusetzen. Merkel wertet dieses Verständnis von V7 als weiteres Argument gegen die

der der Verfasser der Past beständig die Gebundenheit des Apostelschülers und seiner Amtsnachfolger im Gemeindedienst an das Vorbild und
die Lehre des ›Paulus‹ hervorhebt, lässt er in V7 den Gedanken an ein un-
verzichtbares Maß der *Eigenverantwortung* und des *Vertrauens auf den
Beistand des Herrn* anklingen. Damit weist er – wenigstens andeutend –
auf etwas hin, das für christliche Lebensgestaltung und die Ausübung
verantwortlicher Gemeindeleitung nötig und von großer Bedeutung
ist[178]. Immer wieder bedarf es des erneuten Fragens, Bedenkens und Bera-
tens. Es bedarf auch der Gebetsbitte um Klarheit darüber, welche Entscheidungen und Weichenstellungen zu treffen sind, damit die kirchlich-
institutionellen Ordnungen so gestaltet werden, dass sie dem Leben
christlicher Gemeinden und dem Heil der Menschen dienen.

8a Mit dem *Imperativ* »Sei eingedenk!« ergeht eine weitere direkte Aufforderung an ›Timotheus‹. Als *Inhalt* dessen, was sich ›Timotheus‹ angesichts seines mühevollen Lehr- und Leidensdienstes (VV2–6) stets gegenwärtig bewusst halten soll, wird »*Jesus Christus*« genannt. Näherhin wird
er als der von den Toten *Auferweckte* und als *Nachkomme Davids* gekennzeichnet. Das Gedenken an Jesus Christus soll zum Einsatz für das
Evangelium motivieren und helfen, auch Mühen und Leiden zu ertragen.
Die enge Verbindung mit dem Vorausgehenden (VV1–7), der sogleich
folgende Hinweis auf das Evangelium, um dessentwillen ›Paulus‹ leidet
(VV8c.9), und der Bezug auf das später erwähnte »Mitsterben« und
»Ausharren«, »Mitleben« und »Mitherrschen« (VV11b.12a) ließen in der
synchronen Analyse erkennen, dass V8 eine *Scharnierfunktion* hat und
dass in ihm nicht nur die Auferweckung Jesu im Blick ist, sondern sein
ganzer *Weg durch Leiden zur Verherrlichung*[179]. Die diachrone Untersuchung zeigte, dass der Verfasser sehr wahrscheinlich *Röm 1,3f als direkte
literarische Vorlage benutzt* hat. Ebenso wie dort wird auch hier durch die
kerygmatische und bekennende Aussage das zum Ausdruck gebracht, was
von Anfang an zum *Grund* und *Zentrum* des urchristlichen Glaubens gehörte: Der Gott Israels hat Jesus von den Toten auferweckt, so dass dieser
in der Daseinsweise Gottes ewig lebt, sich von dort her offenbart und sich

Auffassung von Hanson aus, es gehe in den
VV4–6 um die Bezahlung der Amtsträger
durch die Gemeinde. – Oberlinner 72,
Anm. 18 wendet sich mit Recht gegen Karris 21, der meint, in den VV 3–7 sei nichts
enthalten, »which restricts their meaning
to Timothy as a church leader.« Das offene
Ende der Bilder bedeute: »they have no sin-
gle meaning«, sondern »a message for all.«
[178] Vgl. Oberlinner 74: Angesichts der
einseitigen Betonung der Autorität des
Apostels gegenüber den Untergebenen und
derselben einseitigen Konstellation im Kirchenverständnis der Past »klingt hier doch

ein anderer Ton an und wird eine Sichtweise im Umgang mit Autorität und Untergebenen erkennbar,« die auch nach ihrer
Relevanz für die Ekklesiologie zu befragen
ist.
[179] Vgl. auch R. Leivestad, EWNT II
(1981) 1070 (zu μνημόνευε: »Der Sinn
›Gedenket, daß Jesus Christus auferstanden
ist‹, wird durch das zweite Glied ausgeschlossen. Die Ermahnung muß bedeuten,
daß man den verkündeten Jesus Christus *in
Gedanken haben* soll, um dadurch Kraft
und Trost unter Verfolgungen zu ernten.«
– Anders jedoch Oberlinner, 2Tim 75–77.

als wirkmächtig erweist, indem er die alle Menschen bedrohende Todesmacht vernichtet und ewiges Heil ermöglicht (vgl. 1,9f).

Die folgende Erwähnung der Davidsnachkommenschaft Jesu[180] ist ebenfalls durch Röm 1,3f veranlasst. Die Aussage ist in Röm 1 zusammen mit der Glaubensformel über die Auferweckung aus judenchristlicher vorpaulinischer Überlieferung aufgenommen worden. In ihr liegen die ältesten Artikulationen sowohl der *genealogischen Abstammung Jesu von David* als auch des *Bekenntnisses zur Gottessohnschaft Jesu* vor. Sie stehen im Zusammenhang damit, dass es aufgrund ergangener Verheißungen über einen Davidsspross (vgl. 2Sam 7,12–16; Ps 89; Jes 9,1–6; 11,1–10 u.ö. – Ps 2,7; Weish 2,12–20; 5,1–7 u.ö.) im Frühjudentum die Erwartung »eines eschatologischen Herrschers nach dem Modell Davids« gab[181] (vgl. PsSal 17,4.21–32; 4QFlor 1,10–13 u.ö.). Noch vor Paulus knüpften Judenchristen mit der Formulierung ἐκ σπέρματος Δαυίδ an diese Vorstellung an.

8b

Sie brachten in einer Grundaussage, wie sie in Röm 1,3f verarbeitet wurde, zum Ausdruck, dass der aus der *Nachkommenschaft Davids* stammende Jesus durch die Auferweckung aus dem Tod durch Gott zum *Sohn Gottes* in Vollmacht eingesetzt worden ist. Der genealogisch durch davidische Herkunft »Ausgezeichnete ist aus der Auferstehung heraus öffentlich in seiner singulären Gottzugehörigkeit deklariert. ... Eine aufwertende Bezeichnung der irdischen Herkunft leitet eine alles überbietende Aussage der gottgesetzten Würde ein«[182]. Im Anschluss an frühjüdische Messiaserwartungen und in deren urchristlicher Neuinterpretation wurde diese Würde als messianische Gottessohnschaft verstanden; als *Gottessohnschaft*, weil auf der Basis von Ps 2; Weish 2,12–20; 5,1–7 und ihren frühjüdischen Interpretationen die Auferweckung des Gekreuzigten urchristlich als Zeugung zum Sohn gedeutet wurde; als *messianisch*[183], weil Jesus den ersten Christen

---

[180] Zu ihrer Erforschung vgl. W. Wrede, Jesus als Davidssohn, in: ders., Vorträge und Studien, Tübingen 1907, 147–177; W. Michaelis, Die Davidssohnschaft Jesu als historisches und kerygmatisches Problem, in: H. Ristow / K. Matthiae (Hrsg.), Der historische Jesus und der kerygmatische Christus, Berlin ²1961, 317–330; Hahn, Hoheitstitel 242–279; Ch. Burger, Jesus als Davidssohn, 1970 (FRLANT 98); E. Lohse, ThWNT VIII (1969) 482–492; F. Hahn, EWNT III (1983) 935–937; R.E. Brown, The Birth of the Messiah, New York 1979, 503–512; M. de Jonge, Jesus, Son of David and Son of God, in: ders., Jewish Eschatology, Early Christian Christology and the Testament of the Twelve Patriarchs, 1991 (NT.S 63), 135–144; Karrer, Gesalbte 267–294; F.R. Prostmeier, Der ›Nachkomme Davids‹. Deutungen und Bedeutung für die Christologie, in: Steht nicht geschrieben? Studien zur Bibel und ihrer Wirkungsgeschichte

(FS G. Schmuttermayr), hrsg. v. J. Frühwald-König u.a., Regensburg 2001, 209–236.

[181] Karrer, Gesalbte 272. Er macht außerdem auf den zweiten Akzent frühjüdischer Davissohntradition aufmerksam, nämlich den »eines großen Heilers salomonischer Prägung«.

[182] Karrer, Gesalbte 274, Anm. 186.

[183] Anders Karrer, Gesalbte 173f. Er weist zwar zu Recht auf die *vortitulare* Formulierungsweise in Röm 1,3f hin und darauf, dass die Wendung dort *nicht* mit dem Gesalbtenbegriff verbunden sei und dass somit keine »messianische Formel« in »begrifflich engem Sinn« vorliege (274). Er zieht daraus aber den m.E. unberechtigten Schluss, dass sie dementsprechend nur »als genealogischer Hinweis (in der Weite damaligen Abstammungsdenkens) zu interpretieren« sei (273). Karrer wendet sich damit ausdrücklich »gegen den Hauptstrom

nicht nur als *ein*, sondern als *der* Nachkomme Davids galt, der aufgrund der Verheißung 2Sam 7 und deren frühjüdischem Verständnis als »Messias« erwartet wurde. Hat also die Aussage, Jesus sei Nachkomme Davids, in Röm 1,3f *christologischen* Sinn und bezeichnet sie auch sonst im NT[184] vor allem Jesu *Messianität* und sein *messianisches Heilswirken*, so *kann* doch in ihr darüber hinaus auch *geschichtlich Zutreffendes* enthalten sein[185].

Für den Verfasser der Past galt die Davidssohnschaft Jesu als Selbstverständlichkeit. Denn schon die synoptischen Evangelien zeigen, dass z.Zt. ihrer Abfassung Jesus unbestritten als Nachkomme Davids angesehen wurde, und Hebr 7,14 bezeugt ausdrücklich: »Es ist allbekannt [πρόδηλον], dass aus Juda unser Herr hervorgegangen ist«[186].

Welche Bedeutung hat die Aussage in 2Tim 2,8? Die Formulierung unterscheidet sich von Röm 1,3f durch die *umgekehrte Reihenfolge* der Auferweckungs- und Davidssohnaussage sowie durch das *Fehlen des Verbums* γίνομαι und des Bezugs zur *Gottessohnschaft*. Die Umstellung läßt sich daraus erklären, dass dem Verfasser das Auferweckungsbekenntnis das Wichtigere war. Entscheidend kommt aber hinzu, dass ihm offenbar nicht mehr die judenchristlichen Voraussetzungen bewusst waren, die zur Ausprägung der vorpaulinischen doppelgliedrigen Glaubensformel geführt hatten, und somit auch nicht mehr der innere Zusammenhang der Inter-

der Forschung«, von deren Vertretern er differenzierend Wrede, Bultmann, Schlier, Wengst, Burger, Kim, Merklein, Becker und Theobald nennt (Anm. 181.186f). Gegen Karrers Interpretation ist jedoch einzuwenden: Die auffällige Verbindung von davidischer Herkunft und Einsetzung in exklusive Gottessohnschaft verweist in die messianischen Zusammenhänge herrscherlicher Gesalbtenhoffnung, wie sie das Frühjudentum zeigt, auch wenn in Röm 1,3f der Messiastitel nicht verwendet wird. »Es geht um die Einsetzung des Erhöhten in endzeitliche Vollmachtsfunktion, die eine Aufnahme und Umprägung ursprünglich jüdisch-messianischer Erwartungen darstellt« (U.B. Müller, »Sohn Gottes« – ein messianischer Hoheitstitel Jesu, ZNW 87 [1996] 1–32, hier 9); ähnlich H. Merklein, Ägyptische Einflüsse auf die messianische Sohn-Gottes-Aussage des Neuen Testaments, in: Geschichte – Tradition – Reflexion (FS M. Hengel), hrsg. v. H. Cancik, u.a., Tübingen 1996, 21–48, hier 31f; Prostmeier, Nachkomme 218–225.

[184]   Vgl. Mt 1,6–16.18–25; 9,27; [12,23;] 15,22; 20,30f; 21,9.15; Mk 10,47f; 12,35–37; Lk 1,27.32f; 3,23–31 – Herkunft Jesu aus Betlehem, »der Stadt Davids«: Mt 2,5f; Lk 2,4.11 (in Spannung zur Herkunft aus Na-

zaret [bzw. Galiläa]: Mt 2,23; Joh 1,46; 7,42.52).

[185]   Vgl. ähnlich Brown, Birth (s.o. Anm. 180) 511. Positiv wird die Frage beantwortet z.B. von Michaelis, Davidssohnschaft (s.o. Anm. 180); negativ z.B. von Wrede, Davidssohn (s.o. Anm. 180); Burger, Jesus (s.o. Anm. 180). Nach Hahn »sollte man [sie] zumindest offen lassen« (EWNT III [1983] 935; vgl. ders., Hoheitstitel 244.250; zustimmend Karrer, Gesalbte 294). – Zur wirklichen oder vermeintlichen Nachkommenschaft Davids im Frühjudentum unter bes. Berücksichtigung einer Inschrift aus einem Ossuarienfund vgl. D. Flusser, Familien vom »Haus Davids« in der Zeit Jesu, in: ders., Entdeckungen im Neuen Testament, Bd. 2: Jesus – Qumran – Urchristentum, hrsg. v. M. Majer, Neukirchen-Vluyn 1999, 179–184.

[186]   Vgl. dazu E. Gräßer, An die Hebräer II, 1993 (EKK XVII/2), 40: »Der Hebr reklamiert das als einen allgemeinen nachprüfbaren, offenkundigen Tatbestand. ... Daran gab es z.Zt. unseres Verf.s nichts zu rütteln; man wußte es einfach.« – Dem entspricht auch die mehrmalige Erwähnung in den Ignatiusbriefen (Eph 18,2; 20,2; Röm 7,3; Trall 9,1; Sm 1,1), wobei in antidoketischer Stoßrichtung die Betonung auf der *menschlichen* Herkunft Jesu liegt.

pretation von Davidssohnschaft, Auferweckung und Gottessohnschaft Jesu. Auch bei der Gestaltung des Präskripts Tit 1,1–4 gestaltete er in christologischer Hinsicht Röm 1,1–4 bemerkenswert um. Es dürften wohl er und seine Gemeinden die in Röm 1 ausgesprochene Davidssohnschaft *nicht mehr im umfassenden messianischen Sinn* verstanden haben, sondern *vor allem als genealogische Herkunftsbezeichnung*[187], um die ›man‹ wusste und die ›man‹ formelhaft miterwähnte. An ihrem Bezug zum Gottessohnbekenntnis war der Verfasser der Past auch deshalb nicht interessiert, weil er ja in allen drei Briefen den Gottessohn-Titel kein einziges Mal erwähnt. Auch Tit 1,1–4 zeigt, dass er ihn gegenüber Röm 1 ausgelassen hat. Entsprechend den soteriologischen Akzenten seiner Christologie stellt er vor allem den »Retter«-Titel in den Vordergrund. Ein Interesse an der Davidssohnschaft Jesu und an ihrer Erwähnung dürfte er aber aus dem Grund gehabt haben, dass sie ebenso wie die Betonungen, dass Christus »im *Fleisch* offenbart« wurde (1Tim 3,16) und dass »der *Mensch* Christus Jesus« der »eine Mittler zwischen Gott und den Menschen ist« (1Tim 2,5), als *antidoketische Spitze* eingesetzt werden konnte, zumal die Irrlehrer gerade die *Auferstehung* doketisch-gnostisierend missdeuteten, wie 2Tim 2,18 vermuten lässt[188]. Die genannten Gründe machen hinreichend verständlich, wie es zur Umgestaltung der Formel durch den Verfasser der Past gekommen ist und welchen Sinn sie hat.

Wie an anderen Stellen der Past (vgl. 1Tim 2,7; 2Tim 1,11 u.ö.), ist sodann auch hier die Erwähnung des christologischen Kerygmas Anlass dafür, sofort hinzuzufügen, dass es durch ›*Paulus*‹ verkündet wird (V8c). Die Botschaft, deren Verkündiger ›Paulus‹ ist, wird hier wie auch in 1Tim 1,11; 2Tim 1,8.10 als εὐαγγέλιον bezeichnet. Die Betonung »*mein* Evangelium«, erklärt sich z.T. daraus, dass ›Paulus‹ in den Past durchgängig als *der Ur-Verkündiger des Evangeliums* gilt, z.T. daraus, dass nach 2Tim 1,10f das ›paulinische‹ Evangelium in der *Lebensbotschaft vom Zunichtemachen des Todes* besteht, und z.T. vielleicht auch aus dem *Einfluss von Röm 1,1–4;* denn dort gehört ja – wie auch sonst bei Paulus (vgl. 1Kor

8c

---

[187] Vgl. ähnlich Stecker, Formen 53; Trummer, Paulustradition 203f; Hasler 65; Roloff 360; ders., Weg 160; Läger, Christologie 75; zurückhaltender Oberlinner, Tit 151, Anm. 31. – Marshall, Christology 166 versteht die Aussage ganz im *messianischen* Sinn: »Remember that Jesus rose from the dead and that he is the Messiah …«; ähnlich Lau, Manifest in Flesh 133ff; Stettler, Christologie 171ff; Söding, Erscheinen 165f.

[188] Dass die Erwähnung der Davidssohnschaft einerseits und das Fehlen des Gottessohnbekenntnisses andererseits im Zusammenhang mit der in V18 genannten

Irrlehre über die Auferstehung zu sehen ist, meinen u.a. auch Towner, Goal 101ff; Wilckens, Röm I 65; Oberlinner 77. – Auch Stettler, Christologie 169f.173–180 vermutet diesen Zusammenhang. Sie stellt überdies zu Recht fest, dass in den Past weder die Präexistenz noch die Gottessohnschaft Jesu *geleugnet* werden; jedoch überinterpretiert sie m.E. V8. – Simonsen, Traditionselemente 57 vermutet als Grund für das Fehlen des Gottessohntitels in den Past, dass »das Verständnis des Evangeliums als *Erfüllung der Verheißungen* an Israel« fehlt. Diese Erklärung *allein* genügt sicher nicht.

15,1–11 u.ö.) – die Auferweckung zum Zentrum der als *Evangelium* bezeichneten Botschaft. In V8c wird also die in den Past immer wieder auf-
scheinende »normative Funktion«[189] dessen betont, was es von ›Paulus‹
her in der Gemeinde zu verkünden und zu lehren gilt. Ein ähnliche Nor-
mierung kommt in Röm 16,25 zum Ausdruck. Auch dort wurde in nachpaulinischer Zeit mit der gleichen Formulierung wie in V8c die Gültigkeit
und Maßgeblichkeit des paulinischen Erbes betont[190].

9–10   Ebenso wie in 2Tim 1,12 schließt sich an das Christuskerygma und seine
       Kennzeichnung als ›paulinisches Evangelium‹ der Hinweis auf das *Leiden
       des ›Paulus‹* um dieses *Evangeliums* willen an (V9a). In drastischer Zu-
       spitzung ist von »Fesseln« und von der Verachtung als »Verbrecher« die
       Rede. Die erneute Leidenserwähnung hat zunächst den gleichen Grund
       und den gleichen Aussagesinn wie die bereits vorausgegangenen Aussa-
       gen ähnlicher Art und die z.T. mit ihnen verbundenen Aufforderungen
       zur Leidensbereitschaft (s.o. zu 1,12.16; 1,8; 2,3).

Auch, dass in V9b eine mit ἀλλά eingeleitete Kontrastaussage folgt, entspricht
der Sprach- und Gedankenstruktur von 1,12. Dort ist als Kontrastaussage formuliert, dass sich ›Paulus‹ nicht schämt (V12b), weil er der Macht Gottes vertraut
(V12c), die das Überdauern dessen garantiert (V12d), wofür er sich einsetzt und
Leiden erträgt. Von einem kontrastierenden *Empfinden* des ›Paulus‹ ist zwar in
V9b nicht die Rede; aber die Kontrastaussage, dass *Gottes Wort* nicht gefesselt sei
(V9b), berührt sich doch mit dem in 1,12cd geäußerten Vertrauen. Denn dort wie
hier ist als Grund der vertrauenden Zuversicht *Gott* genannt, der trotz menschlicher Widerstände und trotz allem, was sich gegen seine Boten richtet, die *Botschaft überdauern* lässt. Mit der Formulierung, dass trotz der Fesseln des Boten
»das Wort *Gottes*« frei sei, erhält die Botschaft des ›Paulus‹ und die in seiner Gefolgschaft ausgeübte Verkündigung und Lehre des ›Timotheus‹ sowie die der Gemeindeleiter ein höchstes Qualitätssiegel: Das, was sie verkünden und lehren, gilt
nicht nur als Menschen- sondern als *Gottes*wort (vgl. 1Thess 2,13). Die in 1,8.12;
2,9 jeweils hergestellte Verbindung von Leidens- und Zuversichtssaussagen will
nicht nur *erweisen*, dass die Bezeugung des Evangeliums vom inneren Wesen her
mit Leiden verbunden ist, und sie wollen nicht nur zur Leidensbereitschaft um
des Evangeliums willen *motivieren* und *auffordern*, sondern auch *Zuversicht* und
Ermutigung wecken und verstärken.

In V10a wird noch ein weiterer *Grund* (διὰ τοῦτο) und in V10b – mit ἵνα
eingeleitet – eine weiteres *Ziel* genannt, weshalb ›Paulus‹ *alles* (πάντα)
erträgt: Er tut es um der Verkündigung des *Evangeliums* und um der
Auserwählten willen, damit auch sie *Rettung* durch Christus finden. Das

---

[189]   Von Lips, Glaube 48.
[190]   Umstrittener ist die Zugehörigkeit von
Röm 2,16, wo ebenfalls die Formulierung
κατὰ τὸ εὐαγγέλιόν μου begegnet, zum
Urtext des Röm. Handelt es sich um einen
nachpaulinischen Zusatz, so drückt sich in

ihm die gleiche Tendenz aus wie in Röm
16,25 und 2Tim 2,8c. Handelt es sich um
Urtext, dann kann man fragen, ob 2Tim
2,8c von dieser Parallelformulierung abhängig ist. Wegen des unterschiedlichen
Kontextes ist dies jedoch unwahrscheinlich.

Ertragen von *allem* meint umfassend das, was er in seinem Verkündigungseinsatz an Widerständen, in seinen Gefängnisleiden an leiblichen und seelischen Belastungen sowie im Gemeindeleben durch die Irrlehrer durchzustehen hat. Das Verbum ὑπομένω drückt deshalb hier auch nicht nur ein passives Verhalten aus, sondern weist auf den aktiv in Geduld, Ausdauer und Beständigkeit auszuübenden Verkündigungs- und Gemeindeleiterdienst hin[191]. Mit dem Ausdruck »Auserwählte« (ἐκλεκτοί) wird zunächst ein verbreiteter urchristlicher, vor allem in eschatologisch-apokalyptischen Kontexten begegnender Ausdruck verwendet. In Briefen des Corpus Paulinum bezeichnet er Christusgläubige (Röm 8,33; 16,13; Kol 3,12). Der Verfasser der Past hat ihn zwar aus dem paulinischen Sprachmilieu aufgenommen, aber doch in einer eigens akzentuierten Weise verwendet. In Tit 1,1 verbindet er ihn mit der Aussage, dass sich der Aposteldienst des ›Paulus‹ vollziehe gemäß dem »Glauben der Auserwählten Gottes und der Erkenntnis der Wahrheit, die der Frömmigkeit entspricht.« Mit den »Auserwählten« sind also nicht nur allgemein die Christen gemeint, sondern jene, die sich im Unterschied zu den Irrlehrern an das Vorbild und die Lehre des ›Paulus‹ halten. So, wie ihnen nach Tit 1,1 der apostolische *Dienst* des ›Paulus‹ zugute kommt, kommt ihnen nach 2Tim 2,10 *alles* zugute, was ›Paulus‹ und die in seiner Nachfolge Stehenden durchzutragen haben; denn die Ausübung ihres Zeugen- und Leitungsdienstes samt des damit verbundenen Leidensgeschicks dient den ›Auserwählten‹ zur Erlangung des ewigen Heils, das von Gott her durch Christus Jesus ermöglicht wurde.

In VV8–10 tritt ein *Grundzug* der Christologie und des ›Paulusbildes‹ der Past besonders markant hervor. Außer der Betonung, dass das christologische Kerygma an die ›paulinische‹ Ur-Verkündigung gebunden ist, wird hier nämlich die *heilsgeschichtlich*-»*soteriologische*« Funktion des ›Paulus‹ besonders deutlich herausgestellt. Diese Sicht ist für die Past charakteristisch und höchst bedeutsam[192]. Bereits die Präskripte aller drei Briefe zeigen, wie eng der Verkündigungsinhalt und sein Verkündiger ›Paulus‹ zusammengehören. Grundlegend für das ›Paulusbild‹ der Past erscheint ›Paulus‹ sodann nach 1Tim 1,12–17 nicht nur als Verkündiger, sondern als Verkörperung des rettenden Heilshandelns Gottes durch Jesus Christus, so dass er selbst zum ›Verkündigten‹ zu werden beginnt. Die genannten Sichtweisen erhalten im ›Leidensethos‹ des 2Tim eine Steigerung und besondere Verdichtung. Selbstverständlich ist dem Verfasser der Past gläubig bewusst, und er bringt es auch deutlich zum Ausdruck,

---

[191] Während Holtz 166f; Jeremias 54 sowohl die Ausdrücke ὑπομένω und ἐκλεκτοί als auch die Gesamtaussage im urchristlich-apokalyptischen Sinn interpretieren, arbeitet Oberlinner 81f; ders., Tit 4 überzeugender die im Rahmen der Past selbst gesetzten Eigenakzentuierungen heraus.

[192] Vgl. dazu und zum Folgenden Läger, Christologie 75f.128–130 mit Lit. zur ›soteriologischen‹ Funktion des ›Paulus‹.

dass das Heil für alle Menschen von *Gott* durch die Lebenshingabe *Jesu,* des einzigen Heilsmittlers, gewirkt wurde (1Tim 2,3–6; 2Tim 1,10). Auch muss das große Gewicht beachtet werden, das innerhalb des ›Leidens-ethos‹ des 2Tim dem sogleich folgenden Abschnitt VV11–13 zukommt. In ihm wird ausdrücklich vom Mitsterben und geduldigen Aushalten mit *Jesus Christus* gesprochen. Dennoch ist nicht zu übersehen, dass im ›Leidensethos‹ des 2Tim ein auffällig starker Akzent auf die Leidensbereit-schaft in der Nachfolge des ›*Paulus*‹ und auf das Mitleiden mit *ihm* gelegt wird (1,8; 2,3; 3,10; 4,5). Es geht dabei aber *nicht* etwa um ein *stellvertre-tendes* Leiden, das den Mirchristen in der Weise zugute käme, dass vom »Maß der Christusleiden, das von dem Leib Christi, seiner Gemeinde, vor dem Ende durchlitten« werden muss (Kol 1,24), etwas abgetragen wer-de[193]. Wie die Verknüpfung mit VV8.11.12 deutlich erkennen lässt, geht es vielmehr darum, dass »die dem Evangelium inhärente christologische Grundstruktur« im Leben »nicht nur des Paulus, sondern jedes Verkün-digers sichtbar« werde[194]. Gemeint ist damit sowohl die scheinbare Para-doxie von Tod und Leben, Leiden und Verherrlichung, wie sie an Jesus of-fenbar wurde[195], als auch die Tatsache, dass das Evangelium wie Jesus selbst Widerstand hervorruft und dadurch für seine Verkündiger oft Lei-den zur Folge hat. V10 besagt, dass ›Paulus‹ sie vorbildlich ertrug und so dem ewigen Heil der Auserwählten diente. In diesem Sinne soll auch je-der, der in seiner Nachfolge im Dienst des Evangeliums und der Gemein-deleitung steht, diesen Dienst leidensbereit ausüben, denn so trägt er zum Erlangen des ewigen Heils der Menschen bei.

11a Mit der in den Past mehrmals verwendeten *Beteuerungsformel* »zuverlässig ist das Wort« (1Tim 1,15; 3,1; 4,9; 2Tim 2,11; Tit 3,8)[196] wird der Höhepunkt der er-mahnend-motivierenden und lehrhaft-bekennden Aussagen über die Teilhabe

---

[193] So Jeremias 54; Thompson* 188; zu-treffend dagegen Schierse Past 11: »nicht soteriologisch (wie Kol 1,24), sondern ein-fach missionarisch«; ähnlich Brox 243; Oberlinner 82.

[194] Roloff, Weg 167. – Donelson, Pseud-epigraphy 151 bemerkt zu V10 treffend: »The role of the teacher and preacher in the salvation process could not be more suc-cinctly put. … [The] teaching and preach-ing functions of church leaders have direct Christological foundations.«

[195] Vgl. Brox 243; Roloff, Weg 166. – Die christologische Verankerung wird in der Forschung unterschiedlich beurteilt. Luz, Rechtfertigung 379 meint: »Der paulini-sche Gedanke, daß das Leiden des Verkün-digers das Evangelium vom Gekreuzigten inhaltlich ausdrückt, fehlt« in den Past. Nach Lohfink, Theologie 88 klingt diese

gut paulinische Sicht in den Past »höch-stens am Rande an.« Es spreche »zwar für die Past, daß sie bei dem Thema der Nach-ahmung des Apostels das Leidensmotiv mit größter Sensibilität als innerste Mitte herausgespürt haben; die christologische Verankerung eben dieses Motivs gelingt ihnen jedoch nur an einer einzigen Stelle: in 2 Tim 2,8–13« sonst komme sie »kaum zum Tragen« (86). Demgegenüber meint Roloff, Weg 167, Anm. 43 berechtigter-weise, dass Lohfinks Urteil »angesichts des großen Gewichts gerade dieses Ab-schnitts im Ganzen der Past … einer Revi-sion« bedürfe.

[196] Zur Formel vgl. außer den bei Roloff 88, Anm. 165 erwähnten Arbeiten von Rendall (1887), Duncan (1923/24), Bover (1938) und Foley (1939) die oben angegebe-ne Spezialliteratur.

am Christusweg und seinem Ziel einleitend vorbereitet[197]. Die Formel lässt sich in der vorliegenden Funktion weder aus dem Hellenismus noch aus dem Judentum herleiten[198] und ist vielleicht erst vom Verfasser der Past geprägt worden. Sie weist bekräftigend und beteuernd auf die Wichtigkeit bestimmter Aussagen hin, deren Inhalte dem *Traditionsgut* angehören, bei den Adressaten als bereits *bekannt* vorausgesetzt und nun in ihrer *Gewichtigkeit* erneut bewusst gemacht werden. Es handelt sich aber nicht um eine Zitationsformel mit wörtlicher Wiedergabe des jeweiligen Bezugssatzes. In V11a kündigt sie das Folgende als besonders wichtig an.

Der Christusweg aus Leiden und Tod zur Auferweckung (V8a) wird nicht   11b-13 nur als Motivation dafür erwähnt, dass sich ›Timotheus‹ bei der Ausübung seines lehrenden Leitungsdienstes und den dazu gehörenden Leiden (VV2f) an ihm orientiere. Der zu treuem Lehr- und Leidensdienst auffordernde und durch den Hinweis auf den Christusweg motivierende ›Paulus‹ erklärt darüber hinaus diesen Weg als sein Evangelium (V8c), dessentwillen er selbst leide (V9a), um dem Heil der Menschen zu dienen (V10); und er schließt *nun* – wie das folgende γάϱ (V11b) anzeigt – weitreichende *Folgerungen* an. Die gedanklich und sprachlich äußerst präzis geformten (s.o. Analyse 1), aus unterschiedlichen Traditionen gespeisten und vorgeprägten Gipfelaussagen (s.o. Analyse 2.6) haben lehrhaften und bekennenden sowie ermahnenden und motivierenden Sinn. Sie wenden das, was über Jesu Weg gesagt worden ist, auf ein »Wir« an. Was sich an Jesus gezeigt hat, wird sich an den mit »wir« Bezeichneten erweisen: Ertragen sie ihre Leiden in Geduld und sterben sie mit Christus, werden sie mit ihm zum Leben und zu ewiger Herrschaft gelangen; verleugnen sie ihn, wird auch er sie verleugnen; aber selbst angesichts ihrer Untreue wird er dennoch seine Treue bewahren. Das *genaue* Verständnis der Aussagen ist nicht leicht zu erfassen. Es wird zum einen dadurch erschwert, dass der *aufgenommene Vierzeiler* selbst schon aus unterschiedlichen Traditionsteilen besteht, die ihrerseits z.T. eine je eigene Traditions- und Transformationsgeschichte haben, und zum anderen dadurch, dass er durch die Zuordnung zur *Gemeindeleiterparänese* der Past *neue Akzente*

---

[197] Dibelius/Conzelmann 24.81; Kelly 179; Roloff 90; ders., Weg 164; Schlarb, Lehre 210f; Campbell, Identifying 75 beziehen die Formel eindeutig auf das Folgende. Oberlinner 83 meint, es sei wegen der engen Verbindung des Folgenden mit dem Vorausgehenden und wegen dessen Gewichtigkeit »nicht möglich«, eine »eindeutige alternative Entscheidung« zu treffen. Hanson 132 hält, trotz ähnlicher Erwägungen, den Bezug auf das Folgende m.E. zu Recht für wahrscheinlicher.

[198] Vgl. zu den nicht überzeugenden Ableitungsversuchen Roloff 88, Anm. 166f; zur Ableitung aus den »eschatologisch-parakletischen Treuesprüchen« der Paulusbriefe, wie sie P. von den Osten-Sacken, Gottes Treue bis zur Parusie, in: ders., Evangelium und Tora, 1987 (TB 77), 31–55, bes. 45f durchzuführen suchte, vgl. Stettler, Christologie 46f. Dass die Formel bereits »als feste[r] Bestandteil der jeweiligen Traditionen« in die Past mitaufgenommen wurde (von den Osten-Sacken 45), ist unwahrscheinlich.

erhielt. Die Aussagen haben jetzt einen *doppelten* Bezug: Sie sprechen einerseits von ›Paulus‹, ›Timotheus‹ und den *Trägern des Lehr- und Leitungsdienstes* in der Gemeinde und andererseits vom Verhalten und vom Weg *aller Christen*. Die folgende Auslegung versucht, dieser doppelten Aussagerichtung Rechnung zu tragen.

11b.12a Hatte das in Röm 6 auf die Taufe bezogene *Sterben* im nachpaulinisch geformten Vierzeiler eine Sinnerweiterung hin zum Martyrium erhalten (s.o. Analyse 2.6), so zeigt der jetzige Textzusammenhang nochmals eine Akzentverlagerung. Das »*Mitsterben*« mit Christus und das geduldige »*Ausharren*« (VV11b.12a) gelten im *jetzigen Kontext zunächst* von ›Paulus‹ und durch die Orientierung an ihm von der geduldigen, mühevollen Ausübung des Lehr- und Leitungsdienstes der *Gemeindevorsteher*[199]. Das Sich-Halten an die »gesunde Lehre« (1,13 u.ö.), das Bewahren des anvertrauten kostbaren Gutes (1,14) sowie dessen zeitgemäße Auslegung und Weitervermittlung (2,2.7) sind eine Arbeit, die eifriges Bemühen erfordert (2,15), die mit Kampf und Leiden verbunden ist (2,3–6; 3,10f; 4,2–5) und die ein Durchhalten bis in den Tod fordern kann (4,6f). Dabei ist der Gedanke an die Taufe und an das Martyrium auch im jetzigen Textzusammenhang mitgemeint. Ersteres legt sich durch den aus Röm 6 beibehaltenen Aorist (συν)απεθάνομεν nahe, letzteres sowohl durch den aufgenommenen Vierzeiler und das darin enthaltene Martyriumsmotiv als auch durch den Makrotext des 2Tim, in dem die Leidensbereitschaft bis in den Tod um des Zeugnisses willen insgesamt eine große Rolle spielt. Die Gedanken an den Tauf-Tod und an das Martyrium treten aber zugunsten des Gedankens an die *in der Gegenwart für das Wortzeugnis durchzustehenden Belastungen* zurück. Diesen Akzent bringt auch die Gegenwartsform des Verbums ὑπομένω (V12a) im Unterschied zu dem in V11b vorausgehenden Aorist und dem in V12b folgenden Futur zum Ausdruck. Besondere Mühen und Leiden erwachsen beim Einsatz für das Wortzeugnis durch den Widerstand der Irrlehrer.

Die mit »wir« formulierten Aussagen über das »*Mitsterben*« und geduldige »*Ausharren*« nehmen *sodann* über die besondere Verantwortung des Leitungsdienstes hinaus das *Leben und Verhalten aller Christen* in den Blick. Die Worte »*Mitsterben*« und »*Ausharren*« beziehen sich auf alles Schwere und Widrige in unserem menschlichen Leben, das wir nicht zu ändern vermögen und das wir als *Christgläubige* tragen und ertragen sollen. Es ist der Weg in der Nachfolge Jesu, der mit dem »*Mitsterben*« in

---

[199] Schierse 114; Brox 244; Hasler 65f; Roloff, Weg 164–167 beziehen die Aussagen m.E. zu einseitig *nur* auf ›Paulus‹ und die *Amtsträger* und verstehen das »Mitsterben« realistisch als deren *Martertod*. Der Bezug auf die Taufe sei »völlig abhanden gekommen« (Roloff, Weg 164). – Zutreffender m.E. Oberlinner 84: Es wird »durchgängig in diesen Zeilen von dem gesprochen, was den Paulus der Past, den Timotheus und die Christen überhaupt angeht, sowohl in der Vergangenheit als auch in der Gegenwart und in der Zukunft.«

der Taufe begonnen hat (Röm 6,8; V11b: συναπεθάνομεν), der im durchhaltenden »Ertragen« gegenwärtig zu gehen ist (V12a: ὑπομένομεν) und dem künftig ewige Lebensgemeinschaft mit Christus (Röm 6,8; V11a: συζήσομεν) verheißen ist. Dieser Weg ist Leidensgemeinschaft mit Jesus Christus. Selbst nach der grundsätzlich vollzogenen Abwendung [ἀρνέομαι] »von der Gottlosigkeit« und von ungeordneten »weltlichen Begierden« bleiben Mühen bei der Gestaltung eines durch die »Gnade Gottes« geleiteten »besonnenen, gerechten und frommen« Lebens (Tit 2,11f) nicht erspart. »Alle, die fromm leben wollen in Christus Jesus« müssen mit Verfolgung rechnen (2Tim 3,12). Es wird aber auch allen, welche den Lebenskampf und die Lebensmühen in der Gemeinschaft mit Christus durchzustehen versuchen, gläubig bekennend zugesagt, dass sie *mit Christus ewig leben* und *an seiner Herrschaft Anteil haben* werden (VV11b.12a).

Seit Dan 7,18 ist in frühjüdisch-apokalyptischen Kreisen die Erwartung bezeugt, dass Gott denen, die irdische Bedrängnisse – zumal während der dramatischen Zuspitzung in der Endzeit – standhaft durchhalten, Teilhabe an seiner königlichen Herrschaft gewähren wird. Der Einfluss dieser Vorstellung auf das Urchristentum zeigt sich besonders bei Paulus (vgl. Röm 5,17; 1Kor 4,8 u.ö.) und in der Offb des Johannes, wo davon die Rede ist, dass die Christen Mitregenten Gottes bzw. Christi sein werden (20,4–6). In der diachronen Analyse konnte bereits der traditionsgeschichtliche Zusammenhang zwischen unserem Text und den genannten judenchristlichen Zeugnissen verständlich gemacht werden. Dass das Mitleben und Mitherrschen mit Christus nicht als geschuldetes Verdienst für geduldiges Ausharren und Durchhalten zu verstehen ist, ergibt sich aus der noch folgenden Aussage, dass *er* es ist, der die Treue bewahrt (V13a).

Den Aussagen über mustergültiges christliches Verhalten und über die Verheißung ewigen Lebens folgen nun im Kontrast dazu Aussagen über mögliches *Fehlverhalten* sowohl der *Gemeindeleiter* als auch *aller anderen Christen* und über *Reaktionen Christi* darauf. Das Fehlverhalten wird mit den Verben ἀρνέομαι und ἀπιστέω gekennzeichnet. Ἀρνεῖσθαι heißt »sich lossagen«, »verleugnen«. Bezogen auf die *Verkündiger des Evangeliums* und auf die *Gemeindeleiter* ist wohl zunächst das *öffentliche und formelle* »Sich-Lossagen« von Jesus Christus bzw. vom christlichen Glauben und dem Evangelium in bedrängender Situation gemeint[200], sei es in Verfolgung, sei es in Benachteiligung oder auch in den Spannungen zu den Irrlehrern der Gemeinde. »*Verleugnung*« (V12b) und »*Veruntreuung*« (V13a) können auch in der Vernachlässigung des mühevollen Lehrdienstes oder in der Preisgabe und Verfälschung des ›paulinischen‹ Evan-

12b

---

[200] Vgl. W. Schenk, EWNT I (1980) 371: Es geht in dieser »Mahnung an die Träger des Wortdienstes« im Anschluss an den warnenden Aspekt des Q-Logions um das »Sich-Lossagen in der Gefährdung zum Abfall in der Bedrängnis«.

geliums sowie der »gesunden Lehre« bestehen. Vor derartigen Weisen
des Fehlverhaltens war schon in 1,8 mit dem im urchristlichen Sprachgebrauch fast synonymen »Sich-Schämen« (αἰσχύνομαι) gewarnt worden.
Wie dort mit Blick auf den gefesselten, aber standhaften ›Paulus‹ (1,8.12)
›Timotheus‹ und mit ihm den Gemeindeleitern eingeschärft wurde, sich
weder »des Zeugnisses von unserem Herrn« noch des gefangenen Apostels zu »schämen«, so ergeht hier die Ermahnung, entstehendem Druck
nicht durch Verleugnung auszuweichen. Das aus der synoptischen Jesusüberlieferung stammende und durch die Q-Tradition (s.o.) vermittelte
Gerichtswort droht an, dass solcher Verleugnung die Verleugnung von
Seiten Christi im Endgericht folgen wird. Es besteht also die Möglichkeit
endgültiger Verurteilung und damit endgültigen Heilsverlusts.

Fragt man, welchen Sinn die Aussagen von V12b in Bezug auf *alle Gläubigen der Gemeinde* haben, so wird man sagen müssen, dass auch sie vor
formellem Glaubensabfall gewarnt werden. Auch sie können durch ihre
Lebensumstände in Situationen kommen, in denen die formelle Preisgabe
des Glaubens zur Gefahr wird.

Mit dem Verbum ἀρνέομαι wird aber außerdem an manchen Stellen der Past ein
mehr ethisch-praktisches Verleugnen und Versagen bezeichnet. Von den Irrlehrern inmitten der Gemeinde heißt es z.B., dass sie zwar beteuern, »Gott zu kennen, dass sie ihn aber durch ihre Werke verleugnen [τοῖς δὲ ἔργοις ἀρνοῦνται]«
(Tit 1,16). Sie wahren »den Schein der Frömmigkeit«, höhlen jedoch die wirkliche
Frömmigkeit aus, indem sie sie durch ihr Tun »verleugnen [ἠρνημένοι]« (2Tim
3,5). Der Ausdruck »Verleugnen« meint hier also ein Fehlverhalten, bei dem
Christen nicht durch formelle Glaubensabsage in der Öffentlichkeit, sondern eher
im ethisch-praktischen Bereich versagen. In 1Tim 5,8 heißt es: Ein Christ, der die
Sorgepflicht für seine Angehörigen vernachlässigt, »verleugnet den Glauben und
ist schlimmer als ein Ungläubiger [τὴν πίστιν ἤρνηται καὶ ἔστιν ἀπίστου
χείρων].« Von formeller Apostasie ist dabei nicht die Rede, sondern ›nur‹ von
ethischem Fehlverhalten. Dieses wird jedoch als schwergewichtige »Verleugnung« erachtet. Die Aussage über das Verleugnen im vorliegenden Text 2Tim
2,12b wird auch diesen praktischen Sinngehalt des Verbums mitenthalten. Deutlicher tritt er allerdings in der nächstfolgenden Kennzeichnung des Fehlverhaltens hervor.

13 Das Verbum ἀπιστέω meint in V13a das »*Treulos-Sein*«[201], dessen wir
Christen uns nicht durch grundsätzliche Glaubensabsage schuldig machen, sondern durch die immer wieder begangenen Nachlässigkeiten und

---

[201] So die meisten, u.a. Holtzmann 413;
Wohlenberg 298; R. Bultmann, ThWNT VI
(1959) 205; Spicq 750; Fridrichsen* 8; Jeremias 55; Knight, Faithful Sayings 126f
(Anm. 44: Verweise auf viele weitere Vertreter); G. Barth, EWNT I (1980) 291; Lau,
Manifest in Flesh 141f. – Stettler, Christo-

logie 190 betont dagegen, ἀπιστεῖν meine
»ganz parallel« zu ἀρνεῖσθαι die Apostasie,
den »Abbruch der Gemeinschaft mit Jesus
…, [den] Rückfall ins vorchristliche Stadium des Unglaubens«, so dass die »Protasis von Zeile d also synonym zu der von
Zeile c« sei.

die aus Schwäche begangenen Sünden. Während beim vorausgehenden ἀρνέομαι der Gesichtspunkt grundsätzlichen Glaubensabfalls im Vordergrund steht und der Nebensinn praktischen Fehlverhaltens mitschwingt, steht bei ἀπιστέω das immer wieder eintretende ethisch-praktische Versagen im Vordergrund, und der Gedanke an das daran sich zeigende ›Ungläubig-Sein‹ bzw. ›Ungläubig-Werden‹ ist nebenbei mitgemeint. Dass ἀπιστέω in V13a die Hauptbedeutung von »*untreu* werden« hat, ergibt sich auch aus dem Antonym πιστός (»treu«), das in der unmittelbaren Fortsetzung »so bleibt er doch *treu*« verwendet wird. Man wird sagen dürfen: Insofern sich ἀρνέομαι und ἀπιστέω auf die *Träger des Wortdienstes* beziehen, überwiegt der Aspekt des *Sich-Lossagens* vom Wahrheitsgehalt des Evangeliums und der »gesunden Lehre«; insofern sich die Verben auf *alle Christen* beziehen, überwiegt der ethische Aspekt, nämlich das Versagen, das Verleugnen und Untreu-Werden durch *praktisches* Fehlverhalten.

Während in den VV11b–12b den positiven bzw. negativen Kennzeichnungen des Verhaltens eine jeweils direkt entsprechende positive bzw. negative Reaktion Christi gegenübersteht, wird in V13a der möglichen *menschlichen Untreue kontrastierend die Treue Christi* gegenübergestellt. Begründet wird diese unerwartete Pointe dadurch, dass Christus »sich selbst nicht verleugnen«, sich selbst »nicht untreu« werden kann (V13b).

Es äußert sich hier eine Glaubensüberzeugung, deren Wurzel schon das AT durchzieht und die hinsichtlich der Bundestreue Gottes gegenüber Israel von Paulus so formuliert worden ist: »Wenn einige die Treue gebrochen haben [ἠπίστησαν], wird dann etwa ihr Treuebruch [ἀπιστία] die Treue Gottes [πίστιν του θεοῦ] zunichte machen? Niemals!« (Röm 3,3f). Von derartiger Überzeugung getragen, war schon die aus der Q-Tradition in das den Past vorausliegende Traditionsstück aufgenommene Vergeltungsaussage (V12b) durch das Zuversichtswort ergänzt worden, dass »jener treu bleibt« (V13a)[202]. Der Verfasser der Past fügte sodann kommentierend die Begründung hinzu, Christus könne ja »sich selbst nicht verleugnen« (V13b). Damit ist die Überzeugung ausgedrückt: Menschliches Versagen zerbricht nicht die unverbrüchliche Treue Christi. Sie bleibt uns Menschen zugewandt trotz – ja eigentlich gerade angesichts! – unseres menschlichen immer wieder erneut eintretenden Scheiterns. Dass damit kein Freibrief für Verantwortungslosigkeit und leichtfertiges Verhalten ausgestellt wird, zeigt außer V12b der gesamte Kontext mit seinen Ermahnungen[203].

Der Verfasser knüpft in der begründenden Schlussaussage, dass Christus »sich selbst nicht verleugnen« könne, bewusst an das ἀρνέομαι von V12b

---

[202] Πιστός drückt z.B. in 1Kor 10,13; 2Kor 1,18; 1Clem 27,1; 60,1; 2Clem 11,6; IgnTrall 13,3 die Treue *Gottes*, in 2Tim 2,13; Hebr 2,17; 3,2 die Treue *Christi* aus.
[203] Jeremias 55 spricht m.E. zutreffend vom »Trost für erschrockene Gewissen« und sagt: »Während der Abfallende das Band mit seinem Herrn durchschneidet (Z.3), darf der versagende Glaube (Z.4) sich an der Treue seines Herrn aufrichten.«

an. Dies ist als Hinweis darauf zu sehen, dass nicht nur an die Treue Christi gegenüber unseren Treulosigkeiten gedacht ist (V13a), sondern darüber hinaus sogar an Christi Treue angesichts verleugnender Apostasie (V12b)[204]. Somit bezieht sich die abschließende Betonung, dass Gott durch Christus seine Heilsverheißungen erfüllt, auf alle vorausgehenden Aussagen[205] des paränetischen Lehrgedichts; denn ewiges Leben und Herrschen mit Christus nach durchgestandener Bedrängnis (VV11b.12a) verdanken sich ebenso der Treue Gottes und Christi, wie der aufgrund menschlicher Verleugnung und Treulosigkeit drohende Heilsverlust von Gottes und Christi unverbrüchlich treuer Heilssorge umfangen bleibt (VV12b.13). Möglicherweise ist die Gesamtaussage von V13 aus der Einsicht entstanden, dass jedes Sprechen über die Heilswege Gottes sowie über Gottes und Christi Walten im Endgericht nie auf nur *eine* Formel zu bringen ist und dass das Sprechen darüber letztlich immer im *Geheimnis* mündet.

Unter-
schiedliche
Deutungen

Da die Erklärung der *Begriffsinhalte* von ἀρνέομαι und ἀπιστέω in der Forschung nicht einheitlich ausfällt, unterscheiden sich auch die Urteile über das *logische* und *theologische Verhältnis* von V13 zu V12b und somit die *Interpretationen* insgesamt. Im Unterschied zur vorgetragenen Auslegung handelt es sich v.a. um folgende vier Positionen, die in kritischer Würdigung vorgestellt seien:
1.   Manche nehmen an, zwischen der Vertrauensaussage V13 und der Gerichtsaussage V12b bestehe ein *Widerspruch*. In diesem Sinne meint z.B. Schenk, der Verfasser der Past kritisiert »das Vergeltungsdenken des Q-Spruches«, denn »er durchbricht widersprechend ... das Entsprechungsschema total.« Die »widersprechende Wiederaufnahme V.13« verdeutlicht, dass »er das Sich-Lossagen Jesu im Zitat V.12 nicht als definitive Verwerfung eines Endgerichts, sondern als punktuellen, vorläufigen und wiederholbaren Akt versteht«[206]. In gleicher Weise und unter Bezugnahme auf Schenk sieht Läger den Widerspruch darin, dass »der Gedanke der Vergeltung« durch »das Folgende faktisch relativiert« wird. Die Verse schließen »also mit einem Widerspruch, und am Ende steht so die Aussage von der unverbrüchlichen Treue Christi, die den Vergeltungsgedanken verdrängt. ... [Eine] Aussage wie Mt 10,33 wird dadurch letztlich aufgeweicht«[207]. – Gegen diese Interpretation ist einzuwenden, dass zwischen V12b und V13 *kein Widerspruch* besteht, wenn man die oben aufgezeigten *unterschiedlichen Begriffsinhalte* von ἀρνέομαι und ἀπιστέω beachtet und nicht von deren Synonymität ausgeht. Sollte es sich um einen Widerspruch handeln, bliebe ungeklärt, weshalb der Verfasser ihn stehenließ oder herbeigeführt hat. Der von Schenk unternommene Versuch, den Widerspruch dadurch zu lösen, dass mit dem »Sich-Lossagen Jesu im Zitat V.12 nicht ... definitive Verwerfung«, sondern »punktuelle, vorläufige und wiederholbare Akt[e]« gemeint seien, überzeugt nicht. Denn zum einen zeigt

---

[204]   Vgl. Trummer, Paulustradition 206: »Jenseits unserer Verleugnung« und der damit gegebenen Verleugnung vonseiten Christi »und über unsere Untreue hinaus steht Christus treu zu sich selber, d.h. in

diesem Zusammenhang wohl: zum göttlichen Heilswillen.«
[205]   Dies nimmt auch Oberlinner 88 an.
[206]   W. Schenk, EWNT I (1980) 371.
[207]   Läger, Christologie 79.

der Kontext, dass es dem Verfasser ebenso wie dem Spruch aus Q um die *escha-tologische* Beurteilung geht, und zum anderen bleibt m.E. völlig *unklar*, was ein »punktuelle[s], vorläufige[e] und wiederholbare[s]« Sich-Lossagen Jesu bedeuten soll. Von punktuellem und immer wieder neuem Versagen der Menschen zu sprechen und von der Zuversicht, je neue Treueerweise Gottes bzw. Christi zu er-fahren (vgl. 2,25), wäre sinnvoll, ist aber in V12 nicht gemeint.

2. Während bei der soeben erwähnten Position aufgrund der angenommenen Synonymität der Protasissätze und der Differenz in den Apodosisaussagen ein Widerspruch zwischen V12b und V13 gesehen wurde, verstehen andere sowohl die Protasissätze als auch die Aposdosisaussagen als synonym und erkennen des-halb *keinen Widerspruch* zwischen V12b und V13. Der Hinweis auf die Treue Christi (V13a) und darauf, dass Christus sich selbst nicht verleugnen könne (V13b), *entschärfe* keineswegs die Gerichtsdrohung (V12b), sondern *verschärfe* sie eher. Nach Stettler erweist Christus »gerade dadurch seine Treue und Wahr-haftigkeit« (V13a), dass er die »im Endgericht verleugnet«, die »die Gemeinschaft mit ihm aufgekündigt« haben (V12b). »Er müßte sich selbst verleugnen, würde er die nicht von sich stoßen, die ihn verleugnen und damit das Heil, das er schenkt, verachten«[208]. – Richtig erscheint mir an dieser Sicht, dass die Aussagen der Ver-se 12 und 13 nicht als Widerspruch verstanden werden. Aber die *Begründung* der Widerspruchslosigkeit ist m.E. *nicht textgemäß*. Zunächst ist einzuwenden, dass die unterschiedlichen Begriffsinhalte von ἀρνέομαι und ἀπιστέω missachtet werden. Stettler interpretiert beide Verben synonym als Glaubensabfall, und sie kritisiert zu Unrecht jene Meinung als »unzulässige Verharmlosung« (190), die zwar das ἀρνέομαι (V12) als unvergebbaren Glaubensabfall, das ἀπιστέω (V13) dagegen als vergebbare Verfehlungen deutet. Stettler missversteht dabei m.E. zu-gleich die von ihr selbst zitierte Aussage 1Tim 5,8. Die dort mit der Haltung eines »Ungläubigen« (ἄπιστος) verglichene Missachtung der Sorgepflicht ist nämlich nicht mit dem »vorchristliche[n] Stadium des Unglaubens« (190) gleichzusetzen. Denn letzteres ist im Sinne der Past ein mit dem *Unwissenheitsmotiv* verbunde-nes Phänomen (vgl. 1Tim 1,13); in 1Tim 5,8 aber geht es um ein *praktisch-sozial-ethisches* Fehlverhalten von Christen. *Dieses* erscheint dem Past-Verfasser als so *gewichtig*, dass er es als Glaubensverleugnung und *wie ›Unglauben‹* bewertet. Von einer »Verharmlosung« kann also bei einer praktisch-ethischen Deutung von ἀπιστέω keine Rede sein. Vor allem aber trägt Stettler dem *Hauptgedanken*, dass Gott seine *Heilsverheißungen* – trotz menschlichem Versagen – erfüllt, nicht genügend Rechnung.

3. Bei einer weiteren Position wird zwar zu Recht ein *Unterschied in den Prota-sissätzen* angenommen, aber doch in einer unbefriedigenden Weise. Es versteht z.B. Schlarb das ἀρνέομαι eindeutig als häretischen Abfall »vom Glauben und dem damit verbundenen tätigen Leben«, ἀπιστέω dagegen als den »Zustand des-sen, der in der Unwissenheit vorchristlichen Lebens verweilt« (vgl. 1Tim 1,13). Während ersteres »bereits Verlust und Verfall« bedeute, sei letzteres »ein ent-

[208] Stettler, Christologie 192 mit Hinwei-sen auf Riesenfeld, Schlatter, Hasler und in Distanz zu Trummer, Jeremias, Dibelius, Läger. – Die gleiche Position – allerdings ohne Betonung der Synonymität der Ver-ben – vertritt u.a. Wohlenberg 298. Holtz-mann 413f nennt mehrere frühere Vertre-ter dieser Sicht. Söding, Erscheinen 179, Anm. 90 widerspricht zu Recht.

schuldbarer Zustand (der allerdings aufgehoben werden soll!)«. Ziel des Textes
sei es, erneut »die Bedingungen für die Erlangung ewigen Lebens ... sowie die
Verläßlichkeit Gottes und Christi auch den ›Ungläubigen‹ gegenüber festzuhalten«[209], wobei hier bereits die in 2Tim 2,21.25 erwähnte Möglichkeit der Rekon-
ziliation angedeutet sei. – Den Ausführungen über das *Ziel* des Textes ist m.E. zu-
zustimmen, nicht aber denen über den *Begriffsinhalt* des Verbums ἀπιστέω. Der
Past-Verfasser zeigt nicht im geringsten an, dass dieses Fehlverhalten »ent-
schuldbarer« sei als das andere. Außerdem gilt gegenüber der Auffassung,
ἀπιστέω meine den »Zustand dessen, der in der Unwissenheit vorchristlichen Lebens verweilt,« der gleiche Einwand, der soeben gegen Stettlers Auslegung erhoben wurde.

4.   Manche, wie z.B. Holtzmann, wollen zwischen »Personen und Sache unterscheiden«[210]. Der Satz besage, »dass durch die Untreue einzelner Christen die
Stellung Christi selbst zu seiner Sache nicht verändert wird; diese beschirmt und
fördert er fortwährend, während er die untreuen Personen verleugnet.« – Bei diesem Erklärungsversuch ist zu bezweifeln, ob die Unterscheidung zwischen »Personen und Sache« weiterhilft, zumal alle Aussagen in VV12f *personen*bezogen
formuliert sind. Hier wie schon bei der Beurteilung der drei vorausgehenden Positionen erweist es sich als günstiger, den textgemäßen *Begriffsunterschied* zwischen ἀρνέομαι (V12) und ἀπιστέω (V13) zu beachten. Nur so gelangt man m.E.
zu einem widerspruchsfreien und theologisch sinnvollen Verständnis.

Zusammen-   Der Abschnitt enthält mehrere theologisch relevante Aussagen.
fassung   1.   Für das *Kirchen-* und *Amtsverständnis* geht aus ihm hervor, dass das
gemeindeleitende Dienstamt in der Gnade wurzelt, dass der Amtsträger
sich ihr gegenüber stets neu öffnen und mit ihr wirken soll (V1) und dass
sein Dienst vor allem darin besteht, das von ›Paulus‹ her überlieferte und
im wesentlichen bei der Amtseinsetzung unter Zeugen offiziell empfangene Lehrgut geeigneten Gemeindelehrern der nachfolgenden Generation zuverlässig weiterzuvermitteln (V2). Das Verständnis des geistlichen
Amtes erscheint aufs Engste mit dem *Traditionsgedanken* verbunden;
denn durch Handauflegung mit der Gnadengabe Gottes beschenkt (1,6),
kann und soll ›Timotheus‹ das ihm anvertraute Überlieferungsgut durch
den Heiligen Geist bewahren (1,14) und nun zuverlässigen Amtsnachfolgern anvertrauen, die ihrerseits wiederum andere lehren (2,2). Über das
Interesse an der *traditio apostolica* hinaus zeigt sich hier – mindestens der
Sache nach – auch der Gedanke der *Sukzession*; denn unter *personalem*
Aspekt wird die Einbindung der Amtsträger in die *Personenfolge* betont
und unter *sachlichem* Aspekt das Gebundensein der Amtsträger an die
empfangene und zu *vermittelnde Lehre*. Wichtig ist aber dabei, dass weder das kirchliche Amt noch die personale Amtssukzession um ihrer
selbst willen in den Vordergrund gerückt werden. Die Bedeutung des

---

[209] Schlarb, Lehre 212.
[210] Holtzmann 414; ebenso Houlden 119:
»... V. 12b has in mind the individual be-
liever and his fate, V. 13a the purpose of
God for his people in general.«

gemeindeleitenden geistlichen Amtes und seiner engen Zusammengehörigkeit mit der traditio bzw. successio wird vielmehr darin gesehen,
dass es der *Zuverlässigkeit des als christliche Glaubenslehre verstandenen Heilswortes* und somit dem *Heil der Menschen* dient. Dieses Amts-,
Traditions- und Sukzessionsverständnis der Past kann als wichtige Hilfe
gelten, in den heute anstehenden ökumenischen Fragen um die gegenseitige Anerkennung der kirchlichen Dienstämter zu einem Konsens zu gelangen (s.u. Exkurs: »Sukzession«).

2. Dass die getreue Ausübung des gemeindeleitenden Dienstamtes mit
Mühen und *Leiden* verbunden ist, wird mit Bildelementen aus der antiken, durch 1Kor 9 vermittelten Kampf-, Wettkampf- und Agrarmetapho-
rik verdeutlicht (VV3–6). ›Timotheus‹ wird als Repräsentant der Gemeindeleiter aufgefordert, nicht nur mit ›Paulus‹ und wie er die unvermeid-
lichen Leiden und Belastungen um des Evangeliums und der Gemeinden
willen zu *ertragen* (V3), sondern auch darauf zu vertrauen, dass der Herr
ihm *Einsicht* geben werde (V7). Innerhalb des sonst stark autoritätsorien-
tierten Kirchenverständnisses der Past ist hier der Gedanke an ein unver-
zichtbares Maß der *Eigenverantwortung* und des *Vertrauens auf den Beistand des Herrn* wenigstens angedeutet. Für persönliche Lebensgestaltung und verantwortlich auszuübende Gemeindeleitung sind sie unver-
zichtbar. Außer stets erneuten Fragens und Bedenkens bedarf es auch der
Gebetsbitte um Einsicht, welche Entscheidungen zu treffen sind, damit
das Leben des Einzelnen gelingt und auch die kirchlich-institutionellen
Ordnungen so gestaltet werden, dass sie dem Heil der Menschen und dem
Leben christlicher Gemeinden dienen.

3. Unter *christologischem* Gesichtspunkt ist die Glaubensformel, die
von *Jesus Christus,* dem *Auferweckten* und dem *Nachkommen Davids,*
spricht (V8), von besonderem Gewicht. Aus der engen Verbindung mit
dem Vorausgehenden und Folgenden sowie aus der *Scharnierfunktion*
von V8a geht hervor, dass die Auferweckungs-Aussage den *ganzen Weg
Jesu durch Leiden zur Verherrlichung* im Blick hat. Der Verfasser hat sehr
wahrscheinlich *Röm 1,3f als direkte literarische Vorlage* benutzt. Dass im
Unterschied zu Röm 1 die Auferweckungs-Aussage vorangestellt wurde,
dass die Aussage über die Davidssohnschaft Jesu erst nachfolgt und dass
der Titel »Sohn Gottes« fehlt, lässt sich von den Intentionen des Verfassers her erklären. Die Auferweckung stellte er voran, weil sie ihm das
Wichtigste war. Die Davidssohnschaft Jesu galt ihm *nicht als messianische Qualifikation,* sondern lediglich als *genealogische Herkunftsbezeichnung.* Es waren ihm nicht mehr die judenchristlichen Voraussetzungen bewusst, die zur Ausprägung der vorpaulinischen doppelgliedrigen
Glaubensformel geführt hatten, und somit auch nicht mehr der Interpre-
tations-Zusammenhang von ›Davidssohnschaft‹, ›Auferweckung‹ und
›Gottesohnschaft‹ Jesu. Dementsprechend fehlt auch der Titel »Sohn Gottes«. Das Weglassen dieses Titels und die Beibehaltung der Davidssohn-

Aussage lassen eine gemeinsame Stoßrichtung *gegen doketisch-gnosti-*
sierende Auffassungen erkennen, nämlich die Betonung des *wahren*
Menschseins Jesu Christi, des *einen* rettenden Mittlers.

4.   Auch zum ›*Paulusbild*‹ der Past tragen die Aussagen des Abschnitts
wichtige Konturen bei. Mehrfach wird mittelbar (V1) und unmittelbar
(VV2.3.7.8–10) die enge *Bindung* des Apostelschülers und Repräsentanten der Gemeindeleiter an die *Lehre* und das *Vorbild* des Apostels ›*Paulus*‹
betont. ›Timotheus‹ soll *lehren*, was er von ›Paulus‹ gehört hat (V2). Er
soll bedenken, was ›Paulus‹ ihm gesagt hat (V7). Er soll Jesu, des Auferweckten, eingedenk sein gemäß dem Evangelium, das ›Paulus‹ verkündet
hat (V8). Er soll *leiden* mit und wie ›Paulus‹ (V3), der selbst um des Evangeliums willen leidet und »alles um der Auserwählten willen« erträgt
(V10a), damit auch sie das Heil in Christus Jesus erlangen (V10b). Außer
der Betonung, dass das *christologische Kerygma* an die ›*paulinische*‹ *Ur-*
Verkündigung gebunden ist (V8), kommt in diesen Aussagen besonders
deutlich die *heilsgeschichtlich-*›*soteriologische*‹ Funktion des ›*Paulus*‹
zum Ausdruck. Selbstverständlich ist dem Verfasser der Past gläubig bewusst, dass das Heil für alle Menschen von *Gott* durch die Lebenshingabe
des einzigen Mittlers *Jesus* gewirkt wurde (1Tim 2,3–6; 2Tim 1,10; 2,10b),
und er spricht ausdrücklich vom Mitsterben und geduldigen Aushalten
mit *Jesus Christus* (VV11f). Dennoch wird im 2Tim ein auffällig starker
Akzent auf die *Leidensbereitschaft in der Nachfolge des* ›*Paulus*‹ und auf
das *Mitleiden mit ihm* gelegt (1,8; 2,3; 3,10; 4,5). Damit ist jedoch *nicht*
ein *stellvertretendes*, sondern das ›*missionarische*‹ Leiden gemeint. Es
geht darum, dass der christologisch-soteriologische Wesensgrundzug des
Evangeliums, nämlich die scheinbare Paradoxie von Tod und Leben, Leiden und Verherrlichung, sowohl im Leben des ›Paulus‹ als auch eines jeden Verkündigers verwirklicht und sichtbar werde. Gemeint ist auch, dass
das Evangelium wie Jesus selbst Widerstand hervorruft, dass es dadurch
für seine Verkündiger oft Leiden mit sich bringt, dass ›Paulus‹ sie vorbildlich ertrug und so dem ewigen Heil der Menschen diente. Jeder, der in seiner Nachfolge dem Evangelium und den Gemeinden zu dienen sucht, soll
zu derartigem Leiden bereit sein.

5.   Wie sich in Orientierung am *Weg Jesu durch Leiden zur Verherrli-*
chung der *Weg des* ›*Paulus*‹, *der Gemeindeleiter und aller Christen* darstellt, wie er *gefährdet* wird und wie selbst menschliches Versagen von
Christi Treue umfangen bleibt, davon spricht das *paränetisch-katecheti-*
sche Lehrgedicht (VV11–13). Nicht nur die vorangestellte Beteuerungsformel: »Zuverlässig ist das Wort«, sondern auch Form und Inhalt lassen
erkennen, dass vorgeformtes *Überlieferungsgut* aufgenommen und zur
Gipfelaussage der gesamten Textpassage gemacht wurde. War das in Röm
6,8 von der Taufe ausgesagte *(Mit-)Sterben* im nachpaulinisch geformten
Vierzeiler auf das Martyrium bezogen worden, so meint es im jetzigen
Kontext zusammen mit dem geduldigen *Ausharren* im Blick auf ›*Paulus*‹

und die *Gemeindeleiter* die mühevolle Ausübung des Lehr- und Leitungsdienstes, die mit Kampf und Leiden verbunden ist und die ein Durchhalten bis in den Tod fordern kann. In Bezug auf das *Leben und Verhalten
aller Christen* weist die Aussage vom *Mitsterben* und *Ausharren* auf all
das Schwere des menschlichen Lebens, das nicht geändert werden kann,
das aber von uns *Christusgläubigen* von der Taufe her auf dem Weg der
Nachfolge Jesu durchgestanden und ertragen werden soll. Denen, die diesen Weg gehen, ist *ewige Lebensgemeinschaft mit Christus* (Röm 6,8;
V11b) und *Teilhabe an seiner Herrschaft* (V12a) zugesagt.

Den Christen, die formell oder durch sozialethisches Fehlverhalten den
Glauben *verleugnen*, wird mit einem aus der Q-Überlieferung der Jesusworte stammenden Gerichtswort angedroht, dass *Christus* auch sie im
Endgericht *verleugnen* werde (V12b). Dies bedeutet, dass ihnen der Verlust des Heils droht.

Gegenüber einem Fehlverhalten, das mit *Treulosigkeit* bezeichnet wird,
und nicht eine grundsätzliche Abkehr, sondern Versagen aufgrund
menschlicher Schwäche meint, wird betont, dass *Christus die Treue bewahrt* (V13). Es äußert sich hier der bereits das AT durchziehende und
auch von Paulus formulierte Glaube an die Bundestreue Gottes gegenüber
dem immer wieder versagenden Israel. Diesem Glauben entsprechend ist
im Lehrgedicht die Überzeugung ausgedrückt, dass menschliches Versagen
nicht die unverbrüchliche Treue Christi zu zerbrechen vermag. Sie bleibt
uns Menschen sorgend zugewandt und umfängt auch unser Versagen.

Exkurs: Sukzession in ökumenischer Perspektive und das Sukzessionsverständnis der Pastoralbriefe

1 Es ist in der Forschung umstritten, ob das Verständnis von *Kirche,
Amt* und *Tradition*, wie es sich in den Past – und besonders deutlich in
2Tim 2,1f – darstellt, auch den *Sukzessionsgedanken* enthält. Nach Dibe-
lius/Conzelmann (80) wird hier im Unterschied zu 1Clem 42,1–4 »der
Traditionsgedanke nicht durch die Sukzessionsidee ergänzt.« Ebenso urteilt Schweizer (Gemeinde 70): »Wesentlich ist [in den Past], daß die geschichtliche Verbindung mit dem Ursprung nicht verloren geht. Alles Gewicht liegt auf dem ›Bewahren‹. Die Sicherung wird in den Männern er-
blickt, die die Verbindung mit dem Apostel ... darstellen, indem sie seine
Verkündigung treu übernehmen und sie weiter überliefern ... Es handelt
sich also deutlich um Tradition, nicht um Sukzession.« Schweizer hebt
allerdings hervor, dass »ein großes Gewicht auf der ›Sukzession‹ der Lehre [liegt]. Was Timotheus von Paulus gehört hat, soll er zuverlässigen
Männern weitergeben, die wiederum andere lehren können. Aber es ist
hochinteressant, daß dabei kein Ton auf der in garantierter Tradition
weiterlaufenden Einsetzung zu liegen scheint« (75). Thiessen (Christen

305) schließt sich dieser Beurteilung an.

Demgegenüber stellt Wegenast (Verständnis 143) m.E. zutreffender fest, dass zwar »der Gedanke der Sukzession als Garantie für die Reinheit der Überlieferung« noch »nicht definiert, aber in den Grundzügen faktisch« da ist. Brox (Past 241) formuliert im Anschluss an Wegenast: »Sobald der Traditionsgedanke derart artikuliert ist ..., ist die Idee der aufeinanderfolgenden Träger des Amts im Dienst an der Paratheke unmittelbar gegeben, obschon die Sukzession hier nicht als eigenes Prinzip genannt, sondern im Weg der Paratheke durch die Tradition impliziert ist.« Auch Schnackenburg (Kirche 90) meint, dass sich hier »das kirchliche Traditions- und Sukzessionsprinzip abzuzeichnen« beginne. Kertelge (Gemeinde 144) weist darauf hin, dass es in den Past nicht um das Amt um des Amtes willen geht, »sondern das Amt hat aufgrund solcher Vermittlung durch Timotheus und Titus die wahre und gesunde Lehre in der Gemeinde zu garantieren. Mit anderen Worten: Es geht um die successio fidei und *in diesem Sinne* auch um die successio apostolica. Die eigentliche Intention des Amtes in der Gemeinde ist die Kontinuität mit dem apostolischen Ursprung als normativer Instanz für die Unterscheidung der Irrlehre von der wahren, »gesunden« Lehre.« Ähnlich urteilen Hoffmann (Priestertum 50) und Oberlinner (2Tim 73f; ders., Tit 77). Nach Lohfink (Normativität 103f) gibt es »ohne jeden Zweifel in den Past ein Schema der Sukzession. ... Die Sukzession beginnt mit Paulus, läuft dann weiter über die Paulusschüler Timotheus und Titus und mündet schließlich ein in die Ämter der Ortskirche.« Lohfink stellt dann aber die entscheidende Frage nach dem, »was in dieser Sukzessionskette eigentlich weitergegeben« werde. Er beantwortet sie gegenüber der Position von H. Schlier, der die Sukzession der Past im Sinne der späteren Dogmatik als Weitergabe der Lehr-, Hirten- und Weihegewalt verstanden hatte (Ordnung 137–144), zu Recht mit der betonten Unterscheidung, dass es nicht um »die Weitergabe von Amtsvollmacht«, sondern um »die unversehrte Weitergabe der anvertrauten Tradition« gehe. Genau hier liege »das Interesse der Past, und in diesem Sinn entwerfen sie tatsächlich ein Sukzessionsschema.«

Der Überblick zeigt einen verhältnismäßig großen *Konsens* darin, dass die in den Past betonte *Zusammengehörigkeit von Amt und Tradition* – sei es, dass man diesen Befund mit dem Terminus ›Sukzession‹ bezeichnet oder nicht – das eine *Ziel hat, der Zuverlässigkeit und Unverfälschtheit der christlichen Glaubenslehre zu dienen.* Diese Einsicht ist für das *ökumenische Gespräch über die gegenseitige Anerkennung der geistlichen Ämter* von großer Wichtigkeit.

2   Im *ökumenischen Gespräch* der letzten Jahrzehnte und in seinem gegenwärtigen Stand erweist sich die Frage nach der Amtssukzession als ein besonders drängendes Problem. *Katholischerseits* hat man bisher die *ununterbrochene Amtsnachfolge der Bischöfe* stärker betont, *evange-*

lischerseits stärker die Apostolizität der Gesamtkirche und in ihr die *apostolische Sukzession als Nachfolge in der Lehre.* Das II. Vat. Konzil sieht die Möglichkeit einer Kommuniongemeinschaft mit den Kirchen des Ostens darin begründet, dass diese »trotz ihrer Trennung wahre Sakramente besitzen, vor allem aber in der Kraft der apostolischen Sukzession das Priestertum und die Eucharistie«[211]. Im Dekret über die katholischen Ostkirchen heißt es: »Das Priestertum [ist] bei ihnen gültig bewahrt«[212]. Im Unterschied dazu ist bisher zwischen der römisch-katholischen Kirche und den evangelischen Kirchen ein Konsens in der Amtsfrage noch nicht soweit gediehen, dass eine Abendmahlsgemeinschaft gerechtfertigt erscheint. Die römisch-katholische Kirche begründet es damit, dass die von ihr »getrennten kirchlichen Gemeinschaften ... vor allem wegen des Fehlens des Weihesakraments [propter sacramenti Ordinis defectum] die ursprüngliche und vollständige Wirklichkeit des eucharistischen Mysteriums nicht bewahrt haben« (UR 22). Aus dem Kontext weiterer Konzilsaussagen geht hervor, dass mit dem Ausdruck »defectus ordinis« *nicht das vollständige Fehlen* des Weihesakraments, sondern nur ein Mangel an ihm gemeint ist[213]. Auch will beachtet sein, dass katholischerseits die bischöfliche Sukzessionsfolge nie im Sinne eines linearen, in sich wirkenden Automatismus verstanden wird, sondern immer *bezogen auf die Kirche*, und zwar als Ausdruck der geistgewirkten Treue zu ihrem ›apostolischen‹ Ursprung und ihrer ›apostolischen‹ Sendung. Traditio und successio bedingen einander, so dass zu Recht gesagt worden ist: »Die Nachfolge [successio] ist die Gestalt der Überlieferung [traditio], die Überlieferung ist der Gehalt der Nachfolge«[214].

Der seit dem II. Vat. Konzil weitergeführte ökumenische Dialog hat Klärungen und gegenseitige Annäherungen beim Umgang mit den Fragen nach dem Amtsbegriff, der sakramentalen Ordination und der Stufung des geistlichen Amtes gebracht. Sie sind in mehreren Konsensdokumenten veröffentlicht[215]. Als grundlegend hilfreich erweist sich dabei ein

---

[211] II. Vat.: UR = Unitatis redintegratio. Dekret über den Ökumenismus Nr. 15.
[212] II. Vat.: OE = Orientalium Ecclesiarum Nr. 25.
[213] Vgl. dazu und zum Folgenden M. Hardt, Konsens oder Konvergenz in der Amtsfrage? Zum Dokument »Das geistliche Amt in der Kirche«, StZ 114 (1989) 267–277, hier 276; Ch. Böttigheimer, Apostolische Amtsukzession in ökumenischer Perspektive. Gegenseitige Anerkennung geistlicher Ämter als Bedingung von Eucharistiegemeinschaft, Cath(M) 51 (1997) 300–314, hier 304 mit Anm. 25. – Roloff 281 zitiert Vertreter der gegenteiligen Position.
[214] J. Ratzinger, Episkopat und successio

apostolica, in: K. Rahner / J. Ratzinger (Hrsg.), Episcopat und Primat, 1961 (QD 11), 37–59, hier 49. Dazu, dass traditio, successio und communio wesenhaft zusammengehören, vgl. Böttigheimer, Amtsukzession (s. vorige Anm.) 305; ähnlich auch W. Beinert / H. Schütte, Successio apostolica, in: LThK IX (2000) 1080–1084.
[215] Vgl. H. Meyer u.a. (Hrsg.), Dokumente wachsender Übereinstimmung. Sämtliche Berichte und Konsenstexte interkonfessioneller Gespräche auf Weltebene, Bd. I., Paderborn / Frankfurt a.M. ²1991; K. Lehmann / W. Pannenberg (Hrsg.), Lehrverurteilungen – kirchentrennend? I. Rechtfertigung, Sakramente und Amt im Zeitalter der Reformation und heute, 1986 (DiKi 4);

pneumatologisch orientiertes Verständnis von Kirche. Es macht nicht nur die charismatische Strukur der Kirche im allgemeinen bewußt, sondern auch, dass der Heilige Geist alle Lebensvollzüge der Kirche bewirkt. Im ›Lima-Dokument‹ heißt es dementsprechend: »Die Kirche lebt in Kontinuität mit den Aposteln und ihrer Verkündigung. ... Der Geist hält die Kirche in der apostolischen Tradition bis zur Vollendung der Geschichte im Reich Gottes. Apostolische Tradition in der Kirche bedeutet Kontinuität in den bleibenden Merkmalen der Kirche der Apostel: Bezeugung des apostolischen Glaubens, Verkündigung und neue Interpretation des Evangeliums, Feier der Taufe und der Eucharistie, Weitergabe der Amtsverantwortung, Gemeinschaft in Gebet, Liebe, Freude und Leiden, Dienst an den Kranken und Bedürftigen, Einheit unter den Ortskirchen und gemeinsame Teilhabe an den Gaben, die der Herr jeder geschenkt hat«[216]. Über die Sukzession ist in dem Dokument gesagt, dass sich die »vorrangige Manifestation der apostolischen Sukzession in der apostolischen Tradition der Kirche als ganzer« finde und dass sie »ein Ausdruck der Beständigkeit und daher der Kontinuität von Christi eigener Sendung« sei. »Die geordnete Weitergabe des ordinierten Amtes ist daher ein wirksamer Ausdruck der Kontinuität der Kirche durch die Geschichte ... Wo Kirchen der Bedeutung der geordneten Weitergabe wenig Bedeutung beimessen, müssen sie sich selbst fragen, ob sie nicht ihr Verständnis von Kontinuität in der apostolischen Tradition ändern sollen. Andererseits, wo das ordinierte Amt der Verkündigung des apostolischen Glaubens nicht angemessen dient, müssen sich die Kirchen fragen, ob ihre Amtsstrukturen nicht einer Änderung bedürfen«[217]. Sowohl im römisch-katholischen Verständnis als auch in dem des ›Lima-Dokuments‹ zeigt sich, dass es um die Sicherung der substantiellen Identität der *Kirche als ganzer* durch den Heiligen Geist geht. Er bewirkt, daß sie hinsichtlich ihres Ursprungs und ihrer Sendung ›apostolisch‹ ist. Darum »entscheidet nicht allein die historische bischöfliche Sukzession über die Apostolizität der Kirche. Die successio episcopalis ist zwar wirksames Zeichen und Mittel der successio apostolica, als solches aber bewirkt sie nicht aus sich die Kontinuität der Kirche, vielmehr steht sie im Dienste des Heiligen Geistes und dient so der Sicherung der traditio apostolica. ... Die Gültigkeit kirchlicher Ämter hängt [also] nicht mehr allein von der Erfüllung institutioneller Kriterien ab, sondern von einem geistlichen Urteil über die geistliche Ursprungstreue ... In der Ämterfrage ist ein ökumenischer Fortschritt

---

W. Pannenberg, Lehrverurteilungen – kirchentrennend? III. Materialien zur Lehre von den Sakramenten und vom kirchlichen Amt, 1990 (DiKi 6).
[216] ›Lima-Dokument‹ 1982: Taufe, Eucharistie und Amt. Konvergenzerklärungen

der Kommission für Glauben und Kirchenverfassung des Ökumenischen Rates der Kirchen, (in: Meyer u.a., Dokumente [s. vorige Anm.] 545–585), Nr. 34.
[217] Zitate aus dem ›Lima-Dokument‹ (s. vorige Anm.), Nr. 35.

demnach nur dann zu erzielen, wenn die Sukzession im Wort stärker gewichtet wird als die Sukzession im Amt ...«[218]

3   In ebendiese Richtung weist auch das Verständnis des geistlichen Amtes mit seiner engen Beziehung zur traditio apostolica in den *Past*: Durch Handauflegung mit der Gnadengabe Gottes beschenkt (2Tim 1,6), kann und soll ›Timotheus‹ das ihm anvertraute Überlieferungsgut »durch den Heiligen Geist« bewahren (1,14) und »zuverlässigen« Amtsnachfolgern anvertrauen, die ihrerseits wiederum andere lehren (2,2). Wie der oben gezeigte Forschungskonsens erkennen lässt, werden in den Past weder das kirchliche Amt noch die personale Amtssukzession um ihrer selbst willen in den Vordergrund gerückt. Der Sinn der Betonung des Amtes und seiner engen Zusammengehörigkeit mit traditio bzw. successio besteht vielmehr ganz und gar in der Zuordnung zur *Zuverlässigkeit und Unverfälschtheit der christlichen Glaubenslehre vom Ursprung* her. Um *ihre* Sicherung geht es. Amt und Amtssukzession dienen dem *Wort des Heils* und seiner Zuverlässigkeit. Im Sinn der Past lässt sich deshalb sagen: Dort, wo die *Ursprungstreue der Heilsbotschaft* gewahrt ist, ist auch das vorhanden, was *Amtssukzession* meint. Hieraus könnten sich Impulse für die Klärung des Verständnisses von Ordination und Sukzession ergeben, das zwischen den Konfessionen nach wie vor kontrovers ist. Eine solche Klärung müsste allerdings die in den Past nicht direkt angesprochene Frage nach dem Zusammenhang von Eucharistie und gemeindeleitendem Amt mit einbeziehen[219].

II   Gemeindeleitung angesichts der Irrlehre (2,14 – 3,9)

Stärker als in den vorausgegangenen und in den noch folgenden Teilen des Briefes sind die Aussagen des Abschnitts 2,14 – 3,9 durch den Bezug zur *Irrlehrerproblematik* bestimmt. Zwar werden vorher die Abtrünnigen Phygelus und Hermogenes erwähnt (1,15), und später wird auf »böse Menschen« (3,13), auf Falschlehrer (4,3f) sowie auf den Gegner Alexander (4,14f) hingewiesen. Aber dabei handelt es sich jeweils nur um kurze Erwähnungen, die innerhalb einer Paränese wie ein Schlagschatten den Kontrast zum angemahnten mustergültigen Verhalten aufzeigen und als abschreckende Beispiele zu positivem Verhalten motivieren sollen.

---

[218] Böttigheimer, Amtssukzession (s.o. Anm. 213) 311. Vgl. ähnlich Hardt, Konsens (s.o. Anm. 213) 275f; W. Kasper, Die apostolische Sukzession als ökumenisches Problem, in: Lehmann/Pannenberg, Lehrverurteilungen (s.o. Anm. 215) 329–349, hier 338; Neuner, Theologie 229–231.

[219] Weiterführende Gesichtspunkte hierzu hat J. Roloff, Herrenmahl und Amt im Neuen Testament, KuD 47 (2001) 68–89 beigetragen.

Im Unterschied dazu durchzieht die *Irrlehrerproblematik* den ganzen Text von 2,14 bis 3,9, so dass es sich empfiehlt, die Aussagen dieses Abschnitts als *relativ zusammengehörig* anzusehen. Der Eindruck der Zusammengehörigkeit verstärkt sich, wenn man die mit dem *durchgängigen Thema* verbundenen *inhaltlichen Einzelmotive* und *sprachlichen Ausdrücke* beachtet. Es wird z.B. gesagt, dass der rechte Gemeindelehrer sich mit Eifer vor Gott als »*bewährt* [δόκιμος]« erweise (2,15a), dass er sich »nicht *schäme* [ἀνεπαίσχυντος]« (2,15b) und dass er »das Wort der *Wahrheit* geradlinig verkünde« (2,15b). Demgegenüber gelten die Irrlehrer als »*unbewährt* [ἀδόκιμοι]« (3,8), »von der *Wahrheit* abgeirrt« (2,18a), sich »der *Wahrheit* widersetzend« (3,8b), so dass sie »der Umkehr zur Erkenntnis der *Wahrheit*« (2,25b) bedürfen. Während es zum Bemühen des rechten Lehrers gehört, »*Verwirrung* der Zuhörer« zu vermeiden (2,14d), »zerstören« die Irrlehrer »den Glauben mancher« (2,18c). Manche *Formulierungen* begegnen innerhalb des 2Tim ausschließlich oder doch fast ausschließlich in diesem Abschnitt und weisen somit ebenfalls auf die Zusammengehörigkeit seiner Aussagen hin: Das Wort »Wahrheit [ἀλήθεια]« kommt nur noch in 4,4 vor, im vorliegenden Abschnitt aber 5-mal (2,15.18.25; 3,7.8). Der Ausdruck »Erkenntnis der Wahrheit [ἐπίγνωσις ἀληθείας]« ist im 2Tim überhaupt nur hier verwendet (2,25; 3,7). Das Verbum »voranschreiten [προκόπτω]« steht in den Past außer in 2Tim 2,16b; 3,9 nur noch in 3,13. Dass gegen Anfang und gegen Schluss je zwei Männer als Repräsentanten derer genannt werden, die sich gegen die rechte Lehre (2,17b) und gegen die von Gott gesetzte Autorität (3,8a) stellen, kann ebenfalls als Hinweis auf die Zusammengehörigkeit der Aussagen des Abschnitts verstanden werden. Der Abschnitt ist in *drei Teile untergliedert*, deren Anfang jeweils am *imperativischen Einsatz* zu erkennen ist: In den VV14–16 stehen drei Imperative, dann folgen bis V21 Aussagen in beschreibendem Stil. Die VV22f setzen wiederum mit drei Imperativen ein, denen sich bis V26 Explikationen anschließen. Der letzte Teil (3,1–9) beginnt ebenfalls mit einem Imperativ. Den drei untergliederten Teilen entsprechen auch unterschiedliche *Personengruppen*, die jeweils in den Argumentationsgang einbezogen sind: Im *ersten Teil* (2,14–21) sind außer dem Gemeindeleiter ›Timotheus‹, dem die direkten Ermahnungen gelten (VV14–16a), auch die *Irrlehrer* (bes. VV16–19) und die *Gemeinde* (bes. VV20f) mit im Blick. Im Unterschied dazu sind im *zweiten Teil* (2,22–26) außer dem angeredeten ›Timotheus‹ nur die *Irrlehrer* und die von ihnen *Irregeleiteten* erwähnt. Im *dritten Teil* (3,1–9) erscheinen die den *Irrlehrern* zur Last gelegten Fehlhaltungen *zukunftsgerichtet* als Phänome der »letzten Tage« (V1), und es werden außerdem die den Irrlehrern zum *Opfer* Fallenden als eine *eigene Gruppe* mit negativen Eigenschaften näher bestimmt (VV6f)[220].

---

[220] Meist wird die Zusammengehörigkeit des Abschnitts nicht beachtet und außer- dem der Text nur in zwei nebeneinander stehende Einheiten gegliedert: 2,14–26;

1 Das rechte Verhalten und das tragende Glaubensfundament (2,14–21)

Literatur: Arndt, W., ἔγνω, 2Tim. 2:19, CTM 21 (1950) 299–302; *Brown, E.F.,*
Note on 2 Tim. II 15, JThS 24 (1923) 317; *Clancy, F.G.,* St. Augustine, his prede-
cessors and contemporaries, and the exegesis of 2 Tim. 2.20, StPatr 27 (1993)
242–248; *Claußen, C.,* Alttestamentliche Gestalten als negative Beispiele, in: Alttestamentliche Gestalten im Neuen Testament, hrsg. v. Öhler, M., Darmstadt
1999, 204–218; *Hammer, P.L.,* Canon and Theological Variety: A Study in the
Pauline Tradition, ZNW 67 (1976) 83–89; *Penna, A.,* »In magna autem domo ...«
(2Tim 2,20sg.), in: SPCIC 1961, Rom 1963 (= AnBib 17–18), Bd. II 119–125;
Schenk-Ziegler, Correctio 381–384.
Literatur zur Auferstehungsproblematik in V18: S. Exkurs.

**14 Dies bringe in Erinnerung, indem du vor Gott beschwörst, kei-
ne Wortgefechte zu führen; es ist zu nichts gut, es führt zur Verwirrung der Zuhörer. 15 Sei eifrig bemüht, dich als bewährt zu erweisen vor Gott, als Arbeiter, der sich nicht schämt [und] der das
Wort der Wahrheit geradlinig verkündet. 16 Dem heillosen, gott-
fernen Geschwätz geh aus dem Weg! Denn sie werden immer weiter in die Gottlosigkeit heineingeraten, 17 und ihr Wort wird wie
ein Krebsgeschwür um sich greifen. Zu ihnen gehören Hymenäus
und Philetus, 18 die von der Wahrheit abgeirrt sind, indem sie behaupten, die Auferstehung sei schon geschehen, und die [so] den
Glauben mancher zerstören. 19 Das feste Fundament Gottes freilich hat Bestand, trägt es doch dieses Siegel: »Es kennt der Herr
die Seinen«, und: »Es lasse von Ungerechtigkeit ab jeder, der den
Namen des Herrn nennt«. 20 In einem großen Haus gibt es aber
nicht nur goldene und silberne Gefäße, sondern auch hölzerne
und tönerne, und die einen sind für ehrenhaften, die anderen für
unehrenhaften Gebrauch. 21 Wenn nun einer von diesen sich rei-
nigt, wird er ein Gefäß zu ehrenhaftem Gebrauch sein, geheiligt,
brauchbar für den Hausherrn, zu jedem guten Werk bereitet.**

Der Abschnitt setzt mit drei an ›Timotheus‹ gerichteten Imperativen ein   Analyse
(VV14a.15ab.16a), die teils durch Partizipialsätze (VV14b.15c), teils
durch erklärende Beifügungen (VV14cd.15b) erweitert sind. An den letzten Imperativ, »heillosem, gottfernem Geschwätz aus dem Weg« zu ge-

3,1–9 (so z.B. bei Dibelius/Conzelmann 82.86; Spicq 752.771 [bis 3,17]; Brox 242.252; Hanson 133.143; Merkel 65f.70). – Auch Schierse 116.123 gliedert in zwei Ab- schnitte. Im ersten erkennt er »eine thema- tische Einheit« mit drei Teilen: »Um das Mittelstück, das eine Art theologischer Be- gründung für das Auftreten der Ketzer zu geben versucht (V.19–21), ranken sich zwei formal und inhaltlich recht ähnliche Ab- schnitte (V.14–18 und 22–26), so daß man fast von einem Triptichon sprechen kann« (116f). – Eine Dreiteilung von 2,14 – 3,9, wie sie hier im Kommentar vertreten wird, empfehlen u.a. auch Kelly 181.188.192; Oberlinner 90.110.119.

hen (V16a), schließt sich, mit γάρ eingeleitet, die Begründung an, dass derartige »Schwätzer« ja nur »immer weiter in die Gottlosigkeit hinein-geraten.« Grammatikalisch enthält der Übergang vom Imperativ- zum Begründungssatz eine Unebenheit: Während in V16a nur die *Sachbe-zeichnung* »Geschwätz« steht, fährt V16b ohne Nennung eines persona-len Subjekts unvermittelt mit einem in der Formulierung des Verbums προκόψουσιν enthaltenen »sie« fort. Selbstverständlich sind damit die *Personen* gemeint, die das »heillose, gottferne Geschwätz« betreiben. Für die in V16a geforderte völlige Distanzierung von ihnen liefert V16b die Begründung. Grammatikalisch zwar mit καί angeschlossen, inhaltlich aber mit dem Begründungsgedanken nur locker verbunden, folgt in V17a der Hinweis, dass ihre Lehre wie ein Geschwür wuchern wird. Die in V16b begonnenen Aussagen über die Irrlehrer gipfeln in der nament-lichen Benennung zweier ihrer Vertreter (V17b), in der inhaltlichen Kennzeichnung ihrer falschen Lehre (V18ab) und im Hinweis auf die glaubenzerstörende Wirkung (V18c). Mit adversativem μέντοι wird in ei-nem indikativischen Aussagesatz die Überzeugung dagegengestellt, dass das feste Fundament Gottes Bestand habe (V19a), und ein Partizipialsatz verdeutlicht, welches Siegel es trage, d.h. worin es bestehe (19bc). Die Verdeutlichung geschieht durch ein Schriftzitat aus Num 16,5 LXX (V19b) und durch einen aus Anspielungen auf verschiedene Schriftaussa-gen formulierten Appell, vom Unrecht abzulassen (V19c). Der Blick auf die von Irrlehrern durchsetzte Gemeinde veranlasst den Verfasser dazu, mit Hilfe der »Haus«-Metaphorik und dem Wissen, dass es in einem Haushalt Gefäße zu ehrenhaftem und unehrenhaftem Gebrauch gibt, die Gemeindesituation beschreibend zu deuten (V20). Im darauf folgenden Bedingungssatz werden die Bildelemente unmittelbar auf die Gemein-deglieder angewandt. Auch hier wird zwar beschreibend formuliert; aber sowohl die Protasis, die von der Bedingung des Sich-Reinigens spricht (V21a), als auch die Apodosis, welche die Gebrauchsqualitäten eines ge-reinigten Gefäßes hervorhebt (V20bc), haben appellativen Aussagesinn und schärfen die Notwendigkeit des Sich-Reinigens von der Irrlehre ein. Sprache und Gedankenfolge des Abschnitts lassen also folgende Struktur erkennen: *Anweisungen* an ›Timotheus‹ (VV14–16a); *Beschreibung* der Irrlehrer und *Kennzeichnung* ihrer falschen Lehre (VV16b–18); *Überzeu-gung*, dass demgegenüber Gottes Fundament Bestand habe (V19); *Beleh-rung* über die Gemeinde als Hauswesen mit unterschiedlichem Gerät und *indirekte Aufforderung*, sich von der Irrlehre zu reinigen (VV20f).

Der formelhafte Ausdruck »vor Gott beschwören« (V14b), die inhaltliche Wiedergabe der Irrlehre, dass die Auferstehung schon geschehen sei (V18b), die Bezugnahme auf atl. Schriftworte (V19bc) und die Anwen-dung der »Haus«-Metaphorik auf die Gemeinde (VV20f) lassen erken-nen, dass der Verfasser an manches bereits *Vorgegebene* angeknüpft und es in die Gestaltung des Abschnitts einbezogen hat. Worin die Vorausset-

zungen im einzelnen bestanden, wie die Vorgaben vermittelt bzw. aufgenommen und zu den jetzt vorliegenden Aussagen verarbeitet wurden, soll
bei der folgenden Auslegung behandelt werden.

Der an den Apostelschüler gerichtete Imperativ, »dies in Erinnerung zu Erklärung
bringen«, verweist auf den Inhalt dessen, wovon vorausgehend die Rede 14
war. Gemeint ist das, was ›Timotheus‹ von ›Paulus‹ gehört hat und den
Gemeindeleitern weitervermitteln soll (V2). Näherhin ist gedacht an das
Selbstverständnis des gemeindeleitenden Dienstes als einer mühevollen,
verantwortungsbewusst und leidensbereit zu erfüllenden Aufgabe (VV3–
6), an den christologisch zentrierten Inhalt des Evangeliums (V8) sowie
an die im paränetischen Lehrgedicht geäußerte Überzeugung, dass der
Bewährung die Verherrlichung folge, der Verleugnung aber der Heilsverlust drohe, dass in allem jedoch die Treue Christi Bestand habe (VV11–
13)[221]. Außer zum Vorausgehenden schlägt der Imperativ: »Dies bringe in
Erinnerung!« die Brücke zum Folgenden. Das aus der Überlieferung
Stammende soll durch das Erinnertwerden Geltung für Gegenwart und
Zukunft erhalten. Da aber die Gegenwart des realen Briefautors und der
realen Adressaten, nämlich der Gemeindeleiter mit ihren Gemeinden,
durch *Irrlehren* belastet ist, sind die im Folgenden an ›Timotheus‹ gerichteten Anweisungen so gestaltet, dass sie dieser Situation Rechnung tragen, d.h. sie sind angesichts der *gegnerischen Frontstellung* formuliert.
Das zeigt sich sofort in V14b. ›Timotheus‹ wird aufgefordert, bei seiner
erinnernden Unterweisung Wert darauf zu legen, dass die Gemeindeleiter
in der Ausübung ihrer Lehrtätigkeit (vgl. V2c) keine »Wortgefechte führen«. Das hier verwendete Verbum λογομαχέω bezeichnet ebenso wie
das in 1Tim 6,4 neben ζητήσεις gebrauchte Substantiv λογομαχία[222] das
aus ungesunder Streitsucht herrührende einsichtslose Debattieren, wie es
nach Ansicht des Verfassers für die widerspenstigen Irrlehrer charakteristisch ist. ›Timotheus‹ wird angewiesen, den Gemeindeleitern nicht nur
einzuschärfen, sondern sie »vor Gott zu beschwören«[223], dass sie derartige Redeweisen ganz vermeiden. Der Ausdruck »vor Gott [ἐνώπιον τοῦ
θεοῦ]« geht auf das AT zurück und meint in der LXX, dass etwas »*vor
den Augen* Gottes«, d.h. im übertragenen Sinn *in der Verantwortung vor*
Gott, getan oder entschieden werde. *Beteuerungen* vor ihm als dem Ga-
ranten und Richter stehen auch in Briefen des Paulus (z.B. Gal 1,20). Der
Verfasser der Past bezieht die Beteuerungsformel mehrfach in seine An-

---

[221] Bassler, Faithful 180 weist überdies auf
das »network of faithfulness« hin, das in
scharfem Kontrast zu dem formuliert ist,
was über die Irrlehrer und ihrer Lehre in
2,17f.23–26; 3,1–9 gesagt wird.
[222] Verbum und Substantiv sind in der
Antike relativ selten belegt; vgl. die Belege

bei G. Kittel, ThWNT IV (1943) 147.
[223] Vgl. G. Stählin, Zum Gebrauch von
Beteuerungsformeln im Neuen Testament,
NT 5 (1962) 115–143, hier 125f; H. Krämer,
EWNT I (1980) 1130f; J. Beutler, EWNT II
(1981) 963.

weisungen ein und hebt damit den besonderen Ernst der Verantwortung der Gemeindeleiter hervor (1Tim 5,21; 6,13 [παραγγέλλω]; 2Tim 2,14; 4,1).

Zwei *Begründungen* dafür, dass der Wortstreit zu meiden sei, werden in gesteigerter Zuspitzung genannt: Er führt zu nichts (V14c)[224], ja er stürzt die Zuhörer nur in Verwirrung (V14d). Er gilt also nicht nur als nutzlos, sondern darüber hinaus für den Glauben der Christen und somit für das Gemeindeleben als zerstörerisch. Diese Zuspitzung der von vornherein angenommenen negativen Wirkung lässt vermuten, dass der Verfasser mit den *Wortgefechten*, die zu meiden er eindringlich beschwört, nicht nur die *formale* Seite des Sprechens, nicht nur die Rede*weise*, sondern auch schon – wie später ausdrücklich (V18) – den Rede*inhalt* mit im Blick hat. Denn in der Sicht des Verfassers ist das, was ›Timotheus‹ und mit ihm die rechtmäßigen Gemeindeleiter zu bewahren (1,13f), zu lehren (2,2) und zu erinnern (2,14a) haben, das Evangelium (1,8; 2,8), das untrügliche »Wort der Wahrheit« (2,15c), die »gesunde Lehre« (1,13; 4,3 u.ö.), worüber es nach seiner Auffassung nichts zu streiten gibt. Wer diese Botschaft in Frage stellt, über sie zu streiten beginnt oder ihr gar widerspricht, gilt als *glauben-* und *gemeindezerstörender* Irrlehrer und seine Rede nach *Form und Inhalt* als »Wortgefecht«, wovor nur gewarnt werden kann[225].

15 Dem negativen Appell, die Gemeindeleiter zu beschwören, sich jeglichen Wortstreits zu enthalten, folgt die positive Aufforderung an ›Timotheus‹, sich selbst mit Eifer vor Gott zu bewähren (V15a), und zwar als Arbeiter, der sich nicht schämt (V15b), indem er das Wort der Wahrheit geradlinig verkündet (V15c). Es zeigen sich mehrere sprachliche und inhaltliche Anklänge an paulinisches Gedankengut, ohne dass mit literarischer Abhängigkeit von einzelnen Stellen der Paulusbriefe zu rechnen ist[226]. Das Wichtig-

---

[224] Das Adjektiv χρήσιμον steht im NT nur hier; die Wendung ἐπ᾽ οὐδὲν [οὐθὲν] χρήσιμον ist im griech.-hellenistischen Schrifttum geläufig; vgl. Bauer/Aland, Wörterbuch 1766.

[225] Oberlinner 93 kritisiert m.E. zu Recht die Auslegungen von Holtz 170, es sei dem Verfasser um die Ablehnung von »Theologengezänk« gegangen, und von Schierse 120, der Verfasser befürchte, durch Gesprächsbereitschaft und Diskussion passe man sich schon zu sehr dem Glaubensverständnis der Irrlehrer an. Oberlinner verweist darauf, dass das eigentlich entscheidende Argument bei der Forderung nach Verzicht auf Auseinandersetzungen »nicht bei den Irrlehrern und dem Inhalt ihrer Lehren«, sondern »bei der Gemeinde« liege.

[226] Das Verbum παρίστημι im theologischen Sinn des *Hinstellens* vor Gott oder Christus bzw. des *Zurverfügungstellens*

verwendet Paulus in Röm 6,13; 1Kor 8,8; 2Kor 4,14; 11,2; vgl. A. Sand, EWNT III (1983) 97. – Worte des Wortfelds δόκιμος finden sich im NT überwiegend bei Paulus; in ähnlichem Zusammenhang wie hier z.B. Röm 16,10; 2Kor 8,8; 10,18; vgl. G. Schunack, EWNT I (1980) 825–829. Von der *Bewährung* des Timotheus im gemeinsamen Dienst mit Paulus am Evangelium spricht Phil 2,22. – In der Missionsarbeit Tätige werden in 2Kor 11,13; Phil 3,2 als ἐργάται bezeichnet, allerdings nur im negativen Sinn. – Hinsichtlich des Verbums (ἀν)ἐπαισχύνομαι zeigte sich bereits in 1,8.12.16 der Zusammenhang mit paulinischen Aussagen, dort bes. mit Röm 1,16. – Der Ausdruck *Wort der Wahrheit* ([ὁ] λόγος [τῆς] ἀληθείας) als Bezeichnung des Evangeliums und als Inbegriff der apostolischen Predigt ist in 2Kor 6,7; Eph 1,13; Kol 1,5 belegt.

ste und Entscheidendste, worum eifrig zu bemühen ›Timotheus‹ und somit jeder Gemeindeleiter aufgefordert wird, ist, dass er sich *vor Gott als bewährt* erweise. Andere Wertmaßstäbe oder das Eingeschätztwerden durch andere Personen und Instanzen gelten demgegenüber als nebensächlich. Nicht die Erfüllung ehrgeiziger Pläne, nicht die Durchsetzung eigener Machtansprüche, nicht Ansehen, Sozialprestige und menschliche Anerkennung sind das Entscheidende, sondern das, was der einzelne – hier ›Timotheus‹ – *vor Gott gilt*. In dieser Artikulation des wirklich letzten, *absoluten Wertmaßstabs* drückt sich zugleich aus, worin die tiefste *Verankerung* christlicher *Gemeinde* und ihrer *Dienstämter* liegt, nämlich in dem einen *Gott*, der durch Jesus Christus das Heil aller Menschen will (1Tim 2,3–7), dem gegenüber christlicher Gemeindedienst sich zu *verantworten* hat, von dem her er aber auch als dem tragenden Grund ermutigend Halt und Kraft empfängt. Die *theologische* Perspektive, in der der Verfasser der Past das Heil der Menschen, den Heilsdienst Jesu Christi sowie die christliche Gemeinde mit ihren Dienstämtern sieht, macht die Betonung der in V15a geforderten *Bewährung vor Gott* verständlich. Sie entscheidet sich daran, ob der Gemeindeleiter dem Heilswerk Gottes zugunsten der Menschen *dient* oder es eher *behindert*. Letzteres wird ja den Gegnern in Theorie und Praxis vorgeworfen, wie die Kennzeichnung der Irrlehrer als ἀδόκιμοι (3,8; Tit 1,16) und der vorliegende Kontext zeigen. Mit Recht ist darauf hingewiesen worden, dass der Stellenwert, den der Gedanke des »Sich-Bewährens« vor Gott in den Past hat, noch erheblich größer ist als bei Paulus[227]. Er steht hier nämlich in engstem Zusammenhang mit der Sichtweise, dass sich das *apostolische Wirken* im gemeindeleitenden Einsatz für die Bewahrung und Weitergabe des Evangeliums *fortsetzt*, wobei ›Paulus‹ selbst bereits als δόκιμος gilt und als nachzuahmendes *Vorbild* der Haltungen, zu denen ›Timotheus‹ aufgefordert wird.

Die Fortsetzung der Ermahnung, dass sich ›Timotheus‹ als *Arbeiter* erweise, der sich *nicht schämt* (V15b), spricht den erforderlichen *Bekennermut* an. Er ist erforderlich sowohl angesichts möglicher äußerer Bedrohungen, etwa durch Verfolgung, Fessel und Kerker (1,8.12.16; 2,11f; 3,10–12), als auch angesichts der gemeindeinternen Angriffe durch die Häretiker. Der Kontext zeigt, dass die letztere Frontstellung hier bei der Ermahnung, dem »Auftrag auch in der Anfechtung nicht auszuweichen«[228], im Vordergrund steht.

Auch für die weiterführende Verdeutlichung, der sich bewährende, sich nicht schämende Gemeindeleiter sei jemand, der »das Wort der Wahrheit geradlinig verkündet [ὀρθοτομῶν τὸν λόγον τῆς ἀληθείας]« (V15c), ist diese Frontstellung der Auslöser. Die genaue Bedeutung des Verbums ὀρθοτομέω und der präzise Sinn des Satzes sind schwer zu bestimmen. Die Grundbedeutung des Ver-

---

[227] Vgl. Oberlinner 94.   [228] Brox 247.

bums ist: »in gerader Richtung schneiden«, »in gerader Richtung (ein)teilen«[229]. An den beiden Stellen, an denen das Wort in der LXX vorkommt, ist es auf den Weg bezogen und meint: »einen (geraden) Weg bahnen«. Es entspricht dem profangriechischen Ausdruck τέμνειν ὁδόν (z.B. Thukydides II,100,2; Josephus, Ap 1,309). Verwandte Ausdrücke sind (κατ)ευθύνω, (κατ)ορθόω, κατορθόομαι = einen Weg bzw. die Gebote »recht befolgen« (z.B. TestJud 26,1; Herm vis III,5,3) sowie ὀρθοποδέω, das in Gal 2,14 das Gehen des geraden Weges nach der Wahrheit des Evangeliums (πρὸς τὴν ἀλήθειαν τοῦ εὐαγγελίου) bezeichnet. Entsprechend dieser letztgenannten Belege verstehen manche das ὀρθοτομέω in 2Tim 2,15c als Aufforderung an ›Timotheus‹, dass er »in bezug auf das Wort der Wahrheit das Rechte tut«, d.h. »es befolge« und es so mit seinem eigenen Leben »beglaubige«[230]. Gegen diese Deutung spricht nicht nur, dass in Herm vis und Gal 2 andere Verben als in 2Tim 2,15c verwendet sind und dass zudem in Gal 2 eine andere Satzkonstruktion vorliegt (mit der Präposition πρός), sondern vor allem der Kontext von V15c. In ihm geht es um »Erinnern« (V14a), »Wortgefechte« (V14b), »Hörer« (V14d), den sich beim Wortzeugnis nicht schämenden »Arbeiter« (V15b), das »Wort der Wahrheit« (V15c), das heillose »Geschwätz« (V16a) sowie um das »Wort« (17a) der Irrlehrer und um ihr Abirren »von der Wahrheit« (V18a), indem sie ihren irrigen Auferstehungsglauben aussprechen (V18b). In derartigem, auf das Wort-Zeugnis bezogenen Kontext ist mit ὀρθοτομέω sicher nicht in erster Linie das ethisch-praktische Wort-Befolgen, sondern ein die Wort-Verkündigung betreffendes Verhalten gemeint[231]. Da als Objekt des ὀρθοτομέω »das Wort der Wahrheit« angegeben ist (V15c), und zwar im Gegensatz zu dem von der Wahrheit abirrenden (V18a) Wort der Irrlehrer (V17a), und da von letzterem sogar der falsche, glaubenzerstörende (V18c) Inhalt mitgeteilt wird (V18b), ist anzunehmen, dass das Verbum ὀρθοτομέω zusammen mit seinem Objekt nicht nur formal die rechte Weise des Verkündigens, sondern auch inhaltlich das Darbieten der unverfälschten, rechten Glaubenslehre des Evangeliums meint[232].

16 Wurde ›Timotheus‹ bereits angewiesen, die Gemeindeleiter dringendst

---

[229] Bauer/Aland, Wörterbuch 1175. – Manche Verwendungen entfernten sich weit vom urprünglichen Sinn, so z.B. 1. die aus 2Tim 2,15 abgeleitete Gleichsetzung von ὀρθοτομία und ὀρθοδοξία bei Eusebius, HistEccl III,31,6; IV,3,1, nachdem schon bei Clemens von Alexandrien, Strom VII,16,104 von der ὀρθοτομία τῶν δογμάτων die Rede gewesen war; 2. das aus dem Gedanken des »(Ein)teilens« abgeleitete pastoral-homiletische Verständnis der »Orthotomie« als der rechten *Austeilung* und Anwendung des zu verkündenden göttlichen Wortes je nach Adressatengruppen (vgl. dazu Holtzmann 184.416f). – In den bei Wettstein/Strecker/Schnelle/Seelig II/2, 983f dargebotenen ›Parallelen‹ aus Philo, Sacr 82–83 und Aelius Aristides, Or 28,143 bezieht sich τέμνω auf die *Einteilung der Rede* in angemessene Abschnitte.

[230] H. Köster, ThWNT VII (1964) 113. Er lehnt die meist vetretene Deutung, »das Wort der Wahrheit in rechter Weise *verkündigend ausrichten*«, ab. Auch Hasler 67 meint, es gehe nicht um »othodoxe Predigt« oder um »Belehrung«, sondern um die »aus dem Glauben gewachsene Frömmigkeit«, um »die in einer vorbildlichen Lebensführung verwirklichten Ideale christlicher Tugend.«

[231] So die meisten, u.a. Holtz 171: Die Fortsetzung »rät von der ethischen Akzentsetzung ab.« – Hanson 134: »... correct teaching rather than merely ... right behaviour.«

[232] Dass *beide* Momente, das *formale* und *inhaltliche,* hier wichtig sind, betonen auch Brox 247 (»wahrheitsgetreue Predigt statt nutzloser Dispute«; »die unumwundene Predigt eines Mannes, der sich nicht einschüchtern läßt und ohne Abstrich oder scheuen Umweg die Wahrheit direkt und

vor Wortgefechten zu warnen (V14b), so ergeht nun unmittelbar an ihn selbst die Aufforderung, »heillosem, gottfernem Geschwätz [βεβήλους κενοφονίας[233]]« aus dem Weg zu gehen. Schon in 1Tim 6,20 war ihm mit ähnlichen Worten eingeschärft worden, die Paratheke zu bewahren und sich »vom gottlosen Geschwätz [τὰς βεβήλους κενοφονίας]« fern zu halten. Wie die κενοφονίαι dort der Paratheke kontrastierend gegenübergestellt wurden, so hier dem »Wort der Wahrheit«. Dort wie hier geht es um die völlige Distanzierung von der Falschlehre, welche in der Gemeinde im Gegensatz zur »gesunden Lehre«, zur »Paratheke«, zum »Evangelium« vertreten wird. Dass vom geltenden »Wort der Wahrheit« im Singular, von den abzuweisenden κενοφονίαι aber im Plural die Rede ist, entspricht einer stilistisch und inhaltlich beachtenswerten Eigentümlichkeit der Past[234]: Der Singular betont die Einzigkeit der gültigen Lehre, die eben nur eine ist. Im Gegensatz dazu werden die Häretiker, ihre Fehlhaltungen und Falschlehren sowie deren zerstörende Auswirkungen fast durchgängig im Plural angegeben, um so auf die Intensität der Perversion und auf ihre unheilvolle Vielfältigkeit hinzuweisen.

Die in V16a geforderte Distanz wird in V16b mit dem Hinweis auf die Gottlosigkeit begründet, in die die Irrlehrer selbst immer tiefer hineingeraten (προκόψουσιν[235] ἀσεβείας[236]). Ähnlich wie der vom »guten Diener

---

geradeheraus verkündet«); Spicq 755 (»La Vulgata a bien traduit: *recte tractantem verbum veritatis.* … Timothée sera à la fois fidèle … et à l'exprimer en termes adéquats«); ders., Lexique 1120; Oberlinner 95 (»sich nicht auf Streitereien einzulassen … [und] die Wahrheit uneingeschränkt zu verkünden«). – Die von J.W.D. Skiles, II Tim. 2:15 and Sophocles *Antigone* 1195, CP 38 (1943) 204f vermutete literarische Abhängigkeit vom Sophokles-Zitat ὀρθὸν ἀλήθει' ἀεί (»Wahrheit ist immer etwas Gerades«) lässt sich m.E. nicht erweisen; den Sinn von V15c trifft Skiles jedoch, wenn er übersetzt: »cutting a straight path through the word of truth« (205).

[233] Das Adjektiv βέβηλος bedeutet nach Bauer/Aland, Wörterbuch 277: »jedermann zugänglich, profan, unheilig«. In 1Tim 4,7 bzeichnet es die abzuweisenden »unheiligen Altweiberfabeln«. – Das Substantiv κενοφονία meint unverständliche, sinnlose Wort-Laute wie die eines Kleinkindes; Belege v.a. aus der Polemik der hellenistischen Popularphilosophie bei Spicq 582.

[234] Vgl. Schlarb, Miszelle 280 mit vielen überzeugenden Beispielen.

[235] Zu προκόπτω/προκοπή vgl. G. Stählin, ThWNT VI (1959) 703–719; W. Schenk, EWNT II (1981) 379f; von Lips,

Glaube 163–165.218; Spicq, Lexique 1321–1324. Die 9 Vorkommen der Worte im NT verteilen sich auf Lk (1-mal), Paulusbriefe (4-mal), Past (4-mal: 2Tim 2,16; 3,9.13; 1Tim 4,15). Vergleichbare Wendungen zur Beschreibung negativer Entwicklungen finden sich z.B. bei Josephus, Ant 4,59 (τῆς ἐπὶ τὸ χεῖρον προκοπῆς); TestJud 21,8 (προκόψουσιν ἐπὶ κακῷ). In der philosophischen Ethik der Stoa und bei Philo bezeichnen die Worte als Termini technici den individuellen geistig-sittlichen Bildungsgang und -fortschritt. So handelt z.B. bei Epiktet, Diss der ganze Traktat I,4 vom *Fortschreiten* des προκόπτων von der κακοδαιμονία zur εὐδαιμονία und trägt dementsprechend die Überschrift περὶ προκοπῆς. Auch die Moralia Plutarchs enthalten einen Traktat »De profectibus in virtute«, und Philo sagt: »zwischen Heiligem und Unheiligem befindet sich der in der Heranbildung Begriffene [ὁ ἐν προκοπαῖς], der das Schlechte meidet, aber noch nicht fähig ist, mit vollkommenen Gütern zusammenzuleben« (Fug 213).

[236] Zu ἀσέβεια vgl. P. Fiedler, EWNT I (1980) 405–407: Die 16 Belege der Wortgruppe im NT verteilen sich auf 2 atl. Zitate, auf je 3 Vorkommen in Röm, Past (1Tim 1,9; 2Tim 2,16; Tit 2,12) und 2Petr sowie

Christi« (1Tim 4,6) handelnde paränetische Abschnitt 1Tim 4,6–16 unter
Einbeziehung stoischer προκοπή-Leitvorstellungen gestaltet wurde (vgl.
bes. VV6–10.15f)[237], so sind im Kontrast dazu auch die Aussagen über die
Irrlehrer im vorliegenden Abschnitt davon mitbestimmt. Ging es dort um
den geistigen, sittlichen und religiösen Fortschritt (προκοπή) des ›Timotheus‹ als Vorbild für die Gemeinde, so hier um das abschreckende Fortschreiten der Irrlehrer in immer tiefere Verirrung. Je weiter sie auf ihren
Irrwegen voranschreiten, desto tiefer geraten sie hinein in ihre schlimmen geistigen und sittlichen Verirrungen. Immer weiter entfernen sie
sich von Gott, und immer mehr verstricken sie sich damit ins Unheil. Obwohl sie fortschreiten, vollzieht sich bei ihnen eben doch kein Fortschritt,
sondern im Gegenteil: ihr geistiger, sittlicher und religiöser Verfall. In
diesem Sinne gilt von ihnen, dass sie »nicht weiter vorankommen [οὐ
προκόψουσιν ἐπὶ πλεῖον]« (3,9). Als »böse Menschen und Betrüger«, als
»Betrüger und Betrogene« werden sie immer nur »zum Schlimmeren
fortschreiten [προκόψουσιν ἐπὶ τὸ χεῖρον]« (3,13).

17 Außer dem eigenen geistig-sittlichen Verfall der Irrlehrer (V16b) stellt der
Verfasser das verheerende Umsichgreifen ihrer Falschlehre heraus (V17a).
Der dafür verwendete bildhafte Ausdruck γάγγραινα[238] zeigt sehr genau,
wie der Verfasser das Phänomen der Irrlehre einschätzt: bedrohlich *wu-
chernd* und bösartig *zerstörend*. Aufgrund unkontrollierbar wirkender
Kräfte entwickelt sich bei der Wucherung eine Eigendynamik, die nicht
mehr steuerbar ist. Daraus ergibt sich für den Verfasser ein Grund mehr,
darauf zu drängen, Distanz zur Falschlehre zu halten. Zugleich kennzeichnet der Vergleich mit dem wuchernden Krebsgeschwür das bösartig Zerstö-
rerische im Gegensatz zur »gesunden Lehre« (1Tim 1,10; 2Tim 1,13; 4,3;
Tit 1,9; 2,1.8). Schon in 1Tim 6,3f hatte der Verfasser den, der von den »*gesunden* Worten unseres Herrn Jesus Christus« und von der »Lehre, die der
Frömmigkeit [εὐσέβεια] entspricht« abweicht, als »krank vor lauter Streitereien und Wortgefechten« bezeichnet[239].

auf 5 Stellen in Jud. Außer in Röm und Tit
begegnen die ἀσεβ-Aussagen im Kontext
der Irrlehrerbekämpfung. Ἀσέβεια ist nach
Plato, Symp 188c; Dion Chrysostomus, Or
31,13; Josephus, Bell 7,260 das ordnungs-
widrige Verhalten gegenüber dem Göttlichen. Nach dem Verständnis des hellenistischen Judentums (z.B. LXX) ist es zugleich Verstoß gegen Gottes Willen und
deshalb *Sünde*. Durch die Nebeneinander-
stellung der beiden synonymen Begriffe in
1Tim 1,9; 1Petr 4,18 (Zitat aus Spr 11,31);
Jud 15 kommt dies zum Ausdruck.
[237] Vgl. von Lips, Glaube 164f, der mit
reichem Belegmaterial u.a. auf die Ausdrücke ἐντρέφεσθαι (V6), παρακολου-
θεῖν (V6), διδασκαλία (V6), βέβηλα (V7),

γυμνάζειν (V7), εὐσέβεια (V7f; vgl. Philo),
ἀγωνίζεσθαι (V10), ταῦτα μελετᾶν (V15),
προκοπή (V15), ἐπέχειν (V16), ἐπιμένειν
(V16) mit jeweils zugehörigen Bezugsfel-
dern verweist.
[238] Nach Bauer/Aland, Wörterbuch 299
seit Hippokrates medizinischer Ausdruck
für »wuchernde Geschwüre, Flechten u.ä.«;
im übertragenen Sinn z.B. auf Verleum-
dungen angewandt (Plutarch, Moralia
65D).
[239] Zum zeitgenössischen sprachlichen
und philosophischen Hintergrund der Bezeichnung »*gesunde* Lehre« bzw. der Irrlehrer als »*Kranker*« vgl. Malherbe, Imagery; s. auch o. zu 1,13.

In V17b werden aus der Gruppierung der Irrlehrer (ὧν ἐστιν) namentlich *Hymenäus* und *Philetus* genannt. Die beiden als Beispiel genannten Irrlehrer waren wahrscheinlich *weder* wirkliche *Zeitgenossen* des Absenders und der Adressaten *noch reale Gestalten der Vergangenheit*, die etwa in der Missionsgeschichte der Gemeinde eine negative Rolle gespielt hätten. Es handelt sich bei der namentlichen Erwähnung vielmehr um ein der Pseudepigraphie entsprechendes konkretisierendes *Stilmittel* mit der Tendenz, Probleme, Vorgänge und Entwicklungen durch *Personalisierung* zu veranschaulichen (s.u. Exkurs »Personalangaben«, bes. 5.4).

In aller Ausdrücklichkeit wird die von Hymenäus und Philetus zusam- 18
men mit anderen Häretikern vetretene Lehre noch einmal als von der Wahrheit abirrend (ἠστόχησαν) be- und verurteilt (V18a). Sodann folgt etwas, das in den Past verhältnismäßig selten ist: die *inhaltliche Wiedergabe* ihrer Irrlehre. Sie besteht in der Behauptung, die Auferstehung sei schon geschehen [λέγοντες τὴν ἀνάστασιν ἤδη γεγονέναι]« (V18b). Die in Form eines Kurzreferats wiedergebene irrige Behauptung wurde wohl wirklich vertreten und nicht etwa den Gegnern nur unterstellt. Abgelehnt wird in V18 eine *enthusiastische* Überinterpretation *diesseitiger Heilserfahrungen*, bei der man die *Auferstehung spiritualistisch-individualistisch* verengt deutete und die Erwartung einer *leibhaften universalen Vollendung ausschloss* (s.u. den Exkurs zu 2,18). Die Ansätze derartiger Fehldeutungen reichen zurück bis in die Zeit des *Paulus* (vgl. 1Kor 4,8; 15,12; Phil 3,10ff). Manche Elemente davon begegnen in *moderater* und durchaus noch christlich vertretbarer Weise auch in den *Deuteropaulinen* (vgl. Kol 2,12f; 3,1–5; Eph 2,5f; 5,14). Zwischen ihnen und den *gnostischen* Texten, in denen seit dem 2. Jh. n.Chr. das Auferstehungsverständnis in seiner extremen Verkürzung systematisch ausgebaut und am radikalsten geäußert wurde, ist die in V18b zurückgewiesene Irrlehre theologiegeschichtlich einzuordnen.

Die große Bedeutung des Verses 18b für das Verständnis der Past insgesamt liegt nicht nur darin, dass die Irrlehre – wenigstens in Kurzform – inhaltlich artikuliert wiedergegeben wird, sondern auch darin, dass sich in der referierten Fehlinterpretation der Auferstehung zugleich manche andere vom Verfasser anvisierte falsche Einstellungen der Gegner bündeln. Zwar wurde im Lauf der Erforschung der Irrlehrerproblematik der Past die Meinung vertreten, der Verfasser wollte durch eine »möglichst allgemeine Charakteristik ein apologetisches Vademecum für alle möglichen antignostischen Kämpfe schaffen«[240], so dass er sich also nicht auf wirkliche, die Gemeinden konkret gefährdende Falschlehren und Fehlhaltungen

---

[240] Dibelius/Conzelmann 54; ähnlich Wegenast, Verständnis 136 (»Vademecum für die Bekämpfung jeglicher Häresie«); Trummer, Paulustradition 169 (Es geht »weniger um eine Auseinandersetzung mit einer bestimmten Häresie, sondern um die *Kirche angesichts der Häresie überhaupt*«.

bezog. Überzeugender erscheint jedoch die Annahme, dass er trotz mancher durchaus pauschal verwendeter Topoi der Ketzerkennzeichnung und -bekämpfung konkret vorhandene Gegnergruppen im Blick hatte und dass ihre Positionen mehr oder weniger deutlich aus den Texten erhoben werden können. Mag es zwar etwas überspitzt sein, dabei das Schlagwort, »die Auferstehung sei schon geschehen«, als »*den* Kernsatz«[241] der gegnerischen Lehrdisputation zu bezeichnen, so dürfte doch in ihm die theologische Mitte[242] der bekämpften Irrlehren und Fehlhaltungen zu suchen sein. Das muss nicht schon dazu führen, die Gegner als eine einheitlich geschlossene Gruppe zu betrachten, sondern lässt auch zu, mit »verschiedenen Konflikten« und »Konfliktlinien« zu rechnen[243].

Darauf, dass dem referierten falschen Auferstehungsverständnis im Rahmen der Past eine zentrale Bedeutung beigemessen wird, weist schon der *Kontext* hin. Er besteht aus einem auffallend dichten Netz besonders scharf formulierter vernichtender Urteile über die Auferstehungs-Irrlehre: Sie gilt als »heilloses, gottfernes Geschwätz« (V16a), das zerstörerisch »wie ein Krebsgeschwür« wuchert (V17a). Sie steht im Gegensatz zum »Wort der Wahrheit« (V15c). Jene, die sie vortragen, sind »von der Wahrheit abgeirrt« (V18a). Sie selbst geraten immer tiefer in die »Gottlosigkeit hinein« (V16b). Sie »verwirren« die Gemeindeglieder (V14d) und »zerstören den Glauben« mancher (V18c). Wie sehr gerade das Auferstehungsverständnis ein Punkt ist, an dem sich nach der Meinung des Verfassers in besonderer Weise Rechtgläubigkeit und Irrlehre, rechtes christliches Verhalten und ungesundes Schwärmertum unterscheiden, geht ebenfalls aus dem Kontext hervor. Dem Verfasser gilt die Auferstehungsbotschaft als der Inbegriff des »Evangeliums« (1,10f; 2,8c). Er betont die Auferweckung des leibhaft aus Davids Geschlecht geborenen Jesus Christus (2,8ab) und die künftige Anteilhabe der Gläubigen an ihr (2,11b.12a). Zugleich weist er auf die in der Gegenwart durchzustehenden Leiden hin (1,8.12; 2,9f.12; 3,11). Diesen theologisch wichtigen Aussagen ist in scharfem Kontrast das Referat über das von den gnostisierenden Gegnern vertretene, in schwärmerischem Enthusiasmus auf seelische Erfahrungen beschränkte Auferstehungsverständnis gegenübergestellt (2,18b).
Die besondere Bedeutung dieser Auferstehungs-Irrlehre zeigt sich außer an der Einbindung in den Kontext überdies auch daran, dass sie dem Verfasser der Past und vermutlich auch den Vertretern selbst als *Konvergenzpunkt* galt. Besonders deutlich zeigen Texte aus gnostisierenden und gnostischen Kreisen, dass ihre negativen Einstellungen gegenüber der materiellen Schöpfung samt den Werten und Bedürfnissen des menschlichen Leibes, die Ablehnung der Ehe, die Negativ-

[241] Schlarb, Lehre 93; ausführliche Begründung ebd. 93–131.
[242] So Oberlinner, Tit 54f (vgl. dort insgesamt den Exkurs über die Irrlehrer 52–73); ähnlich von Lips, Glaube 153; Roloff 237 (vgl. auch hier den gesamten Exkurs: »Die Gegner« 228–239); Towner, Goal 30 (»the center of the false teachers' gnosis«); Redalié, Paul 379–383.

[243] Darauf legt Wagener, Ordnung 8 im Anschluss an Müller, Theologiegeschichte 67ff; Berger, Gegner 383; MacDonald, Legend 56 Wert. Wie jedoch die »verschiedenen Konfliktlinien« näherhin zu bestimmen sind, ist kontrovers.

bewertung familien- und geschlechtsspezifischer Lebensumstände wie z.B. Zeugung, Geburt und Erziehung von Kindern sowie der asketische Speiseverzicht zusammen mit der Überzeugung, »schon auferstanden« zu sein, konvergieren[244]. Da man sich durch die »schon geschehene Auferstehung« belebt und geisterfüllt weiß, glaubt man zugleich, dass man vom belastenden Einfluss der Materie, des Leibes, der Geschlechterdifferenz, der Sexualität und der Nahrungsabhängigkeit, kurz: von den Lebensbedingungen der materiellen Welt erlöst sei. Es besteht eine Wechselwirkung: Einerseits führt die Welt- und Materiefeindlichkeit mit ihren Details zum rein spirituellen, den Leib ausklammernden Auferstehungsglauben; andererseits verstärkt der Pneuma-Enthusiasmus des enteschatologisierten Auferstehungsglaubens die Materie- und Leibfeindlichkeit sowie den Verzicht auf leibhafte Vollendung.

Vermutlich ist auch das in den Past kritisierte Verhalten der *Frauen* z.T. in diesem Zusammenhang zu sehen. Mit starker Betonung ergehen Anweisungen, dass sie in der Gemeindeöffentlichkeit weder Lehr- noch Leitungsdienste ausüben, sondern sich auf karitative und häuslich-familiäre Aufgaben beschränken sollen (vgl. 1Tim 2,9–15; 3,11; 5,3–16; Tit 2,3f). Polemisch wird geurteilt, dass sie zwar »ständig am Lernen sind und doch nie zur Erkenntnis der Wahrheit gelangen können« (2Tim 3,7). Derartige Aussagen legen den Schluss nahe, dass Frauen durchaus in der Gemeindeöffentlichkeit, bei der Feier der Liturgie sowie in Lehre und Leitung eine wichtige verantwortliche Rolle spielten, wie dies ja in paulinischen Gemeinden längst der Fall gewesen war (vgl. u.a. Röm 16; 1Kor 11,5; Phil 4,3). Dass der Verfasser der Past in seinen Gemeinden damit nicht einverstanden gewesen ist und sich durch seine Anweisungen bemühte, dies zu ändern, lässt sich z.T. aus seiner antihäretischen Frontstellung erklären; denn gerade in gnostisierenden und gnostischen Kreisen ging mit dem spiritualistisch-enthusiastischen Auferstehungsverständnis und der Relativierung der Geschlechterdifferenz eine Intensivierung der Selbständigkeit von Frauen und ihrer aktiven Beteiligung an allen Bereichen des Gemeindelebens einher[245].

Eine argumentative Auseinandersetzung mit der äußerst scharf abgelehnten Auferstehungs-Irrlehre und ihren Vertretern folgt nicht. Stattdessen weist der Verfasser auf das wirklich tragfähige »Fundament« hin. Es steht in doppeltem Kontrast zum falschen Auferstehungsverständnis: Jenes 19

---

[244] Vgl. zur Ablehnung der entsprechenden Gegner-Positionen in den Past 1Tim 2,14f; 3,4; 4,3f; 5,10.14. Zu den außerntl. Texten s.u. im Exkurs zu 2,18 (dort 3.2). – Irenäus schreibt über die Gnostiker Saturninus, er habe gesagt, »Heiraten und Kinderzeugen« sei »vom Satan«, und die meisten seiner Anhänger äßen kein Fleisch (Haer I,24,2; vgl. ähnlich Epiphanius, Haer 45,2,1). Zur großen Bedeutung der Geschlechtsaskese in der Gnosis und bes. in den Nag-Hammadi-Texten vgl. Koschorke, Polemik 110–127; Oberlinner, Tit 57–61. Im »Testimonium Veritatis« heißt es u.a.: Mit Christus »hat die Herrschaft der

fleischlichen Zeugung ein Ende gefunden« (NHC IX,3/30,29f). Im »Buch des Thomas« wird gewarnt: »Wehe euch, die ihr die Hoffnung auf das Fleisch setzt und auf das Gefängnis, das zerfallen wird …!« (NHC II,7/143,10ff); »Wehe euch, die ihr den Verkehr mit der Weiblichkeit und das unzüchtige Zusammensein mit ihr liebt!« (144,8ff). – Dass aber z.B. die Enthaltsamkeitsaskese und ihre Verbindung mit der Auferstehungsbotschaft in ActPaul 5.16 anders einzuordnen und zu bewerten ist, zeigt Häfner, Gegner 66f.69f.75f.

[245] Ausführlicher s.u. zu 3,6f.

bringt viele und vieles ins *Wanken* (V18c), dieses ist »*fest* [στερεός]«; jenes wird von *menschlichen* Irrlehrern vertreten (VV17b.18a), dieses ist von *Gott* grundgelegt worden, was im Genitivus subjectivus et auctoris zum Ausdruck kommt, und es trägt ein »Siegel«.

Fundament   Das Substantiv θεμέλιος ist ebenso wie θεμέλιον vom Verbum θεμελιόω (= »gründen«) abgeleitet und kann »Grundlage«, »Fundament«, »Eckstein« bedeuten[246]. Wie im Judentum und Hellenismus wird das Substantiv in der ntl. Briefliteratur mehrmals metaphorisch verwendet. In Röm 15,20; 1Kor 3,10ff ist vom Gemeindeaufbau und dessen »Grund« die Rede; in Eph 2,20 davon, dass die Gemeindeglieder »auf das Fundament [θεμέλιος] der Apostel und Propheten auferbaut« sind und dass Christus »der Eckstein [ἀκρογωνιαῖος]« ist. Nach Offb 21,14 hat die Stadtmauer des himmlischen Jerusalem zwölf »Grundsteine [θεμέλιοι], von denen jeder inschriftlich den Namen eines Apostels trägt. In Hebr 6,1 meint θεμέλιος die Grundlage, die Anfangsgründe der christlichen Lehre.

In V19 bezieht sich θεμέλιος sehr wahrscheinlich auf die von Gott gegründete *Kirche*[247]. Dafür sprechen die auf die Kirche bezogene »Haus«-Metaphorik der folgenden VV20f und die Ähnlichkeit der Aussage mit 1Tim 3,15, wo von der Kirche als dem »Haus Gottes«, der »Säule und Grundfeste der Wahrheit [στῦλος καὶ ἑδραίωμα τῆς ἀληθείας]« die Rede ist. Vermutlich ist in V19 bei der Verwendung des Begriffs θεμέλιος auch nicht nur an das begründende, tragende Fundament eines Bauwerks oder nur an dessen Grund- oder Eckstein gedacht, sondern an den *ganzen Bau* als das *fest Gegründete*. Dementsprechend ist hier die Kirche als *ganze* »in grundsätzlichem Sinn« gemeint[248], und nicht etwa nur das, *worauf* bzw. *wodurch* sie selbst begründet wurde[249].

---

[246]   Vgl. K.L. Schmidt, ThWNT III (1938) 63f; G. Petzke, EWNT II (1981) 343–345.
[247]   So die meisten Exegeten, z.B. Spicq 759; Brox 249; Hammer* 86 (»the Church with its sound teaching«); Hasler 69; Towner, Goal 132; G. Petzke, EWNT II (1981) 345 (»mit *Grund* [ist] nun die Kirche gemeint«); Hultgren 126 (»the witnessing community, the church, founded upon apostolic teaching«); Weiser, Kirche 110f; Knight 415; Redalié, Paul 277f; Thiessen, Christen 273 (»die Gemeinde in ihrer Zugehörigkeit zu Gott [ist] ›Fundament *Gottes*‹«); Merkel 68; Häfner, Belehrung 212.
[248]   Häfner, Belehrung 212. Manche Exegeten, die diese Sicht ebenfalls vertreten, schwanken in der Ausdrucksweise. Roloff 200 führt hinsichtlich der ἑδραίωμα-Metapher in 1Tim 3,15 aus: »Die Kirche *ist* feste, sichere Gründung, weil sie durch die Wahrheit bestimmt ist.« Zu 2Tim 2,19 schreibt er, dass »der heilige Bau der Kirche ein fes-

tes Fundament *hat*« (215). Gott selbst habe »die tragenden Grundmauern errichtet« (215). An anderer Stelle übersetzt Roloff θεμέλιος in V19 mit »Gottes feste Grundlegung« und erklärt, es sei »die tragende Grundmauer insgesamt« gemeint, »die dem Bau seine Festigkeit gibt, nicht ein vom Bau zu unterscheidendes Fundament« (Kirche 259, Anm. 20; ähnlich ders., Pfeiler 243). Oberlinner 101 schreibt, es sei »der tragende Grund, auf dem [die Kirche] ruht; das ›Fundament und die darauf gegründete Kirche haben in [Gott] ihren Bestand.« M.E. dient es auch nicht der Verdeutlichung, wenn Häfner, Belehrung 214 zu vermitteln sucht, indem er zwar einerseits die »Differenzierung zwischen Fundament und dem auf ihm errichteten Bau« ausdrücklich ablehnt, aber andererseits doch die Ausdrucksweise »Fundament *der* Kirche« als möglich erachtet.
[249]   Manche betonen, die *Grundlage* sei

Das Substantiv σφραγίς bezeichnet sowohl das Instrument, mit dem gesiegelt   Siegel
wird, als auch den Siegelabdruck als beglaubigendes Zeichen[250]. Das Verbum
σφραγίζω und das Substantiv σφραγίς begegnen im NT in übertragener Bedeutung v.a. in der Offenbarung des Johannes und im Corpus Paulinum. In der Offb
ist mit der »Versiegelung« meistens das Geheimhalten von »Offenbarungs«-
Wissen gemeint. Einige Male dient der Ausdruck »Siegel Gottes« als Eigentums-
und Schutzzeichen der zu Gott Gehörenden (z.B. 7,2–8; 9,4), wobei wahrscheinlich mit der »Versiegelung« an die Taufe gedacht ist. Eindeutig liegt dieser urchristliche Bezug zur Taufe in 2Kor 1,22; Eph 1,13; 4,30 vor.

Bei der Klärung der Frage, welche Bedeutung der Begriff σφραγίς in V19
hat und worin der Sinn seiner Zuordnung zu θεμέλιος und zu den folgenden Zitaten besteht, ergeben sich Schwierigkeiten. Weder *»besiegelte«*
man ein *Fundament*, noch konnte ein harter *Grundstein* mit einem *Siegel*
versehen werden. In ähnlicher Weise wie es in Offb 21,14 heißt, dass die
Mauer des himmlischen Jerusalem zwölf »Grundsteine [θεμελίους]« habe, die je einen Apostelnamen tragen, könnte es sein, dass σφραγίς in
V19 nicht eigentlich das »Siegel«, sondern die Siegel*inschrift* meine[251].
Die Metapher σφραγίς kann zusammen mit dem Gedanken der Festigkeit
des θεμέλιος das Moment der Zuverlässigkeit, bezogen auf das im Folgenden zitierte zusagende und mahnende Wort Gottes, gleichnishaft ausdrücken. Es ist aber auch möglich, dass für den Verfasser die gemeinte Sache, nämlich die Kirche und ihre von Gott gegebene Festigkeit, so stark im
Vordergrund stand, dass demgegenüber die auf der metaphorischen Ebene bestehende Spannung kaum mehr wahrgenommen oder zumindest
nicht als störend empfunden wurde[252].
Unter dieser Voraussetzung lässt sich fragen, welche Eigenbedeutung
dem »Siegel« in V19 zukommt. Von den verschiedenen Funktionen, die
ein Siegel haben konnte[253], trifft für den Bedeutungsgehalt von σφραγίς
in V19 am ehesten zu, dass es als *Erkennungszeichen* zur Identifizierung
einer Person, als *Schutzzeichen des Eigentums* und als *Beglaubigungszei-
chen* diente; denn die beiden ersten Momente kommen ja im folgenden

---

vom Bau zu *unterscheiden* und beziehen
θεμέλιος auf Christus (z.B. Wohlenberg
304; Hanson 137) oder auf Christus und die
Apostel (z.B. Pfammatter, Kirche 133f)
oder auf den Glauben (z.B. Dornier 216f)
oder auf die unerschütterlich Glaubenden
(z.B. Schlatter, Kirche 243f; Kelly 186; von
Lips, Glaube 101). Gegen derartige Deutungen sprechen teils die folgenden ›Siegel-
worte‹, teils die positive und negative
Kennzeichnung der Gefäße in V20.
[250] Vgl. G. Fitzer, ThWNT VII (1964)
939–954; T. Schramm, EWNT III (1983)
758–761.
[251] So die meisten Ausleger, z.B. G. Fitzer,

ThWNT VII (1964) 948; Dibelius/Conzel-
mann 84; Spicq 759f; Brox, Past 249; Pfammatter, Kirche 133f; von Lips, Glaube 101;
T. Schramm, EWNT III (1983) 760; Knight
415.
[252] Für diese Auslegungsrichtung plädieren Oberlinner 102; Häfner, Belehrung
215, gestützt auf die Erwägung von Dibe-
lius/Conzelmann 84, dass der Bilderkreis
vom Hausbau »im Urchristentum so häufig
gebraucht worden [ist], daß man das Bildhafte in unserem Fall vielleicht gar nicht
mehr empfand.«
[253] Vgl. G. Fitzer, ThWNT VII (1964)
941.

Zitat: »Es *kennt* der Herr die *Seinen*« zum Ausdruck, und das Moment der *Beglaubigung* ist darin enthalten, dass »die Berufung auf das Siegel gegen die Irrlehrer gericht ist«[254].

Die Zitate   1.   Das Zitat: »*Es kennt der Herr die Seinen*« stammt aus Num 16,5 LXX, der Erzählung vom Aufruhr Korachs, Datans und Abirams. Sie erhoben sich zusammen mit 250 Führenden gegen die Hierokratie des Mose und Aaron (Num 16,1 – 17,5). Es drohte eine Spaltung der Gemeinde, die aber durch die Intervention des Mose und durch eine im Gottesurteil ergehende Vernichtung der Aufständischen abgewendet wurde. Die Erzählung ist vom Gedanken durchzogen, dass Mose und Aaron keine unberechtigten Führungsansprüche erheben, sondern im Dienst Gottes für die Gemeinde stehen. Somit richtet sich der gegen sie geäußerte Widerstand in Wirklichkeit gegen Gott. Dementsprechend führt Gott selbst vor der Gemeinde Israel die Klärung darüber herbei, wer zu ihm gehört. Mose sagt: »Gott kennt die Seinen [ἔγνω ὁ θεὸς τοὺς ὄντας αὐτοῦ]« (V5). In 2Tim 2,19 ist aber aus Num 16 nicht nur diese Aussage aufgenommen, sondern der Gedanke insgesamt, dass innerhalb der von Gott geschaffenen Gemeinde Widerstand und Spaltung vorhanden sind, dass Gott die Scheidung zwischen den zu ihm Gehörenden und den sich Widersetzenden vornimmt und dass zur Rettung der zu ihm Gehörenden deren Absonderung von den Widersachern bzw. von deren falscher Einstellung nötig ist (vgl. Num 16,21.24.26.27 mit 2Tim 2,21; 3,5). Beachtet man überdies, dass in 2Tim auch die Fortsetzung des Abschnitts vom Thema des Häretiker-Konflikts beherrscht ist und dass der Abschnitt mit einem weiteren abschreckenden Beispiel des Widerstands gegen Mose, nämlich dem der beiden ägyptischen Zauberer Jannes und Jambres (3,8), schließt, so zeigt sich, dass Sinnspitze und Funktion des Zitats aus Num 16,5 dem Bemühen um *Konfliktbewältigung* in der Gemeinde zuzuordnen sind[255].

Ein Blick auf die Verwendung von Num 16 im Ur- und Frühchristentum weist in die gleiche Richtung. In der Paränese 1Kor 10,1–13 findet sich unter den warnenden Beispielen aus der Wüstengeneration Israels in V10 auch der Hinweis auf

---

[254]   Häfner, Belehrung 217. – Freilich passt zu dieser Interpretation nicht der mit καί angeschlossene Appell V19c. Häfner meint deshalb, die Einleitung V19a sei »vor allem auf das erste Zitat hin entworfen« (220). – Bevorzugt man jedoch das Verständnis von σφραγίς im Sinne von »Inschrift«, so entsteht diese Schwierigkeit nicht.
[255]   Vielfach wird das Zitat zusammen mit σφραγίς auf die *Taufe* bezogen, so z.B. von Holtz 173; Hasler 69f; Roloff, Pfeiler 243–246; ders., 1Tim 215; ders., Kirche 259; Hanson 137f; Merkel 69 (»vielleicht«); Re-

dalié, Paul 278; Oberlinner 102f (erwogen; aber mit Bedenken und mit Hinweisen auf eine zumindest »erweiterte Sinngebung«). Diese Deutung überzeugt nicht. Denn weder lässt sich das Zitat in urchristlicher Tauftradition nachweisen, noch kann der Bezug auf die Taufe im Kontext von 2Tim, wo es um *innergemeindliche* Auseinandersetzungen geht und sich der Streit um die Wahrheit des Evangeliums *zwischen Getauften* vollzieht, der Klärung dienen (vgl. Häfner, Belehrung 216).

Num 16–17. Paulus verweist darauf, um angesichts der Spaltungen in der korinthischen Gemeinde die Sakraments-Enthusiasten, die sich aufgrund von Taufe und Herrenmahl in Heilsgewissheit wähnten und die wegen der an ihnen geübten Kritik gegen ihn »murrten«, zu mäßigen[256]. Jud 11 hält denen, die die Gemeinde in Unordnung bringen, das gemeindespaltende Beispiel der Widersetzlichkeit Korachs und seine Bestrafung abschreckend vor Augen[257]. Aus den urchristlichen Bezugnahmen auf Num 16 geht nicht hervor, dass jeweils der *gesamte* Text und alle Details bewusst gewesen seien, wohl aber doch die Hauptelemente[258].

2. Fragt man nach der *Herkunft der folgenden Aufforderung V19c*: »Es lasse von Ungerechtigkeit ab jeder, der den Namen des Herrn nennt [Ἀποστήτω ἀπὸ ἀδικίας πᾶς ὁ ὀνομάζων τὸ ὄνομα κυρίου]«, so lässt sie sich nicht so eindeutig bestimmen wie beim vorausgehenden Zitat; denn es handelt sich um eine Kombination, deren beide Teile »Versatzstücke [sind], die die genauere Feststellung ihrer Herkunft erschweren«[259].

Die Aufforderung, *vom Unrecht abzulassen*, dürfte in Anlehnung an überlieferte Aussagen formuliert worden sein, wie sie z.B. in Sir 17; 35; TestDan 6 begegnen, *ohne dass eine direkte literarische Abhängigkeit* von einer dieser Belegstellen anzunehmen ist. In Sir 17 heißt es mit Blick auf die Erwählung und das Verhalten der Israeliten: Gott »sprach zu ihnen: Hütet euch vor allem Unrecht! ... Wende dich zum Herrn, ... lass ab von der Sünde! ... Kehre zum Höchsten zurück und wende dich ab vom Bösen!« (VV14.25f). In Sir 35,3 steht der Parallelismus: »Das Wohlgefallen des Herrn findet die Abkehr vom Bösen, und als Sühne gilt ihm die Abkehr vom Unrecht.« In TestDan 6,10 fordert Dan seine Söhne auf: Lasst ab »von aller Ungerechtigkeit und hängt der Gerechtigkeit Gottes an!« Die Aufforderung ergeht angesichts der Gefährdung Israels durch den »Satan und seine Geister« (6,1). Sie sind bemüht, »alle, die den Herrn anrufen, zu Fall zu bringen« (6,3). Bemerkenswert ist beim Vergleich dieses Textes mit 2Tim 2,19.26, dass dort wie hier von der Gefährdung der Gemeinde durch Abfall, von der Abkehr vom Unrecht, von denen, die den Herrn bekennend anrufen, und vom Satan bzw.

---

[256] Vgl. Schrage, 1Kor II 402.

[257] Vgl. A. Vögtle, Der Judasbrief. Der 2. Petrusbrief, 1994 (EKK XXII), 66.

[258] Vgl. Schlarb, Lehre 264: »... beliebtes Material, um vor [seinem] Hintergrund Auseinandersetzungen und Abspaltungen in Gemeinden von der Schrift her zu verstehen«; vgl. 1Clem 4,12; 51,3f; 59,2; 64). – Demgegenüber meint Häfner, Belehrung 218, dass der Autor der Past die *gesamte* Koracherzählung gar nicht gekannt habe und dass es sich nur um ganz punktuelle Schriftbenutzung handle (219 mit Anm. 160 und Verweis auf Roloff, Pfeiler 244, Anm. 56). M.E. spricht gegen diese *Engführung*, dass das Wort, der Herr kenne die

Seinen, sowohl in Num 16 als auch in 2Tim eine wichtige Aussage *inmitten einer innergemeindlichen Konfliktsituation* ist. Mindestens diese *Konfliktsituation* aus Num 16 muss dem Verfasser der Past bewusst gewesen sein, d.h. aber: *mehr* als nur das Zitat. – Einen Überblick über die Korachüberlieferung im Frühjudentum bietet Claußen* 211–213.

[259] Schlarb, Lehre 265; vgl. ähnlich Trummer, Paulustradition 169 (»Kombination biblischer Redeweise«); von Lips, Glaube 101, Anm. 40; Towner, Past 185 (»combination of Old Testament ideas«); Häfner, Belehrung 207f (Anlehnung an »biblische Sprache«).

vom Teufel die Rede ist. In manchen Texten und Textkomplexen ist die Aufforderung, vom Unrecht abzulassen, mit dem Gedanken des Sich-Absonderns und des Sich-Reinigens verbunden, also mit Motiven, die auch in 2Tim 2,19–21 verarbeitet sind. Schon der Blick auf Num 16 ließ diese Gemeinsamkeit erkennen (s.o.). Sie zeigt sich auch im Vergleich mit Jes 52,11. Dort erhalten die Israeliten im Zusammenhang der Verheißung, dass Jahwe sie aus dem babylonischen Frondienst zurückführen werde, die Weisung: »Fort, fort! Zieht aus von dannen! Fasst nichts Unreines an! ... Haltet euch rein, die ihr die Geräte des Herrn tragt!« Berührungen mit 2Tim 2,19–21 bestehen darin, dass dort wie hier mit dem betont vorangestellten Verbum ἀφίστημι das Sich-Absondern gefordert wird, dass der Gedanke der Reinheit eine Rolle spielt und dass von φέροντες die Rede ist[260]. Die Gemeinsamkeiten aller genannten Texte mit 2Tim rühren *nicht von literarischer Abhängigkeit* her, sondern von Denk- und Sprechweisen, die im AT und hellenistischen Frühjudentum wurzeln und auf das Urchristentum eingewirkt haben.

3.   Was in V19c den Satzteil: »*jeder, der den Namen des Herrn nennt*« betrifft, so wird meistens auf Jes 26,13 als Vergleichstext hingewiesen. Dort sprechen die Beter des Volkes Israel: »Herr, außer dir kennen wir keinen anderen; deinen Namen rufen wir an [τὸ ὄνομά σου ὀνομάζομεν].« Wie der Vergleich zeigt, handelt es sich allerdings nur um einen Anklang[261]. Da in V22 nochmals in ähnlicher Weise von denen die Rede ist, »die den Herrn anrufen«, und dort synonym das Verbum ἐπικαλέω verwendet wird, ist zu vermuten, dass sowohl in V19 als auch in V22 die in der LXX (z.B. Joel 3,5; Ps 98,6; Zeph 3,9; Jes 64,6) und in frühjüdischen Schriften (z.B. PsSal 2,36; 9,6; TestJud 24,6; TestDan 5,11) häufig belegte Ausdrucksweise vom bekennenden Anrufen des Herrn bzw. seines Namens eingewirkt hat. Urchristlich unterstellte man sich mit ihr in der Taufe der Herrschaft Christi (vgl. z.B. Apg 22,16; Röm 10,13; 1Kor 1,2). Von daher erweiterte sich aber ihr Anwendungsbereich. Sie wurde zu einer Bezeichnung für die Christen (Apg 9,14.21) und zur Akklamation in den Gottesdiensten der Gemeinden[262]. Es ist aber noch ein weiterer überlieferungsgeschichtlicher Befund zu berücksichtigen. In Ps 6,9 LXX heißt es: »Entfernt euch von mir alle, die ihr das Werk der Unge-

---

[260]   Den Bezug zu Jes 52,11 favorisiert bes. Hanson, Use 206; ders., Past 137f; vgl. zustimmend Schlarb, Lehre 265. Als einen unter mehreren möglichen Bezugstexten nennen die Stelle z.B. auch Spicq 760; Merkel 66. – Häfner, Belehrung 206f weist auf die Differenzen hin und rät deshalb zu Recht von der Annahme ab, der Autor habe Jes 52,11 oder einen der anderen vergleichbaren Texte direkt verwendet.

[261]   Hanson, Use 206f; ders., Past 138 meint, Lev 24,16 (»ὀνομάζων δὲ τὸ ὄνομα κυρίου θανάτῳ θανατούσθω«) biete eine genauere Parallele, und V19 zeige an, dass deren negativer Sinn durch die Offenbarung Gottes in Christus positiv gewendet worden sei. Schlarb, Lehre 265 hält diese Erklärung mit Recht für »wenig einleuchte[nd].« Allerdings überzeugt auch dessen alternativer Herleitungsversuch aus Lev

24,16 / Ex 20,7 / Sir 23,9f nicht. Nach Häfner, Belehrung 208 seien statt dieser und anderer *negativ* besetzter Aussagen als nähere Vergleichstexte jene mit *positiver* Valenz wie z.B. Jes 26,13; Jer 20,9; JosAs 11,15.17 vorzuziehen.

[262]   Vgl. W. Kirchschläger, EWNT II (1981) 72–74; L. Hartmann, ebd. 1268–1277. – Da sowohl die Aufforderung, vom Unrecht abzulassen, als auch die Anrufung des Namens des Herrn zwar Elemente der urchristlichen Tauffeier waren, aber darüber hinaus postbaptismal eine wichtige Rolle im urchristlichen Gemeindeleben spielten, ist der Bezug von V19c auf die *Taufe*, wie ihn z.B. Holtz 173; Hasler 69f; Roloff, Pfeiler 243–246; ders., 1Tim 215; ders., Kirche 259; Hanson 137f; Merkel 69 (»vielleicht«); Redalié, Paul 278 vornehmen, nicht hinreichend begründet.

rechtigkeit tut!« Von dieser Aufforderung ist das in Lk 13,27 überlieferte Wort
Jesu beeinflusst: »*Steht ab* von mir, all ihr Täter *des Unrechts*!« In der Parallele
bei Mt 7,23 heißt es zuvor: »Ich *kenne* euch nicht!«, und es werden die so Zurück-
gewiesenen als jene charakterisiert, die »*Herr, Herr« gerufen* und in seinem *Namen* Dämonen ausgetrieben haben. Auf die Verbindung der drei Motivelemente
»Kennen« bzw. »Nicht-Kennen«, »Ablassen vom Unrecht« und »Anrufen des
Namens« in 2Tim 2,19 hat wahrscheinlich auch die genannte urchristliche Evan-
gelientradition mit eingewirkt[263], deren Wurzeln in verschiedene atl.(LXX)-früh-
jüdische Aussagen zurückreichen.

In V19 wird also der vorausgehend genannten Irrlehre ohne eine inhaltliche Auseinandersetzung zunächst eine *Überzeugung* gegenübergestellt
(V19ab), sodann wird eine *Forderung* erhoben (V19c). Die *Überzeugung*
besteht darin, dass – trotz aller Umtriebe von Irrlehrern – die *Kirche* festen *Bestand* habe (19ab). Festen Bestand hat sie deshalb, weil sie von *Gott
gegründet* ist (V19a) und weil durch die *Kenntnis*, die Gott bzw. Christus
von den *Seinen* hat (V19b), innerhalb der Gemeinde die notwendige
Scheidung der zerstörenden Irrlehre von der den Bestand stützenden
Rechtgläubigkeit geschieht – ähnlich wie es sich in Israel bei der von Gott
gewirkten Scheidung zwischen Getreuen und Abtrünningen vollzog
(Num 16,5). Diese Überzeugung wird nicht nur mit der Metapher des
»festen Fundaments«, sondern auch mit der des »Siegels« zum Ausdruck
gebracht. Letzteres kann als Zeichen des Erkennens, des Schutzes und der
Beglaubigung verstanden werden, so dass es bereits inhaltlich auf das
Schriftzitat vorausweist. Liegt bei der geäußerten *Überzeugung* vom festen Bestand der Kirche der Akzent darauf, dass *Gott* bzw. *Christus* ihn garantiere, so betont die in V19c erhobene *praktische Forderung* das Tun
der *Glaubenden*, während der κύριος nur als der Angerufene erwähnt
wird[264]. Das »*Unrecht* [ἀδικία]«, von dem abgelassen werden soll, ist in
erster Linie die *Irrlehre*. Da aber in den Past *Lehre* und *Tun* durchgehend
eng miteinander verbunden sind, so dass Irr*lehre* und moralisches Fehl-
verhalten einerseits sowie gesunde *Lehre* und rechtes *Tun* andererseits
zusammengehören, wird auch in V19 der Begriff ἀδικία den ethischen
Gesichtspunkt mitenthalten[265]. Dafür spricht auch, dass im vorliegenden
Abschnitt die VV14–18 zwar von der rechten bzw. falschen *Lehre* sprechen, dass aber die geforderte *Reinigung* dazu führt, »für jedes gute *Werk*
bereitet« zu werden (V21). Es gilt, nach »*Gerechtigkeit, Glauben, Liebe*

---

[263] Vgl. ähnlich Lock 100f; Schierse 117;
Knoch 59; Merkel 69; Oberlinner 102; Häfner, Belehrung 210. Sollte sogar die
»Haus«-Metaphorik der VV19a.20f davon
beeinflusst sein? Denn in Mt schließt sich
an die genannten Jesusworte das Gleichnis
vom Bau des *Hauses* auf Fels bzw. Sand an,
in dessen lukanischer Parallele außer dem

Wort οἰκία zweimal der Begriff θεμέλιος
vorkommt.
[264] Vgl. Häfner, Belehrung 220.
[265] Häfner, Belehrung 221 nennt Vertreter dieser Sicht. Er selbst hebt hervor, dass
der Gedanke an das sündhafte *Verhalten*
nur mitschwingt, nicht aber den Ton
trägt.

und Frieden« zu streben »mit allen, *die den Herrn mit reinem Herzen an-*
rufen« (V22)[266].

20–21 Die Gedanken der vorangehenden Verse, dass die Gemeinde zwar von *Irr-*
lehrern durchsetzt ist, dass sie aber dennoch festen *Bestand* hat und dass
ein Ruf zur *Umkehr* noch nicht aussichtslos erscheint, setzen sich in
VV20f fort. Zunächst wird mit der Metapher »großes Haus« und mit dem
Vergleich der unterschiedlichen zum Haushalt gehörenden Gefäße die
Wirklichkeit beschrieben, *dass* falsche *und* gesunde Lehre, Irrlehrer *und*
Rechtgläubige sich in der Gemeinde befinden (V20). Sodann wird auf die
Möglichkeit hingewiesen, sich von der Irrlehre zu *reinigen* (V21a), um so
für Gott und die Menschen *dienstbereit* zu werden (V21bc), was zugleich
als dringender *Appell* zu verstehen ist.

Haus »Haus« bzw. »Hauswesen« (οἰκία; vgl 1Tim 3,5.15: οἶκος) ist in den Past die
wichtigste ekklesiologische Leitmetapher[267]. Nach 1Tim 3,15 sind die Past überhaupt zu verstehen als Anweisungen des ›Paulus‹ darüber, »wie man sich im
Hauswesen Gottes verhalten muss, welches die *Kirche des lebendigen Gottes* ist,
Säule und Grundfeste der Wahrheit.« *Festigkeit* und *Ordnung* sind die Merkma-
le, die inhaltlich bei der Verwendung der »Haus«-Metapher in den Past am stärk-
sten hervortreten. Auf die *Festigkeit* weisen die Metaphern »Säule und Grundfeste« (1Tim 3,15) sowie »Fundament« (2Tim 2,19) hin. Einer bestimmten *Haus-*
ordnung sollen die Beziehungen der einzelnen Personen und Personengruppen in
der Gemeinde zueinander (vgl. Tit 2,1–10) wie auch das Verhältnis der Leitenden
zur Basis und umgekehrt (vgl. 1Tim 3,1–13) entsprechen. In ihr ist festgelegt,
»wie man sich im Hauswesen Gottes« zu verhalten hat. Dieser Ordnung gemäß
gilt Gott als »Hausherr« (δεσπότης [2Tim 2,21]), weshalb ja auch vom »Haus
Gottes« (1Tim 3,15) die Rede ist. Der mit ἐπίσκοπος bezeichnete Gemeindeleiter
gilt als von Gott eingesetzter Verwalter (θεοῦ οἰκονόμος [Tit 1,7]). Er selbst soll
zunächst ein guter Vater seiner eigenen Familie sein; denn »wer seinem eigenen
Hauswesen nicht vorstehen kann, wie soll der für die Kirche Gottes sorgen?«
(1Tim 3,5). Von den übrigen Gliedern der Gemeinde ist so die Rede, dass sie nach
Geschlecht, Lebensalter oder Standeszugehörigkeit gruppiert in den Blick kommen. Es werden z.B. Männer und Frauen (1Tim 2,8–15; 5,1f; Tit 2,1–6), Alte und
Junge (1Tim 5,1f; Tit 2,1–6), Herren und Sklaven (1Tim 6,1f; Tit 2,9f) sowie Witwen (1Tim 5,3–16) genannt. Das Ordnungsgefüge und die Beziehungen der Personen und Gruppen zueinander stellen sich so dar, dass es den Gemeindeleitern
vor allem obliegt, Anweisungen zu geben, zu lehren und zu ermahnen, den übrigen Gemeindegliedern aber, sich leiten zu lassen und zu gehorchen (vgl. 1Tim
4,16 u.ö.). Die Struktur der Über- und Unterordnung kennzeichnet auch das Ver-

---

[266] In 1Tim 6,17–21 heißt es: Reiche sollen »Gutes tun« und »reich sein an guten
Werken, um sich so ein gutes *Fundament*
[θεμέλιον καλόν] für die Zukunft« zu
schaffen, »damit sie das wahre Leben erlangen«. Sollte zwischen der θεμέλιος-Ver-
wendung in 2Tim 2,19 und 1Tim 6,19 eine
Verbindung bestehen, wie Hammer* 86,

Anm. 3 annimmt, Häfner, Belehrung 212,
Anm. 117 aber bestreitet, dann bestünde sie
im *ethischen* und *futurischen* Gesichtspunkt beider Passagen.
[267] Vgl Weiser, Kirche 107f. Außer der
dort Anm. 2 genannten Literatur zur
»Haus«-Metaphorik der Past vgl. bes. Wagener, Ordnung.

hältnis der anderen genannten Gruppen zueinander: Die Frauen sollen sich den Ehemännern unterordnen, die Jungen den Älteren, die Sklaven ihren Herren.

Die genannten Ordnungselemente entsprechen denen der *antiken Ökonomik*, der Lehre über das Leben und die Leitung im antiken Hauswesen sowie auch weitgehend deren gelebter Wirklichkeit[268]. Die in ihr waltende Herrschaft des Hausvaters über alle Familienmitglieder und umgekehrt die Unterordnung der Ehefrau, der Kinder und Sklaven unter diese Autorität sind der Bezugsrahmen, der zum Großteil der Gemeindeordnung der Past zugrunde liegt.

Die Anlehnung an die gesellschaftlichen Gegebenheiten geschah z.T. aus einem in den Past mehrfach formulierten missionspragmatischen Grund: Die Kirche sollte für ihre Umwelt als der Bereich erkennbar werden, »in dem sich deren Erwartungen und Idealvorstellungen hinsichtlich des menschlichen Gemeinschaftslebens« verwirklichen[269].

Wie V20 zeigt, verbindet der Verfasser mit der »Haus«-Metapher nicht nur den Gedanken der *Festigkeit* des Gebäudes und der *Ordnung* unter den Bewohnern, sondern auch den, dass zum Haushalt *unterschiedliches Hausgerät* gehört, um diesen Gedanken für den Umgang mit der *Irrlehrerproblematik* auszuwerten. Die Bezeichnung des »Hauses« als »groß« macht zum einen verständlicher, dass sich in ihm verschiedenartige Gefäße, zumal auch solche aus kostbarem Edelmetall, befinden, und zum anderen drückt sich in ihr die Überzeugung des Verfassers von der großen Bedeutung der Kirche aus. Unter dem Gesichtspunkt des *Materials* wird die Verschiedenheit der Gefäße durch den Hinweis auf wertvolle (Gold, Silber) und weniger wertvolle (Holz, Ton) Materialien gekennzeichnet. Unter dem Gesichtspunkt der *Verwendung* ist von ehrenhaftem und unehrenhaftem Gebrauch die Rede. Das weit verbreitete und vielfältig verwendete Motivfeld[270] der Metapher »Gefäß« sowie von Ton und Töpfer, von Ehrenhaftigkeit und Unansehnlichkeit ist von Paulus in Röm 9,21 dazu verwendet worden, um Gottes Freiheit im Zuwenden von Zorn und

---

[268] Zur antiken Ökonomik und ihrer Relevanz für das NT vgl. O. Brunner, Das »ganze Haus« und die alteuropäische »Ökonomik«, in: ders., Neue Wege der Sozialgeschichte, Göttingen 1956, 33–61; Thraede, Hintergrund (1980); Klauck, Hausgemeinde (1981); Lührmann, Haustafeln (1981); Laub, Begegnung (1982); ders., Hintergrund (1986); Verner, Household (1983); Müller, Haustafel (1983); Fiedler, Haustafel, in: RAC 13 (1986) 1063–1073; Nürnberg, Non decet (1988); Schöllgen, Hausgemeinden (1988); Strecker, Haustafeln (1989); Gielen, Tradition (1990); Weiser, Evangelisierung (1990); von Lips, Haustafel (1994); Wagener, Ordnung (1994) 15–65; Woyke, Haustafeln (2000) 36–39. – Auch über die Ordnung der »Ge-

fäße« im Haus gab es in der Ökonomik-Literatur einen Lehrtopos; vgl. Xenophon, Oec VIII,23 und dazu Schlarb, Lehre 267, Anm. 47.

[269] Roloff 214; vgl. auch Schwarz, Christentum 104. – Von Lips, Glaube 158 gibt zu bedenken, dass »der Blick auf die Reaktion der Umwelt nicht primär missionarischen, sondern mehr defensiven Charakter hat.«

[270] Vgl. Ch. Maurer, ThWNT VII (1964) 359–368. Zur biblischen Tradition vgl. bes. Jes 29,16; 45,9; Jer 18,3–6; Sir 33,7–15; Weish 15,7f; zur griechisch-römischen Literatur u.a. Aelianus, VarHist 13,40: Themistokles beklagte sich über die Undankbarkeit der Athener, die ihn bald als ἀμίς (Nachtgeschirr), bald als οἰνοχόη (Weinkanne) gebrauchten.

Erbarmen aufzuzeigen: »Hat nicht der Töpfer freie Macht über den Ton, aus ein und derselben Masse das eine Gefäß zu ehrenvollem, das andere zu unehrenhaftem Gebrauch herzustellen?« Das hohe Maß der Übereinstimmung lässt annehmen, dass der Verfasser der Past literarisch an diese Stelle angeknüpft hat[271]. Er verwendet aber das Bild in ganz anderem Sinn. Es fehlen nicht nur die Bedeutung des Töpfers und der Gedanke der freien Erwählung, sondern es wird auch – entgegen der dem Bild selbst innewohnenden Logik – die *Selbst*veränderung nicht nur für möglich gehalten, sondern sie wird in V21 paränetisch im Sinne einer *Reinigung* gefordert. Es soll sich ein »Gefäß zu *ehrenhaftem* Gebrauch« *wandeln*. Der vorausgegangene Imperativ, »von Ungerechtigkeit abzulassen«, setzt sich also fort. Dementsprechend wird auch das, *wovon* die Reinigung geschehen soll, und was in V21 nur durch den Hinweis »*von diesen* [ἀπὸ τούτων]« bezeichnet wird, vermutlich nicht die Abkehr von den Irrlehrern meinen[272], sondern – ebenso wie der Begriff »Ungerechtigkeit [ἀδικία]« in V19 – die Irr*lehre*[273] und das mit ihr zusammenhängende ethische Fehl*verhalten*. Dafür spricht auch V25, in dem ja ein gewisser Kontakt mit den Irrlehrern weiterhin vorausgesetzt wird, damit die geduldige Zurechtweisung erfolgen kann und Gott ihnen »Umkehr schenke zur Erkenntnis der Wahrheit«.

In V21bc werden *positiv* die Haltungen genannt, *zu* denen hin die Umkehr im Sinne der Reinigung geschehen soll. Die erste Benennung verbleibt ganz im bilhaften Rahmen der »Gefäß«-Metaphorik und besagt nur, dass aus Gefäßen unehrenhaften Gebrauchs Gefäße zu ehrenhaftem Gebrauch werden sollen. Die folgenden Partizipien »geheiligt [ἡγιασμένον]«, »brauchbar [εὔχρηστον] für den Hausherrn«, »bereitet [ἡτοιμασμένον] für jedes gute Werk« verdeutlichen, worin der »ehrenhafte Gebrauch« besteht. Die drei Qualifikationen sind teils metaphorische, teils sachbezogene Aussagen. Auf den Rahmen der »Haus«-Metaphorik verweist die Bezeichnung »Hausherr«; aber die Aussagen über die Heiligung und die Bereitschaft zu guten Werken gehören ganz der Sachebene an, und dadurch, dass mit dem »Hausherrn« Gott gemeint und die Aussage über die Brauchbarkeit der »Gefäße« auf ihn bezogen ist, hat auch sie nicht nur einen metaphorischen, sondern auf die Gemeindeglieder direkt bezogenen Sinn. Durch ihre Umkehr werden die Irrlehrer wieder zu dem, was mit der Bezeichnung »Geheiligte« auch sonst im NT gemeint ist:

---

[271] So auch Brox 215; Roloff, Pfeiler 245; Hanson 139; Oberlinner 105; Häfner, Belehrung 221, Anm. 170. – Nicht in gleicher Weise eng scheint der Bezug zu 1Kor 3 zu sein. Ch. Maurer, ThWNT VII (1964) 365 rechnet jedoch damit, dass »Züge aus dem Bild vom Hausbau« aus 1Kor 3,9–15 aufgenommen wurden.

[272] So aber Holtzmann 421; Wohlenberg 307f; Lock 101; Schlatter, Kirche 245; Holtz 175; Kelly 188; Schlarb, Lehre 267; Knight 418.

[273] So auch Schierse 119; Brox 250; Roloff, Pfeiler 245; Merkel 69; Redalié, Paul 279; Oberlinner 106; Häfner, Belehrung 221.

vollgültige Glieder des endzeitlichen Gottesvolkes, ausgesondert für Gott und durch den Heiligen Geist teilhaftig des von Christus gewirkten Heils[274]. Mit der Gott-Zugehörigkeit ist die Haltung eng verbunden, »brauchbar für den Herrn zu sein.« Wie das »Gefäß« nur dann seinen Sinn erfüllt, wenn es für den vom »Hausherrn« vorgesehenen Zweck geeignet und »brauchbar« ist, so sollen die Irrlehrer durch ihre Umkehr »brauchbar« werden, d.h. bereit, auf Gottes Willen zu achten und ihn nach Kräften dienstbereit auszuführen. Das Adjektiv εὔχρηστον/ς verwendet der Verfasser noch einmal in 4,11, um mit ihm die Nützlichkeit des ›Paulus‹-Mitarbeiters Markus für den Verkündigungsdienst auszudrücken. Das dort wir hier in dem Adjektiv enthaltene Moment der Verfügbarkeit für den Dienst wird in V21c ausgelegt als Dienstbereitschaft »zu jedem guten Werk«. Im Sinne der Past ist der zur rechten Glaubenshaltung gehörige tatkräftige sozial-karitative Einsatz für die Mitmenschen gemeint (1Tim 2,10; 5,10.25; Tit 2,7.14; 3,1.8.14; 2Tim 3,17), der u.a. auch im Teilen materieller Güter besteht (1Tim 6,18) und der den Irrlehrern abgesprochen wird (Tit 1,16)[275].

Der Abschnitt ist von der *Irrlehrerproblematik* bestimmt. Unter drei Gesichtspunkten wird sie behandelt. Zunächst ergehen *pastoral-praktische Anweisungen* (VV14–16a). Sodann werden Irrlehrer und Irrlehre samt der verheerenden Auswirkung ›namhaft‹ gemacht (V16b–18). Schließlich wird der Blick auf das gerichtet, was es mit der *Kirche trotz derartiger Missstände* in Wirklichkeit auf sich hat und worin das rechte Verhalten in ihr besteht (VV19–21).

Die *Anweisung* an ›Timotheus‹, für Distanz zu den Irrlehrern und für gänzliche Ablehnung ihrer falschen Lehren zu sorgen, hat mehrere Voraussetzungen. Der Verfasser ist der Überzeugung, der Inhalt der zu ver-

Zusammenfassung, Auswertung und Wirkungsgeschichte

---

[274] Vgl. z.B. Röm 15,16; 1Kor 1,2; 6,11; H. Balz, EWNT I (1980) 38–48, bes. 41.46f.

[275] Ausleger, die in den Metaphern und Zitaten von V19 »Tempel«- und »Tauf«-Metaphorik erkennen, sehen in VV20f deren Fortsetzung. Roloff hat dieses Verständnis bes. deutlich entfaltet: Der Verfasser der Past habe die ekklesiologische Leitmetapher »Haus Gottes« vom paulinischen Topos der Kirche als endzeitlichem Tempel her interpretiert, so dass ihm das Hauswesen Gottes als Gottes Tempel gelte (Pfeiler 239–242; 1Tim 198–201.213ff). M.E. empfiehlt sich die umgekehrte Annahme: Der Verfasser *ersetzte* die paulinische »Tempel«-Metapher durch die aus der Ökonomik aufgenommene »*Haus*«-*Metaphorik*. Dafür spricht: 1. Wo in den Past von der Kirche als dem »Haus« die Rede ist, begegnet *nie* das Wort »*Tempel*«. Im Unterschied dazu spricht Paulus *ausdrücklich* vom »Tempel Gottes« (1Kor 3,16f; 2Kor 6,16). 2. Bei Paulus ist mit der Bezeichnung der Christen als »Tempel« der Gedanke an die Einwohnung des *Geistes Gottes* verbunden (1Kor 3,16; vgl. 6,19). In den Past *fehlt* dieser Gedanke im Kontext der »Haus«-Metaphorik völlig. 3. In der Aussage: »wie man sich im Hauswesen Gottes verhalten muss« (1Tim 3,15) ist die paulinische Identifizierung der Gläubigen mit dem »Tempel« verlassen und stattdessen vom rechten Verhalten *im* »Haus« analog den Anweisungen der Ökonomik die Rede. 4. Der Vergleich der Christen mit Gefäßen im »Haus« (2Tim 2,20) zeigt keinen Anklang an die »Tempel«-Metaphorik.

mittelnden »gesunden Lehre« sei klar und eindeutig, er entspreche der
Botschaft des ›Paulus‹, sei zuverlässig überliefert worden und habe sich
auch für die christliche Lebensgestaltung und Gemeindeordnung bewährt. Im Kontrast dazu scheint ihm die Falschlehre der Gegner nicht nur
von der Wahrheit abzuweichen, sondern darüber hinaus den Glauben der
Mitchristen und die Gemeinde zu zerstören sowie in Gott- und Sittenlo-
sigkeit zu führen. Weil seines Erachtens so viel auf dem Spiel steht, fordert er zum einen die unerschrockene geradlinige und vor Gott zu verant-
wortende Bezeugung der Botschaft und zum anderen die Distanz zu den
in schrecklichem Feindbild gezeichneten Irrlehrern und ihrem nutzlosen
und verderblichen Geschwätz.

Zu den Voraussetzungen der Anweisungen gehört auch, dass der Verfasser die in V18b wiedergegebene gegnerische *Verkürzung des Auferstehungsglaubens* als besonders gravierend einschätzt und in ihr vermutlich
den *Grund* für eine Reihe weiterer Fehlauffassungen und -verhaltenswei-
sen sieht. Aller Wahrscheinlichkeit nach spielte sie *tatsächlich* diese gra-
vierende negative Rolle. Die theologiegeschichtliche Weiterentwicklung
hin zur Ausprägung der gnostischen Systeme im 2./3. Jh. lässt dies vermuten.

In Anbetracht dieser Voraussetzungen ist die Schärfe der Nega-
tivurteile, die Eindringlichkeit des Aufrufs zu unverkürzter, traditions-
treuer Verkündigung einerseits und zu jeglicher Dialogverweigerung
andererseits zum Teil verständlich. Dennoch ist sie in der vorgetragenen *Einseitigkeit zu bedauern*. Denn in der Abgrenzung allein, in der
reinen Entgegenstellung, die ja nicht einmal inhaltlich detailliert geschieht, geschweige denn in argumentativer Auseinandersetzung vollzogen wird, zeigt sie selbst ihre Grenze, ja Schwäche und Unzulänglich-
keit. Starre Behauptung der eigenen Position, Diffamierung des Geg-
ners und institutionelle Ausgrenzung eignen sich weder für den Umgang von Christen untereinander noch für das Bemühen um Problem-
lösungen mit andersdenkenden Christen oder Nichtchristen[276]. Es bedarf vielmehr des wirklichen Wahr- und Ernstnehmens Andersdenken-
der, des fairen Eingehens auf ihre Sichtweise und des argumentativen
Ringens um eine bessere Einsicht.

Die Hauptüberzeugung, die der Verfasser dem Irrlehrerproblem ent-
gegenstellt, ist, dass Gott die *Kirche* gegründet hat, dass sie deshalb Bestand haben wird, dass Gott in ihr die Scheidung derer, die wirklich zu
ihm gehören, von denen, die abirren, vornehmen wird und dass sich die

---

[276] Ähnlich Roloff, Kampf 120. Kirchliche
Auseinandersetzungen heute nach dem
Modell der Past zu führen hieße, »in hoff-
nungslos anachronistischer Weise hinter«
die notwendige und hilfreiche kirchliche
Erfahrung zurückzufallen, dass »die Wahrheit des Evangeliums die Kraft hat, sich im
offenen Ringen der Argumente, im kritischen Bedenken des Strittigen durchzuset-
zen, und daß nur jene Wahrheit«, die durch
diese kritische Prüfung gegangen ist, auf
Dauer Bestand haben wird.

Gemeindeglieder von aller Ungerechtigkeit, d.h. besonders von der Irrlehre und dem mit ihr zusammenhängenden Fehlverhalten reinigen können und sollen.

Zum Ausdruck gebracht werden diese Gedanken mit Hilfe mehrerer
Metaphern und Schriftzitate. Die Metapher des »*festen Fundaments*«
(V19a) verweist auf die Gründung der Kirche durch Gott und auf ihren
Bestand. Die Metapher des »*Siegels*« (V19b) weist inhaltlich auf das aus
Num 16,5 stammende Schriftzitat voraus, dass »*der Herr die Seinen kenne*« und sie deshalb von den Abirrenden zu scheiden vermag. In Anknüpfung an atl.-frühjüdisch-hellenistische und urchristliche Denk- und Ausdrucksweisen, aber ohne direkte Zitation einer Einzelstelle, wird jeder,
»*der den Namen des Herrn nennt*«, aufgefordert, »*von Ungerechtigkeit
abzulassen*« (V19c).

Der Gedanke, dass die Kirche von Gott her fest gegründet und geordnet
ist und dass die abirrenden Glieder der Umkehr bedürfen, setzt sich in der
Anwendung der Metapher vom großen »*Haus*« und seinen unterschiedlichen »*Gefäßen*« fort (VV20f). Die Metaphorik basiert sowohl auf der
antiken und urchristlichen Lebenswirklichkeit als auch auf Theorien der
antiken Ökonomik. Die Metapher von den »*Gefäßen*« stammt aus einem
weit verbreiteten Motivfeld und ist hier aus Röm 9,21 eingebracht. Mit
ihrer Hilfe drückt der Verfasser von 2Tim aus, dass die *Selbst*veränderung
der »*Gefäße*«, nämlich der Gemeindeglieder, nicht nur möglich, sondern
im Sinne einer *Reinigung* dringend nötig sei (V21). Es geht um Abkehr
von der Irrlehre und dem mit ihr verbundenen ethischen Fehlverhalten.
Die Gemeindeglieder sollen zu dem werden, was auch sonst im NT mit
der Bezeichnung »Geheiligte« gemeint ist: vollgültige Glieder des endzeitlichen Gottesvolkes, ausgesondert für Gott und durch den Heiligen
Geist teilhaftig des von Christus gewirkten Heils. Auch sollen die Irrlehrer durch ihre Umkehr wieder dazu fähig werden, auf Gottes Willen zu
achten und ihn dienstbereit zu tun. Das bedeutet zugleich Dienstbereitschaft in sozial-karitativem Einsatz.

Die angesichts der Irrlehrerproblematik mit Hilfe der »Haus«- und
»Gefäß«-Metaphorik in VV20f gemachten Aussagen wurden oft herangezogen, wenn es um die ekklesiologischen und eschatologischen Fragen ging, ob und wie die Kirche aus ›Gerechten‹ und ›Sündern‹ bestehen kann; ob, wann und durch wen die Scheidung der ›Gerechten‹ von
den ›Ungerechten‹ durchzuführen sei. Es vertraten z.B. die Novatianer,
Luziferianer und Donatisten die Auffassung, die Scheidung müsse jetzt
schon geschehen, und es müsse eine gereinigte Kirche geschaffen werden. Gegen dieses Kirchenverständnis und die ihm entsprechenden For-
derungen führten Origenes, Cyprian, Tyconius, Hieronymus und besonders ausführlich Augustin 2Tim 2,20 ins Feld und verbanden die
Auslegung z.T. mit dem Bildwort vom Dreschen (Mt 3,12) sowie mit
dem Gleichnis vom Unkraut unter dem Weizen (Mt 13,24–30). Sie deu-

teten die *Kirche als ecclesia mixta,* deren reine Gestalt erst Gott im Endgericht herbeiführen werde, deren Glieder jedoch jetzt schon der beständigen Umkehr bedürfen[277].

Exkurs: Sinngehalt und theologiegeschichtlicher Ort der Irrlehre, die Auferstehung sei schon geschehen (2,18)

Literatur: Barth, G., Zur Frage nach der in 1Korinther 15 bekämpften Auferstehungsleugnung, ZNW 83 (1992) 187–201; *Bartsch, H.W.,* Die Argumentation des Paulus in ICor 15,3–11, ZNW 55 (1964) 261–274; *Becker, J.,* Auferstehung der Toten im Urchristentum, 1976 (SBS 82); *Berger, K.,* Jüdisch-hellenistische Missionsliteratur und apokryphe Apostelakten, Kairos 17 (1975) 232–248; *Brandenburger, E.,* Die Auferstehung der Glaubenden als historisches und theologisches Problem, WuD 9 (1967) 16–33; *Browne, F.Z.,* What was the Sin of Hymenaeus and Philetus?, BS 102 (1945) 233–239; *Haufe,* Irrlehrer; *Hoffmann, P.,* Auferstehung I/3, in: TRE IV (1979) 450–467; *ders.,* Auferstehung Christi II/1, ebd. 478–513; *Hoppe, R.,* Der Triumph des Kreuzes. Studien zum Verhältnis des Kolosserbriefes zur paulinischen Kreuzestheologie, 1994 (SBB 28), 230–233; *Karrer, M.,* Ist Größeres nicht als Leben und Tod?, EvErz 47 (1995) 126–141; *Klauck,* Umwelt II 145–198; *Koschorke, K.,* Paulus in den Nag-Hammadi-Texten, ZThK 78 (1981) 177–205; *Kremer, J.,* Auferstehung der Toten IV, in: LThK I (1993) 1195–1198; *Lindemann, A.,* Die Aufhebung der Zeit. Geschichtsverständnis und Eschatologie im Epheserbrief, 1975 (StNT 12); *Lona,* Auferstehung; *Müller, U.B.,* Theologiegeschichte 67–77; *ders.,* Die Entstehung des Glaubens an die Auferstehung Jesu, 1998 (SBS 172); *Roloff,* 1Tim 228–239 (Exkurs: »Die Gegner«); *Rudolph,* Gnosis 207–213; *Schnelle, U.,* Gerechtigkeit und Christusgegenwart. Vorpaulinische und paulinische Tauftheologie, ²1986 (GTA 24); *Schniewind, J.,* Die Leugner der Auferstehung in Korinth, in: ders., Nachgelassene Reden und Aufsätze, hrsg. v. Kähler, E., 1952 (TBT 1), 110–139; *Schrage,* 1Kor I 57–60 (»Auferstehungsleugnung und -spiritualisierung«). 338–340 (zu 1Kor 4,8); IV 108–149 (zu 1Kor 15,12–19); *Sellin, G.,* »Die Auferstehung ist schon geschehen«, NT 25 (1983) 220–237; *ders.,* Der Streit um die Auferstehung der Toten. Eine religionsgeschichtliche und exegetische Untersuchung zu 1 Korinther 15, 1986 (FRLANT 138); *ders.,* Hauptprobleme des Ersten Korintherbriefes, in: ANRW II 25/4 (1987) 2940–3044, hier 3010f; *Spörlein, B.,* Die Leugnung der Auferstehung. Eine historisch-kritische Untersuchung zu 1 Kor 15, 1971 (BU 7), 16–18.182–188; *Steinmetz, F.-J. / Wulf, F.,* Mit Christus auferstanden. Auslegung und Meditation von 1 Kor 15,20; Eph 2,6 und 2 Tim 2,18, GuL 42 (1969) 146–150; *Thiessen,* Christen 330–334; *Wedderburn, A.J.M.,* Baptism and Resurrection, 1987 (WUNT 44); *Vos,*

---

[277] Belege mit Kommentaren bei Clancy*, passim. Augustin verwendet V20 in 19 Schriften insgesamt 25-mal, meistens in antidonatistischen Aussagen. Die ausführlichste Verwendung von V20 findet sich in De baptismo 7,51,99–7,52,100 (CSEL 51, 371f; geschrieben 400). Hiero- nymus zieht V20 ebenfalls mehrfach heran. Wichtigster Beleg ist der Dialogus contra Luciferianos 22 (PL 23, 185f; geschrieben 379): Wie die Arche Noachs die verschiedensten Tiere und das große Haus verschiedenste Gefäße enthält, so die Kirche Gute und Böse.

J.S., Argumentation und Situation in 1 Kor 15, NT 41 (1999) 313–333; *Wolter, M.*, Der Brief an die Kolosser. Der Brief an Philemon, 1993 (ÖTBK 12), 132–134; *Zeller, D.*, Hellenistische Vorgaben für den Glauben an die Auferstehung Jesu?, in: Von Jesus zum Christus (FS P. Hoffmann), hrsg. v. Hoppe, R. / Busse, U., 1998 (BZNW 93), 71–93; *ders.*, Die angebliche enthusiastische oder spiritualistische Front in 1 Kor 15, in: In the Spirit of Faith. Studies in Philo and Early Christianity in Honor of David Hay, hrsg. v. Runia, D.T. / Sterling, G.E. (The Studia Philonica Annual 13 [2001] = BJSt 332), 176–189.

Die vom Verfasser referierte Inhaltsangabe der als heillos (V16) und glaubenzerstörend (V18) gekennzeichneten Irrlehre, die Auferstehung sei schon geschehen (τὴν ἀνάστασιν ἤδη γεγονέναι), ist äußerst knapp gehalten. Auch verdeutlicht der Verfasser selbst dieses Kurzreferat nicht. Die Kürze der Aussage und der Mangel an kommentierender Verdeutlichung erschweren es, den genauen Sinngehalt zu erkennen und zu erfassen, worin präzis die Opposition liegt.

Von vornherein scheidet die Möglichkeit aus, dass an die Auferstehung *Christi* zu denken sei und dass die Gegner etwa von ihr behauptet hätten, sie sei schon geschehen. Da diese ja wirklich geschehen *ist* und der Verfasser der Past ausdrücklich an sie erinnert (2,8), kommt sie als zu verwerfender Inhalt der gegnerischen Position keinesfalls in Betracht. Eindeutig geht es um die Auferstehung der *Gläubigen*. Gegen Ende des 1. Jh.s war der Glaube an die »Auferstehung der Toten [ἀνάστασις νεκρῶν]« (Hebr 6,2; Apg 24,21) christliches Allgemeingut[278]. Im Blick darauf gilt es zu klären, was mit dem Schon-geschehen-Sein der Auferstehung *näherhin gemeint* ist, und ob die gemeinte gegnerische Fehldeutung *wirklich vertreten* oder vom Verfasser der Past seinen Gegnern *nur unterstellt* worden ist. Im Umgang mit der *ersten Frage* sind folgende möglichen Sinngehalte der Aussage zu erwägen:

1 Das »Schon« als Ausdruck leibhaft geschehener Totenerweckung
Der Satz kann besagen, es seien – außer Jesus – tatsächlich schon *Tote aus den Gräbern auferweckt* worden und zu ihrer *ewigen Lebensvollendung* bei Gott gelangt[279]. Doch dies kann nicht gemeint sein. Der Verfasser hätte

---

[278] Vgl. Hoffmann* 463; Thiessen, Christen 332; E. Gräßer, An die Hebräer I, 1990 (EKK XVII/1), 342f; Kremer* 1196, jeweils mit Hinweisen darauf, dass dies nicht von Anfang an und nicht überall im Urchristentum so war. – Dazu, dass der Auferstehungsglaube im *Frühjudentum* nicht Allgemeingut war und dass die *Lehren* über eine *generelle* Totenauferstehung, wie sie nach 70 n.Chr z.B. LibAnt 3,10; 4Esr 7,26–31; syrBar 49–51 bezeugen, nicht repräsentativ, sondern Äußerungen bestimmter

Kreise sind, vgl. G. Stemberger, LThK I (1993) 1193–1195; Karrer* 130; Müller, Entstehung* 55–60.

[279] Nach Bartsch* 269f hatte das in Mt 27,52f bildhaft ausgesagte Herauskommen aus den Gräbern »ursprünglich reale Bedeutung.« Zusammen mit dem Verständnis der Erscheinungen des Auferstandenen als leibhafte Verwirklichung des »neue[n] Dasein[s]« habe es zur frühesten apokalyptischen Deutung der Ostererfahrungen gehört, sei zugleich aber auch Mitursache

dies nicht als heillose, glaubenzerstörende Irrlehre gekennzeichnet, sondern höchstens Einwände aus seiner Erfahrung dagegen erhoben. Als *Irrlehre* hätte ihm diese Art der gegnerischen Auffassung zudem nur gelten können, wenn mit der Behauptung der schon geschehenen Auferstehung auch »die Leugnung jeder weiteren Auferstehung von Verstorbenen miteingeschlossen gewesen« wäre[280]. Dies lässt aber der Text nicht erkennen.

2   Das »Schon« als Ausdruck gegenwärtiger Teilhabe an ewigem Leben und Heil

Der Satz kann besagen, dass die an Christus *Glaubenden* als *Getaufte* und *mit dem Heiligen Geist Beschenkte schon auferstanden* sind und teilhaben am *neuen Leben*. Auch dagegen hätte der Verfasser nicht nur nichts einzuwenden, sondern er selbst spricht ja von der Taufe als dem »Bad der Wiedergeburt und der Erneuerung im Heiligen Geist« (Tit 3,5).

2.1   Im *NT* ist dieses *gegenwartsbezogene Heilsverständnis* christlicher Existenz breit bezeugt und im Detail mit verschiedenen Vorstellungs- und Ausdrucksweisen zur Sprache gebracht:

Nach Joh 5,24 sagt Jesus: »Wer mein Wort hört und dem glaubt, der mich gesandt hat, hat das ewige Leben ... Er ist aus dem Tod ins Leben hinübergegangen.« Der Verfasser des Kol schreibt: Mit Christus »wurdet ihr in der Taufe begraben, mit ihm seid ihr auch auferweckt [συνηγέρθητε] durch den Glauben an die Kraft Gottes, der ihn von den Toten auferweckt hat. Ihr wart tot in den Sünden ... Gott aber hat euch mit Christus lebendig gemacht [συνεζωοποίησεν] [2,12f] ... Da ihr nun mit Christus auferweckt seid [συνηγέρθητε], strebt nach dem, was droben ist [3,1] ... Denn ihr seid gestorben, und euer Leben ist mit Christus verborgen in Gott. Wenn Christus, unser Leben offenbar werden wird, dann werdet auch ihr mit ihm offenbar werden in Herrlichkeit [3,3f].« Ähnlich heißt es in Eph 2,5f: Gott hat euch bzw. uns, »die aufgrund der Sünden tot waren, mit Christus lebendig gemacht [συνεζωοποίησεν]. Aus Gnade seid ihr gerettet. Er hat uns mit Christus auferweckt [συνήγειρεν] und mit ihm eingesetzt im Himmel.« Dem Täufling wird gesagt: »Wache auf, der du schläfst, und stehe auf von den Toten [ἀνάστα ἐκ τῶν νεκρῶν], und aufleuchten wird dir Christus!« (Eph 5,14).

---

für spiritualistisch-enthusiastische Fehldeutungen und -verhaltensweisen geworden, wie sie bei den Gegnern in 1Kor 15 und 2Tim zutage träten. Für eine Erklärung der in 1Kor und 2Tim erwähnten Probleme ist aber die von Bartsch aus *Mt* 27 abgeleitete Voraussetzung *nicht nötig*. Sie ist zudem auch *nicht erweisbar*. Da es sich in Mt 27,52f um apokalyptische *Bildelemente* handelt, die erst spät *redaktionell* eingebracht und in dieser *Konkretion* im NT sonst *nie* belegt sind, können sie nicht als *frühe* realistisch verstandene Aussagen und insofern auch nicht als Mitursachen

für die Irrlehre in 1Kor 15 und 2Tim gelten.
[280] Spörlein* 187. – Gegen die außer von Spörlein* 190f u.a. auch von A. Schweitzer, Die Mystik des Apostels Paulus, Tübingen 1930, 93f und Bartsch* 269f vertretene Auffassung, die in *1Kor 15,12* genannten Auferstehungsleugner seien *ultrakonservative Apokalyptiker* gewesen, die angesichts der nahe erwarteten Parusie *nur* an die Verwandlung der noch *Lebenden* glaubten, wenden sich zu Recht u.a. Becker* 72; Hoffmann* 454; Schrage, 1Kor I 57f; Barth* 189.

2.2 Außer dem urchristlichen Osterglauben hat auf diese Aussagen ein *frühjüdisches Bekehrungsverständnis* eingewirkt[281]. Einige Texte, in denen es sich gut erkennen lässt, seien als Beispiele genannt:

Ein Beter in Qumran sagt: »Du hast meine Seele erlöst aus der Grube, und aus der Unterwelt des Abgrundes hast du mich hinaufgehoben zu ewiger Höhe« (1QH 3,19f)[282]. Philo schreibt: Gott rettet einen Überrest an Tugend wie einen Funken, »so dass er Gefallenes wieder sich aufrichten und Totes wieder lebend werden lässt« (Migr 122f). Über die Therapeuten schreibt er: »Aus Verlangen nach dem ewigen, glückseligen Leben glauben sie, das vergängliche Leben schon beendet zu haben« (VitCont 13). Bei Pseudo-Philo heißt es: »Wir waren tot ... und leben durch die Güte des Herrn« (De Jona 153). Im jüdisch-hellenistischen Bekehrungsroman JosAs betet Josef zu Gott, »der alles lebendig machte [ὁ ζωοποιήσας]« und »der rief von der Finsternis zum Licht, vom Irrtum zur Wahrheit, vom Tod zum Leben [ἀπὸ θανάτου εἰς τὴν ζωήν]« (Batiffol 49,18ff = Burchard [JSHRZ II/4], 8,9). Josef bittet, daß Gott Aseneth segne, sie mit seinem Geist erneuere und sie lebendig mache (ζωοποίησον). Aufgrund der Bekehrung gilt sie sodann als »neu geschaffen, neu gebildet und neu belebt« (61,4 = 15,5). Durch Josefs Kuss empfängt sie den »Geist des Lebens«, der Weisheit und der Wahrheit (70,1f = 19,11). Für alles, was an ihr geschehen ist, wird Gott gepriesen, »der die Toten lebendig macht [ζωοποιοῦντα τοὺς νεκρούς]« (70,19f = 19,7)[283].

2.3 In mancher Hinsicht vergleichbare Vorstellungen und Ausdrucksweisen finden sich auch in Texten der *hellenistischen Mysterienkulte*. Die Einweihung in die Mysterien der Demeter, des Dionysos, der Kybele und Attis, des Adonis, des Mithras, der Isis und des Osiris verhieß ihren Mysten Heil durch die Begegnung mit der Gottheit, durch Stärkung der Lebenskräfte, durch Teilhabe am kosmischen Leben, z.T. bis hin zu einem besseren Ergehen im Jenseits[284]. Im Vollzug

[281] Es steht auch hinter Lk 15,24.32. Dort heißt es vom heimgekehrten »verlorenen« Sohn: »Er war tot und lebt wieder«.

[282] Dazu sowie zu weiteren Texten aus Qumran und zur Frage, wieweit es sich um ›eschatologische‹ Aussagen handelt, vgl. Sellin, Streit* 26; Wedderburn* 223–230.

[283] Vgl. dazu und zum Bezug zu den ntl. Aussagen Brandenburger*; Berger*; Hoffmann* 484f; Sellin, Streit* 26f; Thiessen, Christen 330–332. – Terminologisch sind bes. beachtenswert: ζωοποίησον (vgl. Joh 5,21; Röm 8,11; 1Kor 15,22.45; Kol 2,13 [συν-]; 1Petr 3,18); πνεῦμα ζωῆς; ἀνακαινοῦν/ἀνακαίνωσις (vgl. Röm 12,2; 2Kor 4,16; Kol 3,10; Tit 3,5) und die Gottesprädikation ζωοποιοῦντα τοὺς νεκρούς (vgl. Röm 4,17). – Zu dieser Gottesprädikation vgl. auch die zweite Benediktion des Achtzehnbittengebets: »Du bist der ewig Lebende, der die Toten auferstehen läßt« (Billerb. IV 211 [Palästin. Rez.]) sowie 2Makk 7,22f, wonach die Mutter der sieben Märtyrer sagt, nicht sie habe ihnen »Atem

und Leben geschenkt« und sie »aus den Grundstoffen zusammengefügt«, sondern »der Schöpfer der Welt« habe »den werdenden Menschen geformt, als er entstand« und er werde ihnen »Atem und Leben wiedergeben«, wenn sie nun um der Gesetze willen zu sterben bereit sind. In diesen Texten geht es nicht um »neues Leben« im Sinn der Bekehrung, sondern um Auferstehung aus dem physischen Tod.

[284] Zu den Mysterien und ihrem Verhältnis zum Judentum und Urchristentum vgl. Schnelle* 77f.207–209; Sellin, Streit* 21–23; Wedderburn* 90–163; D. Zeller, Mysterien/Mysterienreligionen, in: TRE XXIII (1994) 503–526; Klauck, Umwelt I 77–128. In diesen u.ä. neueren Studien trägt man sehr besonnen den Gemeinsamkeiten und Unterschieden Rechnung, z.B. dem Befund, dass »etwas der christlichen Auferstehungshoffnung genau Vergleichbares nirgends« vorliegt (Klauck 127 mit Hinweis auf Wedderburn und Zeller).

der sakramentalen Handlungen und Symbole wurde der Einzuweihende meist bis
an die Todesgrenze geführt, um ihn eine im Schicksal der jeweiligen Gottheit
vorbildlich geschehene und in der Weihehandlung vergegenwärtigte Wende erfahren zu lassen. Sie sollte dem Mysten auch für das Jenseits ein heilvolles Dasein
sichern. Von den eleusinischen Demeter-Myterien heißt es dementsprechend
schon bei Pindar: »Selig, wer jenes geschaut, ehe er hinabstieg. Er kennt des Lebens Ende ...« (Fragm. 121), und Sophokles sagt darüber: »Dreimal selig jene
Sterblichen, die diese Weihe geschaut und dann zum Hades gehen. Für sie allein
gibt es dort Leben ...« (Fragm. 837). Apuleius von Madaura, der Hauptgewährs-
mann für die Isis-Mysterien, schreibt, dass man die Weiheerteilung selbst »unter
dem Bild eines freiwilligen Todes und einer Erlösung aus Gnade begehe [ipsam-
que traditionem ad instar voluntariae mortis et praecariae salutis celebrari]«
(XI,21,7). Über das Mysteriengeschehen und seine symbolische Bedeutung sagt
er: »Ich nahte dem Grenzbezirk des Todes, stieg über Proserpinas Schwelle und
fuhr durch alle Elemente zurück; um Mitternacht sah ich die Sonne in weißem
Licht flimmern, trat zu Totengöttern und Himmelsgöttern von Angesicht zu Angesicht und betete sie ganz aus der Nähe an« (XI,23,7). Der christliche Schriftsteller Firmicus Maternus teilt im 4. Jh. n.Chr. in einem polemisch ausgerichteten
Bericht mit, dass der Priester den Mysten zuflüstere: »Seid getrost, ihr Mysten,
da der Gott gerettet ist, wird auch uns aus Leiden Rettung zuteil [θαρρεῖτε
μύσται τοῦ θεοῦ σεσωσμένου ἔσται γὰρ ἡμῖν ἐκ πόνων σωτηρία]« (ErrProfRel
22,1). Es ist mit einem gewissen Einfluss der Mysterien auf die Bekehrungs- und
Erlösungsaussagen des hellenistischen Judentums sowie auf manche Auferste-
hungs-, Tauf- und Errettungsaussagen des NT' zu rechnen. Die Annahme legt
sich nahe aufgrund des gemeinsamen religiös-soziokulturellen Milieus und einzelner nachweisbarer Gemeinsamkeiten in der Denk- und Formulierungsweise.

Die vor allem durch das spezifisch *christliche Osterkerygma*, teils aber
auch durch den Einfluss des *hellenistisch-jüdischen Bekehrungsverständ-
nisses* und mancher Deutekategorien aus den *Mysterienkulten* zustande
gekommene Überzeugung, dass die an Christus *Glaubenden* in der *Taufe
schon auferweckt* und durch den *Heiligen Geist* mit *neuem, göttlichem
Leben* beschenkt worden sind, stellte für den Verfasser der Past sicher
kein Problem dar. Sie konnte aber zum Problem werden und war es in
manchen urchristlichen Kreisen schon geworden, sobald manches in ihr
einseitig überbetont und manches *verkürzend enggeführt* wurde, so dass
dies zu Entstellungen des Auferstehungsglaubens und zu manchen damit
verbundenen Fehlhaltungen führte. In dieser Entstellung zeigt sich jener
Sinngehalt von V18, den der Verfasser als unhaltbar ablehnt.

3   Das »Schon« als Ausdruck eines gnostisierenden Verständnisses
christlicher Existenz
Die durch Taufe und Geistempfang geschehene *Auferstehung* konnte
man *spiritualistisch, individualistisch* und aufgrund eines *anthropologi-
schen Dualismus* so missverstehen, dass sie *nur Geist und Seele des Einzelnen* betraf, *nicht* aber ausgerichtet war auf den *ganzen Menschen mit*

seinem Leib, nicht *universal* auch auf die anderen Menschen und schon gar nicht etwa auf die Vollendung der *Schöpfung* insgesamt. Aus der Auffassung, dass Leib und Materie an der Auferstehung keinen Anteil haben sollen, konnte sich als ethische Konsequenz ergeben, dass entweder alles Leibhafte *asketisch* zu meiden oder *libertinistisch* bedenkenlos zu genießen sei, da es als irrelevant galt. Unter dem Gesichtspunkt der *Zeit* und der Frage nach dem *Tod* konnten die *schon gegenwärtige Heilserfahrung* und *-verwirklichung* so übermäßig betont und die Teilhabe an der *göttlichen Lebensfülle im Diesseits* als *schon so vollendet* angesehen werden, dass der Tod nur noch als *gänzliche Befreiung vom Leib* und das Leben im Jenseits höchstens noch als *Steigerung* des diesseitigen erschien.

3.1 Im *NT* weisen dagegen selbst jene Aussagen, in denen sich ein betont gegenwartsbezogenes Heilsverständnis äußert (s.o. Joh 5,24; Kol 2,12; 3,1; Eph 2,5f; 5,14), entweder direkt oder durch ihren Kontext auf die *noch ausstehende*, erst *nach dem Tod* zu erwartende und den *Leib einschließende ganzheitliche und universale Vollendung* hin. Dass es aber in manchen urchristlichen Kreisen die genannte Fehldeutung gegeben hat, zeigt sich zunächst an der Frontstellung, die *Paulus gegen ein enthusiastisches Schwärmertum* bezog, das sich bereits im Vollbesitz der eschatologischen Heilsgüter wähnte. In ironischer Zuspitzung schreibt er: »Schon [ἤδη] seid ihr satt geworden! Schon [ἤδη] seid ihr reich geworden! Ohne uns [= ohne unsere Teilhabe] seid ihr zur Herrschaft gekommen ...« (1Kor 4,8). Das zweimal betont vorangestellte »schon [ἤδη]« zeigt, dass bei dem kritisierten Phänomen in Korinth der *Zeitfaktor* des Heils- und Auferstehungsverständnisses eine Rolle spielte. Gegenüber einer derartigen Fehldeutung der Gegenwart und Zukunft im Sinne einer ›realized eschatology‹, bei der man meinte, »all das, was erst der kommende Äon bringen wird, schon in Händen zu haben«[285], wendet sich Paulus. Dass die Gegenwart des Heils und das Heilsgut der Auferstehung vom eschatologischen Vorbehalt der noch ausstehenden Vollendung geprägt sind, durchzieht mit starker Betonung alle Aussagen des Paulus[286]. Besonders

---

[285] Schrage, 1Kor I 338. Auf das entscheidende ἤδη weist Schrage ebenfalls hin. Paulus sei »weniger an der Hellenisierung als an der Abwehr des Enthusiasmus mit Hilfe der Apokalyptik beteiligt und interessiert.« Auch zusammen mit dem Peristasenkatalog VV9–12 zeige sich: »Was Paulus in Diastase zur leidvollen Gegenwart erst von der Zukunft erwartet, gilt in Korinth bereits als realisiert. Während sie sich ›schon‹ in himmlischen Höhen wähnen, hat er sein Leben in der Tiefe irdischer Leiden zu führen« (339). – Zeller, Front* rät allerdings von der Verbindung von 4,8 mit 15,12 und der Annahme einer Einheitsfront ab.

[286] Vgl. z.B. Röm 6,5 (»... wir werden mit seiner Auferstehung gleichgestaltet werden [ἐσόμεθα]«); 6,8 (»... wir werden mit ihm leben [συζήσομεν]«); 8,11 (»... wird euere sterblichen Leiber lebendigmachen [ζωοποιήσει]«); 8,24 (»Auf Hoffnung hin sind wir nämlich errettet [τῇ γὰρ ἐλπίδι ἐσώθημεν]«); 1Kor 6,14 (»... wird auch uns auferwecken [ἐξεγερεῖ]«); 1Kor 15,22 (»... alle werden lebendig gemacht werden [ζωοποιηθήσονται]«); 2Kor 4,14 (»... er wird auch uns mit Jesus auferwecken [καὶ ἡμᾶς σὺν Ἰησοῦ ἐγερεῖ]«). In Röm 6,3f spricht Paulus von der Taufe als dem Mitbegrabensein mit Christus und sodann von

deutlich und wiederum mit dem den *Zeitaspekt* ausdrückenden »schon [ἤδη]« schreibt er an die Gemeinde von Philippi: »Christus will ich erkennen und die Kraft seiner Auferstehung und die Gemeinschaft mit seinen Leiden ... damit ich gelange zur Auferstehung von den Toten. Nicht dass ich es schon [ἤδη] erreicht hätte oder dass ich schon [ἤδη] vollendet wäre; aber ich strebe danach ...« (Phil 3,10–12). Hier wie auch sonst bezeugt Paulus durchaus die schon gegenwärtig wirkende »Kraft der Auferstehung« Christi, grenzt sich aber von einem ganz auf die Gegenwart bezogenen Heilsverständnis ab, betont die noch ausstehende Auferstehungsvollendung und trägt somit der geschichtlichen Dimension christlicher Existenz und göttlichen Handelns Rechnung.

3.2   Dass ein überbetont spiritualistisch-gegenwartsbezogenes Verständnis der Auferstehung und des Heils vertreten wurde, lässt sich aus den *ntl.* Schriften nur *mittelbar* erschließen, nämlich anhand korrigierender Äußerungen, wie sie als Beispiele erwähnt wurden. *Authentische Selbstzeugnisse* von Vertretern derartiger Auffassungen aus dem 2.–3. Jh. sind indes in den koptisch-gnostischen Schriften von Nag-Hammadi enthalten. In dem als »Brief an Rheginus« verfassten Traktat über die Auferstehung[287] betont der dem valentinianischen Ausstrahlungsbereich angehörige Verfasser die *Gegenwärtigkeit* und schreibt seinem geistlichen Schüler: »Warum betrachtest du dich nicht selbst als [bereits] auferstanden?« (NHC I,4/49,23f). Vorausgehend wird in Anknüpfung an ntl. Aussagen argumentiert: Der Erlöser »gab uns den Weg der Unsterblichkeit, wie der Apostel sagt: ›Wir haben mit ihm gelitten, und wir sind mit ihm auferstanden, und wir sind mit ihm zum Himmel gefahren.‹ ... Das ist die geistige Auferstehung ...« (45,14–46,2; vgl. Röm 8,17; Eph 2,5f; Kol 2,12). Dementsprechend wird der Adressat aufgefordert: »Denke nicht stückweise, Rheginus, noch lebe gemäß diesem Fleisch, um der Einmütigkeit willen, sondern fliehe vor den Spaltungen und den Fesseln, und schon [ἤδη!] hast du die Auferstehung« (49,9–16).
Ganz ähnlich heißt es im Traktat »Exegese über die Seele«: Die Seele »empfing das Göttliche vom Vater, um sie neu zu machen, damit man sie wieder an den Ort versetzt, an dem sie von Anfang an weilte. Das ist die Auferstehung von den Toten. Das ist die Errettung aus der Gefangenschaft. Das ist der Aufstieg zum Himmel. Das ist der Weg hinauf zum Vater« (NHC II,6/134,9–15). Weil »die Taufe schon die Auferstehung und die Erlösung hat« (EvPhil Logion 76 [NHC II,3/69,25f]) und weil »der Mensch durch Erkenntnis bereits [die Auferstehung als] das vollkommene Leben gewinnt« (TestVer [NHC IX,3/36,8.22.26f]), antwortet Jesus im Logion 51 des »Thomasevangeliums« auf die Frage der Jünger,

---

der geschehenen *Auferstehung Christi*; von den Christen sagt er aber nicht, sie seien *schon* mit*auferweckt*; er fordert stattdessen dazu auf, »als neue Menschen zu leben.« – Hoffmann* 457: »Der kritische Vorbehalt gegen ein enthusiastisches Heilsverständnis, den Paulus in der Auseinandersetzung mit den Korinthern gewonnen hat, wird für ihn leitend. Er macht ihn streotyp geltend,

wenn er die traditionelle Auferweckungsformel – offenbar gegen die Vorstellung des Mit-Christus-Auferstehens in der Taufe – auf die Zukunft bezieht.«
[287] Vgl. Koschorke* 196–200; M.L. Peel, Introduction: NHS XXII,123–146, hier 141–143; Lona, Auferstehung 217–233; Markschies, Valentinus 356–361.

»wann die Ruhe der Toten eintreten und wann die neue Welt kommen« werde: »Die, die ihr erwartet, ist gekommen, aber ihr erkennt sie nicht« (NHC II,2/42,9–11). Im »Philippusevangelium« heißt es: »Diejenigen, die sagen, man wird zuerst sterben und dann auferstehen, irren sich. Wenn sie nicht zuerst die Auferstehung erhalten bei Lebzeiten, werden sie, wenn sie sterben, nichts erhalten« (Logion 90 [NHC II,3/73,1–4]]. Diese Sicht entspricht dem, was auch von Jesus gilt: »Die, welche sagen: Der Herr ist zuerst gestorben und dann auferstanden, irren sich. Denn er ist zuerst auferstanden und dann gestorben. ...« (Logion 21 [NHC II,3/56,15–18]). Hinsichtlich des Auferstehungsleibes wird im EvPhil differenzierend argumentiert[288]: »Einige fürchten, daß sie nackt auferstehen würden. Deshalb wollen sie im Fleisch auferstehen. Sie wissen nicht, daß die, die das Fleisch tragen, die Nackten sind. ... Fleisch [und Blut] werden das Reich [Gottes] nicht erben. ... Ich tadle die, die sagen, daß es nicht auferstehen wird. Dann sind sie beide im Unrecht. ... Es ist nötig, in diesem [Christi!] Fleisch aufzuerstehen, da alles in ihm ist« (Logion 23 [NHC II,3/56,26–57,19]). Mit dem in der Gnosis auch sonst oft verwendeten Pauluswort, dass »Fleisch und Blut das Reich Gottes nicht erben können« (1Kor 15,50), wird hier die Auffassung abgewehrt, man werde mit dem natürlichen Fleisch auferstehen. Die Befürchtung, man erstehe »nackt«, wird als mangelnde Einsicht kritisiert, da sie die wirkliche Nacktheit nicht erkenne, die in der irdischen Leibexistenz besteht, von der es frei zu werden gelte. Da aber im Sakrament das Fleisch Christi empfangen wird, in welchem »alles ist« und welches auch die Auferstehung vermittelt, wird nicht das Fleisch in jeder Form ausgeschlossen. Es wird vielmehr unterschieden zwischen dem natürlichen, auferstehungsunfähigen Fleisch und dem eucharistischen Fleisch Christi, an dem die Gnostiker Anteil haben über den Tod hinaus.

Der Überblick zeigt, dass es schon z.Zt. des Paulus enthusiastisch-spiritualistische Fehldeutungen christlicher Existenz und ansatzweise auch des Auferstehungsglaubens gab, dass in der Folgezeit der ihnen innewohnende Gegenwartscharakter des Heils zunehmend und ausdrücklich das Auferstehungsverständnis mancher Kreise bestimmte und dass dieser Prozess schließlich unter dem Einfluss betonter Individualisierung und Leibfeindlichkeit zur ausgeprägt gnostischen Uminterpretation geführt hat, wie sie z.B. in den Nag-Hammadi-Texten des 2.–3. Jh.s zu erkennen ist.

3.3   Innerhalb dieses theologiegeschichtlichen Prozesses ist die in 2Tim 2,18 zurückgewiesene Auffassung zu sehen. Gemeint ist mit ihr sehr wahrscheinlich ein *spiritualistisch-individualistisch* verengtes, die *leibhafte* Vollendung ausschließendes und *die diesseitigen Heilserfahrungen enthusiastisch überbetonendes* Auferstehungsverständnis[289]. Es hat *gnostisierenden* Charakter[290], wenn es auch noch nicht mit den voll ausge-

---

[288]   Vgl. Koschorke* 191f; W.W. Isenberg, Introduction: NHS XX,131–139; Lona, Auferstehung 235–256; Markschies, Valentinus 282.

[289]   Sellin, Auferstehung* 234 spricht zu Recht von einer »semantischen Umfül-

lung« des Begriffs »Auferstehung«; vgl. ders., Streit* 25–27.

[290]   Vgl. ähnlich, mit unterschiedlichen Präzisierungen, ob es sich um ›gnostisierende Tendenzen‹, ›Prä-Gnosis‹, ›Frühform von Gnosis‹ oder ›Gnosis‹ handle, Dibelius/Con-

prägten gnostisch-synkretistischen Reflexionen gleichzusetzen ist, die erst einige Jahrzehnte später fassbar werden. Folgende Indizien sprechen für seine Zugehörigkeit zu dem skizzierten Deutungsstrom mit *gnostisierender Tendenz*:

3.3.1   In dem betonten »*Schon*« (V18b) kommen gebündelt die erwähnten Verkürzungen und Einseitigkeiten mit gnostisierender Tendenz zum Ausdruck, wie der Vergleich mit den oben aufgeführten Texten zeigt.

3.3.2   Die auch sonst in den Past erhobenen *Vorwürfe*, nämlich dass die Gegner Ehe- und Speiseverzicht fordern (1Tim 4,3), dass sie dadurch den Schöpfer missachten (1Tim 4,3) und dass sie sich besonderer Gotteserkenntnis rühmen (1Tim 6,20; 2Tim 3,7; Tit 1,16), weisen in die gleiche Richtung.

3.3.3   Auch unter *christologischem* Gesichtspunkt zeigt sich die gleiche Frontstellung[291]. Die Leugnung des für die christliche Auferstehungshoffnung zentralen Gedankens einer leibhaften Auferstehung und der Überwindung des Todes durch die endzeitliche Schöpfermacht Gottes steht im Zusammenhang mit der Abwertung des Menschseins und des geschichtlichen Weges Jesu, durch den Gott das endgültige leibhafte Heil wirkt und vollendet. Gegenüber derartigen doketisch-gnostisierenden Tendenzen werden in den Past die Offenbarung »im Fleisch« (1Tim 3,16), die Erlösung durch den »Menschen Christus Jesus« (2,5) und seine Herkunft »aus dem Samen Davids« (2Tim 2,8) betont.

3.3.4   In den mit *antignostischem* Gedankengut durchsetzten, z.T. aber von den Past literarisch abhängigen *ActPaul* (s.u. Exkurs: Die Personalangaben 5.5.5) wird gegen Ende des 2. Jh.s berichtet, dass Paulus während des Gottesdienstes im Haus des Onesiphorus »das Wort Gottes von der Enthaltsamkeit und der Auferstehung [λόγος θεοῦ περὶ ἐγκρατείας καὶ ἀναστάσεως]« verkündete (5). Als Thekla sich daraufhin von ihrem Verlobten Thamyris getrennt hatte und Paulus nachgefolgt war (7–10), betrieben Demas und Hermogenes zusammen mit dem Verlobten die Verurteilung des Paulus durch den Statthalter. Sie belehrten Thamyris: »Die Auferstehung, von der [Paulus] sagt, dass sie geschehe, ist *schon* in den Kindern geschehen [ὅτι ἤδη γέγονεν], die wir haben, und wir sind auferstanden, indem wir den wahren Gott erkannt haben« (14)[292]. In der Anklage hebt Thamyris sodann hervor, dass Paulus »die jungen Mädchen nicht heiraten« lasse (16). Die *gnostischen* Gegnerpositionen, die in den ActPaul abgelehnt werden, nämlich die Behauptung des *Schon-geschehen-Seins der Auferstehung*, der Anspruch, die *Gotteserkenntnis zu besitzen*, und die Unterstellung, ›Paulus‹ lasse *nicht heira-*

---

zelmann 83; Brox 36f.248f; Kelly 11f.185; Haufe, Irrlehre 328f; Spörlein* 184f; Hoffmann* 463; Rudolph, Gnosis 207f; Roloff 231–238; Lona, Auferstehung 57f; Merkel 68; Kremer* 1196; Oberlinner 98f; Klauck, Umwelt II 148f.182f; Söding, Mysterium 505; Stettler, Christologie 303f. – Die u.a. von Thiessen, Christen 330–334 vorgenommene Zuordnung allein zu dem vom hellenistischen Judentum beeinflussten Bekehrungsverständnis überzeugt nicht; denn es werden dabei die jüdischen Elemente der

Gegnerpolemik in den Past überbetont und die in Richtung ›Gnosis‹ weisenden Zusammenhänge unterbewertet.

[291]   Vgl. Roloff 237.

[292]   Zur Textkritik und zu der von 2Tim 2,18 abhängigen, situationsbezogenen, aber gekünstelten Komposition der Passage vgl. Dibelius/Conzelmann 53.83f; Bauckham, Acts 121f.127f; Häfner, Gegner 67, Anm. 13; 75. – Zur antignostischen Tendenz vgl. E. Plümacher, Apokryphe Apostelakten, PRE.S XV (1978) 11–70, hier 29.51f.

ten, können als Weiterentwicklung der *in den Past erscheinenden Auffassungen der Irrlehrer* betrachtet werden.

3.3.5 Auch die *Ablehnung* einer zu erwartenden *Auferstehung des Fleisches* verweist auf einen Zusammenhang zwischen der in 2Tim 2,18 bekämpften und der *gnostischen* Position. Ansatzweise im überbetonten »Schon« der gegnerischen Einstellung von V18 bereits mitenthalten, wurde sie in der sich entfaltenden Gnosis zu einer zentralen Lehraussage. Seit der Mitte des 2. Jh.s bezog man mit wachsender Schärfe Stellung gegen sie. Es hebt z.B. der Verfasser des »*Zweiten Clemensbriefs*« die Kontinuität »dieses Fleisches« gegenüber der Auffassung hervor, es habe sich die Auferstehung in der Taufe schon so vollzogen, dass eine künftige Auferstehung »dieses Fleisches« nicht anzunehmen sei. Er schärft ein: Keiner soll sagen, dass »dieses Fleisch nicht gerichtet wird und nicht aufersteht« (9,1). Weil christliche Berufung und Existenz sich im Fleisch vollziehe und weil auch Christus zuerst Geist gewesen und dann »Fleisch geworden« sei und weil er »uns so berufen« habe, »werden auch wir in diesem Fleisch den Lohn empfangen« (9,2–5)[293]. Auf einen Zusammenhang zwischen der in 2Tim sich anbahnenden Auseinandersetzung und der sodann in antignostischen Texten geführten Polemik weist auch der »*Dritte Korintherbrief*« hin. Unter direkter literarischer Bezugnahme auf das Corpus Paulinum samt den Past[294] geschrieben, wird in ihm vor der gnostischen Auferstehungslehre gewarnt[295]: »Durch seinen eigenen Leib hat Jesus Christus alles Fleisch gerettet ... Die euch aber sagen, es gäbe keine Auferstehung des Fleisches, für die wird es keine Auferstehung geben ...« (ActPaul 3Kor 3,16–24). Dass in 1,2 nicht Hymenäus und Philetus, sondern Simon und Kleobius als Irrlehrer der Auferstehung genannt werden, erklärt sich vielleicht aus der relativen Freiheit, mit der in pseudepigraphischen Texten Namen eingesetzt werden, möglicherweise aber auch daraus, dass die angeblich von den beiden vertretene Irrlehre sich als schon viel weiter entwickelt darstellt[296].

4 Polemische Überinterpretation in der frühen Kirche

In den oben dargestellten gnostischen Selbstzeugnissen wird zwar die *Gegenwärtigkeit* von Auferstehung und Heilserfahrung *spiritualistisch*

---

[293] Vgl. dazu A. Lindemann, Die Clemensbriefe, 1992 (HNT 17/1), 195.225f. – Lona, Auferstehung 57f: 2Tim 2,18 zeigt gegenüber der Polemik des Paulus gegen die Enthusiasten von Korinth »eine fortgeschrittene Phase der Kontroverse. Die Behauptung, die Auferstehung sei schon geschehen, läßt sich nämlich als eine Frühscheinung christlicher Gnosis deuten, die im Verlauf des zweiten Jahrhunderts zur vollen Entfaltung gelangen wird. II Clem 9,1–5 befindet sich mitten in dieser Kontroverse.«

[294] Bezugnahmen auf die Past finden sich z.B. in 1,1 (vgl. »Eubulus« mit 2Tim 4,21); in 3,5 (vgl. Jesus »aus dem Samen Davids geboren« mit Röm 1,3; 2Tim 2,8 [?]); in 3,6 (vgl. »in die Welt gekommen, um zu ret-

ten« mit 1Tim 1,15). – S.u. Exkurs: Die Personalangaben 5.5.4.

[295] Vgl. Lona, Auferstehung 155–171. »Vom Thema des Briefes her legt sich nahe, die Fleischwerdung des Erlösers und die Verheißung von der Auferstehung des Fleisches der Erlösten als das eigentliche Ziel des gnostischen Angriffs anzusehen« (155). Rhode, Pastoralbriefe 309f verweist auf den engen Zusammenhang, der hinsichtlich der Stellungnahmen gegen die Leugnung der Auferstehung des Fleisches zwischen 3Kor, Polyk und den Ignatiusbriefen besteht.

[296] Eusebius, HistEccl IV,22,5 berichtet, Hegesipp habe Simon und Kleobius als erste unter den Häuptern häretischer Schulen genannt, aus denen die Gnosis hervorgegangen sei.

und *enthusiastisch* überbetont und eine *leibhaft* zu erwartende *Auferste-hung* vorwiegend *abgelehnt;* dennoch trägt man dem *natürlichen Tod* Rechnung und hofft auf eine *Vollendung über den Tod* hinaus. »Die unterschiedliche Existenzweise vorher und nachher wird keineswegs ge-leugnet. Nur kann der leibliche Tod, so wird behauptet, eben keine wirk-liche Änderung mehr bringen«[297]. Demgegenüber ist es lehrreich, zu se-hen, dass in den *Referaten der Kirchenväter* über die Gnostiker durchweg nicht nur deren *Leib- und Materiefeindlichkeit* angeprangert sondern de-ren ›Gegenwartseschatologie‹ als ein *Überspielen des Todes* und als *Leug-nung jedweder Lebenserwartung über den Tod hinaus* gedeutet wurde.

Was die *Abwertung des Leibes* und die von den Gnostikern abgelehnte Erwartung einer *Auferstehung des Fleisches* betrifft, so schreibt z.B. Ter-tullian, das Pauluswort aus 1Kor 15,50 sei von allen Bibelstellen das Wort, mit dem die Gegner »in der ersten Schlachtlinie« anrücken (Resurr 48,1). Desgleichen sagt Irenäus: »Das ist es, was von allen Häretikern zur Be-gründung ihres Wahnsinns vorgetragen wird« (Haer V,9,1)[298]. Wie sehr sich das Auferstehungsverständnis gnostischer Kreise im valentiniani-schen Bereich besonders an Aussagen des Corpus Paulinum orientierte, zeigt der Ehrentitel »Apostel der Auferstehung [ἀναστάσεως ἀπόστο-λος]«, den man ihm dort gegeben haben soll (ExcTheod 23,2).

Dass die ›Gegenwartseschatologie‹ der Gnostiker als ein *Überspielen des Todes*, ihre gegenwärtige Heilserfahrung als *vollendet* und insofern als *zeitlich unbegrenzt* gedeutet wurde, so dass sie dementsprechend ein *Auf-erstehungsleben über den Tod hinaus* angeblich nicht erwarteten, geht besonders deutlich aus dem Urteil des Irenäus über Menander, den Nach-folger Simons, des Begründers der »fälschlich so genannten Gnosis« (Haer I,23,4), hervor. Irenäus schreibt über ihn: »Durch seine Taufe [bap-tisma] nämlich empfangen seine Schüler die Auferstehung [resurrectio-nem], können fortan nicht sterben, sind unvergänglich, ewig jung und unsterblich [non posse mori, sed perseverare non senescentes et immorta-les]« (Haer I,23,5; ähnlich Justin, Apol I,26,4). Bei Tertullian heißt es über die Gnostiker: Sie »schwächen die Bedeutung der Auferstehung ... zu ei-ner bloß bildlichen ab, indem sie behaupten, daß auch das Sterben nur geistig zu verstehen sei. Es sei nämlich nicht das Sterben in Wirklichkeit ..., die Trennung der Seele vom Leibe hier gemeint, sondern die Unkennt-nis Gottes ... Und darum sei es auch für eine Auferstehung zu halten, wenn jemand den Zugang zur Wahrheit gefunden habe ... Von dem Zeit-punkt an also, wo man den Herrn in der Taufe angezogen habe, habe man durch den Glauben die Auferstehung mit ihm erlangt [Exinde ergo resur-rectionem fide consecutos cum domino esse, quem in baptismate indue-rint]« (Resurr 19,1–5).

---

[297] Koschorke* 198.

[298] Koschorke* 192, Anm. 36 führt weite-re Belege an.

Derartige Referate frühkirchlicher Häresiologen werden dem *Todes-* und *Zeitverständnis* der Gnostiker *nicht gerecht*. Weder ist es glaubhaft, dass – selbst äußerst enthusiastische – Christen meinten, dem physichen Tod zu entgehen, noch lassen die gnostischen Selbstzeugnisse eine solche Auffassung erkennen (s.o.). Die häresiologischen Urteile erklären sich durch bewusst oder unbewusst vorgenommene Überzeichnungen. Ebenso wie die Gnostiker manche im Corpus Paulinium und auch sonst durchaus vorhandenen gegenwartsbezogenen Auferstehungs- und Heilsaussagen einseitig überinterpretierten, sind auch die Häresiologen ihrerseits nicht immer der Gefahr der Überinterpretation entgangen[299].

Liegt möglicherweise auch in 2Tim 2,18 eine polemisch überinterpretierende, bewusst oder unbewusst vorgenommene Verzerrung der gegnerischen Position vor?[300] M.E. ist dies nicht der Fall. Zum einen wird ja keineswegs wie bei den späteren Häresiologen das Falsche an der gegnerischen Auffassung detailliert zugespitzt. Zum anderen zeigen ja die o.g. Texte, dass es seit der Zeit des Paulus wirklich immer wieder Kreise mit einem spritualistisch verengten und enthusiastisch überspannten Auferstehungsverständnis gab, welches der Kritik bedurfte und das in kürzester Form durch das »Schon« gekennzeichnet werden konnte, wie es in V18 begegnet.

5 Das Verhältnis von 2Tim 2,18 zu 1Kor 15,12

In 1Kor 15 setzt sich Paulus mit Problemen des Auferstehungsglaubens auseinander, die in Korinth entstanden waren. In V12 fragt er, wie angesichts des Glaubens und der Verkündigung, dass Christus auferweckt worden sei, »einige« in der Gemeinde sagen können, dass »es eine Auferstehung Toter nicht gibt [ὅτι ἀνάστασις νεκρῶν οὐκ ἔστιν]«. Schon seit alters her hat man nach dem Verhältnis gefragt, in dem 1Kor 15 – speziell V12 – zu 2Tim 2,18 steht. Seit Thomas von Aquin hat man oft gemeint, dass es sich hier wie dort um die Behandlung der *gleichen Probleme* und um die *gleiche Art der von Paulus kritisierten gegnerischen Einstellung* handle[301]. Bei der früheren Annahme, dass beide Texte von Paulus stammen, legte sich diese Beurteilung umso eher nahe. Thomas sagt, die in

---

[299] Vgl. so auch Spörlein* 187f; Markschies, Valentinus 131. – Nach Koschorke* 198 wurde die »gnostische Behauptung von der bereits erfolgten Auferstehung«, die in der »präsentisch-eschatologischen Linie des paulinischen Erbes« liegt, von Irenäus, Justin u.a. dahingehend missverstanden, »als ob damit das Problem des leiblichen Todes übersprungen werde.« Aus Rheg (NHC I,4) gehe aber deutlich hervor, dass dies nicht der Fall gewesen sei.

[300] Das meint z.B. Spörlein* 187.

[301] Vgl. Summa Contra Gentiles IV,79 (Editio Leonina, Roma 1934, 544). – Nach Schniewind* 114; Bartsch* 266; Sellin, Streit* 23f; Barth* 191, Anm 18 u.a. sei bereits Chrysostomus dieser Auffassung gewesen (Hom in Cor 38,1 [MPG 61, 321]). Spörlein* 16f hat jedoch nachgewiesen, dass Chrysostomus mit dem Hinweis auf 2Tim *nicht eine Gleichsetzung* beabsichtigte, sondern auf »eine *andere* Form des Widerspruchs« aufmerksam machen wollte. Vgl. ebenso Wedderburn* 10.

1Kor 15,12 genannten Irrlehrer »glauben nicht an eine künftige Auferstehung der Leiber [resurrectionem corporum futuram non credunt]«, sondern sie verstehen Auferstehung nur in einem geistlichen Sinn, nämlich
als Auferstehung »vom Tod der Sünde durch die Gnade [ad spiritualem
resurrectionem referre conantur, secundum quod aliqui a morte peccati
resurgunt per gratiam]«. Thomas meint sodann, dass dieser Irrtum vom
Apostel selbst mit den Worten von 2Tim 2,16–18 zurückgewiesen wird
(»Hic autem error ab ipso Apostolo reprobatur«), und er erklärt, dass mit
dem von den Gegnern behaupteten Schon-geschehen-Sein der Auferstehung (V18) nur eine geistige Auferstehung gemeint sein könne (»quod
non poterat intelligi nisi de resurrectione spirituali«). Es widerspreche also der »Glaubenswahrheit, nur von einer geistigen Auferstehung überzeugt zu sein und die leibliche zu leugnen [Est ergo contra veritatem fidei
ponere resurrectionem spiritualem, et negare corporalem]«[302].

Zweifellos gibt es zwischen 1Kor 15,12 und 2Tim 2,18 inhaltlich-sachliche und
geschichtliche Gemeinsamkeiten. In beiden Texten geht es um die ἀνάστασις ge-
storbener Menschen, um die Wiedergabe einer gegnerischen Behauptung, vertreten von Christen im paulinischen Wirk- und Traditionsbereich, und um die Ablehnung durch den referierenden Verfasser. Es wollen aber auch die Unterschiede
beachtet sein. Zunächst fällt eine formale Differenz auf. Wie das ὅτι-recitativum
und die finite Satzkonstruktion zeigen, liegt in 1Kor 15,12b ein antithetisches *Zitat* vor. In 2Tim 2,18b weisen dagegen das ὅτι und die AcI-Konstruktion darauf
hin, dass es sich um »ein *Referat* (wenn auch [um] ein zutreffendes)« handelt[303].
Der inhaltliche Unterschied besteht dem Wortlaut nach darin, dass die Auferstehung Toter im Zitat 1Kor 15 bestritten, im Referat 2Tim jedoch nicht nur bejaht,
sondern sogar als schon geschehen betont wird. Aber diese scheinbare Gegentei-
ligkeit kann mehr Gemeinsames enthalten, als auf den ersten Blick erkennbar ist.
Wie die Verhältnisbestimmung beider Aussagen zueinander ausfällt, hängt von
der Beantwortung der Frage ab, welche Bedeutung und Tragweite hier der Begriff
»Auferstehung« hat und in welchem Sinn es von ihr heißt, dass es sie »nicht gibt«
bzw. dass sie »schon geschehen« sei.

Die Position, mit der Paulus sich in 1Kor 15 auseinandersetzt und die in
Kurzform in V12b zitiert wird, steht sehr wahrscheinlich in engstem Zusammenhang mit der auch sonst von Paulus kritisierten enthusiastisch-

---

[302] In neueren Arbeiten werden aus der
Folgezeit viele genannt, die – ähnlich wie
Thomas – die Irrlehre von 2Tim 2,18 mit
der von 1Kor 15,12 gleichsetzen. Spörlein*
17.182 verweist auf Grotius (1641); Usteri
(1824); Olshausen (1836); Godet (1886);
Billroth (1933); Kümmel (1949); Schniewind* (1952); Brox, Past (1969) 248. – Wedderburn* 5 nennt von Soden (1931); Héring
(1932); W.L. Knox (1939); Bultmann, Theologie (1948) 172; Dibelius/Conzelmann,

Past (1955) 83. – Weitere Vertreter sind bei
Barth* 190f, Anm. 18; Sellin, Streit* 23f
aufgeführt. – Dass die Gleichsetzung ausdrücklich abgelehnt wurde, belegt Spörlein*
18.182 durch Hinweise auf die Werke von
de Wette (1841); Heinrici (1881); Holtzmann, Past (1880) 418; B. Weiß, Past
(²1902) 278; Robertson/Plummer (⁴1955);
Schmithals (²1965); Hoffmann (1966).
[303] Sellin, Hauptprobleme* 3011, Anm.
365.

spiritualistisch bestimmten christlichen Religiosität in Korinth (s.o. 1Kor 4,8 u.ö.). Aufgrund der hellenistisch-judenchristlichen Deutung der Taufe und im Rahmen eines dualistischen Menschen- und Weltbildes meinte man, schon so an der Auferweckung Jesu und am ewigen Leben teilzuhaben, dass man sich kraft des empfangenen Geistes den Bedingungen dieser Welt samt ihrer Todesmacht bereits enthoben glaubte. Auf eine Einbeziehung des Leibes in das Heil verzichtete man. Aus einem derartigen überzogenen eschatologischen Erfüllungsenthusiasmus heraus bestritt man beides: »die Zukünftigkeit und die Leiblichkeit der Auferstehung«[304]. Die Zukünftigkeit wurde allerdings nicht in dem Sinne geleugnet, dass man *jedwedes* Leben nach dem Tod abstritt[305], sondern so, dass nichts über die gegenwärtige Heilserfahrung qualitativ Hinausgehendes erwartet wurde, vor allem nicht eine gesamtpersonale, den Leib einbeziehende Vollendung. Da man eine solche Auferstehung weder für möglich noch für erstrebenswert hielt, sagte man: Es gibt sie nicht[306].

Die oben durchgeführte Untersuchung zu 2Tim 2,18 ergab, dass der Verfasser der Past sehr wahrscheinlich ein *spiritualistisch-individualistisch* verengtes, die *leibhafte* Vollendung ausschließendes und *die diesseitigen Heilserfahrungen enthusiastisch überbetonendes* Auferstehungsverständnis als Irrlehre zurückwies. Der Vergleich mit dem Sinngehalt der in

---

[304] Schrage, 1Kor I 59f; vgl. IV 113: In der Auferstehungsleugnung von V12 verbinden sich »die Negation einer futurischen und einer somatischen Dimension der Eschatologie.« Ähnlich urteilen die meisten neueren Ausleger mit unterschiedlichen Akzenten im Umgang mit den religionsgeschichtlichen Details, so z.B. Bultmann, Theologie 172; Schniewind* 114ff: Bartsch* 265ff; Hoffmann* 454 (gestützt auf Brandenburger*; Becker*); Towner, Goal 31; Barth* 190f (mit Verweisen in Anm. 18 u.a. auf Kümmel; W. Schweizer; von Soden; Schmithals; Wendland; Luz; Güttgemanns; Käsemann; Baumgarten; Bornkamm; Brakemeier; Wolff; Lang). – Kritisch dagegen jedoch Zeller, Front*.

[305] Dass es indes Zweifel *auch daran* in Korinth gegeben hat und dass sich Paulus also *auch* gegen die Leugnung *jedweder* Auferstehung wendet, weist Barth* 192–201 mit Blick auf die Argumentation in den VV19.30–32 nach. – Zeller, Front* sieht zusammen mit Berger, Gattungen 1052f auch in V12 lediglich die Skepsis gewöhnlicher, halbwegs gebildeter Griechen ausgedrückt; die Hauptstoßrichtung des ganzen Kapitels 15 sei auf die Anfälligkeit der Gemeinde für diese Skepsis und damit verbundener hellenistisch begründeter Engführungen ausgerichtet (vgl. auch ders, Vorgaben* 82).

[306] Sellin, Hauptprobleme* 3010f meint, von den drei zu erwägenden Möglichkeiten, nämlich dass es sich in V12 entweder um die Bestreitung jedes »postmortale[n] Heil[s] überhaupt« handle (1) oder um die Bestreitung nur der »Zukünftigkeit der Auferweckung« mit gleichzeitiger Behauptung einer »spiritualen ›Auferstehung‹ zu Lebzeiten (etwa im Sinne von 2Tim 2,18)« (2) oder um die Ablehnung einer leiblichen Auferweckung »zugunsten einer Vorstellung von der Himmelfahrt der nackten Seelen« (3), gelte nur wirklich die dritte: Eine »dualistische Anthropologie mit Abwertung des Leibes zugunsten der pneumatisch inspirierten Seele, die allein den Tod zu überdauern in der Lage ist« (vgl. dazu auch ders., Streit* 17–37). – Schrage 1Kor I 57 mit Anm. 160 wendet dagegen m.E. zu Recht ein, dass »realisierte Eschatologie und enthusiastische Pneumatologie« in Korinth so eng zusammengehörten, dass »doch entgegen Sellins Meinung eine ›Uminterpretation‹ eines vorausliegenden, von Paulus vertretenen zeitlich strukturierten Denkens anzunehmen ist« (vgl. auch ebd. 338, Anm. 137 [zu 1Kor 4,8]).

1Kor 15,12b von Paulus abgewiesenen Irrlehre zeigt eine so große Übereinstimmung, dass sich die Annahme eines *engen inhaltlichen und
entwicklungsgeschichtlichen Zusammenhangs* zwischen beiden Aussagen empfiehlt. *Von einer völligen Gleichsetzung ist allerdings abzuraten.*
Wahrscheinlicher ist, dass sich manche Elemente der zur Zeit des Paulus
bereits vorhandenen Fehldeutung der Auferstehung im Verlauf der nächsten Jahrzehnte z.T. unter dem zunehmenden Einfluss des hellenistischen
Milieus verstärkten. Folgende Indizien weisen darauf hin:

1. Schon die deuteropaulinischen Briefe Kol und Eph zeigen, dass die Betonung
des Mit-auferstanden-Seins mit Christus und des gegenwartsbezogenen Heils-
verständnisses zunahm (s.o.)[307]. Es vollzog sich die oben schon erwähnte »semantische Umfüllung« des Auferstehungsbegriffs[308]. 2. Das von Paulus zur Kennzeichnung überbetonter Gegenwartseschatologie (1Kor 4,8) und ansatzweise im
Zusammenhang mit Auferstehungsaussagen (Phil 3,12) verwendete »Schon« ist
in 2Tim 2,18 direkt auf die Auferstehung bezogen und zwar so, dass mit ihm allein deren abzulehnende Fehldeutung charakterisiert wird. Diese Anwendung
markiert jene Tendenz, die in der weiteren Entwicklung zur Ausprägung der
gnostischen Fehldeutungen führte, wie sie sich z.B. in den oben aufgeführten
Nag-Hammadi-Texten äußern. 3. Enger als in den Briefen des Paulus erscheint
im Makrotext der Past die gegnerische Überzeugung von der »schon« geschehenen Auferstehung mit asketischer Haltung sowie mit leib- und schöpfungsfeind-
lichen Einstellungen verbunden. Auch in dieser Entwicklung zeigt sich eine *nachpaulinische gnostisierende* Tendenz.

Zusammen-
fassung
Bei der in 2Tim 2,18b wiedergegebenen Behauptung der Irrlehrer handelt
es sich um eine wirklich vertretene und nicht etwa den Gegnern nur
unterstellte Fehldeutung des christlichen Existenz- und Auferstehungsverständnisses. Aus der Betonung des Schon-Geschehen-Seins lässt sich
schließen, dass die Auferstehung sehr wahrscheinlich *spiritualistisch-in-*

---

[307] Dass ein Zusammenhang zwischen der
betonten Gegenwartseschatologie von Kol,
Eph und der gegnerischen Position der Past
besteht, wird meistens zu Recht angenommen, so z.B. von Müller, Theologiegeschichte 70; Sellin, Auferstehung* 233f;
ders., Streit* 25f; Schnelle* 80f; Thiessen,
Christen 331f; Roloff 231 (erwogen); Oberlinner 98f; Kremer* 1196; Stettler, Christologie 303. – Dass sich die Past *direkt gegen*
Positionen wie z.B. Eph 2,5f richten, wie
Lindemann* 255 vermutet, ist wegen der
zu beachtenden Unterschiede, auf die
Steinmetz/Wulf* 149; Müller, Theologiegeschichte 72 hinweisen, nicht anzunehmen.
[308] Vgl. Sellin, Auferstehung* 233f; ders.,
Streit* 27. Gegenüber der Betonung Sel-

lins, dass sie überhaupt *erst seit der Abfassung des Kol* vorliege, ist die Annahme
wahrscheinlicher, dass sie schon z.Zt. des
Paulus begonnen hat; dafür spricht das
»Schon« in 1Kor 4,8; Phil 3,10ff; vgl. auch
die o. in Anm. 306 wiedergegebene Position
Schrages. – Zur theologie- und traditionsgeschichtlichen Einordnung von Kol 2,12
werden drei Positionen vertreten: 1. literarische Abhängigkeit von Röm 6 (m.E. am
wahrscheinlichsten; so u.a. Sellin, Auferstehung* 230ff; ders., Streit* 27, Anm. 46;
Wedderburn* 74f; Wolter* 132; H. Hübner, An Philemon. An die Kolosser. An
die Epheser, 1997 [HNT 12], 83f); 2. vorpaulinische Tradition (so u.a. Hoppe*
236); 3. nebenpaulinische Tauftradition (so
Schnelle* 80f).

dividualistisch verengt gedeutet, die *diesseitigen Heilserfahrungen enthusiastisch* überinterpretiert und eine *künftige leibhafte Vollendung des Menschen und der Schöpfung ausgeschlossen* wurde. Es zeigt sich eine *gnostisierende Tendenz.*

Der theologiegeschichtliche Ort des in V18b zum Ausdruck kommenden Verständnisses liegt vermutlich zwischen dem bereits zur Zeit des Paulus in Korinth vorhandenen *spiritualistischen Enthusiasmus*, der *keine leibhafte Auferstehung* nach dem Tod erwartete (vgl. 1Kor 15,12), und den Positionen reflektierter und systematisch entfalteter *Gnosis.* Zwar ist im NT die durch das *christliche Osterkerygma* zustande gekommene, teils aber auch durch Deutekategorien aus dem *hellenistisch-jüdischen Bekehrungsverständnis* und den *Mysterienkulten* beeinflusste Überzeugung breit belegt, dass die an Christus *Glaubenden* in der *Taufe schon auferweckt* und durch den *Heiligen Geist* mit *neuem, göttlichem Leben* beschenkt worden sind (vgl. Kol 2,12f; 3,1–5; Eph 2,5f; 5,14). Aber während in den ntl. Zeugnissen ein derartiges *gegenwarts-* und *personbezogenes* Auferstehungs- und Heilsverständnis durchweg offengehalten wird für *zukunftsgerichtete* und *universaleschatologische* Perspektiven, ist dies bei der hinter V18b stehenden Sichtweise nicht der Fall. Sie gehört vielmehr den verkürzenden Fehldeutungen an, die es nachweislich in manchen urchristlichen Kreisen gegeben hat. Während sie aus dem *NT* nur *ansatzweise* und *mittelbar* erschlossen werden können, zeigen sie sich in *ausgeprägter Gestalt* und *unmittelbar authentisch* dargestellt in den koptisch-gnostischen *Schriften von Nag-Hammadi.* Bereits *Paulus* kritisierte ein enthusiastisches Schwärmertum, das sich im *Vollbesitz der eschatologischen Heilsgüter* wähnte (1Kor 4,8), sich »schon« ganz der *Auferstehung teilhaftig* glaubte (Phil 3,10ff) und das eine *künftige leibhafte Auferstehung aller Menschen ausschloss* (1Kor 15,12). In der Folgezeit verstärkten sich innerhalb mancher Kreise derartige Tendenzen und führten im 2. Jh. zur systematisch entfalteten *Gnosis.* In ihr wurden besonders intensiv die *Gegenwärtigkeit der Auferstehung* und *des Heils* sowie der *Ausschluss künftiger leibhafter Vollendung* betont, woraus sich auch bestimmte *ethische Haltungen* ergaben. Innerhalb dieses theologiegeschichtlichen Prozesses ist die in 2Tim 2,18 zurückgewiesene Auffassung zu sehen. Am besten wird sie einzuordnen sein in die Phase *zwischen* der in den Deuteropaulinen (Kol, Eph) moderat vertretenen Gegenwartseschatologie und ihrer extremen Überinterpretation, wie sie mit spiritualistischer Verengung in den gnostischen Systemen geschah. Die gnostische Interpretation wurde bereits seit der Mitte des 2. Jh.s bekämpft (vgl. 2Clem, 3Kor) und ist im authentischen Zeugnis der Nag-Hammadi-Texte zuverlässiger erkennbar, als in den Darstellungen frühkirchlicher Häresiologen.

2 Ermahnung zu besonnener Zurechtweisung der Gegner (2,22–26)

Literatur: Bornhäuser, D., Fliehe die Lüste der Jugend!, NKZ 43 (1932) 193–207; *Brox, N.*, Junge Bischöfe in der frühen Kirche, in: Im Spannungsfeld von Tradition und Innovation (FS J. Ratzinger), hrsg. v. Schmuttermayr, G., u.a., Regensburg 1997, 91–101; *Metzger, W.*, Die neoterikai epithymiai in 2. Tim. 2,22, ThZ 33 (1977) 129–136; *Redalié*, Paul 323–328; *Schenk-Ziegler*, Correctio 381–384.

22 Fliehe die Leidenschaften der Jugend; trachte vielmehr nach Gerechtigkeit, Glauben, Liebe und Frieden mit denen, die den Herrn aus reinem Herzen anrufen. 23 Die törichten und unverständigen Grübeleien weise ab, da du weißt, dass sie nur Streitereien hervorbringen. 24 Ein Knecht des Herrn soll aber nicht streiten, sondern freundlich sein gegen alle, lehrtüchtig und geduldig. 25 Er soll in Milde die Widerspenstigen zurechtweisen, damit Gott ihnen vielleicht Umkehr schenke zur Erkenntnis der Wahrheit 26 und sie wieder zur Besinnung kommen, heraus aus der Schlinge des Teufels, da sie von ihm gefangen gehalten sind, um sich seinem Willen zu fügen.

Analyse   Nach den mehr lehrhaften Aussagen über die Kirche und den nur indirekten Anweisungen (VV19–21) markieren die *direkte* Anrede an den Adressaten ›Timotheus‹ und *drei Imperative* (VV22f) einen Neueinsatz. Ein *Unterschied* zum Vorausgehenden ist auch darin zu sehen, dass die Gemeinde als solche hier nicht »denselben argumentativen Stellenwert« hat[309], dass der Gemeindeleiter ›Timotheus‹ in einem Tugendkatalog zu Grundhaltungen ermahnt wird, um die er sich *zusammen* mit den rechtgläubigen Gemeindegliedern bemühen soll (V22b), und dass – eingeführt durch den verallgemeinernden Subjektswechsel »Knecht des Herrn« – Anweisungen zum erzieherisch-zurechtweisenden Umgang mit den »Widerspenstigen« folgen (VV24ff). *Verbindungen* zum vorausgehenden Abschnitt bestehen in der Irrlehrerproblematik (VV23.25f) speziell unter dem Gesichtspunkt der Streitereien (vgl. VV23.24a mit VV14.16f), im Thema der Umkehr (vgl. VV25f mit VV19c.21) und im Kontrast zwischen dem in V19c erwähnten Unrecht und der im Tugendkatalog V22b geforderten Gerechtigkeit.

Sowohl die unmittelbar an ›Timotheus‹ gerichteten Imperative als auch die verallgemeinernd den »Knecht des Herrn« betreffenden Anweisungen sind so strukturiert, dass jeweils zunächst eine negative Weisung ergeht (V22a: »Fliehe!«; V24a: »Nicht streiten!«) und sodann in einem Tugendkatalog vier positive Haltungen gefordert werden (V22b: »Gerechtigkeit, Glauben, Liebe, Frieden«; V24b.25a: »freundlich«, »lehrtüchtig«, »geduldig«, »milde«). Bei der Einzelerklärung wird sich zeigen, dass der Ab-

---

[309] Oberlinner 110.

schnitt ganz unter dem Vorzeichen des *Lehr-* und *Erziehungsideals* der Past steht und dass seine Aussagen in unterschiedlicher Weise von atl.-jüdischen, von hellenistischen und von urchristlichen Einflüssen geprägt sind.

›Timotheus‹ wird aufgefordert, »die Leidenschaften der Jugend [τὰς Erklärung νεωτεϱικὰς ἐπιϑυμίας]« zu fliehen. Aus 1Tim 4,12 geht hervor, dass der 22a Gemeindeleiter ›Timotheus‹ für den Verfasser als junger Mann gilt; denn es heißt dort: »Niemand soll dich wegen deiner Jugend [νεότητος] geringschätzen. Werde vielmehr Vorbild der Gläubigen in Wort, Lebenswandel, Liebe, Glaube und Lauterkeit.« Als Anlass für diese zunächst indirekt an die Gemeinde und sodann direkt an ›Timotheus‹ gerichtete Mahnung ist anzunehmen, dass es in den Gemeinden junge Vorsteher gab, deren Anerkennung wegen ihres noch jugendlichen Alters nicht selbstverständlich war. In der Anweisung spiegelt sich der Umgang mit diesem Problem. Daraus geht zugleich hervor, dass es sich nicht um eine biographische, nur auf die Person des ›Timotheus‹ bezogene, sondern um eine *generelle Paränese* einer beginnenden Kirchenordnung handelt[310]. Unter derartigen *situativen Voraussetzungen* und im Rahmen derartiger *genereller Anweisungen* wird auch die Ermahnung in V22 zu verstehen sein. Es geht also nicht um ein besonderes, an der *Einzelperson* ›Timotheus‹ haftendes *sittliches* Fehlverhalten, das gemieden werden soll, sondern um etwas, das als Gefahr bei den in den *Gemeinden der Past tätigen* noch *jungen Amtsträgern allgemein* bestand oder mindestens aus der Sicht mancher Mitchristen befürchtet wurde und vielleicht auch schon ungut erfahren worden war.

Das Adjektiv νεωτεϱικός ist Hapaxlegomenon der biblischen Schriften. Das Adjektiv νέος und der oft synonym gebrauchte Komparativ νεώτεϱος werden auch substantivisch verwendet und bezeichnen in den Past »junge Männer« (1Tim 5,1; Tit 2,6), »junge Frauen« (1Tim 5,2.14; Tit 2,4) sowie »junge Frauen«, die Witwen sind (1Tim 5,11)[311]. Enthält aber schon der Begriff »jung« nicht nur den Gedanken an die frühe Altersstufe, sondern auch den von »jugendliche[m] Tempera-

---

[310] So auch Roloff 251 (»idealtypische Verkörperung des ›jungen‹ Amtsträgers«); Merkel 38 (»nicht biographisch, sondern typisch«); Redalié, Paul 325; Brox* 96. – Brox zeigt an Hand mehrerer Beispiele aus der Zeit der Past bis ins 5. Jh., dass das Thema des Lebensalters der Bischöfe virulent war, dass die Option und Praxis je nach den örtlichen Bedingungen verschieden ausfielen und dass sie »von der Ablehnung des jungen Bischofs bis zur Vorliebe für ihn« reichten (101).
[311] Zu den verschiedenen Abgrenzungen

zwischen »Jung« und »Alt« in der Antike vgl. J. Behm, ThWNT IV (1943) 900f; Wagener, Ordnung 171f; Bauer/Aland, Wörterbuch 1081: νεανίας: Junger Mann etwa von 24 bis 40 Jahren; 1087: νεωτεϱικός: »jugendlich« (Polybius X,21,7; Plutarch, Dion VIII,1; 3Makk 4,8; Josephus, Ant 16,399). Zu V22 vgl. Vettius Valens 118,3: νεωτηϱικὰ ἁμαϱτήματα; IgnMagn 3,1. – Brox* 95: Nach der Didaskalia IV (= Const Ap II,1,1–2,1) soll der Bischof »nicht unter 50 Jahren« sein.

ment oder jugendlicher Unreife«[312], so sind ähnliche Bedeutungsnuancen beim Adjektiv νεωτερικός noch stärker mitgegeben. Aufgrund seiner Herkunft vom Verbum νεωτερίζω (= verändern, Neuerungen herbeiführen) kann es ungestümes, unbesonnenes, ja sogar gewaltsam vorgehendes Veränderungsstreben und ungebührliche Neuerungssucht meinen[313].

Die Warnung vor den νεωτερικαὶ ἐπιθυμίαι in V22 wird sich dementsprechend *nicht nur auf sinnliche Zügellosigkeit* beziehen[314], sondern auch darauf, dass ›Timotheus‹ nicht *unbesonnener Neuerungssucht* verfallen soll, wie es bei den Irrlehrern der Fall ist, oder dass er bei der Wahrnehmung seiner Leitungsaufgabe gegenüber seinen Mitchristen nicht in *blinden Eifer* geraten und sich nicht etwa in *mangelnder Rücksichtnahme* wie ein ›jugendlicher *Heißsporn*‹ gebärden möge[315]. Abgesehen davon, dass bereits in 1,7 vom Geist der »Liebe und der Besonnenheit« die Rede war, weist auch der vorausgehende und nachfolgende Kontext in diese Richtung des Verständnisses; denn es wird vor unnützen Wortgefechten, Grübeleien und Streitereien gewarnt (VV14–16.23f) und zu geradliniger Verkündigung des Wortes der Wahrheit (V15) sowie zu Liebe und Frieden, Freundlichkeit und Geduld (VV22b.24b) aufgerufen.

22b Als positive Haltungen werden mit dem Imperativ δίωκε (= trachte!)[316] »Gerechtigkeit, Glauben, Liebe, Frieden [δικαιοσύνη, πίστις, ἀγάπη, εἰρήνη]« angemahnt.

Tugend- Ähnliche Tugendkataloge[317] finden sich in den Past mehrfach: In 1Tim 4,12 wird
katalog ›Timotheus‹ dazu angehalten, ein »Vorbild der Gläubigen in Wort, Lebensfüh-

---

[312] J. Behm, ThWNT IV (1943) 901 mit Belegen aus Aristoteles, Lysias, Plato, Demosthenes und Philo.
[313] Belege bei Liddell/Scott, Lexicon 1172; Spicq 764.
[314] Diesen Sinngehalt betonen Schlatter, Kirche 247 (»natürliche Kräfte« der Sexualität und des Geltungsstrebens); Jeremias 58 (nicht nur »Sinnlichkeit«, sondern auch »Leidenschaftlichkeit, Eitelkeit, geistlicher Hochmut«); Holtz 175f; Borse 90. – Als überzeugende Gründe gegen eine einseitige Deutung dieser Art nennt z.B. Metzger* 131 das vorausgesetzte Lebensalter der mittleren Reife; das Fehlen entsprechender Gegenbegriffe im Kontext; die an anderen Stellen hervorgehobene Mustergültigkeit des ›Timotheus‹. – Auch die von Bornhäuser* vertretene Deutung auf »Geldgier« und Gewinnsucht (204ff) hat keinen Anhalt im Kontext.
[315] So Spicq 764; Brox 251; Metzger*; Oberlinner 111f; Towner, Goal 239; erwogen von Johnson, Polemic 10; Knight 420. –

Die weiterreichende Deutung von Metzger*, es sei die gnostische »Neuerungssucht« gemeint (134), und die ἐπιθυμίαι würden »nicht dem Timotheus, sondern den *häretischen Lehrern* und ihrem Anhang zugeschrieben« (133), haben zu Recht Trummer, Paulustradition 77, Anm. 114; Fiore, Function 210, Anm. 68; Redalié, Paul 324f; Oberlinner 111, Anm. 5 kritisiert.
[316] Auch in 1Tim 6,11 sind φεύγε und δίωκε einander gegenübergestellt. Zur Entsprechung dieser Antithese in der popularphilosophischen Ethik vgl. Almqvist, Plutarch 126; Roloff, 1Tim 345, Anm. 79 mit Verweisen auf Epiktet, Diss IV,5,30; Plutarch, Mor 822C und außerdem auf das Zwei-Wege-Schema.
[317] Vgl. dazu Vögtle, Tugend- und Lasterkataloge 46–51; Wibbing, Tugend- und Lasterkataloge 77–86.99–108; Kamlah, Form 11–38; Niebuhr, Gesetz. – Zu den Tugendreihen der Past und zum Folgenden vgl. Roloff 346f; Redalié, Paul 325f; Weiser, Verantwortung 19–25.

rung, Liebe, Glauben, Lauterkeit« zu werden. In 1Tim 6,11 wird er zum Streben »nach Gerechtigkeit, Frömmigkeit, Glauben, Liebe, Geduld, Sanftmut« aufgefordert. In 2Tim 3,10 wird ihm anerkennend testiert, dass er in »Lehre, Leben, Streben, Glauben, Langmut, Liebe und Geduld« ›Paulus‹ gefolgt sei. Auf die formale und inhaltliche Gestaltung dieser Tugendkataloge haben Weisungsreihen sowohl urchristlicher Traditionen (vgl. z.B. Gal 5,22; 2Kor 6,6; Kol 3,12ff; Eph 4,2–5) als auch solche des AT, des palästinischen und hellenistischen Judentums sowie der hellenistischen Umwelt eingewirkt. Während aber in hellenistischen Reihen die Tugend der *Liebe* (ἀγάπη) nicht begegnet, ist sie in allen urchristlichen Tugendkatalogen enthalten. Sie ist in ihnen das stabilste und dominierendste Element. Mit ihr zusammen bilden *Glaube* und *Hoffnung* eine in den Paulusbriefen mehrfach vorkommende *Trias* (1Thess 1,3; 5,8; 1Kor 13,13; Röm 5,1–5; Gal 5,5f)[318]. Aus dieser Trias stammen *Glaube* und *Liebe*, die den *Kernbestand* aller vier Tugendkataloge der Past bilden. Das letzte Glied der paulinischen Trias, die *Hoffnung*, fehlt in 1Tim 4,12 und ist in 1Tim 6,11; 2Tim 3,10 durch *Geduld* (ὑπομονή) ersetzt. Dies ist insofern verständlich, als darin sowohl das für die Past charakteristische Zurücktreten der eschatologischen Ausrichtung als auch das Bedachtsein auf den mit Ausdauer zu betreibenden christlichen Lebensvollzug zum Ausdruck kommt. Außerdem ist beachtenswert, dass schon in der Trias 1Thess 1,3; Röm 5,3–5 *Hoffnung* und *Geduld* einander zugeordnet sind.

In 1Tim 6,11 und in 2Tim 2,22 wird die Weisungsreihe mit der Tugend der *Gerechtigkeit* eröffnet und in 2Tim 2,22 mit dem Begriff *Frieden* beendet. Die Voranstellung der Tugend der *Gerechtigkeit* ist wegen ihrer übergreifenden Bedeutung als griechisch-hellenistische Kardinaltugend[319] verständlich. Zugleich verbindet sie durch den Bezug zu der in V19 erwähnten *Ungerechtigkeit* (ἀδικία) die Weisungsreihe mit dem Vorausgehenden. Noch stärker kontextbedingt dürfte die Erwähnung des Begriffs *Frieden* sein. Den hellenistischen Tugendreihen ist er fremd[320]. In ntl. Tugendkatalogen begegnet er außer in V22 nur in Gal 5,22; Eph 4,2. Die Verbindung von διώκω mit εἰρήνη an unserer Stelle entspricht – ebenso wie in Röm 14,19; Hebr 12,14; 1Petr 3,11 – dem atl.-jüdischen Ausdruck »dem Frieden nachjagen«, sich intensiv um den Frieden bemühen (vgl. Ps 34 [33],15; Av 1,12). Inmitten der vorausgesetzten, durch die Zwistigkeiten mit den Irrlehrern belasteten Gemeindesituation soll der Einsatz für die »gesunde Lehre« zwar mit Eifer und kompromisslos geschehen, aber doch nicht in leidenschaftlich-unbeherrschtem Streit (VV22a.23b.24a), sondern eben in friedenschaffender Fairness.

---

[318] Zu ihrer Herkunft vgl. Th. Söding, Die Trias Glaube, Hoffnung, Liebe bei Paulus, 1992 (SBS 150), 38–64; ders., Liebesgebot 280–285; Schrage, 1Kor III 317f.
[319] Seit Aeschylos, SeptTheb 610; vgl. dazu G. Schrenk, ThWNT II (1935) 184f.194f mit Verweisen u.a. auf Epiktet, Diss I,22,1;

II,17,6; Philo, All II,18; Sobr 38.
[320] Vgl. Vögtle, Tugend- und Lasterkataloge 124. – W. Foerster, ThWNT II (1935) 399f weist nach, dass der Begriff in Griechentum und Hellenismus meist einen Zustand und nur selten ein Verhalten bezeichnet.

Mit *Gerechtigkeit* ist jenes Grundverhalten gemeint, in dem Gott und den Mitmenschen das gegeben wird, das ihnen zukommt. Aufgrund ihrer umfassenden Bedeutung wird die Grundhaltung der Gerechtigkeit in Tit 2,12 zusammen mit *Besonnenheit* und *Frömmigkeit* als ethisches Erziehungsziel der Christen genannt. In 2Tim 3,16 erscheint sie sogar als Inbegriff dessen, worauf hin Gott die Menschen durch die heiligen Schriften erziehen will[321]. Über den hellenistischen Bedeutungsgehalt hinausgehend zeigt die Verwendung des Begriffs in den Past, dass für ein Leben in Gerechtigkeit nicht in erster Linie die von der menschlichen Gesellschaft vorgegebene Rechtsnorm maßgeblich ist, sondern das, was dem *Willen Gottes* entspricht, und zwar des Gottes, der als »Retter-Gott Christus Jesus« (Tit 2,13) und als »gerechter Richter« (2Tim 4,8) in Erscheinung treten wird. Zudem erscheint das Leben in Gerechtigkeit nur mit Hilfe der durch das Christusereignis geschenkten *Gnade* möglich (Tit 1,11f).

Glauben und *Liebe* gelten in den Past als Wertbegriffe, die mit der »gesunden Lehre« engstens verbunden sind und die als unverzichtbare Grundhaltungen christliche Existenz konstituieren (s.o. zu 1,13). Glauben meint dabei die erkenntnis- und bekenntnismäßige (s.o. zu 1,5), Liebe mehr die pragmatisch-praktische Dimension.

Der Begriff *Friede* wird vom Verfasser der Past sonst nur im Segenswunsch der Briefpräskripte verwendet, und zwar unter frühjüdischem Einfluss und in Abhängigkeit von Briefen des Paulus (s.o. zu 1,2). Während der Begriff in den Präskripten jeweils zusammen mit *Gnade* und *Erbarmen* ein Heilsgut und auch in der Tugendreihe Gal 5,22 nicht nur ein Verhalten, sondern darüber hinaus eine Frucht des Heiligen Geistes bezeichnet, meint er hier eine *Verhaltensweise*. Der Kontext legt die Annahme nahe, dass die anzustrebende Friedenshaltung zum einen im Vermeiden von Härte und emotional-unkontrolliertem Sich-Ereifern bestehen soll und zum andern im Bemühen um alles, was einem verträglichen Miteinander dient. Die Warnungen vor »Wortgefechten« (V14) und »Streitereien« (VV23f) sowie die Aufforderung zu »Freundlichkeit«, »Geduld« und »Milde« (VV24f) weisen in diese Richtung.

Entsprechend der literarisch-rhetorischen Eigenart von Tugendkatalogen ist bei ihnen weder mit einer inhaltlich präzisen Bestimmung der Einzelbegriffe noch mit deren streng logisch-systematisch geordneter Reihenfolge zu rechnen. Obwohl dies z.T. auch für den vorliegenden Fall gilt, erweisen sich doch Auswahl und Anordnung der hier angemahnten Haltungen in Bezug auf den Kontext bis zu einem gewissen Grad als durchaus sinnvoll. Es werden nämlich Haltungen genannt, deren Beachtung für die Bewältigung der vorausgesetzten *Gemeindeprobleme* ebenso wichtig

---

[321] So auch Häfner, Belehrung 248f im Unterschied zu Schlarb, Lehre 260f, der »Gerechtigkeit« in 2Tim 3,16; 1Tim 6,11 (und dementsprechend wohl auch in 2Tim 2,22) nicht als zu erstrebende *Tugend* versteht, sondern als die Lebensgestaltung *gemäß* der von Gott her durch Christus ermöglichten Rettung.

ist wie für die Qualifizierung des *Gemeindeleiters* und für die christliche Lebensgestalung der einzelnen *Gläubigen*.

Dass die genannten Grundhaltungen sowohl für den Gemeindeleiter als auch für alle Gemeindeglieder in gleicher Weise wichtig sind, wird ausdrücklich hervorgehoben: ›Timotheus‹ soll sich um diese Haltungen bemühen *zusammen* »mit allen, die den Herrn aus reinem Herzen anrufen« (V22b). Das, was hier eigens hervorgehoben wird, durchzieht auch sonst – ohne jeweils ausdrücklich genannt zu werden – die Ethik der Past. Die in den Ämterspiegeln erwähnten Qualifikationen und die in Amtsträgerparänesen ausgesprochenen Mahnungen betreffen zum Großteil Verhaltensweisen, die von allen Gläubigen zu erwarten sind (vgl. z.B. 1Tim 3,2–12; 4,6–16; 6,11; 2Tim 3,10ff; Tit 1,6–9; 2,1–15). Die Gründe dafür liegen wahrscheinlich darin, dass ja das Verhalten der Gemeindeleiter als *Vorbild* für die Mitchristen gelten soll, dass die *Lebensverhältnisse* der Amtsträger sich nicht von denen ihrer Mitchristen unterschieden und dass das Bewusstsein lebendig war, *gemeinsam* die Glaubensgemeinschaft zu bilden[322].

In ähnlicher Weise wie schon in V19b und im Anschluss an atl. und urchristlichen Sprachgebrauch werden die Gläubigen als die bezeichnet, »die den Herrn anrufen.« Das in Bekenntnis und Gebet erfolgende Anrufen ist näherbestimmt durch den Zusatz »aus reinem Herzen«. Die beiden einander nahestehenden Ausdrücke »reines Herz« (1Tim 1,5; 2Tim 2,22) und »reines Gewissen« (1Tim 3,9; 2Tim 1,3) gehören zu den Eigentümlichkeiten der Past. Während sich der Ausdruck »reines Gewissen« hellenistischer Ethik verdankt (s.o. zu 1,3), stammt der Ausdruck »reines Herz« atl.-jüdischer Denk- und Sprechweise[323]. Das Herz gilt als die Personmitte, als Zentrum des Fühlens, Denkens und Entscheidens. Das »reine Herz« ist Inbegriff des ungeteilten, sündelosen Gehorsams gegenüber Gott. In Ps 51,12 ruft der Beter Gott an, ihm ein »reines Herz zu schaffen«. Nach Ez 36,26f verheißt Gott, dass sein Geist die Veränderung des Herzens von »Stein« zu »Fleisch« bewirken werde, so dass man seinen Geboten gehorsam lebt. Im vorliegenden Text bringt die Näherbestimmung »aus reinem Herzen« zum Ausdruck, dass sowohl das Bekenntnis zum christlichen Glauben als auch die Tat der Liebe und der Einsatz für Gerechtigkeit und Frieden aus der in Gott verankerten Personmitte kommen, die ihrerseits durch Christi erlösend-reinigendes Heilswirken dazu befähigt wird.

Erneut wird ›Timotheus‹ aufgefordert, das abzuweisen, was die Irrlehrer kennzeichnet. Die vorausgehenden Warnungen richteten sich auf die Vermeidung von »Wortgefechten« (V14) und »gottlosem Geschwätz« (V16a), das wie ein »Krebsgeschwür wuchert« (V17a) und den »Glauben

---

[322] Vgl. z.T. ähnliche Erwägungen bei Brox 251; Trummer, Menschen 100. Oberlinner 113 hebt zu Recht auch das *gegenseitige* Aufeinander-Angewiesensein hervor.

[323] Vgl. F. Hauck, ThWNT III (1938) 419ff; R. Meyer, ebd. 426f; Towner, Goal 159; zum Urchristentum vgl. Mt 5,8; Herm vis II,9,8; V,7; mand XII,6,5.

zerstört« (V18c). Die neu ergehende Anweisung richtet sich gegen das, was ihnen *zugrunde liegt* und was die »Streitereien hervorbringt« (V23b). Genannt werden als deren Ursachen »törichte und unverständige ζητήσεις«. Entscheidend für die Erfassung des hier Gemeinten ist, dass nicht auf die Wortgefechte und Streitereien selbst, sondern auf deren *Ursache* hingewiesen wird und dass diese sowohl durch die Ablehnung als auch durch die beigefügten Adjektive ganz und gar *negativ* bestimmt wird, so dass ein wertneutraler oder sogar positiver Bedeutungsgehalt des Begriffs ζητήσεις nicht gemeint sein kann[324]. Die Übersetzung »törichte und unverständige *Grübeleien*«[325] dürfte dem Sinn der Aussage am nächsten kommen; denn dass es sich um solche handelt, lässt sich aus den Warnungen vor den Spekulationen über »Mythen und Genealogien« (1Tim 1,4; vgl. Tit 3,9) der Irrlehrer schließen.

Als Begründung dafür, dass ›Timotheus‹ derartige Grübeleien abweisen soll, wird ihre Auswirkung genannt, nämlich dass sie zu unfruchtbaren Streitereien führen. Diese sachliche Begründung wird aber noch durch die diatribische Stilfigur »du weißt« erheblich verstärkt. Denn sie hat ja die pragmatische Funktion, durch die ausdrückliche Hervorhebung des gegenseitigen Einverständnisses, was zugleich die Feststellung gegenseitigen Vertrauens einschließt, von vornherein Zustimmung für das Sachargument zu gewinnen.

24.25a   Wurden die vorausgehenden Anweisungen in direkter Anrede imperativisch nur an ›Timotheus‹ gerichtet, so wird nun ihr umfassenderer Geltungsrahmen dadurch deutlich gemacht, dass sie und die noch folgenden Anweisungen durch einen kollektiven Singular der Subjektsbezeichnung ausdrücklich *verallgemeinernd* auf jeden bezogen werden, der im Dienst der Gemeindeleitung tätig ist.

Knecht des   Die Bezeichnung »Knecht des Herrn [δοῦλος κυρίου]« folgt einer atl.-frühjüdi-
Herrn   schen sowie urchristlichen und besonders bei Paulus ausgeprägten Vorstellungs-
              und Ausdrucksweise[326]. Man legte hervorragenden Gestalten wie Mose, David
              u.a. diese Bezeichnung bei, um ihren Gehorsam gegenüber Gott und ihren Ein-

---

[324] So zu Recht Knight 422. Als zu positiv erscheinen daher die Übersetzungen: »Fragen« (Lutherbibel); »Streitpunkt, Streitfrage« (Bauer/Aland, Wörterbuch 686); »Untersuchungen« (Oberlinner 110.114, allerdings mit der Modifizierung: Die Irrlehrer bieten nichts Zuverlässiges).

[325] So auch Brox 245; ähnlich Roloff 332 zu 1Tim 6,4: Aus der Haltung »dümmlicher Originalitätssucht (vgl. 2Tim 3,4) heraus entwickelt der Irrlehrer spitzfindige Lehren und Spekulationen, die zum Anlaß von heftigen Debatten in der Gemeinde werden (1,4; 2Tim 2,23).«

[326] Vgl. dazu und zum Folgenden A. Weiser, EWNT I (1980) 728f.852; Roloff, Themen 519–526; Sänger, Amt 638–643. – Dass die Tradition speziell vom *Gottes-knecht* Jes 42; 53 auf V24 eingewirkt habe, wie z.B. Lock 101; Kelly 190; Holtz 176f; Dornier 220f meinen, ist mit Oberlinner 115 als unwahrscheinlich zu beurteilen; ebenfalls die Auslegung von Hanson 141; es werde hier der Kontrast zwischen dem *Klerus* und den *Laien* angezeigt.

satz für die ihnen anvertrauten Menschen in ehrender Anerkennung auszudrücken. Für die urchristliche Verwendung der Worte des δουλ- und διακ-Stammes kam hinzu, dass Jesu Lebenseinsatz bis hinein in den Tod als ein Dienen gedeutet und bezeichnet wurde (vgl. Mk 10,45; Lk 22,27). Das trug entscheidend dazu bei, alle Funktionen und Ämter, die dem Aufbau und der Leitung christlicher Gemeinden dienten, als *Dienst*-Ämter zu verstehen. Dementsprechend bringt die Bezeichnung des Gemeindeleiters als »Knecht des Herrn« in V24 eine dreifache Relation seines Dienstes zum Ausdruck, nämlich dass er im verantwortlichen Dienst gegenüber Gott bzw. Christus, gegenüber den Menschen bzw. der Gemeinde und gegenüber dem Evangelium steht. Die in atl.-jüdischer Tradition wurzelnde Metapher »Knecht des Herrn« (V24) ist in den Past – ebenso wie die Bezeichnung des Gemeindeleiters als »Mensch Gottes« (1Tim 6,11; 2Tim 3,17) – z.T. mit Sinngehalten aus der antiken Ökonomik verbunden worden. Dies zeigt sich daran, dass die Gemeinde als *Haus* und Gott als der *Hausherr* (1Tim 3,15; 2Tim 2,20f) sowie der Gemeindeleiter als der von Gott eingesetzte *Hausverwalter* (θεοῦ οἰκονόμος [Tit 1,7]) bezeichnet werden. Unter dem Gesichtspunkt seines Verhältnisses zu Gott gilt also der Gemeindeleiter als weisungsempfangender, Gehorsam schuldender »Knecht« und »Verwalter«; unter dem Gesichtspunkt seines Verhältnisses zur Gemeinde übt er die Rolle des weisunggebenden Hausvaters aus[327], wobei seine Weisungsbefugnis freilich eine nur vermittelnde ist.

In VV24f ist außer der δοῦλος-Funktion des Gemeindeleiters auch seine Hausvater-Rolle im Blick; denn Lehren und Erziehen (V24b: διδακτικός; V25a: παιδεύω) haben in der Antike ihren primären Ort in der Familie, wo den Eltern und speziell dem Vater diese Aufgaben im Haus oblagen[328]. Wie der Vater im Haus soll der Gemeindeleiter seine Mitchristen im »Haus Gottes« lehren und erziehen. Für das Verständnis von παιδεία in den Past hat die Aussage in Tit 2,11f grundlegende Bedeutung. Dort sagt der Verfasser, dass die von Gott her erschienene, alle Menschen rettende Gnade die im Hause Gottes Befindlichen erziehe (χάρις ... παιδεύουσα ἡμᾶς). Die παιδεία ist also »Bestandteil der Heilsoffenbarung Gottes, des Hausherrn, der in seinem Hause damit die Möglichkeiten schafft, gemäß ermöglichtem Heil zu leben«[329]. Diese Erziehung wird vermittelt und ausgeübt sowohl durch ›Paulus‹, den »Verkünder, Apostel und *Lehrer*« (2Tim 1,11), als auch durch die in seinem Auftrag eingesetzten Gemeindeleiter, wie es u.a. die διδάσκω- und παιδεύω-Terminologie im vorliegenden Abschnitt zeigt. Er steht unter dem Vorzeichen des Lehr- und Erziehungsideals der Past.

---

[327] Wagener, Ordnung 242 zeigt, dass sich durch die Beachtung der beiden Aspekte »ein gewisser Bruch in der Metaphorik« beheben lässt; vgl. auch Schlarb, Lehre 344. – Von Lips, Glaube 148 hebt zu Recht hervor, dass mit der Anwendung der Knechts- und Verwalterterminologie auf den Amtsträger das Moment der Treue, Zuverlässigkeit und Gewissenhaftigkeit besonderes Gewicht hat, zumal im Rahmen der Traditions- und Paratheke-Vorstellung der Past.

[328] Vgl. von Lips, Glaube 127.133f mit Belegen; Gielen, Tradition 146–158 (Exkurs: Die patria postestas).

[329] Schlarb, Lehre 348.

Die *negative Aufforderung*, nicht zu »streiten [μάχεσθαι]« (V24a),
knüpft an die bereits mehrfach ergangenen Mahnungen an, »Wortgefechte« nicht zu dulden (V14), »heilloses, gottfernes Geschwätz« zu meiden (V16) und »Grübeleien«, die zu Streit führen, abzuweisen (V23). Die
positive Aufforderung zu Freundlichkeit und Lehrtüchtigkeit sowie zu
Geduld und Milde bei der Zurechtweisung der Widerspenstigen
(VV24b.25a), und zwar zu ihrer Rettung (VV25b.26), führt die frühere
Ermahnung weiter, sich als »Arbeiter zu erweisen, der das Wort der
Wahrheit geradlinig verkündet« (V15). Eine ähnlich kontrastiert formulierte Aufforderung, »gütig, nicht streitsüchtig [ἐπιεικής/ἄμαχος]« zu
sein, richtet der Verfasser in 1Tim 3,3 an den Bischof, und in Tit 3,2 trägt
er dem Adressaten ›Titus‹ auf, sie allen Mitchristen einzuschärfen. Die
Mahnrede der VV24f gehört der »Gattung der Berufspflichtenlehre«[330]
an. Die Past enthalten mehrere vergleichbare Berufspflichtenspiegel und
Qualifikationslisten, so z.B. für den Bischof (1Tim 3,1–7; Tit 1,6–9[331]), für
Diakone/innen (1Tim 3,8–12) und für Witwen (1Tim 5,3–16). Ebenso wie
in VV24f der »Knecht Gottes« angehalten wird, »nicht zu streiten«, sondern sich »freundlich [ἤπιος], »lehrtüchtig [διδακτικός]«[332], »geduldig
[ἀνεξίκακος]« und »mild [ἐν πραΰτητι]«[333] zu erweisen, wird in 1Tim
3,2f vom Bischof verlangt, »nicht streitsüchtig [ἄμαχος]«, sondern »gütig
[ἐπιεικής]« und »lehrtüchtig [διδακτικός]« zu sein. Waren zwar Güte
und Freundlichkeit sowie die Fähigkeit zu lehren Bestandteile antiker Berufspflichtenlehren und Tugendkataloge, so kommt ihnen doch darüber
hinaus in den Past eine besondere Bedeutung zu: Die in Geduld auszuübende Lehrtätigkeit und Erziehung gilt in ihnen durchgängig als die
wichtigste Aufgabe der Gemeindeleitung, zumal des bischöflichen Leitungsdienstes[334].

---

[330] Schenk-Ziegler, Correctio 381. – Vgl.
zum Einfluss hellenistisch-popularphiloso-
phischer Weisungskataloge (z.B. Regenten-
und Feldherrnspiegel, Pflichtenlehren für
bestimmte Berufe und Standesgruppen) auf
die Past Vögtle, Tugend- und Lasterkataloge 73–81.237–243; Schwarz, Christentum
19–98; Roloff 150f; Weiser, Verantwortung
15f.
[331] Zum Bischofsspiegel der Didaskalia
vgl. Steimer, Vertex 229–237.
[332] Im Sinn der Past gehören dazu Kenntnis des durch ›Paulus‹ vermittelten Evangeliums, der »gesunden Lehre« und der »heiligen Schriften« sowie die Nachahmung der
von ›Paulus‹ vorgelebten Grundhaltungen
(vgl. 2Tim 3,10–17).
[333] Von den Worten πραΰς/πραΰτης
kommt in der Briefliteratur des NT nur das

Substantiv vor, und zwar außer in 1Petr 3,4
nur in paränetischen Kontexten der Paulusbriefe, Deuteropaulinen und Past (V25; Tit
3,2; vgl. 1Tim 6,11: πραϋπαθία). H. Fran-
kemölle, EWNT III (1983) 352 verweist auf
die Anlehnung an den »Diatribenstil und
an popularphilosophische Kataloge« mit
Belegen bei Vögtle und Wibbing. – Antike
Beispiele für die Erörterung der Frage nach
›strenger‹ oder ›milder‹ Erziehung der Kinder durch den Hausvater nennt Gielen,
Tradition 146–158.
[334] Zu »Lehren«, »Lehrer« und »Lehre«
im Rahmen des offenbarungstheologischen, weisheitlich-lehrhaften Gesamtkonzepts der Past s.o. bei 2Tim 1,11. Zur Lehrtätigkeit ordinierter Amtsträger im Rahmen von Tradition und Amtsnachfolge s.o.
bei 2Tim 2,2.

Da sich nach V25 die Erziehungsbemühungen auf die Sich-Widersetzen-
den beziehen, hat die παιδεία hier die Bedeutung von korrigierend-be-
lehrender »Zurechtweisung«[335].

Das Ziel, zu dem die Zurechtweisung die Irrlehrer und die von ihnen Ver- 25b.26
führten bringen soll, wird benannt als »Umkehr zur Erkenntnis der
Wahrheit« (V25b), als nüchterne »Besinnung« (V26a) und als Befreiung
»aus der Schlinge des Teufels« (V26a). »Umkehr [μετάνοια]« besagt hier
zunächst im negativen Sinn das Gleiche wie das in VV19c.21a geforderte
»Ablassen« von falscher Lehre und Praxis und das »Sich-Reinigen«. Positiv soll in nüchterner Besinnung »Erkenntnis der Wahrheit [ἐπίγνωσις
ἀληθείας]« erlangt werden. Damit ist im Sinne des offenbarungstheologisch-weisheitlichen und soteriologischen Gesamtkonzepts der Past das
höchste und umfassendste Lehr- und Erziehungsziel christlicher Unterweisung gemeint. Es sei nur an die markante Aussage erinnert: »Gott
will, dass alle Menschen gerettet werden und zur Erkenntnis der Wahrheit gelangen« (1Tim 2,4). Diese Wahrheitserkenntnis besteht im glaubenden Anerkennen, dass »Gott uns gerettet hat«, dass er seine »Gnade
offenbarte« im »Erscheinen unseres Retters Christus Jesus«, dass dieser
»den Tod zunichte gemacht, Leben und Unvergänglichkeit aber hat aufleuchten lassen« und dass sich dieses offenbarend-rettende Geschehen in
der Verkündigung des Evangeliums verwirklicht (2Tim 1,9f). Zu solcher
Anerkenntnis soll die in V25b erwähnte Umkehr führen. Es ist bemerkenswert, dass sie nicht einfach als das Objekt der Erziehungsbemühungen des Gemeindeleiters erscheint. Durch die Erwägung, dass *Gott* sie
»vielleicht schenke«, wird bewusst gehalten, dass sie sich außer menschlichen Bemühungen letztlich und entscheidend Gottes offenbarend-ret-
tender (1,9f) und erziehender (Tit 2,11f) Gnade verdankt.

Ebenso wie die Umkehr wird auch die Verstrickung, aus der sie heraus-
führen soll, nicht nur in ihren menschlichen Dimensionen gesehen, sondern als Gefangensein in der »Schlinge des Teufels«. Mit der gleichen
Formulierung ergeht am Schluss der Pflichtenlehre für den Bischof die
Warnung, dass er nicht in die παγὶς τοῦ διαβόλου gerate (1Tim 3,7). In
1Tim 4,1 wird der Glaubensabfall der Irrlehrer gedeutet als ein Sich-Hinwenden zu »betrügerischen Geistern« und zu »Lehren«, welche »von Dämonen« hervorgebracht werden (πνεύμασιν πλάνοις καὶ διδασκαλίαις
δαιμονίων). Mit dem Bild von der *Schlinge* wird eine atl.-frühjüdische
Metapher aufgegriffen[336]. Sie bezeichnet das Sündigen oder das Hinein-
geraten in Unheil bildhaft als ein Hineinfallen in Schlingen, Stricke oder
Netze. Die Auffassung, dass es sich um Fangnetze bzw. Schlingen des

---

[335] G. Schneider, EWNT III (1983) 8; vgl.
Schenk-Ziegler, Correctio 383 mit Beispielen anderer Interpretationen.
[336] Vgl. z.B. Spr 12,13: »Der Sünder ἐμ-
πίπτει εἰς παγίδας«; Sir 9,3: in die »Netze«

einer fremden Frau fallen; Tob 14,10f:
Achikar entkam der tödlichen »Falle«, die
Nadab ihm gestellt hatte; Nadab aber geriet
selbst in sie und kam um.

Teufels handelt und dass sich das verderbliche Treiben der Irrlehrer *teuflisch-dämonischer* Agitation verdankt, entspricht ganz der mythologischen Vorstellung des antiken und auch ntl. Weltbildes[337]. Zu ihm gehören weltübergreifende böse Geistmächte, die als Dämonen gegen die Götter bzw. Gott und gegen die Menschen agieren. Der Teufel gilt als oberster Dämonenfürst, auch wenn sich die Vorstellungen über ihn nicht in jeder Hinsicht mit denen über die Dämonen decken. In vielen Religionen findet sich der Glaube, daß Götter und Dämonen mit Schlingen und Netzen ausgestattet sind, mit denen sie ihre Feinde überwältigen. Zum Großteil liegt derartigen mythischen Deutungen die Erfahrung eigener Grenzen und ›Ohn-Macht‹ zugrunde, die sowohl der Einzelne als auch die Gemeinschaft in vielen Bereichen des Lebens macht, sei es in der Wahrnehmung des eigenen Selbst, sei es in der Begegnung mit anderen oder im Erleben und Erleiden von Naturkräften.

Zusammenfassung und Auswertung

Der Abschnitt besteht aus unmittelbar an ›Timotheus‹ gerichteten Mahnungen (VV22f) und aus verallgemeinernd auf den »Knecht des Herrn« bezogenen Anweisungen (VV24ff) zum Umgang mit den »Widerspenstigen«. Der an ›Timotheus‹ gerichtete Imperativ, »die Leidenschaften der Jugend« zu fliehen (V22a), trägt dem Vorhandensein junger Amtsträger in den Gemeinden Rechnung und bezieht sich nicht nur auf sinnliche Zügellosigkeit. Er hat vielmehr auch die Gefahr *unbesonnener Neuerungssucht* sowie *blinden Eifers* und *mangelnder Rücksichtnahme* bei der Wahrnehmung des Leitungsdienstes im Blick. Die auf ›Timotheus‹ (V22b) und sodann verallgemeinernd auf jeden Gemeindeleiter (V24) bezogenen *Tugendkataloge* stehen in atl.-jüdischer sowie in hellenistischer und urchristlicher Tradition. Die Auswahl der angemahnten Tugenden erweist sich aber darüber hinaus im vorliegenden Kontext als durchaus sinnvoll: Es geht um Haltungen, die für die Bewältigung der vorausgesetzten *Gemeindeprobleme* ebenso wichtig sind wie für die Ausübung des gemeindeleitenden *Amtes* und für die *Lebensgestaltung* der einzelnen *Christen*. Die Bezeichnung des Gemeindeleiters als »*Knecht des Herrn*« (V24a) bringt eine dreifache Relation seines Dienstes zum Ausdruck: Er steht in verantwortlichem Dienst gegenüber *Gott*, gegenüber der *Gemeinde* und gegenüber dem *Evangelium*. Unter den Qualifikationen des Gemeindeleiters wird besonders – wie auch sonst in den Past – die *Lehr-*

---

[337] Vgl. zu dieser zeitgebundenen, weltbildbedingten Sicht u.a. J. Schneider, ThWNT V (1954) 595; A. Weiser, Was die Bibel Wunder nennt, Stuttgart ⁷1988, 101–104; O. Böcher, EWNT I (1980) 715; W. Kirchschläger, Dämon I–III, in: LThK III (1995) 1–3; E. Neubacher / G. Bodendorfer / K. Kertelge, Teufel I–II, in: LThK IX (2000) 1360–1365. – In CD IV,15–18 ist von »drei Netzen Belials« die Rede, mit denen er »Israel fängt«. Es sind »Unzucht«, »Reichtum« und »die Befleckung des Heiligtums«. In 1QS III,20f heißt es: »In der Hand des Engels der Finsternis liegt alle Herrschaft über die Söhne des Frevels … und durch den Engel der Finsternis kommt Verwirrung«.

fähigkeit hervorgehoben (V24b). *Lehren* und *Erziehen* erweisen sich als besonders wichtig, weil nach dem offenbarungstheologisch-weisheitlichen Gesamtkonzept der Past Gott seine Gnade im Christusgeschehen offenbart hat und sie eine Erziehung ausübt, die – vermittelt durch die lehrend-erzieherische Tätigkeit der Gemeindeleiter – zur »Erkenntnis der Wahrheit« (V25b) und zum ewigen Heil führt. In die Vorstellungen und Formulierungen, die in VV24.25a über das Lehren und Erziehen eines »Knechtes des Herrn« gemacht werden, sind Einflüsse aus dem AT, dem Frühjudentum, aus der hellenistischen Ökonomik und aus urchristlichen Traditionen aufgenommen worden. Es zeigt sich ein Zusammenhang mit Berufspflichtenlehren und mit Anweisungen über die in Milde auszuübende Erziehung durch den Vater im antiken Haus. Im vorliegenden Kontext ist das Erziehungsbemühen als *korrigierend-belehrende Zurechtweisung* verstanden, denn es ist auf die sich der gesunden Lehre Widersetzenden (V25a) ausgerichtet. Mit ihnen sind die Irrlehrer und die von ihnen in Theorie und Praxis Irregeleiteten gemeint. Gemäß dem antiken mythischen Weltbild gilt ihre Situation nicht nur verursacht durch menschlich-schuldhaftes Versagen, sondern als Gefangenschaft durch »*die Schlinge des Teufels*« (V26a). Dementsprechend ist dazu, dass wieder »Besinnung« und so »Erkenntnis der Wahrheit« erlangt werde (VV26a.25b), ebenfalls nicht nur menschliches Bemühen nötig, sondern eine von »*Gott*« geschenkte »*Umkehr*« (V25b). Ihr soll der korrigierend-belehrende Einsatz des Gemeindeleiters dienen.

Angesichts des damals geltenden Weltbilds, zu dem *Dämonen* und als oberster Dämonenfürst der *Teufel* gehörten, ist es nicht befremdlich, dass der Verfasser der Past die Situation der sich widersetzenden Irrlehrer als Verstrickung in die »*Schlinge des Teufels*« bezeichnet. Befremdlich und theologisch unverantwortbar aber ist es, wenn in der *heutigen* kirchlichen Lehre und Liturgie die *Zeit- und Kulturbedingtheit* derartiger biblischer Aussagen nicht berücksichtigt, sondern die Existenz von Dämonen und vom Teufel *ungebrochen* als *personifizierte* widergöttliche und menschenfeindliche Wesen vorausgesetzt und verkündet wird. Besonders gravierend ist dies bei der überarbeiteten Fassung des »Großen Exorzismus« der Fall. Im Rahmen der Liturgiereform des II. Vatikanums ist sie als letzter Teil des Rituale Romanum unter dem Titel: »De exorcismis et supplicationibus quibusdam« (Editio Typica, Typis Vaticanis, 1999) veröffentlicht worden. Es ist die Überarbeitung der Ausgabe von 1614: »De exorcizandis obsessis a daemonio«. Abgesehen von spöttelnden Reaktionen der kirchenkritischen Presse wie etwa: »Der Teufel ist wieder los«[338], haben Theologen zu Recht Befremden und Kritik zum Ausdruck gebracht, und es haben Psychologen vor der Anwendung gewarnt. Das Dokument lässt jeden Ansatz vermissen, Ergebnisse der Exegese aufzunehmen und

---

[338] Focus, Nr. 6 vom 8.2.1999, 92–95.

den Einfluss des antiken Weltbilds auf die biblischen Anschauungen »wenigstens zu diskutieren«[339]. Damit hängt als weiterer Kritikpunkt unmittelbar zusammen, dass im Ritus nicht nur das an Gott gerichtete fürbittende Gebet für Menschen in Bedrängnis vorgesehen ist, sondern dass Beschwörung und Ausfahrbefehl in *direkter Anrede an den Satan* erfolgen[340]. Heutige Erfahrungen mit den Mächten und dem Geheimnis des Bösen erfordern sicher eine andere Weise des Umgangs mit ihnen.

3   Die Fehlhaltungen der Irrlehrer als ›endzeitliches‹ Phänomen (3,1–9)

1 Dies aber wisse, dass in den letzten Tagen schwere Zeiten eintreten werden; 2 denn die Menschen werden selbstsüchtig sein, geldgierig, prahlerisch, überheblich, Lästerer, ungehorsam gegen die Eltern, undankbar, gottlos, 3 lieblos, unversöhnlich, verleumderisch, unbeherrscht, zügellos, dem Guten abgeneigt, 4 Verräter, unbesonnen, verblendet, weit mehr der Liebe zum Genuss als der Liebe zu Gott ergeben; 5 sie wahren zwar den äußeren Schein der Frömmigkeit, verleugnen aber deren Kraft. Und von diesen wende dich ab! 6 Zu ihnen gehören nämlich auch die, die sich in die Häuser einschleichen und Frauenzimmer einfangen, welche überhäuft sind mit Sünden und von den verschiedensten Gelüsten umhergetrieben werden, 7 die ständig am Lernen sind und doch nie zur Erkenntnis der Wahrheit gelangen können. 8 Wie Jannes und Jambres sich dem Mose widersetzten, so widersetzen sich auch diese der Wahrheit: Menschen mit zerstörtem Verstand [und] unbewährt im Glauben. 9 Sie werden aber nicht weiter vorankommen; denn ihr Unverstand wird allen offenkundig sein, wie es auch bei jenen geschah.

Analyse 1   *Aufbau und Struktur.* Der *dritte* Teil des umfassenderen Gesamtabschnitts über die Irrlehrerproblematik (2,14–3,9) unterscheidet sich von den beiden vorausgehenden Teilen dadurch, dass die *Fehlhaltungen* der Irrlehrer *zukunftsgerichtet* als Phänome der »letzten Tage« (VV1b–4) ge-

---

[339] M. Probst, Der große Exorzismus – Ein schwieriger Teil des Rituale Romanum, LJ 49 (1999) 247–262, hier 260; vgl. ähnlich u.a. H. Haag, Kein Ende des Teufelsglaubens. Zum neuen Exorzismusritual, ThQ 179 (1999) 225f. Die von Haag vertretene Auffassung, dass »*Dämonen oder Geister*« biblisch mit »dem Teufel nichts zu tun haben«, trifft allerdings so allgemein nicht zu; denn sie unterstehen dem Satan bzw. Teufel als dem ›Fürsten der Dämonen‹ (vgl. z.B.

Mk 3,22 parr; W. Kirchschläger, LThK III [1995] 2f). Dementsprechend ist auch nicht als falsch zu kritisieren, dass im Dokument immer wieder »diabolus et (alii) daemones bzw. daemonia« in »einem Atem« genannt werden (Haag, Kein Ende 226).
[340] Vgl. Probst, Exorzismus (s. vorige Anm.) 257.261. Auch H. Pompey, LThK III (1995) 1128f hält die »imprekative Form theologisch und psychologisch für unvertretbar.«

kennzeichnet und die den Irrlehrern zum *Opfer* Fallenden als eine *eigene Gruppe* mit negativen Eigenschaften näher bestimmt werden (VV6b–7). Der Teilabschnitt wird eröffnet mit einem *briefkommunikativen Imperativ* (V1a). Sodann folgen eine allgemeine *Kennzeichnung der Endzeit* (V1b), ein auf sie bezogener *Lasterkatalog* (VV2–4) mit summierendem *Hauptvorwurf* gegen die Irrlehrer (V5a), eine adversative *Aufforderung* an ›Timotheus‹, sich von ihnen abzuwenden (V5b), die *Näherbestimmung* einer Gruppe von *Verführern* und *Verführten* (VV6f), ein *Vergleich* ihres negativen Verhaltens mit dem zweier Gestalten aus der Moseüberlieferung (V8) und die mit einer *Begründung* versehene (V9b) *Voraussage* ihres *Scheiterns* (V9ac).

Unter *zeitlichem* Aspekt ist besonders bemerkenswert, dass sich die in den VV1–4 geschilderten schlimmen Zustände zwar auf die *Endzeit* beziehen, dass sie aber nach den Aussagen der VV5–9 doch so die *Gegenwart* betreffen, dass sich der Adressat vor ihnen hüten soll[341]. Sowohl diese *formale zeitliche Struktur* als auch die mit ihr verbundenen *inhaltlichen Aussagen* lassen erkennen, dass es sich bei dieser Textgestaltung um eine Anknüpfung an *urchristliche Traditionen* handelt, die ihrerseits durch *Formelemente der frühjüdischen Apokalyptik* geprägt wurden. Auf den *Lasterkatalog als solchen* (VV2–4) haben außerdem jene traditionsbildenden Elemente eingewirkt, die schon bei der Ausprägung von Lasterkatalogen im *Hellenismus, hellenistischen Judentum* und *hellenistisch-jüdisch beeinflussten Urchristentum*, besonders im Traditionsbereich der *paulinischen Briefe*, wirksam geworden waren. Der *strukturelle* und *überlieferungsgeschichtliche Zusammenhang* sowohl mit der *jüdisch-apokalyptischen* als auch mit der *hellenstischen* Tradition sei im Folgenden verdeutlicht.

2 *Gestaltungselemente aus jüdisch-apokalyptischer Tradition.* Wie in der Einführung bereits gezeigt wurde (I.2), sind in der *Testamentsliteratur* des frühen Judentums *Vorhersagen über den sittlichen Verfall* und über die *Abkehr von der Wahrheit* einer *Autorität der Vergangenheit* in den Mund gelegt, wobei der Verfasser die unheilvollen *Zustandsschilderungen* zwar auf die nächste Zukunft oder auch auf das *Ende der Zeit* bezieht, in Wirklichkeit aber immer *Probleme der Gegenwart* im Blick hat und *Mahnungen für die Gegenwart* erteilt. Diese Denk- und Sprachstruktur liegt dem 2Tim im ganzen, besonders deutlich aber der Textgestaltung in 3,1–9 und 4,3–5 zugrunde (vgl. auch 1Tim 4,1–3).

---

[341] V5 bildet den *Übergang*: Von Menschen, deren Fehlhaltungen durch einen *Endzeit*-Lasterkatalog gekennzeichnet werden (VV2–4), soll sich der Adressat *jetzt in der Gegenwart* abwenden (V5). – Nicht von gleichem Belang ist der Zeitstufenunterschied in VV8f: Vergangenheit (8a.9c), Gegenwart (8b) und Zukunft (9a).

2.1   Schon *prophetische Texte des AT* wie z.B. Jes 3,5; Mi 7,2–6 enthalten Voraussagen über einen allgemeinen *moralischen Verfall* und über die *Zerrüttung
zwischenmenschlicher Beziehungen.* Bereits dort heißt es, dass sich in Familie
und Volk einer gegen den anderen, jeder gegen den Nächsten, Junge gegen Alte,
Geringe gegen Geachtete, auflehnen und dass Treulosigkeit, Unredlichkeit,
gegenseitige Mordgier, unrechtes Gewinnstreben, Bestechlichkeit und Rechts-
beugung vorherrschen werden.

2.2   Dass derartige negative Haltungen und Zustände in besonders schlimmer
Ausprägung kennzeichnend für das unmittelbar bevorstehende *Ende der Zeit*
sind[342], ist ein verbreiteter *apokalyptischer Topos.* Beispiele dafür sind u.a. 4Esr
5,1–10; 6,24–28 (außer kosmischen Erschütterungen: Ungerechtigkeit, Irrtum,
Willkür, Bosheit, Kampf unter Freunden); syrBar 70,3–5 (Zwietracht untereinander, Niedere gegen Höhergestellte, Schweigen der Weisen, Reden der Toren);
AssMos 7,1–9 (Herrschaft von Verderblichen, Gottlosen, Irrlehrern, Selbstsüch-
tigen und Betrügern); ApkEsr 3,12–14 (Zwietracht unter Familienmitgliedern,
Völkern und Freunden); ur- und frühchristlich: Mk 13,6.12.22 / z.T. parr (falsche
Propheten, Messiasse; Zwietracht [Mt 24,12: Gesetz- und Lieblosigkeit]); 2Thess
2,3 (Abfall von Gott; Auftreten des Widersachers); 2Petr 3,3f (von Begierden ge-
triebene Spötter); Did 16,3f (Falschpropheten, Verführer, Hass).

2.3   Oft begegnet dieser apokalyptische Topos eingebunden in die *Form einer
testamentarischen Rede* oder in die *Rahmengattung frühjüdischer ›Testamente‹.*
In Jub 7,26 sagt *Noach* seinen Kindern, dass sie einen Weg der Ungerechtigkeit,
Verderbnis, Zwietracht und gegenseitiger Eifersucht gehen werden. In TestLev
schärft *Levi* seinen Kindern ein, zu bewahren, was er ihnen befiehlt (10,1). Denn
was er von seinen Vätern gehört habe, habe er ihnen kundgetan. Unschuldig sei
er an jeder »Gottlosigkeit und Übertretung«, in die sie »am Ende der Zeiten« geraten werden. Sie werden »gottlos handeln und Israel in die Irre« führen (10,2f),
»den Rechtssatzungen Gottes entgegenstehende Gebote« lehren, Diebstahl und
Hurerei verüben (14,4f), der Gewinnsucht verfallen (14,6), Priestertum und
Opferdienst beflecken (16,1) sowie die Worte des Gesetzes, der Propheten und der
Wahrhaftigen entstellen (16,2)[343].

2.4   In manchen der Testamentstexte ist – wie in 2Tim 3,1a – das *Wissensmotiv*
vorangestellt. Durch die Verbindung des Wissensmotivs mit der Qualifizierung
der folgenden Aussagen als *Offenbarung* erweist sich das vom Verfasser den
Adressaten *Mitgeteilte* als *Offenbarungswissen.* Issachar spricht: »Ich weiß [v.l.:
Wisset!], meine Kinder, dass in den letzten Zeiten eure Söhne die Einfalt verlassen und der Habgier anhängen werden.« Sie werden »die Gesetze des Herrn verlassen und Beliar anhängen.« Sie werden »ihren bösen Überlegungen folgen«

---

[342] Vgl. u.a. die Ausdrücke »die Tage des
bösen Geschlechts«, »der Sünder« (u.a. Jub
23,14f; äthHen 22,12; 80,2; Sib III,568f). –
Vgl. zum Ganzen Bill. IV/2, 977–986; P.
Volz, Die Eschatologie der jüdischen Gemeinde im neutestamentlichen Zeitalter,
Hildesheim ²1966, 153ff; Wolter, Pastoralbriefe 228ff; W. Trilling, Der zweite Brief an
die Thessalonischer, 1980 (EKK XIV), 82f.
[343] *Simeon* sagt Hurerei und Gewalttat

unter seinen Nachkommen voraus (Test-
Sim 5,4); *Mose* nennt Sünde, Kultfrevel,
Gesetzlosigkeit und Bestechung unter Sad-
duzäern und Schriftgelehrten (AssMos 5,2–
6; s. auch den Text oben 7,1–9); weitere
Beispiele: TestXII: Seb 9,5; Naph 4,1; Ass
7,5; LibAnt 19,2 (Mose); 24,4 (Josua); 28,4
(Phinees); 2Petr 2,1–3; EpAp 50 (61) (»Es
werden eine andere Lehre und Streit kommen«).

(TestIss 6,1f). Ähnlich sagt *Dan*: »Denn ich weiß, daß ihr in den letzten Tagen vom Herrn abfallen werdet« (TestDan 5,4). Es werden sodann Bosheit, Greuel, Unzucht, Habsucht, Raubgier genannt, und es wird gesagt, dass »in jeder Bosheit die Geister des Irrtums« wirken (5,5). *Gad* spricht: »Ich erkannte, dass eure Kinder am Ende [vom Herrn] abfallen werden und in aller Bosheit und Schlechtigkeit und Verderbtheit vor dem Herrn wandeln« (TestGad 8,2; ähnlich TestAss 7,5). *Henoch* ermahnt seine Söhne zu Gerechtigkeit und warnt sie: »Denn ich weiß,« dass am Ende Gewalttätigkeit, Ungerechtigkeit, Frevel, Sünde, Gotteslästerung überhand nehmen (äthHen 91,3–7).

3 Der *Lasterkatalog als solcher* (VV2–4[5a])[344] ist neben Röm 1,29–32 und 1Tim 1,9f der längste der 21 ntl. Lasterkataloge. Er besteht aus 18 Gliedern. Ihre Auswahl und Anordnung lässt – wie in vergleichbaren Texten – wenig Systematik erkennen. Ein gewisses Ordnungsgefüge zeigt sich darin, dass in den ersten Gliedern spezielle Formen des Egoismus und in den dann folgenden Gliedern Formen der Gemeinschaftszerstörung stärker im Vordergrund stehen[345]. Verweist die Kennzeichnung der Laster als Phänomene der Endzeit (V1b) auf einen Traditionszusammenhang mit der apokalyptischen Literatur, so ist der *Lasterkatalog als solcher* darüber hinaus im Zusammenhang mit der langen, nach Form und Verwendung weit verzweigten Tradition negativer Weisungsreihen des *palästinischen Frühjudentums* (3.1), der *griechisch-hellenistisch-römischen Antike* (3.2) und des *hellenistischen Judentums* (3.3) zu sehen.

Lasterkatalog

3.1 Für das *palästinische Frühjudentum* sind Lasterkataloge durch die Schriften von Qumran belegt[346]. In 1QS IV,9–11 folgt in Form des Zwei-Wege-Schemas auf einen Tugendkatalog die Aufzählung dessen, was dem »Geist des Frevels« entspricht, nämlich u.a.: Habgier, Trägheit der Hände im Dienst der Gerechtigkeit, Bosheit, Lüge, Stolz und Hochmut des Herzens, Betrug und Täuschung, Grausamkeit und große Gottlosigkeit, Jähzorn, Übermaß an Torheit und stolze Eifersucht. Ein weiterer Katalog in kürzerer Fassung findet sich in X,22. Während die meisten Lasterkataloge des NT (außer Past) denen in 1QS nahestehen und sich fast die Hälfte der Begriffe hier wie dort findet, sind die vier Lasterkataloge der Past am weitesten von 1QS, d.h. vom Einfluss des palästinischen Judentums, entfernt[347].

3.2 Lasterkataloge der griechisch-hellenistisch-römischen Antike

3.2.1 In der Schultradition der Stoa war die Aufzählung der vier Kardinallaster: Unverstand (ἀφροσύνη), Zügellosigkeit (ἀκολασία), Ungerechtigkeit (ἀδικία),

---

[344] Forschungsüberblick dazu bei McEleney, Vice Lists 211–215.
[345] Als rhetorisches Stilmittel ist mehrfach die Paronomasie verwendet und zwar als Homoioarkton bei der Aufeinanderfolge der Begriffe φίλαυτοι, φιλάργυροι; ἀχάριστοι, ἀνόσιοι, ἄστοργοι, ἄσπονδοι; ἀκρατεῖς, ἀνήμεροι, ἀφιλάγατοι; προ-

δόται, προπετεῖς; φιλήδονοι, φιλόθεοι. Mussies, Dio Chrysostom 214f macht auf die Verwendung dieser Stilfigur und auf das Vorkommen ähnlicher Lasterbezeichnungen in den Reden Dios aufmerksam.
[346] Vgl. dazu Wibbing, Tugend- und Lasterkataloge 43–76.
[347] Vgl. ebd. 86–99.

Feigheit (δειλία) und der vier negativen Hauptaffekte: Trauer (λύπη), Furcht (φόβος), Begierde (ἐπιθυμία), Lust (ἡδονή) verbreitet. Von der Trauer leitete man bis zu 25, von der Furcht bis zu 13, von der Begierde bis zu 27 und von der Lust bis zu 5 Arten spezieller Laster ab[348].

3.2.2 Außer in der Schulphilosophie spielten Lasterkataloge auch in der *popularphilosophischen Ethik der stoisch-kynischen Diatribe* eine große Rolle[349]. Belege finden sich z.B. bei Musonius, Epiktet, Plutarch, Dio Chrysostomus, beim Juden Philo, beim Römer Seneca; in den Heraklit- und Kynikerbriefen sowie in Satiren und Komödien. Es heißt z.B. bei Epiktet: »Vertreibe aus deinem Sinn Traurigkeit, Furcht, Begierde, Neid, Schadenfreude, Geiz, Weichlichkeit, Unmäßigkeit« (Diss II,16,45). Dio klagt über »Geldgierige, Schlemmer, Trinker, leidenschaftlich für Frauen und Knaben Entbrannte« (Or LXVI,1). Astrologen verwendeten Tugend- und Lasterkataloge in Horoskopen[350], und die volkstümliche Literatur der Spätantike brachte die Laster auch auf die Bühne: Schlimmes Verhalten gegenüber Göttern und Menschen wird z.B. in einer Komödie des Plautus in Form eines Lasterkatalogs dem Kuppler Ballio vorgeworfen (Pseudolus 360–368)[351]. Ein besonders charakteristisches Beispiel für einen Lasterkatalog der hellenistischen Diatribe ist die asyndetische Aufzählung von ungefähr 150 Untugenden, die Philo vornimmt, um deutlich zu machen, »was einer alles sein wird«, wenn er »zum Anhänger der Lust geworden ist [γενόμενος φιλήδονος]« (Sacr 32). Sechs der dort genannten Laster sind auch im Katalog 2Tim 3,2–4 enthalten: φίλαυτος (selbstsüchtig), ἀλαζών (prahlerisch), ἀπειθής (ungehorsam), ἄσπονδος (unversöhnlich), διάβολος (verleumderisch), φιλήδονος (der Lust anhangend)[352].

3.2.3 Für den Vergleich mit dem Lasterkatalog in 2Tim empfiehlt sich noch die Beachtung von Lasterkatalogen, die speziell im Rahmen *philosophischer bzw. popularphilosophischer Gegnerpolemik* eingesetzt wurden. Von Plato an ist eine Tradition nachweisbar, in der den Gegnern vorgeworfen wurde, dass sie selbst *nicht tun*, was sie *lehren*, und in der dieser *Grundvorwurf* oft durch die Aufzählung von Fehlhaltungen in einem *Lasterkatalog* verdeutlicht wurde. Von Plato ausgehend findet sich diese Tradition u.a. bei Aristoteles, Dio Chrysostomus, Maximus von Tyrus, beim Juden Philo sowie bei den Christen Tatian, Athenagoras

---

[348] Vgl. z.B. Stobaeus, Ecl II,59,4 (= SVF III, Nr. 262); II,57,19 (= SVF III, Nr. 70); Diogenes Laertius VII,110f (= SVF III, Nr. 412); Andronicus I–V (= SVF III Nr. 397.401.409.414); Cicero, Tusc IV,11–21; Vögtle, Tugend- und Lasterkataloge 60f; Wibbing, Tugend- und Lasterkataloge 17; Kamlah, Form 139–143.

[349] Vgl. Vögtle, Tugend- und Lasterkataloge 62–73; Wibbing, Tugend- und Lasterkataloge 20–23; Kamlah, Form 145–148.

[350] Belege bei Vögtle, Tugend- und Lasterkataloge 84–88.

[351] Vgl. dazu Deissmann, Licht 269; Wibbing, Tugend- und Lasterkataloge 89, Anm. 46.

[352] Weil überdies 2Tim 3,2–4 durch die für Philo wichtigen Kontrastbegriffe φίλαυτος und φιλόθεος gerahmt ist, nimmt Oberlinner 123 mit Verweis auf Spicq 773f; Hanson 144 an, »daß der Verfasser der Past hier von Philo abhängig ist.« Prior, Paul 243f, Anm. 85f betont ebenfalls die Übereinstimmung mit Philo, geht aber auf die Frage der Abhängigkeit nicht ein. Nach McEleney, Vice Lists 213 sind die Übereinstimmungen zu unspezifisch, um eine Abhängigkeit anzunehmen. M.E. genügt zur Erklärung das in den Tugend- und Lasterkatalogen der Umwelt sich ausdrückende gemeinsame Denk- und Sprachmilieu ohne die Annahme literarischer Abhängigkeit von einem konkreten Text.

und Clemens von Alexandrien[353]. Philo schreibt z.B.: »Was nützt es, das Schönste zu sagen, das Hässlichste aber zu denken und zu tun? Das ist die Art der Sophisten. [Sie halten] nämlich endlose Reden über die Besonnenheit und Selbstbeherrschung, ... in ihren Handlungen im Leben ertappt man sie als rechte Sünder« (Post 86). Sie »denken das Gegenteil« von dem, »was sie sagen«, und »wenn sie Klugheit, Mäßigkeit, Gerechtigkeit und Frömmigkeit preisen, gerade dann werden sie als Leute erkannt, die töricht, ausschweifend, ungerecht und gottlos sind« (Det 73).

3.3 Die Texte Philos sind zugleich Musterbeispiele dafür, wie sich Gedankengut und sprachliche Ausdrucksweise des *Hellenismus* mit Anschauungen und Wertmaßstäben des *Frühjudentums* verbanden. Die Lasterkataloge der Testamente der Zwölf Patriarchen (s.o. 2.3f), der Sibyllinischen Orakel, des Aristeasbriefs und des 4. Makkabäerbuchs sind weitere Beispiele aus dem *hellenistischen Judentum*[354]. Auch die Schilderung des heidnisch-lasterhaften Lebens, die der Verfasser von Weish 14,22–28 in Form eines Lasterkatalogs vorgenommen hat, entstammt diesem geistigen Milieu. Katalogartig nennt er als Auswirkungen des Götzendienstes u.a.: kindermörderische Festfeiern, heimliche Kulte mit wilden Gelagen, heimtückische Morde, Ehebruch, Diebstahl, Betrug, Verdorbenheit, Untreue, Aufruhr, Meineid, Undankbarkeit, widernatürliche Unzucht und Zügellosigkeit. Der Einfluss dieses Katalogs auf die Gestaltung von Lasterkatalogen des *Urchristentums* zeigt sich z.B. daran, dass *Paulus* bei seiner Kennzeichnung heidnischer Fehlhaltungen in Röm 1,29–31 an diesen Lasterkatalog anknüpfte[355].

Auch der Lasterkatalog von 2Tim 3 steht in urchristlich-*hellenistisch-jüdischer* Tradition. Auf den *jüdischen* und *jüdisch*-urchristlichen Traditionszusammenhang weisen der apokalyptische Topos von den *Lastern am Ende der Zeit* sowie manche auch in *jüdischen* Lasterkatalogen enthaltene *Begriffe* hin. Der viel *stärkere* Einfluss von Seiten der *hellenistischen* Ethik, näherhin jener der stoisch-kynischen Diatribe, gibt sich zunächst in der formalen und inhaltlichen Nähe zu den Lasterkatalogen des *hellenistischen* Judentums (z.B. Philo, Weish) und des *hellenistisch*-jüdischen Urchristentums (z.B. Röm 1)[356] zu erkennen. Darüber hinaus zeigt er sich

---

[353] Vgl. mit reichem Belegmaterial und über die allgemeinen Angaben von Dibelius/Conzelmann 53; Spicq 86–117.632–634 hinausgehend Karris, Background. Er weist nach, dass die Topik dieser traditionellen Polemik in der Kritik der Philosophen an den Sophisten wurzelt und von etwa 70 n.Chr. an und im 2. Jh. besonders verbreitet war (551).
[354] Belege bei Vögtle, Tugend- und Lasterkataloge 96–106; Wibbing, Tugend- und Lasterkataloge 26–30.
[355] Vgl. Vögtle, Tugend- und Lasterkataloge 227–232; Wilckens, Röm I 96f.
[356] Gemeinsamkeiten mit Röm 1 bestehen darin, dass beide Lasterkataloge fast gleich lang sind, dass sie vier Begriffe gemeinsam

haben (ἀλαζόνες, ὑπερήφανοι, γονεῦσιν ἀπειθεῖς, ἄστοργοι) und dass in beiden das rhetorische Stilmittel der Paronomasie angewandt ist. Vgl. Vögtle, Tugend- und Lasterkataloge 16f; Wibbing, Tugend- und Lasterkataloge 83. – Nach Oberlinner 122 muss es aufgrund der Differenzen allerdings »offenbleiben«, ob literarische Abhängigkeit vorliegt; ähnlich Dibelius/Conzelmann 87; Brox 254. McEleney, Vice Lists 212 lehnt sie ganz ab. Bedenkt man jedoch über den reinen Textvergleich hinaus die Tatsache, dass der Verfasser von 2Tim an anderen Stellen eindeutig Röm 1 verarbeitet hat, so wird man auch hier diese Möglichkeit nicht ausschließen.

aber auch an einer großen Zahl von *Begriffen,* die entweder *nur* im Griechentum und Hellenismus[357] oder doch *überwiegend* dort[358] vorkommen und die der Verfasser der Past aus seiner Umwelt eingebracht hat[359].

4 Der an ›Timotheus‹ gerichtete *Imperativ,* sich von derart lasterhaften Menschen abzuwenden (V5b), gehört zum einen der *paränetischen Briefkommunikation* an, zum anderen zeigt sich auch in ihm ein Gattungselement der *Testamentsliteratur.* In manchen ihrer Texte wird die *Gegenwarts*relevanz der *Zukunfts*aussagen ebenfalls durch einen Imperativ ausgedrückt. Besonders deutlich ist dies z.B. in Jub 21,21f der Fall: Auf die Vision über die *künftigen* Unrechtstaten der Menschen folgt Abrahams Mahnung an seinen *gegenwärtigen* Sohn Isaak: »Hüte dich, dass du nicht auf ihrem Wege gehst!« Der Imperativ bildet die Brücke von der *Zukunfts*vision in die *Gegenwart.*

5 Nicht in gleicher Weise wie in den VV2–4 ist *die negative Kennzeichnung der Gegner* und der von ihnen *Verführten in VV6f* vom Schema antiker Lasterkataloge bestimmt. Stärker als bei den vorausgehenden Vorwürfen ist hier ein zugrundeliegendes *Phänomen der geschichtlich fassbaren Gemeindesituation* und des *Umgangs mit ihr* erkennbar. Bei der Auslegung wird gezeigt werden, dass es in den Adressatengemeinden eine *Mitbeteiligung von Frauen an Lehre und Leitung gab,* dass dies durch *gnostisierende Kreise* zwar *nicht verursacht,* wohl aber durch das Wirken von *Irrlehrern in den Häusern gefördert* wurde, dass *Frauen dafür besonders geöffnet* waren und dass der *Verfasser* das Verhalten der Frauen *zusammen mit der ›Häresie‹* vehement *kritisierte.*
Außer der Benennung von *Tatsachen* enthalten die VV6f *negative Aussagen über die Frauen,* die der Irrlehre anheimfallen. Diese äußerst negativen Kennzeichnungen verdanken sich der gleichen überspitzenden Rhetorik wie der vorausgehende Lasterkatalog. Die verächtlich-spöttische Verkleinerungsform »Frauenzimmer« sowie die Disqualifizierungen des Überhäuftseins mit Sünden und des Umhergetriebenseins durch Gelüste (V6bc) gehören dem negativ schematisierenden Sprachstil antiker Gegnerpolemik an[360]. Die Aussage, die Frauen seien zwar »ständig am Ler-

---

[357] Z.B. φίλαυτος, ἄστοργος, ἄσπονδος, διάβολος, ἀνήμερος, προπετής, τετυφωμένος, φιλήδονος; näheres dazu s. Auslegung.
[358] Z.B. φιλάργυρος, ἀχάριστος, ἀνόσιος, ἀκρατής; näheres dazu s. Auslegung.
[359] Von den etwa 40 Lastern, die in den Lasterkatalogen der Past genannt werden (1Tim 1,9f; 6,4f; 2Tim 3,2–4; Tit 3,3), stehen nur 10 in anderen ntl. Katalogen. 30

Lasterbezeichnungen tauchen hier neu auf. Unter allen ntl. Lasterkatalogen zeigen die der Past die geringste Berührung mit denen des palästinischen Judentums (z.B. 1QS). Vgl. die Statistik bei Wibbing, Tugend- und Lasterkataloge 87f.
[360] Während Sündhaftigkeit und moralisches Fehlverhalten als Elemente antiker Gegnerpolemik vielfältig belegt und vom Verfasser der Past selbst oft eingesetzt worden sind, wie z.B. die Lasterkataloge zeigen,

nen« aber »unfähig, zur Erkenntnis der Wahrheit zu gelangen« (V7), verdankt sich der abwertenden Sicht streng patriarchal ausgerichteter Kreise, deren Negativurteil sich der Verfasser der Past zu eigen gemacht hat.

6   Den Vergleich mit den zwei Mosegegnern *Jannes und Jambres (VV8f)* hat der Verfasser aufgrund *außerbiblischer Überlieferung von Ex 7ff* vorgenommen. In den atl. Erzählungen über die ägyptischen Plagen werden mehrmals Zauberer genannt[361], die gegenüber Mose und Aaron auftreten. Sie bleiben aber namenlos, und ihre Anzahl wird unbestimmt gelassen. In der nachfolgenden Tradition gelten sie jedoch als Brüderpaar, und sie tragen die Namen Jannes und Jambres.

Literarisch belegt findet sich diese Tradition[362] erstmals in CD V,18f. Dort heißt es u.a., dass »Belial Jannes aufstehen [ließ] und seinen Bruder in seiner Tücke.« Unter heidnischen Schriftstellern bis ins 2. Jh. n.Chr. erwähnt Plinius d.Ä. einen Zweig der Zauberei, der von Moses, Jannes, Lopates und den Juden herkomme (HistNat XXX,2,11), und Apuleius nennt »inter magos« auch Moses und Johannes (Apologia 90). Inhaltlich reicher ausgestaltet begegnet die Tradition im 2. Jh. bei Numenius, über dessen Darstellung Origenes, Cels IV,51 und Eusebius, Praep Ev 9,8 berichten. Unter den Targumim enthält TPsJ Ex 7,11f die Jannes-Jambres-Tradition. Dass 2Tim 3,8f literarisch davon abhängig sei[363], ist sehr unwahrscheinlich. Auch zur Komposition eines Buches hat die Tradition geführt. Origenes bezieht sich im Kommentar zu Mt 27,3–10 auf 2Tim 3,8f und teilt mit, dass die Erwähnung des Widerstandes, den Jannes und Jambres gegen Mose leisteten, nicht »in publicis libris«, sondern nur »in libro secreto qui suprascribitur liber Jannes et Mambres« zu finden sei[364]. Obwohl dieses Buch möglicherweise bereits im 1. Jh. n.Chr. entstanden ist, lässt sich dessen Kenntnis und Benutzung durch den Verfasser der Past nicht erweisen[365]. Mit Sicherheit kann gesagt werden, dass

---

gibt es in der Antisophistenpolemik nur wenige Beispiele für den Vorwurf zweifelhaften Umgangs mit Frauen. Selbst die von Karris, Background 554 genannten Texte aus Lucian, Fugitivi 18f; ders., RhetPraecept 23; Timon 55; Alciphro, Ep 4,7; Seneca, Epist moral 29,5f unterscheiden sich erheblich von dem in VV6f Gesagten, worauf Häfner, Belehrung 20, Anm. 124 zu Recht hinweist.
[361]   In LXX Ex 7,11.22; 8,3.14f als ἐπαοιδοί, in 9,11 als φαρμακοί bezeichnet. In Ex 7,11 gilt ἐπαοιδοί als Oberbegriff von σοφισταί und φαρμακοί.
[362]   Zu ihren Quellen, ihrem Alter und ihrer Verbreitung vgl. Bill. III 660–664; Dibelius/Conzelmann 87f; L.L. Grabbe, The Jannes/Jambres Tradition in Targum Pseudo-Jonathan and its Date, JBL 98 (1979) 393–401; A. Pietersma, The Apocryphon of Jannes and Jambres, the magicians: P. Chester Beatty XVI (with new editions of Papyrus

Vidobonensis Greek inv. 29456+29828 verso and British Library Cotton Tiberius B. v f. 87), Leiden 1994; Häfner, Belehrung 175–188.
[363]   Gegen diese von M. McNamara, The New Testament and the Palastinian Targum to the Pentateuch, 1966 (AnBib 27), 84f vertretene Hypothese wenden Grabbe, Tradition (s. vorige Anm.) 397–400; Schlarb, Lehre 269; Häfner, Belehrung 178 zu Recht ein, dass die Erwähnung in TPsJ schon wegen der dort begegnenden griechischen Namensform viel später zu datieren sei.
[364]   GCS 38, 250. Im 4. Jh. wird dieses in Fragmenten auf Griechisch erhaltene »Apocryphon« im Ambrosiaster und im 6. Jh. im Decretum Gelasianum erwähnt.
[365]   So begründeterweise Häfner, Belehrung 179ff gegenüber Pietersma, Apocryphon 134.

ihm der in den Plageerzählungen Ex 7ff erwähnte *Widerstand ägyptischer Zauberer gegen Mose* bewusst war und dass er deren *Zahl und Namen aus parabiblischer Tradition* entnommen hat.

Erklärung 1 Mit dem *Imperativ* »Dies aber wisse!« setzt der Verfasser die *briefkommunikative* direkte Anredeform der VV22f (»fliehe!«; »trachte!«; »weise ab!«) fort. Sie wurde durch einen eher belehrenden Gedankengang (VV24ff) unterbrochen. Inhaltlich führt der Imperativ aber die vorausgehenden Anweisungen nicht weiter, sondern er fordert zum intensiven Wahrnehmen des nun Folgenden auf. Zugleich erhält durch ihn die Blickrichtung des Adressaten eine neue Einstellung, denn die unmittelbar folgenden Aussagen sind im Unterschied zu den vorausgegangenen *zukunftsgerichtet*. Da sie z.T. durch die Denk- und Sprachstruktur der frühjüdischen Testamentsliteratur bestimmt sind, in der ebenfalls die in ›Zukunft‹ zu erwartenden Laster und die Warnungen vor ihnen oft mit dem Wissensmotiv verbunden sind (s.o. Analyse 2.4), enthält die Aufforderung »Dies aber wisse!« in V1a einen über die briefkommunikative Funktion hinausgehenden Sinn. Es wird das Mitzuteilende als *Offenbarungswissen* qualifiziert, das dem Absender bereits eignet und an dem nun der Adressat Anteil erhält.

Durch die Aussage, dass Fehlhaltungen der im Folgenden genannten Art zu den »schweren Zeiten« gehören, die »in den letzten Tagen eintreten werden« (V1b), wird die *apokalyptisch-testamentarische Schreibweise* vollends deutlich. Denn für viele ihrer Aussagen ist charakteristisch, dass sie zwar von schlimmen Zuständen der ›Zukunft‹« bzw. ›Endzeit‹ sprechen, aber Warnungen und Ermahnungen für die *Gegenwart* meinen (s.o. Analyse 2). Der *apokalyptische Topos* ist der *pseudepigraphischen Gestaltung der Past* ganz dienstbar gemacht worden. Zum einen wird mit ihm ausgedrückt, dass ›Paulus‹ die ›künftige‹ Bedrohung nicht nur kennt, sondern ihre Motive und Triebkräfte zu analysieren vermag. An diesem seinem Offenbarungswissen gewährt er nun seinem ›Schüler Timotheus‹ Anteil. Zum anderen werden – wie schon bald die VV5b–9 deutlich zeigen – die zunächst allgemein von »den Menschen« (V2) ausgesagten negativen Phänome der ›Endzeit‹ (VV1–5a) auf die Probleme der *Gemeinde* in der *Gegenwart*, nämlich auf das Fehlverhalten der Irrlehrer und der von ihnen Verführten bezogen (VV5b–7)[366]. Befürchtete *Zukunfts*schrecknisse werden in den Dienst der *Gegenwart*ermahnung gestellt. Der Sinn

---

[366] Vgl. Roloff 219 zu 1Tim 4,1f, wo es ähnlich heisst, dass »in den letzten Zeiten manche vom Glauben abfallen und sich betrügerischen Geistern und Lehren von Dämonen zuwenden« werden. Gemäß der fiktiven Briefsituation beginne dort in V1 die Beschreibung der drohenden Gefahr sehr allgemein, werde dann aber immer präziser, so dass sich schließlich in den Aussagen über die »Heuchelei von Lügnern« (V2), welche Ehe- und Speiseverzicht fordern (VV2f), »die Konturen einer ganz konkret die Gemeinden zur realen Abfassungszeit des Briefes bedrängenden Irrlehre abzeichnen« (220); ähnlich Wolter, Pastoralbriefe 228ff.

ist dementsprechend nicht etwa dogmatisch-belehrend, als ob gesagt werden solle: *So* wird es in der Endzeit *sein*. Die Sinnspitze ist vielmehr ganz *paränetisch* ausgerichtet: Es wird vor Fehlverhalten *gewarnt* und zu rechtem Verhalten *ermahnt*.

Das, *wovor* gewarnt und *wozu* ermahnt wird, findet seinen Ausdruck in 2–4 einem *Lasterkatalog*. Auf ihn haben jene Gestaltungselemente eingewirkt, die schon bei der Ausprägung von *Lasterkatalogen* im *Hellenismus*, im *hellenistischen Judentum* und im *hellenistisch-jüdisch beeinflussten Urchristentum*, besonders im *paulinischen* Traditionsbereich, eine große Rolle gespielt hatten (s.o. Analyse 3). Der Sinn der folgenden Lasteraufzählung besteht darin, vor Fehlhaltungen *dieser Art* zu warnen. Die Aufforderung an ›Timotheus‹, sich von Mitchristen in der Gemeinde, für die ein *derartiges* Fehlverhalten charakteristisch ist, abzuwenden (VV5b.6a), macht deutlich, dass es um eine *Warnung vor dem Treiben der Irrlehrer* geht, *ohne* dass jedoch mit den genannten Lastern ganz *konkrete*, den einzelnen Irrlehrern anhaftende und an ihnen wahrgenommene Laster gemeint sind[367].

Das Adjektiv φίλαυτος = »sich selbst liebend, selbstsüchtig« bezeichnet die ungeordnete Selbstbezogenheit, die nicht genügend auf das Wohlergehen anderer bedacht ist[368]. – Das Adjektiv φιλάργυρος = »geldgierig« kennzeichnet zusammen mit dem zugehörigen Substantiv φιλαργυρία nicht nur ungeordnetes materielles Besitzstreben[369]. Die Geldgier gilt vielmehr in Stoa und Kynismus sowie im hellenistischen Judentum als die Urheberin alles Bösen[370]. – Das Wort ἀλαζών = »prahlerisch« begegnet zwar auch in der LXX, öfter aber in Texten und Lasterkatalogen der heidnischen Antike und des hellenistischen Judentums[371]. – Das in der Bedeutung ähnliche ὑπερήφανος = »überheblich«[372] steht auch in Weish 5,8; Josephus, Bell 6,172 neben ἀλαζών und in Röm 1,30; 1Clem 16,2; 35,5; Did 5,1 neben ἀλαζών und anderen Lastern. Nach Jes 2,12; 13,11; Spr 5,8; 8,3 gilt die Sünde der Überheblichkeit als typisch für den Gottlosen, und im Lasterkatalog 1QS IV,9 entspricht sie dem »Geist des Fre-

---

[367] Vgl. Wibbing, Tugend- und Lasterkataloge 89; Oberlinner, 1Tim 26 (zu 1Tim 1,9f).

[368] Nach Bauer/Aland, Wörterbuch 1713 ist das Wort bei Aristoteles, Musonius, Plutarch, Epiktet, Lucian, Sextus Empiricus, Philo und Josephus, nicht aber in der LXX belegt. Es gehört zum »traditionellen Begriffsmaterial profaner Lasterkataloge« der hellenistischen Popularphilosophie (Vögtle, Tugend- und Lasterkataloge 233; vgl. 201).

[369] Oft belegt im Hellenismus und hellenistischen Judentum, nicht aber in LXX; vgl. Bauer/Aland, Wörterbuch 1713. Nach

Vögtle, Tugend- und Lasterkataloge 201. 233; Spicq, Lexique 1588f Standardbegriffe in Lasterkatalogen.

[370] Vgl. Dibelius/Conzelmann 66 (zu 1Tim 6,10); Almqvist, Plutarch 126; van der Horst, Sentences 142f, jeweils mit Beleghinweisen u.a. auf Bion (= Stobaeus, Ecl III,417,5); Diogenes Laertius VI,50; Diodorus Siculus XXI,1; Ps.-Phokylides 42.

[371] Vgl. Vögtle, Tugend- und Lasterkataloge 233; Spicq, Lexique 75ff; auch im Lasterkatalog Röm 1,30.

[372] Vgl. Bauer/Aland, Wörterbuch 1676; Spicq, Lexique 1529–1534.

vels«. – Das Wortfeld, zu dem βλάσφημος = »Lästerer« gehört[373], bezeichnet ein Verhalten, durch das entweder Menschen in üblen Ruf gebracht oder Götter bzw. Gott verachtet und geschmäht werden. In der LXX bezeichnet es gottwidriges Reden und Handeln besonders der Heiden. – Der Ausdruck γονεῦσιν ἀπειθής = »ungehorsam gegen die Eltern«[374] begegnet entsprechend der sozialen Ordnungen der biblisch-jüdischen wie auch heidnischen Lebenswelt in vielen Zeugnissen der Alltagssprache und in der Paränese der gesamten Antike. In der atl.-frühjüdischen Auslegung des vierten Gebots hat das Ungehorsamsmotiv einen festen Platz, und in Lasterkatalogen, welche die sozialen Unordnungen der Endzeit benennen, begegnet es mehrfach (s.o. Analyse 2). – Das Wort ἀχάριστος = »undankbar«[375] kann den Undank sowohl gegenüber Gott als auch gegenüber Menschen meinen. Es ist mehrfach in den Spätschriften des AT (z.B. Weish 16,29; Sir 29,16), in den Schriften des hellenistischen Judentums (4Makk; Philo; Josephus) und in Texten des Griechentums und Hellenismus belegt. – Das Adjektiv ἀνόσιος = »gottlos« kommt im NT nur hier und 1Tim 1,9 vor. Hier wie dort ist der Eltern-Missachtung die Gottes-Missachtung nahe zugeordnet. Der enge Zusammenhang beider entsprach dem Empfinden des antiken Menschen. Auffällig ist, dass das Positivum ὅσιος (= »fromm«) im AT sehr oft, im NT dagegen nur 8-mal begegnet. Wortgebrauch und -bedeutung sowohl des Positivums als auch des Negativums lassen in den Past stark den griechisch-hellenistischen Einfluss erkennen, nämlich dass ὅσιος das meint, »was vor Gott und Menschen recht und gut ist«[376], und ἀνόσιος dessen Gegenteil, wie im vorliegenden V2. – Das aus griechisch-hellenistischer Alltagssprache stammende Wort ἄστοργος = »lieblos« ist u.a. im astrologischen Lasterkatalog des Claudius Ptolemaeus (Tetrabiblos I,159,13) enthalten[377]. Im Lasterkatalog Röm 1,31 steht es – ebenso wie in 2Tim 3,3 – neben ἄσπονδος = »unversöhnlich«. Nach Paulus kennzeichnen beide im NT nur an diesen zwei Stellen vorkommenden Adjektive soziale Fehlhaltungen, die für die Heiden charakteristisch sind. In Lasterkatalogen außerhalb des NT ist der Begriff ἄσπονδος z.B. bei Philo, Sacr 32 enthalten[378]. – Ebenso wie die Herkunft der beiden vorausgehenden Worte liegt auch die des Wortes διάβολος = »verleumderisch« im griechisch-hellensti-

---

[373] Vgl. H.W. Beyer, ThWNT I (1933) 620–624; Bauer/Aland, Wörterbuch 284f. – Auch in den Lasterkatalogen 1QS IV,11; Mk 7,22 (hier ebenfalls neben ὑπερήφανος); Eph 4,31; Kol 3,8; 1Tim 6,4; Herm mand 8,3; Did 3,6 enthalten.

[374] Bauer/Aland, Wörterbuch 164f; Wilckens, Röm I 114 (zu Röm 1,30).

[375] Vgl. Bauer/Aland, Wörterbuch 257.

[376] F. Hauck, ThWNT V (1954) 488–492, hier 491. Besonders deutlich zeigt sich der

hellenistische Wortsinn in Tit 1,8, wo mit ὅσιος die innere, an Gott gebundene Gesinnung bezeichnet wird, die neben der Gerechtigkeit als notwendige Eigenschaft des Amtsträgers genannt wird. Ebenso verdankt sich der Ausdruck: Erheben »frommer Hände« im Gebet zu Gott (1Tim 2,8) hellenistischer Prägung.

[377] Vgl. Vögtle, Tugend- und Lasterkataloge 84–88.215.

[378] Vgl. ebd. 201.233.

schen Sprachmilieu. In der LXX ist das Wort nicht belegt, wohl aber im popularphilosophisch geprägten Lasterkatalog Philos (Sacr 32). Im NT wird es nur vom Verfasser der Past verwendet. Es bezeichnet im Gegensatz zur Wahrhaftigkeit des Redens und eindeutiger Stellung zu den Mitmenschen doppelzüngige, unaufrichtige, die Wahrheit entstellende Rede über jemanden (vgl. 1Tim 3,11 mit V8; Tit 2,3)[379]. – Ähnlich wie in Spr 27,20, wo in dem Ausdruck »die an Zunge Unbeherrschten [ἀϰϱατεῖς γλώσσῃ]« eine Aussage über das »Reden« mit der Kennzeichnung der »Unbeherrschtheit« verbunden ist, folgt auch in V3 auf die Erwähnung verleumderischen Redens als nächstfolgende Lasterbezeichnung ἀϰϱατής = »unbeherrscht«. Dieses dem normalen griechisch-hellenistischen Sprachgebrauch angehörige Wort[380] dürfte hier in V3 über den eingeschränkten Sinn von Spr 27 hinaus ganz allgemein jede Art von Unbeherrschtheit meinen wie auch das folgende Adjektiv ἀνήμεϱος = »zügellos«[381]. – Zu dem für die hellenistische Umwelt charakteristischen Wertempfinden gehörte es, ›das Gute zu lieben‹, ›Freund des Guten‹ zu sein. Dementsprechend ist auch das Adjektiv φιλάγαϑος verbreitet und in mehreren Tugendkatalogen enthalten[382]. Das in V3 verwendete Negativum ἀφιλάγαϑος = »dem Guten abgeneigt« ist dagegen nur hier belegt. Es ist Inbegriff jedweder unguter Grundhaltung im allgemeinsten Sinn. – In nur lockerer Weiterführung der Reihe folgt der Begriff πϱοδότης = »Verräter«. Die Erwähnung rührt vielleicht von der jüdischen wie christlichen Vorstellung der Apokalyptik her, dass in der Endzeit Hass, Verfolgung und Verrat unter den Menschen, ja auch unter Familienmitgliedern und Freunden entstehen werden[383]. – Mit dem rhetorischen Stilmittel der Paronomasie ist das Adjektiv πϱοπετής = »unbesonnen«[384] angeschlossen. Es begegnet im NT nur noch in Apg 19,36, wo es sich ganz im Sinne hellenistischen Sprachgebrauchs auf überstürztes, übereiltes und insofern nicht genügend bedachtes Handeln bezieht. In Lasterkatalogen wird das Adjektiv z.B. von den Stoikern Musonius (86,2ff) und Epiktet (Diss IV,4,16) und das Substantiv πϱοπέτεια im hellenistischen Judentum von Philo (Sacr 22 u.ö.) verwendet. – Dem aus dem Hellenismus aufgenom-

---

[379] Vgl. Bauer/Aland, Wörterbuch 364.

[380] Vgl. ebd. 63.

[381] In der gesamten Bibel nur hier; in hellenistischen Lasterkatalogen z.B. Epiktet, Diss I,3,7. – Vgl. Bauer/Aland, Wörterbuch 131; Vögtle, Tugend- und Lasterkataloge 233, Anm. 161.

[382] Belege bei Vögtle, Tugend- und Lasterkataloge 76.233, Anm. 162. Vgl. Spicq, Lexique 1579ff; Bauer/Aland, Wörterbuch 254.1711. Auch im Tugendkatalog des Bischofsspiegels Tit 1,8 enthalten.

[383] Vgl. außer den Beispielen in 4Esr; syr Bar; ApkEsr (s.o. Analyse 2.2f) Mt 24,10.12

(Erkalten der Liebe, Hass und Verrat [παϱαδώσουσιν]); Did 16,3f (»Denn in den letzten Tagen … wenn sich die Ungerechtigkeit mehrt, werden sie einander hassen und verfolgen und verraten«). Vgl. auch Vögtle, Tugend- und Lasterkataloge 21; K. Niederwimmer, Die Didache, 1989 (KAV 1), 261, Anm. 18.

[384] Vgl. Spicq, Lexique 1325f; Bauer/Aland, Wörterbuch 1421: Vögtle, Tugend- und Lasterkataloge 201.233f. In der LXX begegnet es ohne hebr. Äquivalente Spr 10,14; 13,3; Sir 9,18.

menen und im NT nur vom Verfasser der Past gebrauchten Wort
τετυφωμένος = »verblendet« liegt das Verbum τυφόωμαι zugrunde. Es
bezeichnet in 1Tim 3,6 zunächst die Gefahr, dass ein Neubekehrter bei zu
früher Übernahme des Bischofsamtes »blind« für den *Dienst*charakter
seines Amtes werden und in »eitlen« und überheblichen Machtmiss-
brauch geraten könne. Aus 1Tim 6,4 geht aber darüber hinaus deutlich
hervor, dass der Verfasser mit dem Verbum auch das »Blindwerden«
gegenüber der »gesunden Lehre«, also die Anfälligkeit für die Irrlehre
und den Glaubensverlust meint. Der Kontext des vorliegenden Lasterkatalogs in 2Tim legt vor allem diese Wortbedeutung für das in V4 adjekti-
visch verwendete Partizip τετυφωμένος nahe[385]. – Das ganz hellenistische und im NT nur hier verwendete Adjektiv φιλήδονος = »der Lust ergeben« bringt in einem sehr allgemeinen Sinn die Verfallenheit in jede
Form von Untugend und Laster zum Ausdruck. Es ist deshalb nicht nur in
popularphilosophischen Lasterkatalogen als ein Begriff unter vielen anderen enthalten wie z.B. bei Dio Chrysostomus, Or III,40f, sondern es erscheint auch als Inbegriff aller Laster den Aufzählungen vorangestellt.
Ein besonders deutliches Beispiel dafür ist der schon zitierte Text Philos
(Sacr 32; s.o. Analyse 3.2.2). – Mit dem rhetorischen Wortspiel der Paronomasie stellt der Verfasser der Past dem ungeordneten Genussstreben
die »Liebe zu Gott« gegenüber. Über diesen Kontrast hinaus rahmt das
Adjektiv φιλόθεος = »Gott liebend« als Randbegriff zusammen mit dem
anderen Randbegriff φίλαυτος = »sich selbst liebend« kontrastierend den
ganzen Lasterkatalog. Auch Philo stellt Menschen mit ungeordneter
Selbstliebe (φίλαυτοι) denen mit Gottesliebe (φιλόθεοι) gegenüber[386].

5   Zeigte sich schon an der apokalyptisch-testamentarischen Redegattung,
der in den VV1b–4 die Lasteraufzählung zugeordnet ist, dass sie nicht der
Information über Künftiges, sondern der Warnung vor Gegenwärtigem
und der Ermahnung zu rechtem Verhalten in der Gegenwart dienen soll,
so wird dies durch den *Tempuswechsel der Verben* vom Futur (VV1b.2a)
ins Präsens (V5) vollends deutlich. Der überleitende und auf die Gegenwart zielende Aussagesinn geht aber auch aus dem *Inhalt* von V5a hervor;
denn V5a ist einerseits noch eng mit dem zukunftsgerichteten Lasterkatalog verbunden, andererseits kommt in ihm etwas von der Häresieproble-
matik der gegenwärtigen Gemeindesituation zur Sprache. Die Verbindung mit dem Lasterkatalog besteht darin, dass summierend das tadelns-
werte Gesamtverhalten unter dem Gesichtspunkt ›mehr Schein als Sein‹
gebrandmarkt wird. Es werde zwar »der Schein der Frömmigkeit« gewahrt, »deren Kraft aber verleugnet.« Der Form nach entspricht ein der-

---

[385] Nach Bauer/Aland, Wörterbuch 1656
ist diese Bedeutung auch bei Polybius
III,81,1; Dio Chrysostomus, Or 30,18;
Philo, Conf 106; Josephus, Ap I,15; II,255

belegt. Vgl. ähnlich Spicq, Lexique 1528.
[386] Z.B. Fug 81. In Sacr 3; Det 32 u.ö. gilt
Abel als φιλόθεος, Kain als φίλαυτος.

artig *summierender Hauptvorwurf* einer *Topik der popularphilosophischen Gegnerpolemik.* In ihr wird immer wieder der Grundvorwurf erhoben, dass die Gegner *selbst nicht das tun, was sie lehren*[387].

Die *genauere Bedeutung* der vom Verfasser der Past gewählten Formulierungen: »Schein der Frömmigkeit [μόρφωσις εὐσεβείας]«[388] und: »Verleugnen ihrer Kraft [ἀρνεῖσθαι δύναμιν αὐτῆς]« sowie der damit *näherhin gemeinte Gegensatz* zeigen aber zugleich einen deutlichen Bezug zum Hauptdifferenzpunkt, der in den Past den Unterschied zwischen ›Rechtgläubigkeit‹ und ›Häresie‹ ausmacht. Es ist zum einen die Überzeugung, dass die Frömmigkeit nur dann zur Geltung komme und sich »kraftvoll« entfalte, wenn sie aus der *Glaubenstradition* gemäß der »gesunden Lehre« lebt[389]. Wo dies nicht der Fall ist, büßt sie ihre Kraft ein. Zum anderen ist es die Überzeugung, dass die Irrlehrer »zwar vorgeben, Gott zu kennen, ihn aber *durch ihr Tun verleugnen* [τοῖς δὲ ἔργοις ἀρνοῦνται]« (Tit 1,16; vgl. 3,8), kurz: dass ihrem ›fromm geäußerten‹ Lippenbekenntnis ihr Tun nicht entspricht. Es eignet ihnen weder der rechte Glaube noch das ihm gemäße rechte Handeln und Verhalten[390].

Ganz gegenwartsbezogen ist die *Aufforderung* an ›Timotheus‹, sich von Mitchristen dieser Art abzuwenden (V5b). Die Aufforderung liegt auf der Linie der auch sonst in den Past des öfteren ergehenden Aufforderungen zur Distanzierung von Häretikern und Häretischem (1Tim 4,7; 2Tim 2,16.23; Tit 3,10). Wie aus 2,25 hervorgeht, bedeutet dies nicht, dass der Gemeindeleiter nicht in geduldigem Lehrbemühen zur Umkehr der Widersetzlichen beitragen soll. Er versuche vielmehr alles, dass sie geschehe. Nach Tit 3,10 soll die Abweisung eines häretischen Mitchristen erst dann erfolgen, wenn eine erste und wiederholte Zurechtweisung ergangen sind. Die in V5 erhobene Distanzierungsaufforderung richtet sich

---

[387] S.o. Analyse 3.2.3 (dort Textbeispiele aus Philo, Post 86; Det 73). Vgl. dazu Karris, Background 552f. – Holtz 181 beachtet diese Form und Topik nicht und urteilt deshalb: »Zum Lasterkatalog paßt unser Vers nicht mehr.« Gegen seine im übrigen aus der »Abendmahlsfrömmigkeit« im Anschluss an Lk 22 und 2Tim 2,12f erschlossene Deutung von δύναμις εὐσεβείας wendet Oberlinner 124 berechtigterweise u.a. ein, dass sie nicht dem Häresieproblem der Past entspreche.

[388] Vgl. Bauer/Aland, Wörterbuch 1069. Philo, Plant 70 spricht von Menschen, die im Glauben schwankend, und solchen, die im Glauben fest sind, und sagt von ersteren, dass sie »in vorgeblicher Frömmigkeit« eine bestimmte Auffassung vertreten (εἰσί τινες τῶν ἐπιμορφαζόντων εὐσεβείαν).

[389] Vgl. u.a. 1Tim 6,3, wo auf die der

Frömmigkeit entsprechende *Lehre* verwiesen wird. Brox 254 betont diesen Gesichtspunkt. Oberlinner 125 knüpft daran an und präzisiert: Da die Glaubensabweichung »mit der Übernahme gnostischer Gedanken« zusammenhängt, betreffe der Vorwurf, es werde die Kraft der Frömmigkeit verleugnet, das gnostische Selbstverständnis. Der Verfasser der Past kritisiere, dass die »Gnostiker« sich selbst als Erlöste im Besitz der Wahrheit wähnen, dies aber »den ›einfachen‹ Christen, die ›nur‹ fromm«, nämlich gemäß der kirchlichen Lehre leben, absprechen.

[390] Brox 254: »Lehre und Verhalten hängen für den Verfasser engstens zusammen, so daß die gezeichnete grauenhafte Lasterhaftigkeit das direkte Symptom der gotteslästerlichen Irrlehre ist.«

zwar an den Gemeindeleiter, soll aber zugleich das Verhalten der anderen Gemeindeglieder mitbestimmen. Um einen formellen Ausschluss aus der Gemeinde im Sinne der später aufkommenden Exkommunikation handelt es sich dabei noch nicht; aber die Texte der Past signalisieren eine Entwicklung und Tendenz in diese Richtung[391].

6–7 Das Erscheinungsbild der Irrlehrer wird ergänzt, indem eine spezielle Weise ihres negativen Verhaltens thematisiert wird (V6a) und indem auch ihre Opfer disqualifizierend gekennzeichnet werden (VV6b.7). Der Doppelvorwurf gegen die Irrlehrer besteht darin, dass manche von ihnen »sich in die Häuser einschleichen« und dass sie dabei »Frauenzimmer einfangen«. Die Disqualifikation dieser Frauen, die sich beirren lassen, ist zunächst moralischer Art. Sie gelten als »mit Sünden überhäuft« und »von verschiedensten Gelüsten umhergetrieben« (V6bc). Sodann erfolgt eine geschlechtsbedingte Disqualifizierung. Abwertend wird festgestellt, dass sie zwar »ständig am Lernen sind«, und vernichtend wird geurteilt, dass sie »doch nie zur Erkenntnis der Wahrheit gelangen können«. Zum Verständnis dieser Aussagen und zu deren erforderlicher Sachkritik ist ein kurzer Blick auf die *theologiegeschichtlichen Voraussetzungen* und den *soziokulturellen Kontext* unumgänglich.

Die *Situation* bestand darin, dass Frauen in den Gemeinden der Past Lehr- und Leitungsfunktionen inne hatten. Der *Umgang* mit dieser Situation von Seiten des Verfassers besteht im Verbot dieser Tätigkeiten (1Tim 2,12) und in der Anweisung, dass die Aufgaben der Frau in Familie und Haus (1Tim 2,15; Tit 2,3ff) oder im Diakonat (1Tim 3,11) und Witwenamt (1Tim 5,3–16) liegen. Im Zusammenhang mit diesen Restriktionen sind auch die negativen Aussagen in VV6f zu sehen.

Frauen-
Restriktion

Zum Hintergrund der Frauen-Restriktion und zur Stellung der Frauen in paulinischen Gemeinden

Zunächst ist gut verständlich, dass es die *aktive Mitbeteiligung der Frauen gab*; denn vom Wirken des Paulus her ist ihre aktive Mitbeteiligung bei Gemeindegründungen sowie in der Verkündigung, im öffentlichen Gemeindeleben und dessen Leitung gut bezeugt und auch für die Situation der Past vorauszusetzen. Ebenso deutlich ist, dass es seit der Zeit des Paulus in den Gemeinden *Konflikte* über die Bedeutung von Gleichheit und Differenz der Geschlechter gab. Für *Paulus* bedeutete die Überzeugung, dass unter Getauften nicht mehr »männlich und weiblich« gelte (Gal 3,28), zweierlei: Zum *einen* ergab sich für ihn daraus, dass sich von der *Erlösungsordnung* her die Ordnung der Gemeinde bestimme und in

---

[391] Vgl. ähnlich Hanson 145 (Zu V5: This »phrase is a sort of refrain that runs all through the three letters and does not necessarily imply that any formal action was to be taken.« – Zu Tit 3,10: The »first beginnings of later system of excommunication is indicated here« [195]); Oberlinner 125; ders., Tit 188. – Brox 254 spricht von »Praxis der Verweigerung der Gemeinschaft mit Ketzern« (zu V5), von »Maßnahme wirksamer Abwehr«, »Ausschluß aus der Gemeinde«, »rigoroser Fernhaltung von ihr« (312 zu Tit 3,10).

ihr Frauen und Männer die gleichen Funktionen ausüben. Zum *anderen* wies er darauf hin, dass die in der *Schöpfungsordnung* vorgegebene Geschlechterdifferenz bestehen bleibe und sich z.B. in der weiblichen Geschlechtsrollensymbolik der Herrichtung des Kopfes äußern solle[392]. Aus 1Kor 11 geht nicht nur diese paulinische Sicht hervor, sondern auch, dass manche Gemeindeglieder aufgrund einer enthusiastischen Überinterpretation der in der Taufe empfangenen Geistgabe jegliche Geschlechterdifferenz als überholt betrachteten. Paulus legte dagegen Wert darauf, dass der Mann *als Mann* und die Frau *als Frau* die *gleichen Funktionen* in der Gemeinde ausübe.

Gründe für restriktive Tendenzen: In *nachpaulinischer* Zeit setzten sich die *aktive Mitbeteiligung der Frauen*, aber auch die *Konflikte* fort. Die *restriktive Tendenz* verstärkte sich immer mehr und erreichte in den Past einen Höhepunkt. Die *gehorsame Unterordnung der Frauen* im Bereich des Hauses wurde in Kol 3,18; Eph 5,22ff; Tit 2,3ff und für den Bereich der Gemeinde in 1Kor 14,34f (Interpolation); 1Tim 2,9–15; 5,3–16; Offb 2,20–24; 1Clem 1,3 betont. Die Frauen sollten sich aus *Lehr- und Leitungsfunktionen* des öffentlichen Gemeindelebens *heraushalten*[393]. Mehrere Faktoren trugen zum Entstehen und zur Verstärkung dieser negativen Tendenz bei, und auch der Verfasser der Past sah sich vermutlich aus mehreren Gründen zu der Restriktion veranlasst. *Vier Gründe* seien genannt:

a) *Ein* Grund bestand in der *Rücksichtnahme* auf die außerchristliche Umgebung. Man befürchtete, in gesellschaftlichen Misskredit zu geraten und wollte dies um des Evangeliums willen vermeiden (Tit 2,5).

b) Patriarchales Leitbild. Ein *weiterer* Grund bestand darin, dass dem Verfasser angesichts der *innergemeindlichen Irrlehrerprobleme* die Favorisierung eines streng patriarchal verstandenen *Leitbilds der Kirche als* »Hauswesen« hilfreich erschien[394]. Demgemäß kam die Leitung dem »Hausherrn« bzw. »-verwalter«

---

[392] Beide Gesichtspunkte kommen in 1Kor 11,2–16 zur Sprache. Vgl. dazu und in dem hier skizzierten Sinn Schrage, 1Kor II 487–525; Merklein, Spannungsfeld 236–245; M. Gielen, Beten und Prophezeien mit unverhülltem Kopf?, ZNW 90 (1999) 220–249; M. Ebner, Wenn alle »ein einziger« sein sollen … Von schönen theologischen Konzepten und ihren praktischen Problemen: Gal 3,28 und 1Kor 11,2–16, in: Der Körper und die Religion, hrsg. v. E. Klinger u.a., Würzburg 2000, 159–183.

[393] Diese Tendenz wird seit von Harnack, Mission 589–611 in der Forschung durchweg wahrgenommen. Vgl. u.a. Weiser, Evangelisierung 129–146; ders., Frau 295–304; Merklein, Spannungsfeld 232–249 (mit reicher Verarbeitung der Lit., z.B. der Arbeiten von M. Küchler, D. Lührmann, G. Dautzenberg, E. Schüssler-Fiorenza, B. Brooten, L. Schottroff, S. Schroer, M.-Th. Wacker und S. Heine). – Über unterschiedliche Interpretationen und Bewertungen dieses unbezweifelbaren Befunds sowie über Forschungsprobleme informiert Petersen, Wer-

ke 6–9. Als Beispiele feministischer Interpretation der »Verfallstheorie« (6) gelten ihr die Arbeiten von S. Heine, I. Maisch, K.J. Torjesen, L. Schottroff, E. Schüssler Fiorenza und die »differenzierteren Darstellungen« (8) von A. Jensen, I. Dannemann und K.E. Corley. Grundsätzlich ist m.E. auf das genannte Geschichtsbild nicht zu verzichten. Man muss aber die »Divergenzen und Widersprüchlichkeiten der antiken Quellen« beachten, weil man sonst »den Komplexitäten der antiken Welt nicht gerecht« wird (9).

[394] Dazu, dass es in der Antike und im NT auch *gemäßigte Mittelpositionen* gab, vgl. Müller, Haustafel 292–319; Gielen, Tradition 55–62; Weiser, Evangelisierung 128f. 138f. – Schon Spicq hatte im Exkurs: »La femme chrétienne et ses vertus« (385–425) einen Großteil des hellenistisch-römischen Vergleichsmaterials dargeboten und aufgezeigt, dass die Past von den dort enthaltenen Anstößen zur gleichwertigen Einbeziehung der Frauen nichts aufgenommen, geschweige denn weitergeführt haben.

zu[395]. Nach der Vorstellung des Verfassers entsprach ihr in der Gemeinde das Lehr- und Leitungsamt des Episkopos, nicht aber eine Mitbeteiligung von Frauen. Ihnen stand es zu, sich »in Stille und aller Unterordnung belehren« zu lassen, nicht aber »zu lehren« (1Tim 2,11f).

c) Häresiebekämpfung. Ein *dritter* Grund bestand vermutlich darin, dass bei den *gnostisierenden Gegnern* die Gleichstellung von Frauen und ihre aktive Mitbeteiligung in allen Bereichen des Gemeindelebens eine *große Rolle* spielte[396]. Weil diese Mitbeteiligung wirklich oder vermeintlich mit dem zu bekämpfenden *Irrtum der ›Häretiker‹ eng verbunden* war und als eines seiner Indizien galt (s.o. zu 2,18 mit Exkurs), wurden die Aktivitäten der Frauen zusammen mit der gnostisierenden Irrlehre abgelehnt[397]. Dass die in den Gemeinden der Past von Frauen ausgeübte Lehrtätigkeit wirklich mit der u.a. in 2,18 abgelehnten gnostisierend-häretischen Einstellung zusammenhing und dass der Verfasser die Restriktion auch wegen der Häresiebekämpfung betrieb, ist gut denkbar, aber nicht eindeutig zu erweisen. Gut denkbar ist es deshalb, weil die schon zur Zeit des *Paulus* beginnende *Fehldeutung der Aufhebung der Geschlechterdifferenz* später in *gnostischen Texten viel prinzipieller* ausgeformt wurde und eine erhebliche Rolle spielte[398]. Auf dem theologiegeschichtlichen Weg dorthin lässt sich die in den Past

---

[395] Dass die Ausprägung der Gemeindeordnung und Ämterstruktur in den Past mit der Häresiebekämpfung zusammenhängt, betont auch Häfner, Belehrung 20. Er verweist auf Wegenast, Brox, von Lips, Hanson, Schenk, Roloff und Towner, welche mit unterschiedlicher Gewichtung die gleiche Position vertreten (Anm. 123).

[396] In gnostisierenden bzw. gnostischen Selbstzeugnissen finden sich u.a. folgende Hinweise darauf: Maria Magdalena gilt als vertraute Dialogpartnerin Jesu, als die Verständigste von allen und – selbst gegen den Widerstand der Jünger – als in jeder Hinsicht gleichwertiges und gleichberechtigtes Glied der Gemeinde (vgl. u.a. EvMar [Schneemelcher, NTApo II 313–315]; EvTh [NHC II,2/36,35–37,20; 51,18–26]; EvPhil [NHC II 3/59,6–11; 63,30–64,5]; Dial [NHC III,5, bes.137,3–146,20]; PS passim); vgl. Petersen, Werke 94–194.296–299. – Dass jedoch z.B. der Rolle Theklas (ActPaul 40–43) nicht jene Grundsätzlichkeit zukommt, die ihr mitunter zugeschrieben wird, zeigt Häfner, Gegner 71. – Gegen führende Stellungen von Frauen in gnostischen Kreisen polemisieren v.a. Epiphanius, Haer 33,3–7; Irenäus, Haer I,25,6; Tertullian, Praescr Haer 41.

[397] Vgl. so z.B. Harnack, Mission 595–603 mit vielen Belegen; Zscharnack, Dienst 156 (»Die Häresie war der erste Anlaß zur Polemik gegen den Frauendienst ...«); Nach Rudolph, Gnosis 229 war in gnostischen Gemeinden der »Prozentsatz an Frauen ...

sehr hoch und zeigt, daß die Gnosis ihnen Chancen bot, die ihnen sonst vor allem in der offiziellen Kirche verwehrt waren. Sie nahmen vielfach leitende Stellungen ein, sei es als Lehrerinnen, Prophetinnen, Missionarinnen oder als Ausführende von kultischen Zeremonien (Taufe, Eucharistie) und magischen Handlungen (Exorzismus).« Demgemäß urteilt Klauck, Umwelt II 189, dass die »Übernahme von Funktionen in den Gemeinden durch Frauen« für den Verfasser der Past »zu allen anderen Vorbehalten auch noch dadurch negativ besetzt [war], dass so etwas als typisches Merkmal gnostischer Häresie galt.« Vgl. ähnlich Oberlinner 130; ders., Tit 66f.

[398] In Logion 22 des EvThom nennt Jesus die erforderliche Bedingung, um »ins Reich einzugehen«. Sie besteht in der Aufhebung von Gegensätzen und in der Rückführung zur ursprünglichen Einheit: »Wenn ihr das Männliche und das Weibliche zu einem Einzigen macht, damit das Männliche nicht männlich und das Weibliche [nicht] weiblich ist« (NHC II,2/31,29f). Das EvTh schließt damit, dass Maria Magdalena von Petrus aufgefordert wird wegzugehen, »denn die Frauen sind des Lebens nicht würdig.« Die darauf gegebene Anwort Jesu lautet: »Siehe, ich werde sie führen, damit ich sie männlich mache, dass auch sie zu einem lebendigen Geist wird, der euch Männern gleicht. Denn jede Frau, wenn sie sich männlich macht, wird in das Reich der Himmel eingehen« (Logion 114 [NHC

vorausgesetzte *Lehrtätigkeit der Frauen*, die daran geübte *Kritik* (1Tim 2) und die Aussage, dass es ›Häretiker‹ sind, die die Frauen in die Irre führen (2Tim 3,6f), gut einordnen. Für diese Zuordnung spricht auch ein Vergleich mit Offb 2. Dort wird das Treiben der Nikolaiten in Ephesus und Pergamon verabscheut (VV6.15) und ihre Irrlehre mit der biblischen und frühjüdischen Tradition über den Magier und Verführer Bileam verbunden (VV14f). Außerdem wird die Wirksamkeit einer mit dem Symbolnamen Isebel bezeichneten Prophetin und Lehrerin verurteilt, die in der Gemeinde von Thyatira eine beträchtliche Anhängerschaft hatte (VV20–24)[399]. Freilich bleibt beim Bemühen, die damalige Situation zu erfassen, manches unscharf und kontrovers. Es hängt damit zusammen, dass sich von den Kirchenvätern des 2./3. Jh.s vor allem nur Tertullian (Praescr Haer 41) und Irenäus (Haer I,6,3f; 13,1–7) über bzw. gegen häretische Frauen geäußert haben, dass die Rhetorik dieser Zeugnisse nur begrenzt historische Rückschlüsse zulässt, dass die gnostischen Selbstzeugnisse das Problem des notwendigen ›Männlichwerdens der Frau‹ enthalten und dass sich die verbreitete Meinung über die enge Verbindung von Frauen und (gnostischer) Häresie sowie über den großen Anteil von Frauen in (gnostisch)-häretischen Gruppen v.a. der Polemik verdankt, die erst seit dem 4. Jh. häufiger belegt ist[400]. Auch bei differenzierter Beurteilung legen die Texte der Past die Annahme nahe, dass es in deren Adressatengemeinden eine *Mitbeteiligung von Frauen an Lehre und Leitung gab*, dass dies durch *gnostisierende Kreise* zwar *nicht verursacht*, wohl aber *gefördert* wurde und dass der Verfasser der Past dies *zusammen mit der ›Häresie‹*[401] vehement *abgelehnt* hat.

d)   Als *vierter* Grund dürfte bei dieser Restriktion auch eine zunehmende *Eigen-*

II,2/51,18–26]). Diese Logien bezeugen einerseits die gleichberechtigte Zugehörigkeit der Frauen als Gemeindeglieder, andererseits nennen sie aber als Preis der Gleichberechtigung das Aufgeben der Weiblichkeit, d.h. im Kontext: Sie zielen auf eine geschlechtslose Geistigkeit, die nach antiker Auffassung eher dem Mann eignete. Zur Interpretation vgl. Petersen, Werke 169–178.

[399]   Auch Roloff 232, Anm. 78 vermutet »die Gleichheit der Frontstellung in Past und Offb.« Ob man die »häretischen Phänomene« kleinasiatischer Gemeinden einer Irrlehrergruppe zurechnen kann, die – wie Roloff meint – »weitgehend mit der von den Past bekämpften identisch ist« (237), bleibe dahingestellt; nahe stehen sie einander jedenfalls. Auch in Roloffs Sicht hat die große »Anziehungskraft der Irrlehre auf Frauen« damit zusammen, dass sie »emanzipatorischen Neigungen entgegenkam« und dass sich die Schärfe der Anordnungen in den Past ein Stück weit »als Gegenreaktion gegen solche Tendenzen erklären« lasse (233), zumal gerade die Gegnerschilderung der Past den »Aufbruch der gnostischen Strömung innerhalb der hei-

denchristlichen Gemeinden des ausgehenden 1. Jh.« deutlich zeige (236).
[400]   Petersen, Werke 9–15 u.ö. wendet sich mit diesen Beobachtungen gegen das verbreitete Pauschalurteil und leitet zu einer differenzierteren Betrachtung an. Als Vertreter/innen der These, »die Rolle der Frauen sei in der Gnosis eine gleichberechtigtere gewesen als in der Kirche« und der »Ausschluß von Frauen aus kirchlichen Ämtern [sei] dann als Reaktion auf die weibliche Präsenz in häretischen Gruppierungen« zu deuten (9), nennt sie A. von Harnack, L. Zscharnack, W.A. Bienert, K. Rudolph, H.-J. Klauck, E. Moltmann-Wendel, I. Maisch, H. Koivumen, E. Pagels, S. Heine, M. Scopello und R. Mortley, während sich S. Elm »differenzierter äußer[e]« (11, Anm. 21) und D.L. Hoffmann zu Unrecht »den hohen Status der Frauen in orthodoxen Gemeinschaften« hervorhebe (13, Anm. 31).
[401]   Häfner, Belehrung 32 kommt ebenfalls zu dem Ergebnis, dass »nicht nur ›institutionelle‹, sondern auch inhaltliche Gründe für einen Zusammenhang zwischen dem Erfolg der Irrlehrer bei Frauen und einer gnostischen Ausrichtung der Irrlehre« sprechen.

dynamik des Dienstamtes eine Rolle gespielt haben. Sie bestand darin, dass eigene Interessen der männlichen Amtsträger nicht mehr genügend mit denen der Gesamtgemeinden übereinstimmten[402].

Im Rahmen der skizzierten Situation und aufgrund der genannten Voraussetzungen ist es gut zu verstehen, dass sich die Agitation der Gegner nicht nur in der Gemeindeöffentlichkeit, etwa bei Gottesdiensten, vollzog, sondern auch »in den *Häusern*«, wie es in V6a heißt[403]. In die gleiche Richtung weist auch die zwar in rhetorischer Polemik überspitzt formulierte, aber im Kern sicher ebenfalls historisch zutreffende Aussage, dass »ganze Hausgemeinschaften« dadurch zerstört wurden und dass sich die Irrlehrer dabei materiell bereicherten (Tit 1,11)[404]. Die Verbreitung vermeintlicher oder wirklicher Irrlehren geschah nicht nur durch Männer, sondern auch durch Frauen. Da in Tit 1,11 mit dem, »was nicht sein darf [ἃ μὴ δεῖ]«, die Irrlehre bezeichnet wird und es in 1Tim 5,13 von »jungen Witwen« heisst, dass sie lernbegierig sind (μανθάνειν), »in den Häusern herumlaufen« und geschwätzig das »reden, was sich nicht geziemt [τὰ μὴ δέοντα]«, gehören sie zu denen, die mit den Irrlehren befasst sind und sie verbreiten.

Die Mitbeteiligung von Frauen an der Irrlehre macht es verständlich, dass in *VV6b.7 von ihnen als Opfern häretischer Agitationen* die Rede ist, und zwar in disqualifizierender Weise. Zunächst wollen die Äußerungen als weitere negative Aussagen über *die Irrlehrer selbst* verstanden sein. Denn die Bemerkungen unterbrechen die in VV8f sich fortsetzenden Vorwürfe über sie und verdoppeln

---

[402] Wagener, Ordnung 243 überbetont diesen Faktor und unterbewertet m.E. die anderen Gründe. Sie lehnt es ab, die Stoßrichtung der Oikos-Ekklesiologie der Past in der Irrlehrerbekämpfung zu sehen (219f.243). Die Erhebung des Oikos »zur ekklesiologischen Leitmetapher« stelle vielmehr »eine Strategie männlicher Führungsschichten« dar, Frauen aus »Leitungsfunktionen auszuschalten« (65.236). Das trifft zwar z.T. zu, erklärt aber u.a. nicht hinreichend die gegenüber *allen*, auch *männlichen* Gemeindegliedern, betonten Richtlinienkompetenz des Episkopos. Darauf verweist zu Recht M. Gielen, Rezension zu Wageners Buch (BZ 40 [1996] 144–148, hier 147). Der »Zusammenhang mit dem Versuch einer wirksamen Bekämpfung tatsächlicher oder vermeintlicher Häresien [sei] wahrscheinlicher« (ebd.). Vgl. ähnlich Häfner, Belehrung 25.32.

[403] Dass es sich um die Wiedergabe eines historisch zugrundeliegenden Tatbestands

handelt, wird von den meisten Kommentatoren angenommen. Karris, Background 554.560 weist zudem darauf hin, dass der Lehrerfolg bei Frauen nur gelegentlich in der Polemik gegen die Sophisten thematisiert wird. Aber selbst die genannten Textbeispiele (Lucian, RhetPraecept 23; ders., Fugitivi 18f; Timon 55; Alciphron, Ep 4,7; Seneca, EpistMor 29,5f) unterscheiden sich doch erheblich von VV6f.

[404] Es ist berechtigt, mit Vogler, Hausgemeinden 791 in der Gefährdung der Hausgemeinden durch Irrlehrer und Schwärmertum einen der Gründe für die gegen Ende des 1. Jh.s wachsende Tendenz der Bildung von Großgemeinden zu sehen. – Die Meinung von Knoch 61, dass die »Irrlehrer unter gewissen Voraussetzungen auch sexuelle Freizügigkeit (etwa im Sinne von: die Sünde schadet dem Pneuma nicht) als erlaubt hinstellten«, ist durch die Past nicht zu belegen; ihr widerspricht Thiessen, Christen 283, Anm. 172 zu Recht.

durch die negative Kennzeichnung der Opfer die Verwerflichkeit der irreführenden häretischen Lehrer. Durch die Betonung der Minderwertigkeit der ›behandelten Objekte‹ ergeht zugleich ein Negativurteil über die sie ›behandelnden Subjekte‹. Desgleichen drückt sich die Negativität ihres Tuns in den Verben ἐνδύνω (= »sich einschleichen«) und αἰχμαλωτίζω (= »gefangennehmen«) aus.

Was sodann die *konkrete Charakterisierung der irregeführten Frauen selbst* betrifft, so handelt es sich um pauschalisierende Abwertungen. Schon das Wort γυναικάρια (= »Weibchen«, »Frauenzimmer«)[405] hat einen spöttisch-verächtlichen Aussagesinn. In den moralischen Disqualifizierungen »überhäuft mit Sünden« und »umhergetrieben von den verschiedensten Gelüsten« setzt sich das *Schema der Gegnerpolemik* in Form des Lasterkatalogs – nun angewandt auf die ›Opfer‹ – fort. Es sind daraus keine Informationen über die wirkliche moralische Haltung der Frauen zu gewinnen, welche sich von der Irrlehre beeinflussen ließen.

Der in scharfem Gegensatz formulierte Vorwurf, dass sie zwar »immer lernen«, aber »doch niemals zur Erkenntnis der Wahrheit gelangen können«, zeigt im Kontext der Past ein deutlicheres Profil[406]. Der Vorwurf entstammt nämlich nicht nur dem in der Antike unterschiedlich vorhandenen Vorurteil, dass Frauen nicht in gleicher Weise wie die Männer intellektueller Betätigung und Erkenntnis fähig seien oder dass sich für sie so etwas nicht gehöre. Die Disqualifizierungen legen sich für den Autor vielmehr aus seinem Kirchen- und Amtsverständnis sowie aus dem Häresieproblem nahe. Der Imperativ, »eine Frau soll in Stille und aller Unterordnung lernen« (1Tim 2,11f), zeigt zunächst, dass der Verfasser formal den Frauen Lernfähigkeit durchaus zugesteht und auch will, dass sie lernen. Aber durch die betonte Einschränkung, es soll »in Stille« und »Unterordnung« geschehen, und durch das Verbot, selbst »zu lehren« (1Tim 2,11f), wird der Begriff des Lernens sofort auf *passive Rezeption* verkürzt und damit jede Eigenaktivität sowie eine theologische Weiterentwicklung im eigenen Lernprozess ausgeschlossen. Es geht um die Bindung an die Lehrautorität des Gemeindeleiters, der im Rahmen des Oikos-Modells als Hausvater die Lehr- und Leitungskompetenz innehat, und es geht zugleich um die Bindung an die tradierte und zu tradierende »gesunde Lehre«. Alles, was davon abweicht, gilt als Falschlehre und Geschwätz. Darunter findet sich zwar manches, dem berechtigterweise Ablehnung gebührt wie z.B. die Spekulationen über »Mythen und Genealogien« (1Tim 1,4), die falschen Lehren über die Auferstehung (2Tim 2,18) und die Schöpfung mit den entsprechenden Abwertungen von Ehe und Familie, Ernährung und Besitz (1Tim 4,3f). Aber es gehören nach der

---

405   Vgl. Bauer/Aland, Wörterbuch 335. Bemerkenswert ist, dass auch Irenäus, Haer I,13,6 in einer antignostischen Polemik von γυναικάρια πολλά spricht, die durch das Reden und Treiben eines gewissen Markos und seiner Schüler betrogen worden sind.

406   Vgl. zu μανθάνω in 1Tim 2,11; 5,13; 2Tim 3,7 außer den Kommentaren Wagener, Ordnung 96–99.205f.211.230.

Meinung des Verfassers auch jene sozialethischen Auffassungen und Verhaltensweisen dazu, in denen sich Abweichungen vom patriarchalen Ordnungsgefüge in Haus und Gemeinde zeigen. *Deshalb* diskreditiert er spöttisch den Lerneifer von Frauen und ihr Streben nach Erkenntnisgewinn. *Deshalb* missbilligt er auch ihre Mitbeteiligung an Lehre und Leitung der Gemeinde. Die Angabe des Lernziels mit dem Ausdruck »Erkenntnis der Wahrheit [ἐπίγνωσις ἀληθείας]« und die Behauptung, dass dieses Lernziel von den irregeführten Frauen »niemals erlangt werden kann«, weist in die gleiche Richtung des Verständnisses. Die Formel ἐπίγνωσις ἀληθείας ist in den Past »Ausdruck für das Christwerden bzw. Christsein« und bedeutet: »Erkenntnis und Annahme der christlichen Glaubenswahrheit in ihrer traditionell geprägten Form«[407]. Damit wird noch einmal die antihäretische Stoßrichtung des Abschnitts unterstrichen; denn es sind ja gerade die gnostisierenden Gegner, welche beanspruchen, »Erkenntnis [γνῶσις]« zu besitzen, aber in Wirklichkeit vom »Weg des Glaubens abirren« (1Tim 6,20)[408].

8–9 Ihre *Verwerflichkeit* und die *Aussichtslosigkeit* ihres widersetzlichen Agierens wird abschließend durch einen Vergleich mit den zwei Mosegegnern *Jannes* und *Jambres* verdeutlicht. Der Verfasser wusste aus den Plageerzählungen Ex 7–9 um den *Widerstand ägyptischer Zauberer gegen Mose*. Ihre *Zahl* und *Namen* entnahm er aber einer *außerbiblischen Überlieferung* (s.o. Analyse 6). Der *erste Vergleichspunkt* bezieht sich vor allem[409] auf den *Widerstand*: Jene legten ihn gegen Mose an den Tag; bei den Häretikern besteht er gegenüber der Wahrheit. Erneut zeigt das Präsens οὗτοι ἀνθίστανται, dass es sich um ein Gemeindeproblem in der Gegenwart des Verfassers handelt. Es geht um den Widerstand der Häretiker gegenüber der Wahrheit des Evangeliums und seiner in der »gesunden Lehre« sich darbietenden Auslegung. Für den Verfasser ist es die von ›Paulus‹ her zuverlässig vermittelte Paratheke, für deren unverfälschte Weitergabe er sich nun selbst einsetzt, und um deren Weiterbestand ›Timotheus‹ und die ihm folgenden Gemeideleiter Sorge tragen sollen (vgl. 2,2.15). Da sich das Verhalten der Häretiker von solcher »Bewährung« (vgl. 2,15) ganz und gar unterscheidet, fügt der Autor noch hinzu, dass sie »Menschen mit zerstörtem Verstand« und »unbewährt im Glauben« sind (V8cd). Auch in Tit 1,15f werden die Gegner in ähnlicher Weise be- und

---

[407] Von Lips, Glaube 35–38, hier 37. Vgl. ebenso Wagener, Ordnung 97. – Die Formel steht in 1Tim 2,4; 2Tim 2,25; 3,7; Tit 1,1; verbal 1Tim 4,3.

[408] Vgl. Schlarb, Miszelle zu 1Tim 6,20: »Die γνῶσις der Gegner, die nicht in der ἐπίγνωσις der einen ἀλήθεια besteht, ... kann also nie zur möglichen Position einer paulinisch fundierten Kirche werden, denn sie ist eben gerade deren Entgegensetzung

...« (281). Zum Verhältnis des Wahrheits- und Gnosisbegriffs der koptisch-gnostischen Schrift LibTh (NHC II,7) und dem der Past vgl. Sell, Knowledge (passim).

[409] Häfner, Belehrung 185 sieht in der Formulierung ὃν τρόπον statt ὡς einen Hinweis darauf, dass schon hier nicht nur der Widerstand, sondern auch der anfängliche Erfolg und das letztendliche Scheitern im Blick seien.

verurteilt. Der Gedanke, dass die Mosegegner nach Ex 7ff als »Zauberer [ἐπαοιδοί, φαρμακοί, σοφίσται]« aufgetreten sind, wird vom Verfasser in der Paraphrase VV8f weder terminologisch noch durch inhaltliche Anspielung für die Kennzeichnung der ›Paulus‹gegner ausgewertet[410].

Der *zweite Vergleichspunkt* mit den Mosegegnern besteht in ihrem *Scheitern*. Mit der Formulierung: »Sie werden aber nicht weiter vorankommen« (V9a) wird allerdings wie bei jenen damals auch bei diesen hier ein gewisser Anfangserfolg zugegeben. Als Grund dafür, dass er aber doch bei jenen keinen Bestand hatte und bei diesen keinen haben wird, gilt der allen »offenkundig [ἔκδηλος]« werdende »Unverstand [ἄνοια]« (V9b). Diese Begründung ist vom Blick des Verfassers auf die Irrlehrer formuliert. Denn mit dem Begriff ἄνοια weist er zum einen auf deren schon erwähnten zerrütteten Geisteszustand hin, und zum andern drückt er aus, dass ihnen das Offenbarungswissen fehle, das zum rechten Glauben gehört. Er ist überzeugt und will die Überzeugung verbreiten, dass diese Mängel auf Dauer niemandem verborgen bleiben werden und dass somit die Irrlehre keinen Bestand haben wird[411]. Diese Einsicht soll zugleich alle in der Gemeinde ermutigen, der »gesunden Lehre« zu folgen; denn *sie* hat Zukunft und führt zum Leben.

Im Unterschied zum Umgang mit der Irrlehrerproblematik an anderen Stellen der Past werden im vorliegenden Abschnitt die *Fehlhaltungen* der Irrlehrer *zukunftsgerichtet* als Phänome der »letzten Tage« (VV1b–4) gekennzeichnet und die den Irrlehrern zum *Opfer* Fallenden als eine *eigene Gruppe* mit negativen Eigenschaften näher bestimmt (VV6b–7). Die in den VV1–4 geschilderten schlimmen Zustände beziehen sich zwar *angeblich* auf die *Endzeit;* sie betreffen aber nach den Aussagen der VV5–9 doch so die *Gegenwart,* dass sich der Adressat vor ihnen hüten soll. Aus dieser *formalen zeitlichen Struktur* und aus den mit ihr verbundenen *Inhalten* geht hervor, dass der Verfasser an *urchristliche Traditionen* anknüpfte, die ihrerseits durch *Formelemente der frühjüdischen Apokalyptik* geprägt waren. Der *Lasterkatalog als solcher* (VV2–4) ist außerdem durch Gestaltungselemente bestimmt, die schon auf die Ausprägung von Lasterkatalogen im *Hellenismus,* im *hellenistischen Judentum* und im *hellenistisch-jüdischen Urchristentum,* besonders im *paulinischen* Traditionsbereich, eingewirkt hatten.

Zusammen-fassung

---

[410] Vgl. ähnlich zurückhaltend Häfner, Belehrung 186f mit Überblick über unterschiedliche Beurteilungen in der Forschung. – Auch der Ausdruck γόητες in V13 meint nicht »Zauberer«, sondern »Betrüger«.

[411] Dass der Vergleich in VV8f diesen Aussageakzent hat, vertreten die meisten Kommentatoren. – Schlarb, Lehre 269 und

Redalié, Paul 399f sehen den Hauptvergleichspunkt im Problem der fast unverwechselbaren Ähnlichkeit der Erscheinungsformen, die es zu enttarnen gelte. Häfner, Belehrung 186, Anm. 288 hält m.E. zu Recht auch dies als Teilaussage für möglich, entnimmt aber aus dem in V9 offen ausgesprochenen Scheitern den Hauptakzent.

Den *apokalyptischen Topos* künftigen bzw. endzeitlichen Fehlverhaltens hat der Verfasser der Past ganz seiner *Pseudepigraphie* dienstbar gemacht. Zum einen hat er damit erwiesen, dass ›*Paulus*‹ darüber souveräne *Kenntnis* besitzt und nun seinem Schüler ›Timotheus‹ Anteil an seinem Offenbarungswissen gewährt. Zum anderen werden die negativen Phänome der ›*Endzeit*‹ auf die Probleme der *Gemeinde* in der *Gegenwart*, nämlich auf das Fehlverhalten der Irrlehrer und der von ihnen Verführten, bezogen. Befürchtete *Zukunfts*schrecknisse werden in den Dienst der *Gegenwart*ermahnung gestellt. Dementsprechend sind die Aussagen nicht auf *dogmatische Belehrung*, sondern auf *paränetische Warnung* und *Ermahnung* ausgerichtet.

Die *Aufforderung* an ›Timotheus‹, sich von Mitchristen dieser negativen Art abzuwenden (V5b), entspricht den in den Past oft ergehenden Aufforderungen zur Distanzierung von Häretikern. Es bedeutet nicht den Verzicht des Gemeindeleiters auf das Bemühen, Widerspenstige zu belehren und zur Umkehr zu bewegen. Die Aufforderung zur Distanzierung richtet sich zwar an den Gemeindeleiter, soll aber zugleich das Verhalten der anderen Gemeindeglieder mitbestimmen. Um eine formelle *Exkommunikation* handelt es sich noch *nicht;* aber die Past zeigen eine Entwicklung und *Tendenz*, die in diese Richtung geht.

Deutlicher als im Lasterkatalog der VV2–4 schimmert durch die *negative Kennzeichnung der Gegner* und der von ihnen *Verführten* in VV6f ein wirklich zugrunde liegendes *Detailproblem der Gemeindesituation* durch. In den Adressatengemeinden *gab* es eine *Mitbeteiligung von Frauen an Lehre und Leitung.* Diese Mitbeteiligung war zwar *nicht* durch *gnostisierende Kreise verursacht*, sondern war auch sonst in paulinischen Gemeinden üblich. Sie wurde aber durch das Wirken von *Irrlehrern in den Häusern gefördert.* Wegen dieses *Zusammenhangs mit der ›Häresie‹* kritisiert der Verfasser das Verhalten der *Frauen* vehement. Die *konkreten* negativen Aussagen über die Frauen, die der Irrlehre verfallen (V6bc), verdanken sich der gleichen *überspitzenden Rhetorik* wie der vorausgehende Lasterkatalog. Sie sind vom negativ schematisierenden Sprachstil antiker Gegnerpolemik geprägt. Deshalb lassen sich aus den Disqualifizierungen: »überhäuft mit Sünden« und: »umhergetrieben von den verschiedensten Gelüsten« *keine Informationen* über die wirkliche moralische Haltung der Frauen gewinnen, welche sich von der Irrlehre beeinflussen ließen.

Die Aussagen über die *Lernbegier* einerseits und die *Lernunfähigkeit* andererseits (V7) entstammen der abwertenden Sicht eines *strengen Patriarchalismus* und des aus ihm entwickelten *Gemeindeverständnisses*. Sie verwehren jede Eigenaktivität und theologische Weiterentwicklung, die nicht aus der Bindung an die *Lehrautorität des Gemeindeleiters* hervorgeht, der seinerseits an die tradierte Lehre gebunden ist.

Die *Verwerflichkeit* und *Aussichtslosigkeit* aller widersetzlichen Agitationen verdeutlicht der Verfasser abschließend durch einen Hinweis auf die zwei Mosegegner *Jannes* und *Jambres* (VV8f). Dass eine *Gegnerschaft* gegen Mose bestanden hatte, war ihm aus *Ex 7ff* bekannt. Die Kenntnis über die *Zahl* und die *Namen* der Gegner entnahm er jedoch *außerbiblischer Überlieferung*; denn *nur in ihr* waren sie enthalten. Mit dem Vergleich unterstreicht und verbreitet der Verfasser seine Überzeugung, dass die Gegnerschaft in der Gemeinde trotz gewisser Anfangserfolge keinen Bestand haben wird. Wie im gesamten antihäretisch ausgerichteten Abschnitt sollen auch durch den abschließenden Vergleich die Gemeindeglieder *gewarnt, ermahnt* und *ermutigt* werden: *gewarnt* vor den Gegnern und ihren Häresien; *ermahnt* und *ermutigt,* der überlieferten Lehre treu zu bleiben; denn nur sie führt zum Leben, nur sie hat Bestand.

Exkurs: Frauen und kirchliches Amt

Literatur: Außer den bei *Roloff* 142.146.169 genannten Werken: *Dassmann, E., u.a.* (Hrsg.), Projekttag Frauenordination, Alfter 1997 (Kleine Bonner Theologische Reihe); *Dermience, A.,* Aux Origines de la Tradition Feminisme et Antifeminisme dans le Nouveau Testament, Bulletin ET Zeitschrift für Theologie in Europa 10 (1999) 175–189; *Eisen, U.E.,* Amtsträgerinnen im frühen Christentum, Göttingen 1996; *Groß, W.* (Hrsg.), Frauenordination. Stand der Diskussion in der Katholischen Kirche, München 1996; *Hünermann, P., u.a.* (Hrsg.), Diakonat. Ein Amt für Frauen in der Kirche – Ein frauengerechtes Amt?, Ostfildern 1997; *Niemand,* Wort Gottes; *Rahner, K.,* Priestertum der Frau?, StZ 195 (1977) 291–301; *Rauch, A. / Imhof, P.* (Hrsg.), Das Priestertum in der Einen Kirche. Diakonat, Presbyteramt und Episkopat, Aschaffenburg 1987; *Rosenhäger, U. / Stephens, S.* (Hrsg.), »Walk, my Sister«. The Ordination of Women: Reformed Perspectives, Geneva 1993 (SWARC); *Sattler, D.,* Gesammelte Nachdenklichkeit. Neuere Beiträge zur theologischen Frauenforschung, ThRv 94 (1998) 603–614.

1   Die *negativen Aussagen* über die häresieanfälligen Frauen in 2Tim 3,6f stehen in engem *Zusammenhang* mit anderen ähnlichen Aussagen der Past, in denen *Negatives* über die Frauen gesagt oder ihre *Aktivität* und *Eigenverantwortung einschränkt* werden. So wird z.B. in 1Tim 2,11–15 betont, dass die Frau an *zweiter* Stelle erschaffen wurde, dass sie sich *verführen* ließ und das Gebot *übertrat,* dass sie sich deshalb *still* verhalten und sich *unterordnend belehren* lassen soll, dass sie selbst *nicht lehren* darf und ihren Mann *nicht beherrsche.* Rettung werde sie finden durch die Geburt von Kindern und durch ein Leben in Glaube, Liebe, Heiligkeit und Besonnenheit. In 1Tim 5,3–16 ergehen restriktive Anweisungen für Witwen. Dabei werden die Anfälligkeit für ein *ausschweifendes* Leben (V6), für die von Christus trennende *Leidenschaft* (V11), für *Neugier* und *unschickliches Reden* (V13), für *geschwätziges Herumlaufen* in den Häusern (V13) und für den *Abfall* zur Gefolgschaft Satans (V15) hervorgehoben. Die Dienste der ›wirklichen‹ Witwe oder der alleinstehenden Frau

werden auf das Gebet (V5) sowie auf Tätigkeiten im Haus und auf karitative Hilfe beschränkt, worauf die Qualifikationsangaben in V10 hinweisen. Ebenso sind auch in Tit 2,3–5 nur die häuslichen Aufgaben der Frauen im Blick. Die älteren werden ermahnt, die jüngeren zur Unterordnung gegenüber ihren Ehemännern und zur Wahrnehmung ihrer familiären Aufgaben anzuhalten.

2   Nachweislich wurde 1Tim 2,11–15 seit der Väterzeit zusammen mit Gen 3; 1Kor 11; 14; Eph 5 dazu herangezogen, die Frau gegenüber dem Mann »auf eine niedrigere Stellung zu verweisen« und sie »von allen gottesdienstlichen Funktionen auszuschließen«[412]. Haben sich zwar die Negativaussagen von *2Tim 3,6f nicht direkt* in dieser Weise ausgewirkt, so sind sie doch aufgrund des inhaltlich engen Zusammenhangs mit 1Tim 2 und den anderen die Frauen betreffenden Negativaussagen der Past an der restriktiven Wirkungsgeschichte *indirekt* beteiligt. Sie trugen mit dazu bei, im Verlauf der Kirchengeschichte die Rolle und Aufgabe der Frau auf den Bereich des Hauses und der Familie zu beschränken, Frauen in Kirche und Gesellschaft möglichst von öffentlichen Aufgaben, Ämtern und Leitungsdiensten fernzuhalten und diese allein Männern zuzugestehen. Die Disqualifizierungen der Frauen in VV6f dienten *im Verbund* mit den anderen genannten Texten bedauerlicherweise dazu, die Frauen von der verantwortlichen Mitbeteiligung an den Ämtern der Gemeinde- und Kirchenleitung auszuschließen und diese allein den Männern vorzubehalten, so dass man unter diesem Gesichtspunkt nicht unberechtigt von der ›Männerkirche‹ spricht. *Jürgen Roloff* hat in seinem Aufweis der *Wirkungsgeschichte* von 1Tim 2,11–15 gezeigt, dass die reformatorische Theologie – entgegen langer Tradition – inzwischen die Zulassung der Frauen zu den kirchlichen Ämtern befürwortet und dass es längst evangelische Amtsträgerinnen gibt, während sich in der römisch-katholischen Kirche »der Umgang mit dem Problem komplizierter« darstelle[413]. In den Exkursen über die »gemeindeleitenden Ämter (Bischöfe, Älteste, Diakone)« und die »Ordination«, in denen er die *amtstheologischen Entwicklungen* herausgearbeitet sowie den gegenwärtigen *ökumenischen Stand der Problemlage* dargestellt hat, geht er nicht mehr eigens auf die gegenwärtige Problematik ein[414]. Seine hilfreichen Ausführungen über den *heutigen Umgang mit den Frauenaussagen der Past* und über *die heute anstehenden Fragen nach der Mitbeteiligung von Frauen an den kirchlichen Äm-*

---

[412]   Roloff 142ff mit Verweisen auf Tertullian, Ephiphanius, den Ambrosiaster, Johannes Chrysostomus, Johannes Damascenus, Thomas von Aquin; Konzil von Laodizea (4. Jh.); Trullanum (7. Jh.) (143f).
[413]   Ebd. 146. Er verweist auf lehramtliche Entscheidungen zur *Hermeneutik,* in denen

das in 1Kor 14 und 1Tim 2 erteilte *Redeverbot* als zum *göttlichen Schöpfungsplan* gehörig und deshalb als bleibend gültig erklärt worden sei, und auf *theologische Prämissen,* die es vorab zu klären gelte.
[414]   Vgl. ebd. 169–189.263–281.

tern seien deshalb im Folgenden mit Blick auf die inzwischen fortgesetzte *katholische Diskussion* ergänzt und weitergeführt.

3   Zunächst verdient die von Roloff vertretene *Hermeneutik* volle Zustimmung. Er hebt hervor, dass aufgrund der Zeit- und Kulturbedingtheit von 1Tim 2,11–15 und den anderen negativ-restriktiven Aussagen über die Frau sowie angesichts der Wirkungsgeschichte, »die wesentlich mit zu der jahrhundertelangen Diskriminierung und Zurückdrängung der Frau in der Kirche geführt hat«[415], *theologische Sachkritik* unumgänglich sei. Dabei dürfen nicht »heutige gesellschaftliche Leitvorstellungen« maßgebend sein, sondern das »ntl. Gesamtzeugnis über Stellung und Würde der Frau in der Gemeinde Jesu Christi«. Man habe sich also nicht »gegen den Text« zu stellen, sondern »seinen Anspruch ernst« zu nehmen. Dazu gehöre die Wahrnehmung, dass die Past im Umgang mit dem Frauenthema ihrem eigenen Anspruch nicht gerecht werden, Auslegung des apostolischen Kerygmas sein zu wollen. Stattdessen mache der Verfasser seine eigenen Überzeugungen geltend. Dafür presse er z.B. den Texten aus Gen 2–3 unsachgemäß »jene Gesichtspunkte und Argumente ab«, die er zur »Absicherung der eigenen Überzeugung zu benötigen glaubt.«

Dass »heutige gesellschaftliche Leitvorstellungen« nicht den Maßstab bilden dürfen, ist m.E. in dem Sinn richtig, dass sich weder die Verkündigung noch die Strukturen der Kirche nach vordergründigen Wertmaßstäben oder Modetrends richten darf. Zugleich ist es aber wichtig, durchaus *Basiswerte* der gegenwärtigen Gesellschaft zu beachten. Auch dies gehört m.E. zur Hermeneutik der Aussagen über das Amt und die Frauen in den Past. Denn es zeigt sich ja, dass der Verfasser die am patriarchalen »Hauswesen« orientierte Gemeindeordnung deshalb favorisierte und Frauen aus kirchlichen Lehr- und Leitungsaufgaben u.a. deshalb zurückdrängte, damit das »Wort Gottes« und somit die christliche Gemeinde samt ihren Ämtern *inmitten* der damaligen Gesellschaft »nicht in Verruf kommen« sollten (Tit 2,5; vgl. 1,6f; 2,8.10; 3,8; 1Tim 3,7; 5,14; 6,1). Ist der Verfasser in dieser Rücksichtnahme zwar zu weit gegangen, so behält doch das *Zentrum* seines Bemühens, nämlich das Evangelium *inmitten* dieser Welt unter den *je aktuellen gesellschaftlichen Bedingungen* zu bezeugen und dabei deren *Basiswerte* zu beachten, unaufgebbare, bleibende Gültigkeit. Wendet man aber diese theologische Mitte und ekklesiologische Absicht seines pastoralen Bemühens auf unsere Gegenwart an, dann führt sie *heute* dazu, den *gegenläufigen* Prozess einzuleiten: »Christliche Frauen zu *bitten*, wieder am Amt in der Kirche« teilzunehmen[416].

---

[415]   Ebd. 147. Dort auch die folgenden Zitate.
[416]   Niemand, Wort Gottes 351. »Kirchenstruktur *und Ämtergestaltung* haben die heute selbstverständlichen Leitbilder und Grundwerte für Gesellschaftsgestaltung ernst zu nehmen. Dazu gehören *solidarische Lastenverteilung, Geschlechterpartnerschaft, demokratische Partizipation, Sensibilität für durch Ideologie verdeckte Diskriminierungen*« (360).

4   *Katholischerseits* steht die Frage nach der Teilhabe der Frauen an den kirchlichen Ämtern seit einigen Jahrzehnten im Rahmen einer umfassenderen *Diskussion*. Diskutiert werden zum einen die Fragen nach der *Würde der Frau* sowie nach den humanwissenschaftlichen und theologischen Gesichtspukten, die bei einer sinnvollen *Zuordnung der Geschlechter zueinander* zu berücksichtigen sind. Zum anderen gehören zur aktuellen Diskussion die Fragen um das *kirchliche Amt* und seine heutige und künftige Gestalt. Manche der dabei diskutierten Probleme und Gesichtspunkte sind mehr *praktisch-seelsorglicher* Art. Dazu gehört z.B. die Frage, was zu tun sei, damit in den Gemeinden die Eucharistie gefeiert werde, die anderen Sakramente gespendet und die seelsorglichen Grunddienste vollzogen werden. Wegen des Priestermangels und angesichts dementsprechender Personalengpässe ist dies weithin nicht möglich. Längst stellt es sich als weltweites Problem dar. Da es weder durch die Dienste ehrenamtlicher ›Laienchristen‹ noch durch die sinnvoll neu eingerichteten pastoralen Berufe (z.B. Pastoralrefenten/innen, Gemeinderefenten/innen) gelöst werden kann, ist die Frage nach der Zulassung sowohl *verheirateter Männer zum priesterlichen Dienstamt* als auch von *Frauen zu jedem kirchlichen Weiheamt* (Diakonat, Priester- und Bischofsamt) dringlich. Außer den seelsorglich-praktischen Diskussionsanstößen gibt es auch solche, die mehr *grundsätzlich-theologischer* Art sind. Ganz abgesehen von aktuellen Personalengpässen stellen sich ja die Fragen nach dem *Sinn* und der *Bedeutung des kirchlichen Amtes*, nach den *Bedingungen der Zulassung* zu ihm und nach der Art und Weise der *Mitbeteiligung aller Christen am Sendungsauftrag der Kirche*. Lassen sich z.B. die gegenwärtig geltenden Bedingungen, dass nur ein *Mann* zum Diakonen-, Priester- und Bischofsamt (CIC 1024) zugelassen werden darf und dass mit der Übernahme des Priesteramtes im Normalfall die Verpflichtung zum Zölibat verbunden sein muss (CIC 1037), *theologisch* überzeugend begründen? Aus den im NT erkennbaren Ansätzen einer Ämtertheologie lassen sich die jetzt geltenden Zulassungsbedingungen im Sinne *notwendiger* Voraussetzungen nicht begründen, und der Blick auf die Geschichte der Kirche zeigt eine Vielfalt von Entwicklungen in Theorie und Praxis der Ausgestaltung des Amtes.

Hier sei nur darauf hingewiesen, dass gerade die *Past* – trotz mancher Restriktionen – Wert darauf legen, dass ein *verheirateter* und mit *Familie* lebender Mann zum Bischofs-, Diakonen- und Presbyteramt nicht nur *selbstverständlich zugelassen* wird, sondern dass seine Bewährung als *Familienvater* sogar zu seinen *Berufsqualifikationen* gehört (1Tim 3,1–13; 5,17–22) und dass *Frauen* in gleicher Weise teil am *Diakonat* haben wie die Männer (1Tim 3,11).

5   Der gegenwärtige katholische Diskussionsstand
5.1   Das Apostolische Schreiben »Ordinatio sacerdotalis« Papst Johannes

Pauls II. aus dem Jahr 1994 beginnt mit der Aussage: »Die Priesterweihe, durch welche das von Christus seinen Aposteln anvertraute Amt übertragen wird, die Gläubigen zu lehren, zu heiligen und zu leiten, war in der katholischen Kirche von Anfang an ausschließlich Männern vorbehalten« (Nr. 1). Es schließt mit der Erklärung: »Damit also jeder Zweifel bezüglich der bedeutenden Angelegenheit, die die göttliche Verfassung der Kirche selbst betrifft, beseitigt wird, erkläre ich kraft meines Amtes, ... daß die Kirche keinerlei Vollmacht hat, Frauen die Priesterweihe zu spenden, und daß sich alle Gläubigen der Kirche endgültig an diese Entscheidung zu halten haben« (Nr. 4). Zur Begründung werden die Argumente wiederholt, die in vorausgehenden vatikanischen Stellungnahmen, vor allem in der Erklärung »Inter insigniores. Über die Frage der Zulassung von Frauen zum Amtspriestertum« (1976) und im Apostolischen Schreiben »Mulieris dignitatem. Über die Würde und Berufung der Frau« (1988) genannt waren. Es sind: 1. das in der heiligen Schrift bezeugte Vorbild Christi, der nur Männer zu Aposteln wählte; 2. die Praxis der Kirche, die in der ausschließlichen Wahl von Männern Christus nachahmte; 3. das Lehramt, das beharrlich am Ausschluss von Frauen vom Priesteramt in Übereinstimmung mit Gottes Plan festhält. Es wird im Schreiben aus dem Jahr 1994 erneut besonders betont, dass Christus mit derselben Freiheit Männer zu seinen Aposteln berief, mit der er sich ohne Rücksicht auf herrschende Sitten für die Würde der Frau einsetzte (Nr. 2). Es wird darauf hingewiesen, dass so, wie gemäß dem Plan Gottes die Erwählung der Apostel durch Christus erfolgte, auch die Bestellung von Mitarbeitern und Amtsnachfolgern durch die Apostel geschah, wobei auf 1Tim 3,1–13; 2Tim 1,6; Tit 1,5–9 hingewiesen wird, und dass sich in der Geschichte der Kirche diese Repräsentanz Christi durch die Amtsträger weiterhin verwirklicht.

5.2   Gegen diese Argumentation sind von Theologinnen und Theologen berechtigte *Einwände* erhoben worden, und der Diskurs innerhalb der katholischen Kirche ist keineswegs beendet. Zu bemängeln ist vor allem, dass die symbolische Bedeutung des Zwölferkreises nicht beachtet wird, dass der Zwölferkreis und das kirchliche Amt nicht unterschieden werden[417] und dass die historisch belegte Entwicklung des Amtes keinerlei Berücksichtigung findet[418].

---

[417]   Bei der herkömmlichen Argumentation, dass weder Jesus noch die Apostel Frauen ordiniert hätten, wird durchweg nicht beachtet, dass der »sakral konnotierte ἱερεύς als Bezeichnung christlicher Funktionsträger« im NT überhaupt nicht vorkommt und dass »die Frage nach einer sakral verstandenen Ordination« im NT »zumindest auf der begrifflichen Ebene über-haupt nicht zur Debatte steht« (Merklein, Spannungsfeld 232).

[418]   Vgl. so z.B. I. Willig in KNA vom 4.10.1998 und zustimmend dazu E. Gössmann, in: Die Zeit der Frau. Apostolisches Schreiben »Mulieris dignitatem« Papst Johannes Pauls II. mit einer Hinführung von J. Ratzinger und einem Kommentar von E. Gössmann, Freiburg i.Br. 1988, 146.

5.3   In dem von Walter Groß herausgegebenen Werk »Frauenordination«* werden derartige *Einwände detailliert* entfaltet[419] und wird über
den »Stand der Diskussion in der katholischen Kirche« *repräsentativ informiert.* Enthalten sind in dem Band zunächst die Dokumente »Inter insigniores« (1976) und »Ordinatio sacerdotalis« (1994) samt der Wiedergabe offizieller Korrespondenz dazu. Sodann wird auch der inoffizielle
Text des im Auftrag der Glaubenskongregation 1976 erstellten Gutach-
tens der Päpstlichen Bibelkommission dargeboten, dessen differenzierte
Ergebnisse sich aber die Glaubenskongregation bei der Abfassung ihres
Dokuments leider nicht zu eigen gemacht hat. Die weiteren Beiträge des
Buches behandeln das frühchristliche Verständnis von Frau und Amt sowie die Hintergründe des früh einsetzenden Ausschlusses der Frauen von
den Leitungsämtern (E. Schüssler-Fiorenza); die zunehmend androzentri-
sche Zeichnung Jesu und seiner Jünger in den späteren Schichten der
Evangelien (M. Theobald); neuere liturgiegeschichtliche Ergebnisse zum
Diakonat der Frau in der Alten Kirche (A.-A. Thiermeyer); die vielfältigen dogmatischen Implikationen und die traditionellen Argumentations-
strukturen sowie die zugunsten der Frauenordination sprechenden theologischen Argumente (W. Beinert, P. Hünermann); sozialethische Beurteilungen der Problemlage (D. Mieth). Unter ökumenischem Aspekt sind
besonders aufschlussreich die Beiträge über die Auswirkungen der Frauenordination auf den ökumenischen Dialog, vor allem auf den mit der
Ostkirche (A. Jensen) und über die Erfahrungen einer evangelischen Bi-
schöfin (M. Jepsen).
Insgesamt zeigt der *Diskussionsstand der katholischen Kirche,* dass die
Fortsetzung der Bemühungen um die Zulassung von Frauen zu allen
kirchlichen Ämtern[420] um des *Heilsdienstes der Kirche willen* dringend
nötig ist[421]. Vielfach ist man der Meinung, dass es zu einer derartigen
Neuordnung eines Konzils bedarf[422].

---

[419]   In ähnlicher Weise und mit gleichen
Ergebnissen geschieht es in dem Sammel-
band »Projekttag Frauenordination« (s.o.
Dassmann*) mit Beiträgen aus der Dogmatik (J. Wohlmuth), Fundamentaltheologie
(H. Waldenfels), Exegese (H. Merklein),
Patristik (E. Dassmann) und Pastoraltheo-
logie (W. Fürst).
[420]   Zum gegenwärtigen Diskussionsstand
über die Zulassung von Frauen zum *Diakonat* vgl. Hünermann*.
[421]   In der Erklärung der Deutschen Bi-

schofskonferenz zum Schreiben »Ordinatio
sacerdotalis« heißt es: »Das Gespräch über
diese Fragen darf nicht abgebrochen werden. Die Diskussion ist im Sinn des Kirchenverständnisses des Zweiten Vatikanischen Konzils zu vertiefen« (Beilage zu
VApS 117). – So auch schon Rahner* 299f;
vgl. die umsichtige Erörterung des Pro-
blems bei Baumert, Frau 288–321.
[422]   Vgl. so J. Wohlmuth und W. Fürst in:
Dassmann* 17.82.

III   Aufforderungen an den Amtsträger ›Timotheus‹ (3,10 – 4,8)

Im folgenden Abschnitt wendet sich der Verfasser mehrmals in direkter
Anrede an den Amtsträger ›Timotheus‹ (3,10.14; 4,1.5). Zunächst wird
ihm eingeschärft, bei dem zu bleiben, was er bisher gelernt und worauf er
sein Vertrauen gesetzt hat (3,10–17). Genannt werden die positiven Haltungen und Lehren, die ›Timotheus‹ aus der Orientierung an ›Paulus‹ gewonnen und in denen er sich selbst schon bewährt hat (3,10–14), sowie
die religiöse Erziehung, durch die er auch mit den heiligen Schriften vertraut gemacht wurde und die sich nun als nützlich für die Ausübung des
gemeindeleitenden Heilsdienstes erweisen (3,14–17).
Die danach folgenden Aufforderungen zu unerschrockenem Einsatz im
Dienst der Verkündigung, Zurechtweisung und Belehrung ergehen in gesteigerter Intensität. Die Intensivierung kommt in dreifacher Weise zum
Ausdruck: Die Aufforderungen erhalten beschwörenden Charakter (V1);
es wird die Verantwortlichkeit des Amtsträgers gegenüber Gott und dem
Richter Jesus Christus bewusst gemacht (V1); die Situation, in der es die
getreue Amtsführung durchzuhalten gilt, wird als doppelt schwierig gekennzeichnet, nämlich als Zeit der Irrlehre, des Glaubensabfalls und des
Widerstands gegen die Wahrheit (VV3f) sowie als Zeit, in der ›Paulus‹
nicht mehr wegweisend und helfend zur Seite stehen wird; denn der Zeit-
punkt seines Abscheidens steht nahe bevor (V6). Wohl aber bleibt ermutigend und wegweisend sein mustergültiges Verhalten bis in den Tod;
denn es führt nicht nur dazu, dass ›*Paulus*‹ den »Kranz der Gerechtigkeit«
empfängt, sondern es verweist auch darauf, dass ihn *alle* erhalten, die sich
– ähnlich wie ›Paulus‹ – in *ihrer* Glaubensexistenz bewähren (VV7f).

1   Leben und Wirken aus der Orientierung an ›Paulus‹ und den ›Schrif-
ten‹ (3,10–17)

Literatur: Zum Thema »heilige Schriften« in VV15f: Achtemeier, P., The Inspiration of Scripture, Philadelphia 1980; *Bennetch, J.H.,* 2 Timothy 3:16a. A Greek
Study, BS 106 (1949) 187–195; *Buis, H.,* The Significance of II Timothy 3:16 and
II Peter 1:21, RefR(H) 14 (1961) 43–49; *Cook, D.E.,* Scripture and Inspiration:
2 Timothy 3:14–17, Faith and Mission 1 (1984) 56–61; *Eichler,* Zur Exegese von
2. Tim 3,15–17, Neues Sächsisches Kirchenblatt 35 (1928) 419f; *Häfner,* Belehrung 224–254; *Hanson,* Studies 42–53; *House, H.W.,* Biblical Inspiration in 2 Timothy 3:16, BS 137 (1980) 54–63; *Goodrick, E.W.,* Let's put 2 Timothy 3:16 Back
in the Bible, JETS 25 (1982) 479–487; *Jüngel, E.,* Bibelarbeit über 2 Timotheus 3,
14–17, in: Erneuerung aus der Bibel, hrsg. v. Meurer, S., Suttgart 1982, 93–106;
Kowalski, Funktion; *McGonigal, T.P.,* »Every Scripture is Inspired«: An Exegesis
of 2 Timothy 3:16–17, SBTh 8 (1978) 53–64; *Miller, E.L.,* Plenary Inspiration and
II Timothy 3:16, LuthQ 17 (1965) 56–62; *Mosetto,* Bibbia; *Nielsen,* Scripture;

Reck, R., 2 Tim 3,16 in der altkirchlichen Literatur. Eine wirkungsgeschichtliche Untersuchung zum Locus classicus der Inspirationslehre, WiWei 53 (1990) 81–105; *Roberts, J.W.,* Every Scripture Inspired of God, RestQ 5 (1961) 33–37; *Sand, A.,* »Wie geschrieben steht«. Zur Auslegung der jüdischen Schriften in den urchristlichen Gemeinden, in: Schriftauslegung, hrsg. v. Ernst, J., München 1972, 331–357; *Virgilio, G. de,* Ispirazione ed effecacia della Scrittura in 2Tim 3,14–17, RivB 38 (1990) 485–494; *Wolfe,* Scripture.

10 Du aber bist mir gefolgt in der Lehre, in Lebensführung und Streben, im Glauben, in der Langmut, in der Liebe, in der Ausdauer, 11 in den Verfolgungen und Leiden, die mir zuteil wurden in Antiochia, Ikonium und Lystra. Welche Verfolgungen habe ich erduldet! Und aus allen hat mich der Herr errettet! 12 Und alle, die fromm leben wollen in Christus Jesus, werden verfolgt werden. 13 Böse Menschen aber und Betrüger werden zu immer Schlimmerem fortschreiten; [sie sind] Irreführende und Irregeführte. 14 Du aber bleibe bei dem, was du gelernt und worauf du dein Vertrauen gesetzt hast, da du ja weißt, von welchen [Leuten] du [es] gelernt hast, 15 und weil du von Kindheit an die heiligen Schriften kennst, die dich weise machen können zum Heil durch Glauben in Christus Jesus. 16 Jede Schrift [ist] als von Gott eingegeben auch nützlich zur Belehrung, zur Zurechtweisung, zur Besserung, zur Erziehung in Gerechtigkeit, 17 damit der Mann Gottes gerüstet sei, ausgerüstet zu jedem guten Werk.

Analyse 1   *Sprachliche und gedankliche Struktur.* Auf den vorwiegend der *Irrlehrerproblematik* gewidmeten Textblock 2,14 – 3,9 folgt nun ein Abschnitt, bei dem die *Amtsträgerparänese* im Vordergrund steht. Mit dem Neueinsatz des adversativen »Du aber«[423] wird ›Timotheus‹ zweimal direkt angesprochen (VV10.14) und sein Verhalten ausdrücklich dem Verhalten der Irrlehrer entgegengesetzt. Der Text bietet mehrere formale und inhaltliche Anhaltspunkte zur Erfassung seiner Struktur. Teils ergänzen sie sich bestätigend, teils führen sie zu kleinen Überschneidungen und Unschärfen. Durch das Textsignal σὺ δέ erscheint der Text deutlich in die *zwei Teile* VV10–13 und VV14–17 gegliedert. Dieser Zweiteilung[424] entspricht thematisch, dass es zunächst um die vorbildhafte *Nachfolgehaltung* des ›Timotheus‹ und sodann um die Orientierung an den *heiligen*

---

[423] Die Anrede σὺ δέ ist ein Stilmittel des Verfassers. Auch in 1Tim 6,11; 2Tim 4,5; [2,1: σὺ οὖν;] Tit 2,1 leitet er damit Aufforderungen an den Amtsträger ein, die jeweils im Gegensatz zum vorher genannten negativen Verhalten der Häretiker stehen. Vgl. von Lips, Glaube 178; Schlarb, Lehre 258; Häfner, Belehrung 224.

[424] Gegen die zu starke Betonung der Textkohärenz der VV8–14 und die Vernachlässigung des engen Zusammenhangs der VV14–17 bei Wolter, Pastoralbriefe 137 haben sich überzeugend Oberlinner 136; Häfner, Belehrung 224 ausgesprochen.

Schriften geht. Zugleich will aber beachtet sein, dass die direkte Aufforderung an ›Timotheus‹, bei dem zu »bleiben« (μένε!), was er gelernt habe (V14a), der *einzige Imperativ* des Abschnitts ist. Er steht in dessen Mitte und bildet das Sinnzentrum. Darüber, dass er mit den nachfolgenden Aussagen verbunden ist, besteht kein Zweifel; denn sie schließen sich ja als Begründung unmittelbar an. Er ist aber auch in Form einer besonderen rhetorischen, der Paränese dienenden Figur mit den VV10f eng verbunden. Man kann also den Text nicht mit eindeutiger Abgrenzung in die Teile VV10–13 und VV14–17 gliedern, sondern muss der *Überschneidung in V14a* Rechnung tragen, so dass sich die Einteilung in VV10–14a und 14a–17 ergibt.

Die *VV10–11b* heben in *indikativischer* Ausdrucksweise anerkennend und in Abgrenzung zum Verhalten der Irrlehrer die Haltung des ›Timotheus‹ hervor, die dieser in vollzogener Nachfolge des ›Paulus‹ bereits an den Tag gelegt hat[425]. Es ist der Stil von »Erinnerungssätzen«[426], wie er schon am Anfang des Briefes verwendet worden war (1,5f). Einige Elemente der Nachfolgehaltung werden in einer substantivisch formulierten Begriffsreihe veranschaulicht, teils nach Art eines Tugend- (V10), teils nach Art eines Peristasenkatalogs (V11a). Letzterer wird durch den historisch-biographischen Hinweis auf einzelne Leidensorte des ›Paulus‹ ergänzt (V11b). Das genannte Ertragen von Verfolgungen und Leiden (V11ab) veranlasst den Autor, drei allgemeiner gehaltene Nebengedanken anzuschließen: in V11cd den Ausruf über die Größe der von ›Paulus‹ erlittenen Verfolgungen und das Bekenntnis, dass der Herr ihn aus allen errettet habe; in V12 die verallgemeinernde Äußerung, dass zur wirklich gelebten christlichen Existenz Verfolgung gehöre; in V13 die ebenso verallgemeinernde Äußerung, dass die gegenteilige Existenzweise der Irrlehrer zu immer Schlimmerem führe.

Mit erneutem σὺ δέ setzt zwar der *zweite Teil* des Abschnitts ein; aber die *direkte Aufforderung* an ›Timotheus‹, bei dem zu »bleiben«, was er gelernt und worauf er vertraut habe (V14a), ist auch noch eng mit dem *Vorausgehenden verbunden*. Die Verbindung mit der in VV10f indikativisch ausgedrückten Anerkennung der mustergültigen Nachfolgehaltung des ›Timotheus‹ ist ein bewusst gewähltes *rhetorisches Stilmittel*. Wie sich bei der Auslegung zeigen wird, soll es dem Imperativ V14a eine größere Stoßkraft verleihen.
Die Anweisung von V14a erhält sodann in V14b.15a eine zweiteilige *Begründung*. Der erste Begründungsgedanke verweist auf *Personen*, denen ›Timotheus‹ seine bisherigen Orientierungen verdankt (V14b). Der zwei-

---

[425] Nach Berger, Gattungen 1340f gehört der Vers zu den »Kontrastmahnung[en]«. Wolter, Pastoralbriefe 136f widerspricht dieser Zuordnung mit dem Hinweis, dass es sich wegen des Indikativs um epideiktische und nicht um symbouleutische Rede handle. Das ist zwar im Detail richtig; aber Wolter selbst stellt sodann die »paränetische Funktion« der in der Verbindung von Indikativ und Imperativ bestehenden rhetorischen Figur präzis heraus.
[426] Schlarb, Lehre 293.

te Begründungsgedanke ist *sachlicher* Art und verweist auf *etwas*, nämlich auf die *heiligen Schriften*. Von ihnen wird gesagt, dass ›Timotheus‹ sie seit seiner Kindheit kenne (V15a) und dass sie ihn »weise machen« können »zum Heil« (V15b).

Ebenso wie in VV12f schließt sich an die persönlich gehaltene Aussage eine »unpersönliche Regelformulierung« an (VV16f)[427]. Sie verallgemeinert sentenzhaft die vorher persönlich gehaltene Aussage. Der erste Teil der sentenzhaften Ausweitung entfaltet den Gedanken der *Nützlichkeit* der heiligen Schrift (V16), der zweite nennt in Form eines Finalsatzes das *Ziel*, auf das hin die Nützlichkeit der Schrift ausgerichtet ist (V17). Es besteht in der *Befähigung* zu jedem *guten Werk*.

Da manche Aussagen des Textes persönlich an ›Timotheus‹ gerichtet sind und seine Haltungen und Aufgaben als *Amtsträger* im Blick haben (VV10–11b.14–15b), andere aber darüber hinaus *alle Christen* angehen, wie z.B. die Aussagen über die Verfolgung (V12), über den Kontrast zwischen Frommen und Bösen (VV12f), teils die Aussagen über die Nützlichkeit und das Ziel der Schriftunterweisung (VV15b–17), stellt sich die Frage, ob der Abschnitt mehr auf *alle Christen* oder mehr auf die *Amtsträger* ausgerichtet ist. Bei der Einzelerklärung, vor allem bei der Untersuchung des Ausdrucks ἄνθρωπος τοῦ θεοῦ (»Mensch« bzw. »Mann Gottes«) (V17), wird sich zeigen, dass es sich primär um *Amtsträgerparänese* handelt, dass aber wichtige Grundhaltungen *aller Christen mit im Blick* sind.

2 *Diachrone Analyse*

2.1 Die Aussage, dass ›Timotheus‹ seinem Lehrer ›Paulus‹ mustergültig gefolgt sei (V10), ist vermutlich von 1Kor 4,16f her beeinflusst. Dort wie hier ist der Gedanke des *Vorbilds* und mit ihm das Motiv der *Nachahmung* bzw. *Nachfolge* konstitutiv. Dort wie hier wird die *positive Beziehung* des *Timotheus* zu *Paulus* hervorgehoben. Dort wie hier wird die *Lehre des Paulus* als ein Element der Erinnerung bzw. der Nachfolge erwähnt. Beachtet man überdies, dass der Verfasser bei der Gestaltung des Präskripts die Bezeichnung des ›Timotheus‹ als »geliebtes Kind« (2Tim 1,2) aus 1Kor 4,16f entnommen hat und ihm diese Stelle also vertraut war, verstärkt sich die Vermutung literarischer Abhängigkeit.

2.2 Bei der Verdeutlichung der von ›Paulus‹ durchgestandenen Leiden und Verfolgungen in V11 werden die Leidensorte »Antiochia, Ikonium und Lystra« genannt. Sowohl die *Ortsbezeichnungen* und ihre *Abfolge* als auch die Aussagen über die *Verfolgung des ›Paulus‹* an diesen Orten stimmen mit den Berichten in Apg 13,14–50; 13,51 – 14,5; 14,8–19 überein. Die Übereinstimmung erklärt sich am besten durch die Annahme, der Verfasser der Apg und der Verfasser der Past seien unabhängig voneinan-

---

[427] Schlarb, Lehre 259. Er verweist mit Recht auf 2,1–7.22–26, wo sich die gleiche Struktur findet. Vgl. zustimmend Häfner, Belehrung 224, Anm. 2.

der einer Überlieferung gefolgt, in der diese Grunddaten enthalten waren. Andere Hypothesen, wie z.B. die Annahme der gleichen Verfasserschaft beider Schriften oder der literarischen Abhängigkeit, scheitern an Schwierigkeiten, die in der Einführung (IV.2) bereits diskutiert worden sind. Aus Überlieferungen wusste also der Verfasser der Past, dass Paulus mit seiner Botschaft in diesen Orten nicht nur gläubige Aufnahme erfahren, sondern auch Ablehnung, Vertreibung und leibliche Misshandlungen erlitten hatte.

2.3   Wie die in V16 geäußerte Überzeugung der Schriftinspiration urchristlicher Überlieferung angehört, so wird auch der Gedanke, dass die heilige Schrift »*nützlich [sei] zur Belehrung*« nicht erstmals vom Verfasser der Past ausgesprochen. Besonders deutlich formuliert ist der Gedanke in Röm 15,4: »Denn was immer vorher *geschrieben* wurde, wurde zu unserer *Belehrung* geschrieben [εἰς τὴν ἡμετέραν διδασκαλίαν ἐγράφη], damit wir durch Geduld und den Trost der Schrift [τῶν γραφῶν] Hoffnung haben«. Ob eine literarische Abhängigkeit vorliegt[428], lässt sich wegen mancher Differenzen nicht entscheiden. Die *ideelle* Gemeinsamkeit der Aussagen hinsichtlich der *Bedeutung der Schrift* für *christliche Belehrung* ist jedoch beachtenswert.

2.4   Manche Aussagen sind von *biblischem* bzw. *biblisch-liturgischem Sprachstil* geprägt (z.B. V17: »Mann Gottes«; V11c: Errettung durch den Herrn). Darauf wird bei der Exegese der jeweiligen Stelle eingegangen.

Kontrastierend zu dem vorausgehend geschilderten abschreckenden Verhalten der Irrlehrer hebt ›Paulus‹ in direkter Anrede an ›Timotheus‹ anerkennend hervor, dass dieser *ihm gefolgt* sei. Das Verbum compositum παρακολουθέω wird hier in der gleichen Bedeutung und im gleichen Sinnzusammenhang gebraucht wie in 1Tim 4,6[429]. Dort heißt es, dass sich ›Timotheus‹ im Kontrast zu den Irrlehrern »aus den Worten des Glaubens ernährt« habe, dass er »der guten Lehre *gefolgt*« sei und dass er sich durch ihre Verkündigung als ein treuer »Diener Jesu Christi« erweise.

Erklärung 10

Das Verbum παρακολουθέω drückt die mit Verstand und Herz, in Theorie und Praxis konzentriert vollzogene und in Beständigkeit durchgehaltene Überein-

---

[428]   Hanson, Studies 42–53; ders., Past 29f versucht sie zu erweisen. Häfner, Belehrung 234, Anm. 58; Redalié, Paul 334, Anm. 110 schließen sie aus.

[429]   Es begegnet sonst im NT nur noch Mk 16,17; Lk 1,3. – In dem hier verwendeten Sinn ist es einer der wichtigsten Termini technici der popularphilosophischen Lehrtradition. Vgl. dazu G. Kittel,. ThWNT I (1933) 216 mit Verweisen u.a. auf Epiktet, Diss I,6,12–21; I,7,33. – D.P. Moessner, The Lukan Prologues in the Light of Ancient Narrative Hermeneutics. ΠΑΡΑΚΟΛΟΥΘΗΚΟΤΙ and the Credentialed Author, in: The Unity of Luke-Acts, ed. by J. Verheyden, 1999 (BEThL 142), 399–417 erörtert auf der Basis antiker historischer, philosophischer und naturkundlicher Werke die Bedeutung: »follow with the mind« (z.B. einer Rede, einem Text, einer Lehre, einer Haltung, einem Ritual, Ereignissen und Personen der Geschichte) und ordnet ihr neben Lk 1,3 auch 2Tim 3,10 zu (401).

stimmung des Apostelschülers mit seinem Meister aus. Es wird also Wert darauf
gelegt, dass nicht nur ›Paulus‹, sondern auch sein Schüler ›Timotheus‹ als das ideale Vorbild gilt. Darin zeigt sich eine Akzentverschiebung[430] im urchristlichen
Nachfolgeverständnis. Während in den Evangelien die Grundform ἀκολουθέω
die Jesusnachfolge bezeichnet (z.B. Mk 1,18) und während Paulus zwar mehrfach
Mitchristen dazu aufruft, seine »Nachahmer« zu werden (z.B. 1Kor 4,16f; Phil
3,17f), aber dabei das Substantiv μιμηταί verwendet und die Rückbindung an
Christus betont, tritt letztere in 2Tim zurück, und es wird der Blick stärker auf die
Vorbilder ›Paulus‹ und ›Timotheus‹ gelenkt, denen es zu folgen gilt. Die Akzentverlagerung darf aber nicht zu stark gewichtet werden; denn die Aussagen über
die vorbildliche Leidenshaltung des pastoralen ›Paulus‹ (2Tim 2,9f) sowie die
Aufforderungen zum Mitleiden für das Evangelium (1,8; 2,3) und überhaupt zur
Leidensnachfolge (2,11) sind grundlegend christologisch orientiert. Diese grundlegende Perspektive ist bei allen damit zusammenhängenden Aussagen – also
auch für das Nachfolgeverständnis in 3,10f – zu berücksichtigen.

Die in Form eines kleinen Tugend-[431] und Peristasenkatalogs aufgereih-
ten Substantive benennen konkretisierend einzelne Aspekte und Teilbe-
reiche der vollzogenen Nachfolge. Die Auswahl der im Dativ genannten
Begriffe ist derart, dass sie durchweg den auch sonst in den Past betonten
Anliegen entspricht.

Die Nachfolge in der »*Lehre* [διδασκαλία]«[432] und im »*Glauben*
[πίστις]«[433] des ›Paulus‹ ist ein den Past besonders wichtiges und sie insgesamt durchziehendes Thema. An der Treue zur Glaubenslehre des Ur-
Apostels und -Verkündigers (1,11–14 u.ö.) erweist sich für den Verfasser,
was rechte und »gesunde Lehre« oder Häresie ist. Nach seinem Selbstverständnis bietet er in den Past das dar, was dem Glaubensdepositum des
›Paulus‹ entspricht, was ›Timotheus‹ sich selbst längst schon zu eigen gemacht hat und was künftig von jedem Träger des gemeindeleitenden Amtes lehrend weiterzuvermitteln ist (vgl. 2,2). Es ist allerdings auch zu beachten, dass in der Sicht des Autors zwar die ›*paulinische*‹ *Lehre* den
Maßstab bildet und dass die Traditionsgebundenheit an sie unaufgebbar
bleibt, dass aber ›Paulus‹ nicht als der einzige Lehrer des ›Timotheus‹ gilt,
wie ja u.a. aus V14 deutlich hervorgeht. Steht bei den Begriffen Lehre und
Glauben der Gesichtspunkt der rechten Erkenntnis im Vordergrund, so
artikulieren die Begriffe »*Lebensführung* [ἀγωγή]«, »*Streben* [πρό-
θεσις]«, »*Liebe* [ἀγάπη]« mehr das praktische, durch rechte Willens-
entscheidung an den Tag gelegte Verhalten. Die Begriffe »*Langmut*

---

[430] Vgl. Merkel 74; Oberlinner 137f.
[431] Zu den Tugendkatalogen der Past s.o.
bei 2,22.
[432] Zum Begriffsfeld »Lehren«, »Lehrer«,
»Lehre« in den Past s.o. bei 1,11; 2,2.
[433] Zum Glaubensbegriff der Past s.o. bei
1,5 (Glaube schon der Vorfahren); außer-

dem bei 1,12 (Vertrauen auf Gott); bei 1,13;
2,22 (eine ›Tugend‹ unter anderen); bei
2,18; 3,8 (Gegensatz zur Irrlehre). – Trotz
der Ausrichtung auf die rechte Lehre »ist
Glaube in den Past eine die ganze Existenz
bestimmende Haltung« (G. Barth, EWNT
III [1983] 231).

[μακροθυμία]« und »*Ausdauer* [ὑπομονή]« bringen den Modus zum Ausdruck, in dem christliche Existenz und die Wahrnehmung missionarischer und gemeindeleitender Aufgaben sich vollziehen. Beide Begriffe begegnen deshalb mehrmals in urchristlichen Tugend- und Weisungsreihen[434]. Es wird z.B. ›Timotheus‹ in der Weisungsreihe 1Tim 6,11 als »Mann Gottes« aufgefordert, u.a. nach »Glaube, Liebe und Ausdauer [ὑπομονή]« zu streben.

Außer der ›Orthodoxie‹ und ›Orthopraxie‹ wird an der Haltung des ›Timotheus‹ sodann seine *Leidensnachfolge* hervorgehoben. Auch dieser Aspekt entspricht ganz sowohl dem ›*Paulusbild*‹ der Past (vgl. 2Tim 2,9f) als auch ihrem Verständnis *christlicher Existenz* (2,11; 3,12) und dem des *gemeindeleitenden Amtes* (1,8; 2,3). Der Grund für diese elementare Bedeutung des Leidensthemas liegt darin, dass das zu verkündende *Evangelium* in der Botschaft von Gottes rettendem Handeln in *Tod und Auferweckung Jesu* besteht (1,9f; 2,8). Deshalb sind sowohl der Verkündungsdienst als auch die Lebensgestaltung aus dem Glauben an das Evangelium elementar und unlösbar mit dem Christusweg des Leidens und Auferstehens verbunden (1,8.12; 2,9.11). Dass dies im Leben und Wirken des ›Paulus‹ so war, verdeutlicht der Verfasser durch den aus Überlieferungsgut aufgenommenen Hinweis auf die Leidensorte Antiochia, Ikonium und Lystra (s.o. Analyse 2.2).

In V11c betont er *erweiternd* die Menge und Schwere der Verfolgungen, denen ›Paulus‹ *überhaupt* ausgesetzt war. Dass sich die Aussage nicht nur auf die Verfolgungen an den vorher genannten Orten bezieht, legt sich deshalb nahe, weil in den Past unabhängig von der Erwähnung dieser Orte Leiden des Apostels thematisiert werden und weil zu vermuten ist, dass der Verfasser auch um solche Überlieferungen paulinischer Leidenserfahrungen wusste, wie sie an anderen Stellen der Apg verarbeitet oder von Paulus selbst berichtet worden waren[435].

Die Aussage, der Herr habe ihn »aus allen errettet [ἐκ πάντων με ἐρρύσατο ὁ κύριος]«, weist ebenfalls auf ein umfassenderes Verständnis der erwähnten Verfolgungen hin. Das dankende Bekenntnis hat liturgischen Klang. Seine Wurzeln liegen in der atl.-jüdischen Gebetssprache.

---

[434] Belege bei H.W. Hollander, EWNT II (1981) 937; W. Radl, EWNT III (1983) 970f.

[435] vAuch Merkel 75 rechnet mit dieser Möglichkeit und verweist auf 1Kor 4,9–13; 2Kor 1,5–11; 4,9–12; 6,4–6; 11,23–27; Gal 5,11. Oberlinner 139 erwägt – ähnlich wie Hasler 74; Houlden 126 – die Frage, warum der Verfasser nicht auf die autobiographischen Aussagen des Paulus zurückgegriffen habe. Sein Antwortversuch, der Verfasser bevorzugte jene Traditionen, die auch in die Apg eingegangen sind, weil in ihnen das missionarische Zusammenwirken des Paulus und Timotheus insgesamt eine größere Rolle spielte, hat eine gewisse Plausibilität, zumal die mehr legendenhafte Überlieferungsweise dominierte. Allerdings bleibt dennoch befremdlich, dass in V11 gerade auf jene Leiden, die *Paulus zusammen mit Timotheus* durchlitt, *kein Bezug* genommen wird, sondern *nur auf jene*, bei denen *Timotheus noch nicht dazugehörte* (Apg 13–14).

Besonders in den Psalmen spielt das Thema göttlicher Errettung eine große Rolle. Von den leidenden Gerechten heißt es z.B. in Ps 33,18 (LXX):
»Der Herr entriss sie all ihren Bedrängnissen [ὁ κύριος ἐκ πασῶν τῶν
θλίψεων αὐτῶν ἐρρύσατο αὐτούς]«, und in PsSal 13,4: »Aus alldem er-
rettete uns der Herr [ἐκ τούτων ἁπάντων ἐρρύσατο ἡμᾶς κύριος]«. Angesichts der Fülle ähnlicher Belege und der Breite des gesamten Motiv-
hintergrunds empfiehlt es sich nicht, für V11d eine bestimmte Bezugs-
stelle anzunehmen, sondern lediglich den Zusammenhang mit diesem gesamten Denk- und Sprachhorizont zu beachten[436]. Es kommt darin das
unerschütterliche und zum Teil durch eigene Erfahrungen und ihre gläubige Deutung gewonnene Vertrauen zum Ausdruck, dass die Wege der
Menschen – besonders die der Leidenden und um der Gerechtigkeit und
des Glaubens willen Verfolgten – von Gottes liebender Sorge und retten-
der Hilfe begleitet werden.

12　Die Aussagen über die Leiden des ›Paulus‹ und die Leidensnachfolge des
›Timotheus‹ werden verallgemeinernd auf *alle* ausgeweitet, »die fromm
leben wollen in Christus Jesus«. Von ihnen wird gesagt, dass ihre christliche Existenz mit dem Erleiden von Verfolgungen verbunden sein wird.
Auf den ersten Blick wirkt die Aussage inmitten des Kontextes befremdlich[437]. Der Gedankenschritt verliert aber an Befremdlichkeit, wenn man
beachtet, dass er in ähnlicher Weise auch schon in 2,1–13 vollzogen wurde. Dort wird ebenfalls zunächst ›*Timotheus*‹ zum Mitleiden mit ›Paulus‹
aufgerufen (V3), dann der Zusammenhang zwischen dem *Leiden Christi*,
dem Evangelium von Tod und Auferstehung Jesu und den apostolischen
Leiden des ›*Paulus*‹ herausgestellt (VV8–10) und schließlich die Leidens-
existenz und künftige Auferstehung *aller Christen* thematisiert (VV11f;
vgl. 4,5–8).

Ein weiteres Indiz dafür, dass der Anschluss von V12 an V11 durchaus den Denk-
strukturen der Past entspricht, besteht darin, dass die an Amtsträger adressierten
ethischen Weisungen in hohem Maße mit denen übereinstimmen, welche für alle Christen gelten sollen. Vor allem aber liegt das für ›Paulus‹, ›Timotheus‹, die
Amtsträger und alle Christen Gemeinsame darin, dass sie ihr Leben und Verhalten am Evangelium und der »gesunden Lehre« orientieren und somit unvermeid-
lich auf den zur Verherrlichung führenden Leidensweg Jesu stoßen. Die Apos-
telexistenz und der apostolische Dienst des ›Paulus‹, der Einsatz des Apostelschülers und der weiteren Gemeindeleiter stehen ebenso in untrennbarer Verbindung
mit dem Leidens- und Auferstehungsweg Jesu wie die Lebensgestaltung aller

---

[436] So auch Häfner, Belehrung 112. Er
breitet die Fülle vergleichbarer Texte aus
und referiert über die verschiedenen exegetischen Beurteilungen.
[437] Angesichts der vorausgehenden »recht
exklusiv klingende[n] Würdigung des
Apostelschülers« verweist darauf besonders

Oberlinner 140f. M.E. ist dabei die ›Exklu-
sivität‹ ebenso überbetont wie bei der Bemerkung, dass das zum Christsein gehörige
Leiden in V12 »am Vorbild des Apostels
Paulus« orientiert sei, und zwar »exklusiv«
(141 mit Anm. 18).

Gläubigen. Ebendies kommt zum Ausdruck in der Kennzeichnung der Letzteren mit der Formulierung: »alle, die fromm leben wollen in Christus Jesus [εὐσεβῶς ζῆν ἐν Χριστῷ Ἰησοῦ]«.

Der Begriff »Frömmigkeit [εὐσέβεια]« mit seinem zugehörigen Wortfeld begegnet sonst im NT nur selten. In den Past ist er aber ein wichtiger Leitbegriff der Ethik und ein wichtiges Element, durch das sie mit der Ethik der hellenistischen Umgebung verbunden ist. In der Ethik des Hellenismus meint εὐσέβεια »Ehrfurcht vor dem Bereich des Göttlichen ... sowie die Achtung der von [den göttlichen] Kräften und Mächten gesetzten Ordnungen, die für das Zusammenleben der Menschen in der Gesellschaft maßgeblich sind«[438]. Die Übernahme des hellenistischen Begriffs in die Past ist manchmal als Irrweg kritisiert worden, weil damit das Gewicht zu stark auf das Tugend-Verhalten des Menschen gelegt und dem Moralismus Vorschub geleistet werde[439]. Diese Beurteilung übersieht, dass nach den Past christliche Frömmigkeit nicht einfach in der Bejahung allgemeingültiger gesellschaftlicher Ordnungen besteht. Sie erscheint vielmehr im engen Zusammenhang mit der »Erkenntnis der Wahrheit« im Glauben (Tit 1,1) und mit der »gesunden Lehre« (1Tim 6,3). Sie wird als Lebensführung verstanden, die der spezifisch christlichen Bindung an Gott entspricht und die von der in Jesus »erschienenen Gnade Gottes« im alltäglichen Leben begleitet wird (Tit 1,12). Als das tiefste »Geheimnis der Frömmigkeit« (1Tim 3,16) gilt Jesus Christus, der gekreuzigt wurde, als Auferstandener und Erhöhter in der Kirche gegenwärtig lebt und inmitten der Welt verkündet wird (1Tim 3,16). Zu einem Leben aus diesem Geheimnis der Frömmigkeit gehört in der Sicht des Verfassers die Leidensbereitschaft, weil das Leiden zum Weg Jesu gehörte. Deshalb heißt es in 2Tim3,12: *Alle, die fromm leben wollen in der Gemeinschaft mit Christus* (θέλοντες εὐσεβῶς ζῆν), müssen mit Verfolgungen rechnen. Fromm leben meint im Sinne der Past weder eine nur innerliche Haltung noch eine unangefochtene, angepasste ›Bürgerlichkeit‹, sondern das von der Gnade Gottes getragene Bemühen um eine aus christlichem Glauben verantwortete Lebens- und Weltgestaltung. Der Verfasser weist seine Mitchristen darauf hin, dass dabei mit Schwierigkeiten und Widerständen und sogar mit Verfolgungen zu rechnen ist. Auf eine Verfolgungssituation in den Adressatengemeinden der Past zur Zeit der Abfassung lassen die Leidens- und Verfolgungsaussagen jedoch nicht schließen (s.o. zu 1,8).

---

[438] Roloff 117 mit Hinweisen auf die Belege bei W. Foerster, ThWNT VII (1964) 175–184; vgl. auch Brox 174–177; P. Fiedler, EWNT II (1981) 212–214; Schnackenburg, Botschaft II 99–101.

[439] So W. Foerster, ThWNT VII (1964) 181f; ähnlich Dibelius/Conzelmann 31–33;

vgl. im Unterschied dazu Schwarz, Christentum 116f; von Lips, Glaube 80–87; Roloff 117f; Reiser, Christentum 5–7; P. Fiedler, EWNT II (1981) 213: nicht einfach ein ruhiges ›Bürgerleben‹; »eindeutig spezifiziert: ›in Christus Jesus‹«.

13 Wie der Verfasser in 2,16 dem positiven Verhalten des ›Timotheus‹ das
negative der Irrlehrer gegenüberstellte und es als ein immer tieferes Hineingeraten in die »Gottlosigkeit [προκόψουσιν ἀσεβείας]« bezeichnete,
formuliert er im Anschluss an die Aussage über das mit Leiden verbundene »fromme Leben« die Kontrastaussage, dass »böse Menschen [πονηροὶ
ἄνθρωποι]« und »Betrüger [γόητες]«[440] zu »immer Schlimmerem fortschreiten werden [προκόψουσιν ἐπὶ τὸ χεῖρον]«. Dort wie hier ist in besonderer Weise an die Wege der Irrlehrer gedacht, die in Theorie und Praxis in immer tiefere Verirrung und in das Unheil hinein- und von Gott
und wirklich christlichem Leben wegführen. Das durch Alliteration hervorgehobene Wortspiel »betrogene Betrüger [πλανῶντες καὶ πλανόμε-
νοι]«[441] charakterisiert die Irrlehrer als Opfer und Täter. Mit der Aussage,
dass sie selbst irregeführt und betrogen worden sind, kann an ihre Irre-
führung durch »betrügerische Geister [πνεύμασιν πλάνοις]« (1Tim 4,1),
durch die »Lehren von Dämonen [διδασκαλίαις δαιμονίων]« (1Tim 4,1),
durch den Teufel (2Tim 2,26) oder durch menschliche Fehlunterweisung
gedacht sein. Darauf, dass sie ihrerseits als Falschlehrer tätig sind und andere in die Irre führen, weisen Ausdrücke wie ἑτεροδιδασκαλέω (1Tim
1,3) sowie Beispiele ihres glaubenzerstörenden Wirkens (2Tim 2,18) und
ihres schädlichen Einflusses (3,6) hin.

14 Mit adversativem »Du aber [σὺ δέ]« ergeht in direkter Anrede die positive Aufforderung an ›Timotheus‹, bei dem zu »bleiben«, was er gelernt
und worauf er vertraut habe (V14a). Auf die Frage, was der Verfasser mit
dem von ›Timotheus‹ Gelernten und Festzuhaltenden inhaltlich meine,
geben hauptsächlich die folgenden Verse mit den Aussagen über die heilige Schrift die Antwort (VV15–17). Bevor der Verfasser dies entfaltet,
zeigt er aber durch seine Argumentationsweise in den VV10–14a an, dass
auch die in VV10f genannte Lehre, Lebensführung und Leidensbereitschaft des ›Paulus‹, der ›Timotheus‹ gefolgt ist, zu dem Gelernten gehöre[442]. Die Verbindung des *Imperativs* »bleibe!« mit der in VV10f *indikativisch* ausgedrückten Anerkennung der mustergültigen Nachfolgehaltung
des ›Timotheus‹ ist ein bewusst gewähltes *rhetorisches Stilmittel*. Es
wohnt ihm eine Argumentationskraft inne, die dem Imperativ größere
Wirksamkeit verleihen soll. Anstatt etwa in V14 nur aufzufordern oder in
VV10f nur auf das Verhalten des ›Paulus‹ zu verweisen, lässt der Verfasser durch die *Verbindung* des Indikativs mit dem Imperativ die Aufforderung in V14a so ergehen, dass in ihr zugleich die Übereinstimmung mit

---

[440] Wegen der großen Bedeutung, die den
Begriffen γόης und γοητεία bei Philo zukommt, rechnet Oberlinner 142 mit einer
»Anleihe unseres Autors bei Philo«.
[441] Dibelius/Conzelmann 89; Spicq 784
nennen – gestützt auf P. Wendland, Betrogene Betrüger, RMP 49 (1894) 309f – meh-

rere Belege, die den Doppelausdruck als ge-
flügeltes Wort ausweisen.
[442] Ähnlich Schlarb, Lehre 294: Es »lassen
sich die Gegenstände solchen Lernens aus
V.10 ersehen, also aus Glaubensaussagen
wie aus Lebensanweisungen«.

den bisher schon verwirklichten Haltungen und somit der bisherigen Identität des angeredeten ›Timotheus‹ selbst aufscheint[443]. Es wird nicht nur auf ›Paulus‹ als Vorbild verwiesen, sondern die bereits gelebte Nachfolgehaltung des ›Timotheus‹ soll für das künftige Verhalten seiner selbst und somit für weitere kirchliche Amtsträger Vorbildcharakter haben.

Die Aufforderung, bei dem zu »bleiben«, was ›Timotheus‹ »gelernt« und worauf er sein »Vertrauen gesetzt« hat, bezieht sich nicht nur auf das vorausgehend Genannte. Schon der durch diese Verben ausgedrückte *Traditionsgedanke* lässt vermuten, dass mit dem bisher empfangenen und weiterzuvermittelnden Traditionsgut an noch Umfassenderes zu denken sei. Die folgenden Aussagen bestätigen dies. In VV14b.15a wird eine doppelteilige *Begründung* dafür gegeben, wie berechtigt und notwendig es ist, dass ›Timotheus‹ bei dem bisher Gelernten bleibe und das als feste Grundlage Erworbene bewahre. Einleitend ist die briefkommunikative Erinnerungswendung »du weißt ja« verwendet. Sie drückt zum einen das gegenseitige Vertrauensverhältnis und vollständige Einvernehmen zwischen fiktivem Absender und Adressaten aus, und zum andern verstärkt es die Argumentationskraft der folgenden Begründung. Diese besteht zunächst im Hinweis auf jene *Personen*, von denen ›Timotheus‹ gelernt hat (παρὰ τίνων ἔμαθης). Da es sich um eine *Begründung* handelt, soll aus dem Hinweis auf die Personen vor allem der Gedanke an deren *Qualität* herausgehört werden. Die auffällige Plural-Formulierung[444] lässt im Sinne des Verfassers nicht nur an ›Paulus‹, sondern auch an die Großmutter Loïs und die Mutter Eunike (1,5) sowie an weitere Personen denken, die bewusst unbestimmt gelassen werden. Damit wird angedeutet, dass ›Timotheus‹ und mit ihm jeder rechtmäßige Gemeindeleiter – im Unterschied zu den Irrlehrern – im *langen* und *breiten* Strom derer steht, die den Glauben zuverlässig vermitteln[445].

Der zweite Teil der Begründung ist *sachlicher* Art und verweist auf die »heiligen Schriften [ἱερὰ γράμματα]« (V15a). Galt zuvor die Qualität der *Lehrer* als Erweis der Qualität des *Gelernten* und insofern als *Grund* dafür, bei diesem zu *bleiben*, so wird nun durch den Hinweis auf die *heiligen Schriften*, die ebenfalls zum *Gelernten* beigetragen haben, ein weiterer *Grund* dafür genannt, weshalb das *Gelernte* derart ist, dass ›Timotheus‹ es *beibehalten* soll. Die aus dem hellenistischen Judentum aufgenommene Bezeichnung ἱερὰ γράμματα meint die heiligen Schriften Israels[446]. Die hyperbolische Aussage, dass ›Timotheus‹ seit Säuglings- bzw. Kindesta-

---

[443] Vgl. Wolter, Pastoralbriefe 137.
[444] Die meisten Kommentatoren erklären zu Recht die Variante τινος, welche den Bezug *nur zu* ›Paulus‹ artikuliert, als sekundär.
[445] Vgl. ähnlich Oberlinner 144; Häfner, Belehrung 227 mit Verweisen auf viele andere.
[446] Vgl. G. Schrenk, ThWNT I (1933) 763; Häfner, Belehrung 227f; jeweils mit Belegen und Literatur.

gen[447] die Schriften kenne, hebt sein Vertrautsein mit ihnen und seine in der Familientradition fest verankerte und in sie eingebundene Frömmigkeit hervor (s.o. zu 1,5). Von den Schriften selbst wird sodann gesagt, dass sie ›Timotheus‹ »weise machen können zum Heil durch Glauben an Jesus Christus [δυνάμενά σε σοφίσαι εἰς σωτηρίαν διὰ πίστεως τῆς ἐν Χριστῷ Ἰησοῦ]« (V15b).

Das Verständnis dieses Satzteils hängt davon ab, ob man die Wendung διὰ πίστεως mit σοφίζειν oder mit σωτηρία verbunden sieht und wie man die Aussage δυνάμενά σε σοφίσαι εἰς σωτηρίαν deutet. Verbindet man διὰ πίστεως mit σοφίζειν, dann besagt V15b: Die Schriften können zum Heil *belehren*, wenn sie *aus dem Glauben an Christus* gelesen, also *christgläubig* verstanden werden. Wer V15b so deutet[448], erkennt in ihm die urchristlich verbreitete Auffassung, dass die atl. Schriften bereits über das christliche Heil belehren und auf Christus vorausdeutend hinweisen und dass darin ihr eigentlicher Sinn liege. Er werde allerdings erst von der eingetretenen Erfüllung her, nämlich διὰ πίστεως τῆς ἐν Χριστῷ Ἰησοῦ erkannt.

Dagegen, dass diese Auffassung auch in V15b zum Tragen komme, sprechen die von σοφίζειν getrennte Wortstellung, der mit σωτηρία eng verbundene Sinn, wie er ähnlich formuliert in 1Tim 1,15; 2Tim 1,10; 2,10; Tit 2,13 ausgedrückt wird, und die Tatsache, dass die Past selbst die vorausgesetzte Auffassung im Umgang mit der Schrift nirgendwo erkennen lassen. Es empfiehlt sich deshalb, der Zugehörigkeit der Wendung διὰ πίστεως τῆς ἐν Χριστῷ Ἰησοῦ zu σωτηρία den Vorzug zu geben. Sie bestimmt das *Heil* christologisch. Sie besagt, die σωτηρία werde durch die Glaubensüberzeugung erlangt, dass Christus dieses Heil gewirkt und den Zugang zu ihm ermöglicht hat[449].

Was besagt nun der mit der Präposition εἰς auffällig offen formulierte Ausdruck, dass die heiligen Schriften den ›Timotheus‹ weise machen können *zu* dem so akzentuierten Heil (δυνάμενά σε σοφίσαι εἰς σωτηρίαν)? Vergleichbare Formulierungen legen nahe, die durch den Christusglauben zu erlangende σωτηρία als *Ziel* und *Wirkung* des Belehrens zu ver-

---

[447] Der Ausdruck βρέφος bezeichnet den Säugling, das Kleinkind. Vgl. Bauer, Wörterbuch 294; S. Légasse, EWNT I (1980) 545f. – Häfner, Belehrung 228 bemerkt zutreffend: »Mit dieser Einordnung geht es zuvörderst gar nicht darum, die theologische Bedeutung der ἱερὰ γράμματα hervorzuheben; *zuerst wird die Wichtigkeit der kirchlichen Lehrtradition betont, die Schrift erscheint als ein Moment dieser Tradition.*«

[448] Mit unterschiedlichen Akzenten u.a. Holtzmann 438f; Brox 261; Sand* 352; Kelly 202 (»The key to Scripture ist Christ«); Houlden 127f; Hanson 151; Kowalski,

Funktion 65 (»Die Weisheit verleihenden Schriften des AT sind Voraussetzung, Vorstufe und Vorbereitung auf den Glauben an Christus«); Oberlinner 146.

[449] Diese Zuordnung und Deutung wird vertreten u.a. von Wohlenberg 324; Trummer, Paulustradition 200; Stettler, Christologie 200ff. Häfner, Belehrung 231f begründet dies ausführlich und verweist darauf, dass der urchristliche Gedanke, erst das »christologische Verständnis der Schrift« begründe »deren soteriologische Qualität«, »die traditionsgeschichtliche Basis« von V15b sein dürfte.

stehen. Dementsprechend besagt V15b, die heiligen Schriften können belehren, so dass Heil durch den Glauben in Christus entsteht[450]. Durch das
Personalpronomen σε wird diese Belehrung aus der Schrift »zum Heil«
auf ›Timotheus‹ bezogen. Das heißt: Sie verhilft seiner christgläubigen
Existenz »zum Heil« und in gleicher Weise jedem Glaubenden. Da aber
›Timotheus‹ auch als Gemeindeleiter und im Kontrast zu den Irrlehrern
angesprochen ist, gilt die Belehrung aus der Schrift »zum Heil« auch für
seinen und aller Gemeindeleiter lehrend wahrzunehmenden Leitungsdienst. Seine Schriftkenntnis kann auch »zum Heil« anderer beitragen[451].
In ähnlichem Sinne wie ›Paulus‹ von sich sagt, er ertrage die Leiden »um
der Auserwählten willen, damit sie Heil in Christus« erlangen (2,10), und
wie von ›Timotheus‹ gesagt wird, durch das Achthaben auf sich und durch
das Festhalten an der Lehre rette er sich selbst und die, die auf ihn hören
(1Tim 4,16), heißt es hier von der Belehrung durch die Schrift, sie trage
zu dem auf das Heil der Mitmenschen ausgerichteten Dienst des Gemeindeleiters bei.

In einer verallgemeinernden Regelformulierung wird entfaltet, *wie* die 16
Belehrung durch die Schrift für die Ausübung des gemeindeleitenden
Heilsdienstes *nützlich* sein kann. Beachtet man den soeben an V15b
wahrgenommenen Akzent, dass mit dem Weise-Werden durch die
Schrift zum Heil schon die Bedeutung der Schrift für den gemeindeleitenden Heilsdienst im Blick ist, dann zeigt sich zwischen V15b und V16 ein
viel engerer Zusammenhang als dann, wenn man aus V15b nur eine soteriologische und erst in V16 eine ekklesiologische, die Nützlichkeit der
Schrift für das Gemeindeleben betreffende Aussage heraushört. Die Zusammengehörigkeit von V15b und V16 stellt sich also viel enger dar als
oft angenommen.

V16 wirft eine Reihe *grammatikalischer* und *semantischer Fragen* auf. Sie werden seit langer Zeit diskutiert. In den letzten Jahrzehnten tendieren die Anwor-

---

[450] Vgl. Röm 10,10: ὁμολογεῖν εἰς σωτηρίαν »bekennen zum Heil« = so dass
man das Heil empfängt. Vgl. Bauer/Aland,
Wörterbuch 462. Häfner, Belehrung 233,
Anm. 50 verweist für die Wendung εἰς
σωτηρίαν in diesem Sinn außerdem auf
Röm 1,16; 2Kor 7,10; Phil 1,19; Hebr 9,28;
11,7; 1Petr 2,2. Nach Häfner gilt die
σωτηρία hier also nicht als »*Gegenstand*
der Belehrung durch die Schriften« (so
u.a. Brox 261; Knight 444). Gemeint sei
auch nicht, dass die Schriften *die Weisheit*
»verleihen [können], die zum Heil führt«
(so aber u.a. Dornier 232; Redalié, Paul
333.337). Auch werde nicht gesagt, dass
»*allein* die« Schriften jenes σοφίζειν bewirken oder dass »ihre Kenntnis *notwendig*

sei zum Heil« (so aber Holtz 187; z.T. Kowalski, Funktion 65).
[451] Vgl. Kowalski, Funktion 65: »Die atl.
Schriften führen zum Heil des sich mit ihnen
Beschäftigenden und dienen auch der Vermittlung des Heils an andere.« Ähnlich Redalié, Paul 333: »la lecture de l'Ecriture repo-
se sur *une double motivation*, sotériologique
et ecclésiologique. Elle est déterminante pour
la salut, mais elle est aussi utile pour l'exerci-
se de la tâche ministérielle.« – Häfner, Belehrung 235–254 arbeitet besonders den letzteren Aspekt heraus, dass ›Timotheus‹ für
»seine *Lehrtätigkeit* aus den Schriften be-
stärkt« wird. Häfner zeigt erstmals auf, dass
in den VV15b–17 *ein* in sich zusammenhän-
gender, *geschlossener* Gedanke vorliegt.

ten, die mit dem Gewissheitsgrad der größeren Wahrscheinlichkeit Lösungen anbieten, mehr und mehr zu einem Konsens. Bei der Frage, ob der Ausdruck πᾶσα γραφή mit »jede Schrift« oder die »ganze Schrift«[452] oder »jede Schriftstelle«[453] zu übersetzen sei, empfiehlt sich die *erstgenannte* Möglichkeit[454]. Die Frage, ob πᾶσα γραφή dasselbe wie vorher der Ausdruck ἱερὰ γράμματα meine, also die heiligen Schriften Israels, oder ob das Adjektiv πᾶς auf umfassenderes Schrifttum hinweise[455], ist ebenfalls im *erstgenannten* Sinn zu beantworten[456]. Das Adjektiv θεόπνευστος ist nicht im aktivischen[457], sondern im *passivischen*[458] Sinn zu verstehen. Es hat adverbiale Bedeutung und ist in seiner Wortstellung *attributiv* mit dem Substantiv γραφή verbunden[459]. Es qualifiziert die Schrift als von Gott eingegeben. Die Formulierung ist derart, dass die Inspiriertheit schon als *vorausgesetzt* gilt und nicht als eigene Aussage prädikativ beteuert wird. Die oft vertretene prädikative[460] Wortstellung ist als weniger wahrscheinlich anzusehen. Bei ihrer Bevorzugung ergäbe sich, dass die *beiden* Adjektive θεόπνευστος und ὠφέλιμος als Prädikatsnomen gelten und dass dementsprechend zu übersetzen wäre: »Jede Schrift [ist] von Gott eingegeben *und* nützlich ...«[461] Überzeugender ist aber die Annahme, dass die im Satz zu ergänzende copula ἐστιν nur mit dem Adjektiv ὠφέλιμος verbunden und der *eine* Hauptgedanke des Satzes auf die *Nützlichkeit* der Schrift ausgerichtet ist. Gegen dieses Verständnis wurde oft eingewandt, ohne Eigenbetonung des θεόπνευστος sei sowohl dieses Adjektiv über-

---

[452] So z.B. Lock 110; House* 55f; Houlden 128; Knight 445.

[453] So u.a. Roberts* 34f; Hanson, Studies 43f; ders., Past 151f; Jeremias 62; Dornier 233; Holtz 188.

[454] So u.a. Dibelius/Conzelmann 88f; Spicq 787; Brox 261; Schlarb, Lehre 256; Merkel 75f; Oberlinner 147ff; mit bes. ausführlicher Begründung und Entkräftung der Gegenargumente Häfner, Belehrung 237f.

[455] Z.B. zunächst auf »alles, was Schrift heißt, ob heilig oder profan« (so Wohlenberg 325); zusammen mit dem Begriff θεόπνευστος auf das AT und die Paulusbriefe (so Gealy 506; Nielsen* 20f; Meade, Pseudonymity 136); auf das AT, die Paulusbriefe und die Past (so Trummer, Paulustradition 109); auf das AT und die Teile des NT, die bis zur Abfassung des 2Tim schon geschrieben waren (so Wohlenberg 326; House* 56f); auf das AT und das NT (so Roberts* 34).

[456] So der Hauptstrom der Forschung, z.B. Spicq 794; Brox 261f; Miller* 58; Häfner, Belehrung 241 (»*Parallelbegriff* zu ἱερὰ γράμματα).

[457] So nur selten vertreten: in alter Zeit z.B. von Ambrosius, De Spiritu Sancto

II,16,112 (CSEL 79, 198); ders., Explanatio psalmi I,4 (CSEL 64, 4): »omnis scriptura divina dei gratiam spiret«; vgl. dazu Reck* 91f; in neuerer Zeit z.B. von Eichler* 419f.

[458] So ausnahmslos bei den griechischen und fast ausnahmslos bei den lateinischen Kirchenvätern sowie in neuerer Zeit; vgl. Reck* 87–92; s. dort auch zu dem seit Tertullian belegten Begriff *scriptura divinitus inspirata*, der u.a. in die Vulgata eingegangen ist.

[459] So das überwiegende Urteil in der Forschung; vgl. u.a. Dibelius/Conzelmann 89f; E. Schweizer, ThWNT VI (1959) 452; Spicq 794; Barrett 114; Brox 261f; Miller* 60; Schierse 128; Houlden 128; Merkel 76; Häfner, Belehrung 239ff.

[460] Vertreten vorwiegend von jenen, welche πᾶσα γραφή mit die »ganze Schrift« übersetzen; so allerdings auch Schlarb, Lehre 256.

[461] Darauf, dass dabei der zweite Satzteil ein unverhältnismäßig großes Übergewicht bekäme, während die Aussage über die Gottgehauchtheit der Schrift demgegenüber ganz blass und unentfaltet bliebe, hat Häfner, Belehrung 242 aufmerksam gemacht.

flüssig[462] als auch das folgende καί, weil dieses dann keinen Bezugspunkt habe. Als Verbindungspartikel zweier Satzteile, die je mit einem Prädikatsnomen gebildet seien, hätte es dagegen eine wichtige Funktion. Die Einwände verlieren jedoch an Gewicht, wenn man mit θεόπνευστος zwar einen gewissen Akzent ausgedrückt sieht[463] und sodann im Attribut den Bezugspunkt für das καί erkennt, so dass sich die Übersetzung empfiehlt: »Jede Schrift [ist] als von Gott eingegeben *auch* nützlich ...«[464] Weil und insofern die heilige Schrift als von Gott inspiriert gilt, eignet ihr auch Nützlichkeit.

Mit der dem Ausdruck »heilige Schriften« in V15 entsprechenden Bezeichnung »jede *von Gott eingegebene* Schrift« hat der Verfasser eine schon bestehende Vorstellungs- und Formulierungsweise aufgenommen. Nach atl.-frühjüdischem und urchristlichem Verständnis gelten die Worte des Mose und der Propheten sowie die Texte der heiligen Schriften Israels als von Gott eingegeben. In 2Petr 1,21 heißt es: Vom »Heiligen Geist getrieben haben Menschen von Gott her geredet [ὑπὸ πνεύματος ἁγίου φερόμενοι ἐλάλησαν ἀπὸ θεοῦ ἄνθρωποι].« Im hellenistischen Judentum ist zwar das Adjektiv θεόπνευστος in diesem Zusammenhang nicht belegt[465]; aber ähnliche Worte drücken die Überzeugung aus, dass sich die heiligen Schriften Israels der Wirksamkeit des göttlichen Geistes verdanken[466]. Das Adjektiv θεόπνευστος selbst wurde gelegentlich von heidnischen Autoren seit dem 1. Jh. n.Chr. verwendet, um die göttliche Eingebung in Traum, Weissagung und Dichtung zu bezeichnen[467]. In V16 gibt

---

[462] Oberlinner 148 verweist darauf, weil »doch γραφή allein fraglos für alle Beteiligten diese Bedeutung als ›Heilige Schrift‹ bereits besaß.« Häfner, Belehrung 240f zeigt indes, dass durch das attributive Verständnis von θεόπνευστος keine Tautologie entsteht, sondern dass sich der Ausdruck πᾶσα γραφὴ θεόπνευστος lediglich als Parallelbegriff zu ἱερὰ γράμματα erweise. Sinnvoll und nicht überflüssig sei der Zusatz auch insofern, als er traditionsgeschichtlich jüdisch-hellenistischen Vorstellungen und heidnischer Formulierung entspricht und den relativ undeterminierten Ausdruck »jede Schrift« eigens qualifiziere.

[463] Oberlinner 148f überschätzt ihn m.E., indem er ihn *antihäretisch* versteht: Der Autor wende sich gegen die gnostisierende Auslegung bestimmter atl. Texte durch die Häretiker. Ihnen gegenüber betone der Verfasser als »Vertreter einer an der kirchlichen Tradition orientierten Auslegung der Schrift: Ihre Autorität liegt in der Tatsache, daß sie von Gott eingegeben ist.« Häfner meint dagegen zu Recht, die *Kürze* der Notiz lasse nicht vermuten, dass sie

antihäretische Funktion habe. Auch gehe aus den Past zwar deutlich hervor, dass es hinsichtlich der Schrift einen Dissens gab. Er betraf aber nicht die Frage der Inspiration im Blick auf den Schrift*umfang*, sondern das Problem der Schrift*auslegung* (Belehrung 241 mit Anm. 99).

[464] Oberlinner 136.149f; ähnlich Spicq 787f: »Toute écriture, inspirée de Dieu, [est] aussi utile pour ...« (vgl. 795); Häfner, Belehrung 243: Die Partikel »unterstreicht den Zusammenhang von Inspiration und Nützlichkeit der Schrift als Zusammenhang von Ursache und Wirkung.«

[465] Die Aussage in Ps.-Phokylides 129 über das »Wort τῆς δὲ θεοπνεύστου σοφίης« gilt nach van der Horst, Sentences 201f als »a product of Byzantine sophiology«.

[466] Es sind z.B. die Verben ἐπιπνέω und καταπνέω sowie das Substantiv ἐπίπνοια; Belege aus den Werken des Josephus und Philo bei E. Schweizer, ThWNT VI (1959) 452f; Spicq, Lexique 704ff.

[467] Vgl. Belege ebd. 704ff, u.a. aus Plutarch, PlacPhil V,2; Vettius Valens IX,1; vgl. auch Bauer/Aland, Wörterbuch 724.

also der Autor ein im hellenistischen Judentum und Urchristentum längst
vorhandenes Schriftverständnis wieder und formuliert es mit einem aus
heidnischem Sprachgebrauch aufgenommenen Ausdruck. Die Auffassung
von der Inspiriertheit der heiligen Schrift ist dem realen Autor und seinen
realen Adressaten längst vertraut. Sie wird von ihnen gemeinsam anerkannt und ist keineswegs strittig. Das hohe theologische Qualitätsmerk-
mal wird also durch das Attribut in V16 nicht erstmals ausgesprochen, geschweige denn begründet. Seine gläubige Anerkennung ist vorausgesetzt.
Weil und insofern dem Verfasser der Past die heiligen Schriften Israels,
welche für ihn selbstverständlich ebenso die Schriften der Kirche sind, als
von Gott *inspiriert* gelten, erscheinen sie ihm »*nützlich* zur Belehrung,
zur Zurechtweisung, zur Besserung, zur Erziehung in Gerechtigkeit
[ὠφέλιμος πρὸς διδασκαλίαν, πρὸς ἐλεγμόν, πρὸς ἐπανόρθωσιν,
πρὸς παιδείαν τὴν ἐν δικαιοσύνῃ]«. Zeigte sich u.a. schon an der Kürze
der Aussage über die Inspiriertheit der Schrift, dass sie nicht die Hauptaussage von V16 ist, so zeigt sich ebenso deutlich bereits an der mehrglie-
drigen Entfaltung der Nützlichkeit, dass auf ihr der Hauptakzent des Satzes liegt[468].

Von den vier Begriffen, die in V16 zur näheren Kennzeichnung dessen
genannt sind, wofür die Schrift nützlich sei, sind die beiden mittleren –
»Zurechtweisung« und »Besserung« – am deutlichsten auf den Umgang
des Gemeindeleiters mit den Irrlehrern ausgerichtet[469]. Es ist dasselbe gemeint, wovon schon in 2,21.25 die Rede war: dass Abkehr von der *Irrlehre* und dem mit ihr verbundenen *Fehlverhalten* möglich und dringend
notwendig ist und dass der Gemeindeleiter als »Knecht des Herrn« »lehrtüchtig und geduldig« die »Widerspenstigen zurechtweise«, damit sie
durch »Umkehr« zur »Erkenntnis der Wahrheit« gelangen. Aus dem gleichen Zusammenhang heraus ist es gut verständlich, dass in V16 auch die
beiden Begriffe »Belehrung« und »Erziehung« genannt sind. Die διδασκαλία ist ja in den Past Inbegriff der rechten *Lehre*, was sowohl den
rechten Glaubensinhalt als auch die damit verbundene Kenntnis des rechten Handelns umfasst. Die διδασκαλία kennzeichnet aber zugleich als
nomen actionis auch die Hauptaufgabe des Gemeindeleiters, nämlich seine Lehr*tätigkeit* inmitten der Gemeinde und sein korrigierendes Lehrbemühen gegenüber den Irrlehrern[470]. Dem Kontext entsprechend dürfte

---

[468] Vgl. Dibelius/Conzelmann 89f: Das
»Acumen der Stelle [liegt] zweifellos nicht
in der Inspiration, sondern im Nutzen der
inspirierten Schrift, da die Frage beantwortet werden soll, inwiefern ›heilige Schriften‹ ›weise machen‹ können …« Ebenso
Häfner, Belehrung 230.268ff. – Zum Verhältnis von V16 zu Röm 15,4ff s.o. Analyse
2.3.
[469] Vgl. Brox 262; Towner 201; Oberlin-

ner 149. Das Verbum ἐλέγχω bezieht sich
auch in 2Tim 4,2; Tit 1,9.13 auf das Vorgehen gegen die Irrlehrer. – Häfner, Belehrung 247 verweist zudem auf 2Tim 2,19–
25. Dort zeige sich ein Beispiel dafür, wie
sich die Schrift zur »Besserung« der Irrlehrer als nützlich erweise.
[470] Zum Begriffsfeld »Lehre«, »Lehren«,
»Lehrer« in den Past s.o. bei V10 sowie bei
1,11; 2,2.

die letztgenannte Ausrichtung in V16 im Vordergrund stehen, ohne dass die anderen Sinngehalte ausgeschlossen sind. Da in den Past das Verständnis von Lehre und Erziehung in Bezug auf Gemeinde und Gemeindeleitung eng zusammengehören, ist es nicht verwunderlich, dass in V16 auch der Begriff παιδεία genannt wird. Wie der Begriff διδασκαλία kann er im allgemeineren Sinn bezogen sein auf die Erziehung, welche sich durch die rettende Gnade Gottes unter *allen* Gemeindegliedern vollziehen soll (Tit 2,11–14) und in deren Dienst die Gemeindeleitung steht. Er kann aber auch in speziellerem Sinn ausgerichtet sein auf die *korrigierend*-erzieherische Zurechtweisung gegenüber den Widerspenstigen, wie es in 2Tim 2,25a mit Sicherheit (s. dort) und in V16 wahrscheinlich der Fall ist. Ebenso wie in 2,25 die Formulierung »Umkehr zur Erkenntnis der Wahrheit« als Angabe des Erziehungs*ziels* zu verstehen ist, wird auch der in V16 zu παιδεία hinzugefügte Ausdruck ἐν δικαιοσύνῃ das *Ziel* meinen[471], zu dem die Erziehung sowohl aller Gemeindeglieder als auch der besonders korrekturbedürftigen hinführen soll. Dass im Sinne des Autors die unterschiedlich formulierten Zielangaben doch innerlich sehr zusammengehören, geht z.B. aus Tit 2,11–14 hervor, wo als Erziehungsziel eine Lebensführung in Besonnenheit, *Gerechtigkeit* und Frömmigkeit sowie Eifer in guten Werken und die Teilhabe am ewigen Heil genannt werden. Ähnliches zeigt sich in der Aufforderung an ›Timotheus‹, eifrig »nach *Gerechtigkeit*, Glauben, Liebe und Frieden« zu streben (2Tim 2,22), wobei wegen der umfassenden Bedeutung die Gerechtigkeit als Grundverhalten, in dem Gott und den Menschen das ihnen Zukommende gegeben wird, an erster Stelle steht. Die in V16 genannten Begriffe betreffen also im Sinne des Autors wichtige Grundvollzüge des individuellen und gemeindlichen Lebens sowie des gemeindeleitenden Lehrens, Erziehens und Korrigierens.

Ein durch ἵνα eingeleiteter Finalsatz gibt das *Ziel* an, auf das hin die Nütz- 17 lichkeit der Schrift ausgerichtet ist: Der Mann Gottes werde durch sie gerüstet zu jedem guten Werk. Die Past betonen immer wieder, dass das Vollbringen guter Werke im Sinne tatkräftigen sozial-karitativen Einsatzes zur rechten Glaubenshaltung gehört (1Tim 2,10; 5,10.25; 2Tim 2,21; Tit 2,7.14; 3,1.8.14). Weil diese Haltung *alle Christen* auszeichnen soll, meinen viele Ausleger, V17 spreche davon, dass *die Gemeindeglieder*[472] durch den Umgang mit der heiligen Schrift zu guten Taten motiviert und gestärkt werden. Da aber der Verfasser die Aussage ausdrücklich auf »den

---

[471] S. dazu o. bei 2,22b, wo auch die unterschiedlichen Auslegungen besprochen sind.
[472] So z.B. Holtzmann 442; Lock 111; Schlatter 260; Holtz 189f; Brox 262 (»Die Gemeindeleiterparänese [V.10f.] ist seit

V.12 zu einer Ermahnung an alle Christen ausgeweitet«); von Lips, Glaube 180, Anm. 77; Karris 35; Schlarb, Lehre 294; Thiessen, Christen 277.

Mann Gottes [ὁ τοῦ θεοῦ ἄνθρωπος]« bezieht[473] und mit diesem Ausdruck den Gemeindeleiter meint, gehört die Zielangabe der Gemeindeleiterparänese an[474]. Zu jedem »guten Werk« der Gemeindeleitung, von der es in 1Tim 3,1 heißt, dass sie selbst ein »schönes Werk [καλὸν ἔργον]« sei, kann die Orientierung an der heiligen Schrift hilfreich sein. Vom Kontext her ergibt sich, dass mit »jedem guten Werk«, zu dem »der Mann Gottes« als Gemeindeleiter durch die heiligen Schriften instand gesetzt wird, alle Haltungen und alle Weisen des pastoralen Einsatzes gemeint sind, von denen in den VV10–16 die Rede war. Selbstverständlich ist damit nicht aus-, sondern eingeschlossen, dass zum »guten Werk« des Gemeindeleiters auch die vorbildliche Haltung sozial-karitativer Hilfsbereitschaft gehört. Aus Tit 2,7 geht dies deutlich hervor. Dort wird der Gemeindeleiter ›Titus‹ ausdrücklich aufgefordert, ein »Vorbild guter Werke« für seine Mitchristen zu sein.

Zusammen-
fassung
Im Vordergrund des Abschnitts steht die *Amtsträger*paränese. Dass die zunächst indikativisch formulierten *Erinnerungssätze* (VV10f) über das an ›Paulus‹ orientierte mustergültige Verhalten des Apostelschülers *paränetischen* Charakter haben, zeigt sich an ihrer bewusst hergestellten Verbindung mit dem *Imperativ* V14a, an der von ›Paulus‹ gewonnenen ›Orthodoxie‹ und ›Orthopraxie‹ weiterhin festzuhalten. Das Motiv der Vorbildlichkeit des ›Paulus‹ wurzelt in dessen eigenen Briefen, erhält aber durch den Verfasser der Past insofern eine eigene Akzentuierung, als mit der Verwendung der *Nachfolge*-Terminologie die sonst damit verbundene christologische Relation in den Hintergrund tritt. Die Aussagen über die Leiden des ›Paulus‹, über die in der ›Paulus‹-Nachfolge ausgeprägte Leidensbereitschaft des ›Timotheus‹ sowie über die Verfolgungsleiden aller Christen (VV11f) lassen jedoch in Verbindung mit anderen Stellen der Past erkennen, dass der christologische Grundbezug nicht fehlt. Er besteht in dem Bewusstsein, dass der Weg Jesu vom Leiden gezeichnet war und der Inhalt des Evangeliums in der Botschaft besteht, dass Jesu Leidensweg zur Verherrlichung führte und Heil für alle ermöglichte. Leiden

---

[473] In der atl.-jüdischen Tradition bezeichnet der Ausdruck Menschen, die im besonderen Auftrag Gottes handeln. Vgl. unter den bei A. Oepke, ThWNT I (1933) 365f; Spicq 567 genannten Belegen z.B. Dtn 33,1 (Mose); Philo, Mut 25.26.128 (Mose als Typus). – Von Lips, Glaube 180, Anm. 77 meint, aufgrund der im AT und Frühjudentum (z.B. Arist 140) wahrnehmbaren Ausweitung des Begriffs hin »zur Bezeichnung für die Juden insgesamt« lege sich auch in V17 der »Bezug auf jeden Christen« nahe (ähnlich Karris 35). Häfner, Belehrung 109f.251f weist dagegen mit Recht darauf hin, dass an den entsprechenden Stellen – auch Arist 140 – nicht der Singular, sondern der Plural stehe und dass sich in der vergleichbaren Aussage 1Tim 6,11 die Bezeichnung ebenfalls auf den Gemeindeleiter ›Timotheus‹ beziehe.

[474] So auch Dibelius/Conzelmann 90; Barrett 115; Kelly 204; Schierse 131; Dornier 235; Houlden 129; Hasler 75f; Hanson 153; Borse 97; Roloff 345f; Redalié, Paul 334, Anm. 110; Oberlinner 150; Häfner, Belehrung 251f.

gehören deshalb in der Sicht des Verfassers auch zum Weg des Apostels, der Gemeindeleiter und aller Christen.

Noch stärker als in der ersten Hälfte des Abschnitts kommt in der zweiten der *Traditionsgedanke* zum Ausdruck. Außer an ›Paulus‹ wird ›Timotheus‹ noch an *andere Menschen* erinnert, deren überzeugendes Leben aus dem Glauben als weiterer Grund dafür genannt wird, bei den von ihnen empfangenen Wertorientierungen zu »bleiben« (V14b).

Die folgenden Aussagen über die *heiligen Schriften* Israels, die dem Verfasser inzwischen selbstverständlich als Schriften der Kirche gelten, sind ebenfalls ganz dem *Traditionsgedanken* zugeordnet. Der Verweis auf sie dient nämlich ebenso wie die vorausgehenden Aussagen der Begründung dafür, dass ›Timotheus‹ bei dem bisher Gelernten »bleiben« soll. Der Verfasser erachtet die heiligen Schriften als wichtiges Element der rechtmäßigen christlichen *Überlieferung* (V15a) und ist von ihrem *Nutzen* für den *Glauben und die Lebensgestaltung eines jeden Christen*, vor allem aber von ihrem *Nutzen* für die *Ausübung des gemeindeleitenden Heilsdienstes* überzeugt (VV15b–17). Die Überzeugung, dass sich die heilige Schrift göttlicher Eingebung verdankt, war den Adressaten der Past ebenso vertraut wie dem Verfasser. Deshalb nimmt er die Qualifizierung nur äußerst kurz mit dem Ausdruck θεόπνευστος in adjektivischer Wortstellung vor und verzichtet auf jegliche Begründung und Erklärung. Nicht auf dem Erweis der göttlichen Eingebung, sondern auf dem der *Nützlichkeit*, welche der heiligen Schrift *aufgrund* ihrer göttlichen Herkunft eignet, liegt der Akzent seiner Ausführungen.

Mit der Aussage, dass die heiligen Schriften ›Timotheus‹ »*weise* machen können *zum Heil durch Glauben in Christus Jesus*« (V15b), ist nicht nur gemeint, dass sie für die *christliche Glaubensexistenz* hilfreich sind, sondern auch und vor allem, dass die *Belehrung durch die Schrift* eine wichtige Hilfe ist für die *Ausübung des auf das Heil der Mitmenschen ausgerichteten Dienstes des Gemeindeleiters*. Der Verfasser entfaltet diesen Gedanken, indem hervorhebt, dass sich die heiligen Schriften *aufgrund ihrer Eingebung durch Gott* als *nützlich* erweisen sowohl beim Bemühen um »Zurechtweisung« und »Besserung« der Irrlehrer als auch bei der Wahrnehmung der umfassenderen »Lehr«- und »Erziehungsaufgaben« durch den als »Mann Gottes« bezeichneten Gemeindeleiter (VV16f).

Dass der Verfasser in V15 der heiligen Schrift im Rahmen der kirchlichen Tradition überhaupt eine so hervorgehobene Bedeutung beimisst und *dass* er in V16 in Bezug auf die dort genannten Bereiche die Nützlichkeit der von Gott eingegebenen Schrift betont, rührt nicht nur daher, dass die Bezugnahme auf die Schrift im Urchristentum von Anfang an und speziell in den Briefen des Paulus eine grundlegende Rolle spielte (vgl. u.a. 1Kor 15,3ff; Röm 15,4). Der Grund liegt vielmehr darin, dass die Schrift gegenüber ihrem Missbrauch durch die Irrlehrer *prinzipiell* für die rechtgläubige Tradition der Kirche reklamiert[475] und als grundlegend zu ihr gehörig erwiesen werden soll. Die Tatsache, dass es um diese *Grundsätzlichkeit* geht, erklärt auch am besten den auffälligen Befund, dass der Verfasser in den Past selbst nur wenig Gebrauch von der heiligen Schrift macht[476].

Exkurs: Zur Wirkungsgeschichte von 2Tim 3,16 im Rahmen der kirchlichen Inspirationslehre

Literatur: Außer der zu 3,10–17 genannten: *Austin, R.M.*, How Biblical is »The Inspiration of Scripture«?, ET 93 (1981/82) 75–79; *Beumer, J.*, Die Inspiration der Heiligen Schrift, 1968 (HDG I,3b); *Bieringer, R.*, The Normativity of the Future. The Authority of the Bibel for Theology, Bulletin ET 8 (1997) 52–67; *Bürkle, H. / Ernst, J. / Gabel, H.*, in: LThK V (1996) 533–541; *Gabel, H.*, Inspirationsverständnis im Wandel, Mainz 1991; *Kirchschläger, W.*, Bibelverständnis im Umbruch, in: Glauben und Denken nach dem Vatikanum II, hrsg. v. Ries, M. / Kirchschläger, W., Zürich 1996, 41–64; *Limbeck, M.*, in: NBL II (1995) 233–235; *Merkel*, Past 77f (»Die Inspiration der Schrift«); *Meyer, I.*, Die Bibel zwischen Inspirationslehre und funktionalem Kanonverständnis, KuD 47 (2001) 90–110; *Plümacher, E.*, Bibel II, 10: »Schrift und Inspiration«, in: TRE VI (1980) 19–21; *Rahner, K.*, Über die Schriftinspiration, ³1962 (QD 1); *Schneiders, S.M.*, The Revelatory Text, New York 1991; *Weber, O. / Philipp, W.*, Inspiration der hl. Schrift II, III, in: RGG III (³1959) 775–782; *Williams, R.D.*, EKL I (³1989) 690–694.

Bei der Auslegung von 2Tim 3,16 zeigte sich, dass dem Verfasser der Past die heiligen Schriften Israels selbstverständlich bereits als heilige Schriften der Kirche galten und dass er die Überzeugung, Gott habe sie eingegeben, mit dem frühen Judentum und dem Urchristentum teilte. Mit der Qualifikation der Schrift als »von Gott eingegeben« artikulierte er keine neue oder bis dahin ungewohnte oder etwa umstrittene Erkenntnis. Ungewohnt war nur, dass er die göttliche Herkunft mit dem Adjektiv θεόπνευστος bezeichnete. Obwohl er also keine neue Einsicht vermittelte, sondern das bis dahin entwickelte Schriftverständnis lediglich neu formulierte und die ekklesiologische Bedeutung der »inspirierten« Schrift hervorhob, löste seine Aussage doch eine breite Wirkungsgeschichte aus. Der Vers wurde zum »Locus classicus«[477], zur »klassische[n] Beweisstelle«[478] für die Inspirationslehre der christlichen Theologie. Im folgenden Überblick werden einige Spuren davon aufgezeigt, wie die Schriftstelle im Lauf der Theologiegeschichte verwendet und mit welchen Gesichtspunkten und Positionen sie jeweils verbunden wurde. Da eine vollständige

---

[475]   Vgl. Häfner, Belehrung 230.268ff.
[476]   Vgl. ebd. 255–273 mit überzeugender Argumentation gegenüber anderen Lösungsversuchen.

[477]   Reck* 81.
[478]   Beumer* 6.

Darstellung den Umfang des Exkurses sprengen würde, kann es nur um eine Auswahl von Hinweisen gehen. Selbstverständlich können hier auch nicht die insgesamt viel umfassendere Geschichte und Systematik der Inspirationslehre und die mit ihr zusammenhängenden Probleme der Kanonbildung und Hermeneutik dargestellt werden.

1 *Patristik*[479]. Schon früh kristallisierte sich in der Kirche die Überzeugung heraus, dass nicht nur die Propheten, sondern auch die Verfasser der heiligen Schriften des Alten und Neuen Bundes von Gottes Geist »inspiriert« waren. So, wie aber die Inspirationslehre schon vor der Abfassung von 2Tim 3,16 ihren Anfang nahm, entfaltete sie sich zunächst auch frühkirchlich weiter »unabhängig von diesem Vers«[480]. In den wenigen Fällen, in denen er bei Ausführungen über die *Schriftinspiration* verwendet wurde, diente er nicht der Begründung, sondern lediglich der Bestätigung. Soweit sich die Autoren überhaupt um eine Begründung bemühten, geschah dies mit Hilfe sachlich-inhaltlicher Argumente und noch nicht durch Berufung auf 2Tim 3,16 als ›Schriftbeweis‹. Der Vers wirkte sich zunächst vielmehr in folgender Weise aus:

1.1 Die Formulierung γραφὴ θεόπνευστος aus V16 wurde seit Clemens von Alexandrien[481] und Tertullian[482] sehr oft verwendet. Sie kam in verschiedenen Variationen wie etwa ἡ θεόπνευστος γραφή / scriptura divinitus inspirata in Umlauf, ging in die Vulgata ein und wurde zu einem Terminus technicus. Oft war bei ihrer Verwendung die Herkunft aus 2Tim nicht mehr bewusst. Der Ausdruck begegnet also auch losgelöst vom ursprünglichen Text. Fast immer ist mit ihm die Gesamtheit der heiligen Schriften Alten wie Neuen Testaments gemeint. Er wird in sehr verschiedenen Zusammenhängen verwendet und findet sich nur bei Gregor in einem Kontext, der näherhin von der heiligen Schrift und dem Umgang mit ihr handelt[483]. Der Terminus πᾶσα γραφὴ θεόπνευστος wurde erstmals von Origenes verwendet[484]. Er diente ihm zur Hervorhebung der Einheit der Schrift.

1.2 Wurde V16 unvollständig zitiert[485], so erfolgte meist die Zitation der ersten Worte πᾶσα γραφὴ θεόπνευστος καὶ ὠφέλιμος. Das Anwendungsinteresse be-

---

[479] Einen sehr hilfreichen Überblick über die *Literatur zum Auffinden* der einschlägigen patristischen Werke sowie über *102 Belegstellen* aus altkirchlichen Werken bietet Reck* 81–85.

[480] Reck* 104. Vgl. dort auch zum Folgenden.

[481] Vgl. Strom VII,16,101f (GCS 17, 71f) u.ö.

[482] De cultu feminarum I,3,3 (CCL 1, 346f).

[483] Reck* 94 nennt als Beleg Gregor d.Gr., In librum I Regum, Prologus 3 (CCL 144, 51).

[484] Philocalie, Fragm. zu Ps 1 (SC 302, 244ff) u.ö.; vgl. Reck* 94.

[485] Reck* fand unter den 102 analysierten Stellen 19, an denen nur ein Teil des Textes zitiert wird. Die Zitation findet sich bei folgenden Autoren, und zwar fast immer mit dem Verweis auf die Herkunft von Paulus: Clemens von Alexandrien, Origenes, Basilius, Chrysostomus, Hesychius, Hilarius von Poitiers, Pseudo-Marius Victorinus, Severus von Gabala, Maximinus, Augustin, Rufin von Aquileja, Pseudo-Maximinus von Turin, Facundus von Hemiane, Ildefons von Toledo, Defensor von Liguri, Sedulius Scottus, sowie in der Altercatio Heracleani laici (86 mit Belegen).

stand durchweg mehr am Gedanken der Nützlichkeit als an dem der Inspiration. Auch bei vollständiger Zitation[486] des Verses oder bei Anspielungen auf ihn kam es den Autoren vorwiegend auf den Gedanken der Nützlichkeit und weniger auf den der Inspiriertheit der Schrift an.

1.3 Die Zitationen des Verses und Anspielungen auf ihn begegnen in Kommentaren zu 2Tim 3,16, im Kontext der Auslegung anderer Texte – und zwar sowohl in den Einleitungen als auch bei der Exegese selbst –, in Paränesen und Homilien, in systematischen Abhandlungen und Streitschriften[487]. Nur Johannes von Damaskus und Cassiodor zitieren den Vers im Zusammenhang allgemeiner Ausführungen über die heilige Schrift. Beiden dient der Text vor allem dem Erweis der Nützlichkeit der Schrift[488]. Überraschenderweise wurde der Vers *nicht* in Zusammenhängen erwähnt, in denen die *Inspirationsthematik* behandelt wurde.

1.4 Von den Autoren, welche den Text mindestens soweit zitieren, dass im Zitat die beiden Ausdrücke θεόπνευστος / *divinitus inspirata* und ὠφέλιμος / *utilis* enthalten sind, heben manche weder den einen noch den anderen der beiden Aspekte besonders hervor; die meisten sind am Gedanken der *Nützlichkeit* der Schrift interessiert, nur wenige an dem der *Inspiration*[489]. Unter den Theologen, welche sich über das Verhältnis der beiden Aspekte zueinander äußern, sieht z.B. Origenes die Nützlichkeit der Schrift darin begründet, dass sie inspiriert sei[490], während z.B. Tertullian umgekehrt die Nützlichkeit als Kriterium der Inspiration und Kanonizität betrachtet[491].

1.5 Wurde zwar – wie oben bereits gesagt (1.1) – der Ausdruck »inspirierte Schrift« fast immer auf die Gesamtheit der heiligen Schriften Alten wie Neuen Testaments bezogen, so ist doch der Übergang von Clemens von Alexandrien zu Origenes bemerkenswert. Bei Clemens ist zwar die Kenntnis der Einheit von AT und NT schon vorhanden. Er unterscheidet aber noch die θεόπνευστοι λόγοι von den Lehren der Apostel[492]. Demgegenüber erhob Origenes die Einheit von AT und NT »zu einer feststehenden Vorstellung«[493].

1.6 Über die Grundzüge des patristischen Inspirationsverständnisses und seinen Zusammenhang mit 2Tim 3,16 lässt sich Folgendes erkennen[494]: Unter den wenigen Äußerungen des *Clemens von Alexandrien*

---

[486] Reck* fand unter den 102 Stellen 16, an denen der Text vollständig zitiert wird. Die Zitation findet sich bei folgenden Autoren: Origenes, Gregor von Nyssa, Chrysostomus, Theodor von Mopsuestia, Theodoret von Cyrus, Ambrosiaster, Pelagius, Augustin, Pseudo-Ambrosius, Epiphanius Latinus, Cassiodor, Ferreolus von Uzès, Scottus Anonymus, Pseudo-Hieronymus, Alanus von Farfa (86 mit Belegen).

[487] Vgl. dazu mit Belegen ebd. 95ff.

[488] Vgl. ebd. 96 mit Belegen.

[489] Reck* 98 nennt für die erste Gruppe 8 Vetreter, für die zweite 16 und für die dritte nur folgende Stellen: Origenes, Comm in Joh I,3 (GCS 10, 6f); Altercatio Heracleani laici (PLS 1, 348,18–32); Hesychius von Je-

rusalem, Comm in Lev zu Lev 10,1 (PG 93, 895 B–C); Tertullian, De cultu feminarum I,3,3 (CCL 1, 346f); Rufinus von Aquileja, Expositio Symboli 34–36 (CCL 20, 170f) = Ildefons, Annot de cogn bapt (PL 96, 139).

[490] Origenes/Rufinus, Hom in Lib Jesu Nave XX,2 (GCS 30, 419f); vgl. Reck* 98.

[491] De cultu feminarum I,3,3 (CCL 1, 346f); vgl. Reck* 98.

[492] Strom VII,16,103f (GCS 17, 73); vgl. Reck* 99.

[493] Beumer* 11; vgl. auch Reck* 99 mit Anm. 37.

[494] Vgl. zum Folgenden Beumer* 11–31; Reck* 98–104; Gabel* (Bürkle/Ernst/Gabel), LThK 535f.

zum Inspirationstopos ist die Tendenz zu einem aktiven Verständnis des θεόπνευστος bemerkenswert sowie die Tatsache, dass er den Ausdruck nicht aus 2Tim 3,16 ableitet, sondern dass er Eigenschaften der Schrift nennt, aufgrund derer Paulus zu Recht von θεόπνευστος spreche[495].

Ein wichtiger Markstein sind die Inspirationsaussagen des *Origenes*. Sie finden sich hauptsächlich in seinem Werk De Principiis. Im 4. Buch dieses Werkes befasst er sich mit der Schrifthermeneutik und in den ersten beiden Kapiteln speziell mit dem Inspirationsthema. Weder hier noch im gesamten Buch zitiert er 2Tim 3,16[496]. Mit Hilfe sachlicher Argumente betont er die Autorität der Schrift, indem er auf die Inspiration der Propheten, Evangelisten und Apostel hinweist. Dies geschieht in Frontstellung gegen das Schwärmertum der Montanisten sowie gegen die gnostische Position des Marcion. Gegenüber einem schwärmerisch-ekstatischen Verständnis der Inspiration hebt er die Bewusstheit und Freiheit hervor, in denen sich die inspirierte Arbeit der biblischen Schriftsteller vollzog. Gegenüber der Ausgrenzung des AT und mancher ntl. Texte durch Marcion betont er die Geltung und Inspiriertheit der gesamten heiligen Schrift. Unter Inspiration verstand er, dass die heiligen Schriften durch göttliches und nicht allein durch menschliches Wirken zustande kamen[497]. In der Überzeugung, dass der gleiche Heilige Geist, der die Schriftsteller inspirierte, auch in den Lesern und Auslegern wirksam ist, liegt für Origenes der Grund für die geistliche Schriftinterpretation[498]. Bei ihrer Durchführung ist er nicht immer der Gefahr entgangen, den geschichtsgebundenen Sinn unterzubewerten und die allegorische Auslegungsmöglichkeit zu übertreiben. Ein weiteres problematisches Extrem besteht in seinem Verständnis der Theopneustie als Verbalinspiration. Er schreibt z.B.: Die »Weisheit Gottes [hat] die ganze inspirierte Schrift [πᾶσαν γραφὴν θεόπνευστον] bis zu dem zufälligen Buchstaben erfasst [μέχρι τοῦ τυχόντος γράμματος]. ... Die heilige Vorsehung hat ... sozusagen einem jeden Buchstaben [ἑκάστῳ γράμματι] nach dessen Fassungskraft Spuren der Weisheit« eingesät[499]. Der Einfluss des Origenes auf das Inspirationsverständnis der griechischen Väter war in der Folgezeit sehr groß; aber sie übernahmen nicht seine Auffassung der Verbalinspiration[500]; die Antiochener teilten auch nicht seine Hermeneutik.

---

[495] Prot IX,87,1f (GCS 12, 65). Nach Strom VII,16,101f (GCS 17, 71f) sind die θεόπνευστοι γραφαί Instrumente Gottes, die klare Beweise liefern. Clemens begründet dies allerdings nicht.

[496] An anderen Stellen seines Gesamtwerkes zitiert zwar Origenes 2Tim 3,16; aber es geschieht nicht in Bezug auf die Inspiration, sondern um z.B. die Nützlichkeit der Schrift zu erweisen. Das gleiche Bild zeigen die Origenes-Übersetzungen Rufins.

[497] Princ IV,1,6 (GCS 22, 301f). An anderer Stelle hebt er die Widerspruchsfreiheit hervor (Selecta in Psalmos, zu Ps 4,3 (PG 12, 1141A).

[498] Princ I Praef 4 (GCS 22, 9ff [Rufin]) u.ö.

[499] Selecta in Psalmos, zu Ps 1,4 (PG 12, 1081).

[500] Mit Ausnahme des Gregor von Nazianz, Orationes II,105 (PG 35, 504); vgl. dazu Beumer* 21.

Für die westliche Theologie waren die Inspirationsaussagen Hieronymus'
und Augustins besonders einflussreich. Hieronymus lehnte ebenso wie
vorher schon Origenes die Auffassung der Montanisten ab, dass die Inspiration als Ekstase zu verstehen sei[501]. Aber noch deutlicher als je zuvor
wurde durch ihn der selbständige Anteil der Hagiographen beim Zustandekommen der heiligen Schriften betont, und Hieronymus legte Wert auf
die Wahrung der persönlichen Eigentümlichkeiten der inspirierten Verfasser. Obwohl mehrere seiner Aussagen den Eindruck erwecken, er habe
die Verbalinspiration vertreten, will beachtet sein, dass er sich aufgrund
seines eigenen intensiven Umgangs mit den Texten von der origenisti-
schen Auffassung immer mehr entfernte, so dass die Kennzeichnung
»Sinninspiration« für sein Verständnis der Theopneustie angemessener
ist[502].

Die Inspirationsaussagen *Augustins* stehen z.T. im Zusammenhang mit der theo-
logisch-apologetischen Auseinandersetzung mit den Manichäern und Donatisten.
Im Verlauf seines geistig-geistlichen Weges wuchs in ihm die grundlegende
Überzeugung von der hohen Autorität, Irrtumslosigkeit und Inspiriertheit der
gesamten heiligen Schrift. Wie Hieronymus trägt auch er der Tatsache Rechnung, dass »Gott durch einen Menschen spricht nach Art der Menschen«[503]; aber
im Unterschied zu Hieronymus, der die Inspiration nur für den Urtext gelten
ließ, war ihm nicht nur an der Inspiriertheit auch der LXX gelegen, sondern sogar
an deren verbaler Inspiration[504]. In seiner Schrift De Trinitate wertet er die Inspiration der Schrift analog zur Schöpfung als Quelle theologischer Erkenntnis[505].
Was die Relevanz von 2Tim 3,16 betrifft, so fällt auf, dass diese Stelle für die
Inspirationsaussagen Augustins ebensowenig eine Rolle spielt wie schon bei Origenes und Hieronymus. Auch bei den nachfolgenden lateinischen Autoren, die
im wesentlichen nicht über die Inspirationslehre Hieronymus' und Augustins
hinausgehen, verhält es sich so.

Insgesamt lässt sich für die Patristik sagen: Wo 2Tim 3,16 zitiert oder paraphrasiert wird oder wo Anspielungen auf diesen Vers begegnen, geht es
den Autoren nicht primär um Inspiration. Wo es aber um das Thema
Inspiration geht, wird der Vers nicht zitiert[506].

---

[501] Vgl. z.B. Comm in Nahum prophetam,
Prol (PL 25, 1232): »Non enim loquitur
[propheta] in ἐκστάσει, ut Montanus et
Prisca Maximillaque delirant; sed quod pro-
phetat, liber est visionis intelligentis uni-
versa quae loquitur.«
[502] Vgl. Beumer* 27, der als Beleg u.a. Ep
57,9 (PL 22, 576) zitiert: »Die Apostel und
Evangelisten haben bei der Auslegung der
Alten Schriften den Sinn gesucht und nicht
die Worte.«
[503] CivD 17,6 (CCL 48, 567); vgl. dazu
Beumer* 30.

[504] Vgl. Beumer* 25.30f mit Beleghinweis
auf CivD 18,42f (CCL 48, 638ff).
[505] Vgl. Reck* 103 mit Verweis auf Buch
II, Proömium 1 (CCL 50, 80).
[506] Das trifft z.B. auch für die Schrift De
Doctrina Christiana Augustins zu (CCL 32,
1–167) und für Gregor d.Gr., In librum I
Regum, Prologus 3 (CCL 144, 51), der einzigen Stelle, wo der Ausdruck divinitus
inspirata begründende Funktion hat.

2 *Scholastik*[507]. In der Übergangsphase zwischen der Väterzeit und der Hochscholastik galten zwar die Inspiration und Irrtumslosigkeit der heiligen Schrift als selbstverständliche Voraussetzungen, sie wurden aber kaum systematisch thematisiert. Kamen die Themen zur Sprache, so geschah es meistens nur knapp und in engem Anschluss an die Lehren Hieronymus' und Augustins. Es herrschte die Tendenz vor, den göttlichen Anteil der Inspiration zu betonen. In den nennenswerten Texten[508] des Cassiodor, Isidor von Sevilla, Beda Venerabilis, Johannes Scotus Eriugena und mancher anderer finden sich außer terminologischen Anklängen keine Bezüge zu 2Tim 3,16. Seit Anselm von Canterbury wandte sich das Interesse stärker den Fragen nach der Prophetie zu, und die umfassendere Thematik der Schriftinspiration wurde kaum behandelt. So findet sich nur Weniges dazu u.a. bei Rupert von Deutz, Abaelard, Richard von St. Victor, Alanus de Insulis, Petrus von Poitiers und Stephan Langton. Selbst Hugo von St. Victor, der in den beiden Schriften Didascalicon und De Scriptura et scriptoribus sacris das Studium der heiligen Schrift behandelt, streift das Thema der Inspiration nur, und zwar ohne Bezug auf 2Tim 3.

Besondere Erwähnung verdienen Heinrich von Gent und Thomas von Aquin. Angeregt durch die Rezeption der aristotelischen Ursachenlehre verstanden sie bei der biblischen Inspiration Gott als die Prinzipal- und den Menschen als Instrumentalursache. Heinrich spricht von Gott als dem »auctor principalis« und dem Schriftsteller als dem »auctor secundarius«[509]. Thomas behandelt mehrfach das Thema der Prophetie und geht vor allem in den Quaestiones Disputatae[510] sowie in der Summa Theologica[511] auch auf die Schriftinspiration ein. Bei seinem Bemühen, das Verhältnis zwischen menschlicher Vernunfterkenntnis, göttlichem Gewissheitsurteil und göttlicher Offenbarung zu klären, trägt er dem menschlichen Anteil beim Zustandegekommensein der heiligen Schriften mehr Rechnung als viele seiner Vorgänger. Die Inspirationsaussage aus 2Tim 3 zitiert Thomas in einem Kontext, der sich nicht speziell auf die Frage nach der Schriftinspiration bezieht. Am Anfang der Summa Theologica erörtert Thomas, ob es außer der Philosophie noch einer anderen Lehre bedarf. Gegenüber der Meinung, dass keine weitere nötig sei, zitiert er als Einwand den vollständigen Text von 2Tim 3,16 und schließt die Erklärung an: »Die inspirierte Schrift aber [Scriptura autem divinitus inspirata] gehört nicht den philosophischen Wissenschaften an, die die Frucht bloß menschlicher Verstandestätigkeit sind.« Er zieht daraus den Schluss: »Es ist also wohl von Nutzen [Utile igitur est], dass es außer den philosophischen Wissenschaften eine weitere Wissenschaft gibt, die auf gött-

---

[507] Vgl. Beumer* 32–45; Gabel* (Bürkle/Ernst/Gabel), LThK 536.
[508] Vgl. zu den im Folgenden genannten Autoren Beumer* 31–36.
[509] Summa = Quaestiones ordinariae, Art. 9, Quaest. 2.

[510] Quaest. 12; bes. Art. 7 und 12.
[511] Secunda Secundae, Quaest. 171–174; bes. 171, Art. 5; 173, Art. 2 und 4; 174, Art. 2.

licher Eingebung beruht [esse aliam scientiam divinitus inspiratam].« So
gelangt er zu der Antwort, dass für das »Heil der Menschen« außer den
»philosophischen Wissenschaften, die im Bereich der menschlichen Vernunft bleiben,« eine Lehre nötig ist, »die auf göttlicher Offenbarung beruht [necessarium fuit ad humanam salutem, esse doctrinam quandam secundum revelationem divinam]«[512]. Soweit Aussagen der älteren Konzilien oder offizielle Stellungnahmen über die heilige Schrift vorliegen, beziehen sie sich im wesentlichen auf das Bekenntnis, dass der eine Gott der
Urheber beider Testamente ist[513].

3   Neuzeit[514]

3.1   *Reformation und Protestantismus.* Die intensive Konzentration der reformatorischen Bewegung auf das Sola-Scriptura-Schriftprinzip brachte zunächst
keine Veränderung der überlieferten altkirchlichen Inspirationslehre mit sich.
Luther und Calvin entwickelten keine eigenen Theorien dazu, sondern hielten
sich an das ihnen überkommene Gemeingut. Luther erachtete innerhalb der für
ihn insgesamt als inspiriert geltenden Schrift das als Kriterium des Apostolischen,
»was Christum treibet«. Calvin neigte einem verbalinspiratorischen Verständnis
zu. In den Bekenntnisschriften gilt die Bibel als die norma normans und Gott als
ihr Autor. Allein in der calvinistisch geprägten »Confessio Helvetica posterior«
(1566) wird dies damit begründet, dass Gott selbst gesprochen hat »zu den Vätern, Propheten und Aposteln« und dass er noch immer spricht »zu uns durch die
heiligen Schriften« (BSKORK 223). Später, in der 1675 erstellten »Formula Con-
sensus Helvetica«, ist dieser Ansatz zu einem extremen Verständnis der Verbalinspiration weitergeführt worden, wobei auch der Bezug auf das θεόπνευστος
aus 2Tim 3,16 eine Rolle spielte[515]. In den Bekenntnisschriften und Kirchenordnungen zog man den Vers nicht zur Vertiefung des Schriftverständnisses heran[516]. Die auf Luther und Calvin folgenden Theologen der nächsten zwei Jahrhunderte wie z.B. Melanchthon, Coccejus, Heerbrand, König, Gerhard, Buxtorf
jun. und Buddeus, die ausführlicher auf das Inspirationsthema eingingen, betonten die Irrtumslosigkeit, hoben die in jeder Hinsicht höchste Autorität und Qua-

---

[512]   Summa Theologica I, Quaest. 1, Art. 1.
[513]   So z.B. das Konzil von Toledo (400),
DH 198; Statuta ecclesiae antiqua (5. Jh.),
DH 325; der Brief des Papstes Leo IX.
(1053), DH 685; das Konzil von Florenz
(1442), DH 1334ff.
[514]   Vgl. dazu Beumer* 46–81; Weber*
776–779; Williams* 692ff; Gabel* (Bürkle/
Ernst/Gabel), LThK 537f.
[515]   »Hebraicus Veteris Testamenti codex
... tum quoad consonas tum quoad vocalia,
sive puncta ipsa sive punctorum saltem po-
testatem, et tum quoad res tum quoad verba
θεόπνευστος ...«. Vgl. dazu Weber* 778;
Beumer* 50; Williams* 692. – Mit reichem
Belegmaterial wird die Entwicklung hin zur

Verbalinspirationslehre   nachgezeichnet
von H. Heppe / E. Bizer, Die Dogmatik der
evangelisch-reformierten Kirche, Neukirchen-Vluyn ²1958, 10–33.
[516]   Man entnahm z.B. dem »utilis est ad
arguendum« den Gedanken des Strafens
und der Ermahnung zur Buße (BSLK
966.1067.1068). Man zitierte den Vers, um
zu begründen, dass das kanonische Schriftwort von Gott hervorgegangen sei
(BSKORK 67.142), dass die Schrift alles für
das Heil und die Kirchenordnung Nötige
enthalte (71.104.223) und dass alle Predigten Gottesworte zur Grundlage haben und
auf die je gegenwärtigen Missstände ausgerichtet sein sollen (142f.174).

lität des biblischen Gotteswortes hervor und vertraten – mit Ausnahme von Musäus – zunehmend die Verbalinspiration.

Im 18. Jh. setzte eine Gegenströmung ein, die fast zur Preisgabe des Glaubens an die Schriftinspiration führte. Sie erwuchs überraschenderweise aus zwei unterschiedlichen Wurzeln: dem Pietismus und der Aufklärung. Aus ersterem bildete sich die Theorie heraus, die in der Heilsgeschichte sich vollziehende Offenbarung sei die eigentlich inspirierte Wirklichkeit und die Schrift lediglich deren bezeugende Urkunde[517]. Aus dem Geist der Aufklärung erwuchs die kritische Wahrnehmung der geschichtlichen Bedingtheiten der biblischen Texte. Dadurch wurde das Vertrauen in ihre von Gott gewirkte Entstehung erschüttert. Schleiermacher lässt deshalb nur eine Individualinspiration gelten. Sie wird darin gesehen, dass z.B. der Apostel in seinem Wirken als inspiriert gilt, nicht aber die Schrift selbst. Ihr Entstehen verdanke sich dem Wirken »des in der Kirche waltenden Gemeingeistes«[518]. Im Unterschied zu Schleiermacher und vielen anderen erachtete Martin Kähler die subjektive Befindlichkeit der Autoren für weniger wichtig. Er verstand das NT vielmehr als die »Urkunde der kirchengründenden *Predigt*« und hielt das AT insofern für »inspiriert«, als es sich zusammen mit dem NT »an der Gemeinde als wirksam erweist«[519].

3.2 *Katholischerseits* stehen am Beginn der neuzeitlichen Entwicklung die Aussagen des Konzils von Trient. In den beiden vom Konzil 1546 erlassenen Dekreten über die Bibel wurde die Inspiration der kanonischen Texte vorausgesetzt. Sie wurde nicht eigens thematisiert, zumal in diesem Punkt keine Differenz zur Auffassung der Reformatoren bestand. Deshalb fand auch 2Tim 3,16 keine Erwähnung[520]. In der Folgezeit war der Umgang mit dem Inspirationsthema auf weite Strecken von der Herausforderung durch die Erkenntnisse der Natur- und Geschichtswissenschaft bestimmt. Das theologische Interesse war auf die Verteidigung der Schriftautorität gerichtet. Innerhalb dieser vorwiegend apologetischen Gesamtausrichtung wurden unterschiedliche Anworten auf die Fragen nach dem Verhältnis von göttlichem und menschlichem Anteil an den Texten, von geschichtlicher Bedingtheit und geltender Wahrheit gegeben. Unterschiedliche Positionen ergaben sich z.T. daraus, dass man sich den neu zu beachtenden Erkenntnissen mehr oder weniger öffnete oder sich ihnen sogar verschloss. 1587 kam es zu heftigen Kontroversen über die These von Lessius, manches biblische Buch sei lediglich mit »menschlichem Fleiß ohne Beistand des Heiligen Geistes geschrieben« worden; es werde aber »Heilige Schrift, wenn der Heilige Geist nachher bezeugt, daß darin nichts Falsches ist«[521]. Abgesehen von dieser These gewann Lessius' Theorie der Realinspiration in der Folgezeit großen Einfluss. Sie besteht in der Auffassung, der Heilige Geist bezeuge die Richtigkeit der heilsrelevanten Inhalte, ohne dass die Worte von ihm eingegeben seien. Auch der Exeget Cornelius

---

[517] Wegbereiter sind u.a. Vitringa und Bengel, Vertreter in unterschiedlicher Weise u.a. Menken, Hoffmann und Rothe.

[518] Zitiert bei Beumer* 55; vgl. auch Weber* 778; Meyer* 91.107.

[519] Weber* 778.

[520] Vgl. DH 1501–1508. – Unter den Theologen des 16. Jh.s vertrat Báñez die Theorie

der Verbalinspiration (= wörtliche Eingebung), Lessius die einer Realinspiration (= Eingebung des realen Inhalts), und Cano unterschied zwischen der Schriftinspiration und dem Beistand des Heiligen Geistes bei Konzilien und Lehrentscheidungen.

[521] Zitat bei Beumer* 58.

a Lapide teilte diese Sicht, wie seine Ausführungen zu 2Tim 3,16 innerhalb seines Kommentars zu den Paulusbriefen[522] zeigen.

Das I. Vatikanische Konzil ist das erste Konzil, das sich unmittelbar zur Inspiration der heiligen Schrift geäußert hat. Es betont, dass die Heiligkeit und Kanonizität der atl. und ntl. Bücher ihren Grund darin haben, dass sie »unter der Inspiration des Heiligen Geistes geschrieben, Gott zum Autor haben und als solche der Kirche selbst übergeben worden sind«[523]. In der neuscholastischen Theologie zogen manche aus der Inspiriertheit die Konsequenz, dass alle religiösen und profanen Aussagen der Bibel irrtumslos seien und sprachen von einer literarischen Verfasserschaft Gottes; andere vertraten die Theorie einer »psychologischen Verbalinspiration«[524], indem sie Inhalt und Wort beide ganz als Gottes und des Menschen Werk erachteten.

4 *Gegenwart.* Mit der Enzyklika »Divino afflante Spiritu« (1943), in der die Notwendigkeit der Beachtung der literarischen genera betont wurde, begann im Bibelverständnis der katholischen Kirche eine wichtige Neuorientierung. Hinsichtlich der Inspirationsthematik wurde sie besonders durch den wichtigen systematisch-theologischen Beitrag Karl Rahners* fortgeführt. Er regte an, die Inspiration als Teil der gesamten Entstehungs- und Lebensprozesse der christlichen Glaubensgemeinschaft zu sehen. Da sie sich insgesamt der Selbstmitteilung Gottes in Jesus Christus und dem Wirken des Heiligen Geistes verdanken, dürfen auch die Schriften, welche »die grundlegenden Heilserfahrungen bleibend bezeugen, die Identität der Gemeinschaft sichern und die Lebensbewegung des Gottesvolkes inspirieren, [als] Werk des Geistes« betrachtet werden[525]. Dies bedeutet u.a.: a) Die als inspiriert geltenden Texte bezeugen in ihrer Dienstfunktion die in interpersonaler Begegnung erfahrene Gottesgegenwart, und sie inspirieren dazu, diese Erfahrung je neu zu machen. b) Inspiration ist nicht nur ein Geschehen der Vergangenheit, sondern sie vollzieht sich fortwährend auch bei der Aktualisierung der Schriften in die Glaubensgemeinschaft hinein[526]. c) Da das Gotteswort nur in menschlicher Sprachgestalt begegnet und da bei allen Realisierungen gläubigen Lebens Gott und Mensch nicht Konkurrenten sind, sondern Gott das menschliche Tun ermöglicht, freisetzt und einbezieht, mindert auch das göttliche Wirken im Entstehungsprozess der Schriften nicht die Eigentätigkeit der beteiligten

---

[522] Zu dessen großer Verbreitung und Bedeutung vgl. G. Boß, Die Rechtfertigungslehre in den Bibelkommentaren des Kornelius a Lapide, 1962 (KLK 20), 13.

[523] DH 3006. Als ungenügend wurden die Meinungen zurückgewiesen, dass die Inspiration nur als nachträgliche Billigung oder nur als Bewahrung vor Irrtum zu verstehen sei.

[524] Gabel* (Bürkle/Ernst/Gabel), LThK 537.

[525] Gabel* (Bürkle/Ernst/Gabel), LThK 539. – Vgl. zum Folgenden ebd. 539f; Gabel*, Inspirationsverständnis 128–298.

[526] Angeregt durch Paul Ricœurs Gedanken über »die Welt des Textes« und »die Welt vor dem Text« betonen gegenwärtig u.a. Schneiders* und Bieringer*, dass der locus der Inspiration nicht nur in der Vergangenheit liegt, sondern ganz wesentlich auch in der Gegenwart und Zukunft.

Schriftsteller, sondern aktiviert sie. Dementsprechend ist weder die Theorie einer mechanistisch verstandenen ›Verbalinspiration‹ akzeptabel noch die einer ›Realinspiration‹ in dem Sinne, dass die Inhalte von Gott, die Formulierungen aber vom Menschen kommen. d) Die Inspiration bewirkt, dass der Glaubende in den Texten zuverlässig und untrüglich die Grundlagen wiederfindet, aus denen die Glaubensgemeinschaft auf ihrem *Weg zum Heil* lebt. Mit der Inspiriertheit der Bibel ist deshalb durchaus vereinbar, dass manche Texte naturwissenschaftliche, historische oder andere Irrtümer enthalten, dass oftmals erst lange und z.T. komplizierte Traditions-, Redaktions- und Kompositionsprozesse zu der jetzt vorliegenden Textgestalt geführt haben, dass vielerlei zeitgebundene soziokulturelle und religionsgeschichtliche Einflüsse wirksam geworden sind und dass die Qualität der Darstellungen sehr unterschiedlich ist.

Dieses Grundverständnis von Inspiration ist in die Dogmatische Konstitution über die göttliche Offenbarung »Dei Verbum« (= DV) des II. Vatikanischen Konzils eingegangen. Der Abschnitt über die Inspirationslehre lautet: »Das von Gott Geoffenbarte, das in der Heiligen Schrift enthalten ist und vorliegt, ist unter dem Anhauch des Heiligen Geistes aufgezeichnet worden; denn aufgrund apostolischen Glaubens gelten ... die Bücher des Alten wie des Neuen Testamentes in ihrer Ganzheit ... als heilig und kanonisch, weil sie unter der Einwirkung des Heiligen Geistes geschrieben (vgl. Joh 20,31; 2Tim 3,16; 2Petr 1,19ff; 3,15f) Gott zum Urheber haben [Deum habent auctorem] und als solche der Kirche übergeben sind. Zur Abfassung der Heiligen Bücher hat Gott Menschen erwählt, die ihm durch den Gebrauch ihrer eigenen Fähigkeiten und Kräfte dazu dienen sollten, all das und nur das, was er ... geschrieben haben wollte, als echte Verfasser [ut veri auctores] schriftlich zu überliefern. Da also alles, was die inspirierten Verfasser [auctores inspirati] oder Hagiographen aussagen, als vom Heiligen Geist ausgesagt zu gelten hat, ist von den Büchern der Schrift zu bekennen, daß sie sicher, getreu und ohne Irrtum die Wahrheit lehren, die Gott um unseres Heiles willen [nostrae salutis causa] in heiligen Schriften aufgezeichnet haben wollte. Daher ›ist jede Schrift, von Gott eingegeben, auch nützlich ...‹ (2Tim 3,16f)« (DV 11 = DH 4215f). Der Schluss des Abschnitts mit dem vollständigen Zitat aus 2Tim 3 zeigt, dass man sich der großen Tragweite dieser Aussage aus den Past bewusst war und dass man ihrer grundsätzlichen Bedeutung Rechnung trug. Besonders bemerkenswert am Konzilstext ist, dass er – über die Dekretierungen des Konzils von Trient und des I. Vatikanums hinausgehend – den inspirierten Wahrheitsgehalt der Schriften auf die *Heilswahrheit* beschränkt und die *menschliche Verfasserschaft mit allen ihren Bedingtheiten* ernst nimmt[527].

---

[527] Auf diese Besonderheiten verweisen auch der Kommentar von A. Grillmeier, in: LThK.E² II (1966) 528–557, hier 545–551 sowie die Stellungnahmen u.a. von Beumer* 75–81; Gabel*, Inspirationsverständnis 89–111; Kirchschläger* 49–55.

5 *Ökumenische Situation.* Das soeben skizzierte, von Glauben und historisch-kritischem Bewusstsein geleitete Inspirationsverständnis teilen heute auch viele evangelische Theologinnen und Theologen. Sie erachten ebenfalls die Theorien der Verbal- und Realinspiration als ungenügend und messen den pneumatologisch-ekklesialen Dimensionen entscheidend größeres Gewicht bei. Das zeigte sich z.B. schon darin, dass Karl Barth auf die dialektische Zusammengehörigkeit göttlicher Selbsterschließung und menschlichen Gehorsams verwies und die Inspiration als die immer wieder neue Entscheidung Gottes verstand, das fehlbare menschliche Wort in seinen Dienst zu nehmen[528]. Es zeigt sich in neueren Publikationen[529] sowie im Konsens, der in den Konsultationen von »Glauben und Kirchenverfassung« des Ökumenischen Rates der Kirchen über die Schriftautorität erreicht wurde[530]. »Sieht man von Extrempositionen im evangelikalen Raum ab, die den historisch-kritischen Umgang mit der Bibel ablehnen und eine absolute Irrtumsfreiheit der Bibel postulieren, so scheinen sich die gegenwärtigen protestantischen und katholischen Neukonzeptionen weitgehend aufeinander zuzubewegen«[531].

Ein Überblick über das Verhältnis, in dem römisch-katholisches und orthodoxes Verständnis der Schriftinspiration zueinander stehen, ist aus der Dokumentation des Symposiums zu gewinnen, das 1998 zum umfassenderen Thema »Auslegung der Bibel« in Rumänien stattgefunden hat[532]. Das orthodoxe Inspirationsverständnis legte Ioannis Karavidopoulos dar[533], das der römisch-katholischen Kirche Thomas Söding[534]. An den beiden Darlegungen zeigt sich ein hohes Maß der Übereinstimmung[535]. Es besteht vor allem darin, dass in der östlichen wie in der westlichen Theologie die Schriftinspiration weder als ein statisches noch punktuell auf die Vergangenheit bezogenes oder sachlich allein auf den Text fixiertes Phänomen betrachtet wird, sondern als eine Wirklichkeit, zu der als

---

[528] Vgl. dazu Philipp* 781; Gabel* (Bürkle/Ernst/Gabel), LThK 538; Williams* 693.
[529] Vgl. z.B. die Darstellung des Bibelverständnisses bei W. Trillhaas, Dogmatik, Berlin ⁴1980, 68–96 und deren Auswertung durch Meyer*, passim; die Lexika-Artikel von Weber/Philipp* und Williams*; den Exkurs bei Merk 78 mit Verweisen auf E. Jüngel und P. Stuhlmacher.
[530] Vgl. dazu Williams* 693.
[531] Gabel* (Bürkle/Ernst/Gabel), LThK 538. Die hier erwähnten »Extrempositionen« sind *fundamentalistischer* Art und hinsichtlich ihrer Verbreitung und kämpferischen Radikalität nicht zu unterschätzen. Vgl. dazu K. Kienzler / M.S. Hamilton, Fundamentalismus II/2. Christentum, in: RGG III (⁴2000) 415–418.

[532] D.G. Dunn / H. Klein / U. Luz / V. Mihoc (Hrsg.), Auslegung der Bibel. Akten des west-östlichen Neutestamentler/innen-Symposiums von Neamt vom 4.–11. September 1998, 2000 (WUNT 130).
[533] I. Karavidopoulos, Offenbarung und Inspiration der Schrift – Interpretation des Neuen Testaments in der Orthodoxen Kirche, in: Dunn u.a., Auslegung (s. vorige Anm.) 157–168.
[534] Th. Söding, Die Schriftinspiration in der Theologie des Westens, in: Dunn u.a., Auslegung (s.o. Anm. 532) 169–206.
[535] Das hebt auch M. Reiser, Geist und Buchstabe. Zur Situation der östlichen und der westlichen Exegese, TThZ 110 (2001) 67–80 hervor (78f).

grundlegende Komponenten die Offenbarungswahrheit, die Zuordnung
zum umfassenden Heilshandeln Gottes, die Geschichtlichkeit des Zeugnisses, die persönlich beteiligten Menschen und die Kirche als die vom
Geist Gottes geleitete Glaubensgemeinschaft gehören[536].

2 Unerschrockener Einsatz angesichts neuer bedrohlicher Situationen (4,1–8)

Literatur: *Barton, J.M.T.*, »Bonum certamen certavi … Fidem servavi« (2 Tim.
4,7), Bib. 40 (1959) 878–884; *Cook, D.*, 2 Timothy IV.6–8 and the Epistle to the
Philippians, JThS 33 (1982) 168–171; *Dornier, P.*, Paul au soir de sa vie. 2Tim 4,6–
8.16–18, ASeign 61 (1972) 60–65; *Harding*, Tradition 146–153; *Läger*, Christologie 82–88; *Malherbe, A.*, »In Season and Out of Season«: 2 Timothy 4:2, JBL 103
(1984) 235–243; *Prior*, Paul 91–112; *Sohier, A.*, Je sais à qui j'ai donné ma foi,
BVC 37 (1961) 75–78; *Stettler*, Christologie 203–221; *Tajra*, Martyrdom 84–98;
Twomey, J.J., »I have Fought the Good Fight«, Scrip. 10 (1958) 110–115; *Wanke*,
Paulus 181–185.

**1 Ich beschwöre [dich] vor Gott und Christus Jesus, der richten
wird Lebende und Tote, und angesichts seines Erscheinens und
seiner Königsherrschaft: 2 Verkünde das Wort, tritt auf, ob gelegen
oder ungelegen, überführe, tadle, ermahne in aller Geduld und [je-
der Art von] Belehrung. 3 Denn es wird eine Zeit kommen, da man
die gesunde Lehre nicht erträgt, sondern sich nach eigenen Begierden Lehrer zusammensucht, um sich die Ohren kitzeln zu lassen.
4 Und von der Wahrheit wird man allerdings das Ohr abwenden
und sich den Fabeleien zuwenden. 5 Du aber sei nüchtern in allem, ertrage die Leiden, verrichte das Werk eines Verkünders des
Evangeliums, erfülle deinen Dienst.
6 Denn ich werde bereits geopfert, und die Zeit meines Abscheidens steht unmittelbar bevor. 7 Ich habe den guten Kampf gekämpft, den Lauf vollendet, die Treue bewahrt. 8 Schon liegt für
mich der Kranz der Gerechtigkeit bereit, den mir der Herr, der gerechte Richter, an jenem Tag übergeben wird, jedoch nicht nur
mir, sondern auch allen, die sein Erscheinen liebgewonnen haben.**

Die den ganzen 2Tim durchziehenden und ihn prägenden Gestaltungs- Analyse
mittel der pseudepigraphischen Testamentsliteratur[537] kommen be-

---

[536] In diesem Sinne spricht Söding,
Schriftinspiration (s.o. Anm. 534) 203f von
»*Ekklesial*inspiration«, nachdem er auch
dem »Modell der *Personal*inspiration« sein
»gutes Recht« zuerkannt hat, wenn nur die
Zusammengehörigkeit von Autor, Text,
Botschaft und Adressaten gewahrt bleibe
(201). Die Theorie der *Verbal*inspiration
weist er mit Recht zurück, weil sie an der
»menschlichen Vermittlung« vorbeigehe
(202).
[537] S.o. Einführung I.2.

sonders stark im vorliegenden Abschnitt zum Tragen. Etwas überspitzt lässt er sich als ›Testament im Testament‹ charakterisieren[538]. Von den bereits aufgeführten Gattungselementen der ›Testamente‹ begegnen hier: der rahmende *Ausblick auf das Ende der Zeit* mit dem Gericht (VV1.8); die *Ermahnungen* (VV2.5); das Bevorstehen *unheilvoller Zeiten* (VV3f); der unmittelbar *bevorstehende Tod des Testamentars* (V6); der *Rückblick* auf sein mustergültiges Leben und Wirken als paränetisches Vorbild für die Adressaten und für künftige Generationen (V7). Vergangenheit, Gegenwart und Zukunft sind im Blick. Der testamentarischen Gattung entspricht auch der *beschwörend-eindringliche* Charakter (V1), die *Häufung der Imperative* sowie die jeweils mit γάρ eingeleitete *Begründung* (VV3f.6) für die Aufforderungen (VV2.5)[539]. Dem Einfluss der Gattungselemente des ›Testaments‹ verdankt sich möglicherweise auch die Rahmung durch das Motiv des *endzeitlichen Gerichts* (VV1.8). Denn in der hier vorliegenden Form begegnet es sonst in den Past nicht.

Während der Gesamtrahmen stark von testamentarischen Gestaltungselementen bestimmt ist, wird sich bei der Erklärung zeigen, dass die *Einzelaussagen* über den Martertod des ›Paulus‹, über die Vollendung seines Laufs und über das Gewinnen des Kranzes (VV6ff) in literarischer Anlehnung an entsprechende Aussagen des Philipper- und ersten Korintherbriefs gestaltet worden sind.

Erklärung 1 Die mit διαμαρτύρομαι gebildete beschwörende Beteuerungsformel hat der Verfasser auch schon 1Tim 5,21; 2Tim 2,14 verwendet[540]. Sie betont die besondere Verantwortlichkeit vor Gott. Ihre Verwendung im vorliegenden Einleitungsvers wirkt aber darüber hinaus besonders feierlich und gibt allem Folgenden dadurch ein besonderes Gewicht, dass sie außer der Verantwortung vor Gott auch die vor dem endzeitlichen Richter Christus einschärft (V1ab) und zudem die Ephiphanie und die Königsherrschaft

---

[538] »Ein beschwörender und den ganzen Brief zusammenfassender Schlußappell des vor seiner Hinrichtung stehenden Märtyrerapostels an seinen zurückbleibenden Lieblingsschüler und dessen Nachfolger« (Hasler 76; zustimmend Oberlinner 152). – Prior, Paul 91f.110ff bestreitet dies zu Unrecht.

[539] Vgl. Wolter, Pastoralbriefe 227 mit Anm. 23: Die Verknüpfung des Todesmotivs mit der Ermahnung an die Adressaten durch γάρ entspricht testamentarischem Stil. Wolter kritisiert Holtz 193, der Zusammengehöriges auseinanderreiße, indem er »mit V.6 einen neuen Zusammenhang beginnen« lasse. Ähnliches gelte für Lohfink, Theologie 90, der zwar die VV1–8 als »zusammengehörige Texteinheit« verste-

he, die »Aufforderung zur Ausübung autoritativer Funktionen als Nachfolger des scheidenden Paulus in V.2 [aber] … unter den Tisch fallen« lasse.

[540] S.o. zu 2,14. – Außer der Gemeinsamkeit von V1 mit 1Tim 5,21 sind aber auch die Differenzen zu beachten, besonders, dass dort die »auserwählten Engel« erwähnt werden. Ob 1Tim 5,21 nicht nur motiv-, sondern auch traditionsgeschichtlich mit Dan 7; äthHen und weiteren »jüdischen Quellen« zusammenhängt und literarisch direkt von Mt 16,27f abhängig sei, wie Stettler, Christologie 205–211.215 meint, bleibe dahingestellt. Gegen die für *2Tim 4,1.8* in gleicher Weise vorgenommene Ableitung (ebd. 207f.211–221) sprechen die zu beachtenden Unterschiede.

Christi erwähnt (V1cd). Der Glaube, dass Christus mit Gott richten wird, entspricht urchristlich verbreiteter Überzeugung[541]. Die Formulierung, dass sich das Gericht über »Lebende und Tote« erstrecken wird, begegnet mehrfach in ähnlicher Weise[542]. Der Verfasser hat sich also bei der Gestaltung von V1ab von einer verbreiteten urchristlichen Überzeugung und Ausdrucksform leiten lassen. Der Gedanke an das endzeitliche Gericht und an die christliche Lebensgestaltung, die sich unter seinem Anspruch und ihm gegenüber verantwortlich vollziehen soll, hat freilich in den Past ein *spezielles Profil*. Zunächst besteht es darin, dass es im Unterschied zur paulinischen Eschatologie, aber ähnlich wie auch schon in den deuteropaulinischen Briefen Kol und Eph, nicht mehr von enthusiastischer Naherwartung der Parusie Christi bestimmt ist. Sodann zeigt sich aber seine ganz besondere Prägung in der eigengearteten Verbindung von Soteriologie, Ethik und Eschatologie: Die christliche Erwartungshaltung gegenüber der *endzeitlich* in Erscheinung tretenden Herrlichkeit Christi des Retters soll darin bestehen, dass sich die Christen inmitten dieser Welt und ihrer Ordnungen von der *erschienenen* Gnade Gottes zu Besonnenheit, Gerechtigkeit und Frömmigkeit erziehen lassen (vgl. Tit 2,11–13; 3,1–8). Im Rahmen dieser Denkweise hat das Parusie- und Gerichtsmotiv in VV1.8 paränetisch motivierende Funktion[543].

Dem gleichen Denkhorizont sind die beiden folgenden Begriffe ἐπιφάνεια[544] und βασιλεία Christi zugeordnet. Durch ihre Verbindung mit der am Ende der Zeit zu erwartenden Ausübung des Richteramtes Christi lassen auch sie zunächst an etwas Künftiges denken. Die Semantik des *Epiphaniebegriffs* im Gesamtrahmen der Past zeigt jedoch, dass die Epiphanie nicht als etwas Punktuelles zu verstehen ist, sei es als schon Eingetretenes, sei es als rein Zukünftiges. Sie gilt vielmehr als das, wodurch zwischen dem Gekommensein Christi und seinem noch zu erwartenden Kommen die *Gegenwart* als Heilszeit qualifiziert wird, in der durch die Verkündigung der Heilbotschaft Menschen gerettet werden, Christen sich bewähren und Gemeindeleiter ihre Dienste verantwortlich ausüben sollen. Das Leben der Christen vollzieht sich im Glauben an den »*Christus praesens*«[545].

---

[541] Vgl. Röm 2,16; 2Kor 5,10; Mt 16,27; 25,31–46; Lk 21,36; Apg 10,42; 17,31.

[542] Z.B. Röm 14,9; Apg 10,42; 1Petr 4,5; Polyk 2,1; Barn 7,2; 2Clem 1,1. Brox 263 spricht von einer »homologischen Formel«. Die von Deichgräber, Gotteshymnus 113 vorgenommene Klassifizierung in »Richter-« und »Verkündigungsformeln« wird von Läger, Christologie 83.87 wegen der zu schmalen Textbasis zu Recht in Frage gestellt. Die von Stettler, Christologie 212, Anm. 34 an Lägers Position geübte Kritik überzeugt m.E. nicht.

[543] Vgl. Schierse, Existenz 290f (»abgeklärtes christliches Existenzverständnis« zwischen normierender Gesetzlichkeit und »pneumatischem Schwärmertum«); Oberlinner 154.

[544] S.o. bei 2Tim 1,9.

[545] Läger, Christologie 86.

Schwieriger ist die Semantik des Begriffs βασιλεία *Christi* zu erfassen; denn der Ausdruck wird in den Past nur hier und in V18 verwendet. Zunächst ist deutlich, dass der Verfasser in einem gewissen Unterschied zur atl.-jüdischen und jesuanischen Rede von der Königsherrschaft Gottes sowie zur paulinischen Aussage, dass Gott am Ende und nach vorübergehender Herrschaft des Sohnes herrschen werde (1Kor 15,24–28), die in den ntl. Spätschriften sich verdichtende Vorstellung von der Herrschaft bzw. dem Reich Christi teilt[546]. Deutlich ist auch, dass der Verfasser meint, bei der endzeitlichen »Epiphanie« (V1c) werde sich »an jenem Tag« (V8b; vgl. 1,12) das Gericht vollziehen (VV1b.8b) und Christi Königsherrschaft offenbar werden (V1d); ›Paulus‹ werde dann in Christi »himmlisches Reich hineingerettet« (V18b), und so, wie er den »Kranz« erhalten wird (V8a), werden ihn alle erhalten, welche in liebender Verbundenheit mit dem auf Erden erschienenen Christus gelebt haben (V8d), und es werden alle »mit ihm herrschen«, die »ausgeharrt« haben (1,12); »bis zur Epiphanie« Christi bzw. »bis zu jenem Tag« gelte es die Paratheke treu zu bewahren und den Auftrag des Dienstamtes gewissenhaft zu erfüllen (1Tim 6,13f; 2Tim 1,12). Dass also Christi Herrschaft und Reich auf seine endzeitliche Epiphanie folgen und von da an ewigen Bestand haben werden, geht aus den Texten deutlich hervor. Ob aber mit der Verwendung des Begriffs Herrschaft und Reich Christi – analog zum Epiphaniebegriff – daran gedacht ist, dass sich Christi Herrschaft bereits jetzt in die Welt hinein erstrecke und in ihr wirksam werde, muss offen bleiben; denn an den beiden Stellen des Vorkommens ist βασιλεία – im Unterschied zur Verwendung von ἐπιφάνεια und von Begriffen, welche die Gegenwartswirksamkeit ausdrücklich bezeichnen wie z.B. χάρις (Tit 2,11f) – nur eschatologisch und nicht gegenwartsbezogen konnotiert. Dass also die von der Epiphanie bestimmte Heilssphäre, in der die christliche Gemeinde inmitten dieser Welt lebt, zugleich die von der *Königsherrschaft* Christi durchwaltete sei, sagt der Verfasser nicht[547].

2   Es folgen nun fünf an ›Timotheus‹ gerichtete Imperative. Durch die vorausgehende feierlich beschwörende Einleitung ist ihre Eindringlichkeit verstärkt. Alle fünf Aufforderungen beziehen sich auf die Ausübung des gemeindeleitenden Dienstes. Ihre Auswahl entspricht dem in den Past auch sonst sich äußernden Verständnis von *Gemeindeleitung*, nämlich

---

[546] So z.B. Mt 16,28; Kol 1,13; Eph 5,5; 2Petr 1,11. – Vgl. U. Luz, EWNT I (1980) 491; Merkel 78f. Angesichts der Vielfalt atl.-jüdischer Vorgaben sowie der Komplexität urchristlicher Vorstellungen, die sich z.T. überschneiden, sind die Differenzen nicht überzubetonen, aber doch als Akzentuierungen wahrzunehmen, ohne dass jedoch an einen Gegensatz zwischen göttlicher und messianischer Herrschaft zu denken ist. Auf Letzteres weist besonders Stettler, Christologie 213–216 hin; vgl. auch Söding, Erscheinen 172: Wenn außer von der Basileia *Gottes* auch von der Basi-

leia *Jesu* gesprochen wird, so ist dies kein Widerspruch, »sondern hebt die Rolle hervor, die Jesus nach Gottes Willen bei der Verwirklichung des umfassenden Heiles spielt.«
[547] Bemerkenswert ist auch der Unterschied zu Kol 1,13. Während es dort heißt, Gott *habe* die an Jesus Glaubenden »der Macht der Finsternis *entrissen* und *aufgenommen* in das *Reich* seines geliebten Sohnes«, sagt ›Paulus‹ in 2Tim 4,18: »Der Herr *wird* mich allem Bösen entreißen, er *wird* mich hineinretten in sein *himmlisches Reich*«.

ihrer Ausübung vornehmlich durch den Dienst des Wortes[548]. Dass auch κηρύσσω hier genannt wird, hängt wahrscheinlich mit der Selbstbezeichnung des ›Paulus‹ als κῆρυξ (»Verkünder«) in 1Tim 2,7; 2Tim 1,11 zusammen[549]. Gemeint ist die Vertiefung und Befestigung des christlichen Kerygmas (V17), des »Wortes Gottes« (2,9; Tit 2,5), des »Wortes der Wahrheit« (2,15) in der Gemeinde. Die Auswahl der Imperative trägt aber auch der in den Past sich durchgehend spiegelnden *Gemeindeproblematik* Rechnung, nämlich der Gefährdung durch die Irrlehrer. Außer zum Verkünden, Lehren und Ermahnen wird ›Timotheus‹ zum Überführen und Tadeln aufgerufen[550]. Dass große »Geduld [μακροθυμία]« (V2c) zum pädagogischen Vorgehen des Gemeindeleiters bei der Ausübung seiner Lehrtätigkeit und Zurechtweisung gehören soll, wurde schon in 2,24 hervorgehoben.

Die Anweisung, den Dienst des Lehrens und Zurechtweisens »gelegen oder ungelegen [εὐκαίρως/ἀκαίρως]« auszuüben, knüpft an eine in der antiken Rhetorik und Moralphilosphie behandelte Frage an. Es wurde darüber diskutiert, unter welchen Umständen und mit welcher Art des sprachlichen Einsatzes bestimmte Inhalte und Anliegen am besten vermittelt werden können. Von den dort gegebenen Antworten, die auf das Herausfinden des καιρός, der εὐκαιρία, des εὐκαίρως der Rede hinzielten, weicht die vorliegende Anweisung insofern ab, als sie gerade hervorhebt, dass der Redeeinsatz ›unter allen Umständen‹, also auch angesichts mangelnder Aufnahmebereitschaft oder gar Widersetzlichkeit der Angesprochenen geschehen soll. Diese auffällige Akzentuierung und Zielrichtung erklärt sich am besten, wenn man sie auf dem Hintergrund der Irrlehrerproblematik der Past versteht. Die in Form des Oxymorons ergehende Aufforderung ist keine allgemeingültige Anweisung für die pastorale Vermittlung der Heilsbotschaft, sondern sie wird angesichts der sich *widersetzenden Irrlehrer* erteilt, welche »die gesunde Lehre nicht ertra-

---

[548] Zum Lehren und Ermahnen als Hauptaufgaben des Gemeindeleiters vgl. 1Tim 3,2; 4,6.11.13.16; 5,17; 6,2; 2Tim 2,2.24; 3,16; Tit 1,9; 2,1.6.7.15. – S.o. bes. zu 1,11; 2,2; 2,24.

[549] Dass das Verbum *hier* verwendet wird, hat vielleicht seinen Grund in der Zwischenstellung des ›Timotheus‹ zwischen »dem Apostel und den späteren Amtsträgern« (so von Lips, Glaube 273) oder in der »Inszenierung der Paränese als Abschied des Paulus« (so Oberlinner 155). Der Grund dafür, dass es *nur* hier und sonst in den Anweisungen *nicht verwendet* wird, liegt möglicherweise darin, dass sie sich

auf die Wahrnehmung *innergemeindlicher* Aufgaben beziehen, die Worte κηρύσσω (1Tim 3,16), κῆρυξ (1Tim 2,7; 2Tim 1,11) und κήρυγμα (2Tim 4,17; Tit 1,3) aber – außer in V2 – *missionarisch über die Gemeinde hinausweisen.* In V2 bezieht sich das κηρύσσειν τὸν λόγον selbstverständlich – wie die anderen Verben – auf den Dienst in der Gemeinde, worauf auch Schlarb, Lehre 249 und Oberlinner 155 verweisen.

[550] Vgl. Tit 1,9.13; 2,15 (Auftrag, die Gegner zu »überführen [ἐλέγχειν]«); 1Tim 1,3 (Auftrag, zu »verbieten [παραγγέλλειν]«, Falsches zu lehren).

gen« wollen (V3) und sich auch gegenüber einer überzeugenden Argumentation verschließen[551].

3–4 Mit γάϱ schließt sich eine *Begründung* der Imperative an. Entsprechend dem pseudepigraphischen Briefrahmen und der testamentarischen Darstellungsweise wird die Notwendigkeit der in den Imperativen angemahnten verbalen Aktivitäten des Amtsträgers mit dem *Schreckbild einer bevorstehenden schlimmen Zeit* begründet. Bereits in 3,1–9 und 1Tim 4,1–5 war diese Darstellungsweise verwendet worden. Noch zugespitzter als dort erscheint hier die *Irrlehre* als Hauptgefährdung. Die Akzentuierung an vorliegender Stelle besteht darin, dass das kommende Unheil im Nicht-Ertragen der »gesunden Lehre [ὑγιαίνουσα διδασκαλία][552]« (V3a), im Sich-Abwenden »von der Wahrheit« (V4a) und dem Sich-Zuwenden zu Falschlehrern gesehen wird. Wären das Nicht-Ertragen und das Sich-Abwenden von der rechten Lehre und der einzigen Wahrheit schon schlimm genug, so steigert der Verfasser die Kennzeichnung des Fehlverhaltens noch durch die polemisch-plakativen Aussagen, dass dieses Fehlverhalten durch die »eigenen Begierden [ἴδιαι ἐπιθυμίαι]«[553] verursacht sei und dass die zusammengesuchten Lehrer einen Ohrenkitzel[554] herbeiführen sollen. In krassem Gegensatz zur »gesunden Lehre«, die nach den Past der *einen* geoffenbarten, verkündeten, im Glauben *erkannten* und anerkannten *Wahrheit* entspricht, erscheint zum einen das Fehlverhalten gesteuert durch Egoismus und unkontrollierte Regungen des *Gefühls,* und zum anderen verweist die erwähnte Vielzahl der selbst gesuchten Lehrer auf die *Uneinheitlichkeit* und damit Unzuverlässigkeit der Falschlehren[555]. Manches von dem Überzeichneten und in die Zukunft Projizierten wird der reale Autor als reales Problem inmitten seiner realen Adressatengemeinde wahrgenommen haben. Zu dem, was seinen abschreckenden Disqualifizierungen real zugrunde lag, gehörte sicher das

---

[551] Vgl. Malherbe* 242: »The persons the author has in mind are not well-meaning individuals who have gone astray and are open to reason and persuasion which would effect their return to the truth. They are obstinate and their unwillingness to endure sound teaching would appear to place them beyond the pale.« Vgl. ebd. 236–240 die antiken Vergleichstexte, auf die auch Spicq, Lexique 629ff hinweist.

[552] S. dazu oben bei 1,11.13.

[553] Von den Worten ἐπιθυμέω und ἐπιθυμία wird in den Past nur das Verbum im positiven Sinn verwendet (1Tim 3,1). Das Substantiv begegnet immer im Plural und in der negativen Bedeutung unbesonnener, rationalem Einfluss entzogener, von unbeherrschten Emotionen triebhaft gesteuerter Lüste oder Gefühlsstrebungen

(1Tim 6,9; 2Tim 2,22; 3,6; 4,3; Tit 2,12; 3,3). In dieser Weise wurde es u.a. auch in der Testamentsliteratur sowie in hellenistischen Lasterkatalogen und Gegnerpolemiken verwendet.

[554] Der bildhafte Ausdruck κνηθόμενοι τὴν ἀκοήν hat die Neugierde im Blick, »die Interessantes oder Pikantes aufsucht« (Bauer/Aland, Wörterbuch 888 mit Verweis u.a. auf Plutarch, Mor 167B = Superst 5, wo von der κνῆσις ὤτων um des »Ohrenschmauses wegen [τϱυφῆς ἕνεκα]« die Rede ist).

[555] Auch hier trifft die Beobachtung von Schlarb, Miszelle 280 zu, dass sich in den Past *Singular*formulierungen durchweg auf die *eine* wahre Lehre, *Plural*formulierungen jedoch auf *Häretisches* beziehen. – S.o. zu 2,16.

Wirken von Gemeindegliedern, die durch ihre Lehren und damit verbundenen Verhaltensweisen teils berechtigt, teils unberechtigt (s.o. zu 3,6f) von den Überzeugungen des Verfassers abwichen, während er bemüht war, sie der einen und nach seinem Verständnis einheitlich lehrenden Gemeindeleitung unterzuordnen.

Inhaltlich wird der Kontrast der Falschlehren zu der *einen* Wahrheit in V4b verdeutlicht. Dem Sich-Abwenden von der Wahrheit wird das Sich-Hinwenden[556] zu den »Fabeleien [μῦθοι]« gegenübergestellt. Der Ausdruck μῦθοι ist vom Verfasser der Past mit der abwertend-negativen Bedeutung im Sinne unwahrer Geschichten und Fabeleien aus dem allgemeinen Sprachgebrauch aufgenommen worden[557]. Viermal dient er zur Kennzeichnung der gegnerischen Lehren (1Tim 1,4; 4,7; 2Tim 4,4; Tit 1,14). Dabei werden die μῦθοι als Gegensatz zur christlichen Glaubens- und Heilswahrheit verstanden. In ihnen sind sowohl *atl.-jüdische* als auch *gnostisierende* Elemente enthalten. Der *atl.-jüdische* Anteil zeigt sich daran, dass in Tit 1,14 von Ἰουδαϊκοὶ μῦθοι und in 1Tim 1,4 von μῦθοι καὶ γενεαλογίαι die Rede ist. Genealogien als Namens- und Geschlechtsregister gehören der atl.-jüdischen Vorstellungs- und Sprachwelt an[558]. In die gleiche Richtung weist Tit 3,9, wo vor Streitereien und nutzlosem Gezänk über γενεαλογίαι und über das Gesetz gewarnt wird. Im Sinne der Past sind die Mythen atl.-jüdisch verwurzelt. Da aber der Ausdruck μῦθοι aus der polytheistisch-heidnischen Geisteswelt stammt und da er in den Past mit Irrlehren verbunden erscheint, die später zur Gnosis führten, ist im Mythen-Verständnis der Past auch eine *gnostisierende* Komponente enthalten. In den später entfalteten gnostischen Systemen spielen kosmologische und genealogische Spekulationen über Archonten-, und Äonenreihen eine große Rolle. Frühkirchliche Häresiologen wiesen immer wieder darauf hin, dass der Ausgangspunkt der Spekulationen zwar biblisch, der gnostische Umgang mit den biblischen Grundlagen aber ein verhängnisvoller Irrweg sei[559]. Mit der Verwendung des Mythos-Begriffs im vorliegenden V4 betont der Verfasser, dass allein jene Lehre gesund ist (V3a), die als Wort Gottes, als Logos des Kerygmas (V2a), als Wort der einen Heilswahrheit (V4a) verkündet wird und

μῦθοι

---

[556] Das Verbum ἐκτρέπω ist im Passiv mit intransitivem Sinn in den Past mehrfach ähnlich wie hier verwendet. Vgl. 1Tim 1,6: »Sie haben sich zu leerem Geschwätz hingewendet«; 5,15: »Sie haben sich abgewendet, um dem Satan zu folgen«; 6,20: »das heillose Geschwätz meidend«. Bauer/Aland, Wörterbuch 497 verweist außerdem u.a. auf OdSal 11,9; Justin, Dial 24,1.

[557] Vgl. G. Stählin, ThWNT IV (1943) 789; H. Balz, EWNT II (1981) 1094f; Thiessen, Christen 321.

[558] Vgl. z.B. 1QS III,13f: »Generationenfolge aller Menschenkinder«.

[559] Vgl. Irenäus, Haer I,30,9; Tertullian, Praescr Haer 33. – Atl.-jüdische Verwurzelung und gnostisierende Tendenz im My-

then-Verständnis der Past nehmen die meisten Exegeten an, so z.B. F.H. Colson, »Myths and Genealogies« – A Note on the Polemic of the Pastoral Epistles, JThS 19 (1918) 265–271; Brox 102f; Haufe, Irrlehre; Donelson, Pseudepigraphy 121–127; Knight 74; von Lips, Glaube 152; Roloff 64.231f; Schlarb, Lehre 83–93; Oberlinner, 1Tim 13f; ders., Tit 62f; Klauck, Umwelt II 148f. – Thiessen, Christen 321f.336f rechnet nur mit einem jüdischen Anteil und schließt einen gnostisierenden aus. – B.T. Viviano, The Genres of Matthew 1–2: Light from I Timothy 1:4, RB 97 (1990) 31–53 denkt an Bezugnahmen des Verfassers auf das matthäische Kindheitsevangelium.

die nicht als menschliche Fabelei ausgedacht ist (V4b), um die Begierde nach Ohrenkitzel zu befriedigen (V3bc).

5 Wie an vielen anderen Stellen der Past folgen auch hier nach der Thematisierung gegnerischer Falschlehren und Fehlhaltungen in direkter Anrede und mit kontrastierendem σὺ δέ eingeleitete Ermahnungen an ›Timotheus‹. Sie ergehen in Form von vier Imperativen. Ebenso wie die bereits in V2 an den Apostelschüler gerichteten Mahnungen beziehen sie sich auf seine gemeindeleitende Aufgabe. Im Unterschied zu dem durch Begierden unkontrolliert-emotional gesteuerten Verhalten der Irrlehrer und der von ihnen Abhängigen (V3) soll ›Timotheus‹ in allem »nüchtern«[560] und besonnen sein. Des weiteren wird er zur Leidensbereitschaft (vgl. 1,8) und zu treuem Dienst am Evangelium aufgefordert. Die Bezeichnung εὐαγγελιστής ist hier nicht im Sinn einer Amtstitulatur verwendet wie z.B in Eph 4,11, sondern kennzeichnet die zu erfüllende Aufgabe[561], worauf ja auch das Substantiv ἔργον hinweist. Sie besteht darin, das von ›Paulus‹ empfangene Evangelium zu verkünden. Die Formulierung dürfte durch Phil 2,22 beeinflusst sein, wo es von Timotheus heißt, dass er zusammen mit Paulus »dem Evangelium gedient habe [ἐδούλευσεν εἰς τὸ εὐαγγέλιον]«. Die Annahme literarischer Abhängigkeit von dieser Aussage empfiehlt sich auch deshalb, weil die Kindes-Anrede im Präskript 2Tim 1,2 ebenfalls einen Anklang an Phil 2,22 enthält und weil die folgenden Verse des 4. Kapitels weitere literarische Bezugnahmen auf Phil 1f deutlich erkennen lassen[562].

Alle neun Ermahnungen in den VV2.5 entsprechen durchweg jenen, die auch sonst in den Gemeindeleiterparänesen der Past eingeschärft werden. Auch daran zeigt sich, wie sehr gerade in diesem Abschnitt die Hauptanliegen des ganzen Briefes ›summiert‹ und ›testamentarisch‹ gebündelt sind.

6 Außer der Begründung, die durch den fingierten Ausblick auf die bedrohliche Zukunftssituation gegeben wurde (VV3f), folgt die Angabe eines weiteren Grundes für die Notwendigkeit und Dringlichkeit der Ermahnungen[563]. Er besteht darin, dass der Tod des ›Paulus‹ unmittelbar bevor-

---

[560] Das Verbum νήφω wird im NT nur im übertragenen Sinn und immer in Aufforderungen verwendet (1Thess 5,6.8; 2Tim 4,5; 1Petr 1,13; 4,7; 5,8). Sie stehen im Kontext von Ermahnungen zur Wachsamkeit und Besonnenheit in der Endzeit. – Das Adjektiv νηφάλιος bezeichnet in 1Tim 3,2 »die für den heiligen Dienst an Gottes Werk notwendige Klarheit und Selbstbeherrschung« des Bischofs und in 1Tim 3,11 die der Diakoninnen (O. Bauernfeind, ThWNT IV (1943) 940).

[561] Vgl. Brox 264; Merklein, Amt 346; Hanson 154f; Roloff 180.

[562] Hanson 155 spricht sogar davon, dass in 2Tim 4,5–18 »Phil. 2:12–30 [is] rewritten in the light of Paul's death as a martyr«.

[563] Vgl. Wolter, Pastoralbriefe 227, Anm. 23: Der Hinweis auf den »unmittelbar bevorstehenden Tod des Apostels in V.6 knüpft darum nicht lediglich an V.5 an, sondern liefert die Begründung gerade auch für V.2.«

steht. Der Vergleich mit den Texten der Testamentsliteratur zeigt, dass beide Begründungsweisen zu den Strukturelementen dieser Gattung gehören (s.o. Einführung I.2.1). Wie die erste Begründung wird auch die zweite mit γάϱ eingeleitet. Der Begründungs*inhalt* selbst ist zweigliedrig und in Gewicht gebender Feierlichkeit formuliert. Im ersten Teil sagt ›Paulus‹, er werde »bereits geopfert [ἤδη σπένδομαι]« (V6a). Im zweiten Teil kündet er an, dass die Zeit seines »Abscheidens nahe bevorstehe [ὁ καιϱὸς τῆς ἀναλύσεως μου ἐφέστηκεν]« (V6b).

Das Verbum σπένδω gehört der antiken Kultsprache an[564]. Es bezeichnet im Heidentum wie im AT und Judentum einen kultischen Vorgang, bei dem ein Teil eines Getränkes, z.B. Öl, Wein, Wasser o.ä., als Gabe für die Gottheit auf die Erde oder auf einen Kultgegenstand gesprengt wird. Gelegentlich wurde der Ausdruck im übertragenen Sinn verwendet[565]. In Phil 2,17 deutet Paulus mit diesem Ausdruck der Opfersprache seinen eigenen Martertod an. Die passivische Form σπένδομαι weist auf die Gewalt hin, mit der er vollzogen werden wird; aber Paulus selbst ist es, der sein Leben darzubringen bereit ist. Ebenso wie in Phil 2 wird im vorliegenden V6a mit der gleichen Formulierung σπένδομαι bildhaft ausgesagt, dass sich die Lebenshingabe des ›Apostels‹ schon vollzieht und dass sein Leben schon bald wie ein Trankopfer dargebracht wird[566]. Die *Nähe* des bevorstehenden gewaltsamen Zeugentodes wird durch die Aussage ὁ καιϱὸς τῆς ἀναλύσεως μου ἐφέστηκεν betont (V6b). Auch in ihr ist mit dem Begriff ἀνάλυσις ein Ausdruck verwendet, der in der Antike eine übertragene Bedeutung hatte. Im eigentlichen Sinn konnten das intransitiv gebrauchte Verbum ἀναλύω und das Substantiv ἀνάλυσις das Aufbrechen und die Rückkehr bezeichnen[567]. Worte des Wortfelds λύειν wurden auch verwendet, wenn von der Heimkehr der Seele, vom Scheiden aus dem Leben, also vom Sterben die Rede war[568].

---

[564] Vgl. O. Michel, ThWNT VII (1964) 529–537; A. Citron, Semantische Untersuchung zu σπένδεσθαι – σπένδειν – εὔχεσθαι, Winterthur 1965; D.J. McCarthy, Further Notes on the Symbolism of Blood and Sacrifice, JBL 92 (1973) 205–210; Prior, Paul 92ff.

[565] Philo, Ebr 152: νοῦν σπένδεσθαι θεῷ. Tacitus berichtet, Thrasea besprengte, nachdem man ihm die Pulsadern geöffnet hatte, mit dem hervorströmenden Blut die Erde und sagte: »Wir bringen dem Jupiter Liberator ein Trankopfer dar [libamus Jovi liberatori]!« (Ann 16,35; ähnliches über den Tod Senecas 15,34). – Ignatius bat die römische Gemeinde, man verhindere nicht, dass er als Trankopfer dargebracht werde (σπονδισθῆναι); der Altar stehe schon bereit (Röm 2,2).

[566] Schlatter, Kirche 263; Holtz 193 entnehmen dem bildhaften Ausdruck Konkretionen der Hinrichtungsweise (Tötung durch das Schwert; Fließen des Blutes). Oberlinner 159, Anm. 29f wendet sich zu Recht gegen diese Überinterpretation wie auch gegen jene, die hier den Gedanken des stellvertretenden Sühnetodes ausgedrückt sehen, wie z.B. Jeremias 64; Dornier 240f.

[567] So z.B. Tob 2,9; 2Makk 8,25; 12,7; Philo, Flacc 115; Josephus, Ant 6,52; 11,34; 19,239; Lk 12,36. – Zum Ganzen vgl. F. Büchsel, ThWNT IV (1943) 338; Bauer/Aland, Wörterbuch 113; Prior, Paul 98–103.

[568] So z.B. Plato, Phaed 67A; Epiktet, Diss I,9,16; Cicero, Tusc I,74; Tob 3,6; Philo, Flacc 187 (Lösung von der Erde); Lucian, Philops 14; Ps.-Sokrates, Ep 27,5; 1Clem 44,5 (»Selig sind die vorangegangenen [προοδοιπορήσαντες] Presbyter, die reich an Ertrag und vollkommen hinschieden [οἵτινες ἔγκαρπον καὶ τελείαν ἔσχον τὴν ἀνάλυσιν]«).

Die Ausdrucksweise konnte bewusst als Euphemismus gewählt sein, um die Schrecken des Todes zu verhüllen. Je nach geistesgeschichtlichem Kontext konnte sie auch die Bedeutungsnuance enthalten, dass die Seele aus der negativ eingeschätzten Welt der Materie und dem Kerker des Leibes »gelöst« und befreit wird. Paulus greift terminologisch die Sprache seiner Umwelt auf, wenn er im Hinblick auf seinen Tod schreibt: »Ich habe das Verlangen, aufzubrechen [ἐπιθυμίαν ἔχων εἰς τὸ ἀναλῦσαι] und mit Christus zu sein« (Phil 1,23). Seine Aussage ist aber weder eine euphemistische Abschwächung der Todesschrecken noch enthält sie eine Abwertung des irdischen Lebens, aus dem es in ein besseres zu entfliehen gilt. Das »Bessere« besteht für ihn – entsprechend christlicher Glaubenshoffnung – vielmehr darin, »mit Christus zu sein«. Die gleiche Wortbedeutung, die ἀναλῦσαι in Phil 2,17 hat, nämlich »sterben«, hat auch das Substantiv ἀναλῦσαι in 2Tim 4,6b. Da sowohl das Verbum σπένδομαι als auch die Worte ἀναλύω/ἀνάλυσις in der Bedeutung »sterben« im NT nur in Phil 1,23; 2,17 und im vorliegenden V6 verwendet werden, da sie sich an diesen Stellen auf den Martertod des Paulus beziehen und zudem als Selbstaussage formuliert sind, ist anzunehmen, dass der Verfasser der Past die Formulierungen des Phil kannte und sie bewusst in seine Diktion einbezogen hat[569]. Durch die rhetorisch kunstvolle Zusammenfügung beider Todesmetaphern[570] hat er eine ›Gipfel‹-Aussage von großer Eindringlichkeit, dramatischer Zuspitzung und weihevoller Feierlichkeit geschaffen.

7 Inhaltlich und stilistisch bleibt das hohe Niveau auch im folgenden Vers erhalten. Drei markant formulierte Aussagen richten den Blick von der Gegenwart und unmittelbaren Zukunft (V6) in die bis zur Gegenwart heranreichende Vergangenheit. Der Einstellung dieser Blickrichtung dienen die drei *Perfekt*formen »ich *habe* gekämpft [ἠγώνισμαι]«, »ich *habe* vollendet [τετέληκα]«, »ich *habe* bewahrt [τετήρηκα]«. In kunstvoller Alliteration sind die Wortpaare ἀγῶνα ἠγώνισμαι sowie τετέληκα und τετήρακα aufeinander abgestimmt. Manche An-›*Klänge*‹ an Motive und Formulierungen der Paulusbriefe sowie vorausgegangener Aussagen der Past sind zu ›*hören*‹. In 1Tim 4,10 bezeichnete ›Paulus‹ seinen Einsatz als ein Sich-Abmühen und Kämpfen (κοπιῶμεν καὶ ἀγωνιζόμεθα). Zum *Kämpfen* des »*guten Kampfs* des Glaubens [ἀγωνίζου τὸν καλὸν ἀγῶνα τῆς πίστεως]« wurde ›Timotheus‹ in 1Tim 6,12 aufgefordert. Die Verdeutlichung der Mühen des gemeindeleitenden Dienstes erfolgte in 2Tim

---

[569] Mit literarischer Abhängigkeit rechnen u.a. auch Holtzmann 115; Houlden 133; Cook*, passim; Oberlinner 160.

[570] Im Unterschied zu dieser von den meisten Exegeten vertretenen Deutung bezieht Prior, Paul 92–103 die Aussagen weder hier noch in Phil auf den Tod. Σπένδομαι meine allgemein die apostolischen Leiden des Paulus, ἀναλύω/ἀνάλυσις die *Freilassung* aus dem Kerker. Prior ist an *ihr* interessiert, weil sie für sein Hauptziel, den Erweis der

Möglichkeit der *paulinischen Verfasserschaft des 2Tim* (24.168), wichtig ist. Nur wenn Paulus aus der römischen Gefangenschaft *freigekommen* ist und dann nochmals *im Osten gewirkt hat*, bevor er ein zweites Mal in Rom eingekerkert wurde, kann er als Verfasser in Frage kommen. Da sich das leitende Interesse Priors stärker auswirkt als die Kraft der Sachargumente, überzeugt seine Interpretation von V6 nicht (s.o. Einführung III.1.d).

2,5f mit Elementen der Wettkampf- und Erntemetaphorik[571]. Die Gestaltung der bildhaften Aussagen über den *guten Kampf* und die *Vollendung des Laufs* im vorliegenden V7 sind außer von *1Kor 9* durch Gedanken und Formulierungen aus dem *Philipperbrief* beeinflusst. In ihm spricht Paulus vom *Mitkämpfen* der Christen *für den Glauben des Evangeliums* (1,27: συναθλοῦντες τῇ πίστει τοῦ εὐαγγελίου). Er sagt seinen Mitchristen, dass sie die Gnade erhalten haben, nicht nur an Christus »zu glauben, sondern auch seinetwegen zu leiden«, und er verdeutlicht und begründet dies mit den Worten: »Denn ihr habt den gleichen Kampf zu bestehen, den ihr an mir gesehen habt und von dem ihr jetzt hört« (1,29f). Anklänge bestehen auch zu Phil 3,12–14. Dort wie hier findet sich das Motiv der *Vollendung*, dort allerdings ausgedrückt mit dem Verbum τελειόω und dem Aussagesinn des Noch-nicht-vollendet-Seins, hier mit dem Verbum τελέω und dem Gedanken des nun vollendeten Laufs. Dort wie hier ist das Bild des *Wettlaufs* mit dem *Streben nach dem Ziel* und dem Erlangen des *Kampfpreises* verwendet[572].

Für den Ausdruck τὴν πίστιν τετήρηκα empfiehlt sich die Übersetzung: »Ich habe die *Treue* gehalten« eher als die ebenfalls mögliche: »Ich habe den *Glauben* bewahrt«. Auch in Tit 2,10 hat πίστις die Bedeutung »Treue«. Vor allem aber spricht für die erstere Übersetzung, dass πίστιν τηρεῖν als feststehender Ausdruck gebräuchlich war und bedeutete: »die Treue halten«[573]. Im vorliegenden Kontext ist damit gesagt, dass ›Paulus‹ all das, wozu er seinen Schüler ›Timotheus‹ immer wieder ermahnt hat und was dieser verwirklichen soll, *selbst* bereits in Treue durchgehalten und bewahrt *hat*. Bewahrt hat er den Glauben (1,5; vgl. 3,14f) und das anvertraute Glaubensgut (1Tim 6,20; 2Tim 1,13f; 2,2). In Treue durchgehalten hat er die zuverlässige Ausübung des Zeugen- und Leitungsdienstes (1Tim 6,14; vgl. 2Tim 1,3; 4,2.5).

Von der Vergangenheit, in der sich das verehrungswürdige und zur 8 Nachahmung anregende Bild des mustergültigen, im guten Kampf bis zur Vollendung sich einsetzenden ›Apostels‹ zeigte, wird nun der Blick in die

---

[571] Die diachrone Analyse (2.3) zu dieser Stelle zeigte, dass die Verarbeitung der Bildelemente in literarischer Abhängigkeit von 1Kor 9 vorgenommen wurde.

[572] Auf den Einfluss von 1Kor 9 und Phil 1; 3 verweist auch Holtzmann 115. – Vergleichbar sind überdies Aussagen in der antiken Literatur wie z.B. Vergil, Aen IV,653 (Dido spricht: »Ich habe gelebt und den Lauf, den gegeben hatte das Schicksal, vollendet [vixi et quem dederat cursum Fortuna peregi«). Die prägende Kraft dieses Wortes zeigt sich u.a. an der Zitation bei Seneca, Ep I,12,9; De vita beata 19,1; De beneficiis V,17,5.

[573] Vgl. mit Belegen Deissmann, Licht 262; Dibelius/Conzelmann 90f; G. Barth, EWNT II (1981) 219; Bauer/Aland, Wörterbuch 1333. Belegstellen sind u.a. Polybius VI,56,13; Josephus, Bell 2,121; 6,345; OGIS 339,46f (Inschrift aus dem 2. Jh. v.Chr., welche die erwähnt, die in der Ausübung eines öffentlichen Amtes »die Treue … gehalten haben [τοὺς τὴν πίστιν … τετηρηκότας]«); Inschrift aus dem 2. Jh. n.Chr., in der der Epheser M. Aurelios Agathopus bekundet, dass er der Gerusia »die Treue gehalten [τὴν πίστιν ἐτήρησα]« habe (Brit. Museum III,587b; vgl. dazu Oliver, Gerusia 105; Karrer, Ältestenamt 183, Anm. 165).

Zukunft gerichtet. In kunstvoll abrundender Inclusio wird das Gerichtsmotiv vom Anfang des Abschnitts wieder aufgenommen. Trug es jedoch
in V1 einen warnend-beschwörenden Akzent, so klingt die Erwähnung
des Gerichts hier ganz positiv, zuversichtlich und verheißungsvoll. Sie bezieht sich zunächst auf ›Paulus‹ (V8abc) und sodann auch auf andere
Christen (V8cd). Mit der Metapher des *Kranzes* (στέφανος bzw. βραβεῖον), die aus dem Bereich der antiken sportlichen Siegerehrung und
sonstiger öffentlicher Anerkennungs- und Ehrungsweisen entnommen
ist und die auch in 1Kor 9,24f; Phil 3,14 verwendet wurde, kommt hier
zum Ausdruck, dass der intensive und bis zur Lebenshingabe vollzogene
apostolische Einsatz des ›Paulus‹ nicht vergeblich war, sondern seinen
Lohn erhält.

Der Kranz   Zur Bedeutung des Kranzes[574] im *griechischen Wettkampf* vgl. Aristoteles, Rhet
IV,1426a: Die Wettkämpfer nehmen, um öffentlich »bekränzt zu werden [ἕνεκα
τοῦ στεφανωθῆναι]«, große Mühen auf sich. Zur *übertragenen Bedeutung* vgl.
ders., Eth Nic I,9,1099a: »Wie aber in Olympia nicht die Schönsten und Stärks-
ten den Kranz erlangen, sondern die, die kämpfen, ... so werden auch die, die
recht handeln, dessen, was im Leben schön und gut ist, teilhaftig. Menander,
Mon 653: »Der Siegeskranz der Tugend ist die Wohlerzogenheit [βραβεῖον
ἀρετῆς ἐστιν εὐπαιδευσία].« Beispiele aus der atl. Weiheitsliteratur und dem
hellenistischen Judentum: Die Gerechten werden »aus der Hand des Herrn das
Reich der Herrlichkeit empfangen und die Krone der Schönheit« (Weish 5,16;
vgl. Spr 4,9). »Die Gottesfurcht trug den Sieg davon und setzte ihren eigenen
Athleten den Siegeskranz auf« (4Makk 17,15). »Die wahren Tugendkämpfer [οἱ
ἀθληταὶ τῷ ὄντι ἀρετῆς] ... empfingen die Kampfpreise [βραβείων] und öffentlichen Belobigungen, ... wie sie Siegern zuteil werden« (Philo, Praem 5f). Im NT
werden die Verheißung ewigen Lebens (Jak 1,12; Offb 2,10) und der Lohn für den
treu ausgeübten Hirtendienst (1Petr 5,4) mit der Kranz-Metapher umschrieben.
Die Bedeutung des Kranzes als *Triumph- und Siegeszeichen nach beendetem mi-
litärischem Kampf* zeigt sich z.B. an bildlichen Darstellungen der mit dem Siegeskranz in der Hand heranschwebenden Siegesgöttin. Bei Sophokles heißt es: »Dem
Sieger gebührt der Siegeskranz [τοῦδε γὰρ ὁ στέφανος]« (Phil 841). Plutarch
berichtet: Vor der Schlacht sah Sulla in der Leber eines Opfertieres die Form eines
Lorbeerkranzes als Zeichen des bevorstehenden Sieges (De Sulla 27). In Rom trugen der Triumphator und die ihn begleitenden Soldaten Lorbeerkränze zum Zeichen des Sieges.
1Clem 5,5ff hat das Leben und Lebensende des Paulus ganz unter den Leitbegriff
des βραβεῖον gestellt: Paulus »zeigte den Kampfpreis der Geduld [βραβεῖον ἔδει-
ξεν]; siebenmal in Ketten, vertrieben, gesteinigt, Herold im Osten wie im Westen
empfing er den echten Ruhm für seinen Glauben; er lehrte die ganze Welt Gerechtigkeit, kam bis an die Grenze des Westens und legte vor den Machthabern
Zeugnis ab; so schied er aus der Welt und gelangte an den heiligen Ort, das größ-

[574] Vgl. E. Stauffer, ThWNT I (1933)   Christentum, 1940 (Theoph. 2); M. Blech,
636f; W. Grundmann, ThWNT VII (1964)   Studien zum Kranz bei den Griechen, 1982
619f; K. Baus, Der Kranz in Antike und   (RVV 38).

te Beispiel der Geduld.« Von MartPol 17,1[575] an hat der Kranz in der kirchlichen Literatur oft die Bedeutung der *Märtyrerkrone*.

Die Formulierung, dass der Kranz »*bereitliege* [ἀπόκειταί μοι]«, entstammt ebenfalls geprägtem antiken Sprachgebrauch; denn die Wendung begegnet in anerkennenden Erlassen von Obrigkeiten[576] und drückt den in der Apokalyptik und im hellenistischen Judentum verbreiteten Gedanken aus, dass die noch verborgenen eschatologischen Heilsgüter für den Gerechten schon bereitliegen[577]. Im vorliegenden Text verweist sie zum einen auf die im Willen Gottes begründete *Gewissheit*[578], dass die Belohnung erfolgen *wird*, nämlich »an jenem Tag« (V8b), womit nach atl.-urchristlichem Verständnis und Sprachgebrauch der Tag des Jüngsten Gerichts gemeint ist. Zum andern besagt die Formulierung, dass ›Paulus‹ die zur endgültigen Belohnung erforderlichen *Bedingungen* bereits vollkommen erfüllt *hat*. Der Zusatz »Kranz der *Gerechtigkeit* [τῆς δικαιοσύνης]« (V8a) hebt zusammen mit der Kennzeichnung Christi als des Herrn und gerechten Richters (V8b: ὁ κύριος, ὁ δίκαιος κριτής)[579] hervor, dass die Bemühungen und Haltungen des ›Paulus‹ fair und gerecht gewürdigt und anerkannt werden[580]. Abschließend wird gesagt, dass das, was für ›Paulus‹ schon mit Gewissheit als Lohn gilt, auch allen verheißen ist, die das Erscheinen Christi liebgewonnen haben (V8d). Die Perfektformulierung τοῖς ἀγαπηκόσι ergibt sich aus der Rückschau von »jenem Tag« her und hat das gegenwärtige Leben der Christen im Blick. Die Verheißung ist zugleich Ermahnung. Wie ›Paulus‹ sollen sich die Christen durch die erschienene Gnade Gottes zu einem Leben aus dem Glauben in Gerechtigkeit und Frömmigkeit erziehen lassen und so in tätiger Erwartung dem

---

[575] Vgl. E. Stauffer, ThWNT I (1933) 637.

[576] Belege bei Dibelius/Conzelmann 91. Dort auch die Vermutung, dass die Wendung ursprünglich damit zusammenhänge, dass »die Namen der Geehrten in die Staatsannalen eingetragen wurden.«

[577] Vgl. P. Volz, Die Eschatologie der jüdischen Gemeinde im Neutestamentlichen Zeitalter, Tübingen 1934 (Nachdr. Hildesheim 1966), 114f; z.B. 4Esr 7,14.77.83; 13,18; syrBar 14,12; 24,1; 52,7; 81,4; 84,6, ausgedrückt mit den Verben reponere, reservare; 2Makk 12,45 (»herrlicher Lohn, der für die bereitliegt, die in Frömmigkeit sterben«); urchristlich: Kol 1,5.

[578] Vgl. F. Büchsel, ThWNT III (1938) 655.

[579] Nach Stettler, Christologie 220 stammt die Charakterisierung aus Ps 7,11 und »ist direkt« aus dem atl.-jüdischen Sprachgebrauch »übernommen und auf Jesus übertragen worden«. Zutreffender er-

scheint mir die Annahme, dass sowohl die Formulierung als auch der Inhalt der Aussage aus dem *breiteren Stratum* des AT, Judentums und Urchristentums herrühren. Damit hängt auch zusammen, dass – ebenso wie in V1 und beim ἐπιφάνεια-Begriff – eine *theo*logische Prägung mitgegeben ist (vgl. Oberlinner 164, Anm. 46).

[580] Vgl. H. Kraft, EWNT III (1983) 655: »Gerechtigkeit« ist hier nicht paulinisch zu verstehen im Sinne der »von Gott gewirkte[n] und geschenkte[n] Gerechtigkeit.« – Stettler, Christologie 217f leitet den Genitiv aus TestLev 8,2 ab: »Die Krone, die Christus ... Paulus und allen, die seine ἐπιφάνεια lieben, verleihen wird, ist die Gerechtigkeit, kraft deren sie als Priesterschaft vor Gott bestehen können.« Gegen diese Ableitung spricht m.E., dass dort das eschatologische, hier das priesterliche Motiv fehlt.

endgültigen Erscheinen Christi entgegengehen (Tit 2,11ff). Dies ist gemeint mit der Liebe zu seiner ἐπιφάνεια[581].

Zusammen-
fassung
Der Abschnitt ist besonders stark von den Gattungselementen pseudepigraphischer Testamentsliteratur geprägt. Ihr entsprechen die beschwörend-eindringlichen Ermahnungen, die Voraussage unheilvoller Zeiten, die Ausblicke auf das Endgericht sowie die Ankündigung der nahe bevorstehenden Lebenshingabe des ›Paulus‹ mit dem Rückblick auf sein vorbildhaftes Leben und Wirken. Geformt sind die Aussagen im einzelnen durch Vorstellungs- und Sprachtraditionen teils des AT und Judentums, teils der hellenistischen Antike, teils des Urchristentums und durch direkte literarische Anknüpfung an paulinische Texte in 1Kor 9 und Phil 1ff. Umgeben von theologisch und christologisch relevanten Glaubensaussagen über Gott und Jesus Christus als Endzeitrichter sowie über die Königsherrschaft Christi und sein Erscheinen stehen die Aussagen über die Vor-Bildlichkeit des ›Paulus‹ im Mittelpunkt. Markante und einprägsame Züge seines Bildes sind der erfolgreich gekämpfte gute Kampf, der vollendete Lauf, die durchgehaltene Glaubens- und Diensttreue und als Höhepunkt die Bereitschaft, sein Leben in der Ausübung seines Zeugendienstes hinzugeben. Daran, dass ›Paulus‹ selbst der Sprecher seines »ehrenden Nachrufs«[582] ist und dass er überdies mit größter Gewissheit das über ihn gefällte endzeitliche positive Urteil Gottes und Jesu Christi formuliert, zeigt sich deutlich die nachpaulinische Gestaltung dieses ›Bildes‹ als verehrungswürdige Ikone. Die Aussageabsicht und Zielrichtung sind deutlich. Sie bestehen in der eindringlichen *Ermahnung* gegenüber der in der *Gegenwart* vor allem durch die Irrlehre gefährdeten Gemeinde und ihrer Leiter[583]. *Ermahnung* und ›*Paulusbild*‹ entsprechen dabei einander

---

[581] Oberlinner 164 hebt zu Recht hervor, dass sich auch hier das Verständnis der Epiphanie nicht nur auf das Erscheinen bei der Parusie bezieht, sondern auf das Erscheinen Jesu in der Welt, auf »seine Inkarnation, die in die Gegenwart hinein weiterwirkt.« – Er macht auch auf die Akzentverschiebung aufmerksam, die im Verhältnis von Gericht und Soteriologie eingetreten ist: Während nach Paulus Heil geschenkt werde, weil Gott bzw. Christus *uns* geliebt habe (Röm 5,8), heißt es hier, es werde geschenkt, weil ›Paulus‹ bzw. die Mitchristen »Jesus Christus gegenüber Liebe gezeigt« haben. Es zeige sich »darin eine für die Zeit der zurückgehenden Parusieerwartung ... typische Verschiebung: Nicht mehr die eschatologische Erwartung bestimmt das Leben der Gläubigen, sondern das gegenwärtige, vom Glauben getragene Leben eines frommen

Christen gibt Zuversicht für die Parusie.«
[582] Schierse 135; ähnlich u.a. Brox 265. – Wanke, Paulus 184: »Diese Art von Selbstruhm ist Paulus fremd. ... Hier aber ist Paulus der siegreiche Held, der ohne Tadel am Ende seines Lebenskampfes den Siegeskranz erwartet, ja, ihn schon überreicht bekommt. Er ist der vollkommene ›Mann Gottes‹ (1Tim 6,11; 2Tim 3,17), ein Vorbild für Timotheus wie für die Gemeindeleiter. Das Testament wird zur Predigt.«
[583] Oberlinner 163: »Der Blick in die Zukunft, auf das Gericht, steht auch am Ende dieses Abschnittes im Dienste der Idealisierung des Paulusbildes und damit verbunden der Legitimation der Gemeinden, die sich auf ihn berufen, die sich als Sachwalter der von ihm kommenden Glaubensüberlieferung ausweisen können.« Vgl. ähnlich Läger, Christologie 86f.

in umgekehrter Aussageweise: In den *direkt* ergehenden *Mahnungen* (VV1–5) zeichnet sich bereits *indirekt* das ›*Paulusbild*‹ ab; denn ›*Paulus*‹ erfüllte das, wozu *aufgerufen* wird, und umgekehrt ergehen durch die *direkte* Zeichnung des ›*Paulusbildes*‹ (VV6–8) *indirekt Ermahnungen.*

Briefabschluss (4,9–22)

I Persönliche Aufträge und Mitteilungen (4,9–18)

Literatur: *Arichea*, Authorship 332–334; *Bojorge, H.*, El poncho de san Pablo. Una posible alusión a la sucesión apostólica en II Timoteo 4,13, RevBib 42 (1980) 209–224; *Donfried, K.P.*, Paul as Σκηνηποιός and the Use of the Codex in Early Christianity, in: Christus bezeugen (FS W. Trilling), hrsg. v. Kertelge, K. / Holtz, T. / März, C.-P., Freiburg i.Br. 1990, 249–256; *Erbes, K.*, Zeit und Ziel der Grüße Röm 16,3–15 und der Mitteilungen 2 Tim 4,9–21, ZNW 10 (1909) 128–147.195–218; *Freeborn, J.C.K.*, 2 Timothy 2,11: »Only Luke is with me«, StEv 6 (= TU 112) (1973) 128–139; *Lee, G.M.*, The Books and the Parchments. Studies in Texts: II Tim 4:13, Theol. 74 (1971) 168f; *Meinertz, M.*, Worauf bezieht sich die πρώτη ἀπολογία? (2 Tim. 4,16), Bib. 4 (1923) 390–394; *Moffatt, J.*, Philippians II 26 and 2 Tim. IV 13, JThS 18 (1917) 311–312; *Prior*, Paul 113–165; *Ryrie, Ch.C.*, Especially the Parchments, BS 117 (1960) 242–248; *Schnider/Stenger*, Studien 69–107.113–119; *Skeat, T.C.*, »Especially the Parchments«: A Note on 2 Timothy IV.13, JThS 30 (1979) 173–177; *Spicq*, Pèlerine; *Spitta*, Notizen; *Stevenson, J.S.*, 2Tim IV.13 and the Question of St. Paul's Second Captivity, ET 34 (1922/23) 524f; *Tábet, M.*, San Paolo e i suoi collaboratori, in: Virgilio, deposito 53–79; *Trummer*, Mantel; ders., Paulustradition 78–88.

9 Beeile dich, bald zu mir zu kommen! 10 Denn Demas hat mich aus Liebe zu dieser Welt verlassen und ist nach Thessalonich gereist, Kreszenz nach Galatien, Titus nach Dalmatien. 11 Lukas ist als einziger bei mir. Nimm Markus [zu dir] und bringe ihn mit; denn er ist für mich nützlich zum Dienst. 12 Tychikus habe ich nach Ephesus geschickt. 13 Bringe, wenn du kommst, den Mantel mit, den ich in Troas bei Karpus zurückgelassen habe, auch die Bücher, vor allem die Pergamente. 14 Alexander, der Schmied, hat mir viel Böses angetan; der Herr wird ihm vergelten nach seinen Werken. 15 Vor ihm hüte auch du dich, denn er hat sich unseren Worten heftig widersetzt.

16 Bei meiner ersten Verteidigung ist mir niemand beigestanden, sondern alle ließen mich im Stich. Möge es ihnen nicht angerechnet werden! 17 Der Herr aber stand mir bei und stärkte mich, damit durch mich die Verkündigung erfüllt werde und alle Völker

[sie] hören; und ich wurde aus dem Rachen des Löwen entrissen.
18 Entreißen wird mich der Herr aus jedem bösen Tun und retten
in sein himmlisches Reich. Ihm sei die Ehre in die Ewigkeit der
Ewigkeiten. Amen.

1 *Sprachliche und inhaltliche Struktur.* Ähnlich wie in der Brieferöff- Analyse
nung das Proömium (1,3ff) den Übergang zwischen dem Präskript (1,1f)
und dem Briefcorpus bildete, stellt der vorliegende Abschnitt als Element
des Briefabschlusses den Übergang vom Briefcorpus (1,6–4,8) zum Postskript (4,19–22) dar. Der *erste Teil* dieses epiloghaften Überleitungstextes
(VV9–15) enthält zunächst die persönlichen Aufforderungen des Absenders ›Paulus‹ an den Adressaten ›Timotheus‹, bald zu ihm zu kommen
(V9) und Markus (V11b) sowie bestimmte Gegenstände (V13) mitzubringen. Sodann enthält er Mitteilungen über Reisen (VV10.12) oder Aufenthaltsorte (V11a) von Mitarbeitern sowie negative und positive Bewertungen ihres Verhaltens (VV10a.11c). In den VV14f wird über die Gegnerschaft eines gewissen Alexander informiert (V14a.15b), sein Handeln
dem Vergeltungsgericht Gottes anheimgestellt (V14b) und ›Timotheus‹
vor ihm gewarnt (V15a). Der strukturelle Bezugspunkt dessen, was zu
oder über die einzelnen Personen gesagt wird, ist durchweg ›Paulus‹: Zu
ihm soll ›Timotheus‹ kommen (V9); *ihn* hat Demas verlassen (V10); bei
ihm ist Lukas (V11a); *ihm* wird Markus nützlich sein für den Dienst
(V11c); *er* hat Tychikus nach Ephesus geschickt (V12); *er* hat den mitzu-
bringenden Mantel in Troas zurückgelassen (V13a); *ihm* hat Alexander
Böses angetan und sich seinen Worten widersetzt (V14a.15b). Außer diesem *personalen* Aspekt tragen auch *räumliche, zeitliche* und *gegenständliche* Gestaltungselemente zur Ausformung der Konturen bei: Die Erwähnung der *Städte* und *Regionen* weist hin auf das rastlose Wirken des
›Paulus‹ und auf das dadurch entstandene Apostolats-Netz; im Kontrast
etwa zum Verhalten des Demas erscheint ›Paulus‹ bis zuletzt treu in seinem apostolischen Dienst; auch die noch unmittelbar vor dem Sterben er-
betenen Gegenstände (V13) weisen als Zeichen darauf hin.
Steht im ersten Teil eine Reihe von Personen aus dem ›paulinischen‹ Mit-
arbeiter- und Wirkungskreis im Vordergrund, aber doch so, dass ›Paulus‹
als ihr Bezugspunkt bzw. als ›point of view‹ der Darstellung gilt, so tritt er
im *zweiten Teil* (VV16–18) *ganz* in den Vordergrund. Von Einzelpersonen und ihrem Bezug zu ›Paulus‹ ist nicht mehr die Rede, wohl aber von
›Paulus‹ *selbst* mit seinen Relationen zu seiner Missionsaufgabe und zum
Kyrios. ›Paulus‹ informiert darüber, dass er bei seiner ersten Verteidigung keinen Beistand von Menschen (V18ab), wohl aber vom Herrn erfahren habe (V17ac). Beide Aussagen sind durch Zusätze erweitert. Der
ersten ist die Bitte angefügt, dass das Negativ-Verhalten den Betreffenden
nicht angerechnet werde (V17c). Der zweiten ist mit einem Finalsatz der
Gedanke an die universale ›paulinische‹ Verkündigungsaufgabe hinzuge-

fügt (V17b). Es folgt eine Äußerung zuversichtlichen Vertrauens: Der Herr werde ›Paulus‹ jedwedem bösen Tun entreißen (V18a) und in das himmlische Reich hineinretten (V18b). Mit einem liturgischen Lobpreis (V18c) und der Amen-Formel (V18d) schließt der Abschnitt. Da ihm eine Überleitungsfunktion vom Briefcorpus zum Postskript zukommt, ist er selbstverständlich auch mit dem unmittelbar vorausgehenden Abschnitt verknüpft. Am deutlichsten zeigt sich dies an der Gesamtrahmung durch die eschatologischen Motive in den VV1.8.18.

2   *Ein Vergleich mit antiken Briefen* sowie mit *Briefen des Corpus Paulinum* und weiterer *ntl. Briefe* zeigt, dass der vorliegende epilogartige Überleitungstext und manche seiner Einzelelemente der antiken Briefkonvention entsprechen. Die *Makrostruktur* der Briefe weist zwischen dem Briefcorpus und dem Postskript oft einen *Übergang* auf. Als Elemente seiner *Topik* kommen darin u.a. Reflexionen über die Abfassung des soeben geschriebenen Briefes oder seines nun fälligen Abschlusses vor, besonders häufig aber der Wiedersehenswunsch und die Erwähnung von Reiseplänen des Verfassers oder von Reisen seiner Mitarbeiter[1]. Von diesen Elementen der *Topik* sind im Briefabschluss von 2Tim enthalten: a) der Wiedersehenswunsch in Form der Aufforderung an ›Timotheus‹, mit Markus zu ›Paulus‹ zu kommen (VV9.11b); b) die Informationen über die Reisen bzw. Aufenthaltsorte mehrerer Mitarbeiter (VV10.11a.12); c) die Anweisungen an den Adressaten ›Timotheus‹, Gegenstände mitzubringen und sich vor dem Gegner Alexander zu hüten; d) die Angaben über die eigene Befindlichkeit des Absenders ›Paulus‹, nämlich über seine menschliche Verlassenheit in der Haft und beim Verhör (V16; z.T. V10).

3   Bei der Gestaltung der VV9–13 hat der Verfasser sehr wahrscheinlich die *Briefschlüsse des Röm, 1Kor, Phlm und Kol* vor Augen gehabt. Für die literarische Verwendung von *Röm* und *1Kor* spricht außer der Tatsache, dass in den Past auch sonst Texte aus diesen Briefen verarbeitet worden sind, die dort wie hier vorliegende reichhaltige Topik und die Ausführlichkeit des Briefschlusses. Zudem werden in V19 ebenso wie in den Grußlisten Röm 16,3; 1Kor 16,19 Priska und Aquila erwähnt und in V20 der in Röm 16,23 genannte Erastus. Dass auch die Briefschlüsse von *Phlm* und *Kol* verarbeitet wurden, ergibt sich daraus, dass dort wie hier z.T. die gleichen Namen von Mitarbeitern genannt werden, nämlich Demas (V10; Phlm 24; Kol 4,14), Lukas (V11; Phlm 24; Kol 4,14), Markus (V11; Phlm 24; Kol 4,10)

---

[1]   Vgl. u.a. Schnider/Stenger, Studien 69–107; Müller, Schluß 56–82; Klauck, Briefliteratur 50f. – Beispiele: »Schon verlangt seinen Schluss der Brief« (Seneca, Ep I,11,8). »Was weiß ich sonst noch Neues? Richtig! Der Konsul Messalla hat Autronius' Haus gekauft …« (Cicero, Att I,13,6). – »Ich will versuchen, so die Götter wollen, zum Fest der Amesia zu euch zu kommen« (POxy 1666,15–17). »Sobald ich zurückkomme von der Lieferung des Erzes, werde ich mit dir reden« (PHibeh 66,4). »Denn ich hoffe auch selbst, schnell zu euch zu kommen« (PMich 481,14f). – »Vieles hätte ich euch zu schreiben. Ich wollte es aber nicht mit Papier und Tinte tun, sondern ich hoffe, zu euch zu kommen …« (2Joh 12). – Paulus äußert sich z.B. in den Briefschlüssen Röm 15,15; Phlm 21 über die Abfassung des Briefes. Äußerungen über Besuchsvorhaben, über eigene und seiner Mitarbeiter Reisepläne sowie über Aufenthaltsorte stehen in Röm 15,14 – 16,2; 1Kor 16,1–18; 2Kor 12,14 – 13,11; Kol 4,7–17 u.ö. Auch Anweisungen werden gegeben.

und Tychikus (V12; Kol 4,7f). Weitere Gemeinsamkeiten bestehen in der Gefängnishaft des ›Paulus‹ und im Hinweis auf die Entsendung des Tychikus (V12; Kol 4,8f). Die in Kol 4,9 damit verbundene Erwähnung des Onesimus lässt darauf schließen, dass der Verfasser des Kol den Phlm benutzte und dass der Verfasser der Past den Briefschluss sowohl des Phlm als auch des Kol kannte. Die Kenntnis des Kol durch den Verfasser der Past zeigt sich überdies an 1Tim 4,6–10, wo Kol 1,24–29 verarbeitet ist. Dass außer diesen literarischen Einflüssen auch mündliche Personaltraditionen zur Gestaltung beigetragen haben, ist anzunehmen.

Auf die Traditionsgebundenheit weiterer Textteile wie z.B. auf die *biblische* Ausdrucksweise der Errettungsaussagen (VV17f)[2] und auf die *liturgische* Prägung der Doxologie (V18b) wird unten bei der Erklärung eingegangen.

4 Die *Gesamtgestalt* des Abschnitts und die Weise, in der die Überlieferungselemente *verarbeitet* wurden, zeigen *deutlich die Handschrift des Verfassers der Past.* Die Gestaltung des Briefabschlusses nutzt er ganz dafür, seinem ›Paulusbild‹ die letzten Konturen zu geben, um so noch einmal die Gemeinden und ihre Leiter paränetisch auf dieses Vor-Bild hin auszurichten und sie für ihre Nachfolge und für die Erfüllung ihrer Aufgaben zu motivieren. Die Nennung einer Vielzahl von ›Paulus‹-Mitarbeitern soll sicher auch den Eindruck verstärken, dass es sich um einen authentischen Brief des Apostels handle. Diesen Aussageabsichten sind die Einzelaussagen dienstbar gemacht. Innerhalb der ›Welt des Textes‹, also innerhalb des vorausgesetzten geschichtlichen Rahmens und auf der fiktional-literarischen Darstellungsebene passen manche Details nicht gut zueinander. Zu derartigen Spannungen gehören z.B., dass ›Timotheus‹ Anweisungen für seinen Dienst in Ephesus erhält und zugleich gebeten wird, nach Rom zu kommen (4,2.9); dass sich ›Paulus‹ zwar von allen verlassen fühlt, aber dennoch Gefährten bei sich hat (1,18; 4,10f.16.21); dass er sich zwar dem Tod nahe weiß, aber dennoch Apostolatsvorhaben plant und Gegenstände, die er seit langer Zeit in Troas zurückgelassen hat, mitzubringen erbittet (VV6.11.13). Die Beantwortung der Frage, weshalb derartige einander widersprechende oder mindestens in Spannung zueinander stehende Details dennoch miteinander verbunden worden sind, kann nicht lauten: weil es eben *so gewesen ist.* Es zeigt sich vielmehr, dass die schon genannten *Aussageabsichten* die Feder geführt haben. Ergänzend verweist darauf auch die Beobachtung, dass manche Details *in Widerspruch stehen* zu bestimmten *Fakten der ›realen Welt‹ der urchristlichen Geschichte.* Es befindet sich z.B. das Ehepaar Priska und Aquila angeblich in Ephesus (V19), obwohl es doch in Wirklichkeit bereits nach Rom zurückgekehrt war, bevor Paulus Rom erreichte (Röm 16,3). Die Mitteilung, Trophimus sei in Milet krank zurückgelassen worden (V20), ist unvereinbar mit den Angaben der Apostelgeschichte und zudem über-

---

[2] Fee 298 nimmt »echoes of Psalm 22 throughout the passage (vv. 9–18)« wahr. Häfner, Belehrung 113 hat diese Interpretation jedoch als nicht überzeugend erwiesen.

flüssig; denn nach Apg 20,4; 21,29 gelangte er zusammen mit Paulus nach Jerusalem, und er gehörte sogar zusammen mit Timotheus zur gleichen Reisegruppe. Unter historischem Gesichtspunkt erweist sich die Mitteilung auch deshalb als befremdlich, weil ja der angeblich damals krank in Milet Zurückgelassene dem jetzt in Ephesus weilenden ›Timotheus‹ viel näher geblieben ist als der von Rom her informierende ›Paulus‹.

Erklärung 9 Bereits im Proömium äußerte der Absender ›Paulus‹ aus seinem Gefängnis in Rom (1,8.17) den Wunsch, seinen Freund und Mitarbeiter ›Timotheus‹ wiederzusehen (1,4); hier im Briefabschluss ergeht nun die eindringliche Aufforderung an den Adressaten, bald und eilends von Ephesus her (1,18) zu ihm zu kommen. Beide Äußerungen entsprechen an ihrem Platz der brieflichen Konvention. Die Besuchsaufforderung selbst passt aber weder zu den sonst im Brief ›Timotheus‹ erteilten Anweisungen, nämlich in der Gemeinde vor Ort den Leitungsdienst treu auszuüben und speziell der Irrlehre zu wehren, noch der Situation des ›Paulus‹, der ja »bereits geopfert« wird und dessen »Zeit des Abscheidens nahe bevorsteht« (V6). Aber so, wie schon bei einer der ersten Personalnotizen am Briefanfang, ist es auch hier am Schluss: Dort standen die Betonung der menschlichen Verlassenheit des ›Paulus‹ und des doch durch Onesiphorus geleisteten Beistands in Spannung zueinander (1,15–18). Der Verfasser nahm dort diese Unausgeglichenheit in Kauf, um einerseits durch die Betonung der schwierigen Lage des ›Paulus‹ die Größe seiner Leidensbereitschaft um des Evangeliums willen auszudrücken und andererseits durch den Hinweis auf den Dienst des Onesiphorus die Gemeindeglieder zur Nachahmung dieser Grundhaltung anzuregen. Auch hier in V9 kommt zunächst durch die intensiv[3] geäußerte Besuchsaufforderung mittelbar zum Ausdruck, wie einsam und verlassen sich der eingekerkerte ›Paulus‹ empfindet.

10–12 Die mit dem begründenden γάρ weiterführenden Aussagen, dass Demas ihn »verlassen« habe und dass auch Kreszenz und Titus »abgereist« seien, verstärken den Gedanken der *Verlassenheit*. Wie schon erwähnt, stammen die Namen Demas, Lukas, Markus und Tychikus sowie ihre Zusammenstellung hier in den VV10ff aus den Schlüssen des Phlm und Kol. An der Historizität, der engen Beziehung zu Paulus und der Hochschätzung dieser Personen in den Gemeinden ist nicht zu zweifeln.

Während aber *Demas* von Paulus selbst als »Mitarbeiter« bezeichnet und zusammen mit Markus und Lukas *positiv* in der Grußliste erwähnt wird (Phlm 24; vgl. Kol 4,14), gilt er hier in V10 als *versagende Kontrastfigur* zu dem um des Evangeliums willen todesbereiten ›Paulus‹ und dem getreuen ›Timotheus‹: Demas habe »aus Liebe zur Welt« den Apostel verlassen. Der positive Sinn dieser negativen

---

[3] Vgl. Schnider/Stenger, Studien 114: »Dieses ›schnell‹ ist ebenso brieftopisch wie es die ganze Aufforderung ist.« Belege bei Spicq 464.810.

Aussage ist deutlich: In Kontrast zu solchem Verhalten geht ›Paulus‹ um Gottes und der Werte des Evangeliums willen seinen einsamen Leidensweg[4]. Ob der negativen Kennzeichnung wirklich ein entsprechend negatives Verhalten zugrunde lag oder ob sich die Aussage ganz der freien Gestaltung des Verfassers verdankt, bleibt m.E. ungewiss. *Zugunsten* der Historizität und gegen die Annahme von Fiktionalität spricht, dass über einen in den Gemeinden geschätzten Paulus-Mitarbeiter nicht unbegründet etwas so Negatives gesagt werden konnte, ohne dadurch bei den Adressaten Verärgerung zu provozieren und die Akzeptanz des Briefes zu gefährden. *Gegen* die Historizität und zugunsten der Fiktionalität sprechen die Tatsachen, dass Demas nicht nur von Paulus selbst (Phlm), sondern auch vom nachpaulinischen Verfasser des Kol ausschließlich positiv erwähnt und nur im vorliegenden Kontext negativ gekennzeichnet wird. Das Negative scheint also nicht bekannt und deshalb vielleicht auch nicht vorhanden gewesen zu sein[5].

Sogar die folgende, durch Kol 4,14 angeregte Mitteilung, *Lukas* sei doch bei ›Paulus‹ geblieben (V11), schwächt den Eindruck der tiefen Verlassenheit nicht ab. Durch den Zusatz: er »als *einziger*« wird dieser Eindruck eher verstärkt. Dass Lukas wirklich zusammen mit Paulus in Rom war, ist nicht zu erweisen. Bei der Erwähnung des *Markus* fällt nicht nur auf, dass von seinen Schwächen in der Missionsarbeit und von seinem Konflikt mit Paulus (Apg 15,36–39) nichts gesagt wird, sondern vor allem, dass er im Gegenteil für den missionarischen Dienst[6] als uneingeschränkt »nützlich« gilt[7] und für diesen erwartet wird (V11). Vordergründig passt die Aufforderung, ihn mitzubringen, damit er zusammen mit ›Paulus‹ in einer noch geplanten Missionstätigkeit wirke, weder zur realen noch zur fiktiven Welt des Textes. Hintergründig aber ist ihr Sinn deutlich: Sie zeigt als weitere Facette im ›Paulusbild‹ dieses Abschnitts, dass und wie ›Paulus‹ bis in die *allerletzte Zeit* seines Lebens und seiner Kerkerhaft und noch im Angesicht des Todes auf seinen apostolischen Dienst bedacht war. Auch

---

[4] Polyk 9,1f wertet diesen Gedanken aus: Die Adressaten werden zur Geduld ermahnt im Blick auf Paulus und die anderen Apostel. Diese haben »mit dem Herrn gelitten. Denn *ihre Liebe galt nicht der jetzigen Welt*, sondern dem, der für uns starb und unsertwegen auf Gottes Geheiß auferstand.«

[5] Für Bauer, Rechtgläubigkeit 78f sind der Sinneswandel des Demas, seine Reise nach Thessalonich und sogar seine Agitation dort gut denkbar. Auch Hanson 157 hält die Historizität für »more probable«. Als Argument vermag er aber nur auf Kol 4,14 zu verweisen. – Oberlinner 169 beantwortet dagegen »die Frage nach einem geschichtlichen Hintergrund für diese biographische Notiz negativ« und rät von unbegründeten Spekulationen über die Rückkehr des De-

mas etwa in seine *Heimatstadt* ab. – Zum Negativbild in ActPaul s.u. im Exkurs: Die Personalangaben 5.5.5.

[6] Dass mit διακονία dieser und nicht etwa Dienstbereitschaft im Sinne persönlicher Hilfe gegenüber ›Paulus‹ gemeint ist, ergibt sich aus dem Wortgebrauch in 1Tim 1,12; 2Tim 4,5 (vgl. 1Tim 3,10.13; 4,6; 2Tim 1,18).

[7] Auf die Differenz weist auch Ollrog, Paulus 48 hin. Ob es sich um eine ausdrücklich vorgenommene Korrektur handelt, wie er vermutet, bleibt ungewiss. Die Annahme einer *literarischen* Korrektur des Apg-Textes durch den Verfasser der Past empfiehlt sich jedenfalls nicht, denn es lässt sich die Abhängigkeit der Past von der Apg nicht erweisen.

erhalten hier die in VV2.5 an ›Timotheus‹ und mit ihm an alle Träger kirchlicher Dienstämter ergangenen Mahnungen, die Aufgaben getreu zu erfüllen, einen weiteren Motivationsschub.

An der Mitteilung, dass *Tychikus* nach Ephesus entsandt worden sei (V12), ist bemerkenswert, dass sie keinen Hinweis darauf enthält, was es mit dieser Entsendung in die Stadt, in der sich doch der Adressat ›Timotheus‹ selbst befindet und in der er selbst die Gemeinde leitet, auf sich hat. Trotz der äußeren Blässe trägt auch diese Aussage außer der Verstärkung des Verlassenheitsmotivs dazu bei, ›Paulus‹ als den erscheinen zu lassen, der sich bis zuletzt um die Gemeinden kümmert, den Einsatz seiner Mitarbeiter leitet und so für die ununterbrochene »Kontinuität des in der Kirche verkündeten Evangeliums«[8] sorgt. Außer dem *personalen* und *zeitlichen* Aspekt ist auch der *räumliche* bewusst in die Gestaltungsweise des Abschnitts einbezogen. Auf die ›paulinische‹ Apostolatsintensität wird nicht nur durch die Aussagen hingewiesen, die von dem bis zuletzt ungebrochen durchgehaltenen Einsatz sprechen, sondern auch durch jene, welche die *räumlich weite* Erstreckung und den Aufbau eines *weitverzweigten* Missions-Netzwerks erkennen lassen. Dementsprechend werden Städte und Regionen der ›paulinischen‹ Wirksamkeit in Erinnerung gerufen: Thessalonich (V10b), Galatien (V10c)[9], Dalmatien (V10d)[10], Ephesus (V12), Troas (V13b), Korinth (V20a) und Milet (V20b). Der Gedanke an das Zurücklegen langer Wege, an die damit verbundenen Mühen, an die Rastlosgikeit des Dienstes, aber auch an die fruchtbar sich ausbreitende Heilsbotschaft, welche jetzt durch die Paulusschüler überallhin weitergetragen wird, klingt hindurch.

13 An die briefkommunikative Besuchsaufforderung von V1 anknüpfend und sie weiterführend wird ›Timotheus‹ aufgetragen, bei seinem Kommen den von ›Paulus‹ bei Karpus in Troas zurückgelassenen *Mantel* mitzubringen sowie die *Bücher* und *Pergamente*. Mit dem Wort φαιλόνης[11] wurde ein großes wollenes Kleidungsstück bezeichnet, das zum Schutz vor Regen und Kälte den Oberkörper und die Arme bedeckte. Es hatte eine Öffnung für den Kopf, war ohne Ärmel und oft mit einer Kapuze ver-

---

[8] Hasler 79.
[9] Zur schwach bezeugten Textvariante Γαλλίαν vgl. Dibelius/Conzelmann 92.
[10] Diese Angabe des Reiseziels für *Titus* knüpft wahrscheinlich an Röm 15,19 an, wo die weite Erstreckung der paulinischen Missionswirksamkeit mit Illyrien angegeben wird, dessen südlicher Teil Dalmatien ist. Eine Wirksamkeit des Titus dort ist sonst im NT nicht erwähnt. – Am Anfang des in den ActPaul überlieferten ›Martyrium des Paulus‹ heißt es: »Es erwarteten aber den Paulus in Rom Lukas, der aus Gallien, und Titus, der aus Dalmatien [gekommen war]« (Schneemelcher, NTApo II 238). Die Angabe »*aus Dalmatien*«, die *gemeinsame* Erwähnung des *Lukas und Titus*

(Schneemelcher, NTApo II 238.240f) sowie deren Aufenthalt bei Paulus in *Rom* dürften von 2Tim 4,10 abhängig sein; denn eine derartige Kombination ist sonst nicht belegt.
[11] Vgl. zur Etymologie des Wortes und zu den Realien des Begriffs R. Kreis / v. Schaewen, Art. paenula, in: PRE XVIII/2 (1983) 2279–2282; R. Hanslik, Art. φαινόλης, in: PRE XIX/2 (1938) 1593; Dibelius/Conzelmann 92f; Spicq, Pèlerine; ders., Past 814; ders., Lexique 1574f; Bojorge* 219–222; Bauer/Aland, Wörterbuch 1697 jeweils mit Belegen aus Papyri sowie aus griechischer, hellenistischer, lateinischer und talmudischer Literatur.

sehen. In vielen antiken Texten wird der Mantel erwähnt. Um die Zusendung bzw. das Mitbringen von Kleidungsstücken, eines Mantels oder anderer Gegenstände, manchmal auch zurückgelassener, geht es in mehreren Papyrustexten[12]. Kommentatoren, welche mit der Abfassung des Briefes durch Paulus rechnen, nehmen selbstverständlich an, er habe die erwähnten Sachen eben gebraucht – den Mantel zumal vor dem Wintereinbruch (vgl. V21) – und wie viele andere Briefschreiber der damaligen Zeit gebeten, sie mitzubringen. Rechnet man jedoch mit pseudepigraphischer Abfassung, dann stellt sich stärker die Frage nach der Semantik der vom Verfasser gewählten Begriffe. Mit der Bitte um den *Mantel* soll ›Paulus‹ vermutlich gekennzeichnet werden als der bedürfnislose Missionar. Seine apostolische Selbstgenügsamkeit soll als Beispiel für die Gemeindeglieder, besonders aber für die Gemeindeleiter gelten, anspruchslos zu leben und sich mit dem Nötigen, z.B. mit »Nahrung und Kleidung«, zu begnügen (1Tim 6,8)[13]. Es kommt dabei ein Motiv zum Tragen, das bereits sowohl von Paulus selbst (1Kor 9,14f; 2Kor 7,2; 8,20; 12,14) als auch in der Paulustradition (Apg 20,33ff) thematisiert wurde, das überdies eine Verwurzelung in der Jesusüberlieferung (Mk 4,19 parr; 10,25 parr; Mt 6,24 par Lk; Lk 6,24f; 12,15–21; 16,19–31) sowie in der stoisch-kynischen Ethik (Dio Chrysostomus, Or 17,6; Diogenes Laertius VI,50.104f) hat und in den Past auch sonst eine erhebliche Rolle spielt (1Tim 3,3.8; 6,6–10; 2Tim 3,2; Tit 1,7; 2,10). Die Symbolik des Mantels als Hinweis auf den wandernden Propheten und Philosophen ist wahrscheinlich ebenfalls mit im Blick[14]. Dass jedoch der Reisemantel als »Symbol des Apostelamtes« zu verstehen sei, »das der sterbende Paulus an seine Nachfolger weitergibt«[15], ist nicht anzunehmen.

---

[12] Z.B. PGiess 12,4 (ἔπεμψάς μοι ὑγιῶς τὸν στήμονα καὶ τὴν κρόκην τῶν φαιλωνίων); POxy 1489 (τὸ κιθῶνιν [= χιτόνιον] ἐπιλέλησμαι παρὰ Τεκοῦσαν εἰς τὸν πυλῶνα. πέμψόν μοι; vgl. dazu Moffat* 312); PMich 214,30 (»Bringe alle unsere Kleidungsstücke mit, wenn du kommst«); PGrenf I,53,6f (Ich sende dir durch Aponos »Brief und Mantel«); PYale 42,12; POxy 1583,6; 1584,7.18; PMich 496,10.13; PRossGeorg III,1,17f (»Ich habe meine medizinischen Bücher zurückgelassen«); POxy 2156,17; 2599,33.
[13] Vgl. Trummer, Mantel 199–203; Karris 41; ähnlich Oberlinner 172f. – Zur Besitz-Paränese in 1Tim 6 vgl. Dschulnigg, Warnung, passim.
[14] Vgl. Lampe/Luz, Christentum 209: »Anspruchsvollere Leser in der Gemeinde« dürfte es erfreut haben, »wenn der Urapostel Paulus mit ›Büchern‹, ›Pergamen-

ten‹ und dem ›Mantel‹ des reisenden Philosophen ausgestattet« erscheint; zustimmend Thiessen, Christen 339. – Epiktet, Diss IV,8,34–35 verspottet die, welche sich durch langes Haar, »abgetragenem Mantel [τρίβων]« und entblößter Schulter das Aussehen eines Philosophen geben und mit jedem streiten, den sie »in einem dicken Mantel [ἐν φαιλόνῃ]« sehen.
[15] Hasler 80. Diese auch von Knoch 66 erwogene und von Bojorge* 210.216.224 auf die apostolische Sukzession bezogene Deutung stützt sich auf 3Βασ 19,19, wo es heißt, dass Elija den Mantel zum Zeichen der Nachfolge über Elischa wirft, und auf 4Βασ 2,8.13f, wo der Mantel als Zeichen für den Übergang des charismatisch-prophetischen Geistes von Elija auf Elischa gilt. Oberlinner 172f, Anm. 24 verweist dagegen mit Recht darauf, dass nach V13 die Sachen zu ›Paulus‹ gebracht werden sollen.

Die Erwähnung, ›Paulus‹ habe den Mantel in der Stadt *Troas* zurückgelassen, knüpft an die *historisch glaubwürdige* Kenntnis über die »Verkündigung des Evangeliums Christi« (2Kor 2,12; vgl. Apg 16,8; 20,5f) durch den Apostel an diesem geschichtsträchtigen und sagenumwobenen Ort an und weist – wie die anderen Ortsangaben im Kontext – auf den missionarischen Einsatz hin. Auch dass ›Paulus‹ dort Kontakt mit einem *Karpus* hatte, ist *historisch möglich*, jedoch längst nicht in gleicher Weise sicher wie der paulinische Aufenthalt in Troas; denn über *Karpus* erfahren wir sonst im NT nichts. Weil es schwer vorstellbar ist, dass Paulus erst jetzt nach mehreren Jahren und angesichts des nahen Todes wirklich noch von so weit her seinen Mantel und die Bücher erbeten hätte, und weil es zudem befremdlich ist, dass er damals gerade das zurückließ, was er jetzt angeblich so dringend braucht, ist der Sinn der Aussage nicht in historischer Information, sondern in der absichtvollen Zeichnung des ›Paulusbildes‹ zu suchen.

Im Rahmen dieses ›Paulusbildes‹ und seines paränetischen Sinnes für das Leben und Wirken der Gemeindeleiter ist auch der zweite Teil der Aufforderung zu sehen, nämlich »*die Bücher*, vor allem *die Pergamente* [τὰ βιβλία μάλιστα τὰς μεμβράνας]« mitzubringen. Kurz zuvor war in 3,15–17 gesagt worden, dass ›Timotheus‹ von Jugend an die heiligen Schriften kenne und dass sie nützlich seien für die gemeindeleitenden Aufgaben. *Dort* wurde mit dem Bild des ›Timotheus‹ und mit den Hinweisen auf die Nützlichkeit und geistgehauchte Qualität der Schrift deutlich gemacht, dass und wie die in die kirchliche Tradition integrierten heiligen Schriften Israels zum Leben und Dienst des Gemeindeleiters gehören. *Hier* wird nun in Entsprechung dazu am Bild des ›Paulus‹ aufgezeigt, dass die heiligen Schriften[16] zu ihm und zu seinem bis zum Tod währenden apostolischen Einsatz gehören und demgemäß in die Hand eines jeden Gemeindeleiters. Diesem ist ja die »Verkündigung des Wortes«, des »Evangeliums« aufgetragen (4,2.5), und die feierliche Verlesung atl. Schriften[17] zusammen mit der Predigt gilt nach 1Tim 4,13 als seine wichtige Aufgabe in der gottesdienstlichen Versammlung. Angesichts der Tatsache, dass die Irrlehrer die

---

[16] Das Wort βιβλίον ist Diminutivform des Wortes βίβλος und in der LXX und im NT mit diesem bedeutungsgleich. Es kann das Buch, die Buchrolle oder allgemein ein Schriftstück bezeichnen. Es meint z.B. in 1Makk 12,9; Josephus, Ant 11,5; ders., Ap I,38; Lk 4,17; Gal 3,10; Hebr 9,19; 2Clem 14,2 *atl. Schriften*, in Offb mehrmals u.a. die vorliegende Offenbarungsschrift. – Βίβλος meint u.a. in 2Makk 8,23; Dan 9,2; Josephus, Ant 4,303; 11,337; Philo, Migr 14; Mk 12,26; Apg 1,20 *atl. Schriften*. Vgl. H. Balz, EWNT I (1980) 521–525; Bauer/Aland, Wörterbuch 281f.

[17] Es gehörten z.Zt. der Past außer dem AT schon spezifisch christliche Schriften – im Sinne der Past v.a. Paulusbriefe – zur Lesung dazu. Vgl. z.B. Hahn, Gottesdienst 75; Trummer, Paulustradition 124f; Hasler 38; Schlosser, Didascalie 91; Roloff 254; Merkel 38 (erwogen); Oberlinner, 1Tim 206f; Häfner, Belehrung 230. – Die Past kennen jedoch »noch keine Ergänzung ihres Kanons heiliger Schriften durch Texte aus christlicher Tradition« (Oberlinner, 2Tim 175). Es zeigt sich daran, dass ihr Verfasser sein pseudepigraphisches Unternehmen ja als *Fortschreibung* von Paulusbriefen versteht.

Schrift missbrauchen und dass die Irrlehre z.T. in falscher Schriftauslegung wurzele (vgl. 2,19; 3,16; vgl. 1Tim 1,4.7; 4,7; 2Tim 4,4; Tit 1,14; 3,9), soll die enge Verbindung der heiligen Schrift mit dem todesbereiten ›Paulus‹ zugleich deutlich machen, dass für den Apostel die Schrift dennoch stets unverminderte Bedeutung behalten hat und auch für die Gemeinden und ihre Leiter wichtig bleiben muss, trotz des Missbrauchs durch die Häresie und gerade auch in Auseinandersetzung mit ihr.

Während in der Forschung ein verhältnismäßig großer Konsens darüber besteht, dass es in V13b um das Mitbringen *atl. Schriften* geht, werden auf die Fragen, ob mit den Bezeichnungen βιβλία und μεμβράνας verschiedene Arten von Schriften gemeint sind und, wenn ja, worin denn die Verschiedenartigkeit und der Sinn ihrer Hervorhebung zu sehen sind, unterschiedliche Antworten gegeben. Man ist sich schon nicht einig darüber, welcher der beiden Begriffe die alttestamentliche und welcher die anders geartete Schriftengruppe bezeichne. Manche nehmen an, mit μεμβράνας seien die auf Pergament geschriebenen atl. Schriften gemeint[18], worauf auch μάλιστα verweise. Andere vermuten hingegen, der Begriff βιβλία beziehe sich auf atl. und μεμβράνας auf urchristliche Schriften[19]. Noch mehr gehen die Meinungen über die Frage auseinander, wie denn die Schriften zu kennzeichnen wären, die ›Paulus‹ außer denen des AT im Sinne des Verfassers angefordert hätte. Manche meinen, darüber lasse sich nichts sagen[20]. Andere rechnen mit urchristlichen Schriften, etwa mit Sammlungen von Worten und Taten Jesu[21] oder dem Markusevangelium[22] oder Briefen der Pauluskorrespondenz[23]. Erwogen wurde aber auch, dass an eine Art Notizbuch des Paulus[24] oder an die Urkunde seiner römischen Staatsbürgerschaft[25] zu denken sei. Der Text gibt jedoch keine hinreichenden Anhaltspunkte dafür, dass eine der genannten Möglichkeiten vom Verfasser wirklich gemeint ist. Deutlich hat sich aber bereits gezeigt, dass es ihm darum geht, ›Paulus‹ und sein Wirken sowie die Gemeinden und ihre Leiter eng verbunden mit der heiligen Schrift darzustellen, so dass sich die Annahme empfiehlt, V13b handle tatsächlich *nur vom Mitbringen atl. Schriften*[26] und *nicht von*

---

[18] So z.B. Brox 273f; H. Balz, EWNT I (1980) 522 (mit der Erwägung, dass mit den *Buchrollen* aus Papyrus urchristliche Schriften gemeint seien).

[19] So z.B. Lee* 168; E. Plümacher, Bibel II. Die Schriften des Judentums im Urchristentum, in: TRE VI (1980) 9; Donfried* 249.

[20] So z.B. Brox 274.

[21] So z.B. Lock 118 (μεμβράναι: »rolls of the O.T. ... or possibly official copies of the Lord's words or early narratives of His life«); Spicq 815 (außerdem »vielleicht persönliche Notizen« Pauli).

[22] So z.B. Lee* 168 (»the books were the rolls of the Septuagint and the parchments the Gospel of St. Mark«) mit Verweis auf C.H. Roberts und wegen der Erwähnung des Markus in V11.

[23] So z.B. Lock 118 (»papyrus letters, possibly copies of his own letters«); Jeremias 65 (»Briefe der Gemeinden«); Hultgren 143 (Sammlung von Paulusbriefen aus Ephesus).

[24] So z.B. Wohlenberg 340; Skeat* 174.177; Houlden 135; Donfried* 254f.

[25] So z.B. Bernard 147; Prior, Paul 153f.

[26] So auch Trummer, Mantel 203ff; Knoch 66 (mit Verweis darauf, dass die biblischen Bücher als des Apostels »kostbarster Besitz« gelten und er somit zugleich »als bettelarmer Mann gezeichnet« werde); Karris 41 (»the sacred writings in parchment«, the OT); Knight 467; Oberlinner 174. – A. Lemaire, NBL I (1991) 342 denkt zwar ebenfalls nur an atl. Texte, erwägt aber, ob »mit den ›Schriften‹ der dritte Teil des jüd. Kanons« gemeint sei. Auch dies geht m.E. aus dem Text nicht hervor.

noch weiteren Texten. Diese Verständnisweise lässt sich durch die Beobachtung stützen, dass μάλιστα hier nicht im unterscheidend-trennenden, sondern in einem verbindend-gleichsetzenden Sinn gebraucht ist[27]. Es wird durch den Begriff μεμβράναι der allgemeinere Begriff βιβλία lediglich näher gekennzeichnet, so dass gemeint ist: Bringe auch *die heiligen Schriften, nämlich die Pergamente* mit! Der Doppelausdruck hebt ihre besondere Bedeutung hervor[28].

In V13 werden die Gestaltungsweisen und Aussageabsichten der vorausgehenden Verse fortgesetzt, verdichtet und ergänzt. Wie vorher werden zunächst *personale* und *räumliche* Gestaltungsmittel eingesetzt (Karpus, Troas). Hinzu kommt sodann die *gegenständliche* Darstellungskategorie in Form der Bitte um *Mantel* und *Schriften*. Ihre Semantik verweist auf *Bedürfnislosigkeit* und *Schriftverbundenheit*, wodurch den inhaltlichen Zügen des ›Paulusbildes‹ ein weiterer Zug samt seines paränetischen Aussagesinns hinzugefügt wird.

14–15   An mehreren Stellen der Past wird den positiven Zügen des ›Paulusbildes‹ und der Hervorhebung, dass sich gute Gemeindeleiter daran ausrichten, das negative Verhalten der Gegner kontrastierend gegenübergestellt (z.B. 3,10–13). Es gehört also zum ›Paulusbild‹ der Past auch die Erwähnung von Schwierigkeiten, die dem ›Apostel‹ von Seiten seiner Gegner gemacht werden. Zugleich spiegelt sich in dieser Darstellungsweise etwas von den Irrlehrer-Problemen, durch welche der Verfasser der Past seine Gemeinden gefährdet sieht. Beides kommt auch in der Personalaussage über Alexander den Schmied[29] zum Ausdruck. Im Sinne der Past ist mit diesem Alexander derselbe gemeint, der schon in 1Tim 1,20 erwähnt wird[30]; denn hier wie dort gilt er paradigmatisch als ein Repräsentant der Gegner und Irrlehrer: Er wird gezeichnet als einer von denen, die gegen ihr Gewissen handeln, Schiffbruch im Glauben erleiden, Gott lästern (1Tim 1,20), gegen ›Paulus‹ agieren (2Tim 4,14a), sich seiner Lehre widersetzen (V15b) und vor denen sich auch ›Timotheus‹ hüten soll (V15a). Die enge Verbin-

---

[27] Dies hat Skeat* 174 mit den Belegen Tit 1,10; 1Tim 4,10; PFay 118; POxy 1411.3253.3302 überzeugend nachgewiesen. Seiner Lösung stimmten u.a. Karris 41; Knight 467; Hanson 159; Oberlinner 174, Anm. 32 zu, nicht aber seiner Deutung, dass mit den Büchern in Pergament »notebooks« gemeint seien.
[28] Thomas v. Aquin interpretiert sehr treffend: »quanto magis [Paulus] appropinquabat morti, tanto magis instabat servitio scripturarum« (Commentaria I,257); vgl. dazu auch Trummer, Mantel 205, Anm. 50.
[29] Dass die Alexander-Figur der Past »mit dem den Lukaslesern bekannten Alexander zusammenhängt«, wird als Möglichkeit erwogen u.a. von Lampe, Acta 71f; Selinger,

Demetriosunruhen 252. Erweisen lässt es sich nicht. Es ist aber gut denkbar, dass in den Überlieferungen über das Wirken des Paulus in Ephesus und die dort erfahrene Gegnerschaft in unterschiedlicher Weise auch ein Alexander erwähnt worden ist, der etwas zu tun hatte mit Ephesus, mit den Schmieden sowie mit der Mission des Paulus und den entstandenen Schwierigkeiten. Das Überlieferungswissen, ›es habe da auch ein Alexander eine Rolle gespielt‹, *kann* sich in den Past und in der Apg niedergeschlagen haben. Zur Erwähnung des »Schmiedes« in manchen Hss. der ActPaul s.u. Exkurs: Die Personalangaben 5.5.5.
[30] So auch Roloff 105; Oberlinner, 1Tim 56; ders., 2Tim 176; Häfner, Belehrung 34.

dung wird auch daran deutlich, dass der in 1Tim 1,20 mit Alexander zusammen erwähnte Hymenäus in 2Tim 2,17f als Irrlehrer der Auferstehungsbotschaft genannt wird. Die Aussage, ›Paulus‹ habe Alexander zusammen mit Hymenäus »dem Satan übergeben« (1Tim 1,20), steht nicht
im Gegensatz zur Äußerung in 2Tim 4,14b, dass »der Herr ihm nach seinen Werken vergelten«[31] werde. In *beiden* Aussagen drückt sich vielmehr
die Überzeugung aus, dass die Agitation gegen ›Paulus‹ und gegen die von
im verkündete Glaubensbotschaft zugleich Widersetzlichkeit gegenüber
Gott bedeutet und dass dementsprechend die betreffenden Personen seinem Gerichtsurteil anheimzustellen sind.

Das Bild vom einsamen und im Stich gelassenen ›Paulus‹ (VV9–12) wird 16
durch einen weiteren literarischen Pinselstrich konkretisierend ausge-
malt. Der Situation gemäß wird das Gerichtsverhör in den Blick gerückt.
›Paulus‹ teilt mit, er sei als Angeklagter ganz allein und ohne jeden
menschlichen Beistand gewesen. Die »erste Verteidigung [πρώτη ἀπολο-
γία]«, von der er spricht, ist nicht als Hinweis auf eine erste Haft in Rom
zu verstehen, der dann eine zweite folgte. Vertreter dieser Deutung nehmen an, ›Paulus‹ habe nach der mit Freispruch geendeten »ersten Verteidigung« erneut im Osten, u.a. in Ephesus und auf Kreta, gewirkt, sei danach zum zweiten Mal in Rom inhaftiert worden und schreibe aus dieser
zweiten Gefangenschaft den Brief[32]. Die hier genannte πρώτη ἀπολογία
meint jedoch ein Geschehen innerhalb des gegenwärtig noch laufenden
Gerichtsverfahrens. Der Begriff ἀπολογία bezeichnet als Terminus technicus im allgemeinen Sinn die gerichtliche Verhandlung und im spezielleren die Verteidigung, die der Angeklagte während des öffentlichen
Prozesses gegenüber den Beschuldigungen einbringen durfte. Der Beistand anderer Personen war dabei erlaubt[33]. Die Hervorhebung, dass
›Paulus‹ niemand beistand, sondern ihn alle im Stich ließen, dass er aber
den Gebetswunsch äußert, Gott möge es ihnen nicht anrechnen, wirft erneut Licht auf seine Größe im einsam ertragenen Leiden. Sie wirbt aber
zugleich bei den realen Briefadressaten dafür, in ihrer Gemeindesituation
ihm und der von ihm verkündeten Botschaft, die jetzt als »gesunde Lehre« von den rechtmäßigen Gemeindeleitern vertreten und gegenüber
manchen Fehldeutungen verteidigt wird, treu zu bleiben.

So sehr sich ›Paulus‹ von Menschen verlassen empfindet, so sicher ist er 17ab
sich der Hilfe, die von Seiten des Kyrios kommt. *Er* hat ihm »beigestanden

---

[31] Das Motiv und die Ausdrucksweise
sind biblisch (vgl. Ps 61,13 [LXX]; Spr
24,12; Röm 2,6; Mt 16,27; Offb 2,23 u.ö.),
ohne dass jedoch ein »Rückgriff auf eine
bestimmte Schriftstelle« vorliegt (Häfner,
Belehrung 122 mit Überblick über andere
Positionen).
[32] Zur Unhaltbarkeit dieser Hypothese
s.o. Einführung III.2. Auch der von Mei-

nertz* 390 genannte Grund, die in V17 erwähnte Errettung »aus dem Rachen des Löwen« sei auf die Freilassung zu beziehen,
überzeugt nicht.
[33] Vgl. zur ἀπολογία J. Dupont, Aequitas
Romana, in: ders., Études sur les Actes des
Apôtres, 1967 (LeDiv 45), 527–552, hier
536ff; Spicq 818f; U. Kellermann, EWNT I
(1980) 329f; Tajra, Matyrdom 86ff.

[παρέστη]«, *er* hat ihn »gestärkt [ἐνεδυνάμωσεν]« (17a). Durch ἵνα ein-geleitet, schließt sich unmittelbar der weiterführende Gedanke an, dass *so* durch ›Paulus‹ die »Verkündigung erfüllt werde und alle Völker sie hören« (17b). Mit dieser zunächst befremdlich klingenden Aussage soll gesagt werden, dass durch den stärkenden Beistand des Herrn die ›paulinische‹ Verteidigung vor dem römischen Gericht zum Verkündigungszeugnis des Evangeliums wurde. Als »erfüllt« kann somit »die Verkündigung« deshalb gelten, weil ja ›Paulus‹ zum »Verkündiger, Apostel und Lehrer« eingesetzt wurde (2Tim 1,11; vgl. 1Tim 1,12; 2,7; Tit 1,1ff), damit die Heilsbotschaft alle Menschen erreiche. Durch das Verkündigungszeugnis in Rom, zumal vor den heidnischen Repräsentanten des Römischen Reichs, gelangt das Evangelium in besonderer Weise zu »allen Völkern [πάντα τὰ ἔθνη]« und der ›paulinische‹ Verkündigungsauftrag somit zu seiner Erfüllung[34].

17c.18 Die folgende Aussage, ›Paulus‹ sei »aus dem Rachen des Löwen entrissen [ἐρρύσθην ἐκ στόματος λέοντος]« worden (17c), steht in Spannung zum Kontext. Wie kann der reale Verfasser, der um die am Ende der Haft erfolgte Hinrichtung des Paulus wusste, den fiktiven ›Paulus‹, der ja den Tod vor Augen hat, so sprechen lassen? Der Sinn dieser so formulierten Aussage dürfte darin bestehen, ›Paulus‹ als den zwar von Menschen Ver-lassenen, aber in tiefgläubiger Frömmigkeit ganz auf Gottes Hilfe Ver-trauenden zu zeigen. Es soll deutlich werden, worauf er sich in seinem Le-ben und Sterben sowie in seinem ›apostolischen‹ Einsatz bis hinein in die Gefangenschaft und Verhöre ganz und gar *eingelassen* und sich letztlich auch *verlassen* hat (17c): *auf den Kyrios.*

Dieses Verständnis legt sich deshalb nahe, weil die Aussagen in Anleh-nung an atl. Denk- und Sprechweisen geformt worden sind. Bereits in 3,11 wurde das atl. Motiv »Rettung durch den Herrn« zunächst auf die Errettung aus konkret erlittenen Verfolgungen bezogen. Zugleich zeigte sich aber als umfassenderer Sinn der Aussage die Überzeugung, dass alle Menschenwege – besonders aber die der Leidenden und um der Gerech-tigkeit und des Glaubens willen Verfolgten – von Gottes Sorge und Hilfe begleitet werden, wie immer auch die konkreten Leidenserfahrungen und ihr Ausgang beschaffen sein mögen. Der gleiche Aussagesinn liegt in V17c vor. Denn auch hier basieren die Aussagen auf der atl. Glaubens- und Gebetssprache, nur mit dem Unterschied, dass sie aus einem begrenz-teren Motiv-Reservoir stammen. Ohne dass ein konkreter Bezugstext ausgemacht werden kann[35], verweist das Löwen-Rachen-Motiv z.B. auf

---

[34] Auch die beim Verfasser vorauszuset-zende Kenntnis von Röm 1,5.13f; 15,15.18f weist in diese Richtung des Verständnisses. – Vgl. ähnlich u.a. Spicq 820; Brox 276 (»Hier nämlich erfährt das Zeugnis seine unvergleichliche Öffentlichkeit, Glaubwür-digkeit und Kraft – wie bei Jesus«); Holtz 198; von Lips, Glaube 214f; Oberlinner 178;

Häfner, Belehrung 114 (»Verteidigungs-rede, … zur Verkündigung an die Heiden genutzt«); Stettler, Christologie 223, die jedoch außerdem Abhängigkeit von Apg 23,11 annimmt, was sich m.E. nicht emp-fiehlt.

[35] Vgl. Häfner, Belehrung 112ff mit aus-führlichem Diskurs.

Texte der Danieltradition und der Psalmen. Von Daniel wird in 1Makk 2,60[36] gesagt: ἐρρύσθη ἐκ στόματος λεόντων (vgl. Dan 6,21). In Ps 21,22 (LXX) fleht der Beter in tiefster Verlassenheit und Not: »Errette mich aus dem Rachen des Löwen!«, wobei der generische Singular – wie in 2Tim 4,17 – in bildhafter Rede »den Löwen« als Inbegriff gefährlicher Gegner meint[37]. Da Ps 21 (LXX) bereits in der urchristlichen Überlieferung der Passion Jesu eine wichtige Rolle spielte, ist mit seinem Einfluss auch an vorliegender Stelle zu rechnen.

Ebensowenig, wie das Errettungsbekenntnis in V17c die physische Befreiung aus dem Kerker meint[38], sondern das *bisher* auf den Kyrios gesetzte Vertrauen des ›Paulus‹, hat die *zukunftsgerichtete* Rettungsaussage in V18a etwa eine zu erwartende Bewahrung vor dem bevorstehenden Hinrichtungstod im Blick. Sie spricht vielmehr aus, dass sich ›Paulus‹ *auch künftig* ganz auf den Kyrios verlassen *wird*. Dieses Vertrauen im bereits umschriebenen Sinn behält Geltung auch angesichts der Erfahrung von Kerkerhaft und bevorstehender Hinrichtung[39].

Ob die Formulierung ῥύσεταί με ὁ κύριος ἀπὸ παντὸς ἔργου πονηροῦ außer durch den atl. Topos der Errettung Bedrängter durch Gott auch durch die urchristliche Überlieferung der letzten *Vaterunserbitte* beeinflusst wurde[40], ist nicht mit wünschenswerter Deutlichkeit zu erkennen. *Für* einen traditionsgeschichtlichen Zusammenhang spricht die Parallelität zur Errettungsbitte Mt 6,13 (ῥῦσαι ἡμᾶς ἀπὸ τοῦ πονηροῦ). *Gegen* eine Abhängigkeit ist einzuwenden, dass außer den Gemeinsamkeiten auch eine erhebliche Differenz besteht. Statt um die Errettung »vom Bösen« geht es in V18a um die Errettung ἀπὸ παντὸς ἔργου πονηροῦ. Diese für die Past charakteristische Formulierung lässt eher auf die Herkunft vom Verfasser der Past schließen als auf Einfluss durch die Vaterunserbitte. Jedenfalls verweist sie auf jenes weite Assoziationsfeld, das mit den entsprechenden Begriffen und Gegenbegriffen die Past insgesamt durchzieht: Die »guten Werke« gelten als Kriterium und Frucht des rechten Glaubens und einer Lebens-

---

[36] Stettler, Christologie 224 sieht in V17 »ein Zitat« aus 1Makk 2,60 und zugleich einen »Beleg für die Übertragung von Aussagen über Gott auf Jesus«.

[37] Oberlinner 179 mit Anm. 48 gibt einen Überblick über unberechtigt konkretisierende Auslegungen früherer Zeit. Zu ihnen gehört auch die, ›den Löwen‹ hier auf die kaiserliche Macht – bzw. noch konkreter – auf Nero zu beziehen. Anlass gab z.T. dazu Josephus, Ant 18,228, wo der Tod des *Kaisers* – in diesem Fall des Tiberius – mit dem Wort gemeldet wird: τέθνηκεν ὁ λέον. – Häfner, Gegner 74 zeigt, wie die Löwen-Metapher von V17 in den ActPaul zur Legende vom getauften Löwen wurde.

[38] Vgl. Brox 276: »Die Befreiung, die der Herr bewirkt, besteht in der Stärkung zu

Freimut und Bewährung.«

[39] Läger, Christologie 87 kennzeichnet die Funktion der Verse zutreffend so: Auch wenn sie vom »Rettungshandeln Christi sprechen, so liegt ihre eigentliche Funktion doch in der Ausgestaltung des Bildes von Paulus, dem Märtyrer. Es handelt sich … nur scheinbar um Aussagen der Christologie; im Vordergrund steht der Apostel, steht die ›Paulologie‹.«

[40] Angenommen wird dies z.B. von Hanson 161f. – Es neigen zu dieser Annahme u.a. Spicq 821; Kelly 220; Knight 471 (»perhaps«); Häfner, Belehrung 113f. – Es raten von ihr eher ab Dornier 249; Oberlinner 180. – Es raten von ihr ganz ab Holtzmann 459 (größere Nähe bestehe zu 2Kor 1,10; 2Thess 3,2); Hasler 82.

praxis gemäß der »gesunden Lehre« (1Tim 2,10; 5,10.25; 6,18; 2Tim 2,21; Tit 2,14; 3,1.8.14); sie gehören zum verantwortet auszuübenden Dienst der Gemeindeleitung (1Tim 3,1; Tit 2,7), die sogar selbst als »gutes Werk« bezeichnet wird (2Tim 3,17); dagegen gilt der Mangel an »guten Werken« bzw. das Verüben schlechter Taten als Anzeichen und schlimme Auswirkung der Irrlehre (Tit 1,16; 2Tim 4,14). Aufgrund des geschichtlichen Wissens, dass der wirkliche Paulus inmitten erlittener Nachstellungen, Verfolgungen und Inhaftierungen auf Befreiung durch den Herrn vertraute und sie oft erfuhr, lässt der Verfasser der Past ›seinen Paulus‹ auch jetzt inmitten der vergleichbaren Situation das Vertrauen auf Errettung durch den Herrn aussprechen. Sodann kommt in dieser Vertrauensäußerung aber auch die Überzeugung zum Ausdruck, dass alles, was in der Gemeindesituation zur Zeit der Abfassung der Past mit ›Paulus‹ und der von ihm her vermittelten »gesunden Lehre« verbunden ist, den Beistand des Herrn erfahren und jedem ἔργον πονηρόν, das die Irrlehrer verüben, entrissen werden wird.

Den Höhepunkt erreicht der Ausdruck des Vertrauens darin, dass ›Paulus‹ überzeugt ist, der Herr werde ihn »hineinretten in sein himmlisches Reich [σώσει εἰς τὴν βασιλείαν αὐτοῦ τὴν ἐπουράνιον]« (18b). Jene Exegeten, welche mit einem Einfluss des Vaterunsers auf V18 rechnen, nehmen meist an, die Erwähnung der βασιλεία könne aus der zweiten Vaterunserbitte herrühren, und die in V18c folgende Doxologie erkläre sich ähnlich wie die zum Vaterunser schon früh hinzugekommenen Abschlusserweiterungen[41]. Beachtet man aber, dass bereits in V1 von der βασιλεία die Rede war, dass der Verfasser der Past den βασιλεία-Begriff außer in V1 nur noch in V18 verwendete und mit ihm eine kunstvolle Inclusio schuf, dass überdies Doxologien ähnlicher Art samt des Amen-Zusatzes aus der paulinischen Brieftradition bekannt waren[42] und dass sie dort wie hier in liturgischer Feierlichkeit einen lobpreisenden Abschluss bilden, ist mit der Herkunft speziell aus der Vaterunsertradition kaum zu rechnen.

Der betende Lobpreis gilt dem κύριος. Wer ist mit ihm gemeint? Von V1 her legt sich die Antwort nahe: *Jesus Christus*; denn dort wurde die endzeitliche βασιλεία als Königsherrschaft Jesu Christi bezeichnet, und alle danach folgenden Aussagen über den κύριος, den endzeitlichen Richter (VV8.14), den Helfer und Retter aus den Gefahren zeitlichen und ewigen Verderbens (VV17f), können auf Jesus Christus bezogen sein[43]. Bedenken

---

[41] Vgl. z.B. Did 8,2: »Denn dein ist die Macht und die Herrlichkeit in Ewigkeit«.
[42] Wörtlich identisch ist Gal 1,5, ähnlich Röm 9,5; 11,36; Phil 4,20; Eph 3,21.
[43] Dass mit dem Kyrios in VV17f *Jesus Christus* gemeint sei und dass sich die Doxologie auf *ihn* beziehe, nehmen die meisten Exegeten an; z.B. Spicq 821f; Deichgräber, Gotteshymnus 33f; Holtz 198f; Hanson 162 (prayer »directed to Christ as to God by this time«); Merkel 87 (»die jüdi-

sche Form [wird] mit christlichem Inhalt gefüllt«); Knight 473; Läger, Christologie 86f; Stettler, Christologie 224–227 (»Übertragung von Aussagen über Gott auf Jesus« [224]; »eine sonst an Gott gerichtete Doxologie auf Jesus« bezogen, wobei »dessen Gleichstellung« vorausgesetzt ist [226]; dass »Jesus Taten Gottes zugeschrieben werden und eine Doxologie an ihn gerichtet wird, impliziert seine Gottgleichheit« [227]).

entstehen aber dadurch, dass die Kyrios-Bezeichnung in den Past oft Gott meint, dass eine ähnliche Doxologie in 1Tim 1,17; 6,15f auf Gott bezogen ist, dass im AT wie im Urchristentum Gott vorwiegend als der endzeitliche Richter gilt, dass die aufgenommenen Beistands- und Rettertraditionen (VV17f) zunächst von Gott als dem Retter sprechen und dass sich der betende Lobpreis (V18c) sonst ebenfalls meist auf Gott bezieht. Der Text bietet m.E. keine hinreichenden Indizien dafür, eine eindeutige Entscheidung treffen zu können[44]. Die Schwierigkeit hängt z.T. damit zusammen, dass der Verfasser insgesamt die Relation Jesu Christi zu Gott nicht deutlich genug reflektiert zum Ausdruck bringt, was sich ja bereits im Präskript und an den Retter-Aussagen zeigte, mit denen sowohl Gott als auch Christus bezeichnet sein kann (s.o. zu 1,2 und 1,10). Im Hinblick auf VV17f wird man sagen können: Insofern die Aussagen vom Beistand *Gottes*, der Errettung durch ihn und von seiner endzeitlichen Königsherrschaft sprechen und den betenden Lobpreis ihm gegenüber zum Ausdruck bringen, meinen sie doch zugleich die engste Verbundenheit Jesu Christi mit Gott, dem Vater, und sein einzigartiges heilsmittlerischen Wirken, dem sich alle Heilsgüter verdanken; insofern aber vom Beistand *Jesu Christi*, der Errettung durch ihn und von seiner endzeitlichen Königsherrschaft die Rede ist und ihm der betende Lobpreis gilt, ist selbstverständlich der dahinter stehende eine Gott und Vater Jesu Christi mitgemeint.

Antiker Briefkonvention gemäß leitet der Abschnitt vom Briefcorpus zum Postskript über. Er ist in Anlehnung an die Briefschlüsse des Röm, 1Kor, Phlm und Kol gestaltet. Der Verfasser hat dabei ›*seinem Paulusbild*‹ die letzten Konturen gegeben. Noch einmal verweist er die Gemeinden und ihre Leiter paränetisch auf dieses Vor-Bild und versucht, sie zum Nachfolgen und für die Erfüllung ihrer Aufgaben zu motivieren. Aussagen personaler, zeitlicher, räumlicher und gegenständlicher Art sind diesem Ziel dienstbar gemacht. Die Nennung einer Vielzahl von ›Paulus‹-Mitarbeitern soll auch den Eindruck der Authentizität verstärken. Dabei wird z.T. an historisch Zutreffendes und den Lesern vermutlich Bekanntes angeknüpft; z.T. wird aber auch manches ohne historischen Anhalt und nur um des angestrebten Aussagezieles willen zugespitzt.
›*Paulus*‹ wird gezeichnet als der um des Evangeliums willen leidende, einsame und von Menschen verlassene, bis zuletzt missionarisch tätige, noch im Angesicht des Todes sich um die Gemeinden sorgende, seine Mitarbeiter leitende, materiell bedürfnislose, sich an der heiligen Schrift orientierende, von Irrlehrern angefeindete, aber in Leben und Tod ganz und gar auf den Kyrios vertrauende Apostel. Nicht nur die Aussagen über den bis

Zusammen-
fassung

---

[44] Auch Oberlinner 181 meint, dass »letztlich keine eindeutige Entscheidung« möglich ist, dass aber eher – wenn auch »nicht notwendigerweise exklusiv – an Gott zu denken« sei; ähnlich Söding, Erscheinen 172.

zuletzt ungebrochen durchgehaltenen Einsatz weisen auf die ›paulinische‹ Apostolatsintensität hin, sondern auch die Erwähnungen von Mitarbeitern, Städten und Regionen. Es werden dadurch räumliche Weiten, mühevolle Wege und das von ›Paulus‹ in vielen Einzelschritten aufgebaute weitverzweigte Missions-Netzwerk angedeutet. Die vom Verfasser herausgearbeiteten Konturen sollen die Gemeindeglieder und vor allem die Gemeindeleiter darin bestärken und dazu bewegen, sich in ihrer christlichen Existenz so zu verhalten und in der Wahrnehmung ihrer gemeindeleitenden Aufgaben so einzusetzen wie ›Paulus‹.

Liegt somit zwar ein absichtsvoll und in seinen Einzelzügen ganz bewusst gestaltetes ›Paulusbild‹ vor, so entstellt es doch keineswegs den wirklichen Paulus. Es bringt nur gezielt zum Ausdruck, wer er war: der vom Herrn ergriffene, in seinem Dienst sich rastlos und bis zum Martyrium einsetzende Apostel; und es verhilft dazu, dass christliches Leben und kirchlicher Dienst sich an ihm orientieren.

Exkurs: Die Personalangaben der Pastoralbriefe und ihre Wirkungsgeschichte

Die Past enthalten außer den Namen der Adressaten viele Personennamen. Teils sind sie mit positiven oder negativen Urteilen verbunden, teils auch mit Aussagen, welche die vorgestellte Situation der Briefkommunikation beleuchten. Da sie als Gestaltungsmittel in allen drei Briefen, besonders aber in 2Tim, eine Rolle spielen, empfiehlt es sich, die entsprechenden Texte gemeinsam in den Blick zu nehmen und in einer Zusammenschau die sich ergebenden Fragen und Gesichtspunkte zu behandeln.

1   Überblick über die Textpassagen
Folgende sechs *Textpassagen* enthalten Personalangaben:
1.1   In 1Tim heißt es anschließend an die Ermahnung, den guten Kampf mit Glauben und reinem Gewissen zu kämpfen, dass schon manche »beides verworfen und so im Glauben Schiffbruch erlitten haben. Zu ihnen gehören *Hymenäus* und *Alexander*«, die wegen ihrer Lästerungen bereits aus der Gemeinde ausgeschlossen worden sind (1,20).
1.2   Im Proömium 2Tim 1,5 wird anerkennend der Glaube des ›Timotheus‹ hervorgehoben, und es wird gesagt, dass dieser Glaube schon in der »Großmutter *Loïs*« und in der »Mutter *Eunike*« lebendig war.
1.3   In 2Tim 1,15–18 richtet sich der Blick auf die Gefängnishaft des ›Paulus‹. Der Konkretisierung seiner Verlassenheit dient die namentliche Erwähnung, dass sich auch *Phygelus* und *Hermogenes* von ihm abgewandt haben. Als Kontrastbeispiel gegenüber ihrem negativen Verhalten gilt *Onesiphorus*. Er hat sich nicht nur um die Gemeinde in Ephesus verdient gemacht, sondern auch um den gefangenen ›Paulus‹ in Rom.

1.4 In 2Tim 2,17 wird über gottlose Schwätzer und Irrlehrer gesagt, dass sie immer tiefer in die Gottlosigkeit geraten und dass ihre Lehre den Glauben zerstört. Namentlich werden *Hymenäus* und *Philetus* genannt. Sie behaupten als Irrlehre, »die Auferstehung sei schon geschehen«.

1.5 Gegen Schluss des Titusbriefs schreibt ›Paulus‹: Sobald »ich *Artemas* oder *Tychikus* zu dir schicke, komm rasch zu mir nach Nikopolis. ... Den gesetzeskundigen *Zenas* und den *Apollos* statte für die Weiterreise gut aus ...« (3,12f).

1.6 Den mit Personalnotizen reichhaltigsten Abschnitt stellt der Abschluss des 2Tim dar. Es werden der ›treulose‹ *Demas*, die abgereisten Mitarbeiter *Kreszenz* und *Titus*, der bei ›Paulus‹ in Rom ausharrende *Lukas*, der nach Ephesus gesandte *Tychikus*, der Christ *Karpus* in Troas sowie der gefährliche Gegner *Alexander* erwähnt. An *Priska* und *Aquila* sowie an das Haus des *Onesiphorus* ergehen Grüße. Über *Erastus* wird informiert, dass er in Korinth blieb, und über *Trophimus*, dass er krank in Milet zurückgelassen worden sei. Als mit dem Absender ›Paulus‹ grüßende werden »*Eubulus, Pudes, Linus, Claudia* und alle Brüder« genannt (4,10–21).

2 Namen aus paulinischer Tradition

Einige der genannten Namen stammen mit Sicherheit aus *paulinischer Tradition*, sei es, dass sie durch Paulusbriefe oder durch Überlieferungsgut vermittelt wurden, aus dem sowohl der Verfasser der Past als auch der der Apg geschöpft hat. Dies gilt für folgende Namen: *Tychikus* (Apg 20,4f; Kol 4,7; Eph 6,21; Tit 3,12); *Trophimus* (Apg 20,4; 21,29; 2Tim 4,20); *Demas, Lukas* (Phlm 24; Kol 4,14; 2Tim 4,10f); *Markus* (Apg 12,12.25; 15,37.39; Phlm 24; Kol 4,10; 1Petr 5,13; 2Tim 4,11); *Titus* (2Kor 2,13; 7f; 12,18; Gal 2; 2Tim 4,10; Tit 1,4); *Apollos* (Apg 18,24; 19,1; 1Kor 1,12; 3f; 16,12; Tit 3,13); *Erastus* (Apg 19,22; Röm 16,23; 2Tim 4,20); *Priska* und *Aquila* (Apg 18,2.18.26; Röm 16,3; 1Kor 16,19; 2Tim 4,19).

3 Die spezielle Verarbeitung tradierter Namen

Manche dieser aus Überlieferungsgut aufgenommenen Namen werden vom Verfasser der Past ohne Zusätze lediglich zur Gestaltung des fiktiven Briefrahmens und mit den damit zusammenhängenden Aussageabsichten verwendet, z.B. in Reiseanweisungen (*Tychikus*: Tit 3,12; *Apollos*: Tit 3,13) und in Grußlisten (*Priska, Aquila*: 2Tim 4,19). Die mit ihnen verbundenen inhaltlichen Aussagen sind deshalb ebenfalls fiktiv.

Deutlich zeigt dies z.B. die Grußempfehlung an *Priska* und *Aquila* (2Tim 4,19). Sie setzt voraus und assoziiert den Gedanken, dass sich beide während der römischen Haft des ›Paulus‹ noch bei ›Timotheus‹ in Ephesus befinden; aber nach Röm 16,3f waren sie bereits wieder nach Rom zurückgekehrt, bevor Paulus erstmals Rom erreichte.

Ähnlich verhält es sich in anderen Fällen, wo zwar die Herkunft des Namens aus der Überlieferung unbestreitbar ist, aber die mit ihm verbundenen Aussagen in freier Gestaltung erst vom Verfasser der Past stammen. Zu dieser Art fingierter Personalaussagen gehören z.B. die Informationen a) über den in Milet krank zurückgelassenen *Trophimus* (2Tim 4,20); denn nach Apg 20,4; 21,29 gelangte dieser zusammen mit Paulus und Timotheus (!) bis nach Jerusalem; b) über den Verbleib des *Erastus* in Korinth (2Tim

4,20), denn Timotheus war ja selbst in Korinth mit anwesend (Röm 16,21; Apg 20,2ff)[45]; c) über die Reise des *Titus* nach Dalmatien (2Tim 4,10), die z.T. aus Röm 15,19 erschlossen ist; d) über die Anwesenheit des *Lukas* beim inhaftierten ›Paulus‹; denn der Gedanke stammt aus Kol 4,14[46].

4 Die Verbindung von bekannten mit unbekannten Namen

In der zum fingierten Briefrahmen gehörigen Erwägung des ›Paulus‹, demnächst *Tychikus* zu ›Titus‹ nach Kreta zu schicken und zur ebenso fiktiven Anweisung, *Apollos* für die Weiterreise gut auszustatten (Tit 3,12f), ist jedem dieser beiden aus der Pauluswirksamkeit bekannten Namen noch ein sonst im NT unbekannter hinzugefügt: *Artemas* und *Zenas*. Letzterer wird als Gesetzeskundiger bezeichnet (Tit 3,13). Ob es sich um historische Gestalten handelt, ist nicht erkennbar. Zu vermuten ist aber, dass der Verfasser bewusst einen *bekannten* mit einem sonst in der ntl. Paulustradition *unbekannten* Namen[47] verbunden hat. Denn dadurch konnte er zum Ausdruck bringen, dass außer der Kontinuität zwischen ›Paulus‹ und seinen unmittelbaren Schülern ›Titus‹ und ›Timotheus‹ auch eine Kontinuität hin zu anderen, sonst nicht bekannten Personen besteht, »die dem Auftrag des Paulus entsprechen und die ›*jetzt*‹, in der neuen Situation der *dritten* christlichen Generation, den Dienst in den Gemeinden verrichten«[48]. Diese Beobachtung zeigt überdies, dass das oft zugunsten der Historizität und gegen die Annahme relativ freier Gestaltung angeführte Argument, der Verfasser knüpfe möglichst an Traditionsgut, an bekannte Situationen und Gegebenheiten an, zwar zu beachten ist, dass es aber auch seine Grenzen hat.

5 Namen, die nur in den Past begegnen

Außer *Artemas* und *Zenas* kommen weitere Namen innerhalb des NT *nur in den Past* vor. Es sind: *Hymenäus* (1Tim 1,20; 2Tim 2,17) und *Alexander*[49] (1Tim 1,20; 2Tim 4,14); *Loïs* und *Eunike* (2Tim 1,5); *Phygelus* und *Hermogenes* (2Tim 1,15); *Onesiphorus* (2Tim 1,16; 4,19); *Philetus* (2Tim 2,17); *Kreszenz* (2Tim 4,10); *Karpus* (2Tim 4,13); *Eubulus, Pudes, Linus* und *Claudia* (2Tim 4,21).

Über *Hymenäus, Alexander, Phygelus, Hermogenes* und *Philetus* wer-

---

[45] Sie ist möglicherweise durch Gleichsetzung mit dem Stadtkämmerer Erastus entstanden, der nach Röm 16,23 zur korinthischen Gemeinde gehörte.

[46] Zu *Demas* und *Markus* s.o. die Kommentierung von 4,10ff.

[47] In Abhängigkeit von Tit 3,13 gelangte Zenas/Zenon vermutlich in die apokryphe Paulustradition. Nach ActPaul 2 (Schneemelcher, NTApo II 316) gilt er als Sohn des Onesiphorus (Text s.u. 5.5.5). In der weiterentwickelten Zenaslegende wird er zu einem der 70 bzw. 72 Jünger des Herrn und zum fingierten Verfasser der Titusakten. Vgl. dazu K. Niederwimmer, Zenas, der Jurist (Tit 3,13), in: Kirche, Recht und Wissenschaft (FS A. Stein), hrsg. v. Boluminski, A., Neuwied 1995, 217–230, hier 229f.

[48] Oberlinner, Tit 199.

[49] S.o. den Kommentar zu 4,14.

den negative, über *Loïs, Eunike* und *Onesiphorus* ausdrücklich positive Aussagen gemacht. *Kreszenz* und *Karpus* werden – ähnlich wie Artemas und Zenas – im Zusammenhang missionarischer Wirksamkeit und insofern ebenfalls in positivem Sinn erwähnt. Gleiches gilt für *Eubulus, Pudes, Linus* und *Claudia,* von denen ›Paulus‹ Grüße bestellt.

Da bei allen diesen genannten Personen Vergleichsmöglichkeiten innerhalb der ntl. Tradition fehlen, ist es verständlich, dass es im Umgang mit den Fragen, ob es sich um *historisch reale Gestalten* oder um *fiktive Angaben* handelt und weshalb der Verfasser sie erwähnt, unterschiedliche Antworten gibt. Das Höchstmaß des Vertrauens in historische Zuverlässigkeit findet sich verständlicherweise dort, wo mit der paulinischen Verfasserschaft der Past gerechnet wird. Da diese aber nicht vorausgesetzt werden kann, vermindert sich der historische Gewissheitsgrad der Angaben von vornherein erheblich. Unter den mit pseudepigraphischer Abfassung rechnenden Exegeten tendieren die einen grundsätzlich mehr dazu, in den Personenangaben mindestens die Anknüpfung an Tradiertes, wenn auch damit noch nicht in jedem Fall historisch Zutreffendes, zu sehen[50], während andere ein größeres Maß fiktiv-redaktioneller Gestaltung im Dienst der pseudepigraphischen Aussageabsichten annehmen[51]. Selbstverständlich ist beim Umgang mit diesen Fragen zu bedenken, dass die eingesetzten Gestaltungsmittel bei den Lesern auch das Vertrauen in die *Echtheit* des Briefes stärken und die *Akzeptanz seiner Inhalte* fördern sollten. Allgemein wird man deshalb eher annehmen, dass die erwähnten *Personen* den Lesern *irgendwie bekannt* und für sie *von Interesse* waren und dass ihnen die näheren *Angaben über diese Personen mindestens plausibel* erscheinen mussten. Dennoch wird im einzelnen das Urteil dadurch erschwert, dass wir aufgrund der sehr begrenzten Quellenlage über die fiktiven und realen Leser nicht soviel wissen, dass wir ihren ›Erwartungshorizont‹ bzw. das, was ihnen als akzeptabel ›zugemutet‹ werden konnte, genau abstecken können.

5.1 Ganz besonders deutlich erweist sich die im Briefschluss von 2Tim geäußerte Bitte, die bei *Karpus* in Troas zurückgelassenen Gegenstände mitzubringen, als rein redaktionell und frei gestaltet (s.o. zu 4,13).

5.2 Die namentliche Erwähnung der Großmutter *Loïs* und der Mutter *Eunike* stammt vermutlich ebenfalls vom Verfasser, ohne dass er dafür einen konkreten Anhalt in der Familiengeschichte des ›Timotheus‹ oder in sonstigem Überlieferungsgut hatte. Zum einen legt sich dies durch die Differenz zu Apg 16,1–3 nahe und zum anderen dadurch, dass die Konkretisierung einem ganz bestimmten Aussageziel dienstbar gamacht ist (s.o. zu 1,5).

5.3 Vermutlich ebenfalls ohne einen Anhalt im Überlieferungsgut ist das mit den

---

[50] So die Tendenz z.B. bei Dibelius/Conzelmann 96f; Brox 120.237f.268f; Roloff 105 u.ö.; Redalié, Paul 127–129. – Vgl. Speyer, Fälschung 82.

[51] So die Tendenz bei Trummer, Paulustradition 132–141; Oberlinner, 1Tim 56f (zu 1Tim 1,20); ders., 2Tim 55f (zu 2Tim 1,15f); 97f (zu 2Tim 2,17); 166–187 (zu 2Tim 4,9–21); ders, Tit 193–199 (zu Tit 3,12f).

Personennamen *Phygelus* und *Hermogenes* versehene paränetische Kontrastbeispiel in 2Tim 1,15 vom Verfasser gebildet worden. Die Erwähnung, dass sie zu denen gehören, die ›Paulus‹ im Stich gelassen haben, soll davor warnen, sich von
›Paulus‹ und seiner jetzt in der Gemeinde zu bewahrenden Botschaft abzuwenden.
– Im Unterschied dazu dürfte der positive Hinweis auf den Dienst des *Onesiphorus
und seines Hauses* eine historische Verwurzelung haben (s.o. zu 1,15–18).

5.4   Außer Phygelus und Hermogenes, von denen es nur heißt, dass sie sich von
›Paulus‹ abgewandt haben (2Tim 1,15), werden im Zusammenhang schärfer ge-
kennzeichneter Gegnerschaft namentlich *Hymenäus* (1Tim 1,20; 2Tim 2,17),
Alexander (1Tim 1,20; 2Tim 4,14)[52] und *Philetus* (2Tim 2,17) genannt. Ist die Erwähnung ihrer Namen auch als pseudepigraphisch-konkretisierendes Stilmittel
zu betrachten? Sollten durch die Personalisierung lediglich Vorgänge und Entwicklungen veranschaulicht[53] und die Adressaten paränetisch vor negativem Verhalten gewarnt werden? Oder hat der Verfasser überdies an reale Gestalten gedacht, und die Leser sollten an Personen denken, die auch ihnen bekannt waren?[54]
Gegen die Annahme, es handle sich bei den namentlich erwähnten Hymenäus
und Alexander um Irrlehrer, die den Adressaten als Zeitgenossen und vielleicht
sogar als versagende Amtsträger bekannt waren, spricht die pseudepigraphische
Kommunikationsstruktur des Schreibens: *Paulus*, der ja im Bewusstsein der
Adressaten als Verfasser des in der Vergangenheit geschriebenen Briefes gilt,
kann nicht ihre konkreten Zeitgenossen kritisiert haben. Hätte der Verfasser der
Past es gewagt, Zeitgenossen als von Paulus selbst kritisierte einzuführen, wäre
die Fiktionalität durchschaubar oder mindestens sehr gefährdet worden[55]. Sollte
es sich um reale Gestalten handeln, könnten es nur welche *aus der Vergangenheit,* nämlich *aus der Zeit des Paulus* sein. Das ist nicht unmöglich; aber positiv
erweisen lassen sich im Umkreis des Paulus die Namen und das gegnerische Verhalten der genannten Personen nicht. Paulus erwähnt zwar ausdrücklich die Geg-

---

[52] S.o. den Kommentar zu 4,14.
[53] So m.E. zu Recht u.a. Trummer, Paulustradition 137; ähnlich Oberlinner, 1Tim 56f.
[54] Selbstverständlich rechnen damit die
Vertreter der Echtheit. Von den Vertretern
der Pseudonymität sehen es so u.a. Brox
120.237.274; Hanson 65f; Thiessen, Christen 252f.306; Roloff 43: »Ohne Zweifel
verbergen sich hinter ihnen konkrete Gestalten, entweder zeitgenössischer Protago-
nisten der Irrlehre oder – wahrscheinlicher
– ältere Autoritäten, auf die sich die gegenwärtigen Irrlehrer berufen.« Gegen die Annahme der Fiktionalität der Namen spreche, dass die »Past nach Möglichkeit an den
Adressaten bekannte Situationen und Gegebenheiten anknüpfen« und dass ein
Gegenbild mit »einem Abfall von solcher
Schwere ... unmöglich erfunden sein kann«
(105). Es handle sich also vermutlich um
Irrlehrer im Umkreis von Ephesus, »die ihren gefährlichen Einfluß auf die Gemeinden ihrer früheren Nähe zum Kreis der
Paulusschüler verdanken.« Der Ordina-

tions-Kontext von 1Tim 1,20 lasse annehmen, »daß beide kirchliche Amtsträger waren«, deren Einfluss nun »durch eine Stel-
lungnahme des Apostels selbst der Boden
entzogen werden« solle (105).
[55] Zur Begründung, dass ein Entdecken
der Fälschung weder beabsichtigt noch ein-
kalkuliert war, vgl. Brox, Verfasserangaben
63f; Steimer, Vertex 356f. – Dass es gelegentlich zu Entdeckungen kam und dass sie
sich für den Fälscher negativ auswirkten,
zeigt bes. deutlich Tertullian, Bapt 17
(Übers. bei Schneemelcher, NTApo II 195):
»Der Presbyter in Asien«, der die ActPaul
»hergestellt hat, als könne er dem Ansehen
des Paulus etwas von dem Seinigen hinzu-
fügen, [ist] von seinem Amt zurückgetre-
ten, nachdem er überführt war und gestan-
den hatte, daß er das aus Liebe zu Paulus
getan habe.« – Zur Kontroverse, ob sich
Tertullians Äußerung auf die ActPaul oder
auf einen anderen apokryphen Text bezieht, vgl. Davies, Women (und die Response von MacKay ebd. 145–149).

nerschaft vieler in Ephesus (1Kor 16,9; vgl. 15,32), nennt aber keine Namen. Er spricht von der Übergabe eines Gemeindeglieds in Korinth »an den Satan«, und der Verfasser der Past nimmt bei seiner Aussage über Hymenäus und Alexander (1Tim 1,20) diesen Ausdruck auf; aber bei Paulus wird in derartigem Zusammenhang kein Name erwähnt. Dass es die namentlich genannten Personen und ihr negatives Verhalten gab, ist zwar nicht unmöglich, aber keineswegs »ohne Zweifel«. Angesichts der bedachten Sachverhalte und des in pseudepigraphischer Literatur oft gehandhabten Vorgehens, Personennamen und andere Konkretisierungen auch ohne Anhalt in der Überlieferung und Historie einzufügen[56], ist ihre Historizität eher unwahrscheinlich.

Gleiches gilt für den in 2Tim 2,17 mit *Hymenäus* zusammen als Auferstehungs-Irrlehrer genannten *Philetus* und für die in 2Tim 1,15 erwähnten *Hermogenes* und *Phygelus*.

5.5 Von den im NT nur in den Past vorkommenden Namen begegnen einige auch in der *frühkirchlichen Literatur*. Lässt sich daraus etwas zur historischen Erhellung oder mindestens zur Frage nach der Traditionsgebundenheit der Personalnotizen der Past gewinnen? Es könnte ja sein, dass sich in den außerntl. Zeugnissen Traditionen erhalten haben, deren Wurzeln bis in die Zeit und das Milieu *vor Abfassung der Past* hinabreichen.

5.5.1 *Linus* wird in den Bischofslisten der Kirchengeschichte des Eusebius genannt. Die fünf Passagen lauten:

HistEccl III,2: »Nach dem Martertod des Paulus und Petrus erhielt zuerst Linus den bischöflichen Stuhl der römischen Kirche. Paulus gedenkt seiner bei Anführung der Namen am Ende des von Rom aus an Timotheus gerichteten Briefes.«

HistEccl III,4,8: »Von den übrigen Schülern des Paulus reiste Kreszens, wie der Apostel erklärt, nach Gallien [2Tim 4,10], Linus aber, von dem er im zweiten Briefe an Timotheus erzählt, daß er sich bei ihm in Rom befinde [4,21], erhielt zunächst nach Petrus den bischöflichen Stuhl der Kirche in Rom, wie ich schon oben gesagt habe. Klemens, der dritte Bischof der Kirche in Rom, wird von Paulus selbst als sein Mitarbeiter und Mitkämpfer erklärt [Phil 4,3].«

HistEccl III,13: »Im zweiten Jahre der Regierung des Titus hinterließ Linus, Bischof der Kirche von Rom, die bischöfliche Würde dem Anenkletus, nachdem er selbst dieselbe zwölf Jahre innegehabt hatte.«

III,21: Unter Trajan »regierte noch Klemens in Rom. Er war von den Bischöfen, welche nach Paulus und Petrus auf dem dortigen Stuhle saßen, der dritte; der erste war nämlich Linus, der zweite Anenkletus.«

HistEccl V,5,9: Irenäus gibt »die Reihenfolge der römischen Bischöfe an und stellt einen Katalog auf bis Eleutherus ...«; VI,6,1: »Nachdem die seligen Apostel die

---

[56] Auch die Exegeten, welche eher zur Annahme der Historizität neigen, wissen durchaus um diesen Topos, gewichten ihn hier aber anders. Der von Roloff 105 geäußerte Gedanke, ein »Abfall von solcher Schwere« könne »unmöglich erfunden sein«, ist ein Ermessensurteil der Art, wie er selbst es z.B. nicht gelten lässt, wenn die Befürworter der Authentizität die Bitte um das Mitbringen des zurückgelassenen Mantels (2Tim 4,13) für *unerfindbar* halten (vgl. ebd. 32).

Kirche gegründet und eingerichtet hatten, übertrugen sie dem Linus das bischöfliche Amt. Dieses Linus gedenkt Paulus in den Briefen an Timotheus.« Eusebius teilt ausdrücklich mit, dass er sich auf Irenäus stützt, und das in VI,6,1 Gesagte ist wörtliches Zitat aus Haer III,3,3. Die maßgebliche Quelle über den Episkopat des Linus in Rom ist also der um 180[57] von Irenäus geschriebene Text. Die in ihm und – davon abhängig – bei Eusebius ausdrücklich vorgenommene *Identifikation* des römischen ›Bischofs‹ Linus mit dem in der Grußliste des 2Tim erwähnten überzeugt aus folgenden Gründen historisch nicht: 1. Irenäus und Eusebius formulieren ihre Aussagen über die Bischofseinsetzung des Linus durch Paulus unter der irrtümlichen Voraussetzung, Paulus selbst habe den 2Tim geschrieben und erwähne Linus in der Grußliste. 2. Wie u.a. Phil 1,1 erkennen lässt, hat es zwar in paulinischen Gemeinden Episkopen gegeben; aber nirgendwo wird gesagt, Paulus habe sie eingesetzt. 3. Hätte der vom Verfasser der Past erwähnte Linus die von Irenäus und Eusebius vorausgesetzte episkopale Position innegehabt, dann wäre es kaum zu verstehen, dass dies im 2Tim nicht erwähnt worden wäre, zumal in den Past so großer Wert auf die Autorität der Dienstämter gelegt wird und ansatzweise das Interesse an deren kontinuierlicher Vermittlung zur Sicherung der »gesunden Lehre« vorhanden ist. 4. Bei Irenäus steht die Auseinandersetzung mit der Gnosis im Vordergrund. In diesem Zusammenhang ist der Argumentationswille zu verstehen, die unverfälschte Kontinuität der kirchlichen Glaubenslehre durch eine lückenlose personale Aufeinanderfolge der rechtmäßigen Gemeindeleiter zu erweisen. Diese Aussageabsicht ist so beherrschend, und die Einzelaussagen sind so stark in den Dienst dieses Aussagezieles gestellt, dass deren historischer Wirklichkeitsgehalt kaum noch zu erkennen ist bzw. sehr geschmälert erscheint. 5. Dass interessegeleitete Konstruktion eine größere Rolle spielte als historische Zuverlässigkeit, zeigt sich auch daran, dass nicht nur mit Linus, sondern auch mit Klemens eine konstruierte Identifikation vorgenommen wurde. Nach der Erwähnung des Linus heißt es bei Eusebius: »Klemens, der dritte Bischof der Kirche in Rom, wird von Paulus selbst als sein Mitarbeiter und Mitkämpfer erklärt« (HistECCl III,4,8). Aufgrund der Annahme, *der in Phil 4,3 genannte Klemens* sei nach der Mitbeteiligung am Gemeindeaufbau in Philippi auch Mitarbeiter des Paulus in Rom gewesen, identifizierte eine auf Origenes zurückreichende Tradition diesen Klemens mit dem Bischof Klemens von Rom. Ebenso wie bei Linus gibt es aber außer der Namensgleichheit keinen realen Anhaltspunkt, der die vorgenommene Identifikation rechtfertigt[58]. Über den Linus der Past ist außer seinem Namen und der Wahrscheinlichkeit, dass er als Christ

---

[57] Vgl. N. Brox, Irenäus von Lyon, GK I (1984) 87. – Zu den ältesten römischen Bischofslisten, den Problemen der wirklichen Namensfolge und der Art des ausgeübten Dienstamtes vgl. Lightfoot, ApF I/1, 201–345 (Early Roman Succession); Lampe, Christen 334–345; H. Ohme, LTHK II (³1994) 500f.

[58] Vgl. Lightfoot: »We have no reason to suppose that it was based on any historical evidence ... it has no claim to acceptance.« (ApF

I/1, 22); A. Jaubert, Clément de Rome. Épître aux Corinthiens, 1971 (SC 167), 21: »Cette dernière identification est celle d'Origène. Il est difficile de la prouver. Une donnée plus sûre est de faire de Clément un disciple des apôtres sans préciser davantage.« J. Gnilka, Der Philipperbrief, ³1980 (HThK X/3), 168: »Diese Tradition verdient keine historische Glaubwürdigkeit, weil sich des römischen Klemens schon bald die Legende bemächtigte.«

zusammen mit Eubulus, Pudes und Claudia zur Gemeinde in Rom gehörte[59], nichts bekannt.

5.5.2   Ob *Claudia* nicht nur römische Christin, sondern auch die Mutter des Linus gewesen ist, wie es in der Bischofsliste der ConstAp[60] heißt, bleibt ungewiss. Es kann sein, dass aus der Identifikation des Linus der Past mit dem römischen ›Bischof‹ Linus und aus dem bloßen Nebeneinander der Namen *Linus* und *Claudia* in der Grußliste 2Tim 4,21 *ohne einen historischen Anhaltspunkt* ein Verwandtschaftsverhältnis konstruiert worden ist. Durch derartige Konkretionen und personale Vernetzungen wurden ›apostolische Zusammenhänge‹ verdichtet. Sie erklären sich als literarische Ausdrucksmittel im Dienst eines bestimmten Traditions- und Normverständnisses[61].

5.5.3   Der ebenfalls in der Grußliste 2Tim 4,21 erwähnte Name *Pudes* ist inschriftlich belegt[62] und kommt in der lateinischen Form *Pudens* auch in den Epigrammen des Martialis als Name des *Ehegatten* einer Britin *Claudia* vor (IV,13; XI,53). In späteren Legenden wurden die Namen dieses Ehepaares mit den Namen in 2Tim 4,21 identifiziert, so dass man auch hier *Pudes* als *Ehemann der Claudia* ansah. Durch die Bezeichnung Claudias als Britin bei Martialis und durch Kombinationen mit anderwärts begegnenden Aussagen, dass sie die Tochter eines englischen Königs gewesen sei[63], rankten sich weitere Legenden um das vermeintliche ›Ehepaar‹ der Past. Ebenso wie möglicherweise aus dem bloßen Nebeneinander der Namen *Linus* und *Claudia* ein Verwandtschaftsverhältnis konstruiert wurde, ist aufgrund rein äußerer Parallelität der Namen *Pudes* und *Claudia*, wie sie bei Martialis und in 2Tim vorliegt, in legendenhafter Ausgestaltung ein *Eheverhältnis* geworden. Zur historischen Erhellung trägt dies nichts bei, so dass über *Pudes* außer der Nennung seines Namens im positiven Zusammenhang der Grußliste und der vermutlichen Zugehörigkeit zur römischen Christengemeinde nichts zu erfahren ist.

5.5.4   *Eubulus* wird im Präskript des 3. Korintherbriefs der ActPaul genannt. Stephanas, der sich als Hauptabsender dieses fingierten Antwortbriefs ausgibt, der von Korinth an den in Philippi befindlichen Paulus gerichtet ist, erwähnt als Mitabsender »die Presbyter, die mit ihm sind, Daphnus, *Eubulus*, Theophilus und Xenon.« Wie schon im vorausgehenden und nachfolgenden Brief des Paulus geht es u.a. um die Auferstehung des Fleisches. Aufgrund der Abhängigkeit der ActPaul von den Past (s.u.) ist anzunehmen, dass der Name Eubulus aus 2Tim 4,21 stammt. Die erneute Verwendung des Namens lässt nichts über das hinaus erkennen, was sich bereits als Vermutung aus 2Tim ergibt, nämlich dass Eubulus ein römischer Christ war, von dem auch der Verfasser der Past und seine Adressaten wussten[64].

---

[59]   Dass dies nicht nur *möglich*, sondern eher *wahrscheinlich* ist, ergibt sich aus der Vermutung, dass der Verfasser für die Grußliste V21 Namen wählte, die ihm für seine Leser/innen von Interesse zu sein schienen. Das spricht zugunsten der Annahme, dass es die Personen als Christen in Rom gegeben hat und dass sie einen gewissen Bekanntheitsgrad besaßen.

[60]   VII,46,6: »In der Kirche der Römer wurde Linus, der Sohn der *Claudia*, als erster von Paulus eingesetzt.«

[61]   Zu diesen Gestaltungsmitteln in frühen Kirchenordnungen vgl. Steimer, Vertex 336–362; Schöllgen, Pseudapostolizität (passim).

[62]   Nachweise bei Dibelius/Conzelmann 94.

[63]   Vgl. ausführlich dazu Lightfoot, ApF I/1, 76–81.

[64]   Ebenso verhält es sich mit den übrigen Namen des fiktiven Briefrahmens von 3Kor. Sie sind – außer Xenon – urchristlichen Schriften entnommen; vgl. Lona, Auferstehung 157.

5.5.5 Eine Gegenüberstellung *namentlich* genannter *Gegner* und *Helfer* des
Paulus findet sich in den »*Paulus*-« und »*Theklaakten*«: »*Demas, Hermogenes*
[und] der *Kupferschmied*« begleiten Paulus von Antiochien nach Ikonium und
halten sich auch dort bei ihm auf. Sie geben zwar vor, ihn zu lieben, betreiben
aber sein Verderben. Sie wenden sich u.a. gegen die Predigt des Paulus. Sie sagen:
Die Auferstehung ist »schon in den Kindern geschehen, die wir haben, und wir
[sind] auferstanden, indem wir den wahren Gott erkannt haben.« Paulus selbst jedoch bleibt ihnen freundlich zugewandt[65]. Im Kontrast zu ihnen wird von *Onesiphorus* erzählt, wie er, von Titus über Paulus vorinformiert, »mit seinen Kindern
Simnias und Zeno und seinem Weibe Lektra dem Paulus« entgegengeht und ihn
dienstbereit und voll Freude in sein Haus aufnimmt (2–4)[66]. Während der gottesdienstlichen Feier im Haus des *Onesiphorus* verkündet Paulus »das Wort Gottes
von der Enthaltsamkeit und der Auferstehung« (5f). Er begeistert damit Thekla,
die sich daraufhin von ihrem Verlobten Thamyris trennt und Paulus nachfolgt
(7–10). Auch *Onesiphorus* mit seiner Familie folgt Paulus nach (23). Als er einmal fastend mit Paulus auf dem Weg von Ikonium nach Daphne ist, werden er
und seine Familie Zeugen davon, wie Thekla durch das Fürbittgebet des Paulus
vom Tod auf dem Scheiterhaufen errettet wird (23–25). Danach kehren *Onesiphorus* und seine Familie in ihr Haus nach Ikonium zurück (26), während Thekla
zunächst weiterhin Paulus folgt, dann aber ebenfalls in das Haus des *Onesiphorus*
kommt. Sie dankt dort Gott für die erfahrene Führung (42). Schließlich begibt sie
sich nach Seleukia, wo sie das Wort Gottes verkündet und stirbt (43).
Die Übereinstimmungen und Differenzen zwischen den Past und ActPaul erklären sich am besten, wenn man annimmt: a) Der um 190[67] schreibende *Kompilator*
der ActPaul *kannte die Past sowie die Apg und benutzte sie.* Sehr wahrscheinlich
knüpfte er an sie als direkte literarische Vorlagen an[68], wobei er außerdem weiteres Überlieferungsgut verwendete. Weniger wahrscheinlich ist, dass er die Apg
zwar gekannt habe, aber »literarisch nicht von ihr abhängig« gewesen sei, sondern für seine Kompilation lediglich »umlaufende Traditionen über Paulus und
sein Wirken« benutzt habe[69]. Die von MacDonald und Rordorf vertretene Annahme, die ActPaul seien weder von der Apg noch von den Past abhängig, sondern die drei Werke fußten unabhängig voneinander auf z.T. gleichen mündlichen Traditionen[70], überzeugt nicht. Als Begründung weisen die beiden Autoren
auf die Differenzen zwischen den ActPaul und den ntl. Schriften hin. Gemeinsamkeiten *und Unterschiede* lassen sich jedoch auch bei Annahme der Abhängig-

---

[65] ActPaul 1.4.11–16; die Stellenangaben
hier und im Folgenden nach Schneemelcher, NTApo II 216–224.
[66] Ähnlich heißt es in den von ActPaul literarisch abhängigen Titusakten c. 4, dass
Paulus im Haus des *Onesiphorus* einkehrt,
»dem Titus das, was Paulus betraf, vorher
erzählt hatte« (Schneemelcher, NTApo II
199).
[67] So Schneemelcher, NTApo II 214, der
sich auch überzeugend gegen die Annahme
wendet, die ActPaul seien *bereits* in der
Mitte des 2. Jh.s und die Apg sei *erst* unmittelbar davor entstanden (so z.B. Köster,

Einführung 762 [vgl. dagegen auch die Rezension von E. Plümacher, GGA 233 [1981]
1–23, hier 19]; Rordorf, Verhältnis 236f).
[68] So z.B. Rhode, Pastoralbriefe 303–310;
Plümacher, Apokryphe Apostelakten, 1978
(PRE.S XV), 11–70, hier 25; bes. ausführlich Bauckham, Acts (passim). Für die Annahme literarischer Abhängigkeit der *Act
Paul* von den *Past* plädiert auch Häfner,
Gegner 74.
[69] Schneemelcher, NTApo II 212.
[70] Vgl. MacDonald, Legend 65f; Rordorf,
Verhältnis 236–241; ders., Paulusakten
319; Redalié, Paul 127–129.

keit dadurch erklären, dass die Tradenten und Kompilatoren des apokryphen Überlieferungsguts zwar ihre eigenen Auffassungen und Verhaltensweisen propagierten, zugleich aber stets an Kontaktbrücken zu den sich als ›kanonisch‹ herausbildenden Schriften interessiert blieben[71]. Dieses Interesse hing z.T. mit dem Bemühen zusammen, den eigenen Überlieferungen den Anstrich des ›apostolischen Milieus‹ zu geben, wozu sich verhältnismäßig leicht die Übernahme mancher Personennamen anbot. Dass ein gegen Ende des 2. Jh.s schreibender Verfasser, dessen Werk neben erklärbaren Differenzen auffällige Gemeinsamkeiten mit Apg/Past aufweist, diese Schriften nicht gekannt haben sollte, ist schwer vorstellbar[72]. b) Es empfiehlt sich deshalb anzunehmen, der Kompilator der ActPaul oder schon jemand vor ihm hat die Namen *Demas* und *Hermogenes, Titus* und *Onesiphorus* sowie deren negative und positive *Kennzeichnungen aus den Past* entlehnt. c) Dass sich das *Haus des Onesiphorus* nach den ActPaul in *Ikonium* und nicht, wie nach 2Tim 1,16; 4,19, in Ephesus befindet, wird damit zusammenhängen, dass jene Überlieferungen, die von der Begegnung Theklas mit Paulus berichten, die Ortsangabe Ikonium schon enthielten[73], bevor der Name Onesiphorus und auch der seines Sohnes Zenas/Zenon[74] aus den Past in die Paulus- und Theklaakten eingebracht wurde. *Dass Ikonium* in Paulustraditionen eine Rolle spielte, geht bereits eindeutig aus Apg 13,52–14,5; 2Tim 3,11 hervor. d) Bei der Erforschung des Verhältnisses zwischen den Past und den ActPaul wird von manchen die Meinung vertreten, dass die hinter den ActPaul stehenden Personenkreise zu den von den Past bekämpften *Gegnern* oder zu *Gruppierungen in deren Nachfolge* gehörten[75]. Die Vertreter dieser Auffassung meinen, die in die ActPaul aufgenommenen Überlieferungen entstammen einem Milieu, in dem jene Positionen vertreten und jene Verhaltensweisen gepflegt wurden, die in den Past abgelehnt werden, nämlich, dass die Auferstehung schon geschehen und verwirklicht sei, dass an ihr nur die geschlechtlich Enthaltsamen Anteil haben, dass die Güter dieser Welt insgesamt als wert- und nutzlos, nicht aber als gute Schöpfung

---

[71] Bauckham, Acts 125–130.131–39 verweist überdies auf vergleichbare exegetische Praktiken und Kompositionsweisen in bestimmten frühjüdischen und hellenistischen Texten: Als durchgängiges Gestaltungselement zeigen sich auch hier Gemeinsamkeiten *und Differenzen* im Verhältnis zu den jeweils verwendeten Quellen.

[72] Rordorf, Verhältnis 236 sagt dies auch, zieht daraus aber den falschen Schluss einer unhaltbaren *Frühdatierung der ActPaul* sowie einer ebensowenig überzeugenden *Spätdatierung der Apg*. Eine weitere Schwäche von Rordorfs Position besteht in seiner Auffassung, der Grundstock der Past stamme von Paulus, sei nach der von Apg 28 vorausgesetzten römischen Haft geschrieben und später erweitert worden (Paulusakten 319f.322–325 mit Verweisen auf Dornier 25 [s. Einführung III.1.c] und Spicq 126–146).

[73] Auch im vorkonziliaren Römischen Martyrologium, in dem »das historisch Wahrscheinliche« über Thekla festgehalten ist (Jensen, Thekla 76f, Anm. 16), wird Ikonium erwähnt. – Howe, Interpretations 47, Anm. 13 vermutet allerdings daß Ikonium als Ortsangabe des Hauses zur Tradition der Theklaakten gehörte und einzig darin überlebt habe.

[74] S.o. in diesem Exkurs Nr. 4.

[75] Vgl. Rhode, Pastoralbriefe 309: Der Verfasser der ActPaul stellt »das als die legitime Lehre des Apostels Paulus [dar], was die Past tatsächlich als Irrlehre bekämpfen.« Im Anschluss an Rhode vermutet Thiessen, dass die Past nicht »die beabsichtigte Wirkung« hatten, dass sie »die Häresie nicht ausrotten« konnten und dass in »der *Wirkungsgeschichte* der Gegner« der Past die ActPaul »zu sehen« seien (Christen 333, Anm. 422).

Gottes gelten, dass man ihnen gegenüber Askese üben, z.B. fasten, soll, dass Frauen in der christlichen Verkündigung tätig sind und dass sie dazu ausdrücklich einen apostolischen Auftrag erhalten haben[76]. Bei näherem Zusehen zeigt sich jedoch: Manche vermeintlichen Unterschiede bestehen gar nicht[77], manche lassen nicht erkennen, dass sie in einem grundsätzlichen bzw. programmatischen Sinn gemeint sind[78], und manche bleiben mehrdeutig[79]. Es bestehen zwar tendenzielle Unterschiede, aber sie reichen nicht hin, im Milieu der ActPaul das gegnerische Lager der Past zu sehen. Hinsichtlich der Frage nach den *Personalangaben der Past* ergibt sich jedenfalls: Aus den ActPaul sind keine eigenständigen Auskünfte über die in den Past genannten Personen zu gewinnen. Da die ActPaul von den Past literarisch abhängig sind, tragen sie zur historischen Erhellung von deren Personalangaben nichts bei.

6 Ergebnis

Der Gesamtüberblick über die Personalangaben der Past führt zu dem *Ergebnis*, dass der Verfasser sowohl an *Traditionsgut* aus der urchristlichen Paulusüberlieferung angeknüpft als auch Namen und mit ihnen verbundene Aussagen *ohne erkennbare Traditionsvorgaben* in *relativ freier Gestaltung* eingebracht hat. Insgesamt hat der Verfasser die Personalnotizen den pseudepigraphischen Aussageabsichten dienstbar gemacht, nämlich dem Erweis von Kontinuität und Diskontinuität gegenwärtiger Lehre und Lebensführung im Verhältnis zu ›Paulus‹. Die Personen werden deshalb vorwiegend unter dem Gesichtspunkt von Nähe oder Distanz zu ›Paulus‹ charakterisiert. Sie spiegeln auf diese Weise zugleich ein bestimmtes maßgebliches Paulusbild. In paränetischer und doktrinärer Absicht zeigen sie positiv am Verhalten namentlich Erwähnter, wie die Orientierung an ›Paulus‹ in Lehre, Lebensführung und Einsatz für die Gemeinden aussehen soll, und negativ wird durch namentlich genannte abschreckende Bei-

---

[76] Vgl. zu diesen Differenzen u.a. Rohde, Pastoralbriefe 308f; Rordorf, Verhältnis 237f; Schneemelcher, NTApo II 213; MacDonald, Legend 57–59.100f; Bauckham, Acts 122f; Wagener, Ordnung 7–9; Jensen, Thekla 75: In den Past »wollen die ›Antiasketen‹ und ›Antifeministen‹ für ihre Meinung die Autorität des Apostels in Anspruch nehmen, in den Paulusakten haben wir es dagegen mit einem askesefreudigen und egalitär gesinnten Milieu zu tun.« – Vgl. zu den ›feministischen‹ Tendenzen der ActPaul außerdem bes. Davies, Women; Burrus, Chastity (mit Diskussion J.-D. Kaestli / V. Burrus); Boughton, Legend.

[77] Es wird z.B. die *Auferstehungs-Irrlehre* ja nicht vom Verfasser der ActPaul sondern – wie in den Past – von ›Paulus‹-*Gegnern* vertreten.

[78] Dies gilt z.B. für die erzählte *Verkündi-*

gungsaktivität Theklas und ihre von Paulus erhaltene *Sendung*. Die Programmatik bleibt mindestens zweifelhaft, weil sie *nicht grundsätzlich entfaltet* wird und weil von einem egalitären Verhalten *auch anderer Frauen* nicht die Rede ist. Freilich hätten bereits die in ActPaul geschilderten Aktivitäten und Verhaltensweisen *Theklas* die Kritik des Verfassers der Past hervorgerufen.

[79] Es spielt zwar z.B. das *Fasten* eine erhebliche Rolle. Es gilt jedoch *nicht als grundsätzliche Ablehnung der Schöpfungsgüter* wie dies bei den Gegnern der Past der Fall ist. Frühkirchliche Askesefreudigkeit konnte sehr unterschiedliche Motivationen und Wurzeln haben. – Vgl. zu den vermeintlichen Differenzen zwischen Past und ActPaul und ihrer Bewertung insgesamt Häfner, Gegner 68–74.

spiele eingeschärft, was es zu meiden gilt. Zugespitzt lässt sich sagen: Aus den Personalangaben geht mehr hervor über ›*Paulus*‹ und die vom Verfasser der Past gewünschte *Orientierung an ihm* als über die *geschichtliche Realität* der Namensträger, obgleich auch diese in unterschiedlicher Weise durch die Textoberfläche hindurchschimmert.

II Postskript: Grüße, letzte Mitteilungen, Segenswunsch (4,19–22)

Literatur: Bickmann, Kommunikation 79–88; *Cadbury, H.J.*, Erastus of Corinth, JBL 50 (1931) 42–58; *Klauck*, Briefliteratur 51–53; *Müller*, Schluß 56–82; *Probst*, Paulus 55–65; *Schnider/Stenger*, Studien 108–167; Theißen, Studien 237–245 (zu Erastus); *White*, Light 24–186.

19 Grüße Priska und Aquila und das Haus des Onesiphorus. 20 Erastus blieb in Korinth, Trophimus aber habe ich krank in Milet zurückgelassen. 21 Beeile dich, noch vor dem Winter zu kommen. Es grüßen dich Eubulus, Pudes, Linus, Claudia und alle Brüder. 22 Der Herr sei mit deinem Geist. Die Gnade sei mit euch.

Den formalen Abschluss antiker und paulinischer Briefe bildet das *Post-* Analyse *skript*. Von seinen mehr oder weniger regelmäßig wiederkehrenden Elementen der *Topik* sind zur Gestaltung des in den VV19–22 vorliegenden Postskripts herangezogen worden: a) der Grußauftrag (V19), b) letzte kurze Mitteilungen (V20), c) die erneute Aufforderung, bald zu kommen (V21a), d) die Grußausrichtung (V21b) und e) das Eschatokoll (V22)[80]. Im Verhältnis zu dem sehr kurzen Postskript des 1Tim ist das hier vorliegende erheblich umfangreicher gestaltet. Der Grund für diese Differenz kann darin liegen, dass das Postskript des 2Tim als Abschluss des gesamten Corpus Pastorale konzipiert wurde[81].

Die in V21a ergehende Aufforderung an ›Timotheus‹, noch vor dem Winter zu ›Paulus‹ zu kommen, intensiviert die gleiche, bereits zu Beginn des gesamten Briefabschlusses (V9) geäußerte Aufforderung. Sie kann an beiden Stellen als »die Kehrseite des brieftopischen πόθος-Motivs«, als Umkehrung des Topos »der brieflichen Parusie« verstanden werden[82]. Dieses Motiv der umgekehrten brieflichen Parusie hat konstitutive Bedeutung für mehrere Teile des gesamten vorliegenden Briefschlusses. Sie besteht darin, dass der Aufforderung zu kommen an der ersten Stelle die

---

[80] Viele antike Vergleichstexte bei *Deissmann*, Licht 121–143; White, Light 24–186; tabellarische Übersicht über die Topik der ntl. Postskripte bei Schnider/Stenger, Studien 75.

[81] So die Vermutung von Roloff 370f.

[82] Schnider/Stenger, Studien 114f. – S.o. Einführung I.3; Kommentar zu 1,4.

auf V9 folgenden personalen Mitteilungen (VV10–13) durch γάϱ begründend angeschlossen sind und dass der Wiederholung des Topos in V21a ebenfalls personale Mitteilungen zugeordnet wurden, nur dass sie ihm hier in V20 vorausgehen.

Erklärung 19 Der Adressat ›Timotheus‹ wird vom Absender ›Paulus‹ beauftragt, Grüße an das Ehepaar »Aquila und Priska«, sowie an »das Haus des Onesiphorus [τὸν Ὀνησιφόρου οἶκον]« auszurichten[83]. Das überaus positive persönliche Verhältnis, in dem Paulus zu dem von ihm sehr geschätzten Missionarsehepaar Aquila und Priska stand, klingt hier als ein ebenso positives Echo nach. Wie Paulus selbst schon beide als seine »Mitarbeiter [συνεϱγοί]« grüßen ließ (Röm 16,3f), ergeht auch hier der Gruß an sie[84]. Abgesehen davon, dass die Namenserwähnung paulinischer Mitarbeiter den Eindruck der Authentizität des Briefes verstärken soll, verweist die im Gruß ausgedrückte positive Beziehung zwischen »Paulus« und »ihnen« sowie »ihre« erwähnte Nähe zu ›Timotheus‹ auf die Kontinuität der Verkündigung hin. Mit Hilfe des Darstellungsmittels der positiven personalen Beziehung in Form des Grußes soll bei den realen Adressaten das Bewusstsein vertieft werden, dass und wie die Verkündigung des Evangeliums und das Vermächtnis der »gesunden Lehre« von ›Paulus‹ her zuverlässig in die nachpaulinische Zeit gelangt ist und weitergereicht werden wird.

Auch der Grußauftrag an das »Haus des Onesiphorus« hat ähnlichen Sinn. Das mustergültige Verhalten dieser christlichen Hausgemeinschaft und ihre Verdienste um das Gemeindeleben in Ephesus hatte der Verfasser bereits am Anfang des Briefes hervorgehoben[85]. Der an sie zu vermittelnde Gruß ruft zum Ausklang des Schreibens noch einmal die Vorbildlichkeit ihres Verhaltens in Erinnerung und regt in paränetischer Absicht zur Nachahmung an. Der Verfasser hat eine Art paränetischer Inclusio mit positiven Orientierungsgehalten geschaffen: Die in Treue durchgehaltene Verbundenheit mit ›Paulus‹ soll zur Treue gegenüber der ›paulinischen‹ Botschaft inmitten der die Gemeinde belastenden Irrlehrerprobleme ermutigen, und die von Onesiphorus ausgeübten und ›Timotheus‹ bereits bekannten Dienste in der Gemeinde sollen zu ebensolcher Dienstbereitschaft motivieren.

20.21a Es zeigte sich bereits, dass die Kurzinformationen über den Verbleib des Erastus in Korinth und des kranken Trophimus in Milet keinen historischen Informationswert über das hinaus enthalten, was aus Apg 19ff bzw.

---

[83] Klauck, Briefliteratur 52 nennt als Beispiel dieses Topos u.a. PMich 203,34: »Grüße Tasokmenis, meine Herrin Schwester ... und alle Verwandten mit Namen«.
[84] Darauf, dass sie sich in der vorausgesetzten Briefsituation nicht mehr bei ›Ti-

motheus‹ in Ephesus befinden konnten, wurde oben im Exkurs über die Personalangaben (dort Nr. 3) bereits hingewiesen.
[85] S.o. zu 1,16 und im Exkurs: Die Personalangaben 5.3; 5.5.5.

Röm 16 über sie hervorgeht[86]. Ihre Erwähnung im Postskript dient den gleichen Aussageabsichten, die schon bei ähnlichen Personalinformationen in den VV9–13 erkennbar waren: Durch Hinweise auf vielfältige Verbindungen mit ›paulinischen‹ Mitarbeitern soll der Eindruck der Echtheit des Schreibens verstärkt werden. Durch Hinweise auf jene Züge im Bild des ›Völkerapostels‹, die sein räumlich und personell weitverzweigtes Netz unermüdlich apostolischen Einsatzes und seine bis zuletzt während Sorge um die Gemeinden sowie um die Missionsmitarbeiter hervorheben, wird seine Vorbildlichkeit betont, und es wird mittelbar zur Nachahmung in der Gegenwart aufgerufen.

Da im Aussageinhalt von V20 auch der Gedanke der Abwesenheit der genannten Personen enthalten ist, deutet sich zwischen V20 und V21a ein ähnlich enger Begründungszusammenhang an, wie er sich bereits zwischen V9 und den VV10–13 zeigte. Die wiederholte Aufforderung an ›Timotheus‹, zu ›Paulus‹ zu kommen, wird hier zwar nicht ausdrücklich durch den Gedanken an die Abwesenheit der Mitarbeiter bzw. durch die Einsamkeit des ›Paulus‹ begründet, aber doch im Zusammenhang damit gesehen. Die wiederholte Aufforderung selbst ist gegenüber der ersten intensiviert und in ihrer Dringlichkeit durch den Zusatz verstärkt: noch »vor dem Winter [πρὸ χειμῶνος]«. Im Erfahrungsbereich des Absenders und der Adressaten wurde mit »Winter« die Zeit von etwa Mitte November bis Mitte März bezeichnet. Witterungsmäßig galt sie als unbeständig und verkehrsmäßig als gefährlich für die Seefahrt[87]. Sowohl wegen dieser Gefährlichkeit und der damit verbundenen Unregelmäßigkeit des Schiffsverkehrs als auch wegen der persönlichen Situation des ›Paulus‹ wird das Kommen noch vor dem Winter erbeten.

Außer dem Grußauftrag gehört zum antiken Postskript oft *die Übermittlung von Grüßen dritter Personen*. Auch in Paulusbriefen ist sie enthalten (z.B. 1Kor 16,19f). Hier in V21b werden zunächst Grüße namentlich Genannter und sodann Grüße »aller Brüder« übermittelt. Die namentlich Genannten sind Eubulus, Pudes, Linus und Claudia. Sie werden zwar sonst nie im NT erwähnt, waren aber vermutlich Christen der römischen Gemeinde und über sie hinaus bekannt und geschätzt[88]. Die Grußübermittlung von ihnen und »allen Brüdern« steht in Spannung zur mehrmaligen Betonung der Verlassenheit des ›Paulus‹ (vgl. 1,15; 4,11.16). Sie lässt sich so verstehen, dass *dort* die Größe des ›Paulus‹ im Leiden und sein Vertrauen allein auf Gott anschaulich gemacht werden sollten, *hier* aber seine Gemeinschaft und sein Zusammenwirken mit Mitarbeitern und Mitchristen, die auch in Krisensituationen zu ihm hielten. Dieser hier pseudepigraphisch eingebrachte Zug des ›Paulusbildes‹ entspricht insofern der Wirklichkeit, als ja mehrere authentische Paulusbriefe und ih-

21b

---

[86] S.o. Exkurs: Die Personalangaben 3.
[87] Vgl. mit Belegen Spicq, Lexique 607f.

[88] Näheres dazu s.o. im Exkurs: Die Personalangaben 5.5.1–4.

re Postskripte ebenfalls diese enge Verbundenheit als wichtiges Element
bezeugen.

22 Das *Eschatokoll* antiker Briefe enthält neben manchen anderen Elementen vor allem einen *Wohlergehenswunsch*. Er ist das am häufigsten vorkommende Element und fehlt in kaum einem Brief. Er kann z.B. lauten:
»Lebe wohl [ἔϱϱωσο]!«, »Lebet wohl [ἔϱϱωσϑε]!«, »Gehab dich wohl
[εὐτύχει]!«[89] Paulus hat den Wohlergehenswunsch zu einem *Segenswunsch* umgeformt. Er begegnet in einer einfachen und in einer erweiterten Form. In seiner einfachen Gestalt lautet er: »Die Gnade des Herrn Jesus Christus sei mit eurem Geist!« (Phil 4,23; Phlm 25; vgl. Gal 6,18) bzw.
»Die Gnade unseres Herrn Jesus sei mit euch« (Röm 16,20; vgl. 1Thess
5,28). Zwischen der Formulierung »mit *eurem Geist*« und »mit *euch*« besteht kein sachlicher Unterschied; denn πνεῦμα hat hier anthropologische
Bedeutung und meint den Menschen, »wobei nur sein psychisches Wesen
stärker als sein körperliches betont wird«[90]. Der Segenswunsch hat in dieser einfachen Form in mehrere nachpaulinische Briefeschlüsse Eingang
gefunden (z.B. Kol 4,18; Hebr 13,25; Offb 22,21). Auch der Verfasser der
Past hat ihn übernommen und mit dem Wunsch: »Die Gnade sei mit euch
(allen)!« sowohl den 1Tim und Tit als auch in V22b den vorliegenden
2Tim abgeschlossen[91]. Wie im liturgischen Gruß der zum Gottesdienst
versammelten Gemeinde »die Gnade [ἡ χάϱις]« zugesprochen wird, so
spricht sie hier der Verfasser allen Gemeindegliedern zu. Ihnen allen soll
die kostbare Heilsgabe zukommen und erhalten bleiben, die von Gott dem
Vater kommt, durch den Sohn Jesus Christus vermittelt ist und durch den
Heiligen Geist zur Wirkung gebracht wird. Das gleiche Heilsgut war bereits im Präskript des Briefes (1,2) dem unmittelbaren Adressaten ›Timotheus‹ gewünscht worden. Da der Brief besonders deutlich die Beziehung
zwischen dem Apostel ›Paulus‹ und diesem Freund, Schüler und Nachfolger akzentuiert, ist es gut verständlich, dass außer dem an alle gerichteten
Gnaden-Zuspruch der Segenswunsch in V22a zunächst ›Timotheus‹
selbst gilt[92]. Ermutigend wird ihm und damit allen in der verantwor-
tungsvollen Aufgabe der Gemeindeleitung Tätigen das Wichtigste erbeten: dass der Herr gegenwärtig sei und alle Bemühungen begleite.

Zusammen- Die letzten Verse bilden das *Postskript*. Brieflicher Konvention gemäß be-
fassung steht es aus Grußaufträgen und Grußausrichtungen sowie aus kurzen

---

[89] Beispiele bei Deissmann, Licht 121–
143; White, Light 24–186; Müller, Schluß
56–77 (mit bes. Beachtung von Variationen). – Ntl. Beleg: Apg 15,29.
[90] E. Schweizer, ThWNT VI (1959) 433;
vgl. J. Kremer, EWNT III (1983) 282.
[91] In mehreren Hss. schließt der Text mit
»Amen«. Wahrscheinlich schloss nur Gal
6,18 so. Hier in V22b wurde das »Amen«

wie bei anderen Briefen des Corpus Paulinum aus liturgischem Empfinden von zweiter Hand zum Autograph hinzugefügt. Vgl.
Roloff 375, Anm. 233 (zu 1Tim 6,21). – Als
sekundär erweist sich ebenfalls der in manchen Hss. vorgenommene Ersatz des Plu-
rals in V22b durch den Singular.
[92] Vgl. Oberlinner 186.

Mitteilungen und dem Eschatokoll. Letzteres ist in Abweichung von der allgemein üblichen und in Anlehnung an die von Paulus geprägte Form gestaltet. Statt des Wohlergehenswunsches wird ein Gebetswunsch ausgesprochen. Sein Inhalt besteht darin, dass der Herr und seine Gnade mit dem Adressaten und allen Gemeindegliedern sei.

Das, was über die Paulusmitarbeiter Priska, Aquila, Erastus und Trophimus gesagt wird, führt unter geschichtlichem Gesichtspunkt nicht über das sonst im NT über sie Bekannte hinaus. Hinsichtlich der im NT nur hier genannten Personen Eubulus, Pudes, Linus und Claudia sowie des nur noch in 2Tim 1,16 erwähnten Onesiphorus ist zu vermuten, dass es Christen waren, die über ihre Gemeinden hinaus in hohem Ansehen standen.

Die Aussageabsicht ihrer Erwähnung ist deutlich. Außer der Funktion des Echtheitsindikators haben sie den Sinn, ergänzend zu jenem Gestaltungselement des ›Paulusbildes‹, das den ›Apostel‹ in seiner menschlichen Verlassenheit und als den ganz Gott Zugewandten und auf ihn Vertrauenden zeigt, noch ein weiteres hinzuzufügen. Es weist hin auf jenen ›Paulus‹, der im Kontakt mit den Gemeinden steht und Gemeinschaft mit denen hat, die aus der Kraft der Gnade zusammen mit ihm glauben, hoffen und lieben. Beide Gestaltungselemente entsprechen geschichtlich der paulinischen Wirklichkeit und haben ihre theologische Berechtigung; denn sie bringen brief-literarisch Wesentliches vom Leben und Sterben, vom Wirken und Lehren des Völkerapostels zum Ausdruck.

Rück-›Schau‹ und Aus-›Blick‹:
Eine Schlussbetrachtung

Die Besonderheit des 2Tim besteht darin, dass seine lehrhaften und paränetischen Aussagen mit einem eigengestalteten facettenreichen ›Paulusbild‹ verbunden sind, dessen markante Konturen den ganzen Brief durchziehen. ›Paulus‹ erscheint darin als der geistliche Vater und Freund des Schülers und Gemeindeleiters ›Timotheus‹ (1,2.6; 3,10), als der in langer Glaubenstradition Stehende und Gott Dienende (1,3), als Vorbild in Lehre und Lebensführung (3,10), als der »Verkünder, Apostel und Lehrer« des Evangeliums (1,11; 4,17), als der um der Botschaft willen oft Verfolgte, Leidende (2,9f; 3,11) und nun Eingekerkerte (1,8; 2,9), als der von vielen Verlassene und Bekämpfte (1,15; 4,10.14f.16), als der unermüdliche Missionar und Begründer eines weitreichenden Netzwerks von Gemeinden und Mitarbeitern, mit denen er sich selbst in der Gefängniseinsamkeit verbunden weiß (1,16; 4,11f.19ff), als der ganz auf Gott Vertrauende (3,11; 4,17), als der bedürfnislose und sich an den heiligen Schriften orientierende Gottesmann (4,13), als der angesichts des nahen Todes zum Martyrium Bereite (4,6) und im Bewusstsein der Vollendung seines Laufs die ewige Lebensgemeinschaft mit Gott Erwartende (4,7f.18).

Wie andere neutestamentliche Aussagen über Paulus haben auch die des 2Tim auf die Gestaltung des Paulusbildes in der darstellenden Kunst eingewirkt. Das Bildmotiv ›Paulus im Gefängnis‹ ist im Lauf der Kunstgeschichte mehrfach dargestellt worden. Anregungen dazu haben in unterschiedlicher Weise Texte des Corpus Paulinum (Phil; Phlm; Kol; 2Tim) und die Berichte der Apg gegeben. Züge des ›Paulusbildes‹ aus dem 2Tim sind besonders deutlich erkennbar im Ölgemälde, das der erst 21jährige Rembrandt 1627 geschaffen hat. Obwohl zu seinen Frühwerken gehörig, fasziniert es durch die unter dem Einfluss Caravaggios bereits meisterhaft gehandhabte Lichtführung mit ihrer Hell-Dunkel-Wirkung sowie durch die Ausdrucksstärke des tiefsinnig gestalteten Antlitzes. Die Helligkeit fällt durch das Gitterfenster auf die Wand der Gefängniszelle mit Steinboden und Strohschütte und setzt Paulus ›ins rechte Licht‹, so dass sein Haupt vom Lichtkegel umstrahlt ist. Außer von der Person ist der Raum erfüllt vom Mantel des bedürfnislos wandernden Gottesmannes und von den heiligen Schriften. Nach 2Tim 4,13 hat ›Paulus‹ sie zwar noch nicht bei sich; aber die dringend geäußerte Bitte um sie drückt aus, dass sie zu ihm gehören. Selbstvergessen und versunken in den Inhalt der heiligen

Schriften hält er beim Schreiben seines eigenen Textes sinnierend inne. Seine sinnierende Selbstvergessenheit, gepaart mit dem in unermessliche Weite schauenden Blick seiner vor Anstrengung rotgeränderten Augen, kommt auch im ungeordneten Haar, der gefalteten Stirn, der nachdenklich zum Kinn geführten Hand und der vom Fuß geglittenen Sandale zum Ausdruck. Fuß und Schuhwerk weisen überdies hin auf des Apostels weite Wege und auf das sich weit erstreckende Netzwerk seiner Gemeinden und Mitarbeiter. Das Schwert – unter realistischem Gesichtspunkt in der Zelle eines Inhaftierten undenkbar – wird als Zeichen der paulinischen Geistesschärfe und des unmittelbar bevorstehenden Martyriums zu verstehen sein. Wie im 2Tim begegnen wir auch hier dem bis zum Tod im Apostolatsdienst sich verzehrenden, aus der Verbundenheit mit der heiligen Schrift lebenden und uns die Wege weisenden ›Paulus‹.

Paulus im Gefängnis
Öl auf Holz, 72,8 x 60,3 cm
Signiert: Rembrandt fecit, R f 1627
Stuttgart, Staatsgalerie